文化的力量

The Power of Culture

田学斌　著

新　华　出　版　社

图书在版编目（CIP）数据

文化的力量 / 田学斌著. —北京：新华出版社，2014.12
ISBN 978-7-5166-1408-2
Ⅰ. ①文… Ⅱ. ①田… Ⅲ. ①中华文化—文集 Ⅳ. ① K203 - 53
中国版本图书馆CIP数据核字（2014）第304419号

文化的力量

作　　者：田学斌

出 版 人：张百新　　**选题策划：**张百新
责任编辑：徐　光　　**责任印制：**廖成华
封面设计：李尘工作室

出版发行：新华出版社
地　　址：北京石景山区京原路 8 号　　**邮　　编：**100040
网　　址：http：//www.xinhuapub.com　　http：//press.xinhuanet.com
经　　销：新华书店
购书热线：010-63077122　　**中国新闻书店购书热线：**010-63072012

照　　排：李尘工作室
印　　刷：北京凯达印务有限公司

成品尺寸：170mm × 240mm
印　　张：44.5　　**字　　数：**590千字
版　　次：2015年2月第一版　　**印　　次：**2015年5月第二次印刷

书　　号：ISBN 978-7-5166-1408-2
定　　价：86.00元

图书如有印装问题，请与出版社联系调换：010-63077101

写在前面

《文化的力量》是收集了我近年来在报刊上发表的一些与文化有关的文章编辑而成的。写作是我的爱好，“常有所思，记而成文”，已成为我多年的一个习惯。这些文章都是有感而发、即兴之作，写的时候也没有抱什么目的。偶然遇见一些在报刊工作的朋友，拿给他们看，后来，有的就发表了。能与人分享思考和写作的快乐，有时也是一件令人高兴的事。

文化是人类在生存和发展中的精神积累。一代一代的人生下来，长大、变老、死亡，又从这个世界上消失了。之后，留下来的东西就是文化。所以，文化就存在于人类的历史中，历史是文化的载体。文化里有先人失败的总结，也有成功的创造；有可供后人借鉴学习的人生经验，也有值得吸取以免重犯的教训。所以，文化很重要。有着深厚文化底蕴的民族，在前进的道路上手里就有一盏照亮道路的灯，就少一些黑暗中的摸索。

我们都说，文化的作用很重要。但文化是怎样发挥作用的呢？我认为，文化会形成一定的思想，改变人的观念，而观念会形成人的价值观，价值观决定人的动机，不同的动机会产生不同的行为。这就是文化的作用。所以，人类社会一切重大的社会行动，如果仔细观察的话，都有一定的文化背景在起作用，其精神动力都出自根植于内部的文化基因。不同的文化背景，产生不同的社会后果。如儒家文化对中国两千多年的封建社会形成超稳定结构的作用，新教伦理对资本主义发展的作用。文化会形成一种思想，存在于人的观念中，这种观念会产生一种信念和力量。但文化的作用是逐步的、渗透的，不是急风暴雨式的；是长期的、渐变的，不是立竿见影的。文化的影响力需要时间，需要一定的积累，是一个长期的过程，正所谓“滴水穿石”、“集腋成裘”也。但这种影响力一旦形成，想要改变它也不是一件容易的事，同样需要一个过程，也正所谓“江山易改，本性难移”、“撼山易，撼人心难”也。所以，文化的作用具有一定的稳定性。

人们常说，文化具有无坚不摧的力量。文化的力量在哪里？文化可以增强一个民族的自信心。一个伟大的民族，在前进的道路上每当遇到危难的时候，总会从传统文化中汲取营养，增强信心。历史的发展是曲折的，但总有一定的规律性，鉴古可以知今。文化还可以使我们在面对强力时懂得隐忍。把自己的血脉潜藏在文化中，等到强力过去以后，再发芽、开花，继续结出果实，正所谓“野火烧不尽，春风吹又生”。千百年来，中华民族屡遭外族入侵，但都能生存下来，种族没有灭，国家没有亡，在很大程度上应归功于中华文化隐忍怀柔的品格。文化还可以使我们未尽的事业得到延续。人的生命是有限的，人总有一死，但只要文化不灭，文脉还在，人的事业可以通过文化而得以延续，得以传承，得以发展，文化的命脉就是一个民族的命脉。

先进的文化往往是人类生活的引领者，是人类前进的灯塔。文化为人类社会创造一种稳定合理的秩序。文化产生的道德和伦理是人类精神的果实，也是人类生活秩序的“藩篱”，道德规定了人内心自律的行为准则，为人的行为扎起秩序的“笼子”。文化产生的价值观引领社会生活，它告诉人们该干什么、往哪里走才是正确的。一定的价值观会使人们为了理想而追求信仰，自我牺牲，有献身精神；会使人遵守社会公德，献身社会公益，懂得如何实现人生价值。文化可以提高人的修养，使人在动荡的际遇中保持定力，在纷扰的红尘里有一个沉稳的心态，做到知足常乐，忍耐精进，志存高远，不戚戚于贫贱，不汲汲于富贵。文化能陶冶人的情操，使人知道自重自爱，恪守人格尊严，追求崇高卓越。

必须明白上学读书和有文化既是一回事，也不完全是一回事。一个人上过学，可以说有知识、有技能，但是并不一定有文化。文化是一种精神、一种信念。如果说知识和技能是术与器，那么，文化就是道与德。有文化的人一定会有自己的价值观，有自己的人格取向。他不会为利益而放弃原则，为欲望而放弃操守，为生存而放弃人格。中国儒家士大夫所追求的“富贵不能淫，贫贱不能移，威武不能屈”就是一个范例。而上过学，有知识、有技能的人并不一定都有理想、有信仰。如果没有理想，没有信仰，他的知识、技能也可能在给自己带来利益时，却给他人和社会带来灾难。而相反，有些人可能没有读过多少书，没有多少知识，没有多少技能，但却有追求，有信仰，能为社会、为他人做出有益的事情，这就不能说他没有文化。如中国历史上的六祖慧能，就是一个目不识丁的伐薪者。明代流传的乞丐武训靠乞讨来的钱为贫民子弟办学，古今中外历史都有许多这样的志士仁人，不胜枚举。

文化虽然各有差异，“物之不齐，物之性也”。但文化是人类共同的精神财富，也是一种公共产品。文化就像空气和水一样，具有包容性和开放性。我们应该顺应文化发展的这一规律，让不同文化在相互碰撞交流中取长补短，融合发展。这样，民族的文化才能不断充满活力，充满生机，不断走向繁荣。从人类社会发展的历史来看，真正决定一个民族存在价值的东西不是人种，不是肤色，不是地缘，不是财富，也不是强权，而是一个民族的文化。一个民族的没落，从本质上来说是民族文化的没落；一个民族的真正复兴，也必然是民族文化的复兴。

正是这样一种情怀，使《文化的力量》才应运而生。但愿每一个读了这本书的人都能产生一点共鸣，但愿这本书能带给大家一点思考和启示。

作者

2015年元月

目 录

文化的使命是引领生活

随着人类文明的历史进程，人类对文化作用的认识越来越深入。人们越来越感到，发生在人类身边的许多事情都与文化有着这样那样的关系，人类的各种行为无不打上某种文化的烙印。在政治多极化和经济全球化、社会信息化的今天，重视、关注和研究文化的作用，对人类正确应对生存与发展中面临的诸多问题，显得尤为重要和迫切。

所谓文化，说到底无非就是人类社会在由野蛮走向文明的过程中所取得的成绩，表现于科学、艺术、宗教、政治、法律、语言、文字、风俗、习惯等方面的综合反映。简单地说，文化就是人类集体生活之总称，是人们的生活方式的反映。文化的弘扬和传承形成人们的生活方式，而生活方式又传承着人类文化。中国传统文化就时时处处体现在中国人的生活方式中。如，在家庭中的“孝道”，在社会上的“礼教”，在政治上的“仁政”，在管理上的“德治”，在人伦上的“宗法”，这些无不是中国文化的体现。正如马克思所说的：“意识在任何时候都只能是被意识到了的存在，而人们的存在就是他们的现实生活过程。”文化的使命就是带给人们一种合宜的生活方式，使人们生活得更好。

回顾历史，我们可以看到，文化和人们的生活方式二者是相伴而生、相互影响的。文化是和人们的生活交织在一起的。文化的同化导致了民族的融合，文化浸润在政治社会生活中，变成人们的生活方式，从而影响着社会历史的发展。因此，从某种意义上来说，人类文明的发展史，就是人类的文化史。研究一个民族发展兴衰的历史，如果不弄懂她们的文化，就不可能找到真谛。从这种意义上来说，一个民族的没落，从根本上来说必然是文化的没落；而一个民族的伟大复兴，从根本上来说也必然是文化的复兴。深刻认识和理解这一点，对于今天我们实现习近平总书记提出的中华民族伟大复兴的中国梦，具有重要的现实意义。

中华民族的形成和中华文化的发展也证明了这一点。中华民族的形成是多民族融合的结果。这是一个既艰辛又痛苦的过程，是无数的代价所换来的。合合分分，分分合合，真可以说是一组血、泪的凝聚体。经过了几千年的酝酿和融合，今日的中华民族，已是一个整体的民族。随着民族的形成，中华文化亦有了更大的发展。

从历史规律看，民族的融合一般可以分成两个连续的层次，即“文明的同化”和“民族的融合”，必须先经过第一个层次，才能达到第二个层次。从民族上来看，中华大家庭中的各个民族名称尽管有所不同，体质尽管稍有差异，但同为黄种人，同向中华民族认同，在这一根本点上则大体一致。从文化上来看，单就文字方面，则汉文一直是各族官方的通用文字，这一最重要之点也一直没有改变。历史记载，自《书》、《诗》、《春秋》、《左传》以下，又接《史记》等二十五史及《清史稿》，使中国历史绵亘不断，若加编年史、纪事本末史及政书等，则更为繁富，傲视寰宇。从伦理习俗看，虽然各个民族在一些具体生活方式上也有差别损益，但在几个大的方面都一致遵从和互相趋同，如敬天法祖、三纲五常、亲属称呼、婚丧节庆，都能普遍通行。至若典章制度，大至中央官制、地方行政，小至监察、考试、尊师祀孔，都能沿用不替。这是民族长期融合的结果。虽然华夏族的中原文化不可否认地是中华文化的主体，但其他少数民族的文化，亦不可等闲漠视。甚至可以毫不夸张地说，少数民族文化对中华民族文化的形成作出了重要贡献及影响。没有许多少数民族的灿烂文化，今天的中华文化就不可能如此丰富多彩。生活在边疆地区的各个少数民族，除了传布中国文化于中原以外的地域外，还输入了不少外面的事物，小自乐器、音乐、服装、家具、果菜，大至宗教、文学、医学、艺术等。尤其宗教的输入最为重要，魏晋南北朝和辽金时代的佛教，金元之际的全真教，以及元代的喇嘛教，甚至唐代以后的袄教、景教、摩尼教、回教等，无不依赖少数民族的推动而流行。佛教的流传影响最大，译经事业的发达，中国佛教的产生，眼科、按摩、长生术等医学的介绍，天文历法的修订，以及建筑、佛雕、佛绘等艺术的发展等，几乎都脱离不了与佛教的关系。戏曲艺术之所以在中国文学上成了不祧之宗，就是因为金元时代少数民族所创造的伟大艺术成就。

今天的中华民族已是一个多民族的融合体，这么多不同的民族，愿意共同生活在一块土地上，在一个政府下和谐共处，这在世界历史上是少有的。究其原因，我们会发现有其历史的必然性。

一是农耕文化的特殊性格。中国文化既发生于黄河流域的农业环境，而黄河又不时溃决，容易使人感到谋事在人、成事在天，因而特重人格修养，稍忽事功。凡事求其心安理得，不以成败论英雄。只要合乎人道，即是一善人，即是一有道德的人。至善即最高道德，人而至善，即等于达于神的境界、天的境界，也就是中国人所追求的理想境界。因此，中国的哲学重人生实践，强调人际关系的调整，以解决人类间的一切问题，与西方之重思辨，偏宇宙真理之寻求略有不同。中国文化的这一精神，即所谓人文道德精神，发生于远古时代。到春秋时代，天生圣贤，诞生孔子，赖以传延，遂成为中华传统文化之基本精神，也成为对待四裔民族的基本政策。诸如宽容好客、朴实无诈、坚苦强韧、守望相助等等。不但可以接受外族，而且可以和好相处，使外族一进内地，即恋栈不想离去。《论语·季氏篇》云：“远人不服，则修文德以来之。既来之，则安之。”《礼记·王制》所谓“修其教不易其俗，齐其政不易其宜”都是明确地表达了这一理念。中国历史上也有无数这样的例子，汉武帝、唐太宗就是典范。汉武帝伐匈奴，一般人咸以黩武视之，但有谁知道，在这一决定之前也曾经过一番激烈的廷议。主和派韩安国说：“圣人以天下为度，不以己私怒伤天下。”主张仁爱恤民。即使主战派的王恢，亦何尝不如此，他说：“士卒伤死，中国槥车相望，仁人之所隐痛。”最后在武帝“边境数惊，朕甚悯之”的心情下，做了一个痛苦的决定。事行之后，短短二三十年间，中原与西域各族之间，日益密切，汉之“威德遍于四海”。到了唐太宗，亦以武功著盛，但他的基本态度也不离“信”、“爱”。如他对突厥的态度是：“纵突厥部落叛尽，六畜皆死，朕终示以信，不妄讨之。”又如征高丽，禁部署劫掠：“纵兵杀戮，虏其妻孥，朕所不忍也。将军（指李勣）麾下有功者，朕以库物赏之。”无怪乎清圣祖要赞美他说：“三代圣王柔远安迩之道，惟唐太宗庶几能解。”此外，在边臣、百姓中有这种想法和理念的人比比皆是，正因为如此，才使边疆少数民族自然情愿归属中国，而和中原华夏族相融合凝为一体了。若说有遗憾之处，就是到了元与清两朝却一直采用民族隔离政策，阻碍了融合的速度。

二是中华文化的包容性。中华文化由于是在连绵不断的民族融合中不断充实发展起来的，这就决定了它天然的包容性。从而也是中华文化不断兴旺发达的内因之所在。在科学方面。18世纪以前，中国的物质文明高于西方之上。例如在天文学方面，因农业之需要，发展得很早，北京天文观象台建于元代郭守敬之手，较丹麦在1576年首建天文台要早；蚕丝在两汉已不断传入罗马；造纸术发明于东汉，而在12世纪传入欧洲；罗盘在欧洲始用于航海是在1302年，较之11世纪北宋沈括记载制造方法晚二百多年；雕版印刷术在中国首发明于9世纪，至11世纪毕升又发明活字，比欧洲在1438年创活字印刷要早几百年；火药在中国早在北宋靖康时始用于火炮，而欧洲的德国人至1350年始造火药，晚于中国。在艺术方面。中国的文学属柔性的，与儒家偏重义务的刚性正好互为调剂。中国的文学，在表现形式上以诗歌、散文为中心，这是一种偏向同情慰藉的轻灵抒情小品。中国的书法艺术独具一格，既努力摆脱现实尘俗之沾染，而绘画亦因外形之单纯、调和，而具有可以洗净人世间杂乱冲突的作用。中国的宗教，以道教而言，向来强调万流归宗，能够容纳各教派；以佛教而言，则融合教养与实际人生于一炉，创为新的宗派，重视心智的自由发展，不同于印度佛教。在治国理政方面。中国自秦统一后就实行郡县制度，皇帝世袭，只为天下一统之象征，下由士人出身的宰相担负实际行政，为政府首脑，选贤举能，以弥补皇帝一人专政之缺陷，而全国官吏，也是公开考选录用，既可奖掖人才，又不失公平。从法律看，中国法治的全部之精神，可以概括为重人品、重等级、重责任、论实际、论关系、去贪污、定主从、定等次，重赔偿、重自首、避操纵，充分体现了中国传统文化中礼教的精义。在语言文字方面。中国的语言文字由于具有形声兼备的原则，遂使两者保存着密切互补依存的关系。一则得以靠文字的统一而使语言不致过远变动和分离，二则不论社会新事物如何增加，语言如何变动，只要把旧字另行分配，便等于增添新字，适应新的需要。因此，中国文字虽在追随语言，而仍能控制语言。这样就可以使广大地区的中华民族同胞有一个表达思想的共同标准，有助于大一统的凝成。在风俗习惯方面。本来风俗习惯系指自古以来一种相习成风的观念和习俗，时间一久便为一个民族全体所遵守，而有意识或无意识支配这一民族构成的思想与生活。这些观念和习俗，包括食、衣、住、行的方式及祭祀、婚丧、社交的礼节等。风俗习惯具有一种固定性，不易受外来因素的影响，大家既然乐于共同融合在同一个社会中，自然有理由应当促进内部之团结。由于中国文化源远流长，而又特重人文道德，早已成为礼义之邦，凡事求其合乎情理，特具人情味、富世界性，容易为外来人所接受。中国文化的包容性，不但使本身力量加强，强化对外的抗拒力，使不易被消灭，并能融化外来民族，扩大本身组织。这样，在历史长河的波浪式前进中，即使不幸暂时失去政权的控制，亦可赖此昌明文化而复兴、而绵延。这也就是我们的中华民族必然能够实现伟大复兴的理论和实践基础。

文化具有独立不惧的品格。文化是权力不能强加的，是金钱不能买卖的。文化的使命是让人类社会变得更美好。文化通过一种思想改变人的观念，通过改变了的人的观念改变人，通过改变了的人改变世界。而一旦经文化改变了的世界，其社会结构就具有相对的稳定性。一个社会的治理方式必须与其社会结构相适应，两千多年来中国社会上层的动荡不可谓不大，王朝更替几十代，皇帝换了几百个，但中国基层社会基本保持稳定，老百姓的生活除了外族大规模入侵之时以外，基本上没有受很大影响，这应该归功于中国传统文化的力量。从文化上来讲，中国社会的最基层大多是农村和与农村有着紧密联系，其社会结构是宗法社会，宗法观念已经深入人心，凝结成人们的基本价值观和生活方式。宗法伦理就是法律。它使中国基层社会稳定地保持了正常合理的生活秩序。从这一点也可证明，文化具有改变世界的力量。但必须清醒的是，我们所说的文化不仅仅是笙歌漫舞、灯红酒绿，而是更深层的人文精神。文化的力量不在绚烂多彩的装饰里，不在富丽堂皇的宫殿里，不在纸醉金迷的奢华里，文化的力量在潜移默化的润物无声中，在历史积淀的厚重气质中，在浴火重生的理想人格中，是一种风骨、一种灵魂！

刘梦溪先生曾说，文化比政治更久远，比经济更深刻。所谓比政治更久远者，就是说一代帝王陨落了，一个朝代更替了，但文化还依旧活着；一个时代结束了，一个国家破灭了，而文化还正在延续。正所谓："国可灭，史不可灭。"所谓比经济更深刻者，就是说经济关系只是利益关系，利益没有了，经济关系就消失了；但文化不仅仅是利益关系，文化是一种价值认同，是深入人心的，熏神染骨的，文化一旦被人们接受，就会体现在社会生活的时时处处、方方面面，有时国家与国家、人与人之间的关系即使断了，但文化上的联系并不能割断。从某种意义上说，传统就是延续下来的文化。所以，传统和文化这两个词往往连用，不是没有道理的。中国传统文化是中华民族的精神家园，是我们发展进步的根脉所系。继承和弘扬优秀传统文化，首先必须学习和掌握传统文化，必须了解传统文化的形成和发展，必须研究传统文化和我们的国家、我们的民族有着怎样的关系，它是怎样地在我们的民族世世代代生于斯、长于斯、歌哭于斯的土地上，影响着我们的繁衍生息、衣食住行。从而，不要忘了我们赖以安身立命之本，不要忘了今天泱泱中华之所以能傲视世界的深远的文化源头，不要忘了中国人几千年来小而日常生活、大到敬德修业都应遵循的道理，这样才能上续民族慧命、下延华夏文脉，以重振中华文化，实现中华民族的伟大复兴！

崇尚简单

近来读清人刘大魁的一篇文章，题目叫《论文偶记》。那上面写道：“凡文笔老则简，意真则简，辞切则简，理当则简，味淡则简，气蕴则简，品贵则简，神远而含藏不尽则简，故简为文章尽境。”

刘文是指做文章，这使我想起了那句“文如其人”的老话。做人亦复如是。

洞观古今世事，大凡至善至美的东西，皆是简单的。土地质朴无华，但能养育万物；真水无色无香，但能孕育生命。《老子》被誉为哲学的哲学，只有五千言。电子计算机每秒处理上百亿兆的数据，但原理只是数学上的二进制。一部《周易》，变幻无穷，玄而又玄，但变来变去，离不开阴阳二卦。“易有太极，太极生两仪，两仪生四象，四象生八卦，八卦定吉凶，吉凶生大业。”阿拉伯数字只有10个，却能算尽人间的全部数量关系。英文字母也只有26个，却能表达人类全部的思想。林肯那篇脍炙人口的葛底斯堡演讲，一百多年来流传不衰，却只有短短二百余言。所以，要求得真谛，人们就应向简处着眼。圣雄甘地早就说过：“简单是宇宙的精髓。”

是的，宇宙本身就是简单的典范，简单得一片混沌，让人无法描述出他的真实面貌。他只用空间来容纳宇宙间杂沓纷呈的万事万物，用时间来解决宇宙间过去、现在和将来所有的问题。这样，上下左右，古往今来就在宇宙间秩序井然地运行。你说其大，大到漫无边际；你说其小，小到永无止境；你说其老，老到古而又古；你说其新，新到层出不穷。因此哲学家王阳明说："吾心便是宇宙，宇宙便是吾心。"人在宇宙中，宇宙在人心中；宇宙即人，人即宇宙。

幼年时中学课本里有一篇清人彭端淑的短文《为学一首示子侄》，其中有一段话记忆尚甚清楚：

蜀之鄙，有二僧，其一贫，其一富。其贫者语于富者曰："吾欲之南海，何如？"富者曰："子何恃而往？"曰："吾一瓶一钵足矣。"富者曰："吾数年欲买舟而下，犹未能也，子何恃而往！"越明年，贫者自南海还，以告富者，富者有惭色。西蜀之去南海，不知几千里也，僧富者不能至而贫者至之，人之立志，顾不如蜀鄙之僧哉！

这里，作者的本意固然是讲人的成功不决定于贫富，关键是要有志向。但也从另一方面说明，生活简单的人，目标会更明确，志向也会更坚定。这就是诸葛亮说的"淡泊明志，宁静致远"。贫者之所以敢去几千里外的南海，因为他只有一瓶一钵，只求吃饭有碗，喝水有钵而已，不希求于坐豪华的车马，住舒适的旅店，他也想不到这些。对他来讲，一瓶一钵已足够去南海之需了。而富者之所以"犹未能也"，是因为"欲买舟而下"！方志敏在《清贫》中说，简朴的生活，正是一个人能够战胜困难的原因。

简单是一种美德。当领导的人简单，就会减轻下属的负担，引领出好的作风。"楚王好细腰，宫中多饿死"，上有所好，下必甚焉。各种讲话、汇报、文件，上面一页纸，下面就会一本书，所谓"文山会海"就是这样形成的。

司马光在《训俭示康》中说：

"吾本寒家，世以清白相承。吾性不喜华靡。平生衣取蔽寒，食取充腹。……众人皆以奢靡为荣，吾心独以俭素为美。古人以俭为美德，今人乃以俭相诟病。……俭，德之共也；侈，恶之大也。俭则寡欲，寡欲可以直道而行；奢则多欲，多欲则居官必贿，居乡必盗。”

他用历史上的许多典型事例教育儿子“成由俭，败由侈”的道理。俭和简也是有必然联系的，俭则必简，简则必俭。

生活在物质极大丰富的现代社会中的人们，自觉不自觉地成了物欲的奴隶。在拜物主义的大潮中，人们怀着宗教般的狂热，贪得无厌地追求一切自己需要的和不需要的物质利益。在这种狂潮下，人变成了一种没有灵魂、没有精神、没有道德、只顾吞噬物质的机器。就像马克思当年说的那样：“每个毛孔都滴着血和肮脏的东西。”在这种私利的驱使下，人们之间没有了同情、关爱、互助，只有竞争、算计和尔虞我诈的巧取豪夺。人格被物欲完全异化了。为什么新闻记者要说谎？为什么企业要给奶粉中加三聚氰胺？为什么金融家要诈骗？一切都是为了钱。对金钱这种虚假偶像的崇拜，使无知的阴影夺去了人类的开朗、快乐、光明和生活。金钱成了人们生活的唯一目的，一切的一切都向黄金伸出那贪得无厌的手，人人都相信他那现实的幸福必须在这里面寻找。于是，人们只知道砍伐森林，却忘了自己也要呼吸空气；只知道污染江河，却忘了自己也得喝水；只知道往食品中加入毒素，却忘了自己也得吃饭……

人类确实把自己搞得很累很累。我们是否可以让生活简单一点，让我们的身心轻松一些呢?

有时，我被窗外喜鹊从沉思中唤醒。听着喜鹊在枝头欢快地不停鸣叫，不禁羡慕起来。心想，人号称万物之灵，却还不如一只鸟儿快乐。但又仔细一想，喜鹊除了每天觅食外，只有一个就地取材、用树枝搭成的窝。它不用担心交通拥挤、油价上涨、股市大跌、金融危机，不用处理复杂的人事关系，不用为去留升降发愁，更不用学习、开会、加班加点。正因为生活如此简单，所以才有如许的快乐。我有一位朋友，真可谓学富五车，著作等身，青年时代就已成名，是国内外很有影响的作家，也是高级领导。多年来，他就只穿一双部队的胶鞋，从来不穿袜子，冬天也只穿一件外套。下去检查工作，轻车简从，都是自带面包和方便面，在车上就餐。他有一个信念：物质上追求简单，精神上追求丰富。是的，人一旦变成物欲的奴隶，就失去了心灵的自由。

如今，在大街上，在单位里，我们看到的总是行色匆匆，紧张奔波的人们。很难看到一张安详的面容。据说，现在连小学校园里也很难听到孩子们的笑声了。六岁多的孩子一上学，没几天书包就有几十斤重了，从提到背，从背到拿车推。中学生都是早上6点多起床上学，到晚上近十点才放学回家，作业又做到12点以后，如此重负，他还能笑得起来吗？早早地，童心就被泯灭了。

简，犹药也。力行，可以洁身，正性，清心，明志。简单的生活不但可以少给别人添负担，而且还可以使自己的心轻松下来。“心无挂碍，故无有恐怖，远离颠倒梦想。”可以说，简亦为生活之尽境。人生幸福莫过于崇尚简单并身体力行。

生命的品格

人来到世上的时候，是自己在哭，别人在笑；人离开世间的时候，是别人在哭，自己在笑。人赤条条来到世间，也赤条条离开世间，生时没有带来任何东西，死时也带不走任何东西，无论你是君主还是囚徒，是富豪还是乞丐，概莫能外。所以，要有一个明白头脑，把人生想透彻。

谁都知道，人的生命是有限的。人们追求长生不老，正说明生命美好，这表达了人们对活着的依恋。

据我们所知，人的正常寿命也就只是100岁左右，大多数人活不到100岁，超过120岁的人寥若晨星。就算100岁吧，在人的一生中可能是漫长的，但在历史的长河中也是相当短暂的。据科学考察，地球已经存在46亿年了，人类的历史也有好几亿年了，如果和地球的生命比起来，一个人的一生只相当于地球的4600万分之一，打个比方，如果用长度来衡量地球的生命的话，如果地球的生命是46公里长，那么，人的生命的长度相当于0.1毫米，真可以忽略不计，可以说倏忽即逝。

可是，即使这样短暂的生命也是不容易的。世上有多少有生命的东西，但又有多少能像人类那样生存呢？据科学考察，世界上共出现过一亿两千万种生物，人是所谓“万物之灵”，我们能作为“人”，已够幸运的了。

但是，人生的旅途并不是一帆风顺的。人诞生到世间的第一个反应就是啼哭，这是对命运的抗争，是无法逃脱苦难的“绝望的一哭”。人又是诞生在血泊中的，这可能预示了人的一生在世间注定要受苦受难。人来到世上的时候，是自己在哭，别人在笑；人离开世间的时候，是别人在哭，自己在笑。来的时候，自己在哭，是对苦难的预感；别人在笑，是对你的欢迎。走的时候，自己在笑，是对苦难的解脱；别人在哭，是对你的留恋。一哭一笑，说明人是有理智、有感情的动物，对生、老、病、死的规律有着深刻的认识，对悲、欢、离、合的际遇有着明显的反应和感悟。当然，我们可以通过锻炼身体和现代的医疗保健措施延长生命，但这也只能是适当地、有限度地。即使是在现在的基础上再延长一倍，和大自然的寿命比起来仍然是可忽略不计的。这确实应了我们常说的那句老话，就是：“人的生命是有限的”。

既然生命是有限的，从一定意义上说，我们无法把这个物质的生命延长到我们理想的程度，那我们所能做的就只有如何提高这有限的生命的历程的质量，使这有限的人生旅途更有意义。这就不得不使人想起20世纪中叶流行的一本苏联小说《钢铁是怎样炼成的》中的主人翁保尔·柯察金的那段话：“人的一生应该是这样度过的，当他回顾往事的时候，不因虚度年华而悔恨，也不因碌碌无为而羞愧……”这段话虽然出自一个普通士兵这样的小人物之口，但由于他说的确实是朴实的真理，几乎家喻户晓，被人们奉为座右铭，从而激励了一代又一代人。他说的道理是正确的。的确，一个人一生如果能做到毫无悔恨，那也就很不容易了。因此，人们常常哀叹人生苦短，却不知道人生的长短并不只是以寿命来衡量的，赋予人生更丰富的内涵，使之更有意义、有价值，也就等于是延长了生命。这也可以用我们熟悉的另一句老话来说，就是“为人民服务是无限的”。人的生命也就是通过为他人、为社会服务而从有限到无限。

要懂得珍惜。生命只有一次，时光不会流转。要珍惜生活给予我们的每一点赐予。珍惜每一寸光阴。一寸光阴一寸金，寸金难买寸光阴。孔夫子感叹：“逝者如斯夫！不舍昼夜。”要把有限的时间花在有意义的事情上。花在学习上，多读一本书，多学一点东西，多了解一点世界。少壮不努力，老大徒伤悲。花在工作上，多做一些有益于社会的事情。当我们离开这个世界时，真正做到不因虚度年华而悔恨，要珍惜一粒米，一寸布，一张纸，一支铅笔。“一粥一饭，当思来之不易；半丝半缕，恒念物力维艰。”我们享受的每一份服务，我们使用的每一件物品，都凝聚着多少人辛勤劳动的汗水。我们吃饭时只看到雪白的大米，却看不到农民在烈日的暴晒下赤脚在泥水的田里耕种；我们用精美的铅笔学习写字，却不知道制造一根铅笔从伐木工人到油漆包装送到文具店，要经过多少人的劳动。因此要懂得惜福。要珍惜朋友之间的友谊。人海茫茫，能回首相聚是缘分。要珍惜别人对自己的每一份关爱，哪怕是一个招呼，一个微笑，滴水之恩，当涌泉相报，更不能以怨报德。懂得尊重别人，感受别人，体恤别人。

要有悲悯情怀。人生在世，要心存感激，有一颗感恩的心。我们生长在世上，靠大地养育，只有我们欠她的，没有她欠我们的。小时候，我们离不开别人的养育，吃着母亲的奶水长大；长大了，也离不开别人的帮助，吃着别人生产的粮食，穿着别人缝制的衣服，住着别人建造的房子；生病了，还要别人照顾，也是别人教我们读书写字。我们的每一步，都离不开别人。所以，要敬重别人，包容别人。常怀一颗慈悲的心去帮助别人。要把关怀别人，救助别人当作自己的天职，变成自己的天性。帮助了别人，自己的心灵也会得到慰藉，境界也会得到升华：“予人玫瑰，手留余香”。

要有面对苦难的意志和勇气。人一生下来的啼哭就预示着人生就要经历种种磨难。关键是要敢于面对苦难，有直面苦难的信心和勇气。地藏菩萨说过：“我不下地狱，谁下地狱。”把为了别人而承受苦难看作是自己的荣耀和责任。只有这样，一个人在真正忍受磨难的时候，就会忘记磨难，只有当他从不计较受到了磨难，忍受磨难就不是一种惩罚，而是一件快乐的事。人世间的好多重要的事情，正是通过忍受磨难才能感悟，所谓“大其心则能体天下之物”。有时候，通过忍受磨难，才能表达真理和爱，才能唤醒人性中的良知。一个人只有敢于并勇于承受磨难，才能锻炼成无所不克的意志，才能不断增长道德勇气，以至可以无畏地直面死亡。孟子说：“天将降大任于斯人也，必先苦其心志，劳其筋骨，饿其体肤……”说的也是这个意思。

人世间，我们每个人都是匆匆过客，都是一个行者，沿途的风景再好，你只能尽情地看，但不能带走；路上的客店再舒适，但你只是一个异客，不是属于你的。弱水三千，你只能取一瓢饮。人赤条条来到世间，也赤条条离开世间，生时没有带来任何东西，死时也带不走任何东西，无论你是君主还是囚徒，是富豪还是乞丐，概莫能外。这是造物主给人的定数，是任何人也改变不了的法则。《红楼梦》中的“好了歌”说得更好，更透彻。功名利禄都是身外之物，就连你的身体，也是吃着大地的五谷，饮着自然的水露生长的，最终也得归还给大地，化为粪土重归自然。所以，要有一个明白头脑，把人生想透彻。在滚滚红尘中，要学会“爱惜自己的羽毛”。王阳明说：“人心本是天然之理，精精明明，无纤介染着，只是一无我而已。”只有进入无我之境，才能超然物欲之诱，“本来无一物，何处染尘埃”。从而自始至终干干净净地做人，走完人生的旅程，这就是生命的品格。

促进社会公正

习近平总书记最近指出，贫富差距扩大是这些年来群众反映强烈的突出问题之一。避免两极分化、实现共同富裕是全面建设小康社会的应有之义，必须成为深化改革的重要内容。要牢牢把握促进社会公平正义，增进人民福祉这个新一轮改革的出发点和落脚点。认真学习贯彻习近平同志关于社会公平正义的理念，对于我们全面深化改革，实现中华民族伟大复兴的中国梦具有重大现实意义。

一、促进公平正义是一项紧迫任务

人类社会的发展进步，从一定的角度来看，主要表现在两个方面的关系变化上：一是人与自然的关系，这就是经济发展问题。二是人与人的关系，这就是社会的公平正义问题。人与自然的关系，主要是为了解决人类的生存问题，核心是如何使生存条件变得越来越好，也就是说的让人们生活得幸福。生存条件是人类发展乃至从事一切社会活动的基础，这就是马克思主义经济基础决定上层建筑的唯物史观。要不断改善人们的生存条件，就必须解放和发展社会生产力。随着生产力的发展，社会财富不断积累，随着财富越来越多，就产生了财富占有的多寡问题，也就是社会的公平正义问题。财富积累愈多，公平问题就愈突出。

古今中外，历史上大的社会动荡以至改朝换代，大部分是因为社会不公，贫富差距过大引发矛盾，“朱门酒肉臭，路有冻死骨”。贫富矛盾尖锐到极点就引发社会革命。中国历史上的农民起义，几乎全部都是由于贫富差距悬殊引起的。每次农民起义提出的口号都与公平问题有关。陈胜吴广提倡“苟富贵、无相忘”，李自成受群众欢迎是因为“闯王来了不纳粮”，太平天国提出“耕者有其田”，孙中山领导的辛亥革命也提出“天下为公”、“平均地权”和“三民主义”。中国共产党领导的新民主主义革命也提出“打土豪，分田地”的口号。“不患贫而患不公，不患寡而患不均”是中国传统文化的一个重要理念。

中国共产党诞生近百年来，经历了不同的历史阶段，每一阶段都面临不同的主要问题。一是政权问题。经过长期浴血奋战在全国夺取了政权，成为了执政党，解决了掌握政权的问题。为解决这个问题，我们党花了28年时间，牺牲了两千多万同志，但终于赢得了胜利。二是发展问题。新中国成立以来特别是改革开放以来，经过多年的努力，把一个贫穷落后的中国建设成一个具有一定实力的发展中国家，赢得了人民的信任，解决了执政的基础问题。为解决这个问题，我们花了60年时间，其中走过了不少弯路，付出过惨重的代价，包括“文革”这样的历史性错误，但我们通过改革开放终于把一个贫穷落后的中国建成了一个具有一定经济实力的大国，走出了一条中国特色社会主义道路。三是公平正义问题。这是我党正在面临的一个重大问题，关系到党能不能长期执政的问题。但是这个问题才刚刚开始，我们究竟能不能解决好，还面临着考验。习近平十分重视这个问题，高瞻远瞩地洞察到这个问题攸关党的兴衰存亡，他告诫全党，“这个问题不解决，不仅会影响人民群众对改革开放的信心，而且会影响社会和谐稳定”。

在改革开放之初，我们党就意识到这个问题。邓小平早在1978年就提出了“共同富裕”的理论。在此后党的各项政策中都注意处理贫富差距悬殊过大的问题、公平与效率的关系问题、区域城乡协调发展问题，以及通过取消农业税、实行免费义务教育、建立和完善社会保障制度、对农民实行补贴等政策措施，提高最低收入者的生活水平，调节各个方面的贫富差距。不可否认的是，近些年来，我国收入分配差距总体上仍是扩大趋势，社会不公正的问题更为突出。正如习近平同志所指出的："城乡区域发展差距和居民收入分配差距依然较大，社会矛盾明显增多，教育、就业、社会保障、医疗、住房、生态环境、食品药品安全、安全生产、社会治安、执法司法等关系群众切身利益的问题较多，部分群众生活困难。"这些问题的存在，究其原因，最根本的是由我国目前的发展阶段所决定的。根据国际经验，世界上许多国家在人均收入达到3000美元进入中等收入行列后，都会出现收入差距扩大的趋势，在这一阶段，如果没有有效的调节手段和措施，就有可能掉入所谓的"中等收入陷阱"，出现因社会不公引发的矛盾冲突甚至社会动荡，拉美有的国家甚至因此失去了政权。我国人均收入已达到6000美元以上，进入中等收入国家行列，正是社会矛盾多发期和凸显期。前事不忘后事之师。我们要吸取国际上一些国家的教训，高度重视解决社会不公问题，防止引发大的社会矛盾而给国家政治社会秩序造成损害。

二、促进公平正义的实质是增进人民福祉

如何正确处理公平与效率的关系，是每一个国家在发展中都会遇到的一个难题。这个问题处理好了，就会既有利于经济的发展，也有利于社会和谐稳定。处理不好，不是经济发展不起来，就是即使一段时间发展了也难持续，甚至还可能出现大的社会动荡。从总体上来看，多年来我国在这个问题上处理的是比较好的。尤其是在改革开放之初，我国的经济社会发展既提高了效率，也兼顾了公平，因而极大地调动了广大人民群众的积极性和创造性，使生产力得到了空前的解放。经过30多年的改革开放，我们逐步摆脱了贫穷落后的状况，经济总量跃居世界第二位，人均收入进入中等国家行列。但由于我国人口多，城乡、区域差距

大，各地发展很不平衡。正如习近平最近在德国科尔伯基金会演讲时指出的那样，中国经济总量虽大，但除以13亿多人口，人均国内生产总值还排在世界第八十位左右。同样一桌饭，即使再丰盛，8个人吃和80个人吃、800个人吃是完全不一样的。中国城乡低保人口有7400多万人，每年城镇新增劳动力有1000多万人，几亿农村劳动力需要转移就业和落户城镇，还有8500多万残疾人。我们必须清醒地看到，比较高的人均收入并不能代替上亿的贫困人口，不能让普遍性掩盖了特殊性。根据世界银行的标准，中国还有两亿多人口生活在贫困线以下，这差不多相当于法国、德国、英国人口的总和。在相当长时期内，中国仍然是世界上最大的发展中国家，提高13亿多人的生活水平和质量需要付出艰苦的努力。中国目前的中心任务依然是经济建设，并在经济发展的基础上推动社会全面进步。习近平曾在西北贫瘠的黄土高原工作过，也在贫穷的闽东山区工作过，对中国国情有深刻全面的了解，对东西部之间、城乡之间的差别有着亲身的感受和体验。他的这番话是发自肺腑的心声，体现了当代中国领导人清醒的政治头脑和务实作风。

实现社会公平正义是由多种因素决定的，最主要的还是经济社会发展水平。在不同发展水平上，在不同历史时期，不同思想认识的人，不同阶层的人，对社会公平正义的认识和诉求也会不同。我国现阶段存在的有违公平正义的现象，许多是发展中的问题，是能够通过不断发展，通过制度安排、法律规范、政策支持加以解决的。我们讲促进社会公平正义，就要从最广大人民根本利益出发，多从社会发展水平、从社会大局、从全体人民的角度看待和处理这个问题。必须牢牢抓住经济建设这个中心，推动经济持续健康发展，进一步把“蛋糕”做大，为保障社会公平正义奠定更加坚实的物质基础。同时要通过建立公平合理的收入分配制度分好“蛋糕”，努力提高居民收入在国民收入中的比重，提高劳动报酬在初次分配中的比重，实现居民收入增长和经济发展同步，劳动报酬增长和劳动生产率提高同步，加快形成合理有序的国民收入分配格局，切实缩小收入分配差距。

三、全面深化改革加强公平正义的制度建设

习近平指出，“全面深化改革必须以促进社会公平正义、增进人民福祉为出发点和落脚点。如果不能给老百姓带来实实在在的利益，如果不能创造更加公平的社会环境，甚至导致更多不公平，改革就失去意义，也不可能持续。要通过深化改革，完善制度，强化监管，综合施策，努力形成合理有序的收入分配格局，使发展成果更多更公平惠及全体人民”。把促进社会公平正义作为全面深化改革的出发点和落脚点，是对马克思主义的继承和发展。公平正义是马克思主义的灵魂。马克思主义起源于对资本主义社会不公正的批判，马克思描绘的人类理想社会就是消灭阶级、没有剥削，实现公平正义的共产主义社会。马克思主义的经典著作《资本论》，就是一部揭露资本主义社会不公正、不平等的宣言书。《共产党宣言》指出：“每一个人的自由发展是整个社会发展的前提和基础。”而个人自由发展的前提，是人人都有公平的机会，每个人的权利都能得到保护，这只有在一个公平正义的社会条件下才能实现。因此，马克思主义从一诞生就是倡导公平正义的学说。西方著名学者熊彼特、罗尔斯都直言不讳地宣称，他们关于社会公平正义的许多理念是来源于马克思。公平正义是马克思主义的命脉，继承和发展马克思主义，首先应牢牢把握公平正义这个真谛。

公平正义是中国特色社会主义的内在要求。如果失去了公平正义，就失去了社会主义性质。从我国国情出发，实现社会公平正义，从根本上要靠制度来保障。不论处在什么发展水平上，制度都是社会公平正义的重要保证。现在，在我们经济社会发展中出现的很多问题，如果认真分析其原因，根子都在于没有一个健全的成熟的制度。如果不从完善制度上下功夫，只是头痛医头脚痛医脚，就不能从根本上解决问题，解决了这种问题又会出现那种问题。必须标本兼治，更重治本。要通过创

新制度安排，努力克服人为因素造成的有违公平正义的现象，保证人民平等参与、平等发展权利。正如习近平所指出的："要把促进社会公平正义、增进人民福祉作为一面镜子，审视我们各方面体制机制和政策规定，哪里有不符合促进社会公平正义的问题，哪里就需要改革；哪个领域哪个环节问题突出，哪个领域哪个环节就是改革的重点。"对由于制度安排不健全造成的有违公平正义的问题要抓紧解决，使我们的制度安排更好体现社会主义公平正义原则，更加有利于实现好、维护好、发展好最广大人民的根本利益。要在全体人民共同奋斗、经济社会发展的基础上，加紧建设对保障社会公平正义具有重大作用的制度，逐步建立以权利公平、机会公平、规则公平为主要内容的社会公平保障体系，努力营造公平的社会环境，保证人民平等参与、平等发展权利。制度建设的核心是要合理解决权力配置问题，完善有利于公平正义的法制基础，防止因权力失去制约而滥用造成的社会不公。腐败问题事实上也是一个社会分配不公问题，是权力寻租。劳动就业机会的均等是公平正义的一个基本要素。马克思说："劳动是生产的灵魂。"这就告诉我们，不能把人的劳动就业只看成为一种生产手段，而应看成是人生的一种权利，一种尊严。要通过改革转变政府职能，消除垄断现象，破除各种特殊利益集团，给每个人都创造能够靠自己的努力和才能实现梦想的平等机会。中国目前最大的制度不公正是城乡二元结构的户籍制度，要通过改革给占人口一半以上的农村居民以迁徙自由，消除由于户籍制度不合理而造成的社会分层的不公正，增强广大农村居民创造幸福生活的自信心和对国家社会的认同感。要坚决捍卫和维护司法公正，法律面前人人平等，牢牢守住这条社会公平正义的底线。

中国共产党以他无与伦比的先进的理念、政治智慧和强大力量，结束了中华民族一百多年来积贫积弱的历史，实现了空前的民族解放和国家统一，使中国人民真正站立起来。中国共产党又克服各种艰难险阻，找到了一条适合中国特色的社会主义建设道路，使贫穷落后的中国为世界所瞩目。事实无可辩驳地证明，只有中国共产党才能救中国，只有中国特色社会主义才能发展中国。中国共产党用自己的实际行动和宏伟建树塑造了自己在中国人民心中的形象。在今后的一个时期里，中国共产党人应该继续坚持不懈努力，实现社会的公平正义，真正把中国建设成富强民主文明和谐的社会主义现代化国家。

党的十八大以后，以习近平同志为总书记的党中央提出了实现中华民族伟大复兴中国梦的宏伟目标。中国梦是追求幸福的梦。中国梦是中华民族的梦，也是每个中国人的梦。我们要在不断发展的基础上尽量把促进社会公平正义的事情做好，努力使全体人民在学有所教、劳有所得、病有所医、老有所养、住有所居上持续取得新进展，让每个人获得发展自我和奉献社会的机会，共同享有人生出彩的机会，共同享有梦想成真的机会，保证人民平等参与、平等发展权利，使发展成果更多更公平惠及全体人民，朝着共同富裕方向稳步前进。

中国人也有“经济学”

孙中山先生于1912年，在上海演讲“社会主义之派别及批评”时曾说：“……按经济学本滥觞于我国。管子者，经济家也。兴盐鱼之利，治齐而致富强。特当时无经济学之名词，且无条理，故未能成为科学。厥后经济学之原理成为有系统之学说……骤视之，其理似不高明深邃，熟审之，则社会之万象莫不包罗于其中也。由此可知：（一）世界经济学乃中国人首创。（二）管仲即首创世界经济学之大经济家。（三）经济学乃一极高深繁难、包罗万象之学术。”这一结论是孙中山遍历世界，考察研究，阅读所有世界经济学专著之后，所发之言论，所作之评断。在孙中山先生看来，管仲不仅为中国经济学创始者，亦为世界经济学之创始者。的确，从管仲的经历来看，又不仅有言论，一部皇皇巨著《管子》传后，而且有实际事功，为齐国宰相，让齐国成为当时的强雄之一。这是那些只研究理论的西方经济学家所无法相比的。更为令人钦佩的是，管仲虽是三千年前的人，但他主张的许多观点今天看来仍多不易之论。正基于此，我们不能把《管子》一书只作为历史著作来看，而应当古为今用，学习弘扬他的优秀思想以指导今天的经济社会实践。

其实，在浩如烟海的中国典籍中，《管子》只是中国经济思想的代表性著作之一。除了《管子》外，博大精深的中国传统学术中还有许多蕴涵丰富经济思想的典籍，《墨子》就是一部重要的经营学著作。其中的许多经济思想和管理理念即使在今天看来也不落后。例如，人们通常认为，科层管理办法是从西方引进的，其实不然，在墨学中就有科层管理的思想，那就是“尚同”。“尚同”要求一要有严密的组织建设，二要有严格的制度建设。墨家还有一条重要的经营思想，就是主张节用，反对厚葬久丧，反对繁饰礼乐，“穿褐衣，吃粗粮”、“去其无用之费”，可谓是厉行俭德的楷模，对中华民族精神有正面影响。有人做过调查，在移民国外者当中，最愿意把钱存储到银行的是中国人。并不是中国人的收入比别人多，而是他们花销比别人省。墨家崇尚俭，更崇尚勤，鼓励人们热爱劳动，明白“赖其力者生”的道理。墨家之徒不但如此主张，而且身体力行，自践躬履。据说，墨子面目黧黑，手足胼胝，摩顶放踵，像拓荒牛一样在创业路上前行。在当时，墨家的这种律己持俭的精神很赢得人们的赞佩。

中国历史悠久，有着古老的文明。中华民族在长期的劳动、繁衍、生息中，不但体悟积累了丰富深刻的经济思想，而且创造了丰富的经济奇迹，建立了丰硕的事功。中国在经济发展上堪与世界最早最先进国家的成就相比美。在商代的时候，中国马车和美索不达尼亚文明的马车在构造上极为相似，相对年代也很接近。在车辆的系驾方式上，我国古代人民的成就更是值得大书特书的。殷商古代的系驾方式和西方古车大不相同，它不是头式系驾法，而是胸式系驾法。头式系驾法的缺点在于头带压迫马的气管，马奔愈急，则呼吸愈难，马力无法充分发挥，这是西方古车长期未能解决的一个问题。我国殷商古车所采用的系驾法则不压迫马的气管，马力能得到充分发挥，因此性能较西方优越。而西方在公元8世纪才由头式系驾法改进成胸式系驾法，这时我国的系驾法却已向鞍套式过渡了。13世纪60年代，我国已完成了鞍套式系驾法的创制，西方则迟至14世纪才出现使用这种系驾法的资料。

意大利人马可·波罗于1275年来华，在华期间对中国水运发达的情形大感惊异。他认为在长江上来往运载的贵重货物，比所有基督教国家的河运和海运量加起来还要多。据他的估计，在长江下游航行的船只共有15000艘，还不包括那些用上好木材制成的木筏。18世纪初期，有一位来华传教的耶稣会士认为世界上没有一个国家的水运能和中国相比，中国举世无双的内部贸易即完全依赖水运。他说："在这个国家里有两个帝国，一个在水上，另一个在陆地上。"一位于1832年曾在上海停留过的外国人林赛估计，当时上海出入船的吨数已相当于或超过伦敦，可见上海已是世界大港口之一，而上海在当时的贸易量还不及广州，甚至还少于武汉和天津。难怪亚当·斯密在他的开创性的经济学著作《国富论》中指出："整个欧洲的大部分……陆运运输的费用使得大多数商品的真实价格和表面价格都大为增加。在中国和印度，由于内陆水运的范围广、种类多，节省了大半的人力，因此，他们大多数商品的真实价格和表面价格也就降低了许多。"

中国在春秋战国时代就出现重农主义学派。李悝是重农主义的开山始祖，他为魏文侯作尽地力之教。他提出的"平粜法"使魏国因而富强。欧洲直到18世纪才出现以魁奈为代表的重农学派。东西方相差近2000年。

在中国，当信史时代一开始（商朝），已经有比谷子之类的初期货币更为进步的货币——贝币存在了。贝币使用的时间相当长，一直到秦统一中国（公元前221年）为止。汉武帝时（公元前118年）铸造的五铢钱，由于其使用的成功，成为汉代政治兴盛的象征。有趣的是，到公元第五世纪时，西域的高昌国也自铸五铢钱。可见，五铢钱因长期拥有"强势货币"的地位而成为东亚国家的标准货币。我国到宋代宋真宗时（公元998年），信用工具已十分发达。其中最著名的就是"交子"也就是交易之媒介的意思。"交子"极类似现代信用工具的可转让定期存单或银行本票。宋代还发行了另一种信用工具叫"交引"，相当于汇票。到清代，一个经营印染业的山西平遥商人雷履泰，在嘉庆初年（公元

1796年左右）创立了著名的“票号”而使山西商人支配了全中国的金融事业。“票号”的前身是“镖局”，主要业务是汇兑。稍后于“票号”出现在清代的商业信用机构是“钱庄”，就是今天银行的前身。

近年来，上海交通大学历史系在浙江丽水市松阳县南部的石仓一处山坳中发现了7000余件清代雍正以来的地契文书“石仓契约”，展示出在过去三百年间，这个交通不便的山区乡村维持着高度市场化的经济生活，建立石仓特有的金融借贷组织——定光会与五谷会，土地市场可以分为土地买卖市场和土地信贷市场。村民们用契约约束、规范经济生活的各个方面，形成了中国传统乡村的“契约精神”。大家所共同遵守的秩序不是过去所理解的“礼法”，而是规则清晰的市场机制。

17—18世纪，在世界经济史上是一个具有划时代意义的时期。在这一百年左右的时间里，由于工业革命的推动，世界经济实现了由传统向现代的转变。以1776年英国人亚当·斯密的《国富论》的出版为标志，现代自由市场经济学说登上了历史舞台。在这一时期，也是中国商品经济发展并繁荣的时期，也出现了像李贽、王夫之这样的主张经世致用的思想家，提出了尊重自然规律、尊重经济规律、发挥市场机制作用的经济发展思想。王夫之的“上之谋不如其自谋”的主张和亚当·斯密“看不见的手”有异曲同工之妙。

近代经济学说的根本特征，就在于使社会经济运作最大限度地摆脱行政权力的直接干预，使经济得以按其发展的自身规律运行。英国古典政治经济学家和马克思、恩格斯论及东方社会时，皆以行政权力直接介入社会经济运行为东方专制主义的显著特征，把它看作是东方社会发展长期陷于停滞状态的重要原因之一。英国古典政治经济学家提倡自由竞争学说，反对行政权力支配和介入经济运作，认为借助于市场机制这只“看不见的手”就可以对经济运作起调节作用，形成合理的经济秩序。这一学说为近代资本主义市场经济的发展奠定了理论基础。其实，在16—17世纪的中国，也已有了此类思想观念的萌芽。明代思想家李贽的学说，就提倡功利主义，认为商品交易符合人追逐名利利益的本性。他十分鲜明地反对行政权力过多地介入经济运作，主张在自由竞争中“各遂千万人之欲”。但其论说由于片面极端而未免失之粗放。而生活于明末清初的王夫之的经济思想更具有了近代思想的特征。他的论述，似更为扎实、绵密。

王夫之论及经济运作时极力主张要按经济规律办事，鲜明地提出了“上之谋之不如其自谋”的命题，并对此作了颇有说服力的论说。他说：

人则未有不自谋其生者也，上之谋之，不如其自谋；上为谋之，且弛其自谋之心，而后生计愈蹙。故勿忧人之无以自给也。藉其终不可给，抑必将改图而求所以生，其依恋先畴而不舍，则固无自毙之理矣。上唯无以夺其治生之力，宽之于公，而天地之大、山泽之富，有余力以营之，而无不可以养人。

这是一段极为深刻地论说行政权力干预社会经济运作只能使民众“生计愈蹙”的文字。其立论的依据，就是“人则未有不自谋其生者”，肯定每一个人都有求生存的自然本能，都有追求私人利益的动机，都有自谋其生的能力。如果把这一切都强行纳入政府计划，由政府来为民众谋生计，就会使人们“弛其自谋之心”，且“夺其治生之力”，势必导致普遍贫穷、甚至连温饱都难以维持的状况。因此，王夫之坚决反对由政府制定统一的经济计划来支配人们的经济行为，主张让人们“自谋其生”，自由地发挥其“治生之力”，让每一个人都去追求他们的私人利益。这样，以“天地之大、山泽之富”，皆“宽之于公”，又何必“忧人之无以自给也”。历代专制统治者和正统儒家都以“养民”者自居，都说是他们养活了民众，是他们在致力于解决民众的吃饭问题，而王夫之则指出，正是他们的僭妄，他们的行为剥夺了人民的“治生之力”，压抑了人民的“自谋之心”，使人民生计愈困。这是经济理论上的一大翻案。以现代市场经济的眼光看，任何一个政府，即使这个政府具有犹如最高级的电子计算机一般的计划和运作的功能，也无法预见和解决社会经济运作中出现的各种极为纷繁复杂的问题。谋生，毕竟是私人的事；经济活动的主体，也只能是每一个追求其私人利益的个人；只有每一个人追求其合理的私人利益的能动性的充分发挥，才能解决他们的生计问题；而每一个人满足其日益增长的物质文化生活之欲求的活动，正是推动社会经济发展的最有力的杠杆。这一杠杆的巨大功能，是任何强大的政治权力都无法取代的。把每一个人“自谋其生”的权力还给个人，正是王夫之经济思想的近代诉求。

“上之谋之不如其自谋”，只是一个抽象的经济学原则，对此，王夫之还有许多具体的论述。他反复强调，社会经济生活自有其内在的自然规律，应该让这种自然规律充分发挥作用，只有“陋儒之妄”，才会迷信权力可以支配一切，可以对人民的生产活动和社会经济生活任意发号施令；而这样做的结果，只能给人民带来灾难。

传统社会经济运作的又一个重要特点，是以行政权力来干预市场物价。而王夫之则认为，以行政权力来调节市场物价，只能作为凶荒之年救偏补弊的权宜之计，而不可作为通例；在正常情况下，行政权力干预远不如听任市场之自行调节。他说：

乃当其贵，不能使贱，上禁之弗贵，而积粟者闭籴，则愈腾其贵；当其贱，不能使贵，上禁之勿贱，而怀金者不售，则愈益其贱；故上之禁之，不如其勿禁也。

他看到了物价之贵贱取决于买方市场与卖方市场的互动关系，因为大家都想贱买贵卖，商家彼此间的竞争又总是受制约于买方市场，结果就使得物价总是趋于一个使买卖双方都能接受并由此受益的平均数。与此相反，以行政权力强制降低物价，则商家宁可使货物积压而不愿卖，商品流通减少则贵者愈贵；以行政权力强制提高物价，则消费者望而却步，导致商品多得卖不出去而贱者愈贱。因此，只有让市场自行调节，方能使物价常趋于平而避免出现贵者愈贵、贱者愈贱的局面。

行政权力不正当地介入社会经济生活，还表现在官商勾结垄断市场物价上。譬如食盐，由官办盐业生产，然后批发给商人销售。于是奸商便和官府勾结起来“以限地界”，“地界限，则奸商可以惟意低昂，居盈待乏，而过索于民”。人民苦于盐贵，就从外地购进食盐，“官抑受商之饵，为之禁制”，这就造成了官商勾结共同垄断物价的局面。为了打破这种垄断，王夫之主张打破地界限制，“一委之商，而任其所往”；至于价格，“一入商人之舟车，其之东之西，或贵或贱，可勿问也”。也就是说，让商人自由地去进行贸易，自行定价，官府不得干预。至于价格的高低，自有市场这只“看不见的手”在起作用，“此方挟乏以增价，而彼已至，又唯恐其售之不先，则踊贵之害亦除。”只要是自由的竞争，没有官商勾结垄断价格，物价自然会低廉，百姓亦可免受物价腾飞之苦。当然，对于商人来说，商品贸易的自由竞争中肯定有盈利者，有亏损者，有成功者，有失败者。王夫之认为，这是正常现象，自由竞争本来就是要较量智力的捷钝，“相所缺而趋之，捷者获焉，钝者自咎其拙，莫能怨也”。这里所表达的自由竞争的经济思想，简直完全与近代的市场经济理论同调。在王夫之看来，政府愈无为，市场就愈有为；政府干预愈少，市场也就愈繁荣。这是老庄道家随顺自然的“无为”思想在新的历史条件下的发展和在社会经济生活中的运用，同时又与17世纪英国古典政治经济学家亚当·斯密关于自由竞争的资本主义市场经济理论在基本立论上具有一致性，是王夫之经济思想中值得珍视、具有现代性的理论资源。而王夫之生于1619年，比西方称为现代市场经济之父的亚当·斯密（生于1723年）整整早一百年以上。

由上可见，那种传统上一致认为中国历史上没有经济思想的观点，尤其是断定中国没有产生过现代意义上的市场经济思想的看法是不符合实际的。只是由于中国传统学术偏重于社会伦理道德研究，性理之学过于发达，而对务实之学有所忽视，使市场经济的思想理论湮没在历史的云烟风尘中。再加上20世纪以来的文化转变，中国实行白话文后，熟悉和阅读文言文典籍的人越来越少，因而使传统文化中的经济思想没有能够很好地挖掘而广泛传承，这不能不说是中国文化史上的一大憾事。其实，汉语中的“经济”一词，就是“经世济民”的意思，是指“关于国计民生的学问”。事实上，世界上没有完全脱离大的文化背景的经济学说，现代西方经济学产生于西方资本主义文化精神的土壤中。中国要找到一种真正能指导中国现代化建设、实现中华民族伟大复兴中国梦的经济学，就必须既要学习借鉴人类创造的优秀文明成果，包括西方的现代经济管理经验和经济理论，但更要继承和弘扬中国传统的民生经营理念和思想，从本民族的传统文化中汲取营养。因为产生在自己的大地母亲怀抱中的、自己祖先留下的精神财富更接地气、更服水土，和今天的现代化建设实践更一脉相承。我们的祖先已经创造了辉煌的成就，为我们写了一部中国人的经济学。当代的中华儿女不但要创造出新的经济奇迹，在厚重古老而生机勃勃的神州大地上谱写一部恢宏壮丽的中国经济发展的光辉篇章，昂首挺立于世界民族之林。而且要写出引领世界经济理论前沿的当代的“中国经济学”，为人类的未来照亮前进之路。

思想的价值

我们的时代过分地追求功利，使人们变得越来越现实，越来越浮躁。当人们遇到新的情况、新的事物的时候，还来不及思考就付诸行动。长此以往，四肢变得越来越发达，反应越来越敏锐，但头脑却变得越来越简单，思想变得越来越浅薄。人们的行为越来越片面和轻浮，缺乏厚重和维度。这样的结果也必然是社会成果粗糙和劣质，缺乏深思熟虑的周密设计，社会这座大厦就像纸糊的楼房使人感到摇摇欲坠之势，人们普遍有一种对任何事物缺乏信心的不安情绪和危机感。

人，区别于动物的一大特征，可能就是人有思想，并能把思想保留下来，一代代传承。因此，笛卡尔说："我思，故我在。"如果客观地回顾历史，人类社会的每一次重大进步，其源盖出于思想上的大解放；每一次大的思想解放，都成为社会进步的重大推动力，深深影响了人类社会的历史进程。从这种意义上来说，"思想"是一种宝贵的资源，思想也是生产力。

哥白尼的日心说对近代科学的思维方法有着重要的贡献，它使人们不再以《圣经》作为依据，而是以天体观察作为手段来认识世界。恩格斯说，从哥白尼开始，近代科学才大踏步地前进。

爱因斯坦的相对论对于现代物理学的发展和现代人类思想的发展都

有巨大的影响。相对论从逻辑思想上统一了经典物理学，使经典物理学成为一个完美的科学体系。

马克思主义的唯物史观的创立，使人们找到推动人类社会发展进步的力量源泉之所在，第一次给劳动赋予了新的意义。剩余价值理论的发现，使唯物史观真正成为科学。

达尔文的进化论第一次使人认识到“有机界和无机界的一切变异是根据自然界的规律而不是由于神的干涉而发生的”这样一个假定的可能性。正如列宁在总结达尔文进化论的意义时说：“达尔文的著作最后把上帝从自然界赶走了，生物科学便站立起来了。”

欧洲国家从14世纪出现文艺复兴，而后进入思想启蒙，经过社会契约论、天赋人权说和民主思想的激荡而产生民主革命，实现了社会制度的变革和民主制度的确立，结束了“黑暗的中世纪”，最终完成民众启蒙。

亚当·斯密“看不见的手”的理论第一次揭示了通过追求个人利益，却无意识地增进了社会利益，其效果比真的想促进社会利益时所得到的效果要好。即人们都有“利己心”，是“利己心”驱使着人们去获得最大利益，每个人都得到了利益，那么社会也就得到了好处。

孔子的“三纲五常”和名教观念，为封建等级秩序的神圣性和合理性而辩护，成为中国封建专制主义统治的基本理论。它们作为封建社会的最高道德原则和观念，被写进封建家族的族谱中，起着规范、禁锢人们思想、行为的作用。当然，这种思想在一定时期也起到了维护社会秩序、规范人际关系的作用。两千多年来，它一直影响着中国人的国民性。

当前，我们正在践行的科学发展观，其核心思想是以人为本。无论是中国古代的“民为邦本，本固邦宁”的民本思想，还是西方古希腊时期普罗太拉提出的“人是万物的尺度”，都蕴含着朴素的“以人为本”的思想。西方文艺复兴运动以来，资产阶级人文主义者提出以人为中心的思想，要求提高人的地位，维护人的尊严，肯定人的现世幸福生活，真正开始了人的自我觉醒和自我发现，形成了后来的人道主义。马克思、恩格斯在批判继承前人思想成果的基础上，依据唯物史观深刻揭示了人类存在的真实本质，对以人为本思想作了最根本的规定和最有力的说明。马克思在《黑格尔法哲学批判》中写道，“人并不是抽象的栖息在世界之外的东西。人就是人的世界，就是国家、社会”，是“历史的剧作者和剧中人”。社会的一切发展，离开人就无从谈起，社会的一切进步，离开人都无法实现，“以人为本”是马克思主义理论的本质规定。马克思创立的唯物史观，本质上就是“以人为本”的历史观和发展观，在唯物史观的科学体系中，人的发展是其理论的核心，人的自由和全面发展是历史发展进步的标志，只有从现实的人及其自主活动的实践出发，才能把握马克思主义的真谛。以人的发展为尺度考察社会的发展，是马克思主义的基本观点之一，人的全面发展是马克思主义者为之奋斗的崇高理想。所以，“以人为本”是马克思主义理论的本质要求。

就现时代的社会现实来说，“以人为本”理念的提出是对市场经济消极影响的消除。市场经济的发展本身会带来一定的消极影响。马克思曾尖锐描述道，“如果有100%的利润，资本家们会铤而走险；如果有200%的利润，资本家们会藐视法律；如果有300%的利润，那么资本家们便会践踏世间的一切。”这些马克思曾经批判的资本主义市场经济的消极事物在社会主义市场经济中也一定程度存在，金钱至上主义，“以物为本”主义等等，造成了人的被异化和物化，社会道德的败坏以及人对人的剥削与压迫。

把“以人为本”作为科学发展观的核心，也是在对当前一些地方片面追求经济增长的反思中提出的一种发展理念。我们要建设更高水平的小康社会与和谐社会，使经济更加发展、民主更加健全、文化更加繁荣、科教更加进步、人民生活更加殷实、社会更加和谐，就要克服在经济社会发展中出现的见物不见人的倾向，把“以人为本”为核心的科学发展观落实到执政施政的各项活动中去，落实到领导经济和社会发展的各项工作中去，以人的全面发展为价值目标、保障公民的政治、经济、文化权利，创造人们平等发展，充分发挥聪明才智的社会环境，从而实现构建社会主义和谐社会的目标。所以说，“以人为本”为核心的科学发展观，是站在历史发展的新高度来面对新的挑战，超越单纯的经济眼光，树立经济与政治、文化与环境全面发展标准的发展观，也是着眼于全体人民的共同需要和长远需要的发展观，是中国共产党人在当代的最高思想成就。

以上所举之例，已经足够说明“思想”这个东西的重要性及其对人类社会的作用和意义。但是，在现实生活里，人们往往会忽视这一点。许多人都知道科学家、艺术家、政治家，而不太重视思想家。认为科学家给社会带来发明创造，企业家为社会创造财富，艺术家为人类生活带来愉悦，他们都为人类的发展和进步做出了贡献，而看不到思想的作用和价值，看不到思想家为社会所做出的贡献。但是，试想如果没有历代圣贤给我们所创造的那些精彩的思想，人类的处境将何以堪。我们今天岂不还在荒蛮草丛中爬行，正所谓“天不生仲尼，万古如长夜”。如果没有“礼义廉耻”作为国之四维，社会就不可能像今天这样文质彬彬，秩序井然。如果没有“车同轨，书同文，行同伦”，我们的生活就不可能像今天这样方便、文明。所以，丘吉尔说：“我宁愿失去一个印度，也不肯失去一个莎士比亚。”倘若不是莎士比亚的作品提升了英国人的人文精神，牛顿的力学定律开启了英国工业革命的大门，经济学家亚当·斯密的《国富论》为英国提供了一个新的经济秩序，17世纪的英国还会成为当时不可一世的“日不落帝国”吗？如果没有人类创造并世代相传下来的思想智慧不断地改变着我们的生活并通过人类改变着世界，世界还会是今天这般模样吗？

思想是造物主给人类的特殊恩赐。大千世界，芸芸众生，物种无数，只有人类才能享有思维的愉悦。而每当我们在书本中读到先人们给我们留下的那些精彩的思想时，犹如享用一顿思想的盛宴。马克思说：“蜘蛛的活动与织工的活动相似，蜜蜂建筑蜂房的本领使人间的许多建筑师感到惭愧。但是，最蹩脚的建筑师从一开始就比最灵巧的蜜蜂高明的地方，是他在用蜂蜡建筑蜂房以前，已经在自己的头脑里把它建成了。劳动过程结束时得到的结果，在这个过程开始时就已经在劳动者的表象中存在着，即已经观念地存在着。”（《马克思恩格斯全集》第23卷，第202页）思想之于人，就是一个人的人格；思想之于一个民族，就是民族的精神。民族精神就是民族思想的凝聚，是民族思想的核心内容。与物质世界比起来，思想更具有久远性。权力只能称雄一时，思想却能统治万代。柏拉图甚至说：“思想永远是宇宙的统治者。”巴尔扎克说：“思想就是力量。一个能思想的人，才是一个力量无边的人。”再强大的雄师也有能挡住的城墙，但思想可以逾越疆域，超越时代，甚至无视宗教、语言、民族的界限而潜移默化，如水润物，无所不入。“思想”就像花香在天地间无形地传播，沁入人的心脾，给人美感，令人神往。《孙子》中所说的“非战而屈人之兵”，指的就是依靠思想的力量。“运筹帷幄之中，决胜千里之外”也是指思想的魅力之所在。古今中外，凡是立志做大事的人，有远见的人都很重视思想的作用，把“思想库”看得比“金库”还重要。楚汉相争时，刘邦攻下咸阳后，很多人都争抢金银、钱粮、豪宅，唯独萧何把秦宫中所有书籍典章全部完整地收集起来，整理珍藏。这些书籍后来对汉朝的治理和兴盛起到了十分重要的作用。就连秦始皇也深知思想之“危害”，为了使“大秦江山”延续二世、三世以至万世，先禁锢和毁灭春秋战国时形成的“百花齐放、百家争鸣”的思想及其载体，便冒天下之大不韪而干出“焚书坑儒”的惨绝人寰的旷世之恶，但事与愿违。

伟大的思想能变成巨大的财富。创造思想就是创造财富，毁灭思想更甚于毁灭财富，而等于是摧毁财源。马歇尔在《经济学原理》中说：“不论科学艺术思想或实用工具中所体现的思想，都是历代相承的最

‘真实’的遗产。如果世界物质财富遭到破坏，而这种财富由此制造的思想却被保留下来，则它会很快地得到补偿。但是如果所丧失的是思想，而不是物质财富，则这种财富会逐渐消失，世界复归于贫困状态。如果我们丧失了对事实材料的绝大部分知识，而保留了建设性的思想观念，则我们很快地重新获得这种知识；而如果思想消灭了，则世界势必复归于黑暗时代。”正因为扼杀和摧残思想会给人类自身带来可怕的后果，甚于扼杀生命。因此，我们倡导解放思想。解放思想，就是说不能把思想禁锢起来。思想也是有生命力的，禁锢得太久了，思想就会僵化。思想的管制比经济的管制更可怕，过分地压制等于是积蓄能量，一旦爆发，杀伤力更大。压制思想决不会让这些思想消失。万马齐喑往往会预示着“于无声处听惊雷”。思想的产生和繁荣需要一定的环境，自由的想象力是培育思想的沃土，陈寅恪讲的“独立之精神，自由之思想”说的就是这个道理。自由才能独立，独立才能创造。只有不同思想的交流、碰撞，才能产生智慧的火花。即使物境不自由，学者的心境也应获得自由。自由的想象力虽然有时不着边际，有时甚至近于荒唐，但它给思想提供了一个梦想的空间，可以让人鼓起思维的翅膀。思维的翅膀一旦在蓝天飞翔，总会到达新的彼岸，那里也许就有神奇壮丽、灿烂辉煌的新大陆。有时一个伟大的思想成就，往往是在思想家受偶尔事件的启发而在不经意中诞生的，如阿基米德在洗澡时发现了几何学原理，瓦特受开水壶盖的冲动发明了蒸汽机，正所谓“有意栽花花不开，无心插柳柳成荫”。

真正伟大的思想都是朴素的、零碎的，总是分散地存在于世界各个角落、各个阶层的人们的意识中。任何思想，一旦被人们系统化，一旦带有凌驾于其他思想之上而带有贵族气息，一旦形成所谓的“理论”，就会脱离群众，就会失去继续涵养它的土壤，从而变成僵化的“标本”，从此也就会被人们远离、冷落，进而厌恶。我国汉代董仲舒的“独尊儒术”就是一个典型例证。所以中国古代有句著名的话，叫

“礼失求诸野”。“知屋漏者在宇下，知政失者在草野，知经误者在诸子。”孔子的思想就散见于其与弟子的对话中，都是一些朴素的语言。苏格拉底的思想也体现在他的《对话录》中，他们都并没有长篇大论，分篇、章、节的砖头巨著，但不可谓不博大精深，流芳千年而不衰，至今仍熠熠生辉，化育着一代又一代新人，为社会文明进步发挥着作用。

思想构筑未来。思想家给我们指明前进的方向，设计未来的蓝图。思想家和政治家的区别就在于思想家在对世界的观点上总是超前于政治家。思想家的一个特点是，他的观点的提出总是从对现实的批判开始。这就使思想家和政治家总是成为宿敌。因此，政治家总是会利用自己手中的权力对思想家进行迫害，其目的就是为了最后地彻底地摧毁他头脑中的思想。正基于此，凡是伟大的思想家大都命途多舛。苏格拉底被迫饮鸩自杀，耶稣被绑上十字架，托勒密被教会烧死，马克思被迫多次流亡，鲁迅屡遭通缉，……他们没有一个逃脱普罗米修斯的下场，正所谓：“盗天火、煮己肉，照人间……”。

《周易》中的人生哲理

在东方遥远年代的中国大地上，诞生了一部至今仍令人叹为观止的奇书《周易》。这是用最简单的阴阳符号象征来阐说最复杂的宇宙、大自然及人类社会变化规律的最古老而奇特的哲学专著。纵观中华几千年的文明史，大凡凝聚着人类智慧之光的思想，其源盖出于《周易》。易道广大，无所不包。体大思精。《周易》的形成和完备，经过了长期的历史演变过程。所以说，易道深，人更三圣，世历三古。《周易》的哲理光芒发自远古，映照今天，又源源不断地启迪着未来。

《周易》被称为中华文化的根。在中国古代的传说中，伏羲画八卦，为我国文字的雏形；文王演周易，是我国文化的开端。文王的儿子，创造周代文化黄金时代的周公，著作《爻辞》。用文字阐述易理，始成《周易》。优秀的作品无论你怎样去探测它，都是探不到底的。潜心读《易》，使人深切感受到《易》学智慧于人生各领域中之无所不在。孔子晚年喜易，序彖、象、说卦、文言，读易韦编三绝。经过岁月的浪淘沙汰和鉴别比较，历史终于选定了班固《汉书·艺文志》的说法，“《易》为群经之首也”，这就成为历代经学研究者共同遵循的观念。

《周易》以阴阳变化阐释宇宙万物的一切变化，以占断启示天理亦即人道的变化法则，究明这一法则，就可以把握人生立身处世的要谛。综观《周易》六十四卦，蕴含着极为丰富的人生哲理，是先哲们对人生经验的积累和思考，闪烁着探索人类未来道路的智慧火花，也回荡着对后人的苦心劝诫，其深刻、其博大、其用心良苦，不能不令人叹服。了解《周易》的思想，要由六十四卦、三百八十四爻的“系辞”中，去仔细玩味，探赜索隐，钩深致远。《周易》中的人生哲理，微言大义，可归纳为以下几个方面：

第一，顺应时势，刚健自强。

人类生活在广袤无涯的大自然之中，每日一抬头就见到辽阔的天空，一举足就接触厚实的大地。日月运行，寒暑更迭。“天”之雨露和“地”之膏泽养育着人类及大自然万物。天地的变化，风雨寒温，阴晴霜雪，动静炎凉，无不直接影响我们的生存现状。因此，天地变化规律，成为人类自古以来最为敏感的问题，也成为以探究“天人”之学为主要内容的《周易》哲学的一条主线。《易》是天人之学。《易》述天理，天理即人道。人怎样与自然界（天、地）相协调？这是事关人类生存的重大问题，因此，古人历来十分重视对这一问题的探索。汉代学者讲求的“天人感应”，孟子所谓“天时、地利、人和”，均是围绕这个问题而进行的某方面思考。《系辞下传》追述伏羲作八卦的情状时说：“古者包犠（即伏羲）氏之王天下也，仰则观象于天，俯则观法于地，观鸟兽之文，与地之宜，近取诸身，远取诸物，于是始作八卦，以通神明之德，以类万物之情。”

《周易》教导人们做事要顺乎时势。所谓“顺”，就是承天而时行。历史潮流浩浩荡荡，顺之者昌，逆之者亡。凡事都应顺势而为，不可强求，更不能逆取。强求逆取之事必有后遗症。若时机尚不成熟，应耐心等待。任何事物永远都在变动之中，“变易”是整本《易经》最关键的内容。《易经》的道理，是在无路可走时，就要变化，变化就能通达，通达就能保持长久。黄帝、尧、舜能遵循这一变通的原理，当然会得到天的保佑，吉祥没有不利。所以，不必奔波辛劳，垂着手无须有所作为，就使天下太平。读过《周易》的人要明白，我们所看到的只是事物目前的状态，接着它迟早会变向相反方面去。变易而不易，复杂而简易，于变化中生成与发展，于反复中保持统一与和谐。而这一刚健中正，无穷无尽，永恒生生不息的生命力，正是宇宙精神之所在。

《周易》产生于人们的日常生活中，从一开始形成就与人们的生活方式紧密联系在一起，是人与自然的关系、人与人的关系、人的命运变迁规律的总结，是人们在长期生活中祸福经验的积累和哲人们对这些经验思考的结晶。《周易》从产生到完善，三易其名，历时数千年，许多结论是先人通过无数次的亲身体验，是用牺牲、苦难和挫折换来的。这是中国哲学和西方哲学的一个根本区别。康德曾说："我们的责任不是为了制作书本，而是为了制作人格；不是为了赢得战役和疆土，而是为了行为间的秩序和安宁。真正的大师的杰作是一种合宜的生活方式。"康德的理想和期盼包括康德在内的西方哲学家并没有能达到。但是早在几千年前中国人的《周易》已经做到了。中国传统文化历来倡导"知行合一"，中国的学术历来和社会政治及人们的生活方式息息相关。《周易》的头脑就是地地道道地彻底代表中国人的心态，几千年来中国人很重视在事物的发展变化中掌握时机，顺应时势，洞察幽微，转危为机，中国人把这一过程叫作"幾"（可视同为"机"）。所以，《易传》说："知幾其神乎。"幾是可以掌握到的，掌握幾靠什么？靠一种直觉的能力。政治家观时变，如张良、诸葛亮看社会变动，所以他们有先见之明，那就是从幾着眼。因为每一个时代开始的时候都有一个发动的过程。什么时候，从哪个地方发动呢？一般人糊里糊涂，聪明人、冷静的人才看得清楚。政治家看时代要看趋势，看事变之幾。

整本《周易》往往用自然的规律来说出人事的变化，由现在有这样的"因"导致未来有这样的"果"。人类的变化和人类建立的社会就是《周易》所说的“人文化成”。而“文化”两字的意思，就是由此而来。中国古老的《书经》（《尚书》）已经说出“人惟万物之灵”。是故圣人以通天下之志，以定天下之业，以断天下之疑。这是说，无心，无思，致诚，达到人我两忘的极度寂静，就能看清一切是非善恶，吉凶祸福，也就是通达神明，必然就能担当天下之事“易与天地准”就是《周易》这部经典与天地相应不违，丝丝入扣。任何事情都在发展变化，天有春夏秋冬，月有阴晴圆缺，人有悲欢离合。风水轮回转。就人事来说，我们在最不幸的阶段时，要利用这个时机来磨炼自己的心性、才能和知识，为将来的发展做好准备。从这个角度来看，现在的一切灾难就是未来幸福的基石。今天的灾难越重，未来的幸福就越大越多。“圣人以此洗心，退藏于密，吉凶与民同患。”智慧，应当像天一般高明；行为，应当像地一样谦卑；睿知圣哲，遵循这一天地的法则，崇尚智慧与礼仪，使道德修养有所成就，而能施展于事业中，就不仅独善其身，而且兼善天下了。“举而错之天下之民，谓之事业。”亦即，将道德修养，聪明才智，施展于事业中，使人与物一并得到济助，因应天地的变化法则，符合生生不息的宇宙精神，这才是“盛德大业”。又说：“富有之谓大业，日新之谓盛德。”“生生之谓易。”有抱负的贤明君子，就应当体察天地生生不息的大德，日新又新，致力于无穷的伟大事业。

《周易》把自强不息作为天理第一法则，人生第一要义。以天地为准则，确立了人生规范，以宇宙恒久无穷而又秩序井然的精神，劝勉人生应当自强不息，造福社会。这是《周易》的道德理想。对培育了一代又一代志士仁人的中华民族精神来说，自强不息的精神气质，是其最高的哲学基础。这主要体现在《乾》卦中。君子的行为，是以完成品德修养为目的。君子追求学问，以累积知识；抱着怀疑的态度，以明辨是非；以宽厚的态度，待人接物；以仁爱的态度，为行为的准则。“夫大人者，与天地合其德，与日月合其明，与四时合其序，与鬼神合其吉凶。先天而天弗违，后天而奉天时。天且弗违，而况于人乎？况于鬼神乎？” 君子就应当像雷雨般普施恩泽，为人类造福，这样才能够兴起伟大的事业。个人若是缺少了阳刚正气，则见义不能勇为，遇难不敢举步，怯弱无能，碌碌无为，生命终将成为毫无价值的摆设！同样，一个民族、一个国家，若少了阳刚之气，也将无法振奋自强，无法自立于世界民族之林。可以说，阳刚之气是大自然及人类社会不可或缺的生命灵魂之本质基因。中国两千多年来的传统文化也可以说是由《乾》、《坤》两卦背后深层的哲学思想发展而来，所以《周易》对中国文化有极为深远的影响。中国文化的纲领就是尊乾而法坤。人生道德修养，自应以天地的道理为准则，效法自强不息的宇宙精神，努力精进不懈，使自己在品德学识修养上有所成就，然后在事业上施展抱负，才能共同促进社会发展，人类向上；这就是参赞天地造化的功能，至高无上的大事业；而道德与事业的关系，也由此产生。

第二，坚守正道，常怀忧患。

冷静考察历史，我们可以发现，社会的现实环境，往往影响、陶冶甚至决定了人们的思想品格。善与恶，美与丑，正与邪，在人们的生活中普遍存在着。于是，中国古人确立了“君子”和“小人”的概念。11世纪初叶，中国北宋的著名哲学家张载提出“《易》为君子谋，不为小人谋”的观点，相当精确地概括了《周易》哲学明显的思想倾向与关注人生品格修养的忧患意识。为君子谋，是期盼“君子”修美品德，发扬正道，在社会与人生中发挥光明的作用；不为小人谋，是渴望正气压倒邪气，廓清乾坤，涤尽污垢，让人间充满奋发向上的真、善、美。这种哲理倾向，对于我们今天道德文明的建树与改良也具有深刻而有益的借鉴作用。

《周易》教导我们行动必须正大光明，才能获得正义力量的支持。只要安详地执着于正道，就会吉祥。说明直率、方正、宽大，为做人的基本态度。《系辞传》说："天下同归而殊途，一致而百虑。"人类求生存的目的与法则是不变的，但由于自私，个人的利益不同，以致产生不同的想法与做法。当你周围的人们通过种种欺诈的手段和不诚实的行为而暴富起来的时候；当其他人摇尾乞怜、一心向上爬的时候，你要保持自己的尊严和清白，不要同流合污。当有的人靠溜须拍马换来一个又一个成功的时候，你要善于保持内心的宁静，不要因他人的这些成就而痛苦。当你看到有些人为了名利像狗一样爬行的时候，你要能顶住世俗的压力，敢于特立独行，出污泥而不染。"含章可贞，以时发也"。"章"是美丽的文采，必须含蓄，才能继续保持纯正。不过，美丽的文采，难以长久隐藏，随着时间，会被发现，或许不得不跟随君王，从事政务。但不可重视个人的成就，最后才能有结果，这正是智慧的光明远大。君子以敬慎的态度，使内心正直；以正义的准则，为外在行为的规范；只要确立敬慎与正义的精神，他的德行，就不会孤立。所以说：只要正直，有原则、宽大，用不着学习，也不会有不利。

《周易》十分重视人的道德修养，认为养德是坚持正道的基础。《周易》中的"得意而不忘形，持盈保泰"、"收紧袋口，不会有过失，但也不会有荣誉"，是说言行应当谨慎。"善不积不足以成名，恶不积不足以灭身。"德行浅薄，却地位高贵；智慧低陋，却图谋大事；力量微小，却担负重任，就很少有不招致灾祸的了。要通过修养道德，勤奋精进，努力提高自己的品位，成功美的能力；不断明辨自己的知性，成功真的能力；增强自己的自由意志，成功善的能力。这也就是张载所向往的"为天地立心，为生民立命，为往圣继绝学，为万世开太平"的人生境界，真正实现孔子"兴灭国，继绝世"的理想。把断灭了的国兴起来，继续下去，把断绝了的世代复兴，继续下去。在中国传统文化中，这就是最高的道德，也是中华民族所以长寿的一个独特的根据。西方人始终不了解，中华民族为什么这么长寿。照他们的看法，一个民族历史文化开一次花就完了，但中华民族还没有完。依黑格尔看，春秋战国开花以后，中华民族到秦汉以后就死掉了。这是民族的断灭论。

贯穿整部《周易》的一个重要思想就是“忧患意识”。《周易》哲理之光的一个重要的穿透点，是通过超越时空的特定角度来透视人类过去、现在、将来的“忧患”所在，以寻求排忧解患的正确途径。这就是中国历代哲人视《周易》为“忧患之学”之所以然。“圣哲作《易》，本之忧患。”《系辞下传》对此特别指出：“《易》之兴也，其于中古乎？作《易》者，其有忧患乎？”

孟子说：“人恒过，然后能改；困于心，衡于虑，而后作；征于色，发于声，而后喻。入则无法家拂士，出则无敌国外患者，国恒亡。然后知生于忧患，而死于安乐也。”《周易》的忧患之学，正是要求在忧患中谋进取，图发展。《乾》卦《大象传》“天行健，君子以自强不息”这句名言，可以说是《周易》这部“忧患之作”的哲学思想之灵魂，它那足以使人在忧患中奋然振起的精神，不仅为往昔的有志之士灌输过无穷的力量，也将为今人及后人建树起一座愈经忧患愈坚不可摧的思想之金字塔。善良的人们希望，人类在物质文明日益进步的今天，应当不断加快心灵净化的步伐。今天的世界，固然有摩天大厦，车水马龙，灯红酒绿，然而，传统伦理美德的日渐衰微，一代怪诞迷茫思想的崛起，以及千人一面的只向往金钱物质的冰冷脸孔，惊心动魄的掠夺残杀，像魔影一样蔓延全球的艾滋病毒，这一切，难道还不足以引发我们的忧患意识吗？清醒的人们坐立不安。中国的古人们用以“洗心”，用以“济民行”、“明失得”的《周易》，能否借其一汪清泉来洗涤我们的心胸呢？在忧患中，我们不得不思索。从东方《周易》的哲理之光中，我们将能汲取多少足以排忧解患的哲学灵感呢？它所展示的浓厚的忧患思想及排忧解患的哲学启迪，是否将赋予我们以神奇的灵感而开辟21世纪人类新的生存前景呢？以忧患而锻炼世界，造福人间！或许，今天或明天的哲人们将会作出令人惊喜的回答。

第三，谨言慎行，秉持中庸。

《周易》告诫人们要始终言行谨慎，不可骄傲自满。“乱之所以生也，则言语以为阶。君不密，则失臣；臣不密，则失身；机事不密，则害成；是以君子慎密而不出也。”孔子引申说：“言语是招致灾祸的阶梯。君主言语不慎密，轻率地喋喋不休，就会失去有才能的臣子；臣子言语不慎，就会多言招祸，丧失了生命；机密的大事不慎密，就会造成灾害，所以，君子应言语慎密，不可以随便发言。”《周易》中常常是以“满招损”来戒惕教诲，乐极生悲。“滥用最好的即是最坏的。”当具备智慧与德行的君子，已经显现，受到注目，就处于危险的地位。这时，就必须时刻奋发，努力不懈，日夜警惕，不休不止地致力于德业的完成，谨慎小心，才能避免过失与灾难，如果骄傲自大，就会招致危险。儒家主张，不但在多人的地方要小心谨慎，最重要反而不是在大庭广众之中，而是在私下的行动中也要小心谨慎。君子“敬以直内、义以方外”。

《周易》中阐释了仁、义、礼、智、信、敬、诚、贞、顺等各项德性。这是基于道德律和自然律一致的思想，崇尚阳的刚健正大，同时并一再提示阴的谦退静稳。《周易》中兼备老子主张的“柔弱虚静”的法则。《周易》又特别崇尚时中。清代惠栋说：“易道深，一言以蔽之，曰时中。孔子作彖，子思作中庸述孔子之言曰：君子而时中。孟子又曰：孔子圣之时也。尧舜以来相传之法也。知时中之义，则易思过半矣！”由此可见，《周易》对时间因素与不偏不倚的中庸原则的重视。这样明天地之法，究阴阳之理，修性命之道，则进取退藏兼备，用以洗心研机，彰往察来，显微阐幽，于可尽死生之理，通幽明之故，最后就可达到心安理得、无忧无恐、知天乐命的境界。惟有认识宇宙精神，透彻阴阳刚柔动静变化作用原理的人，才能达到这一步。《系辞上传》中说：“乐天知命。”《说卦传》中说：“穷理尽性以至于命。”君子立身处世，必须觉悟“成己安命”的道理，这是道德修养的准则。提高自己的德行是学习《周易》最关键的方法。由此可知有没有成就，对自己、对人有没有真正的利益，都是从德行来说的，这才是最高、最重要的。学易是否真正有大成就，和“存乎德行”是有密切关系的。

《周易》所说的人生最关键道理就是，任何事物发展到极限就会向相反发展，也就是“物极必反”的道理。所以《老子》称为“反者道之动”。这种哲理已经出现在三千多年的《周易》原文之中。“通”是整部《周易》的关键精神。“通”其实等于我们今天常讲的“可持续发展”，它也就是“亨”。而亨是天地的大德之一。盛极而衰，是大自然的常则，应当警惕与节制。因为盈难以持久，满则招损。不可争强好胜，刚柔兼备，才能安全吉祥。运用法则而不可被法则拘束，惟有冷静、客观，不冲动，不逞强，不妄动，通权达变，才能掌握变化，善用法则。孔子说：“勤劳而不自夸，有功绩而不自满，有功绩仍然对人谦逊，这是极其厚道。德说盛大，礼说恭敬，谦逊就是致力于恭敬，以保存应有的地位。”天体运行，周而复始，刚健有力；君子就应当效法天，不休止地强制自己，努力不懈，力求进步，造福天下。

儒家讲中庸，中庸是最高境界。中庸不但是儒家的心传秘诀，也是中国传统文化的真谛。尧传舜，舜传禹都是“允执厥中”这四个字。朱熹说“人心惟危，道心惟微，惟精惟一，允执厥中。”中庸既是一种处事方式，也是一种表达艺术。很多场合下，当我们要求别人接受时，若语调太肯定，别人会反感而抗拒。若我们用疑问的句式来说肯定的事，别人反而容易接受。所以我们写文章不能用“绝对”、“一定是”、“必须”这些词，而要用“差不多”、“我相信”、“大概”、“恐怕”等等，别人就比较容易接受。这就是技巧和艺术，对人尽量不要用指挥和命令的口吻。

这里需要指出的是，按孔子、孟子的道理，这个中庸下面一定要有狂、有狷来支持。这个人如果既不狂也不狷，结果是乡愿。这样，中庸就会跟乡愿差不多。孔夫子最讨厌乡愿。所以中庸要有狂、狷在后面支持。狂者进取，知不可为而为；狷者有所不为。有所为有所不为，有是非，有道德意识。经过狂狷两精神才达到中庸，这个中庸才是大成化境，这才是圣人境界。你想要做圣人，先要狂狷，要做圣人，先做豪杰。孔子随机指点。耶稣也如此。所以，圣人不能干政治，圣人只能够做圣人。圣人只能说雅量的话，体谅人，忠恕、谦卑。干政治就不能如此，不能无对。就是孔子出来做大官，他也不能采用圣人的姿态，他也一定要以官的身份，要守规矩，官有官要守的一套规矩。你不能以圣人的姿态做大官，你以圣人的姿态做大官那就糟糕了。所以说，术业有专攻，不可兼而得之。王者治国，圣者平天下。

《周易》是以宇宙大自然的法则、精神为准则，确立人类行为的规范。究明宇宙大自然的法则与精神就能自强不息，面对森罗万象、无数问题而能知变、应变、适变，得以促使人类社会的发展向上，为全人类造福。由《周易》的思想就不难了解为什么《易经》被称为“天人之学”而成为我国传统文化的根源，一切学术思想的源泉，被推崇为“群经之首”了。要透彻地领悟《周易》中的人生哲理，必须懂得其象征意义。《周易》是人类追求自由的象征。象征，是十分奇妙的艺术表现方式。德国哲学家黑格尔在《美学》中论及“象征艺术”时，对“象征”含义作了这样的阐析：象征一般是直接呈现于感性观照的一种现成的外在事物，对这种外在事物并不直接就它本身来看，而是就它所暗示的一种较广泛较普遍的意义来看。因此，我们在象征里应分出两个因素，第一是意义，其次是这意义的表现。意义就是一种观念或对象，不管它的内容是什么；表现是一种感性存在或一种形象。人类哲学的精髓体现于这种奇奥深邃的思辨特色，这是古今中外哲学史上的一个共同现象。在西方的《圣经》哲学中，用十字架象征耶稣的精神，用羔羊象征教民们对上帝的信从；在中国的戏剧舞台上，用马鞭象征骏马，用红脸白脸象征忠臣奸臣；在我们的日常习惯中，往往用老虎象征勇敢，用小鼠象征怯懦，凡此等等，皆是我们所熟知的象征形态。而八卦的象征，也同样有着引人入胜的哲理魅力。“圣人”创造了阴阳二画之象，人类明白了阴阳之理，便意味着世界出现了文明的第一道曙光，人类社会于是乎迈进了真正意义上的文明社会。试想，中国古代神话传诵的盘古开天辟地，不正是开辟阴阳吗？西方的《圣经》开篇第一章《创世纪》，记述上帝创造了第一个男人亚当和第一个女人夏娃，而只有当两人吃了伊甸园的禁果之后，才真正廓清混沌的迷雾，知阴知阳，迈开了文明的第一步，《圣经》也就从这里开始翻开了崭新的一页，这也不正是人类辨明阴阳的绝好象征吗？

一部《周易》，写尽了中华儿女的苍凉与悲壮，是神州之光。它像心底惊雷，当头棒喝，令人怵惕，催人奋进；是先哲在生于斯、长于斯、歌哭于斯的华夏土地上，用血、汗和眼泪写成的至理名言，全书饱含着对后人的规劝，对未来的期许。在漫漫历史长河中，中华民族的先哲们用自己的血肉之躯点燃智慧的火把，并世代相传，为子孙们照亮了未来的人生之路。正因为有了它，我们这个民族才能够几千年来在坎坷跌宕的人生旅途中不畏艰辛，翻越高山，渡过险难，跨越陷阱，历经内忧外患而没有倒、没有散、没有迷失前进的道路。每一个中国人都应为之而自豪，都应倍加珍惜这一人生宝典！

最崇高的是“尊重”

在人类所有美好的品质中，尊重人是一个人人格的最崇高的境界。在一定意义上，尊重一个人比给予一个人物质上的帮助更为重要。尊重不但能满足一个人心理上的荣誉感，还能让一个人内心喜悦、安全，激发他的爱心和善意。尊重是个人、家庭和民族的幸福所必不可少的。没有它，人与人之间就不会有信用，不会有真诚，不会有信任，也就不会有社会的太平和人类的进步。只有尊重才能把人与人联系起来。尊重甚于关心、怜悯、同情、施舍，尊重是至善。

尊重人就是肯定人的价值。不同的人有不同的价值。黑格尔说过：“凡是存在的，都是合理的。”“物之不齐，物之情也。”存在本身就是价值。“尺有所短，寸有所长。”我们不能用一个标准衡量所有的事物，不能把自己的价值观强加于人。尊重意味着平等待人。“己所不欲，勿施于人”这条真理超越国家与民族。对他人的信任，是“尊重”的一个核心原则。当然，在一个并非人人都是圣贤的社会里，要真正实现每一个人的尊严还需要一定的社会经济基础。往往有这样一些人，企图把自己的“尊严”建立在剥夺和践踏别人的尊严的基础上。这是人们最不能容忍的行为，也是社会之所以屡屡动荡不安、引发革命的原因之所在。无可否认，人们天生就存在某些方面的差异。但性别、种族、肤色，甚至天赋、长相等方面的差异并不能成为造成不平等和歧视的理由。历史是所有生活在历史活动中的人们共同创造的，不仅仅是英雄和杰出人物创造的。而且正是无数默默无闻的平凡的人用自己的牺牲和奉献创造了历史，同时也“创造”了英雄。有谁见过哪位英雄豪杰的“红顶子”是用自己的血染的，都是别人的鲜血染成的。“一将功成万骨枯”，这就是英雄创造历史的代价。因此，我们不能在高唱“英雄史观”的时候，忘了普通人。其实更多历史是普通人创造的。亚历山大缔造了罗马共和国，他创造了罗马的历史；一名清洁工每天把马路上的垃圾清理干净，使城市的面貌焕然一新，他也创造了这个城市今天的历史；孙中山推翻了两千多年的封建专制统治，创造了中国的历史；农村乡下的一名农夫剪掉了辫子，一位女子松了自己的裹脚，他们也同样创造了历史。创造历史的甚至也包括那些被遗弃的人、误解的人。释迦牟尼创立了佛教，改变了历史；远在东南亚乡村寺庙里的一个和尚在向信众传播福音，他事实上也是在改变着历史。每个人在社会这个舞台上，都分别担当着不同的角色，都是人类这部大戏的组成部分，缺了谁都是不完整的，而没有高下之分。

尊重人就是承认人的独立人格。所谓“士可杀，不可辱”，就是指人格之重要。恩格斯讲：人格之于人，就像花香之于花。尊重人格就是维护人的尊严。没有了尊严，也就没有了人格。尊重别人是为了让别人有尊严。德兰修女在救助社会最底层的人的时候，首先想到的是尊重他们，维护他们的自尊心，然后才为他们提供帮助。即使是死，也让他们有尊严地死去。我们往往只知道关心人，却忽视了尊重人。尊重人就是给别人尊严。中国有句俗语：“人活脸，树活皮。”这里的“脸”，指的就是人的尊严。不能因为他是你的孩子，你就可以随心所欲地打他们，骂他们，甚至杀害他们；不能因为他生活上依靠你，就对他们肆无忌惮地“呼来唤去”；不能因为你曾施舍于他，他就什么都应该听你的，对你惟命是从。要善于看到别人的优点和长处，发现别人的价值。

其实，世界上没有十全十美的事物，也没有十全十美的人。大美就有大的残缺，残缺和美是一对孪生子。美就在残缺中。维纳斯就是最典型的象征。孔子是圣人，但孔子却有个不好的出身，孔子是私生子，据说是他父亲与一女子颜氏野合而生的；孔子向世人孜孜不倦地传播着真理，但他却处处受人嘲讽，惶惶如丧家之犬。耶稣是圣人，给世间的穷人带来福音，但耶稣却处处被人误解，遭人暗算，死后还被钉在了十字架上，而且被人吐唾沫。尊重别人也是表现自己的修养，绽放出你人性的光辉。尊重才能使别人出自真心地和你共处，愿意打心里和你做朋友，才能真正达到和谐。

要做到对别人的尊重，最重要的一点就是要对别人能够包容。包容是一种更高的姿态，更高的境界。既能使自己超越，又能把问题看得更清楚。包容比反对更高明。反对往往是两败俱伤而无助于事情的解决。但有些事只要包容，会让时间去解决。只要能包容，我们就不会为一件小事而纠结，我们就会没有过不去的坎。常言道，宰相肚里能撑船，说的就是包容。有时候我们没有必要为了什么什么非争个你非我是，我们没有必要非斗个你死我活，我们没有必要非得是有你无我，把对方消灭。我们难道不能共生吗？黑暗的存在会使光明更耀眼。矮个儿的存在会使高个儿更突出、更伟大。包容了就会谦让，就能忍耐，就能和谐，就会使生活丰富多彩。包容对方会使自己的缺陷得到补充，会使自己的特征更加明显。包容也是对自己的一种保护。古语中说：“唇亡齿寒”，“水至清则无鱼，人至察则无徒”。听得进不同意见，会使言路畅通。容得下多事之人，可以使群贤毕至。当权者要能包容持不同政见者。一位哲人曾说过，一个民族有一些敢于和强权抗衡的人并不是坏事，这样的民族是不至于在酣睡中被人灭亡的。对立就是互补。领导者能包容爱提意见的部下，就会使自己有所戒惧，保持清醒头脑，而免得被捧杀。富人要能包容穷人，就能在对穷人的施惠中发现自己的良心，看到自己在社会上的价值，就会培养一颗慈善仁爱的心。强者要能包容弱者，就能充分发挥自己的潜力，使自己成为一个敢于担当，负有责任心的人。一把手指头也有长有短。要学会欣赏他人，理解他人，善于和他人分享，并从中体会分享的快乐。其实，理解就是尊重。我们常常听到，有人会抱怨父母不理解他们，儿女不理解他们，领导不理解他们……其实，言外之意都是指得不到尊重，或者是他们的付出，或者是他们的劳动，或者是他们的苦心。

“山不辞土，乃成其高。”“海不辞水，乃成其大。”包容的人会更有亲和力，不至于成为孤家寡人。爱揭别人疮疤的人，必定是人人讨厌之人。包容是给别人留有空间，留有机会，也是给自己留有退路。人和人的差异是由环境不同造成的，人也是会随着环境的变化而变化的。要能够包容和自己有不同信仰和不同生活方式的人。善于包容的人，会用自己的言行感化和影响和自己不同的人，天长日久，精诚所至，金石为开。功夫不负苦心人，会起到春风化雨，润物无声的作用，从而使异己变成同仁。如果社会上人人都能够互相尊重，就会洋溢着祥和温馨的气氛，人间就会变得更美好，生活就会更幸福，社会真正成为人们向往的极乐世界！

文风刍议

文风问题不是单纯的文章好坏的问题。文风与党风和社会风气紧密相连。文风既反映出党风和社会风气的好坏，也对党风和社会风气的好坏起到一定的影响作用。所以，习近平总书记说，文风不是小事。人们从文风状况中可以判断党的作风，评价党的形象。文风问题的演变有一个过程，并不是我们的文风一开始就不好。开始的时候比较简单，简单地把事说清楚就可以了，慢慢地大家觉得说得不够全面，不够完美，大家就去研究，慢慢地就成了体系，成了一套东西，就出现八股化的倾向。所以，毛主席提出要改进作风，反对党八股。延安的时候就提出这个问题。这种情况在历史上也并不是第一次。比如在汉朝的时候中国人的文章就已经写得很好了，一些文人为了更好，就在文字上刻意做文章，后来出现骈文，骈文就发展过了头，讲究对仗，讲究形式，反而过分讲究辞藻，把思想淹没了。所以，关键是我们头脑要清醒，一发现就要改进。八股的形成有它的规律，到一定的时候我们就要很清醒地主动地去改变这些东西，去发现我们的问题，然后摆脱这种束缚，才能继续前进。

现在我们的文风问题主要有这样几种表现形式：一是新的八股主义比较盛行，千文一面，千篇一律。比如说：领导的讲话总是三大块，一是总结成绩，二是寻找差距，三是部署工作。工作报告，一是回顾过去，二是经验体会，三是今后努力的方向。无论是哪一级的文件都少不了要有指导思想、总体要求这一类的话；讲成绩总体上肯定，形势大好；讲问题总是强调客观，轻描淡写；讲部署工作总是目标相当宏伟，信心相当坚定。谈事情不是针对具体事情，总是拿着架势讲一通，我觉得这是从上到下，各行各业比较普遍的现象。国家这么大，上下情况和职能相差比较大，各行业情况相差也比较大，用一种形式把所有的情况都装进去，难免会出现僵化的问题。

第二个问题是语言比较空洞，文过饰非的东西多。从上到下的同类文件中，你要挑的话，会从里面挑到很多相同的词，甚至相同的语句，甚至相同的段落。有时候，大家讽刺说把上面领导讲话的地名和数据一换下面就可以用，现在的东西下次就可以用。这种情况确实还普遍存在，这样的文稿看不出地方工作的特点和领导的个性。无论哪一级领导说的话都和中央领导说的话差不多，语言自然就不鲜活、不生动，不能反映实际。

第三个问题是思想肤浅，文字冗长。我们经常能看到各方面的文稿，包括调查报告、汇报材料、领导讲话、各类简报，很多文稿要么就是一大堆情况，要么是一大堆数字。体例上也是大一二三四，套中一二三四、再套小一二三四、横着的一、竖着的一、大括号的一，看得人都晕头转向，材料缺乏推敲和提炼，看完不知所以然。为什么叫文山会海呢？文件发得多是一个原因，还有一个原因是普遍文字太长，包括文件、领导讲话、调查报告。造成一种好像稿子文字越长，说明越重视，内容越重要，越有分量似的。这三种表现是文风方面比较突出的。这些现象用人民群众的话说就是官话、套话、空话、假话连篇。

我想了一下，为什么有些干部爱讲官话呢？官话产生的一个重要原因是当领导的人特别是有些人受传统文化的影响，官僚主义思想严重，没有把自己当作人民的公仆，没有和群众坐在平等位置上来讲话，处处想着自己是个领导，高高在上。总是觉得自己比群众高明，所以讲话居高临下，盛气凌人，喜欢教训人，处处打官腔，这是产生官话不可忽视的一个方面。这个问题既是一个文风问题，恐怕也是领导干部权力观的问题。共产党的领导干部是为人民服务的，如果宗旨意识淡薄，在讲话中就会流露出来，就产生了官话。

套话的产生主要原因是不独立思考，只唯上、只唯书、不唯实。总是喜欢照抄文件，照抄本本，喜欢人云亦云，自己不思考，这就自然形成套话。套话盛行有个历史原因，就是以前多年搞政治运动，干部常常因言获罪。许多干部害怕自己因说话犯错误。有人说当领导的干一件错事可能问题不是很大，但千万别讲错话，尤其是不要在公开场合讲错话。当然公开场所讲错话确实也不对，但动辄上纲上线自然就束缚人的思想，使很多领导对讲话噤若寒蝉，不敢动脑筋思考讲自己的话，生怕和上面的精神不一致，和领导的想法不一样。有人常说，干错一件事是能力问题，讲错一句话是政治问题。要想不讲套话，就应该正确对待有些干部讲的错话，知错就改，纠正了就是好干部。

讲空话主要原因是对实际情况不了解，缺乏调查研究。有些干部不深入群众，不深入实际，不研究具体问题。脑袋本来就空空如也，对实际情况一无所知，讲话时只好要么就照本宣科，要么就避实就虚，讲一些原则性的、不着边际的话来应付差事。讲空话主要是工作作风问题，对具体事物缺乏研究，讲不出道道来，只好讲空话。

讲假话的一个很重要的原因是思想品质不纯。按道理一个领导干部是不应该讲假话的，但既然有这么多人，或者是讲了那么多假话，我们就应该深思这个问题。恐怕讲假话不仅仅是个思想品质问题。有时候我们也会发现一些思想品质很好的人在一些场合也会讲假话。所以讲假话的原因，肯定是有人爱听假话，讲假话有实实在在的利益，讲假话可能会被提拔，会被表扬。讲真话可能挨批评，尤其是当工作遇到困难和挫折，或者这项工作这件事情的好坏直接对他的上级领导有影响的时候，讲假话的可能性会更大。因此要领导干部不讲假话，首先要创造一种保障讲真话干实事的环境，让讲假话的人没有空子，让老实人不吃亏。这样才能改变讲假话的风气。

应该怎么样才能改进文风，这是一个很复杂的问题，至少我觉得有几点可以做出努力：

第一要勤奋学习。毛主席讲人的正确思想不是人的头脑里固有的。人的言论是人思想的表达。只有勤奋学习才能有所长进。学习有几个方面，一个还是要学习纸上的东西，要读书看报学文件。如果领导干部不读书，知识就不够用，思维和眼界必然就不会很开阔；不看报不学文件，就不知道天下发生什么事情；不了解党和政府的方针政策，自然会出现偏差。学习有两个方面的好处，一个是可以把别人好的思想好的观点好的文风学过来；另一个是批判地学，从中发现这篇文章写得不好问题在哪里，引为前车之鉴，以后避免。第二个是学习地上的东西。地上的东西就是从实践中学，向人民群众去学习，经常深入实际，听群众讲什么，群众的心声是什么，群众是怎么来表达这些问题的。从实践中从群众中学习的东西是鲜活的生动的，这些东西往往是书本上学不到的。我觉得习总书记讲的很多话都是大实话，很生动，一听很新鲜，就好像咱们聊天讲的话，但道理很深刻，也很明白，话一入耳，即知其理。这就说明他对基层对群众的语言是非常熟悉的。同样一件事情，如果文绉绉的，用规范化的八股文字表述出来，给人的感觉和用老百姓的话说出来是不一样的，听的人的感觉，受到的触动也会是不一样的。所以，语言的鲜活很重要。语言本身就是从实践中产生总结提炼出来的东西，就像我开始说的，本来是很鲜活的东西，鲜活的东西才有生气、有吸引力。后来很多文人把它规范化、书面化，在语法上一抠就变成不鲜活的，变成死的东西，句子虽然很工整，但是失去它原有的鲜活和吸引力了，变成“贵族”的奢侈品。

第二要善于思考。世界上没有完全相同的两片树叶，何况思想呢，何况讲话呢，如果每个领导人讲话都是自己认真思考的结果，也就不可能讲出套话，不可能千篇一律了。独立思考还有助于领导者摒弃不切实际的空话，你如果独立思考就不可能讲出空话，因为你不可能思考“空”的东西，你思考一个事物，变革一个实践，形成一种理论，它一定是和实践结合的东西，你想讲空话也不可能。如果你讲的话都是你思考的结果，自然而然这些话也肯定是新话，因为这不是别人的话。写短文、讲短话也是要花功夫的，讲短话并不比讲长话容易。我们经常有这样的体会，写短文章花的时间比写长文章还要多，文章的长短往往和所花的时间成反比，而不是成正比。所以讲短话更需要下功夫花精力去思考，去取舍，去斟酌。

第三要求真务实。这既是一个思想作风问题，也是一个思想方法问题。一个求真的人心中只相信真理，就不会讲假话；一个务实的人“一是一，二是二”，就不会讲空话，这种思想方法反映在文风上就是言之有物、干净利索，所以思想方法很重要。

因此，文风问题不仅是个表达问题，也是思维方式和思想作风问题。不管是文风还是话风，反映的都是我们的党风和政风。风气就是形象，风气就是文化。改进文风是重塑文化，重塑中国政治文化，重塑党内文化。这对于实现中华民族的伟大复兴具有重要而深远的意义。

有所守

我们中华民族是一个有着悠久历史文化的民族，正是优秀的传统文化，塑造中华民族成为了受世人尊敬和羡慕的“礼义之邦”。文化的涵义在很大程度上意味着有教养，教养的一个重要标志是言谈行事有一定的“章法”。而章法就意味着有所遵循，遵循章法就是守规矩。因此一个有高度文明、悠久文化的民族，就不应该像动物一样靠本能恣意行事，而应遵循一定的章法，即“有所守”。一个国家、一个地区人人有所守，是社会文明进步的象征。真正的太平盛世不是靠军队的威慑和警察的维持，真正的太平盛世是人心的安宁平静和内在的秩序。

有所守，重要的一点就是我们的民族、我们的国家、我们的社会中的每一个人都应有自己的信仰、自己的主见、自己的道德规则。任何行为、做任何事情，都要有所依傍，都有一定的节制和限度。对于先人的、已有的法度应有所敬畏，有所追随，有所继承。即使在没有约束和监督的情况下，也不越池、不逾矩。有所守，守的就是自己的那一点信念，那一份节操。《周易·系辞下》说“失其节操者其辞屈”。有所守，是中华文化的要义之一。相传，尧让位于虞舜，舜让位于禹，其秘传心法就是“允执厥中”。“执中”，就是有所守，凡行事必有尺度，不可过之。朱熹说：“人心惟危，道心惟微，惟精惟一，允执厥中”；

这十六字诀，成为儒家修身治学和为人处世的精义，也是“中庸”的基本思想。程灏说“饿死事小，失节事大”，就是说文化人宁肯失去性命也不能失去操守。林则徐引用吕坤的话说：“防欲如挽逆水之舟，才歇力，方下流；从善如缘无枝之木，才住脚，便下坠。”中华文明之所以几千年来历经无数次劫难而传承不绝，就是因为有一批“有所守”的仁人志士。始终坚持“三军可夺帅，匹夫不可夺志”的气节。沉沦在下位，不以之自沮；见知于当世，不以之自荣。这是中华民族之瑰宝。在中华民族的历史上，有宁可饿死也不食周粟的伯夷、叔齐，有“一箪食，一瓢饮，居陋巷，不改其乐”的颜回，有“不为五斗米折腰”的陶渊明，有“人生自古谁无死，留取丹心照汗青”的文天祥，有“粉身碎骨全不顾，只留清白在人间”的宋濂，有不吃美国救济粮的朱自清，有即便穷困潦倒、卖字为生也不为蒋介石高官厚禄的诱惑所动的陈独秀，有坚守清贫、洁白、朴素的生活而不放弃自己的信仰、视死如归的方志敏……正因为他们有所守，所以才“富贵不能淫、贫贱不能移、威武不能屈”，始终保持了自己独立不惧的人格和英雄气节，从而也使我们的民族薪火相传而生生不已。

有所守，就能心存敬畏，做人就有“底线”。只有心存敬畏，才能做到“慎独”。现在，一些人没有信仰，丧失了为人的基本道德规范，行为没有底线。只要给钱，什么话都可以说，什么事都敢干。没有敬畏之心，就会对自己缺乏清醒的认识。有的人权力欲极度膨胀，不择手段地一心向上爬。本来只有当科长的才具，但给他一个部长也敢当。“一朝权在手，便把令来行。”情况不明决心大，无知者无畏。俗话说“头顶三尺有神灵”，一个有所守的人，会像敬畏天上的星空一样敬畏心中的道德律。若要人不知，除非己莫为。有个故事曾讲，以前有一个人想给官员行贿，这个官员坚决拒收，行贿者以为官员担心怕别人知道了揭发，就说此事无人知道。这位官员正色道：你知，我知，天知，地知，岂能说谁也不知。有所守就会自律，就会信守诺言。己所不欲，勿施于人，是中国人最熟知的一条道德律，不能把自己的发展建立在损害别人利益的基础上。要靠诚实劳动、诚信做人改变命运，这样才能赢得信誉，才能自立。有所守就会知足知止，不会被功名利禄的诱惑而冲昏头脑、见利忘义。人的欲望是无止境的，但任何人都不可能得到世界上所有的东西。家财万贯，也只能一日三餐，夜宿三尺。所以要知足常乐，当止则止。如果欲壑难填，只能是自取灭亡。有所守，就会懂礼义、讲廉耻。知义近乎忠，知耻近乎勇。礼义廉耻，国之四维。只有每个人讲礼义，整个中华民族才能自立于世界民族之林。

有所守，是心灵的道德律令，是无形的法则。官员有所守，就不会滥用权力、贪污受贿、失职渎职，就不会忘记自己的责任而勇于担当。企业家有所守，就不会唯利是图、见利忘义、制假造假、坑蒙诈骗、损害消费者。法官有所守，就会秉公断案而不徇私枉法。医生有所守，就会救死扶伤而不谋财害命。教师有所守，就会认真上课而不误人子弟。新闻工作者有所守，就不会造谣惑众，扰乱社会安宁。小贩有所守，就能诚实守信经商而不欺行霸市。农民有所守，就会不误农时而种好自己的一亩三分地。工人有所守，就会认真干活而不生产劣质产品。有权力有名望有金钱的人有所守，就会造福民众、乐善好施，而不会损公肥私、鱼肉民众、祸害社会、发动战争给人民带来灾难。一般老百姓有所守，就能惜福知止、安居乐业，就不会丧失诚信、损人利己、危害社会。总之，人有所守，就不会有不切实际的非分之想，就不会盲目相互攀比，就会正确看待得失的意义和代价，心灵就会找到平衡点。

只有每个人都有所守，才能有和谐的社会秩序。而社会秩序是一种公共产品，即使别人受益，也惠及自己。过去在封建社会比较好的朝代，一个县官带着几个衙役就能治理几万人乃至几十万人的县，靠的就是老百姓的有所守。路不拾遗，夜不闭户，靠的也是老百姓有所守。有所守的道德法则为遵守它的人带来兴旺，为服从它的家庭带来庇护，为尊崇它的社会带来昌盛，为以德治国的民族带来自由、幸福与和平。相反，如果一个社会的公民无所守，将会给这个社会带来灾难。就像美国经济学家加尔布雷斯在《1929年大崩溃》一书中描写在南海泡沫事件中，当时人们疯狂追逐股市时失去理智的情景："政治家忘记了自己的政见，律师们忘记了自己的本行，批发商们忘记了自己的生意，医生忘记了自己的病人，店主忘记了自己的商店，一贯讲信用的债务人忘记了自己的债权人，牧师忘记了布道，甚至女人们也忘记了自尊和虚荣！"

要使一个国家、一个社会的民众做到有所守，就必须从形成良好的社会风气入手。这些年我们提倡法治，但是对德治的作用强调少了一些。对个人发展重视了，但对社会公德提倡不够。法治治"行"，德治治"心"。要发挥教化的作用，形成做人做事的良好道德风尚。我们中华民族的优秀传统文化，就是优秀的道德文化。中国传统文化中的"仁、义、礼、智、忠、孝、信"、"修身、齐家、治国、平天下"的理念，就是中国人应信守的道德理想和行为准则，彰显了中国先圣们把个人、家庭与国家民族联系起来的崇高人生境界。由于众所周知的历史原因，近百年来，我们优秀的传统文化遭到漠视甚至践踏，"在倒洗澡水的时候，连孩子一同倒掉了"，从而使我们这个文明古国斯文丧尽。这是世界文明的一大损失，更是中华民族的悲哀。以至今天的中国人，就像失去了灵魂，精神上无所归依甚至道德沦丧。我们要发扬传统文化中的优秀成分，让我们的国人从小在道德氛围中浸润熏陶，成为一个真正具有中华文化素养的人，一个真正骨子里的中国人。曾几何时，我们中华民族失去了自己的精神家园，被一种低级的物欲主义所奴役。我们应该重新唤回自己的灵魂。我们要弘扬中华民族文化的优秀价值观，要让中国人坚守住自己的精神家园和人文情怀，传承中华文化的香火，从自己的土壤中汲取营养，成为一精神上独立之个人、独立之民族。从本质上讲，中华民族的优秀价值观也是中国特色社会主义核心价值体系的重要内容。中国特色社会主义的时代精神，就是马克思主义科学理论和中国优秀传统文化相结合的中华民族精神。只有民族的才是根本的，才是世界的，才是长远的。我们要学会用我们的文化来教化我们的国人，来培育我们的民族精神，发挥中华文化在治理国家和社会中的作用。让我们的社会更文明，人民生活更幸福，人的行为更优雅。这也是符合实际和切实可行并能见成效的办法。

正确的思想就是真理

在我们这个现实的世界上，人们都在不遗余力地追求物质财富，但是却没有多少人潜下心来追求精神财富。因为追求物质财富可以得到现实而及时的荣耀、地位和享乐，而追求精神财富的道路却是艰辛、孤寂、漫长而曲折的，常常是劳苦终生而一无所获，湮没无闻地了此一生，有时甚至还要冒着被误解、被侮辱、被背上十字架、被活活烧死的危险。真正的精神财富就是创造思想，而真正的思想就是真理。越是文明程度高的民族，越重视精神财富。一个没有独立思想的民族是不可能在真正意义上能够自立的。物质财富的创造需要思想提供的智慧和调动人的积极性，激发人的创造活力。思想这一精神财富的创造需要独立自由的学术环境。

真理不是别人所能赐予的，真理只有在探索中才能得到。“真理与日月齐辉，与天地共存。”真理的火花总是顽强地在最粗俗的古怪传说的掩盖下，在荒唐怪诞的宗教仪式的掩盖下闪烁着微光，那光亮紧紧依随着它们，就像麝香一样，一旦接触到任何东西，其香味就附着上去永不消散。探索真理的道路并不是平坦而笔直的。造物主并没有告诉人们真理的殿堂在哪里。人类每取得一次重大的进步，常常要走许多弯路，这就像托勒密体系中的本轮一样，在本轮中绕行一周后，世界又回到了他们以前的出发点。我们必须承认，没有一定的荒唐，人类便不可能朝前迈进一步。荒唐是人类生存的因素之一，幻想是不可或缺的东西。

思想也同人一样，它们不可能随心所欲地产生。我们必须等待它们的出现。如果外部环境的刺激与内在的心境以及个人的兴趣巧妙和和谐地联系起来，那么，关于某个问题的思想就必定会自然而然地产生出来。但是，恰恰是这种自然产生的思想似乎绝不会出现于人的头脑中。诱发一个人思想的刺激物和心境，往往更经常地来自现实世界而非书本世界。处于最高层次的精神，其特征是对事物的判断总是依据第一手资料。唯有与生俱来的才是真实的，才是完好无缺的；任何想要有所作为的人不论是在实际生活中，还是在文字创作中，抑或在艺术中，都必须做到无意识地恪守自然法则。生命之树常青，而理论是灰色的。自然界和社会是既存的现实，人们生活在其中，但人们并没真正地认识自然和社会的本质。人们每天看到的、遇到的只是一个表象。怎样从自然和社会的表象中发现其内在的规律，通过对这些表象的整理和分析就会得出一些更本质的东西，再经过人的思维的取舍抽象，这就是思想。这些思想就会指导人们在未来的生活中不会被客观的、暂时的、片面的、局部的现象所蒙蔽，而时刻清醒地把握自然和社会的真谛，这些思想就是真理。这样得出的思想是原创的，是对第一手现象的研究的结果，所以它是符合事物本身的。这样的智慧不同于从别人那里传授来的，也不同于自己只是从书本里读到的。它具有直接的、鲜活的现实性的品格。而那些只迷信书本、尽管终身读书并从书本获取智慧的人，很像通过旅游者的描述去了解一个国家状况的人。他们虽然会熟悉这个国家的许多情况，但是，他们对这个国家的真实状况却缺少一种有机的、清晰的和深刻的认识。而那些从现实出发，又以毕生精力从事思考的人，就像旅游者本人，只有他们才真正了解自己所谈论的事情，他们对各类事物的真实状况了如指掌，对所论及的问题相当精通。就像一个曾吃过梨子的人，在讲梨子的味道时，是在描述自己解剖品尝梨子的实践，而不是在转述别人的传说。

一个人若希望自己的思想具有理性，并富有生命力，那么，首先这些思想本质上必须是他本人的。因为，只有他本人的思想，他才能真正完全地理解他们。好的文学艺术作品就是作者亲身创造的结晶。一部好的作品问世好比一个人的诞生，勤于思考的精神接受外部世界的精华，然后，在自己的体内孕育并生下自己的孩子。只有真正卓越非凡的人才能写出具有阅读价值的作品。他们所书写的正是他们自身接触心灵所留下的深深印记，而这种印记却构成了其他所有人的精神摹本。

真理具有其自身的独立的价值，它不受任何利益的驱动，真理就是真理，它不是什么也不依附什么，它就是它自己，它自身的存在本身就是价值。最伟大作者的最优秀作品常常诞生于这样的时候，即他必须不为任何目的而写作，只是受一种创作的激情的驱动而不得不写作。一个人若想创造出逾越于他自己时代的伟大作品，就必须漠视他的同时代人，置他们的评论于不顾，且任凭他们毁也罢，誉也罢。因为在任何一种崭新的且传播广泛的真理降临世间时，因为它崭新而必定显得貌似矛盾。这样，它就会遇到竭力抵制它的种种冥顽不化的障碍；甚至于这些反对者在疏于防范且几乎确信这一真理后，仍在继续拒斥它。一种思想越是伟大、越是深刻时，它降临世间时会越是被视为异端，遇到的抵制会越大。当一种伟大的思想石破天惊地出现在人们面前时，整个世界都会为之震撼。他的抵制者为了维护原有的正统，不但要处心积虑地让这种思想无插针之缝，而且还会通过迫害这一思想的发明者来恫吓人们远离异端。一切现存的当权者都畏惧新的思想，无论是执政者还是宗教精神领域的，如西方中世纪的宗教裁判所、中国历史上的秦始皇焚书坑儒。然而，真理是不可以也不能被查禁、被焚毁的，秦始皇无法做到，路易十五无法做到，天主教会也无法做到。任何残暴都无法遮住真理的阳光。但是聪明的远见者都懂得思想的价值，珍惜思想甚于珠宝。在刘邦攻下咸阳后，大多胜利者争抢金银玉珠，而萧何却只搜罗秦宫珍藏的文书典籍，这在汉朝建立后制定典章制度管理国家发挥了重要作用。

知识是产生思想的沃土。但是知识的来源是有多种渠道的，书本并不是知识的惟一来源。但不能忽视书本曾经是而且继续是传授知识的重要工具。但书本也有好有坏，书本的质量也参差不齐。在浩如烟海的书籍中，我们要学会并习惯于做出选择。要仔细地把时间用来阅读那些古今中外的伟大人物的著作，阅读那些站在人类之巅的人们的著作以及享受着不朽声誉的人们的著作。只有这样的著作才会开卷有益。读书不但增加智慧，也是人生修养的一大乐趣。对于读书，最好莫过于阅读经典。只要你一册在手，哪怕半个钟头，你也会顿觉愁消闷解，身洁心净，神清气爽，强健有力，犹如久渴而饮甘泉一般。

追求真理需要无私的献身精神。如果一个人不是为自己来努力寻求知识，并且不是把这种知识作为他研究的直接目标，而是用其他人的知识来扰乱自己的心智，那么这个人就绝不可能在思想方面真正做出任何伟大而富有独创性的成就。同时，追求真理还需要对真理的热爱和执着的精神。专注是成功的秘诀，真理的新娘最终属于那个锲而不舍地追求她的人。我们在自己的身边常常看到很多人因为兴趣太广，追求得太多而最终一事无成，懊悔终生、老大伤悲。一个人只有真诚地热爱一件事，才会对它有直接而浓厚的兴趣，才会因为喜爱它而献身于它，才会不懈地探求其奥秘而只是为了爱好，正是这些人，而不是那些为金钱而劳动的人，才创造出最伟大的作品。

在思想的原野上辛勤探索真理的人们，是我们人类的伟大先知，是全人类在漫漫历史长途中的引领者。“天不生仲尼，万古如长夜。”如果没有他们的付出，人类在黑暗的长夜中不知还要摸索跋涉多少个世纪，还要付出多大的牺牲。他们窃天火、煮己肉、照人间，但先知们自己的一生都是坎坷曲折的。他们终身忘我奉献，开启民智，却穷愁潦倒、默默无闻地死去。一个从千百万人中脱颖而出的雄才巨擘，披荆斩棘走出一条通向不朽的坎坷曲径，经历着凡人难以想象的极度苦闷和孤寂，这确乎是一种至难至险的事情，这一通向千秋万代的漫漫旅途，所经之处充满了凄惨悲凉、枯燥乏味，受尽各种妖魔鬼怪的侮辱、欺凌和苦难，就如同世人皆知的“唐僧西天取经”，但对那些没有亲眼看到过它的人来说，是根本不可能产生任何观念的。同时，人类先知们追求真理的历史还告诉人们，几乎所有启迪人类心智的伟大导师和各种艺术的真正天才都是被折磨致死的，很少有人例外。他们活着的时候，没有人赏识，没有人同情，没有拥护者，他们生活饥寒交迫，备受痛苦的煎熬，荣誉、名声、财富反归庸碌之辈所有，这种命运和《圣经》中以扫的命运何其相似，当以扫出外狩猎为其父亲搜寻野味时，雅各却穿着他兄弟的衣服假扮起以扫，偷窃父亲的祝福。虽然这样，他们仍然热爱自己的事业，锲而不舍、百折不挠，直到这些人类的导师不再做辛酸的搏斗，到了他们享有永恒的桂冠。那时，惟有天才的思想穿越许多世纪的喧嚣之后，仍旧能够让人听到它们的回声。可是，那些分享着他的智慧的人们，那些被他的光所照耀的人们，此时也许根本不知道他们是谁，而且也许根本就没有想到是谁赐予他们这些福乐。历史的辩证法就是这样残酷无情，佛教讲“恶有恶报，善有善报”，但真正的至善大善极善是不求回报的，也是不必回报的。越是高尚完善的事物，越是超越现实的功利。这就是人类思想者的神圣的职责和天命。

向自然学习

人类社会的飞速发展，使我们在现实中不得不面对越来越多的问题，人类常常苦于无从找到解决这些问题的答案。但是我们忘了，就在我们身边有一位无处不在的老师，这就是自然。

人类是大自然的儿子。大自然既是人类的母亲，也是人类最称职的老师。而我们人类往往却像一个坏学生，经常逃出“自然”这个课堂，不向老师好好学习，而跟一些社会上“不三不四”的江湖术士学习一些坑蒙拐骗、投机取巧的坏毛病。

其实，人类文明就是在向大自然的不断学习中进步的。知识不过是人类认识自然的经验积累。在没有发明文字之前，人类就是靠着自然的昭示而选择自己的命运，神祇崇拜实质上就起源于对自然的崇拜。人类文明的每一个重大成就，都有大自然的影子，都能在自然中找到自己的母体。例如，人类的许多发明创造，都是从自然界的某种生物身上获得灵感，都是某个自然物种的“摹本”。

总之，到大自然中去寻找老师，师法自然。大自然是一部无字天书，我们应该向自然学习。

向自然学习，最重要的是要尊重自然界的客观规律，顺应自然。自然的法则就是天理。《老子》说：“道法自然”，意思就是说世间的一切智慧都是从自然那里学来的。要研究探索大自然的法则，领会大自然的真谛。大自然的法则是合理、和谐、平衡、对称、协调、一致。神奇的山峰、奔腾的江河、辽阔的草原、壮美的大漠，我们常常为大自然的天造地设而赞叹不已，大自然鬼斧神工的魅力让最优秀的画家也感到惭愧。人与自然要保持和谐的关系，就必须消除对自然的人为造作和干涉。这就是庄子所谓的“无以人灭天”。中国古代神话中有许多这样的故事给我们以启示：夸父追日象征人类追求与日月同光的欲望，其失败则说明无法超越时间的悲运。精卫衔木石以填东海的行为，固然表现了“知其不可为而为之”的悲壮，那永不可能成功的宿命却也证明了遗憾不平之永无消除之日，刑天与天帝之争，死而以乳为目，以脐为口，继续舞干戚抗命到底，其悲剧性精神诚然令人激动。《西游记》中孙悟空大闹天宫的结果是两败俱伤，共工氏头触不周山的结果，也是异曲同工。收拾残局，以恢复原来安宁秩序的也还得靠女娲的“补天”与如来佛的“安天”了。

向自然学习，就是要学会敬畏，有所为，有所不为；有所敢，有所不敢。要像自然那样，尊重事物产生、发展、消亡的规律，让一些问题自然地去解决。黑格尔说：“凡是存在的，都是合理的。”不要人为地去过早干预自然和社会的现象，让他们自身去消化、吸收、解决。正如亚当·斯密所说：“人间虽有疾病、有庸医，但人身上总似有一种莫名其妙的力量，可以突破一切难关，恢复原来的健康。”这样才能避免留下后遗症。人类应该静静地体会自然的真精神，从而发现有如郭象注《庄子》所谓的自然本就是“暖焉若春阳之自和，故蒙泽者不谢；凄乎如秋霜之自降，故凋落者不怨”。因此，草木之荣凋正意味着生命过程的必然现象，所以无须因生命之改变而对“自然”产生感谢和怨嗟之情。无论是谢还是怨均属对自然的扰动。对自然的无理干涉，是一种对天道的逆违，是一种充满矫诬的人为造作。因此，人与自然原本有的和谐关系就破坏无遗，而人本身的生命也就无法处于圆融自足的状态。为了恢复这种自足的心灵，人必须放弃对自然的干涉造作，改以静默的态度去体认自然。

向自然学习，就是要学习大自然的品德。自然的品德是宽容、耐心、忍让，“厚德而载物”。大地的胸怀是何等的宽广，她既让鲜花怒放，又容马蹄践踏。万人不留的她收留，世间难以承载的她来承载，默默无语，无怨无悔。正如孔子说的“天何言哉？四时行焉，百物生焉。天何言哉？”

向自然学习，就要承认和接受残缺。大自然既是完美的，但又是残缺的。残缺是自然的特征之所在。要让残缺成为一种美。有残缺才有完美。断臂女神维纳斯就是一个象征。完满无缺的美是不存在的。所谓的完美必存有大虚大伪。顺应自然，静观自然，接受自然，从而与自然一体的精神，正是人与自然极重要的关系之一。但是人类往往就忘记了这一点，往往自作聪明，就像要给“混沌”凿出七窍的“倏”和“忽”一样，但最后的结果终逃不了自然界的惩罚，而以混沌之死而告终。正如恩格斯所说的：“人类往往陶醉于对自然的胜利，但是对这样的胜利，每一次大自然最后都惩罚了我们。”如果我们能时时刻刻牢记这一点，就会少走很多弯路，就会少受自然的“惩罚”。

理念的重塑

一

自英国工业革命之后的三百年间，世界经济增长发生了翻天覆地的变化，正如马克思在《资本论》中所惊叹的：“资产阶级在它的不到一百年的阶级统治中所创造的生产力，比过去一切世代创造的全部生产力还要多，还要大。”在马克思之后的这两百年间，随着新科技革命的兴起，人类所创造的物质财富比前一百年更是不知要大多少倍，其速度呈几何级数递增。今天，人们担心的已经不是如何实现经济的增长，而是困惑于增长带来的问题。人口的剧增、资源的耗竭、环境的污染以及气候变化导致的生态恶化，使人们不得不回过头来对过去的经济增长方式进行反思。

传统经济学认为，影响经济增长的有五个主要因素，就是人口增长、粮食供应、资本投资、环境污染和资源耗竭，这五种增长因素的共同特点是它们的增长都是指数增长。这就是说它们按照一定的百分比增长着。人口增长率首先决定于出生率和两代人之间的“时延”。据经济学家测算，按目前的人口增长率，14年后生产上所需要的原材料、燃料、运输量也要增加一倍。这是把全世界作为一个整体而言的，具体到各个国家情况是大不相同的，如果各国按各自现有的人口和工业增长率发展下去，西方国家将和第三世界的差距越来越大，结果产生“富国越富，穷国越穷”的局面。

由于人口增长引起粮食需要的增长，经济增长引起不能再生自然资源耗竭速度的加快和环境污染程度的加深，都属于指数增长的性质。因此，人类或早或迟必然会达到供不应求的“危机水平”。技术进步只是延长了人口和工业的增长，但不能消除增长的最终极限。世界体系的基本行为方式是人口和资本的指数增长和随后的崩溃。这是因为人口增长离不开粮食的增长，粮食生产的增加需要资本的增长，更多的资本需要更多的资源，废弃的资源变成污染，污染影响人口和粮食的增长。污染可分两方面，一是经济增长对环境所产生的副作用和对社会的危害程度，有时比增加的产量的好处要大；另一方面是经济增长会损害主要的生态体系，因此，威胁到生命的存在。所以，问题在于今后能否既不影响经济增长，又把污染减少到可以接受的水平。技术可以用来把大多数加工过程中产生的污染减少到几乎等于零，不过把污染降低到零度水平，所花费的成本却是太大了。控制污染成了各个国家的当务之急。

污染主要来自经济发展，特别是工业发展对能源尤其是燃料的消耗。据统计，现阶段95%的工业能源是由化石燃料（煤、石油和天然气）生产的。这些燃料燃烧时，产生二氧化碳。目前，每年由于燃烧化石燃料放出的二氧化碳达200亿吨，并且以0.2%的增长率增长着，其中一半为海水吸收，另一半存于大气之中。所幸而又不幸的是，人们还不知道打乱地球上的自然生态平衡到多大程度而不致产生严重的后果；不知释放多少二氧化碳而不致引起地球上气候的不可逆转的变化；不知道植物、鱼类和人类能够吸收多大剂量的放射性、铅、汞或杀虫剂而不致引起生命过程的严重中断。但是，近年来人们对化石燃料污染的危害却已达到十分敏感的程度，无论安全和管理程度如何可靠而严密，只要一提到上“PX”项目，当地的民众便会自发地群起而攻之，畏若猛虎。

另一个关键的问题是，由于人们认识上的滞后和管理的难度，致使污染者消费环境质量，又没有花费任何成本，污染则是他们经营活动所产生的外部成本或社会成本。这就是说，一个人的行为，造成其他人的困难，这种成本是由社会负担的。现在环境质量已成为稀缺和十分有价值的自然资源，使用它理应支付一定的价格。实现这一设想并不是十分困难的。其具体办法是对税收制度作一定的调整，这种调整不一定增加总的赋税负担，而是改变相对价格，为保护环境资源提供一定物质刺激。还有一些人主张利用行政手段，由国家制定控制污染的法律，由司法机构加以执行，对违反控制污染法律的企业或个人实行法律制裁。

二

不容置疑的是，经济增长引起的不良后果，已经变得越来越明显起来，即随着工农业生产的发展，三废严重的地区，环境受到污染，大量野生生物死亡，生态失去平衡，居民遭受公害病症的困扰，消耗了大量的不能再生的矿产，消费了资源，造成这些物资的短缺。曾经一度是正面意义的“增长”一词，似乎突然增加了阴暗的、使人烦恼的涵义，长期地发展下去，世界必将进入堕落和崩溃的困境。

人们越来越认识到，为了继续经济增长所付出的社会和文化的代价太大了。继续经济增长使人失去了美好的生活。像食物、衣着、居住、健康、自然、闲暇、本能的享受、安全感和自尊感都是美好生活的组成部分。物质财富的享受不是人类快乐的惟一源泉，可以说现在发达国家和发展中国家的城市里，人们是吃得过度，穿得过度和住得过度。人们还要有闲暇、文化和美丽的环境。现在城镇化使许多古老的村落消失，其要害是文化传统也从此中断了。中国文化的根脉在民间、在农村。中华文明之所以几千年绵延不绝，就是因为中国的农村没有消失。虽然历史上朝代更替了，城市被屠戮了，但农村并没有很大破坏，所以中国文化的薪火也生生不息，野火烧不尽，春风吹又生。在农村代代相传至今。同时，机械化农业大大地减少了农村人口，使人们失去接触自然的条件，也因此在同一旅游胜地或国家公园要想避开成千上万的乘着汽车、带着照相机和半导体收音机的人群是既费劲又花钱。

技术改进是经济增长的主要推动力，其意义就在于每一单位的投入量得出更多的产出量。技术每前进一步，特别是像人们所期望的，如更便捷的旅行，所有按电钮的舒适享受，日夜不停的文娱节目等，都使人们从对人的依赖转移到对机器的依赖，因而不可避免地更加限制了人们之间的了解和同情心的直接交流。人们越是追求进步，越是被迫相互分离，而他们的全部服务和经验都直接依赖于技术的创造。

经济增长本身是“善”还是“恶”，要根据增长的后果来判断，不能把经济增长本身当成“善”。经济稳定也是如此。当前许多国家都把经济增长和经济稳定当成是首要政策目标，而不问经济是在什么样的制度结构的基础上增长和稳定的，增长和稳定会怎样影响现存的资源配置格局和人们的福利。

也许人们会说，经济增长是社会发展的基本规律，是人类永恒的价值取向，就像人往高处走、水往低处流是自然规律一样，是不可以改变的。事实上，关于传统的经济增长价值判断标准不变的假定是没有根据的，上一代人所珍视的东西很可能是后代人所鄙视的。经济增长虽然可以使人们收入普遍提高，但人们的苦恼并不会因此减少；经济增长给人们以丰富的消费品，但同时却给人们带来了不得不进行选择的累赘。经济增长给人们节省了精力和时间，由于人们之间直接接触和交往减少，同机器打交道的时间增多，因而使人与人之间的关系变得疏远了，相互信任淡薄了，诚挚的友好交往消失了，分享幸福和悲伤的乐趣不见了，由此引起的污染又成为人们不可免除的灾难。每代人的需求不同，价值判断标准各异，所以应该重视经济增长以后所出现的或可能出现的问题，使物质文明和精神文明建设同步前进。

传统的经济增长方式，根植于我们自古以来认为的财富越多越好、

"财大气粗、人穷志短"的传统理念。要避免目前的经济增长带来的各种问题，就必须反思传统经济增长模式的弊端，重塑经济发展的理念，由传统单一的经济增长转变到全面、协调、可持续的科学发展的理念上来。

三

经济发展的思想渊源可上溯到亚当·斯密。他于1776年出版的《国富论》一书，是建立古典政治经济学理论体系的最重要著作，也是讨论经济发展的最早著作。经济增长是以国内生产总值表示的产量的增加或人均产量的增加；经济发展不但意味着产量的增加，而且表明产品、种类的改变，生产和分配产品的技术和体制的改进。增长可能是由于投入量的增加所导致的产出量的增加，也可能是生产效率提高的结果；发展不但具有这些内涵，而且还包括产品构成的变化和生产过程中各种投入量所做贡献的相对变化等情况在内。经济发展意味着一个经济领域的发展导致其他经济领域的成长的这种结构变化和真实收入的增加扩散到所有经济领域的这种体制变化。

从亚当·斯密到凯恩斯，一切正统派往往以国民生产总值的大小或增长的快慢作为判断标准。国内生产总值增加就是好事，否则就不好。而国内生产总值只是一种经济价值，它只是各种社会价值中的一种。除了经济价值以外，价值还应包括社会的平等、生态的平衡、都市的整洁，以及美、尊严、生活的乐趣等等。不能允许由于追求经济价值而牺牲了其他的价值，要考虑经济增长的代价。比如，增加生产是以牺牲多少环境美为代价的。加尔布雷斯把经济价值以外的其他价值，称为文化价值。如果把经济价值和文化价值综合起来用一个价值指标来表示，这个价值标准就是"生活质量"。

制度经济学派的代表人物罗斯托强调在经济发展中制度因素的作用，强调社会、文化、心理因素的作用。罗斯托认为，发展中国家需要特别注意的问题有以下十个问题。（1）防止出现“早熟消费”，也就是要防止在经济尚未进入“成熟阶段”时，就实行“高额群众消费阶段”的消费方式。（2）必须注重“基础设施”，如港口、码头、交通、动力、仓库等建设，保证主导部门带动国民经济的发展。（3）适当限制人口，降低出生率，以保证有足够的积累率。（4）利用本国的优势，发展“有赚取外汇能力”的部门，作为清偿外债、进口新技术设备的可靠收入来源。（5）解决“隐蔽失业”问题，提高劳动生产率。（6）因为缺乏一个有力量的本国私人企业家阶级，所以国家应起很大作用，在某些私人不愿意投资或无力投资的领域，由国家代替私人企业家行使其职能。（7）采取措施，防止或控制本国人才和资本的外流。（8）吸收外资，并要有制度上的保证，以便使外国投资者消除顾虑。（9）动员国内的闲置资金，必要时可以实行“强迫储蓄”。（10）加紧推广新技术。

罗斯托认为，在进入“追求生活质量阶段”之前，政府在经济生活中的主要任务是维持比较充分的就业，让私人市场经济去完成满足居民需求的任务。但是进入“追求生活质量阶段”以后，政府的作用就不应该只局限于维持就业了，有关增进“生活质量”的许多工作是私人市场经济无法完成的，也只有通过政府才能够实现。在这个阶段，政府应运用其强大的财政手段来发展公共服务业和环境改造事业，政府应当把提高“福利”和增进“生活质量”作为中心任务。同时，许多服务部门需要有政府和私人经济的密切配合，共同合作，才能够得到发展，所以，发展公私混合经济是“追求生活质量阶段”必不可少的。罗斯托认为经济成长到一定程度以后之所以出现停滞，正是因为没有一种可以满足人们欲望的新产品或新服务的生产部门，只要多种新产品或服务一出现，就会吸引人们而供不应求，促使该部门必须采用新技术，并把技术的影响扩散到其他部门，带动经济成长。

四

要转变传统的经济增长观念，把人们的思想从“传统教义”或“传统智慧”的束缚下解放出来。这是一次新的解放，必须从“增长就是一切”、“一切为了增长”的正统派经济学的错误思想束缚下解脱出来，把对人的关心作为经济研究的出发点。而所谓的对“人的关心”，主要是指增进人的福利、尊重人的自由和独立、确保人与人之间的平等，提倡人类的情爱，发挥人的自我创造精神等。在经济学中，思考的时代还没有过去。首先，在发展的观念上，我们也应该来一个“脑筋急转弯”。比如，我们不要只想着把农民往城里赶，或者把农村变成城市，而是想应该如何把农村的路修得好一些，学校办得好一些，医生治病的水平高一些，农村的环境整洁漂亮一点，给排水条件方便一点，农民家里的厕所干净一些，这样农民就可以在农村自己的家里过上和城市人一样的生活。我们不要只让工人成天加班加点，给他们很高的工资就认为可以了，而是即便工资少一点，但工作强度轻一点，时间短一点，闲暇多一点，让他们有读书、娱乐、和亲人团聚的时间。我们不要把那么多钱只用来盖摩天大楼，修天安门一样的大广场，而是多建一点公园，多修一些养老院，让城市里也能有一片树林、一块绿地。我们不要光认为发钱给老百姓就是改善民生，而是让人们生活得更放心一点，让食品更安全一点，工作环境更舒适一点，使每个人都能体会到自己的价值，活得更有尊严、更体面一点。我们衡量地方官员的政绩不是光看GDP的增长，不是看这个地方城市表面面貌变化多大，而是看这个地方的社会治安好不好，生活秩序好不好，社会风气好不好，是不是“路不拾遗，夜不闭户”，上访的人是不是少一些，老百姓是不是安居乐业，等等等等。

在我们的面前就摆着一面反面的镜子：当前的西方发达资本主义社会虽然是一个经济高度发达的社会，但却是一个病态的社会。与100年前相比，虽然富裕多了，物质生活条件也大大改进了，但不平等更加加剧，民族、宗教、贫民区等各种重大问题不可能简单地通过经济增长而消失。恰恰相反，经济增长后，人们精神上受压抑的状态不仅没有消除，甚至加剧了。通货膨胀、失业、能源缺乏，城市人口拥挤，收入分配不均等等，就是当前资本主义病症的表现。这不是由于工业化程度低造成的，而恰恰是由于工业化高度发展所引起的。从亚当·斯密到凯恩斯，一切正统学派经济学家都是把“产品越多越好”当作公共目标。然而在进入“丰裕社会”或“新工业国”阶段之后，这条“价值标准”是否适用？香烟生产得越多，得癌症的人越多；酒越多，患高血压的人越多；小汽车越多，污染、噪音越严重；军火生产更是如此。因此，许多种商品生产的增长并不易于同社会的目标相一致，社会的成就不能再靠国民生产总值的实际增长来衡量，也就是说，不能单靠产品的增长来解决社会问题。而且产品的增加与大企业、工会等这些组织力量的膨胀是不可分割的，而“组织”力量的膨胀又是与个人的“独立性”是相对立的。产品的增加必定使个人越来越从属于组织力量，经济发展的结果不是个人和经济制度之间的和谐，而是冲突。所以，公共目标必须改变，应该以实现均等化为“公共目标”，使社会上的每个人在权利和收入上达到均等，同时，个人能够发挥自己的独立性。这个问题的提出，可以说对我们也是有启迪意义的，也就是不能把生产的不断增长，物质产品的不断丰富作为社会发展的惟一目的，而要考虑其他方面的平衡发展，特别是关心人、培养人，注重人的价值。社会主义社会应当是人真正“成其为人”的社会，是人的自由、人的解放的更高阶段。

结束语

当然，我们强调重塑经济发展的理念，并不意味着完全否定过去的经济增长成就。过去已成为历史，对于历史上的功过是非，我们也必须历史地去看待和评价。一个民族就像一个人一样，当他在饥寒交迫的死亡线上挣扎时，他首先想到的是维持生存而不是幸福生活，他要求的是吃饱而不是吃好。早在两千多年前，我国最伟大的经济学家管子就说过："仓廪实而知礼节，衣食足而知荣辱。"任何事情都不可能一开始就是绝对完美无缺的。今天，在我们的社会中确实存在着收入和财富的严重的不平等，这使我们大多数人感到愤慨。看到一些人在奢侈挥霍，另一些人则饱尝贫困的煎熬，谁都会感慨万端。但是如果我们再从另一个角度看问题，只要你到中国的农村和城市走一趟，特别是到中西部贫困地区走一趟，如果和过去相比你会看到那是发生了天翻地覆、脱胎换骨的变化，绝对贫困、缺吃少穿的人已很难见到；城市的空气和污染是严重了，但人们的物质生活条件和精神面貌却与那时不可同日而语，三代人住一间棚户的现象几乎不复存在。今天即便是那些牢骚满腹的持不同意见者，也不得不承认中国人终于真正在世界面前挺起胸膛，扬眉吐气了。作为经济增长的受益者，无论是富人还是穷人，有地位者还是普通老百姓，都应该正视现实，思考地看待问题，具备起码的道德理性，不能只是"端起盘子吃肉，放下筷子骂娘"。

事实上，在经济增长中真正受益的还是普通老百姓。工业的进步、机器的改进、所有新时代的伟大奇迹，对于有钱人来说，关系较少。古代希腊的富翁，从现代的供水管道得不到什么好处：有跑步的仆人提水代替自来水。电视机和收音机也不足道，罗马的贵族们能够在家里享受到最好的乐师和演员的表演，能够把最出色的艺术家留在家里。即使没有互联网，达官贵人和富翁们照样知道天下大事，有人专门把报纸和各种信息送到他们的案前。现成的服装、超级市场和其他许多现代文明给他们的生活增添不了什么色彩，他们也许欢迎运输和医疗上的改进。而其他一切现代文明的伟大成就，主要是增长了普通老百姓的利益。这些成就为人民群众提供了方便和乐趣，而在过去，这些只是富人和权势者专有的特权。这一切变化从何而来，难道都不是过去的经济增长带来的吗？但是，话说回来，我们同样也不能陶醉于我们已经取得的成果。我们还必须正视存在的问题，老老实实地研究如何解决增长带来的烦恼。只有这样，我们才能继续走下去，巩固已经取得的成就；才能使我们的国家保持长期持续健康的发展，实现中华民族伟大复兴的中国梦！

用人文精神滋润社会和谐

无论任何时代，世界上总会有一些莫名其妙的事情令人费解。现时代的许多不可思议的问题就使人感到莫大的困惑，比如说，为什么在过去很贫穷的时候，人们之间的关系友善，有说有笑，邻里和睦，生活充满激情；现在经济发展了，人们的生活水平提高了，人们有吃有喝有钱花，反而对社会的意见却越来越多了，埋怨和不满情绪却日益增多。在过去生活困难、战乱频仍的时候，人们遵纪守法，团结互助，诚实守信；现在和平年代，生活环境好了，物质丰富了，交通通讯便利了，但人们的情感却淡漠了，交往却疏远了，而且制假售假，坑蒙拐骗，互相攻击。人们会问这到底是为什么？我们说原因是多方面的，但最根本的是人们的世界观价值观出了问题，我们在动尽心思和智慧解决物质短缺这一在当时亟待而迫切需要解决的问题时，却忽视了另一问题，即精神财富的创造，忽视了人是一个有灵魂、有思想、有感情的生物，人缺吃少穿不行，但光吃饱穿暖却是远远不够的，吃饱穿暖了但精神空虚，也会生发出新的问题来。这些年我们错就错在肚子越吃越饱的同时，脑子却越来越空，精神食粮短缺。但须知，人的大脑和人的身体一样也需要“食物”，如果没有健康的精神“食粮”供给它，有的人就会“饥不择食”，消极的不健康的东西就会乘虚而入，进入大脑，不健康的“精神食粮”就会使人的大脑“生病”，产生出不健康的思想来。所以邓小平同志早在改革开放之初就洞察到这个问题，曾意味深长地说：“这些年我们最大的失误是教育。”他老人家的意思就是说我们的思想政治工作和精神产品的生产没有同经济发展和物质文明的进步同步进行。这一问题所导致的后果是在物质极大丰富的同时，没有与之相适应的精神上的跟进，使物质和精神一条腿长、一条腿短。问题的症结从根本上来说，就是人文精神的缺失。

人文精神是人类在长期的社会实践中总结的人类生存与发展的一些规律性认识，是人类认识自然、改造自然、征服自然、支配自然的经验的提炼和升华。它使人类对自然和社会的认识以及对自身的认识摆脱了个别的、具象的束缚而上升到普通的、一般的抽象的境界，上升到独立的精神层次。人们所形成的“概念”就是对外在事物的认识的概括，所有的内涵都通过概念反映出来。比如，“世界”是一个非常神奇而内涵很丰富的词。它不仅包含物质的自然界，而且也包括人们内心的想象间，自然界通常称为物质世界，想象间通常称为精神世界。物质世界是有限度的，我们通常指地球及其周围，但精神世界是无限的。随着人类思维的发达和认识能力的进化，还在不断开拓，并且永无止境。而且从根本意义上来说，人们对物质世界的认识和关系是受精神世界支配的。

人文精神的兴起和崇尚，是人类从野蛮走向文明，从低级走向高级，从愚昧走向智慧的一个重要标志，“人文化成”，使人从动物界彻底地分离出来，成为万物之灵。从此，人类的命运从理论上摆脱了任由大自然摆布的状况，开始通过自身的思考来行动。中国是一个人文思想启蒙较早的国家，自从春秋之世孔子提出“未能事人，焉能事鬼”、“未知生，焉知死”的名言后，“知生事人”已经成为中国人文思想的精粹所在。西方自文艺复兴之后，人文精神战胜了宗教统治，结束了黑暗的中世纪，从而迎来了工业革命和资产阶级启蒙运动。随着经济发展水平的提高和人民生活的改善，人文精神的重要性日益凸显出来。因为人的需求是多方面的，既有物质的，又有精神的，人们对物质生活资料的需求是有限度的，当物质需求达到一定程度后，人们就开始渴望精神生活，如果精神生活极度贫乏，这种需求得不到满足，就会产生价值观混乱和信仰缺失，最终导致行为的扭曲，这就是为什么富家子弟中却常常出现自杀，出现吸毒，出现堕入空门的原因。从本质上说，精神上的空虚比物质上的贫乏更可怕，物质上的一时贫乏如果及时得到解决，就会过去了，就像一个饥饿的人饱餐一顿后就很快恢复正常一样，他甚至会忘记饥饿曾经存在过。但精神空虚后导致的行为反常是长期的，而且还往往很难恢复，甚至会影响一个人的一生。人和动物的本质区别是人有思想。如果一个人的精神境界很高，人文修养很好，即使在生活中遇到一些挫折和不幸，如贫困、饥饿、灾难，他也会靠精神力量的支撑，靠意志和毅力而挺过来；但如果一个人的精神出了问题，这个人就会真正垮掉。这时，物质的东西对他来说，即使何等富有也失去了意义。这就是人文精神对人类的意义之所在。所以，每一个伟大的民族的代表人物，都十分重视这个民族的民族精神的塑造和培育。这是民族之魂！

中华民族是一个有着悠久人文传统的民族，人文精神是中华灿烂文化的结晶。我们的祖先历来崇尚人文精神，从西周末期人文精神的兴起，经过春秋战国“百花齐放、百家争鸣”，到汉唐盛世中外文化交流的异彩纷呈，中华文化中形成了“自强不息，厚德载物”、“和为贵”、“己所不欲，勿施于人”、“生于忧患，死于安乐”、“仁、义、礼、智、信”、“民为贵，社稷次之，君为轻”等理念，构成了中华民族优秀而独特的人文精神。正是优秀的人文精神铸就了伟大的中华民族精神，培育了中华民族柔韧坚毅的民族性格和品质。也正是历久弥新的人文精神，使中华民族这个大家庭历经磨难而生生不已，国家没有散，文脉没有断，“野火烧不尽，春风吹又生”。无论是在外族入侵下的国破家亡，还是政治纷争中的军阀混战，在中国的民间总涌动着一种渴望和平、恢复安宁的气息，在每一个中国人的心灵深处总荡漾着一种家国情怀，这就是人文精神的力量，它激励着每一个华夏子孙自醒、自责、自律，从格物、致知到正心、诚意，到修身、齐家、治国、平天下，每当想起这些祖先的遗训，每一个中华儿女都会心怀敬畏，手握戒尺，肩负担当。即使在深重的灾难面前，即使曾经受各种打击，也没有忘记民族自豪感和对祖国的苦恋。这种不可征服的理想主义和人道主义精神，使每一个中国人愈挫愈奋，变得更加坚强，擦干眼泪和血迹，掩埋好同伴的尸体，沿着先辈的足迹依然前行，就像无数小小的野草，在瓦砾下，在碾痕上，在镰刀留下的根墩上，在烈火留下的灰烬中，不息地生长而又生长。

中国传统中把“治国”和“平天下”作为人生修养和作为的最高境界。“治国”和“平天下”的根本目的都是为人们的生活创造一个好的社会秩序，以利于人们幸福地生活。康德说：“我们不是为了制作书本，而是为了塑造人格；不是为了赢得战役和疆土，而是为了秩序和安宁，真正的大师的杰作是创造一种合宜的生活方式。”“生活方式”就是社会和人们之间的关系形式，就是“秩序”。“治国”靠的是政治权力、国家制度、法律法规、国家机器、军队、警察、官吏，是物质的，看得见的东西。“平天下”是治人心，靠的是理念、信仰、思想，是靠教化的作用让人们对社会道德和秩序的思维认识大致趋同，以致自觉地形成有利于社会大多数人的公共秩序。亚历山大、秦始皇、汉武帝是治国，孔夫子、耶稣、释迦牟尼是平天下。从对社会安宁和人类幸福的普遍意义上的影响来讲，“平天下”比“治国”更久远、更深刻，也更重要。“治国”是一时之功，“平天下”是千秋事业。而从文化的角度来看，宗教、道德、理念、思想体现的都是一种人文精神。

今天，我们要解决新时代的新问题，实现中华民族复兴的中国梦，更应祭缅祖宗，向我们的先圣们忏悔自责，问其大道，真正从中国传统文化的精华中汲取营养，用祖先留给我们的清风甘露吹拂和洗涤灵魂深处的尘垢，从而做一个“威武不能屈，富贵不能淫，贫贱不能移”的中国人，这样我们的国家才有希望，中华民族才真正谈得上伟大复兴！

根子在文化

愤世情绪是当前社会风气的一大特点，从大小报刊到网络跟帖，从各种论坛到亲朋聚会，人人似乎对社会都有一种仇恨感，人人对现实都心怀不满。正如人们所说的：“大官也不满，小官也不满；穷人也愤世，富人也愤世；成名的牢骚满腹，没成名的也牢骚满腹。”过去是拿起筷子吃肉，放下盘子骂娘；现在是一边吃肉，一边骂娘；嫌娘做的肉也不对口味。为什么？人们要问这到底是为什么？

凡是经过“文革”乃至新中国成立初三年困难时期的人们都不可能忘记，也都不会否认，改革开放以来这些年国家的发展、社会面貌的变化、人们生活水平的提高都是翻天覆地的。而在这之前的时期，大家都很贫穷，甚至不得温饱，但很少人怨声载道，而且还精神饱满，兴高采烈。这固然与当时思想禁锢、见识少也有关系，但不可否认许多也是发自内心的，比如爱国精神、集体主义精神、邻里朋友之间的友爱互助精神。而现在，人们吃饱了，穿暖了，住好了。同过去相比，即使现在低收入的人们也应该是富人了。没有动乱的担忧，没有贫困饥饿的威胁，但人们却为什么反而对现实更为不满呢？

如果对这些问题进行深入的思考，我们就会发现，问题在于现象，根子却在文化。中国传统文化中的一个重要理念是“不患贫而患不公”、“不患寡而患不均”。不可否认的一个事实是，这些年在经济发展、财富不断丰富的同时，社会不公现象也越来越突出。可以说，社会各个阶层的不满，包括既得利益者也对社会不满，主要是由社会公正问题引起的。当了小官的人对大官不满，是因为他认为，他应当更大的官，而现在当大官的人无论其德其能就不该当那么大的官；穷人不满是因为他应该富而没富，富人也不满是因为他觉得一些本不应该富的人也富了；没有出名的人不满是因为他觉得怀才不遇，名人也不满是因为他认为一些不该出名的人也成了和他一样的名人。这一切不满，事实上是对当前的价值取向的不满，是对衡量标准的不满，是对游戏规则的不满。

标准的问题出在哪里？主要是因为旧的标准被废除了，新的标准却没有建立起来，导致道德和行为的失范。人们的行为受两个律则的支配，一是心中的道德律，一是社会的规则律。心之所动才会有行。心中的道德律由价值观决定，它界定了人类行为的思想底线。这靠人的自律。社会的规则律是约定俗成的行为规范，越出这个规范就要受惩罚。在法治社会这就是法律。一个民族的道德律是和民族的传统文化紧密联系在一起的。在中国传统社会中，“仁、义、礼、智、信”就是基本的道德律。靠着道德律，人们即使在没有人监督的情况下，行为也不会越出这个规范。一个民族的价值观的形成，往往是一个漫长的过程，要几百年甚至上千年的时间，但要破坏掉，却是一夜之间的事。因为道德律是一种约束，约束和人的行为的本性是相对立的。人要适应一种约束甚至变成自觉，需要一个痛苦而漫长的过程，但要打破一种约束而获得自由，却是顷刻间就能完成的，因为这符合人类追求自由的天性。近代以来，特别是随着新文化运动的兴起，中国的传统价值观受到严重冲击，有的被批判，有的被蔑视，有的被淡忘了。但是一种真正符合中国当代实际、能为中国人所认可的新的价值观并没有形成和确立，这就导致当代中国人道德律的失范。因此，当前中国社会上的问题，根子在于文化的残缺，核心是信仰的缺失，这使人们的心灵失去了灵魂，没有遵循、没有敬畏、没有依托，在一片无边无际的汪洋大海中漂泊，始终找不到方向，找不到依托。近百年来，在中国社会虽然各种思潮时有起落，纷至沓来，但不能形成一个统一的秩序。一阵子追求物欲、金钱万能、享乐至上；一阵子追求权力、官本位盛行，官职高低成了衡量成功的唯一标准；一阵子渴望成名，不择手段，不顾廉耻。人们无尽的欲望导致了时代的浮躁。正如一位学者说的那样：没钱的急着发财；没权的争着做官；无名的忙着要成名。发了财，当了官，出了名，又想着更多的财，更高的官，更大的名，甚至三者兼得，福禄绵长，永远没有餍足之时。踏实做事，不尚浮华，虚己让人，反倒成了无用的象征。

在社会规则方面，我们也不得不承认还有许多不尽如人意的地方。许多方面规矩还不完善，有些规矩虽然有，但执行不严，形同虚设。甚至在有些地方、有些方面、有些人那里，规矩一碰到权势，一碰到金钱，一碰到人情就失灵了。穷人之所以仇富，是因为许多富人不是靠辛勤劳动富起来的，富的也有怨言，是因为不该富的也富起来了。例如，有的官商勾结，行贿受贿，权力寻租，靠侵吞国有资产一夜暴富。当官的之所以有意见，是因为在用人上不是任人唯贤，而是拉帮结派，任人唯亲，甚至买官卖官，挫伤了许多德才兼备、一心想报效国家的才俊之士的积极性。没出名的有意见，成了名的也有意见，是因为成名不是靠个人的才华资质，而是靠金钱、靠山等各种“潜规则”。这些不正当的行为，使社会标准不一、规则混乱，人们失去了奋斗的方向和稳定的预期，青年人对未来失去了目标而变得迷茫，不知路在何方?

这种价值混乱导致的规则失范，规则失范进而导致的社会混乱，使人们对社会失去了希望，对政府失去了信任，对前途失去了信心，谁都说服不了谁，谁都不服从谁，谁都不信任谁，人们各自为战，像没头的苍蝇在社会上乱碰乱撞，最终结果将是整个社会的无序和混乱，是政治的纷争和动荡，是人类自身的灾难。中国历史上周朝后期“礼崩乐坏”，进而民间秩序混乱，诸侯无所敬畏，自立门户，列国各行其道，百家争鸣，众说纷纭，结果就是导致长达五六百年的春秋战国时期的混乱局面，直到秦始皇统一中国。

把握“度”的功夫

中国文化的一大特点就是笼统而简明，西方人能写一篇论文的事情，中国人也可能寥寥数语就讲完了。一部博大精深的《道德经》，只有区区五千字。要用黑格尔的思维方式，可能写几十本厚书都不止。中国语言有时只几个字便彻照幽微，力透纸背，饱含玄机，令人思之无穷，如“上善若水”。有时一个字便包含了无尽的智慧和韵味，例如，中国人在做任何事的时候，都讲究要把握度。这个“度”便令人回味无穷。

《说文・又部》上解释：“度，法制也。”其意指标准、限度、幅度、法则等意思。《国语・周语》有：“用物过度妨于财。”贾谊《论积贮疏》：“生之有时，而用之无节，则物力必屈。”相传儒家心传秘诀中“允执厥中”的“中”就有度的意思，“中庸”也有度的意思在里边。

其实，在我们的日常生活中，确实处处都会碰到如何把握好“度”的问题。

如果把握不好“度”，事物的结果往往会走向预想的反面。例如，我们讲要发挥市场在资源配置中的决定性作用，但如果一味放任自流，财富就会越来越集中，造成贫富差距过大，引起社会动荡，最后还是影响经济发展。我们讲要更好发挥政府在经济中的作用，但如果政府管得过多过死，搞行政命令，就会影响经济的活力，最终阻碍经济的发展。所以，关键是要把握好市场和政府之间的“度”。

如果把握不好“度”，好事就会变成坏事。例如，父母关心爱护孩子是好事，有利于孩子的健康成长，但溺爱过度，就会可能使孩子学坏，成为不学无术的纨绔子弟。我们平时教育做人要有骨气、有个性，不能逆来顺受，不能低三下四，不能生活在别人的影子里，但如果一个人过于清高孤傲就会惹人嫉恨，没有朋友，水至清则无鱼，人至察则无徒。这样，反而不利于他在社会上的发展。

如果把握不好“度”，正确的就会变成错误的。真理和谬误常常只有一步之遥。例如我们要适应农业现代化的要求，在农民自愿的基础上搞适度规模经营和新农村建设，这无疑是正确的，但是如果不尊重农民意愿，搞强迫命令，非法剥夺农民土地和赶农民上楼，这就犯了错误。又例如，有的家长为了孩子的未来幸福，过分干涉孩子的职业、婚姻自由，对孩子造成伤害，这就是好心办了错事。

如果把握不好“度”，有利的事情就会变成有害的。例如，生病后我们要吃药打针，治疗疾病，但如果没有按照医嘱或没有把握好用药的量，本该服一片的药，你为了早日好服了十片，这就会造成药物中毒，反而导致生命危险。工作勤奋努力是好事，但若不注意劳逸结合，量力而行，而过度劳神伤身，就会身心疲惫，积劳成疾，结果是适得其反。

因此，在实际生活中，把握“度”很重要，度就是分寸，就是好与坏、正确与错误、利与害的分界线。有人说，人生游戏如走钢丝，关键是把握好平衡的度，否则不是掉在左边，就是掉在右边，能走到终点的，都是平衡的高手，为官、经商、做事莫不如此。重要的是，把握好“度”既是一个认识问题，又是一个实践问题，光认识到把握“度”的重要性，并不一定在实践中就真正能把握好“度”。把握好“度”是一个长期修养的过程，需要有一定的真功夫。

要有实事求是的态度。要把握好“度”，首先必须对所面对的事物有一个透彻的认识，并掌握事物发展变化的规律性，也就是说，要知道“度”在哪里。这就必须用实事求是的态度去分析事物，研究事物，做到胸中有数，从而找到把握度的结点。

要有超越功利的境界。这就是说要客观公正地对待事物，不能有个人私心，不能怀着个人目的去处理事物。人一受功利的影响，必然会偏离事物原本的真相，必然就不能按事物的本来面目而把握事物的度，从而失之无度。要做到这一点就必须有很高的道德修养，不为名利所动，不为权势所屈，不为困难所惧。有了这种淡定的境界，才能始终保持头脑清醒，做到“允执厥中”，不失其度。

要有洞明练达的智慧。“非知之难，行之惟难。”把握好“度”的学问是智慧的象征，它没有秘诀，是说不出、写不来的；说出的、写出的就不是它了；是人的学问、实践、天赋、悟性等综合素质的体现。这种智慧是在实际生活的挫折中积淀和磨炼出来的，是反思失败中悟出的，是苦难对人的回报。只有经历过许多事情后才有的一种“老道”。常言道“世事洞明皆学问，人情练达即文章”，即如是也。

总之，所谓“度”，用一句话来概括，就是恰到好处。正如宋玉形容绝代美人的那样：“增之一分则太长，减之一分则太短；著粉则太白，施朱则太赤。”如果对“度”的把握到这个程度，那就达到了出神入化的境界。一个“度”字定格了一个人的能力品位，“度”字中见德性，“度”字中见学问，“度”字中见智慧，“度”字中见成败。“度”字中有只可意会不能言传的奥秘，潜藏着汉文化说不尽的玄机！

文化是千秋大业

习近平总书记指出，提高国家文化软实力，关系我国在世界文化格局中的定位，关系我国国际地位和国际影响力，关系“两个一百年”奋斗目标和中华民族伟大复兴中国梦的实现。党的十八大提出要扎实推进社会主义文化强国建设的任务，并作为整个十八大报告的一个大的部分。这是从我国的国情出发，着眼于长远发展的一个战略方针。现在，我们提出文化强国的任务，是由我国国情和我们所处的历史时代决定的。我们干任何事情都得有先有后，不能齐头并进。在改革开放之初，针对我国当时国民经济濒临崩溃，物质生活极度匮乏，人民缺吃少穿的现状，邓小平同志指出，“要抓住时机发展自己，关键是发展经济”。他讲，“不发展经济，不改善人民生活，只能是死路一条”。“我国的经济发展总要隔几年上一个台阶。”经过几十年的努力，我们实现了小平同志的理想，经济确实上了一个大的台阶。经济总量已经位居世界第二的水平。现在，我国各方面的情况与改革开放前相比，甚至与刚刚改革开放之初的一段时期相比，确实有了翻天覆地的变化。今天，在经济快速发展的同时，我们不得不面对很多需要解决的问题。实事求是地说，当我们跟在别人后面发展的时候，别人走过的路，别人的经验教训都可以学习借鉴，这相对要容易一些。但当我们走到最前面的时候，我们就得由自己把握方向，把握路线。这时实践就会自然而然地向我们提出，到底应该向哪里发展、如何发展的问题。这些问题都必须由我们自己来回答，这就需要我们自己边探索边前进。当然，我们已经找到了中国特色社会主义这样一条道路，形成了邓小平理论、“三个代表”重要思想、科学发展观这样的指导思想，这就是我们前进的方向和灯塔。但要把科学发展观真正贯彻到人们的身心意识中，变成人民的自觉行动，从而身体力行，还必须深入人们的头脑，变成人们自觉的、主动的思想。因为人的行为是由思想支配的。而思想的方向往往取决于价值观，即取决于文化。因此，要把我们的好的理念真正让人们理解，变成自觉的行动，就得形成贯穿着这些理念的文化。有鉴于此，文化建设的任务就变得十分迫切。

要搞好文化建设，首先我们要明白文化究竟意味着什么？从中国语源历史上来讲，文化、文化，就是文物化成。顾名思义，就是把原始的事物经过人文的改造，使其内部和外部的条件及价值发生变化，从而成为一种新的东西。文化本质上是一种信仰、一种行为规范、一种游戏规则、一种价值观。一个民族的最核心的精神气质，就是由以上所形成的文化决定的。习近平总书记指出：“中华文明绵延数千年，有其独特的价值体系。中华优秀传统文化已经成为中华民族的基因，植根在中国人内心，潜移默化影响着中国人的思想方式和行为方式。”中华民族几千年的传统文化中，最核心、最本质的东西就是中国人“威武不能屈，富贵不能淫，贫贱不能移”的高尚人格，就是“为天地立心，为生民立命，为往圣继绝学，为万世开太平”的担当精神，就是“和为贵”、“和而不同”的包容胸襟。这些文化气质深深根植于中华民族的血液中，熏神染骨，使每个中国人为之敬畏，为之振奋，为之自豪，并世世代代传承不息。这些东西才是中华文化的精髓之所在，才是中华民族精神的魂脉之所系。在文化建设中，决不能把文化简单地只看成戏曲、音乐、电影、舞蹈。电影电视戏曲这些艺术形式，事实上只是传播文化的媒介。就是说，现在我们平时所称为文化的，只是传播文化的媒介，文化的实质并非电视电影本身。我们在文化建设中，要防止舍本求末，而更应注重于更高层次的本质的东西，从信仰的角度，从价值观的角度来思考问题。这样才能够使文化起到引领风尚、教育人民、服务社会、推动发展的目的。

文化的建设和重塑是一项持久的社会系统工程，要遵循文化传承发展的规律。文化存在于人们生存的社会环境中，对人们的影响是一种润物无声、潜移默化的作用，文化熏陶事实上是一种人格的重塑，是一个由表及里再经里到表的过程。经历和环境对一个人的文化素养的形成有很重要的影响，这种影响并不单单是教育，更不单单是在学校，有时甚至是“无心插柳柳成荫”。有文化和上过学并不完全是一回事。上了学并不等于就有了文化。我们会发现，很多上过很多学的人并没有文化，而往往很有文化的人也不一定上过很多学。两者不是绝对的没有联系，但并不完全是一回事，并不是一个方面就能代表另一个方面。文化建设也并不是有钱就能解决问题，不是搞几个项目、几个产业就能把文化搞上去了，也不可能像经济建设那样用产值多少就能衡量效果，立竿见影。往往是十年磨一剑。经典性的文化艺术作品并不是有了金钱就能打造出来，像《红楼梦》那样的杰作，恐怕给多少钱也并不见得就能写得出来。而历史事实已经证明的是，许多流传千古的艺术精品往往是作者在穷途潦倒中创造出来的，正所谓“文王拘而演周易；仲尼厄而作《春秋》；屈原放逐，乃赋《离骚》；不韦迁蜀，世传《吕览》；……”凡·高一生作画无数，名作斐然，但却贫病交加，死后一百年其画才为人识。文化建设是千秋大业，必须要有耐心，必须舍得花时间来涵养，着眼未来，从孩子、从根本抓起，不能急功近利。否则弄不好会制造一堆文化垃圾，而且这种东西一旦形成，还不像清理豆腐渣工程那么简单，影响是很长远、深重的。

文化建设必须以继承和弘扬本民族的优秀传统文化为基础，学习借鉴世界其他民族的先进文化。文化是民族的血脉，是人民的精神家园。一个民族文化传统的形成，有着很复杂的因素，是和这个民族的生存与发展紧密联系在一起的，是和一个民族生息繁衍的地理环境、风俗习惯相掺和，在民族兴衰成败、交流融合过程中长期积淀、选择、演化、变迁而形成的，是一个民族的血、汗和眼泪的结晶，它不可更改地打着这个民族的烙印，成为这个民族的象征。所以民族的文化传承是不可割舍的，忘记和割舍了文化传统，一个民族就会成为无源之水、无本之木。对于一个国家、一个民族来说，战争和国土的征服不是真正的征服，文化上的征服才是真正的征服，文化的灭绝才是最彻底的灭绝。从这种意义上来说，文化的覆盖面更宽广，文化的影响比政治更久远，比经济更深刻。中华民族历史上历经磨难，几千年来之所以能够生生不息，国家没有灭、民族没有散，就是因为我们的文化传承从来没有中断过。人类历史上也曾出现过高度发达的其他文明和文化，例如古希腊、古罗马的文明，但都中断了。国家和民族也消亡了。就是因为在战乱中城市被毁灭后，城邦文化都在烈火中化为灰烬，文明也随之湮没。中华民族的根脉在民间、在乡村，有时候即使外族侵入，城市陷落甚至改朝换代，但文化和历史仍旧在瓦砾下，在碾痕上，在镰刀留下的根墩上，在烈火留下的灰烬中不息地死而复生，正像一首诗描绘的："离离原上草，一岁一枯荣。野火烧不尽，春风吹又生"。所以在文化建设中，我们必须保持清醒头脑，必须始终牢记要继承和发扬传统文化，这是我们文化建设的根本。讲文化自觉，这就是最大的自觉。只有有了这个文化自觉，才能树立文化自信。

传承和弘扬传统文化，并不意味着不加区别地全部将过去的东西保留下来。我也不认为我们的传统文化都是精华，甚至可能有很多东西是糟粕，是陋习，是落后的、僵化的、应该批判的，比如太监制度、妇女缠脚等，是对人性的摧残，是封建礼教文化在实践中应用之恶极。我也赞成继承和弘扬优秀传统文化，也并不是回到过去那一套，让孩子们读“四书五经”、倡导“三纲五常”的封建道德伦理。因为一个民族即便是它的历史多么辉煌，但毕竟是过去，我们总不能往后看。如果只看到过去，无论多么辉煌，都是没有前途的。一个民族，就如一个人，要发展、要进步，就必须向前看，开放而不能封闭。但我们的根本还是传统文化，这是不能选择的，就像一个人不能选择自己的母亲一样，失去了传统，就失去了自我。从历史上来看，在几次大的文化交流融合中，凡是以传统文化为本，再学习借鉴外来文化的，都比较成功。如魏晋南北朝时期，佛教传入中国。从汉朝董仲舒独尊儒术以来，中国文化在短短几百年中就走入僵化，佛教一开始向中国传入时就中国化，即所谓“手持胡本，口传汉言”。以儒释佛、以道释佛。事实上中国的佛教已不是原来意义上印度的那种佛教，但是它的传入丰富了中国文化，新的理念和意象大大开拓了中国人的思想，比如像今天仍在使用的一些语汇“觉悟”、“境界”、“理想”、“气象”啊，使中国人耳目一新。开始是一种词汇，但这种词汇会激发一个民族的文化想象力，思想就开阔了很多。但这是以中国文化为本的，以儒释佛、以道释佛，因而是比较成功的。事实上，在今天佛教文化成为中国传统文化的一部分。包括唐朝吸收周边少数民族的文化，也是比较成功的，这些都给古老的中国文化输入了新鲜血液，对中国文化的丰富和繁荣起到了很好的作用。相应的事实也证明，凡是完全照搬外来文化的，都不成功。例如上世纪初的西风东渐、一些主张全盘西化的运动，后来基本上都没有成功，还形成了文化上的断层和夹生，使人们的信仰和价值观失缺，造成了很多社会问题。所以，只有立足于传统文化，以民族文化为家园，吸收外来的文化，取长补短，为我所用，才有利于中华民族的兴旺发达。

豁达的人生

在现代社会中，物质的丰富和人们追求物质的欲望在同时增加，欲望的迷雾蒙住了人们的视线，人们看不见远处的光辉，而只斤斤计较于蝇头小利，心情在得失之间跌宕起伏，于是烦恼、忧愁、嫉妒、仇恨油然而生，同情、宽容、情爱在不平的怒火中化为灰烬。人们永无止境地追逐着各种利益，政治家忘记了自己的政见；律师们忘记了自己的本行；批发商忘记了自己的生意；医生忘记了自己的病人；店主忘记了自己的商店；债务人忘记了自己的债权人；牧师忘记了布道；甚至女人们也忘记了自尊和虚荣。在“一切为了利益”的咒语下，人们失去了良知，失去了诚信，无所敬畏，不知满足，心里在永远和自己的敌人永无休止的战斗着，生活在焦虑和痛苦中……

一个午后，我来到湖边。大雪刚停，周围白茫茫一片，没有一个人，静得出奇，我一个人孤独地在雪地上行走，看着周围的景象，脑海里突然浮现出自己童年时的情景。那时，下雪后我也常常在自己家的院埂上一边踩雪，一边出神。现在，我似乎觉得，我的感觉和以前完全一样。可是……

可是时光已经走过四十多年了，那时，我是在一个穷苦甲天下的小山村，一个刚刚上小学的孩子，而现在，我是在北京，在全国的首都。

但是，我此刻的感觉怎么和当年似乎完全一样呢，就好像并没有任何的变化。

我思考良久，其实人生的变化确实差别并不大，真的不大，差别是人臆想出来的，是一种错误的感觉造成的。试想，如果在宇宙的某一个位置看地球，在银河系中，地球不就是一个村，北京和我那个相隔4000多里的小山村不就是在同一个“地球村”里吗，没出一个村，又能有多大差别呢？

再换一个角度看，对于在某一个星球上旁观地球的更高级的生命来说，可能人类社会就像一个蚁群，蚁群里为争夺等级分工咬斗残杀得你死我活，为筑巢、觅食、繁殖忙碌不停。在蚂蚁的世界里看来，它们似乎做着很光荣的工作，很有成就感。但对一个正在注视着这个蚁群的某一个人类来看，这些都会不值一提，只不过是乱哄哄来来往往的一群蚂蚁。蚁王、蚁后、工蚁都没有多大区别，只不过是数万种随灭随生的昆虫之中的一种而已。我常常试想，假如在宇宙中的某一个地方，有一种更高级的生灵注视着地球上的人类的时候，会不会也是这种印象：什么皇帝、贵族、乞丐、贫民，伟大人物和普通百姓都没有多大差别。他们看不到我们所感觉的那种神圣，那种风光，那种荣耀，也不知道人类还分不同信仰、有着不同的主义，感觉不到人类的烦恼与忧愁。在他们看来，人类都不过是一群生存在地球上的熙熙攘攘的芸芸众生而已。

从另一种意义上来说，差别就是存在。就像生物的多样性一样，差别的多样性也是社会之所以形成的前提，没有差别就没有秩序，没有稳定，没有发展，没有存在的意义。差别产生力，力产生平衡，力推动社会发展进步。所以，我们应该豁达一点看待人生，生命只不过是一个过程，人的不同社会分工只不过是一个临时的角色，以示区别而已。即使达官贵人，他们和平民百姓事实上也并没有想象的差别那么大；有钱人和穷人的差别也没有说的那么悬殊，试想：无论是谁，白天也只不过一日三餐，晚上也不过睡一张床，即使他拥有多少财富，真正他个人消费和使用的毕竟有限；即使他有多大的权，他能用来为自己所用的也就那些事，而且任何事都有两面性，财富越多，风险越大，权力越大，责任越重。这样的例子也比比皆是。人生在世，往往不如意处占十之八九，如意不如意往往也是自己的感觉，是因自己选择的参照物决定的。若把自己的吃亏，看成是对别人的成全；把自己的挫折看成是对意志的磨炼；把自己的冷遇看成是规避了一次风险。这样，吃亏就不再是令人沮丧的事了，就真正会感到“吃亏是福”。其实，任何重大的得失转变都有两面性。风水轮流转，三十年河东，三十年河西。

一个人对现实的不满意在许多时候与其生活节奏的过度紧张有关，而与经济状况和社会地位其实没有多大关系。人的生活节奏越紧张，对现实不满的情绪就越激烈。生活在原始状态下的人对现实并无怨言。如果生活得悠闲自如，即使过着粗茶淡饭的简单生活，也会心情平静，知足常乐；如果生活节奏紧张，工作压力大，即使收入很高，锦衣玉食，也心神不宁，烦躁愤怒，经济学中讲的渔夫的故事就是一个例证。

每个人的生活道路都不是一帆风顺的，即使已经很成功的人在以前人生的某个阶段总有着不尽如人意的地方，但是爬过了这个坎就应该向前看，而不要只留恋于对过去的愤愤不平，不要记忆仇恨。诚然，我们应该珍惜曾经付出过的一切，应该感恩曾经在艰难时刻对自己伸出援手的人们，但是这并不意味着我们就应该驻足不前。因为，爬过这个坎并不是我们的目标，爬过这个坎是为了再往前走，追求更高尚更美好的未来。

因此，想通了我们也就没有必要为使自己这不如意、那不如意而烦恼。平平常常的人也可以幸福地生活一辈子，人生苦短。一个人一生的境遇是由许许多多方面的因素决定的，许多客观的机遇并不是靠主观努力就能轻易改变的。我们要有积极进取的人生态度，努力创造美好的幸福生活。但是在我们改变不了客观现实时也不要怨天尤人，这时就要改变自己，换一种人生态度。条条大路通罗马。人生的价值坐标并不是惟一的。其实，金钱和权力并不意味着幸福。我们也就没有必要去仇官、仇富、仇名，而把自己的情感更多地倾注在自己现实的人生中，去寻找属于自己的那份乐趣。一个有境界的人应该更多地把自己的眼光放在追求精神充实上，事实上，人是生活在两个世界里，一个是物质的世界，一个是精神的世界。人类精神的发展丰富了世界的涵义。人作为社会资源，与物质化资源（如能源、原材料、土地）的最大不同是人能生产出“思想”，“思想”的威力在于扩散性，它可以在不声不响中传播开来，产生出强大的激情和动力，并不断地产生递增效应。它也是在体现一个人的价值，而且是更大的价值。精神境界是衡量一个人文明程度的重要标准。精神的生命力要比肉体长几十倍，甚至几百、几千倍。肉体的生命现在最长也不过百岁左右，而精神的生命力可达几千年，几万年甚至真正达到永垂不朽。精神忍受苦难的程度也要比肉体坚强许多倍，摧毁一种精神要比摧毁一种肉体需要的力量要大好多倍。从对满足肉体欲望的需求发展到对精神完美的追求是人格的升华，是人对自身价值的觉醒，是人意识到自己是“人”的开端，是人性的发现。只有在这时，人才真正开始“做人”。人类精神的成长史，就是人对客观世界的能动性不断增强的历史，人类的精神越成熟，人对自然的恐惧就越小，人的主体意识就越强。其实，人的一生很短暂，美好的年华就像彩虹转瞬即逝。抓住了这个瞬间，你的人生就会多一份精彩。不要过于亏待自己，成功有多种形式，并不意味着要在一棵树上吊死，大胆地追求自己的理想，就会为生活赋予新的意义。

诗之用

诗是诗歌的简称。诗在人类文化史上曾经具有很高的地位，被誉为文学的皇冠。世界上一些古老而伟大的民族，都因自己的历史上曾出现伟大的诗人而自豪，都为自己的民族拥有一部史诗而骄傲。例如，普希金被奉为俄罗斯的精神象征，《荷马史诗》成为希腊民族的标志。但曾几何时，在我们这个曾经是诗人辈出、群星灿烂的国度里，诗似乎成了华而不实、百无一用的代名词，诗歌正蒙受奇耻大辱。每一个熟悉中国文明史的人，每一个有尊严的热爱中华文化的人不禁要问：谁之过？我国历史上的第一部诗集《诗经》在先秦时期就享有极高的声誉。孔子对《诗经》的称誉极多。《左传》称：“《诗》、《书》，义之府也。”这是在公元前633年左右，可见，在这时候，人们已把《诗经》看作是礼义的府库了。在多种场合广泛地引用诗经，在那时候是极其普遍的事，《诗经》不但是可以“多识鸟兽草木之名”的百科全书，而且成为贵族、士大夫社会政治交往的工具。

《尚书·尧典》道：“诗言志，歌咏言，声依永，律和声；八音克谐，无相夺伦，神人以和。”这里告诉我们，诗是言志的，诗和音乐是一体的。这里的志，是关于政治、教化方面的人生态度和理想。所以，诗从一产生起，就并不是为歌舞娱乐之用，而是承载着人类的生活，在人类社会漫长的发展过程中，诗歌起到了“献诗陈志”、“赋诗言志”、“引诗明志”以及“以诗教化”的功用。

献诗陈志。《国语》中有则很有名的故事：周厉王是周朝历史上最为残暴的昏君，召公劝谏他要重视百姓的意见，说“防民之口，甚于防川”，然而厉王却请来了一个自称法术广大的巫师，让他监视老百姓，巫师向厉王告发谁，谁就遭到厉王的杀戮。这样一来，老百姓就把怒气压在心里，表面上不发牢骚了，厉王自以为得计，召公就又一次向他进谏，告诉他天子听政，应该“使公卿至于列士献诗……”这里之所以要求献诗给天子，目的是进行劝谏。这就是我们后来经常说的“刺美见事”，也就是看到国君或官员做了什么好事，就写诗来表扬他们；做了什么坏事，就写诗来讽谏他们，或因个人遭受到不幸或冤屈，就写诗来申诉、表白，这样的情况，都属于“献诗陈志”。

赋诗言志。早在春秋时期，人们在外交场合，为了表达宾主各方的意见和愿望，就通过赋诗来言志。赋诗除了用在外交场合交涉国事，还可以通过赋诗看一个人的怀抱、志向、人品。俗话说：“听其言，观其行。”诗自然也是言的一种。《汉书》中说：“古者诸侯卿大夫交接邻国，以微言相感，当揖让之时，必称诗以谕其志，盖以别贤不肖而观盛衰焉。”从所赋的诗中，可以辨别出贤与不肖来，这就是以诗观人。

引诗明志。在聚会或社会场合，在自己的讲话中，引用某句大家都熟悉的诗句，可以抒发自己的抱负和情怀。周代贵族阶层在日常言行中，有引经据典以示学养深厚的习惯，《诗》是经常被引用的，引用这些现成的诗句，使人们的语言更有表现力，更有说服力。

春秋时期，《诗》在人们政治、社交、日常生活中已有举足轻重的地位了。到了这时候，除了“献诗陈志”、“赋诗明志”外，人们已把学诗用到了修身和致知上，这就形成了“诗教”。孔子说过一段十分有名的话，可以说集中体现了儒家诗教的主旨：“小子何莫学夫诗。诗，可以兴，可以观，可以群，可以怨。迩之事父，远之事君，多识于鸟兽草木之名。”他的意思是，为什么没有人研究诗呢？诗可以培养想象力，可以提高观察力，可以结交朋友，可以讽刺政治得失，近则运用其中的道理侍奉父母，远则可以用来服事君上，还能认识许多鸟兽草木之名，这段话的中心，显然是以学诗作为个人品行修养和提高知识能力的工具。

孔子曾用一句话来概括“三百篇”的内容，那就是：“诗三百，一言以蔽之，曰‘思无邪’。”这里的思是语气词，没有实际的意义。在孔子看来，305篇诗的内容都在封建礼教的规范里，所以孔子和他的门人在运用诗的时候也随心所欲，为自己的理论找根据。有一次子贡问孔子：“一个人贫贱时却不献媚奉承，富贵时却不骄傲自大，这种人怎么样？”孔子回答说：“这种人可以了，但不如那种贫穷却能乐于道，纵有钱却谦虚好礼的人。”子贡说：“《诗》上说‘如切如磋，如琢如磨’，就是这样的意思吧。”孔子高兴地回答道：“子贡啊，现在可以同你研究《诗》了，因为我告诉你一点，你却能够发挥，推知另一点了。”（《论语·述而》）

《诗经·卫风》中有一首诗叫“淇奥”，其中用“如切如磋，如琢如磨”来比喻君子在品德学问上要努力修养，要像对待骨、角、象牙、玉石一样，不断敲锉、细刻、打磨，子贡把它们单独抽了出来，用作修身的格言。孔子对他的这种应用诗的做法大加赞赏。

曾参是孔子的得意门生，被后人誉为“独得孔教之宗”的宗圣，他对于孔门学诗之法，更是深得其中三昧。《论语·泰伯》有一则有名的故事：

曾子有疾，召门弟子曰：“启予足，启予手。《诗》云：‘战战兢兢，如临深渊，如履薄冰。’而今而后，吾知免夫，小子。”

“战战兢兢，如临深渊，如履薄冰”三句，出自《小雅·小旻》。原诗的本意是讽刺周幽王任用小人，不采纳良策，恐惧国家危亡，个人遭灾。这三句极为生动地表现了诗人惴惴不安，惶惶终日的心情。但是曾子把他们抽出来，却表达了完全不同的意思。曾子以为身体来自父母给予，不敢毁伤，表明自己的谨慎，自觉地修养身心，表达出曾子之孝。

在孔子之后，儒家把研读、运用《诗》的方法更发挥到了极致，比如“亚圣”孟子也提出了一套说诗的著名理论，如“不以文害辞，不以辞害志，以意逆志”。意思是说，解说《诗》的人，不要拘于字面的意思而误解词句，也不要拘于词句的意思而曲解全诗，应该从自己的切身体会出发，去推测作者的本意，孟子还说：“颂其诗，读其书，不知其人可乎？是以论其世也。”他觉得诵古人诗，读古人书，应当了解古人的为人，要了解他的为人，就应该了解他所处的时代。

儒家的另一位大师荀子也是这样来运用《诗》说理的。《荀子·大略》篇说道：“诸侯召其臣，臣不俟驾，颠倒衣裳而走，礼也。《诗》曰：‘颠之倒之，自公召之。’”（《齐风·东方未明》）叙述公差太繁重，每天天不亮，监工就来催促动身做工，小民慌得连衣服都来不及穿好。荀子却用它来比喻君臣之礼的重要性。

孔门学《诗》的主张和方法，为后来的学《诗》理论奠定了基础，特别在汉代以后发生了极大的影响。汉人“罢黜百家，独尊儒术”，《诗》的地位日益提高，汉人所著的《春秋繁露》、《烈女传》、《淮南子》、《说苑》等书中，都以《诗》来论证伦理道德、政教得失。如《韩诗外传》卷一：“政无礼则不行，王事无礼则不成，国无礼则不宁，王无礼则死亡无日矣。《诗》曰：‘人而无礼，胡不遄死。’”这是用《诗》来论证必须礼治的，但是所引诗出自《鄘风·相鼠》，它的原意是讽刺那些不讲礼仪，丧失廉耻的人。

到了这个时候，《诗》正式成为儒家的经典之作，难怪孔子教训儿子说：“不学诗，无以言。”难怪周天子要命太师把“六诗”作为贵族子弟必修的课目。可见，诗是人类教化之始。当人类还在蒙昧状态时，渴望文化之光的照耀以走出愚昧，即“观乎天文，以察时变；观乎人文，以化成天下”。那时尚文重诗，以启心智。今天，当物质极大丰富，人类已进入所谓文明时代时，物欲横流却使人类迷失了方向，心智又返回到只重肉体享受的动物时代，以轻蔑和诋毁的神态对待曾引领自己走出愚昧的“诗之光”。这真是文明之大悲，人类之大悲。

令人欣慰的是，“诗歌”的生命力是那样顽强。正如唐代诗人白居易的一首诗所描述的“离离原上草，一岁一枯荣；野火烧不尽，春风吹又生”。先人留下的无数诗的种子，在瓦砾下、在碾痕上、在石缝中不息地生长起来，用她绿色的声音，呼唤着诗歌的春天。近年来涌现出无数新秀诗人，他们中有新诗的探索者，也有传统诗歌的传承者，都以各种方式彰显着诗的存在及其意义。历史告诉人们：诗之兴预示着国之兴。“所谓大唐气象，无非诗之境界。”愿素有诗之国度美称的中华大地在不久的将来能实现诗的复兴！

有感于“幸福”这个词

曾几何时，“幸福”一词竟在当今时下十分流行。“你幸福吗？”已成为一句意味深长的调侃语。无论如何，近百年来，苦难深重的中华民族在经过了战乱、饥饿、贫困的折磨，经过了外侮内斗、剥夺人性的摧残，经过了筚路蓝缕、励精图治的奋斗之后，终于开始思考何谓“幸福”，思考人生的意义与价值，这不能不说是一件幸事。

究竟什么是幸福，可能并没有一个标准答案，有多少人也许会有多少答案。但确实，幸福并非是一颗巨大美丽，无论付出怎样的努力也难以寻觅的宝石；相反，它是由一系列平凡普通而又细小的宝石所组成的珍珠串，在人们的日常生活中散发出快乐和优美的情趣。其实，幸福就是散布在普通生活道路上的各种不太引人注目的快乐，这些快乐往往在我们热切地追求某些宏大而动人心魄的快乐时容易被我们所忽略，而在我们诚实而正直地履行普通职责的过程中，幸福会发出它会心的微笑。

幸福不是简单地能用金钱、财富、名誉、地位等指标来衡量的，不同的人有不同的幸福观，当人处在不同境遇时，对幸福的感受也不尽相同。幸福完全是一种本人的感受，幸福不可能是一种恩赐，是别人无法强加的。幸福是自由的象征。幸福的人，他的灵魂一定是自由的。财富并不意味着就会带来幸福。因为，财富不能给生活带来真正的激情，只有思考、欣赏、品位、修养才能带来生活的激情。在生活的热情里，一双有洞察力的眼睛和一颗有感悟力的心灵是必不可少、无法替代的。具备了这些品质，最低贱的人也能变得有福；具备了这些品质，劳动和辛苦也会与最高尚的思想和最纯洁的品位密切相联，许多劳动者也许会因此变得高尚和高贵。蒙田认为："所有的道德哲学就像它能适用于最辉煌的人生一样，也能适用于普通下层百姓生活之中。每个人身上都拥有人类生活的全部形式。"

幸福也与你的期望值有关，如果你想得到一间房，而结果你得到了两间房，那你就会感到很幸福；而你期望得到一座别墅，结果你即使得到一套公寓，你也不会有幸福感。幸福的一个重要条件是要找到适合自己的恰当的生活环境和生活方式，你的财产和素质只适合于生活在中小城市，而你却要生活在世界大都市，那你就不会幸福，你适合于种地，有农民的素质，而你却选择了一个高科技的工种，那你一定也不会幸福，你想吃面条羊肉，即使给你端上鱼翅鲍鱼，那你也不会觉得幸福。

幸福与自己的价值观有关。如果你是一个追求热闹的人，到处有人前呼后拥车水马龙，你就会感到幸福，而如果你是一个淡泊好静的人，这样的场面你反而不堪其扰，感到烦躁。同样一种情景，对一些人来说是莫大的幸福，而对另一些人来说，则可能是极大的不幸。

幸福无处不在，但生活的真谛在于我们要学会感受幸福。生活就像一幅充满爱意、帮助和同情，充满关怀、远见和精打细算，充满思考、行动和职责的丰富多彩的画面，要懂得从生活中采撷欢乐和幸福。

造物主把人类置于一个舒适可爱的世界里，在他周围充满着美好而美丽的东西，赋予他仁爱的天性，使他去同情、关怀、帮助别人，去生产，去娱乐。由此人们从中获得了尊贵而幸福的生活，应该去积极履行赋予自己的使命——仔细欣赏大自然的神奇和美丽。但是，我们往往所感受到的美好事物还不及大自然的美好事物的一半，这是因为我们关闭了我们去感受其他众多美好事物的途径。我们只满足于眼前存在的、肉眼能看得见的东西，而没有去追寻那超越于具体事物之上的精神事物。如果我们打开我们的心扉去感受，我们将发现，在我们生活的每个角落，都蕴藏着多少寂静无声的乐趣啊！一个人的人生不可能只局限于工作、吃喝和睡觉之中。他们还必须有时间去娱乐，有时间去享受精神的快乐，有时间去从事身体锻炼才行。我们吸入普通的空气，在普照大地的阳光下取暖；我们赞美茵茵的绿草、行走的白云和欢笑的鲜花；我们热爱我们大家共同的大地，聆听来自大自然的所有声音。这些大自然的无偿赐予，通过我们的感受延伸到每一个人的生活中去，产生出善良的愿望和仁爱的真诚。我们使别人幸福，使自己被赐福。

爱是幸福永不枯竭的血脉。如果我们善良友爱、心情愉悦、克制忍让，我们就能随心所欲地过着愉快的生活。同时把这份愉快传播给我们周围每个角落的人们。不管一个人多么贫穷，只要他愿意，就没有什么东西可以阻止他成为一个仁慈友爱的人，而仁慈友爱是良好品行的本质之所在，即使在非常艰难的逆境里，一个人也可以尽自己的最大努力去做到这一点。如果他以文明礼貌和仁慈友爱的言谈举止对待所有人，他会那么地令人满意，那么地令人陶醉，他会赢得每一个心地正直的朋友的更大的关爱和友善的敬意。这些都会化作幸福的暖流让他沉浸。

艺术的熏陶对人的道德具有非常有益的影响。它为每个家庭提供一个快乐幸福的源泉。沉浸在艺术的浪漫氛围中，就会增加家庭成员之间的吸引力，起到亲密凝聚的作用。它使家庭生活变得甜美，使家里散发出优美雅致的氛围来。艺术氛围也使人与人之间在交往时更加愉快。它能使一个人从只关注个人的一己之利中解脱出来，在增强它同自己家庭的愉快交往的同时，也扩大他同外部世界的友好关系。艺术活动会无形地提升我们的精神气质和心灵品性，是我们迈向更高人生境界的桥梁。即使是最穷苦的人，也可以通过艺术从生活中获得巨大的快乐和幸福。这个世界不需要“眼泪汇聚的溪流”。在很大程度上，我们有主宰我们自己命运的力量。无论在任何情形下，我们的心智都是我们自己所拥有的东西。我们应当愉快地珍惜那里生长出来的思想。我们可以在很大程度上调节和驾驭我们的情绪和气质；我们可以教育我们自己并开发出我们天赋中最美好的东西；我们可以阅读好书，珍惜纯洁的思想，过一种安详、宽厚和富有美德的生活。

真正的幸福是一种综合的心灵体验。不是一种欲望的满足，而是身心的放松和愉悦；不是简单地得到和拥有，而是良心的安宁和踏实。正如西伯告诫人们：

别让我们无法拥有的东西，
摧毁了我们那快乐的性情。

由“认识你自己”所想到的

“认识你自己”这句话，据说是苏格拉底为自己写的墓志铭，后来这句话和“万勿过度”被刻在希腊神庙上，成为千古流芳的名言。

“认识你自己”，就像当头棒喝，时时提醒人们不要忘了做人的道德。当一个人忘掉道德训诫的时候，他也就会忘掉心灵在追求道德时的感受。财富使他们洋洋得意，权力使他们不可一世，许多不好的朋友败坏了他们的德行，这一切都使他们在道德上破产。

“认识你自己”，就必须既要看到自己的优点，又要清楚自己的不足，从而做一个老老实实的人。做人不可为虚荣心所蒙。如果一个人自己不是那样的人而冒充为那样的人，一定会给自己带来麻烦和讪笑，而且还可能给国家带来耻辱和损害。如果不顾客观现实只为追求虚荣，往往是在花费了很大一笔资财之后，他不仅毫无收获，而且还要给自己带来耻辱，使自己的生活沉重、无用和可笑。最大的骗子乃是本来没有资格、却用欺骗的方法使人相信他们有杰出才能的人。任何人的能力都是有限的，如果一个人夸口说能办任何事情并回答一切问题，这将是一种无耻的自吹和一种如此过分的自负，以至于一个人由此必然会马上失去一切信任。

“认识你自己”，就必须懂得任何时候都要既有所为，又有所不为。这就意味着对自己的行为有自制能力，意味着在各种诱惑和欲望上有所节制。其实节制就是自我认识，认识到一味放纵自己就必然终究会招致祸患，认识到自己什么该做什么不该做。不能自制就使智慧和人远离，并驱使人走向相反的方向，而智慧就是最大的善。不能自制使人对于快乐流连忘返，常常使那些本来能分辨好坏的人感觉迟钝，以致他们不但不去选择较好的事，反而选择较坏的事，从而就阻碍了人们对于有用事物的注意和学习。只有能自制的人才会重视实际生活中最美好的事情，对事物进行甄别，并且通过言语和行为，选择好的，避免坏的。每一件光荣和善良的事情都是靠修炼而达到的，自制也并不例外。

“认识你自己”，就必须懂得该“得”的得，该“舍”的舍。一个人的时间和精力是有限的，我们只能把有限的时间和精力放在对自己最重要的事情上。谁想取得某种伟大的成就，谁就必须像歌德说的，知道限制自己。反之，那种什么事情都想做的人，实际上什么事情都不想做，也什么事情都做不成。世界上有许多有趣的东西：诗歌、化学、政治和音乐，这一切都很有趣，一个人这些东西都想学，我们决不能说他不对。但要作为一个人在特定环境内有所建树，他则必须坚持某个确定的方向，不可把自己的精力分散到许多方面去。一个有教养的人决不满足于模糊的、不确定的东西，而是把握对象的确定不移的规定性。我们随时都可以看到，自己周围的许多人因懂得太多、干得太多而终于一生都碌碌无为。更可悲的是，当这些人最终发现自己一事无成时，还怨天尤人，认为是命运的不公平。他们连自己失败的原因都不知道。这就是聪明反被聪明误。舍得，舍得，有得就有舍，有舍才有得，这就是世间的大道理。

“认识你自己”，就必须既要有做人的自信，又要时时处处戒慎恐惧，心怀敬畏。要知道，山外有山，人外有人。做人不可太狂妄。常言道，上帝想让谁灭亡，就先让谁狂。会水的鱼儿浪打死。世上没有无敌将军，凡是狂妄之徒，最终都没有好下场。自恃才高，必然高标见嫉。

木秀于林，风必摧之。中国历史上的项羽，外国的希特勒，都是因为过于狂妄，人心不足蛇吞象，因而都落得个十分悲惨的下场。人只有戒慎恐惧，心怀敬畏，才能藏才守拙，以免招致敌人的攻击；也才能虚心学习，有更大的进步。须知，谦恭也是一种智慧。

康德说：“认识你自己这个绝对诫命的含义，无论从它本身来看，或就其在历史上被宣告出来时的情况来看，都不只是一种对于个人的特殊的能力、性格、倾向和弱点的自我知识，而是对于人的真实方面——自在自为的真实方面，即对于人作为精神的本质自身的知识。”“认识你自己”成为千古警句，也成为人们永远的座右铭，他告诫人们要时时反省自己，切勿过度，切勿忘乎所以。人心各异，有若其面，知人知面不知心。识人难，认识自己更难，因为虚荣、贪欲、自私心是一个狡猾的魔鬼，常常迷惑人的头脑，使人失去理智。因此，真正客观地认识自己也并不是一件容易的事，需要躬身反省的功夫。只有真正认识了自己，才能更深刻地认识别人，才能根据自己和别人的情况处理好与他人的关系。时时心存敬畏，改过自新才能面对生活，面对未来。

莫为“名”所累

名声是一个人在社会上为人所知的程度，在一定程度上也代表一个人的社会影响力。有的人虽然死了，但他的名声仍在流传，仍在影响着后人；有的人生命虽然是短暂的，但他的英名却流芳百世，即所谓“青史留名”。所以，从一定意义上说，名声是一个人有限的肉体所散发出的能量。一个人有限的肉体生命从他流传久远的名声中得到了延续，是人的另一种存在方式。所以，大凡有抱负、有远见的人，不但注意生前建功立业，而且看重身后之名。

客观地说，一个人要在活着的时候出人头地并不容易，但要在死后赢得身后之名就更是难上加难了。大千世界，芸芸众生，百年之后，人人都如油尽灯灭，湮没无闻，能青史留名、为后人传诵者又能有几人？据说当亚历山大面对自己率领的几十万所向披靡的大军，突然想到百年之后这些人连同他自己都将化为腐土残骨时，不禁潸然泪下。人生成败又有极大的偶然性，“成者为王败者寇”，为王为寇时势使然。因此，一个人要在众多的同类中拔萃而出，在有限的生命里赢得芳名并不是一件容易的事。俗话说：“追求名声的人名声回避他，回避名声的人名声追求他。”有人得到了名声但并不相配，有人应当名声卓著却默默无闻。

一般来说，如若一个人的名声愈持久，则它来临的愈迟，这已成为通则。这是因为名声是靠实力来打造的。比如一个人要靠作品出名，但要真正写出能流芳百世的名作，不但要有盖世的天才，还要有十年磨一剑的功夫。曹雪芹一辈子就写了一部《红楼梦》，而且在他生前都是默默无闻，过着穷愁潦倒的日子。写出一部好作品难，而且即使一部好的作品出世，要得到世人的了解、认可更难。凡·高的画在他去世100年后才开始渐渐有点名气。大凡所有杰出的作品都需要时间来得到人们的了解和认可。它流芳于后世的名声恰如栎树，成长得十分缓慢，但却影响久远。那些只能盛极一时的名声，就像一年一枯的草木，来也匆匆，去也匆匆，而虚名则如昙花一现，转瞬即逝，就像现在朝开暮谢般匆匆而过的各种自封的炒作出来的"大师"们一样。回首过去，那些真正能在历史上占有一席之地的青史留名者，一部分是那些改变了历史进程的政治家、军事家，如亚历山大、成吉思汗之类，这些人是历史造就的英雄，他们改变了世界历史，也为自己在历史上书写了辉煌的篇章。还有一类就是自己创造了优秀作品的文学家、艺术家，他们人虽然老了死了，但他们的作品却留在世间，历史的殿堂里也留下了他们的印迹。

我们经常看到，在文学这座殿堂里，住着一些伟大的死者，他们活着的时候在这里毫无地位；还住着一些活人，但随着死神的降临，他们便立刻被赶出了这座圣殿。生活就像贫困时的情形，愈宝贵的东西便一定会愈加珍惜。年轻时人们需要金钱来支撑生活，需要名誉来满足虚荣，但这些却极为缺乏。当人们成为老朽，生活的快乐和消遣就像秋天的落叶一去不复返了，也就在那时，名声才像冬青树一样开始萌芽。所以，名声就像整个夏季都在成长而只是到圣诞节才能享用的水果，但当人们一想到在年轻的时候已经把全部的活力都灌注到了至今仍然年轻的著作中去，到了老年，再也没有什么比这种感觉更能让人宽慰的了。历史证明，只有在死后才得到名声的人，才真正配得上这名声，这就是名声价值的报答！

人们渴望名声，追逐名声，语不惊人死不休，恨不能一夜成名天下知。但很多人又为名声所累，名声是一把双刃剑。在盛名之下，会有不能承受之重。名声有好也有坏，有“实名”，也有“虚名”。有的人因偶然的机会一举成名，但在名誉面前迷失了自己，忘乎所以，最后碰得头破血流。有的人本来有一些才华，但因过早功成名就坐享其成，从此，飘飘然耽于浮名而不再进取，颓废堕落，从此江郎才尽，无所作为。

名声就像“鸦片”，人一旦蹈入名声的沼泽，就会愈陷愈深，不能自拔。对名声的欲望是杰出的人最难摆脱的，结束这一愚蠢行为的唯一方法，就是清醒地认识到，它是愚蠢的。我们的所有忧虑、焦躁、担心、烦扰、苦闷，乃至愁肠百结、竭尽心力，在绝大多数场合，都是由于过多考虑别人会说什么而导致，即太在乎自己的名声。世界上的道理就是这样，任何人都不可能达到十全十美，鱼和熊掌不能兼得，人性中本来就有恶的一面，有些事你越在乎，那些恶人们就越得意。就像在乡下的一群穷孩子中，有一位小孩穿了一件干净漂亮的衣服，总有一个坏孩子会忌妒他，你越爱干净，他越想弄脏你的衣服，让你难过而他却由此感到开心。对于名声也是这样。其实，在绝大多数情况下，相对于各种生活事务，他人的看法极少对我们产生真正积极的影响；再次，这种看法如此地不利于人们，以至于一听到谈论有关他的任何事情或言论，便焦虑不安。如果人们能够超脱这种愚蠢行为，便会促进我们心灵的平静和欢乐。这个结果在现在看来是难以想象的，这样的话，人们便会更加坚定而自信地生活，所作所为便会更加自由自在而少于烦闷窘迫。真正的智者，对名声应该视有若无，淡泊处之，如果你不怕失去它，也就无所畏惧了。一言以蔽之：我们就能够返璞归真，回到我们自己了。我们应向自己的心灵大声疾呼：“走自己的路，让别人去说吧！”

现实生活中我们会发现，在所有的既得事物中，没有比好的名声更容易引起同事或邻人忌妒的了。高标见妒，贞烈遭危。盛名之下最不能承受之重就是小人的嫉妒。忌妒是人类伊始就自然生长出来的，当把忌妒对准个人品质这一目标时，这种忌妒最为恶毒且难以平息。最受人嫉妒的不是你的金钱和地位，因为这些东西你有可能会失掉，而别人也有可能得到；最被人忌妒的是你与生俱来就优越的东西，比如说女人的美丽、这是靠努力也无法获得的，是你在人群中“另类”的东西。因为人生来就憎恨自己最期盼得到而却得不到的东西，而这些本应是他们热爱和尊崇的事物。

一个人名声一大就会暴露自己。自己的所有优点和缺点都会公开在光天化日之下，如果让人们看到你的才智绝对地优越于他，他会渴望并且常常会伺机伤害你。一个人的言行举止很可能谦卑温顺，但是只要他的才智出类拔萃，就会被人们认为是大逆不道而很难得到人们的宽恕。一个人若想讨人喜欢，他就必须在才智方面逊人一筹。若想赢得人们的好感，唯有显示自己像畜生那样愚蠢粗蛮。

一个阅历相对比较丰富的人会发现，一些被社会上大多数普通推崇的美德和优点，往往并不是最终决定人的命运的最关键的因素。决定人命运的最关键的因素往往是大家都缄口不言而心照不宣地奉行的一些准则，这就是时下所流行称呼的“潜规则”，而越是在最重要的事情上，越是“潜规则”战胜了“规则”。因此，一个试图凭借其才华和精明跻身社会名流之列的人，必定是个未经世故的人。这种品格极易引起绝大多数人的忌恨和不满，而更难以忍受的是，人们会把这种丑陋卑鄙的忌妒行为掩盖得让谁都难以察觉，他们会一边赞美你的优秀，一边却千方百计地压制和打击你。这就是人性的险恶。应当永远记住，没有哪一种仇恨像由忌妒而引起的仇恨那样难以和解。因此，我们应该小心谨慎，避免遭人忌恨。并且正如许多形式的不幸一样，由于其后果的严重性，我们也绝不要玩弄可恶的忌妒之火。

所以，当一个人名声越大的时候，越应该谨慎。名声就像传导器，当一个人名声越大时，即使是一件小事，也会因名声大而传成一件大事。名声就像大海里的波涛，名声越大，泡沫也越大。一个聪明的人，要善于分清哪些是波涛本身，哪些是泡沫，要善于挤出名声所引起的虚假泡沫，把不属于自己的虚名过滤掉。这样，你才不会为浮名所惑所累。防止名声引起负面效果的唯一方法是不要让浮名牵着走，成为名声的奴隶。尤其是要警惕心术不正的人恶意吹捧，更不要自己头晕眼花，被人捧杀。名人要尽量少出头露面，遇事不要张扬。大自然的道理就是物极必反。高位、重权、大名是祸之所生，自古以来最为危险难测，要对名利心存畏惧。历史上许多曾声名显赫的人物，最后之所以都选择了归隐林泉，就是因为他们懂得见好就收，止于至善。

真正的幸福

一段时间以来，“幸福”一词格外引起人们的关注。关于什么是“幸福”，你究竟生活得“幸福不幸福”，有没有“真正的幸福”，在社会上引起广泛热议。其实，追求幸福是人类自古以来的永恒主题，也是人类生存和发展的基本动力。“幸福”之所以重新引起人们的格外重视，其实质是因为随着经济社会发展中出现的一些新情况新问题，例如市场经济中绝对竞争导致的贫富差距扩大，物欲主义横行导致的信仰失却、价值错位，盲目发展引起的食品安全和环境污染等等问题，使人们传统的幸福观念受到颠覆，人们已有的幸福也面临威胁和挑战，生活中的不安全感、不放心感加剧。由于人们对未来失去了稳定的预期，生活在恐惧、不安和焦虑的情况下，由此，对前途命运的关注和思考就日益显得迫切，而最能概括人们未来的，也是最现实最当下的问题就是人们生活的幸福感。它是对人类生活状况的最笼统最全面的概括。

客观地说，幸福确实是一个一言难尽的问题，但人生幸福的首要的最本质的要素就是我们的人格。人格包括健康、力量、美、气质、道德、品格、理智以及教养。与真正的人格优势，如伟大的心灵和高尚的情怀比较，那么，显赫的地位，高贵的身世，乃至王侯将相，充其量不过如同舞台上的角色而已，而前者是人生的真正君王。在舞台上，有人扮演王子，有人扮演大臣，有人扮演仆役，有人扮演士兵和将军，等等。这一切都只是外表的不同，脱下这些装束，骨子里大家都不过是一些对命运充满了忧虑的演员而已。严格地说，财富并不能给我们带来幸福。倒不如说财富会扰乱我们的幸福，因为聚敛财富不可避免地将会给人们带来极大的烦恼和不安。苏格拉底看到四处都是待售的各种奢侈品，禁不住惊呼："我不想要的东西在世界上竟然如此之多。""人是什么"比"人有什么"对于幸福显然要重要得多。边沁认为，物质财富的持续增加并不会给其拥有者不断带来更多的幸福。也就是说当一个人的财富达到一定数额后，其增加部分的幸福功用是递减的，绝不是财富越多越幸福。所以把幸福功能低的超额财富拿出来用以实现平等就是理性、现实和容易被接受的了。这个思想对20世纪诸多福利国家的形成具有重大影响。越富越多交税，用于公共利益。幸福功用递减的概念也被一些富豪的慈善捐款行为所证实。人自身所固有的东西仍是幸福的契机。人生就是这样，地位和财富的悬殊使每个人扮演着适合自己的角色，但这并不意味着他们内在的幸福和快乐有所不同。

真正的幸福是出自内心的生发。如高尚的品行、杰出的才智、优雅的气质、开朗的心境和完全健美的体格，一句话，寓于健康身体内的健全的精神，乃是幸福的首要的也是最重要的因素。所以，与看待外部财富和外在荣誉的态度比较，我们应当更加在意保护和促进我们内在固有的东西。人生客观的部分掌握在命运之神手中，它会因情况变化而发生变化，而主观的部分则掌握在我们自己手里，在本质上它是永远不会改变的。例如，幸福十之八九依赖于健康，所有事物都会因为我们健康而令我们快乐，没有健康，无论什么也不会令人愉快。

快乐是一种最直接最现实的幸福。快乐对于幸福来说，它是十足的硬通货，而不是银行的支票。唯有快乐能使我们在此时此刻获得当下的幸福，这是我们生为人类的至福，它存在于两个永恒之间的那一瞬间，促进这种快乐感并使之得到有效的保障，是我们追求幸福的最高目的。

无论是在豪华的宫殿还是在俭朴的农舍，只有摆脱肉体或精神的痛苦才是真正的幸福。

人最为高尚最丰富多彩的永恒的快乐是心灵的快乐。温文尔雅、活泼快乐的气质，完美强壮的体格，健全的理智，敏锐的洞察力，稳健而温和的意志以及良知，这些都是地位和财产所无法代替的优势。一个理智的人，即使处在完全孤独的状态下，也能以他的思想、他的幻想来获得极大的娱乐；即使没有任何变化，没有惬意的社交，没有剧场、远足和消遣，他也能避免愚人的烦恼。一个生性善良而且性格温和的人，即使贫困也会感到幸福。

最幸福的人乃是自身内拥有丰富精神财富的人，对外在的生活条件需求极少或无所需求的人。人们不应当从别人那里期待过多。一个人能给予别人的东西并不多，每个人最终都得靠自己。自己的运气要靠自己创造或发现，就是说，每人最终都得依仗自己内在的东西，因为只有这种内在的东西才会长久地伴随自己，才是终身相依的幸福的真正持久的来源。命运残酷无情，人类孱弱可怜。在这个世界上只有内心丰富的人才像圣诞节明亮温暖、充满幸福的小屋，而外面则是严冬腊月夜晚里数九寒天的冰雪。所以，无可置疑，谁拥有这种杰出而丰富的人格，谁便能获得世界上最为幸福的命运。在天性和命运中已被赋予智慧的人最为关注和渴望的是维护他固有的幸福的基础。

灵魂的富有才是唯一真正的富有，其他所有的财富甚至会导致极大的毁灭。内心丰富的人不需要任何外在的东西，但需要与之相反的宁静，发展和锻炼其理智的能力，即享受他的这种财富。人生计划越是不为追求现实幸福的妄想所纷扰，实现其目的的可能性便越大。一个人唯有当他抛弃一切虚伪自负并且求之于非文饰的、赤裸裸的存在时，方可达到心灵的宁静，而这种心灵的宁静正是人类幸福的根基。在幸福的种种要素中，身体的健康是首要的，其次便是思想的平静。思想真正的平静，灵魂深处的安宁以及身体的健康，所有这一切是世间所能给予的最大恩惠。

如果一个人若能放弃那种对未来遥远的虚幻的事实上不可实现的幸福的追求，除了眼前所能看到的事物别无他求，那么他将获得成功。我们既不应该让未来牵挂而思绪不宁、焦虑期盼，也不应该沉湎于对往事的追悔惋惜，而应该牢牢地记住：唯有现在才是实在的、确定的，未来总是无一例外地使我们的希望落空，过去也常与我们曾经预料的相去甚远。总之，无论是未来还是过去都不及我们所想象的。人一生总有深谋远虑和抱憾终身的时候。但是往事一旦成为历史，为了爱和我们的情绪，我们就应该想想，逝者如斯，而向它道声再见。必须克服心灵对过去发生之事的悲伤，而保持心情愉快。一个人心灵的宁静越是不为恐惧所侵扰，就越是不可能为欲望和期待所骚动，他的幸福感就越是稳固、恒久和牢靠。这才是发自全部身心的、真正的幸福。

“百无一用是书生”吗？

自从“文革”结束后，“尊重知识，尊重人才”在中国社会蔚然成风，知识和知识分子受到了尊重和推崇。经过了三十多年“知识改变命运”的时代，现在人们对这个命题的信念又开始动摇了。新的“读书无用论”、“知识无用论”的幽灵在全社会又开始弥漫。知识就像美元一样开始贬值。商店越来越多，书店越来越少；书香越来越淡，铜臭越来越浓；老板越来越受尊重，教师越来越受冷遇；衡量干部从“四化”标准变成“政绩”标准，知识的含“金”量越来越低。

“文革”中有一种论调，“知识越多越反动”，这一论调居心叵测，但这还算从一个方面肯定了知识的作用，现在是“知识越多越没用”，等于从根本上否定了知识的意义。持这种观点者，其根据和理由也振振有词，如：“比尔·盖茨只上了一年大学就退学”、“乔布斯没有受过正规教育”，甚至某某领导人只有高中学历，这些都是有很强说服力的典型。这种风气的盛行，预示着一种新的价值观的暗流正在涌动并萌生和形成，如果不引起重视并加以引导，将会对中国未来的发展产生十分可怕的影响。我们不妨对过去三十多年的历史回头看一看。

世纪之交中国的崛起，是人类历史上的一大奇迹，更是中华民族发展史上的一大奇迹，在短短的不到40年（1978—2014）的时间内，中国人在世界上真正改变了贫穷、落后、软弱、卑贱和“虚张声势”的东亚病夫形象。今天，谁也不敢小瞧这个古老的东方大国了。自从中国的国内生产总值一跃而成为世界第二大经济体后，即使连自称世界老大的美国佬也要刮目相看这个“二弟”，白宫的主人就再也没法睡安稳觉了，这是历史的事实，是不以人的情绪为转移的。

为何中国能在短短三十年昂然崛起，这当然有许多原因，是长期积累的能量的一种爆发。但一个重要原因，是邓小平的改革开放政策调动了中国广大人民的积极性和创造精神。其中一个最重要的标志就是十一届三中全会后邓小平提出在用人上的干部“四化”标准，即革命化、年轻化、知识化、专业化。让一批受过正规教育，曾经面壁十年，接受现代文明熏陶的德才兼备、有知识、专业、技能的优秀人才走上各级领导岗位。接着，又恢复高考制度，在广大乡土全国民间擢拔寒俊，使一批勤奋好学的优秀青年进入高等学校接受正规教育，为现代化建设培养了高素质的各方面人才。今天在中国各个岗位上的中坚力量，就是改革开放后培养的新一代知识分子。

谁都知道，在中国这种政治体制下，领导者的德行、素质、水平对整个地区和单位事业的发展起着十分重要的作用，甚至可以说起着决定性的作用。当年坚持按“四化”标准选人用人，使一批年轻知识分子走上各级领导岗位，这些人不但有知识、懂专业，是各方面的内行，能领导到点子上，而且有理想、有抱负，为祖国的强大负有使命感和献身精神。尤其是四年以上军营式的学院教育，不仅增加了他们的学识，而且培养了他们自律的道德和高尚人格，使他们自觉地怀有一种对社会的使命感和对世务的担当精神。今天，正是他们引领着中国的经济、社会、科学、文化、艺术向前发展，以一天等于20年的速度推动着中国的改革和发展。因此，要问中国近三十年来的发展力量来自哪里？我们可以理直气壮地说，这是知识的力量，思想的力量，知识分子人格的力量。正是这些所谓的“书生”“铁肩担道义，妙手著文章”，用自己的心力、智慧和担当铸就了中华民族新的辉煌。

书生事业，原是中国文化精神之一。据说在未有现代银行之前的山西票号，最初是顾亭林先生所设计，是顾亭林先生的书生事业。大家都知道，顾亭林是中国历史上著名的思想家，著作等身，“天下兴亡、匹夫有责”这句千古名言就出自顾氏之口，可谓真正的“大书生”。司马迁《史记》的货殖列传，溯中国商人之始于孔子的弟子子贡及陶朱公。子贡固然是书生，陶朱公名范蠡，先从政，助越王勾践卧薪尝胆复国后弃官经商，富甲一方，后隐于江湖，化名鸱夷子皮，是道家型的书生。在中国传统文化中，士人学而优则仕，从政原是书生事业，士人多自农村出身，士人未仕之前，罢官以后，都回家种地，从事农耕，所以农耕也是书生事业之一。正由于在中国古代的农业文化中，自来政治上的人物都来自田间，所以《论语》中有“禹稷躬耕而有天下”，《孟子》有“舜发于畎亩之中”、“伊尹耕于有莘之野”的话，《诗经》有赞颂后稷至文王从事稼穑的诗。

正因为商业可以是书生事业，故有儒商之名；医生可以是书生事业，而有儒医之名；从政是书生事业，故有仕学之名；农耕是书生事业，故有耕读之名。在中国文化中，书生事业实际上可遍及一切行业。由此而在中国传统文化中一切行业的人，对书生同有敬意，然后有过度的成语如“遗子黄金宝，何如教一经”，“万般皆下品，唯有读书高”一类的古训。如果以这一类成语来证明中国以前读书人除读书以外，全是四体不勤、五谷不分，一切行业的事都不作，都不会做，则是不合乎实际的。实际上中国人讲学问，都要讲“知行合一”。行即实践，此实践或是做人的实践，或是做事的实践。真正的中国学人没有不是有知有行，有做人的实践，也有做事的实践的。而在做事的实践中，则从政、经商、务农、行医或其他，都是无所不可的。中国人上学读书求知，还讲“经世致用”。强调“学”的目的是为了“用”。追求利用所学去改造社会、改造实践，所以有学而优则仕的传统。中国历史上政治变革的先驱都是由读书人发起的，有的是做了官之后，如商鞅变法、王安石变法、张居正新政等，有的是由书生在民间组织社团进行，如康有为“戊戌变法”、洪秀全创立太平天国等。事实上，在中国传统中，很少有像西方历史上那种一生不出书斋，不越“学墙”半尺而为学问而学问的所谓纯知识分子。

其实，即使是“为学问而学问”的纯知识分子，也不可说“百无一用”，如果这样看问题，事实上是我们自己的肤浅和鄙陋。知识对人生、对社会的影响是潜移默化、循序渐进、氤氲化生的，有时甚至是十分久远的。它不但启迪人们的心智，而且丰富着人们的精神生活。说不定未来上百年后的某一项影响人类生活的重大发明创造，其灵感就来源于老子的《道德经》、贝多芬的音乐或齐白石的画作。“无用”之“用”乃为大用，人类不能过于功利，过于功利导致目光短浅，那是没有未来的。

平常心

人们在日常生活中常常会因受外部的刺激而发生冲动，要么表现出一些极端的行为而造成最终对自己不利的影响，要么使自己情绪受影响，发生大的波动进而影响自己的身心健康。这两个方面尽管发生的形式不同，但都来自一个地方，即是由人的心情变化导致的。就是在人们受到外在刺激时心灵失去了平静。所以无论在任何时候，任何情况下，一个人保持一颗平常心很重要。

所谓修心，无非就是修平常之心。泰山崩于前而不惊。保持平常心就是要不以物喜不以己悲，富贵不能淫，贫贱不能移，威武不能屈。生活平静时保持平常心易，生活出现波折时保持平常心难。尤其是在波澜起伏的人生跌宕中，保持一颗平常心更难能可贵。而越是在人生不平常的时期，保持一颗平常心越是重要。这样就不会患得患失，遇事就不会诚惶诚恐，乱了方寸，就不会因功利而迷失人生的方向。春风得意，大顺大喜时要保持平常心，不得意忘形，不恃强凌弱，不盛气凌人，不穷奢极欲，而要常怀忧患，居安思危；时乖命蹇，人生处于低谷时要保持一颗平常心，不怨天尤人，不自暴自弃，而要不卑不亢、自强不息。所以，平常心是一种大智慧，也是一种积极进取的人生态度，是一种更高境界的进取，而不是消极、失望、无助的态度。

平常心是一种修养。修心最为艰难，如以锉凿影，虽尽力而无痕。平常心难在平常二字。不喜不愠谓之平，无哀无乐谓之常。平常心是一种境界。它是站在更高处看人生。胸襟宽广，包容大度。凡大智大慧之人，遇事皆静若处子。有了平常心，就能坚守自己心中的那份净土，那份执着。有了平常心，就能脱掉心中的俗谛。陈寅恪先生说："士之读书治学，将以脱心志之俗谛之桎梏，真理而得以发扬。"有了平常心，就能始终怀有纯真的赤子情怀，让自己远离红尘纷扰，心志得以歇憩于其中。有了平常心才会有不平常的作为。常言道："宰相肚里能撑船。"

要保持平常心，必须做到两个方面：一是不为外部环境的影响所动，要有定力。"怯懦的动物成群结队地行走，只有狮子才独来独往。"二是内心不要多欲。无欲是心灵保持平静的"定海神针"。林则徐说："防欲如逆水行舟，才歇力便下流。"心之所动，欲之所驱。无欲则刚，要超脱。

要保持平常心，就必须正确看待人生历程中的不同际遇，淡然处之：要正确看待功名利禄。名利都是双刃剑，许多优秀的人都为利所害，为名所累。真正的圣贤大都畏惧名利，他们默默沉潜在人生的海底。有一位研究农业的生物学家，当人们告诉他获得诺贝尔奖时，他正在田里干活，他听到这一消息时并没有非常激动，而是继续做他的工作，一直到做完才回去。要正确看待成败得失。谋事在人，成事在天，成功不必在我，奋斗当以身先。汉代的张良辅佐刘邦取得天下之后，就功成名遂身退，毅然隐去。范蠡帮助越王勾践复国后也退隐江湖，下海经商而不慕高官厚禄。对任何事情不要期望值太高，望之愈切，失之愈悲。"姜太公钓鱼，愿者上钩"，这就是平常心。要正确看待生死荣辱。生而欣然，死亦无憾。三国时孔融明明知道曹操派人来杀他，他依然平静地弈棋，只说了句："覆巢之下，安有完卵？"在死亡面前，何其淡定，何其超脱。文天祥的正气歌"人生自古谁无死，留取丹心照汗青"，谭嗣同的"我自横刀向天笑，留取丹心两昆仑"，都体现了豪杰之士视死如归的平常心。平常心就是宠而不惊，辱而不怒，忍耐就是能耐。韩信能受胯下之辱，故可成百万之帅。要礼贤下士，有刘备三顾茅庐的胸怀和诸葛亮不为所动的心态。进则兼济天下，退则独善其身。不可一日无君而惶惶然。要正确看待人我公私。人心都是肉长的，敬人一尺，人敬一丈。要学会理解别人、尊重别人。尽可能与人为善。人生的际遇都是一个缘字，缘尽人散。要珍惜缘分。人都生活在社会中，都生活在“人间”，没有人类这个大我，就没有自己这个小我。所以每个人都要有人间大义，人间情怀，人间担当，“天下兴亡，匹夫有责”。任何时候都不能干损人利己、损公肥私的事。

心情的不平静，主要是我们对某一特殊事物的“牵挂”，在心里形成“块垒”而不能化解。要保持平常宁静的心境，人必须依靠道德修养逐渐去除“牵挂”，化解“块垒”，使自己无所沾滞、陷溺或执着。这样，内心的昏浊就会消化而心思日渐清明。平常心要在平常中去寻找、修炼，要向普通的平常人学习，学习他们平凡超脱的人生态度，从他们平凡的生活中去领悟他们的人生智慧和卓越境界，体会他们平凡中的伟大，平淡中的精彩，平常中的幸福。

文艺与美育

作为历史悠久而又光辉灿烂的中华民族传统文化的重要内容之一，儒家的文艺美学对后世产生过极其深远的影响。先秦、两汉时期逐渐定型的儒家文艺美学思想，十分重视文艺的政治教化作用和伦理价值，强调文艺应该通过抒情言志的手段来事父事君，这些都是后代正统文艺美学理论的基石。以往人们在谈到儒家的文艺美学思想时，总习惯于把眼光局限在《论语》上，而忽视了对其他诸经的考查，其实反映儒家文艺美学观的经典绝非《论语》一种。就《礼记》而言，它就系统阐述了孔子以来儒家文艺美学思想的发展。细致地梳理这些文艺美学思想，显然有助于后人从整体上正确认识和把握儒家学说的深邃内涵和精神实质。

在中国儒家的文艺美学思想体系中，人们最熟悉的或许莫过于“温柔敦厚”的诗教。中国历代诗论、诗话大多离不开这一美学命题。刘勰《文心雕龙·宗经》称：“《诗》主言志，诂训同《书》，摛风裁兴，藻辞谲喻，温柔在诵，故最附深衷矣。”清代学者焦循则说：“夫诗，温柔敦厚者也，不质直言而比兴言之，不言理而言情，不务胜人而务感人。”（《雕菰集·毛诗郑氏笺》）朱自清先生对此讲得更为透彻，他认为：“在诗论上，我们有三个重要的、也可以说是基本的观念：‘诗言志’、‘比兴’、‘温柔敦厚’的诗教。后世论诗，都以这三者为金科玉律。”（《诗言志辨·比兴》）这些都表明，“温柔敦厚”的诗教确实在中国古代文艺美学中占有十分重要的地位。熟悉经书的人都知道，“温柔敦厚”的命题正是《礼记》首先提出来的。

《礼记·经解》说：“孔子曰：入其国，其教可知也，其为人也温柔敦厚，诗教也。”孔颖达《正义》疏曰：“温谓颜色温润，柔谓性情和柔，诗依违讽谏，不指切事情，故云温柔敦厚是诗教也。”朱自清先生则进一步解释说：“温柔敦厚，是和、是亲、也是节，是敬，也是适、是中。这代表殷周以来的传统思想。儒家重中道，就是继承这种传统思想。”（《诗言志辨》）

从古今学者的上述解释中可以清楚地看出，“温柔敦厚”诗教命题的提出，其最初的目的完全是为了借助言志的诗歌来规范人们的言行，培养人们温文尔雅、深沉持重的性格。换言之，“温柔敦厚”命题的提出，是出于培养儒家理想人格的需要。正因为如此，所以强调诗乐对人们情感的启迪和熏陶作用，就成了历代儒家诗教不变的宗旨。这点恰如元代学者虞集所言：“圣贤之于诗，将以变化其气质，涵养其德性，优游厌饫，咏叹淫泆，使有得焉，则所谓温柔敦厚之教，习与性成，庶几学诗之道也。”（《道园学古录·郑氏毛诗序》）

“温柔敦厚”既是主要用于陶冶人的性情，那么，用它陶冶出来的究竟又是一种什么样的性情呢？对此，孔子在论及《诗经·关雎》时，曾用“乐而不淫，哀而不伤”（《论语·八佾》）八个字简洁地作出过回答。所谓“乐而不淫，哀而不伤”，实际上指的是思想感情方面的中和状态。然而尽管“温柔敦厚”的命题最初只是作为一种儒家的理想性情提出来的，但一个人的性情一旦形成，势必会对他的审美趣味产生影响。久而久之，“温柔敦厚”所包含的性情适度原则也就转变成了一种最具民族特色的、以和谐为核心的审美原则。这种审美原则在《礼记·乐记》中得到了全面系统的阐述。

作为先秦儒家中和之美观点的系统总结，《乐记》首先强调情理和谐是一切艺术美的前提和基础。从中和之美的观点来说，文学艺术既要抒发情思，又不能使情感过于放纵，而应该寓情于理，以礼节情；否则就不符合儒家的审美标准。《乐记》说："郑音好滥淫志，宋音燕女溺志，卫音趋数烦志，齐音敖辟乔志。此四者皆淫于色而害于德，是以祭祀弗用也。"这里列举的郑、宋、卫、齐之音之所以被斥为"淫声"、"溺声"，从内容上看固然是因为这些诗乐表现了男女之间的情爱，不符合儒家的伦理道德标准；但从审美的角度看，则是因为诗乐所抒之情违反了"温柔敦厚"的原则，感情过于放纵，不符合中和之美的标准。

儒家的中和之美不仅要求情理和谐，而且从音乐艺术的角度说，它还要求诗乐作品必须保持声调和节奏旋律的简易和谐。《礼记·经解》说："广博易良，《乐》教也。……广博易良而不奢，则深于《乐》教也。"孔颖达疏曰："广博易良，《乐》教也者，乐以和通为体，无所不用，是广博；简易良善，位人从化，是易良。"由此可见，在以"温柔敦厚"为审美原则的儒家看来，只有那些内涵宽宏博大、能使人和通豁达、胸襟开阔而且节奏旋律简易明朗的音乐作品，才能对人们产生良好的教育作用。《乐记》则在此基础上进一步提出了"大乐必易，大礼必简"的观点，认为最美好的音乐是那些节奏旋律平和简易的雅乐："是故乐之隆，非极音也；食飨之礼，非致味也"；"清庙之瑟，朱弦而疏越，一唱而三叹，有遗音者矣"。那么，究竟怎样才能体现节奏旋律的和谐呢？《乐记》对此也做出了明确的回答。

首先，从创作主体方面来说，为使自己创作的音乐作品符合节奏和简的审美要求，创作者应该重视个人的道德品性修养，以便养成所谓的"顺气"。因为在《乐记》作者看来，"凡奸声感人，而逆气应之；逆气成象，而淫乐兴焉。正声感人，而顺气应之；顺气成象，而和乐兴焉"。一旦"顺气"养成，创作者在进入创作准备阶段时就能"合生气之和，道五常之行，使之阳而不散，阴而不密，刚气不怒，柔气不慑，四畅交于中而发于外，皆安其位而不相夺也"。可见，产生"和乐"的关键在于创作者养成“顺气”，而“顺气”养成的具体标志则是创作者进入创作准备阶段时，胸中的阴阳刚柔之气处于一种和谐的运行状态。

其次，从艺术产品方面来说，节奏旋律的和谐主要表现在“中和之纪”上。所谓“中和之纪”，也就是指作品的“节奏、行列得正焉，进退得齐焉。”《乐记》曾以《雅》、《颂》为例说：“使其声足乐而不淫，使其文足论而不息，使其曲直繁瘠廉肉节奏足以感动人之善心而已矣。”这就表明，只有那些节奏旋律的繁简强弱变化都简易平和的作品，才称得上是符合儒家审美标准的“大乐”。相反，任何过度哀伤、过度欢乐，或者过度悠缓沉溺的“靡靡之音”，都是不符合“中和之美”的奸声淫乐。这也就是《乐记》所说的：“世乱则礼慝而乐淫，是故其声哀而不庄，乐而不安，慢易以犯节，流湎以忘本。”

中国的诗歌以言情述志为本，如何通过诗歌表现作者的思想感情，向统治者传达个人的政治见解，也就自然成了“温柔敦厚”诗教的一项重要内容。总的来说，“温柔敦厚”的诗教要求作者述志言情时，尽量用隐约的言辞来委婉地向统治者进行劝谏，这就是后来《诗大序》中所总结的“主文而谲谏”。用孔颖达的话来说则是：“其作诗也，本心主意，使合于宫商相应之文，播之于乐而依违讽谏，不直言君之过失；故言之者无罪，人君不怒其作诗而罪戮之；闻之者足以自戒，人君自知其过而悔之。”（《毛诗正义》）可见所谓“主文而谲谏”，实际上是指讽谏要以无损于统治者的尊严为前提。倘若要想做到既能讽谏，又能无损于统治者的尊严，那么关键就在于作诗者必须养成一种“温柔敦厚”的气质；否则，诗人若无此气质，就难免会犯颜直谏。这样，不仅于事无补，相反还有可能招致杀身之祸。宋代学者杨时曾经以苏东坡为例，说明作诗不宜直言过失。他说：“作诗不知风、雅之意，不可以作诗。诗尚讽谏，唯言之者无罪，闻之者足戒，乃为有补；若谏而涉于毁谤，闻者怒之，何补之有？观苏东坡诗，只是讥诮朝廷，殊无温柔敦厚之气，以此，人故得而罪之。若是伯淳诗，则闻者自然感动矣。因举伯淳

《和温公诸人禊饮》：‘未须愁日暮，天际乍轻阴。’又《泛舟》云：‘只恐风花一片飞。’何其温厚也。”（《苕溪渔隐丛话》引《龟山语录》）在杨时看来，苏轼之所以因“乌台诗案”而身陷囹圄，原因就在于他身上“殊无温柔敦厚之气”。

为了使诗歌作品起到劝谏委婉曲折的效果而有“温柔敦厚之气”，中国古代诗歌创作形成了一种非常独特的表现手法，这就是众所周知的比兴手法。尽管历史上对“比兴”手法的解释众说纷纭、莫衷一是，但从“温柔敦厚”诗教的角度来说，郑玄的解释无疑是深中肯綮的。他说：“比，见今之失，不敢斥言，取比类以言之；兴，见今之美，嫌于媚谀，取善事以喻劝之。”（见《周礼·春官》注）这种解释的特点是顾及到了“比兴”作为一种诗歌创作的艺术手法与政治教化之间的外部联系。宋代著名学者司马光在《温公诗话》中以杜甫为例，谈到了“比兴”手法在诫谏时政方面的独特效用。他说：古人为诗，贵于意在言外，使人思而得之，故言者无罪，闻之者足以戒也。近世诗人，惟杜子美最得诗人之体。如“国破山河在，城春草木深；感时花溅泪，恨别鸟惊心。”“山河在”，明无余物矣；“草木深”，明无人矣；花鸟，平时可娱之物，见之而泣，闻之而悲，则时可知矣。他类皆此，不可遍举。《韵语阳秋》则谈到：“白乐天赋八木，其六章托弱柳、樱桃、枳橘、杜梨、野葛、水柽以讽在位者；至七章……专以讽附丽权势者；其八章……盖乐天自谓也。”这些都表明，中国古代杰出的诗人大多能娴熟地使用“比兴”手法讽谏时政，语隐而意曲，深得“温柔敦厚”诗教的个中三昧。

细致的考察可以发现，“温柔敦厚”的诗教在《礼记》中出现，绝不是偶然的。它是儒家的哲学和文艺美学思想发展到一定阶段的必然产物。从哲学发展的角度来看，“温柔敦厚”诗教的出现是以“中庸”哲学观念的完善为理论前提的。众所周知，“中庸”的概念最早是由孔子提出来的。《论语·雍也》称：“中庸之为德也，其至矣乎！民鲜久矣。”孔子凡事均主张“允执其中”，力图保持事物各种因素之间的平衡、协调和适度。因此，从某种意义上说，孔子的全部学说都贯穿着“中立而不倚”的中庸思想。然而尽管孔子的这种中庸思想在《论语》中已反复出现，但它作为一种哲学理论体系的建构，最终还是在《礼记》中得以完成的。郑玄《礼记·中庸》注曰：“名曰中者，以其记中和之为用也；庸，用也。”可见，所谓“中庸”，即“用中”，也就是指处理任何问题都不走极端而求其适中。因此，在《礼记》中，“中庸”作为儒家的人生哲学和处世态度，已基本完成了其内在理论体系的建构。此外，据《礼记·仲尼燕居》记载，孔子的学生子贡曾询问“中”的具体含义究竟是什么，孔子的回答是，“礼乎礼，夫礼所以制中也”。可见，在孔子看来，合乎礼也就合乎中。换句话说，中庸之道的核心就是礼。礼的具体所指则主要是西周的典章制度和各种仪节规矩。在春秋时代那样一种“礼坏乐崩”的环境中，用周礼来安抚万民，目的显然是为了让人们养成一种温文尔雅的性格。这种温文尔雅用《礼记》的术语来表达，就是“温柔敦厚而不愚”。

从文艺美学的观点来看，“温柔敦厚”的诗教体现的是一种中和之美。而作为儒家所特别推崇的一种审美原则，早在“温柔敦厚”的诗教问世之前，中和之美就已经常见于先秦的文学作品之中。《尚书·尧典》中就有“八音克谐，无相夺伦，神人以和”的明文记载。这种中和之美的观点到春秋时代得到进一步发展，《左传》襄公二十九年谈到吴公子季札到鲁国观乐时有下面一段描写。季札对诗乐的欣赏和评论表明，他所推崇的“哀而不愁”、“乐而不荒”，以及“五声和，八风平，节有度，守有序”的艺术风格，其实质正是大力倡导一种中和之美。季札的上述见解得到了孔子的首肯。孔子在评论《关雎》一诗时，就采用了“乐而不淫，哀而不伤”作为自己的审美标准。总之，先秦时期中和之美的观念已经在各种典籍中普遍出现，而且受到了儒家学派的极力推崇。在此基础上，《礼记》首次出现以中和之美为特征的“温柔敦厚”的诗教原则，也就成了水到渠成之必然。

可以肯定，以中和之美为特征的“温柔敦厚”的诗教原则的提出，在中国历史上产生的影响是十分巨大的。无论是在民族性格的形成，抑或文学艺术的发展史上，都深深地留有它的印记。客观地说，“温柔敦厚”的审美原则对后世的影响既有积极的一面，也存在着明显的历史局限性。从积极的影响来看，中国人善良温厚的性格，在文艺作品中追求含蓄、和谐的美，这些都是在“温柔敦厚”审美原则的潜移默化下逐渐形成的。至于“温柔敦厚”的历史局限，主要在于这种审美原则过分强调以理节情，从而使人们的感情常常处在克制和压抑状态之中，久而久之，就不可避免地造成了我们中华民族性格中多了一份逆来顺受，少了一份棱角。反映在文艺作品中，往往容易造成人物性格类型化。明代以后的中国文学很少有金刚怒目式的形象和嬉笑怒骂式的性格，以及历代诗歌过分重视政治教化功能，这些都不能不归为“温柔敦厚”的负面影响。

音乐的本质

考古学家大多认为殷代甲骨文中的“乐”字为乐器形状，清代学者则进一步考证出“乐”象鼓鼙之形。后来随着乐器的逐渐增多，“乐”便成为能发出音乐之声的一切音乐的代名词，这就是许慎所说的“五声八音之总名”。（《说文解字》）由于中国古代音乐、诗歌、舞蹈三者结为一体，所以这种代表“五声八音之总名”的“乐”又具有了综合艺术的含义。据《周礼·春官》介绍，周代的统治阶级就设有专门管理“乐”这一综合艺术的官职，名为“大司乐”，其主要职责是对公卿大夫的子弟进行艺术教育，所教的“乐”包括“乐语”（诗歌），“六律”、“六同”、“五声”、“八音”（音乐）和“乐舞”（舞蹈表演）。奴隶制时代的“乐”，现在知道名称的有《大章》、《咸池》、《韶》、《夏》、《武》、《葛天氏之乐》等等，以著名的《葛天氏之乐》为例，《吕氏春秋·古乐》篇是这样记载的：昔葛天氏之乐，三人操牛尾投足以歌八阕。一曰《载民》，二曰《玄鸟》，三曰《遂草木》，四曰《奋五谷》，五曰《敬天常》，六曰《达帝功》，七曰《依地德》，八曰《总禽兽之极》。所谓“八阕”，高亨先生的解释是：“《载民》二字难得确解，当是歌唱从事劳动的人民（《小尔雅·广诂》：‘载，事也。’）；《玄鸟》是歌唱春天燕子来；《遂草木》歌唱草木畅茂；《奋五谷》歌唱五谷生长；《敬天常》歌唱遵循自然规律；《达帝功》歌唱天地的功德；《依地德》歌唱地神的恩惠；《总禽兽之极》歌唱狩猎。”（《上古乐曲的探索》，见《文史哲》1961年第二期）从《葛天氏之乐》的上述内容中不难看出，古代的“乐”是诗歌、音乐、舞蹈的统一体，是一种表现一定主题，且具有一定故事情节的综合艺术。

《礼记·乐记》中的“乐”，正是建立在奴隶制时代这种艺术发展水平之上的一个内涵十分丰富的复杂概念。它有时专指音乐艺术，如“乐者，音之所由生也”；但更多的场合是泛指诗、歌、舞配合乐音或乐器而结成一体的综合性艺术，如：“感于物而动，故形于声；声相应，故生变，变成方，谓之音；比音而乐之，及干、戚、羽、旄，谓之乐。”意思是说，声、音、乐三者之间存在着精粗方面的明显差异：声只是一种自然状态的声响；只有在其高下疾徐的变化形成了和谐的旋律之后，才能叫作“音”；而“音”必须配合乐器演奏和舞蹈表演，才能叫作“乐”。这是一种从低级到高级的发展过程。至于从感情表达的角度来看，诗、歌、舞之间也存在一个不断强化的过程。《乐记》中曾经明确谈到：“歌之为言也，长言之也。说之，故言之；言之不足，故长言之；长言之不足，故嗟叹之；嗟叹之不足，故不知手之舞之、足之蹈之也。”这些地方都清楚地表明，《乐记》作者是把“乐”当作一种包括音乐、诗歌、舞蹈在内的综合艺术来加以看待的。此外，在《乐记》所介绍的“乐”之器中，既有用于音乐伴奏的钟、鼓、管、磬，也有用于歌舞表演的羽、籥、干、戚；而在《乐记》所涉及的“乐之文”中，则着重指“俯、仰、缀、兆、舒、疾”这些歌舞表演的艺术手段。也许正因为《乐记》多方面涉及类似于古典戏剧的歌舞剧表演形式，所以在戏剧充分发展的时代，有的学者曾明确指出：“今之‘戏’字尚与古‘乐’意思相近，《韶》之九成，便是舜的一本戏。”（《王阳明全集·传习录下》）清代学者焦循作《剧说》一书，辑录“前人论曲、论剧之语”，《乐记》便是他引用的第一本书。《红楼梦》九十三回描写贾宝玉看蒋玉函演出的《占花魁》，深受感动，“因想着《乐记》上说的是‘情动于中，故形于声；声成文，谓之音。’所以知声、知音、知乐，有许多讲究。声音之原，不可不察。诗词一道，但能传情，不能入骨，自后想要讲究音律。宝玉想出了神……”这表明《红楼梦》的作者也把《乐记》视为一种戏剧理论著作。

为了强调“乐”作为儒家推崇的一门综合艺术所具有的特性，《乐记》还提出了“唯君子为能知乐”的重要命题：“知声而不知音者，禽兽是也；知音而不知乐者，众庶是也；唯君子为能知乐。”意思是说，知音与否是人和禽兽的分水岭，知乐与否则是“君子”和“众庶”的试金石。从《乐记》作者提出“唯君子为能知乐”这一命题的用心来说，显然是为了赋予“乐”以儒家的政治规定性，但客观上也从性质和内容的角度首次对声、音、乐这样三个重要概念作出了明确的界定。从以上介绍中可以清楚地看出，《乐记》中的“乐”是一个含义十分丰富的重要概念。这点恰如郭沫若先生所言：中国旧时的所谓“乐”，它的内容包含得很广，音乐、诗歌、舞蹈，本是三位一体可不用说，绘画、雕镂、建筑等造型艺术也被包含着，甚至于连仪仗、田猎、肴馔等都可以涵盖。所谓“乐”（岳）者，乐（洛）也，凡是使人快乐，使人的感官可以得到享受的东西，都可以广泛地称之为“乐”（岳）。但它以音乐为其代表，是毫无问题的。大约就因为音乐的享受最足以代表艺术，而它的术数是最为严整的缘故吧。……公孙龙子的所谓“乐”，也依然是相当广泛的。《乐记》中所涉及的，除纯粹的音乐之外，也有歌有舞，有干戚羽旄，有缀兆俯仰，但大体上是以音乐为主，比前一两辈人的笼统，是比较更分化了。（《郭沫若全集》卷一)郭沫若先生对“乐”的见解无疑是深刻、全面的，同时也与《乐记》所论基本吻合。

《乐记》不但对“乐”的概念作了明确的界定，而且对以音乐为代表形式的“乐”这门综合艺术的起源问题也进行了初步探讨。总的来说，《乐记》作者认为音乐的产生源于人们表达情感的需要。这一观点在《乐记》中曾经多次涉及，犹如一首交响乐中的主旋律那样反复出现过。如：乐者，音之所由生也。其本在人心之感物也。凡音者，生人心者也。情动于中，故形于声。凡音之起，由人心生也。人心之动，物使之然也。感于物而动，故形于声；声相应，故生变，变成方，谓之音；比音而乐之，及千戚羽旄，谓之乐……在这里，《乐记》作者实际上提出了两个重要论点：一是本于心、实质是本于情；一是"感于物而后动"。前者一般称之为"情本说"，后者则可以叫作"物感论"。

"情本说"把音乐艺术的产生归于表达情感的需要，这是从音乐的艺术特征角度解释音乐的起源。这种解释较之于笼统地将所有艺术的产生均归之于劳动生产的观点，无疑更切合音乐这一艺术门类的实际。尽管我们从"昔伏羲氏因时兴利，教民佃渔，天下归之，时则有网罟之歌"和"神农……教民食谷，时则有丰收之咏"（《图书集成》所引《辨乐论》）的记载中，可以肯定音乐的产生与劳动生产有着密不可分的联系，但原始音乐或用于振奋劳动情绪，或表现劳动取得成果后的喜悦与失败时的悲哀，这些都是与表达感情密切联系着的。换言之，音乐艺术从它产生的那一刻起，就已经与情感结下了不解之缘。就此而言，我们又不得不承认"情本说"的观点是符合实际的。"情本说"的提出由于涉及了感情这一文学艺术的本质问题，意义显得格外重大。在中国古代的文学艺术理论中，《乐记》之前的先秦典籍的主要观点是"诗言志"。"诗言志"中的"志"虽然包含了某些情感的因素在内，但它更多的是指诗人的思想和意愿。只有到了《乐记》的"情本说"提出之后，情感在文学艺术理论中才真正成为不可或缺的重要因素。稍后于《乐记》出现的《诗大序》，就把《乐记》中"情本说"的观点原封不动地移植到诗歌艺术领域。《诗大序》作者认为"情本说"同样适用于诗。事实上，从感情发展来看，诗、歌、舞原本就是一脉相通的。因此，"情本说"由音乐领域进入诗歌领域也就是自然而然的事情。

继《诗大序》之后，陆机在《文赋》中更是明确地提出了“诗缘情而绮靡”的口号，把“缘情”正式确定为诗歌的艺术特征。由此不难看出，《乐记》提出的“情本说”在中国古代文论发展过程中，确实具有里程碑式的重大意义。

倘若说，“情本说”从艺术创作动机的角度揭示音乐的来源，那么与此相关联的“物感论”则从发生机制方面剖析了音乐艺术的产生过程。由于音乐属表情艺术，所以现实生活作为音乐艺术反映的对象并不直接出现在音乐形象之中，而必须通过“心”（主观感受）的折光，以某种象征的形式在音乐形象中间接地得到表现。这就是《乐记》所说的：“乐者……其本在人心之感于物也。”从心理活动的过程来看，音乐的产生包括一个“物”——“心”——“物”的转换过程。这个过程可以简略地区分为前后两个不同的阶段。前一阶段是客观事物（“物”）向主观感受器官（“心”）转化的内化阶段，用《乐记》的话来表述就是“人心感于物而后动”，后一阶段是人的感受器官将所接受的客观事物内化处理后，产生的主观感受外化为音乐形象的阶段，这就是《乐记》所说的，“情动于中，故形于声”。

从“物感论”这种对音乐产生的心理过程的分析中可以清楚地看出，《乐记》作者在探索音乐艺术起源时，并没有把眼光局限在精神活动的领域内，而是在坚持“情本说”的前提下，充分肯定了“物”为本源的观点。这就是说，“乐”尽管是情感的产物，但说到底它所折射的还是一种现实生活；有什么样的现实生活，就会产生什么样的音乐形象。《乐记》所说的“治世之音安以乐，其政和；乱世之音怨以怒，其政乖；亡国之音哀以思，其民困。声音之道与政通矣”，正是上述观点的集中表述。尤为可贵的是，《乐记》不但强调了音乐形象与现实生活之间存在着相互依存的密切关系，而且还肯定了人的感受器官“心”在音乐形象创造中所起的能动作用。《乐记》说：“其哀心感者，其声噍以杀；其乐心感者，其声啴以缓；其喜心感者，其声发以散；其怒心感者，其声粗以厉，其敬心感者，其声直以廉，其爱心感者，其声和以柔。”这就清楚地说明了人的个性情感，必然会在他所创造的音乐形象上留下鲜明的印记。

“物感论”的提出，在中国古代文艺理论发展史上同样是功不可没的。“物感论”的最大贡献就在于首次揭示了艺术创作与现实生活之间业已存在的密切依存关系，并在“心”与“物”的问题上肯定了物的第一性，从而为中国古代现实主义文学艺术的发展奠定了坚实的理论基础。尽管“物感论”在两汉时代并未引起当时的学者注目，《诗大序》甚至在接受“情本说”的同时，还抛弃了《物感论》，但进入文学充分发展的魏晋时代之后，局面开始有了根本的改观。刘勰在《文心雕龙·明诗》篇中就鲜明地提出了“人禀七情，应物斯感，感物吟志，莫非自然”的观点。到了钟嵘的《诗品》中，《物感论》更成了该书关于诗歌艺术本原问题的理论基石。钟嵘说：若乃春风春鸟，秋月秋蝉，夏云暑雨，冬月祁寒，斯四候之感诸诗者也；嘉会寄诗以亲，离群托诗以怨。至于楚臣去境，汉妾辞宫，或骨横朔野；魂逐飞蓬；或负戈外戍，杀气雄边，塞客衣单，孀闺泪尽；或士有解佩出朝，一去忘返；女有扬蛾入宠，再盼倾国。凡斯种种，感荡心灵，非陈诗何以展其义？非长歌何以释其情。不难看出，钟嵘《诗品》所阐述的“物感论”中的“物”虽然包括自然风物在内，但更侧重的是社会人生这一面。这一基本特点的形成，同样源于《乐记》的影响，因为《乐记》中的“物”的概念，基本上指的就是现实人生中的政教得失，而不包括自然风物在内。

值得注意的是，随着“物感论”影响的扩大，这种学说还被用来对古代某些重要的诗歌理论概念进行重新阐释。其中最典型的例子是对“比兴”的不同解说。汉代郑众对“比兴”的解释是：“比者，比方于物；兴者，托事于物。”到了宋代，李仲蒙则对“比兴”有了全新的理解，他说：索物以托情谓之比，情附物者也；触物以起情谓之兴，物动情者也。（转引自王应麟《困学纪闻》卷三）李仲蒙对“比兴”

的解说与郑众的最大差别，就在于前者已经把“物感论”的观点引入了“比兴”领域。进一步的分析还可以发现，李仲蒙对“比兴”的解说不但引入了“物感论”，而且“情本说”的痕迹也宛然可辨。因此从某种意义上说，《乐记》中提出的解释音乐艺术起源的“情本说”和“物感论”，至宋代又在诗歌艺术的理论中重新得到确认。

坚持音乐艺术的表情性，这是《乐记》文艺美学思想的一个最为引人注目的显著特征。在《乐记》作者看来，以音乐为代表的“乐”这门综合艺术的原动力就在于表达人的情感。换句话说，情感不但是艺术产生的源泉和动力，而且情感的类型还决定了艺术形象的个性特征。这就是《乐记》所说的：其衷心感者，其声噍以杀；其乐心感者，其声啴以缓，其喜心感者，其声发以散，其怒心感者，其声粗以厉；其敬心感者，其声直以廉；其爱心感者，其声和以柔。可见，离开了情感，就没有真正意义上的艺术可言。那么，是不是有了情感，就等于有了艺术呢？《乐记》的回答是否定的。因为《乐记》的作者已经初步认识到，艺术之所以成其为艺术，不但需要感情，而且更离不开表现情感的特定形式。就“乐”这门综合艺术来说，它只有做到情感与表达情感的特定形式之间的高度和谐统一，才能产生真正的艺术美。为此，《乐记》明确提出：诗言其志也，歌咏其声也，舞动其容也，三者本于心，然后乐器从之。是故情深而文明，气盛而化神，和顺积中而英华发外，惟乐不可以为伪。

这段表述可谓意味深长。它提出了“乐”作为一门综合艺术既有情感内容的真挚性（“情深”）、饱满性（“气盛”），又有语言、音乐、动作等结构形式的鲜明性（“文明”）、生动性（“化神”）。也就是说，“乐”是由内容与形式结合而成的高度和谐的艺术统一体。这种统一体的显著特征用一个字来加以概括便是“真”。只有这种“真”才是艺术生命力的本质之所在。

《乐记》不但从理论上提出了“乐”作为一门综合艺术，其本质特征之一是“真”——“唯乐不可以为伪”，而且在对乐舞的具体解说中也同样贯彻着这一艺术见解，其中“象成”说的提出就是一个典型的例子。所谓“象成”，这是《乐记》作者借孔子之口解说《武》乐时提出来的，孔子认为《武》乐的“六成”，是从各个不同的侧面表现周武王功成天下的战斗历程，以及功成之后的升平景象。通过这些解释，“象成”仿效成功之事的观点已昭然若揭。从创作方法的角度看，“象成”说的提出，显然是在倡导一种现实主义的表现手法。这种表现手法的核心就是要求艺术真实地再现生活。所不同的是，“象成”说只是主张“乐舞”仿效历史上的“成功”之事。这样，就不可避免地限制了乐舞表现生活的深度和广度。这是我们在分析“象成”说时应该加以注意的。

《礼记·乐记》提出的艺术本质论是“唯乐不可以为伪”，而这种艺术本质论的提出又是以其相应的哲学理论为依据的。所谓“人之初，性本善；性相近，习相远”，这是《三字经》对儒家人性论的典型概括。在《乐记》中，这种儒家的人性论被表述为：“人生而静，天之性也；感于物而动，性之欲也。物至知知，然后好恶形焉。好恶无节于内，知诱于外，不能反躬，天理灭矣。”在这里，《乐记》作者虽然没有提到“性善”二字，只是提出“人生而静，天之性也”，但实际上这种“性”是有具体所指的。所谓“人有血气心知之性”、“德者性之端也”，都表明在《乐记》作者的心目中，理智（“心知”）、道德（“德”）这些善良的本性为人性所固有；只不过在它们未受到外物触动尚未表现出来之前，仍然处于一种静止状态而已；当外物到来时，“性”由静而动，此时先天固有的理智和道德就表现出来了。值得注意的是，当人的善良天性受到外物触动表现出来的同时，人的另一种心理因素——喜、怒、哀、乐之情也就随之萌生了。这种情况如果任其自由发展，就可能导致淫乱产生。故《乐记》说：

夫物之感人无穷，而人之好恶无节，则是物至而人化物也。人化物也者，灭天理而穷人欲也。于是有悖逆诈伪之心，有淫佚作乱之事。是故先王之制礼乐，人为之节。

在这里，作者提出了“天理”和“人欲”这对重要概念。其中所谓“天理”，亦即“人生而静，天之性也”的“性”。这种“性”又是以理智、道德为其核心内容的。所谓“人欲”，则是指在外物作用下，“心”所表现出来的好恶之情。这种好恶之情实际上是一种没有得到节制的情欲。《乐记》作者认为人的情欲一旦放纵，就会泯灭人的善良天性，从而导致大乱。正是基于上述考虑，所以在处理“天理”和“人欲”关系问题上，《乐记》作者一方面反对“穷人欲”而“灭天理”，反复强调“天理”的极端重要性；另一方面，又从不否认“人欲”（喜、怒、哀、乐、敬、爱之情）的正当性与合理性，所谓“夫乐者乐也，人情所不能免也”、“人不能无乐”都肯定了“人欲”的正当性与合理性。只不过这种“人欲”应该得到一定的限制，而不能任其泛滥。既然如此，那么怎样才能在“存天理”的前提下，兼顾到“人欲”的合理要求呢？《乐记》作者开出的药方便是具有中和之美的音乐，认为只有通过音乐的中介作用，才能在“天理”和“人欲”之间找到一个平衡点。在《乐记》作者看来，喜怒哀乐之类的情感是人所难免的，而且“乐”作为一门综合艺术的根本特征就在于它的表情性。但重要的是，这种感情不能任其放荡，而必须加以必要的制约；制约情感的最佳手段便是“乐”，而且这种“乐”还必须是那些符合儒家审美标准的“雅、颂之声”，而绝非助长情欲泛滥的“淫乐”。至此，我们可以清楚地看出，《乐记》关于艺术见解的主要观点“情本说”完全是以儒家的人性论作为哲学依据的。正是从儒家的人性论出发，才使得“情本说”中的“情”最终纳入了“礼义”的范畴，用《诗大序》的话来说，就是“发乎情，止乎礼义”。

“文”与“质”浅说

文与质是中国古代文论中一对重要而又常见的概念，由此派生出来的一整套文质理论构成了古代文艺思想的重要组成部分。研读《礼记》可以清楚地看出，儒家的文质观是在《礼记》中首次被完整地运用于文学艺术领域并基本定型的。

谈到儒家的“文质”理论，人们首先联想到的自然是孔子关于“文质彬彬”的见解。“文质彬彬”见于《论语·雍也》篇：“子曰：质胜文则野，文胜质则史。文质彬彬，然后君子。”单从字面上去理解，人们可能很难对“文质彬彬”中的“文”和“质”这对概念作出确切的解释。但只要把这对概念放到先秦典籍，特别是《论语》全书中去综合考察，人们就不难弄懂它们的真实内涵。从《论语》的有关记载中可以发现，“文”与“质”这对概念多用于对人物所作的评价上。孔子在谈到他的学生子路时曾经说过：“野哉由也！”（《论语·子路》）所谓“野”，实际是就文与质的关系而言的，是质胜文的结果，用孔子的话来说，就是“质胜文则野”。据《大戴礼记·卫将军文子》篇记载，孔子的另一名高足子贡在谈到同窗子路的为人时也说：不畏强御，不侮矜寡，其言曰性，都其富也！任其戎，是仲由之行也。夫子未知以文也，曰：“……夫强乎武哉，文不胜其质。”孔广森补注曰：“言好勇质直，未文以礼乐。”这些材料充分显示，子路身上的质，是指刚强、直爽的天性。这种天性由于没有受到必要的节制，从而流为粗野、鄙陋。而子路身上所缺少的“文”，则是指对人的自然天性加以必要束缚的礼仪规范。

弄清了“文”与“质”的具体含义之后，我们再回过头来分析孔子“文质彬彬”的主张就不难发现，孔子希望的无非是要求人们努力做到自然天性与外在礼法相互结合。由此可见，在孔子所提出的“文质彬彬”的命题中，“文”与“质”并非作为一种文艺美学概念，而是作为一种伦理道德范畴出现的。

熟悉中国古代文论的人都十分清楚，就文艺美学的观点而言，“文”与“质”最常见的含义是指作品的内容和形式，或代指两种不同的艺术风格。这两个方面含义的确立都与《礼记》密切相关。一般来说，经过人工修饰过的东西总比它的自然形态更为华美；而自然形态的东西则相对地更为朴素、质实。在《礼记》中，“文”与“质”首先也是被当作一种伦理道德范畴对待的，《礼记·表记》中借孔子之口从教化舆人的相互关系的角度出发，得出了“质胜文”和“文胜质”的不同结论。“文胜质”，就是渎辞、渎礼，就是损害人的自然天性；“质胜文”则不同，虽有教化，但不过分，这样对人自然天性的束缚也就相对较少。由于虞、夏、商、周四代的政教措施不同，因而所造就的人，所形成的社会风气也不尽相同。具体来说，虞、夏之政“质胜文”，所形成的社会风尚以质朴见长；殷、周之政“文胜质”，所形成的社会风尚以文巧为主。这样，文、质概念就从分别表示礼仪规范和人的自然天性，过渡到代表“华美艳丽”和“朴素质实”两种不同风格。在《礼记》中，当“文”与“质”被当作“华美”和“质朴”两种风格加以运用时，作者往往主张文、质搭配相宜，同时强调以质为本。这种观点首先体现在对“礼”的看法上。《礼记》作者认为礼在表现形式上应该华美与朴素并用，两者都应放在适当的位置上，努力做到“不以美废礼，不以美设礼”。（《坊记》）在“华美”与“朴素”并重的前提下，还应该力求“以质为本”；所谓“贫者不以货财为礼，老者不以筋力为礼”，（《曲礼》）体现的正是这样一种精神实质。对礼的上述看法也同样表现在《礼记》作者的文艺主张上。《乐记》所说的“大乐必易，大礼必简”，就明确把朴素规定为礼和乐的最基本的和起主导作用的形式与风格；而“清庙之瑟，朱弦而疏越，一倡而三叹，有遗音者矣。”（《乐记》），更是立场鲜明地表现出了以朴素为本的审美观念。

在《礼记》的大力倡导下，把文质概念作为两种不同的艺术风格加以运用，已经成为中国古代文论中极为普遍的现象。班彪评论司马迁的《史记》说：“善述序事理，辨而不华，质而不野，文质相称，盖良史之才也。”（《后汉书·班彪传》）钟嵘称曹植“骨气奇高，词采华茂；情兼雅怨，体被文质。”（《诗品》）这里所提到的文和质，显然指两种不同的文体风格；而且在文与质的关系上，班彪和钟嵘同样主张文质相称。这些与《礼记》的见解可谓一脉相承。

“文”与“质”作为中国古代文论中的一对重要概念，其更为普遍的含义是：“文”指形式、现象，“质”指内容、本质。尽管在先秦其他的典籍中，“文”与“质”的这种含义已经普遍存在，如：“夫服，心之文也。如龟焉，灼其中，必文于外。”“身为情，成于中。言，身之文也。”（《国语》）其中的“文”是指人的服饰、言语，与之相对应的内心情感则是“质”。显然，这种情况下的“文”与“质”的关系就是内容与形式的关系。不过“文”与“质”的这种含义被运用于文艺美学领域，那还是在《礼记》中才首次出现，《乐记》说：升降、上下、周还、裼袭，礼之文也。屈伸、俯仰、缀兆、舒疾，乐之文也。论伦无患，乐之情也。中正无邪，礼之质也。这里的“乐之文”、“礼之文”是礼和乐的表现形式，指的是人的表情、动作、服饰、语言、声调等；“乐之情”、“礼之质”，是礼和乐的内容实质，指的是人的思想品性。这样，文与质作为一对表示形式和内容的范畴就正式进入了文艺美学领域。

《乐记》的贡献还不仅仅在于将表示形式和内容的文、质概念首次引入到文艺美学领域，更重要的意义在于《乐记》作者在处理内容与形式的关系时，还充分肯定了内容的决定作用，明确提出了“乐者，非谓黄钟大吕弦歌干扬也，乐之末节也……是故德成而上，艺成而下”的重要观点。所谓“德成而上”，意谓掌握了礼乐的实质内容而成就了道德是首要的；“艺成而下”，则是指掌握了礼乐的形式而成就了技艺相对次要，从而从理论上奠定了质派生文、决定文，文表现质、依附于质这样一种中国古代文质观的基础。事实上在《乐记》中，作者之所以反复强调诗、歌、舞“三者本于心”、“君子动其本”，所要阐述的也正是内容决定形式的文质观。

“德成而上，艺成而下”观点的提出，在中国古代文论史上的影响是十分深远的。西汉时期的经学大师董仲舒在《春秋繁露·玉杯》篇中说：“志为质，物为文，文著于质。质不居文，文安施质？质文两备，然后其礼成。文质偏行，不得有我尔之名。俱不能备而偏行之，宁有质而无文。”董仲舒把文质统一，志心与物的有机结合视为最佳方式。二者统一难以做到时，宁肯在形式上有所舍弃，作为内容的“心志”却是无论如何必须顾及的。他的这种主张是与《礼记》的文质观基本一致的。尽管董仲舒所论并不是就文艺美学而言的，但按照这种见解去解释文艺，势必强调内容的决定作用、强调以质为本。鉴于董仲舒在儒家文化中的特殊地位，他的上述见解对于《乐记》中文质理论的弘扬，是起了极大的推动作用的。齐梁时期刘勰的《文心雕龙》正是沿着《礼记》文质观的路线，旗帜鲜明地亮出了“夫铅黛所以饰容，而盼倩生于淑姿；文采所以饰言，而辨丽本于情性。故情者，文之经，辞者，理之纬；经正而后纬定，理定而后辞畅”的著名观点，再次重申了内容决定形式的理论主张。

综观文质观的发展可以看出，尽管在春秋时期文质概念已被广泛运用，但真正确立它在文艺美学理论中重要地位的却是《礼记》一书。特别是《乐记》篇中“德成而上，艺成而下”观点的提出，更是奠定了儒家文质理论的重要基础。此后的文论家在涉及内容与形式相互关系问题时，基本上没有超出《乐记》的见解。

文艺与世风

重视文学艺术的社会政治功能，这是先秦时期以孔子为代表的儒家的文艺美学观的一个显著标志。据《论语》记载，孔子就曾经留下过不少这方面的重要言论，如：孔子就明确地把艺术与政治紧紧地拴在一起，视艺术为治国兴邦的重要手段。孔子不仅认为艺术是治国兴邦的重要手段，而且强调艺术具有多方面的社会政治功能。他说：小子何莫学乎《诗》？《诗》可以兴，可以观，可以群，可以怨。迩之事父，远之事君；多识于鸟兽草木之名。（《阳货》）所谓“兴”，是指《诗经》中的作品具有感动人、鼓舞人的艺术感染力；而“可以观，可以群，可以怨”，按照郑玄等人的解释，是说《诗经》可以“观风俗之盛衰”，可以使人们“群居而切磋”，可以“刺上政”；一句话，《诗经》具有认识社会、批评时政和团结人的社会政治功能。人们通过学《诗》，就可以消除彼此间相互“轻薄嫉忌”的陋习，可以讥刺“君亲”的过失，还可以增长知识。由于古代诗、歌、舞三位一体，所以孔子对《诗经》社会政治功能的看法，实际上反映的也就是他对整个文学艺术社会功能的见解。

孔子重视文艺社会政治功能的看法在《礼记》，特别是其中的《乐记》中得到了全面的继承和发挥。对此，恰如有的学者所言：拿亚里士多德的《诗学》和我国古代《乐记》相比，我们可以看到，《诗学》对艺术的内部规律（如情节、结构等等）分析比较详细、系统，而《乐记》对艺术和政治的关系，则分析得比《诗学》深刻得多。（董健《〈乐记〉是我国最早的美学专著》，见《南京大学学报》1977年第一期）研读《乐记》可以看出，作者是从“情本说”的观点出发，认为感情是外界环境刺激的产物，由此产生的表情艺术也就必然会对时代政治的兴衰治乱作出直接或间接的反映，“是故治世之音安以乐，其政和；乱世之音怨以怒，其政乖；亡国之音哀以思，其民困；声音之道，与政通矣”。可见音乐艺术与社会政治状况是密切相关的。当政的统治者倘若能够认真倾听民间的音乐，不但可以了解民生疾苦，而且可以掌握政治得失，并从中悟出补救时弊的措施。这或许正是《乐记》作者强调“审乐以知政，而治道备矣”的原因之所在。

音乐艺术与社会政治之间的密切关系，不仅表现在音乐可以反映政治的得失方面，而且也体现在音乐艺术还会反过来影响社会政治。《乐记》把音乐艺术领域的范畴“宫、商、角、征、羽”与社会政治领域的范畴“君、臣、民、事、财”加以简单比附的做法，无疑是荒谬而缺乏科学依据的，但《乐记》作者以此来肯定和强调艺术可以反作用于社会政治的见解，则又是有一定道理的。既然音乐艺术与社会政治之间存在着如此密切的联系，那么时刻以治国平天下为己任的儒家必然会最大限度地发挥艺术的这种功能。事实上在《礼记》的不少篇章中，作者都反复强调了“乐”作为一种政治手段的极端重要性；这表明《乐记》作者认为乐与礼、刑、政等手段一样，都能够起到统一人们思想、规范人们行为的政治作用。从这个意义上说，礼、乐、刑、政四者殊途同归，最终都是为了“同民心而出治道”，但是，作为政治工具的礼、乐、刑、政各自为实现“出治道”的目的而采用的具体手段毕竟是不同的。倘若说，礼是以宗法等级制度和伦理道德规范为手段实现政治目的，政是以国家机构、行政命令为手段实现政治目的，刑是以监狱、刑罚为手段实现政治目的，那么乐则是以艺术形象为手段实现政治目的的。显而易见，在以上四种手段中，以“仁”为核心思想的儒家所推崇的必然是礼、乐两种手段。事实上，在《礼记》中，礼和乐完全被当作一对相反相成的“治道”范畴反复使用，堪称一对形影不离的亲密“伙伴”。就“乐”而言，《礼记》作者认为只要它的社会功能得到充分发挥，就能够起到“乐终而德终，君子以好善，小人以听过”的巨大政治作用，人与人之间的关系就会因此而得到协调，社会秩序也将因此而变得井井有条。君臣上下都能做到“和敬”、“和顺”、“和亲”，久而久之，社会风气自然会变得淳厚安宁，天下最终归于太平。这就是《乐记》所说的：“故乐行而伦清，耳目聪明，血气和平，移风易俗，天下皆宁。”这就表明，儒家学派孜孜以求的“王道”政治的社会理想，是要通过发挥艺术的社会政治功能才得以最终实现的。明白了这一点，我们对《乐记》作者提出“乐由天作”、“大乐与天地同和”——把乐抬到无以复加的高度的做法，就丝毫也不会感到困惑不解。

乐不但具有移风易俗，使天下归于太平的社会政治功能，而且礼、乐并举的话，还能使自然万物各尽天性，趋于有序。《乐记》作者坚信，音乐艺术是可以调和人心的，而人心一旦得到调和，也就能够化育万物。这种观点虽然“说得有点神秘，但也并不是绝对不可能。人的创造力量发挥到极高度的时候，对宇宙万物是必然要起一定程度的作用的”。（郭沫若《青铜时代》）早在《礼记》问世之前，儒家学说的创始人孔子就发表过不少关于音乐艺术鉴赏的重要言论。《论语》中说孔子在齐闻《韶》，三月不知肉味，而且情不自禁地赞叹说：“不图为乐之至于斯也！”据《论语·八佾》记载，孔子曾经对鲁国的大师乐说：“乐，其可知也！始作，翕如也；从之，纯如也。皦如也，绎如也，以成。”意思是说，音乐演奏起始时，众音齐奏。展开后，协调着向前演进，音调纯洁。继之，聚精会神，达到高潮，主题突出，音调响亮。最后，收音落调，余音袅袅。这些都堪称对音乐艺术形式美的最为精当的描述。不过，孔子虽然欣赏音乐的形式美，但他更为注重对内容的品评。《论语·八佾》说："子谓《韶》，尽美矣，又尽善也。谓《武》，尽美矣，未尽善也。"这就是孔子主张内容与形式完美结合的艺术鉴赏论的典型例子。《礼记·乐记》正是在此基础上进一步发展、完善了儒家的艺术鉴赏理论。

《乐记》艺术鉴赏论的显著特征，是注意到了一个时代的社会风尚与音乐的艺术风格之间存在着内在的必然联系。为此，作者明确提出：是故志微噍杀之音作，而民思忧；啴谐慢易繁文简节之音作，而民康乐；粗厉猛起奋末广贲之音作，而民刚毅；廉直劲正庄诚之音作，而民肃敬；宽裕肉好顺成和动之音作，而民慈爱；流辟邪散狄成涤滥之音作，而民淫乱。社会风尚与音乐的艺术风格之间之所以会存在如此密切的联系，其原因正如孔颖达所说："夫乐声善恶，初则从民心而兴，后乃合成为乐，乐又下感于人。善乐感人则人化为善，恶乐感人则人随之为恶。是乐出于人而还感人，犹雨出于山而还雨山，火出于木而还燔木。"（《礼记正义》）一句话，音乐艺术是通过人心为中介物，建立起与社会风尚之间的联系通道的。正因为有了这种联系通道，《乐记》所说的"君子听钟声则思武臣。……听磬声则思死封疆之臣。……听琴瑟之声则思志义之臣。……听竽笙箫管之声则思畜聚之臣。……听鼓鼙之声则思将帅之臣"，才成其为可能。也正因为存在着这种联系通道，各种乐音的象征意义才最终得以确立。从这个角度来说，我们认为《乐记》揭示出时代风尚与音乐风格之间存在内在联系，不啻于找到了一把打开音乐艺术鉴赏大门的金钥匙。

与孔子提出的"尽善"、"尽美"的艺术鉴赏标准相比，《乐记》的艺术鉴赏论更偏重于"尽善"，也就是说更注重音乐艺术的政治标准。这种情况显著地体现在作者所提出的音乐的"和"、"淫"观上。《乐记》说：凡是邪恶乖戾的声音刺激人心，内心的邪气就会出来应和；当这种邪气充漫于世而形成了社会现象，"淫乐"就产生了。凡纯正的声音刺激人心，内心的正气就会出来应和，一旦正气勃兴而形成一定的社会气候，“和乐”就随即产生了。时代风尚与音乐之间的“倡和有应”、“以类相动”是不以人们的意志为转移的客观规律，是一种“物之理”。在这里，《乐记》不但从客观规律的角度揭示出了社会风尚与音乐风格之间相互影响的实际情况，而且提出了“淫乐”和“和乐”这样两个音乐艺术鉴赏的重要概念。

所谓“淫乐”，从审美趣味的角度来说，是指那些违反中和之美的音乐作品，其特点是：“声哀而不庄，乐而不安，慢易以犯节，流湎以忘本，广则容奸，狭则思欲。感条畅之气而灭平和之德，是以君子贱之也。”（《乐记》）这里提到的“慢易以犯节，流湎以忘本”，是说音乐节奏紊乱，旋律轻浮；而“广则容奸，狭则思欲”，按孔颖达《礼记正义》的说法则是：“广谓节间疏缓，言音声宽缓，多有奸淫之声也。……狭谓声急，节间迫促。乐声急则动发人心，思其情欲而切急。”由此不难看出，《乐记》作者认为音乐作品的节奏旋律过缓过急，都会因为不和谐而失去中和之美，因而背离儒家的审美标准。“和乐”则与此相反，它是符合“中和之美”的音乐艺术，其特点是：“声足乐而不淫，使其文足论而不息，使其曲直繁瘠廉肉节奏，足以感动人之善心而已矣。”（《乐记》）可见“和乐”的节奏旋律的繁简强弱变化都适中，因而符合“中和之纪”。

显而易见，如果仅仅从审美趣味的角度去评判《乐记》的“和乐”、“淫乐”理论，我们还看不出作者艺术鉴赏理论中强烈的政治倾向。但是，当我们认真去考察作者如何把“和乐”、“淫乐”概念与特定历史时期的具体音乐作品结合在一起评判时，上述理论中强烈的政治倾向就显得再清楚不过了。具体来说，《乐记》作者心目中的“和乐”，就是指那些能够“合和父子君臣、附亲万民”的雅、颂之音，而“淫乐”则是指“诬上行私”的“郑卫之音”。《乐记》作者曾经明确地表示：“郑卫之音，乱世之音也，比于慢矣；桑间濮上之音，亡国之音也，其政散，其民流，诬上行私而不可止也。”很明显，作者从“移风易俗”的政治需要出发，必然要对那些能够“和合父子君君，附亲万民”的雅、颂之音大加褒奖，对那些“诬上行私”的“郑卫之音”大加贬斥。因为“郑卫之音”流行于世不但无助于统治秩序的稳定，相反只会促进社会矛盾的激化。这对于千方百计力图保持社会稳定和固有秩序的儒家来说，无疑是难以接受的。由此可见，《乐记》对“郑卫之音”的攻击主要是出于政治观点的需要。

谈到这里，有一个问题需要加以澄清。在中国历史上首先对“郑卫之音”发难的并非《乐记》作者，而是孔子。《论语》中记载了两处孔子有关“郑声”的言论，它们是：乐则《韶》、《舞》，放郑声，远佞人。郑声淫，佞人殆。（《卫灵公》）恶紫之夺朱也，恶郑声之乱雅乐也。（《阳货》）但是我们应该看到，孔子关于“郑声淫”的看法与《乐记》作者排斥“郑卫之音”的观点是存在一定程度的区别的。这种区别正如于民先生在《春秋前审美观念的发展》一书中所说：看来，郑声之与雅乐，犹如紫之与朱，并不如黑与白那样截然分明，正因为如此，它才能以似而乱雅之真。徐养沅讲“孔子之恶郑，恶其似也；今人之恶郑，恶其非也；恶其似者所见深，恶其非者所见浅”。这话谈得有道理，理解是深刻的。似，是就形式而言，非，是就内容而言，《论语》中孔子所谈的郑雅之别是就其形式之不一而言，所以才有以假乱真之乱，以突出淫之特性所在。到了孔子之后，人们不仅从形式的不同区分雅与俗，同时也从内容上的是与非来区分雅与俗。《乐记》作者对“郑卫之音”的见解与孔子观点之间存在的这种区别，实际上正好说明《乐记》的艺术鉴赏理论较之于孔子更为注重作品的政治标准。

倘若我们进一步把《乐记》中的“和乐”、“淫乐”概念与春秋战国时期现实生活中存在的“古乐”、“新乐”相联系，就更容易看清作者音乐艺术鉴赏论中强烈的政治倾向性。从《乐记》的有关材料来看，作者对“三代”时期的“古乐”（即《大章》、《咸池》、《韶》、

《夏》之类的“和乐”）是推崇备至的，而对“新乐”（即“郑卫之音”之类的淫乐）则深恶痛绝。《乐记》记载了战国时代的魏文侯曾经感慨万端地向孔子的弟子子夏请教“古乐”与“新乐”何优？从对话中可以看出，《乐记》作者之所以推崇“古乐”，完全是考虑到它有助于“修身及家，平均天下”；而作者排斥“新乐”，也是因为“郑音好滥淫志，宋音燕女溺志，卫音趋数烦志，齐音敖辟乔志；此四者皆淫于色而害于德”。（《乐记》）这就清楚地显示出，《乐记》作者艺术鉴赏理论是把政治标准放在首位的。这种过分抬高政治标准，甚至不惜牺牲艺术标准的鉴赏理论的弊病是显而易见的。它往往会导致把音乐艺术视为一种单纯的政治教化工具，从而妨碍了音乐艺术的健康发展。

“和乐”、“淫乐”概念的提出，是就音乐艺术欣赏的客体而言的，与此相对应，《乐记》对音乐艺术欣赏的主体也提出了相应的要求。《乐记》说：“知声而不知音者，禽兽是也；知音而不知乐者，众庶是也；惟君子为能知乐。”这段话包括两层含义：其一，作者认为人以外的其他动物只能感知自然之音，只有人类才能欣赏艺术之音；也就是说人与其他动物的重要区别之一就在于人具有音乐艺术方面的审美能力；其二，《乐记》作者还认为，普通的平民百姓只能欣赏格调低下的音乐（即“郑卫之音”），只有道德高尚的君子才可能欣赏格调高雅的音乐（即“雅乐”）。《乐记》中的上述见解，一方面体现了作者对音乐艺术欣赏规律的深刻领会，另一方面也表明作者艺术鉴赏理论对政治标准的执着追求。

综合以上几方面的内容，我们完全有理由相信，“惟君子为能知乐”确实是《乐记》艺术鉴赏理论的核心内容。

放下的智慧

中国文化以心性为一切价值之根源，心性就是本质的善念。因此，在人的日常心性中无不体现着他的世界观、价值观。所以涵养心性，使其圆满具足，这是人生修养的最高境界。人之生命的价值，就体现在这一圆满具足的心性中，此即所谓“无待他求，当下即是”之人生境界。中国人以知进而不知退，为人生之危机。

这种人生智慧时时都在提醒我们与他人接触的时候，无论贵贱都应平等待之、一视同仁。不能先入为主地认为我是什么人，他是什么人；我是什么身份，他是什么身份，从而我应该怎么对待他，他应该怎么对待我。比如说，和与自己身份低的人接触，就首先端起一个在上位的架子，盛气凌人，颐指气使。对于陌生人拜访自己，不能首先怀疑人家有求于你，别有用心，从而形成一种沟通上的心理障碍，只有破除这些障碍，才能以真诚之心形成生命之直相照射。如果先有一概念的东西，就会成为人与人接触的障碍。这些概念包括我们预定的计划目标，用以联系人之抽象理想，用以衡量人之抽象标准、成见、习惯等。这些东西在我们希望与人有真实接触时，都应全部放下。只有把一切放下，我们才与人有发自内心生命的直相照射，直相肯定，从而有真实的了解。这件事说起来似乎容易，但要做到其实是很难的，必须有极深的修养才能做到。这种修养就是做人的坦荡和真诚。以诚待人，要将心比心，推己及人。这就需要在平常的生活中，在日常生活的各个方面下持久的修炼的功夫。然后在与人的交往中才会真诚地待人，真正地了解别人。只有当这种在平常日积月累修炼的功夫，深深融于我们的日常工作和生活行为中，形成我们的气质和自觉的处世为人的习惯，从而当我们随时遇到各种问题时能随时面对，随时超越，而随时放下。中国古话说“拿得起，放得下”，就是指一个人面对事情时的成熟、沉稳和练达。

这种“放下”的智慧，在印度思想中名之为“空的智慧”，解脱之智慧。佛教中的“空”，如“四大皆空”、“空即是色，色即是空”，就是放下的意思。圣严法师总结人生遭遇时曾有三句话，即“面对它，处理它，放下它”，也是放下的意思。这在中国道家称之为虚之智慧，无之智慧。中国儒家称之为“空空如也”、“毋意、毋必、毋固、毋我”、“廓然大公”之智慧。运用这种智慧，去看待生活中的一切经验事物，理想事物，都会看穿其本质和内在，而不为表面虚饰之物象所蒙蔽。于是，当人面对某一人、某一物、某一问题时，虽然可以有照常的概念的知识、理想，但他就可以不会再纠结于某一件事情上，虽然面对许多事情但却能超越于这些事情，既不置身事外，又不是陷入而不能自拔，若有若无、若即若离。有了这种智慧，达到了这种境界，人就不会为事物所累。百万富翁会像身无一文的乞丐一样不为财富所累而轻松自如；大政治人物会觉得“尧舜事业何异浮云过太虚”一样恬淡名利而不为功业所累；大科学家、大哲学家会谦恭如莘莘学子不为虚誉所累；大传教士会自觉“无一法可传于人”不为责任所累；大外交家会自觉只是一平凡之宾客不为酬应所累。这种放下的智慧在印度的宗教哲学中表现得尤为普遍而深刻，如《奥义书》、《薄伽梵歌》；也体现在中国的儒道禅宗人物的思想与风度中，如春秋战国的范蠡帮助越王勾践复国后即功成身退，隐匿江湖；唐代的高僧慧远隐居庐山，影不出山，迹不入俗，送客无论贵贱，足止于虎溪，不敬王侯，等等；也体现在中国文学艺术人物的行为中，如晋代的陶渊明、竹林七贤。这些人的“放下”的境界及其文化观念，值得我们今天的人们去体会、欣赏、涵泳，然后知其意味之无穷，智慧之高妙。这种智慧的根源和本质就是当下即是、一切平等的人生境界。

其实，“放下”也是一种解决问题的办法。放下之后，可以使我们对事情的看法更客观、更冷静、更深刻。研究和思考解决问题的办法时更从容、更超脱、更周全，更反复斟酌、集思广益，从而也使问题解决得更好。

圆而神

有思想家把东西方人思维方式的差别区分为，东方人的思维是笼统的，重领悟；西方人的思维方式是分析的，重思辨。这不是没有道理。这种思维方式的不同，导致了东西方人处理事物的方式是不同的。具体来说，西方人是辩证的，而东方人是直觉的，即所谓中华文化中的“圆而神”的智慧。

所谓“圆而神”，是中国《易经》里的名词，与“方以智”相对应。我们知道，在西方哲学中，一切用理智的理性所把握的普遍的概念原理，都是“直”的。所谓“直”就是要么在深刻性上不断深入，这叫纵的“直”，要么在广泛性上不断外延，这叫横的“直”。这些直的一个接一个，只能成为方的。所谓“方”，就是有明确的方向、明确的界定、明确的转折。这些普遍的概念原理，因其是抽象的，因此当应用在具体事物上时，必须对具体事物的有些方面的性质有所忽略和取舍，才能与其相适应，这样就必然要有所取舍，因而就不可能完全真实、尽善尽美地反映该事物的特征和个性。由于任何一个复杂的事物，其全貌往往是只可意会不可描绘的，要想能完满无遗地反映出事物的全部特征和个性，我们就必须有一种智慧的方法，就是随具体事物的特殊的单独的变化，而与之宛转俱流、随形向意地进行变化的概括的智慧。这种智慧的运用，最初可能没有普遍性，而是把普遍融化入特殊，而从特殊中又看到体现出了普遍性，普遍性就在此特殊中。而且从字面看也不清晰，是笼统的。但这种特殊性所规定的普遍性，被人们主动推行认可后又成了一普遍性。人们经过认识到这一普遍性，再将其应用于某一特殊事物，这一特殊的事物又具有了普遍的性质。就像一直线才向一方伸展，随即运转而成圆，以绕具体事物之中心旋转。这就是一圆而神之智慧。用通俗的话来说，“圆而神”就是虽然听起来有点“模棱两可”但明白了是什么意思，其精神基本上是对的，描述出了事物的本质特征。正像中国庄子思想所谓“神解”、“神遇”，孟子所谓“所过者化，所存者神，上下与天地同流”。此神非上帝之神，精神之神，而是伸向的意思，即直指事物的本质。人只以普遍之抽象概念原理观物，必有所合，亦有所不合。有不合处，便有滞碍。有滞碍，则心之精神有所不伸，想象力就不能完全发挥出来。人必须能将其普遍抽象的概念原理，理解并转化为与事物宛转俱流的圆的智慧，然后才能运用自如、心想事成。所以叫圆而神的智慧。用我们今天的话说，就是要根据事物发展变化的规律，因势利导，因地制宜，因时而变，活学活用，总之，就是要把握认识事物的活的灵魂。

这种智慧不只是一种辩证法的智慧，而略近于我们所说的“直觉”。直觉是一种由个人禀赋、长期经验、外力启示等多种复杂因素共同作用产生的一种人的本能的感觉，是只可意会而不能言传的精神意识。辩证法的智慧是以一普遍者规定一具体实在后，根据其客观条件，具体事物具体分析地加以解决问题。这里的普遍，仍是一一表现在人们认识之前。而这种圆而神的智慧，则可适用于一切普遍事物，不用等到事物内部的矛盾凸现出来，即已使你将要产生的矛盾不再激化而暴露出来，化解在待发未发，用今天的话说，就是在事前就能意识到所要发生的事情，而悄无声息地化解在萌芽中，防患于未然。于是在人之意识之前者，只有与物宛转俱流一个办法，活泼周运之圆而神的智慧之流行。

圆而神的智慧是中国文化发展的一个综合成果。这是中国历史上天人感应学说的发展和应用，它的一个集大成的体现就是中国传统的中医学说，它也是中国文化之所以神秘的一个方面。中国人随时随处以圆而神的智慧，体会自然生命，观天地化机，欣赏赞美活的人格之风度，以至以此智慧观时代之风会气运之变，并本此智慧，以与人论学而应答无方，随即指点，如天籁之流行。这种智慧不像西方的辩证法那样在黑格尔的《逻辑学》中讲得很透彻、很清楚。它没有一本具体介绍的书籍可读，然而我们在中国文学艺术，如《论语》、《孟子》、《世说新语》、《禅宗语录》、《宋明语录》及中国先儒之论学书信中，皆可随处发现此种智慧之流行。然其真谛只能“心领神会”，“只可意会，不能言传”。这些都只有在当人能沉潜涵泳于中国文化之中，然后才能深切地领悟感觉到的。

水与火

文化的差异是一种客观现实，差异决定了世界的丰富性。关于中西文明之差别，有人说近代西方文化之基础在工业，为火之文明；中国文化之基础在农业，为水之文明。也有人说西方文化源于游牧与商业，因而动止无常，向往追求，永不满足，是动物文化；中华文化源于农业，安土重迁，敦仁自得，是植物文化。

以火喻西方文化，在古希腊神话中就已有之。希腊神话中普罗米修斯私盗天火运到人间，人受其益，得到温暖和光明，而生生不息，但天神大怒，普罗米修斯遂受苦刑，鹰啄其身，然而普罗米修斯历尽剧痛而无悔。这个故事脍炙人口，普罗米修斯也从此流芳百世。还有一个神话，说太阳之神阿波罗也象征着火和光明。

以水喻中华文化，也是有深刻的道理的。农耕文明的孕育离不开水，万物生长不能没有水的灌溉。所以中国人自古以来崇拜水，研究琢磨水。《老子》曰："上善若水。"孔圣言，君子必观于水，而有"逝者如斯夫，不舍昼夜"之叹。其他哲人之言，心之官亦多取象于水。道家庄子以水静则明烛须眉，比喻圣人之心之静。荀子亦以盘水之动静，言人心清浊之原因。孟子又以源泉混，不舍昼夜，放乎四海喻率性而行。朱子喻心之诗曰："半亩方塘一鉴开，天光云影共徘徊。问渠那得清如许，为有源头活水来。”由源泉之不息以说其清明如镜，这和庄荀之静止其心以成其智之说是不一样的，而是说正因为此心之率性而行，才所以能明照万物。宋明代的学者所说的天理流行，天机流畅，那种活泼泼的圣贤心境，正是取象于水。

这种文化上的水火之差异，必然反映在民族性格及其行为方式上。西方人追逐理想，而崇尚热烈之感情。西方人为任何理想皆可牺牲生命。西方人对企业家失败而自杀、英雄之死权争、男女之殉情、探险家之殉难、科学家艺术家之尽瘁而死，都会大加歌颂和赞叹。中国人只膜拜杀身成仁、舍生取义的圣贤，而以殉财者为贪夫，死权者为野心家。古代有一个叫尾生的人，与一女子相约在一桥下约会，女子没有到而大水先来了，尾生没有逃命而抱着桥墩被洪水淹死了。这在西方看来是可歌可泣的精神，而中国人却视为嗤之以鼻的笑谈。中国人不称赞一往无前，死而无悔之行，因此很少有浪漫情调。然而为成仁取义而捐躯者，令德流芳，百世馨香。西方人为任何理想皆可一往追求而牺牲生命，无所顾忌，犹若火之自焚。中国人爱生而必求有以继之，不许为仁义以下之理想而轻生之行。因此，志士仁人从容就义之际，清明在躬，咸知其死乃所以不负圣贤之遗训，续文化之慧命，留民族之正气，树百世之风声，是念念仍在天下后世，望后人之继之也。故捐躯当喻以如水之流，一波逝，一波兴，波波皆求有以相继。

火热烈而水温润。火有爆炸性而水有涵溶性。西方人尚天才而中国人尚中庸，故中国人重器识与胸襟。器识广而胸襟大，则现实生活虽有限而心之容量无限。然精神求无限之摄受与涵溶，则胸怀洒落，上下与天地同流，左右与世俗共处，其器度，汪汪乎若万顷之波，澄之不清，扰之不浊，推恩以仁民爱物，如泉源之不息，而不觉精神之有限也！

中国人善容，因此就个人而言，无精神之爆炸；自民族而言，则尚和平而不重战争。一个民族如果想使本民族的权力无限扩张，他必然是通过征服其他的民族来实现自己的主宰权，这只能通过发动战争来实现；如果一个民族以自己雍容博大的精神包容其他民族，就一定会和其他的民族求协调，求相安。当我们看到水在地上流动时畅通一贯，无所不入，无所不容，不像火一见事物便相焚而毁，自然便明白为什么只把水比喻为民族间的和平相处，而把火比喻为战争的原因了。

中华文化和西方文化如水火之差异，其根本原因是由于中国古代民族与西方古代民族生活形态的不同造成的。西方古代民族都是游牧民族，希腊人和近代日耳曼人都是由游牧生活过来的。游牧民族处荒寒之地，趋彼牛羊，奔逐水草，常行广漠，转徙于风尘之中，如《易经》需卦所谓：“需于沙，需于泥，需于酒食。”上视则天苍苍，前视则野茫茫，行行重行行，道路阻且长。其心灵中必然孕育“人生天地间，忽如远行客”，“人为世界之生客”的感触。同时，其蒙昧之意识中此悠悠苍天茫茫大地，必含“天之苍苍其正色也，其远而无所至极也？”“天其运乎？地其处乎？日月其争于所乎？孰主张是？孰维纲是？推而行是？意者其有缄而不得已也？意者其或运转而不能自止也？云者为雨乎？雨者为云乎？孰居无事，淫乐而劝是？风起北方，上有彷徨，孰居无事而披拂是？”（《庄子·天运》）之种种疑问。故当其能做宗教与哲学之反省时，立即觉得人与宇宙为对立，今在此地，明忽彼处；朝有所得，暮又失之。生活没有安定感，天地无常。人要生存，就得发展自己，征服宇宙。要征服宇宙，就必须向外扩张，就必须认识宇宙，探索宇宙的规律。因此，西方文化是扩张毁灭的文化、征服的文化。当然，这种文化也注重发展科学。

中国古代民族得天独厚，黄河流域土地极肥沃，气候极温和，故成为农业民族极早。农业民族“日出而作，日入而息，鉴井而饮，耕田而食”。“草荣识节和，木衰知风励；菽稷随时艺，鸡犬互鸣吠；童孺纵行歌，斑白欢游诣。”这种生活环境天然地便使人体会到、感觉到自然与人之和谐。而且黄河流域原为极为平坦宽旷之地，俯视则阡陌纵横，川原交错，通达无碍；远目则“江流天地外，山色有无中”，“星垂平野阔，月涌大江流”，“觉天地相依，中无间隔”。遥望则“时见归村人，沙行渡头歇”，“暖暖远人村，依依墟里烟”。让人觉得生活的环境极为惬意自然，即与自然混融为一。于是我们可以想象中国古代民族在其未脱离原始之宗教信仰、未曾有甚深哲学之反省时，其心灵中必已孕育宇宙与人原为一体的情绪。

人类是大自然的儿子。不同的生存环境塑造了人类不同的性情。后代的哲人们发现了人与自然的密切关系，进而探索自然对人的影响，其仰观俯察之目的，自非视世界为外在的独立的而追问其有何自存之本体或本质，而系游心寄意于自然中日往月来水流云散等天地变化之境，“麦秀渐渐禾黍油油”等“草木蕃”之境，故物我之对待在开始点即无由产生，于是将我之情融于物中，但觉吾心与宇宙均同在一流行变化之中，犹如水之宛转与万物交融涵渗于一体，随势而安，随形而容。

感　恩

感恩是人类的普遍德性，在中国传统文化中占有十分重要的位置，感恩精神是维系中国人伦道德的一根主要纽带。

首先，要感父母之恩。父母之恩对人也是最亲切的。《诗经》中有“蓼莪”之诗：“哀哀父母，生我劬劳……哀哀父母，生我劳瘁……父兮生我，母兮鞠我，拊我畜我，长我育我，顾我复我，出入腹我，欲报之德，昊天罔极。”这首诗在中国文化中传诵数千年，与《旧约》十戒中空泛的孝敬父母之条不同。佛家的报父母恩经，内容比较丰富，但也没有像“蓼莪”一诗那样亲切，人的感念父母之劬劳劳瘁而想报恩的愿望，是因为亲身感受到父母的养育之恩，所以也希望亲身直接来报答父母。

夫妇之间也应当互相感恩。在中国人文中，夫妇不只言爱，而兼言恩爱、恩义、恩情。夫妇间之恩爱、恩情之词，似在中国出现较晚。但苏李赠答诗有“结发为夫妻，恩爱两不移”句。以前孔子只言“三代明王之政，必敬其妻子也有道。妻也者，亲之主也，敢不敬欤？子也者，亲之后也，敢不敬欤？”这是本孝亲以推至于敬妻子，但由夫妇间之敬则可进而知夫妇间之有恩。一般之见，只知夫妇间有爱，其实夫妇之爱，皆是承恩。而称夫妇为恩爱夫妻，则是中国文化之一大创造，以使人在夫妇之爱中，去发现隐于情之中的“恩”。《中庸》所谓：“君子之道，造端乎夫妇。”

还要感谢师友之恩。管仲说：“生我者父母，知我者鲍子也。”人之“相知”是人自父母生后的最大之事。一切家庭以外的人伦关系与社会国家之团体组织，实无不根源于某一种人与人之“相知”，其中最为典型的就是师友、君臣之相知。人能知我，此“知”即是对我之一“施与”，一“恩德”。中国师友之道，立于孔子。孔子能知其一一弟子之为人而更敬之、爱之。故颜渊死，子哭之恸曰：“天丧予。”子路死，孔子曰：“天祝（诅）予。”孔子殁而弟子庐墓心葬三年，比此师恩于父母。中国很早就有“士为知己者死”的名言。

中国人感恩精神的最高表现就是气节。凡父子、兄弟、夫妇、师友、君臣之间恩义不忘而死生以之，都是气节。文天祥《正气歌》所谓天地之正气。由此正气之流行，而人乃历患难而不悔，即见其坚贞之节。而气节之士之慷慨捐躯，从容就义，其最后一念，无一例外的都是报答其一生所受之恩泽。如文天祥死时写于衣带之语：“孔曰成仁，孟曰取义……读圣贤书，所学何事？而今而后，庶几无愧。”此即见其殉节只为报答先师孔孟之教。史可法在军中念左忠毅公以自励，其殉节亦不只为尽忠于国，而是兼报其师相知之恩。故后人赞气节之士曰：“浩气还太虚，丹心照千古。平生未报恩，留作忠魂补。”若他们平生未尝知此教泽恩泽之存在，亦纵未尝于此生感激，他们又岂能临难而殉节而留此忠魂于天地间以补其未报之恩？

可惜在今天的社会，这种知恩图报的感恩精神渐次淡然了，虽不能说已丧失殆尽，但确实是人心不古了。不知从何时起，人们不但不常思感恩报恩之心，反而斤斤计较于自己对别人恩泽深重，付出太多，时时期盼着别人的报答。如果不能如愿，则父子为仇，师友反目，同室相残。这是中国文化精神堕落的一个例证，是一种令人可悲的现象。

伟哉！仲尼

中国历史上出了一个孔子，这是中国人的骄傲。孔子最伟大，比中国的其他圣贤都伟大，比老子、庄子、墨子伟大，比外国的圣贤也伟大，比苏格拉底、耶稣、释迦牟尼伟大。

孔子以天下为己任，他为了拯救世道人心，一生周游列国，受尽困苦与凌辱而孜孜不倦，不像老子那样只独善其身。他至死不渝，始终为“恢复周礼”、实现自己的理想而奔走。

“天行健，君子以自强不息”是他生活的基本信念。“发愤忘食，不知老之将至”是他自己一生最深刻的写照。他在生活上不断地遇到艰难和挫折，“吾少也贱”，又是一个无父的孤儿；中年奔走混乱的人寰，“伐树于宋，削迹于卫，穷于商周，围于陈蔡，受屈于季氏，见辱于阳虎”，“再逐于鲁”。但是，楚狂接舆的悲歌不曾冷他的热忱；长沮桀溺的讽刺，不曾使他生活的努力微微摇颤。毁谤他“热中”同佞的话，永远不能搅动他“知其不可而为之”的决心。他明明知道如斯的逝水，是象征一切努力终如幻化而归于“不可”。然而他依然“不舍昼夜”，在流转的川上建立他的“为”。孔子曾学《易》：“加我数年，五十以学易。”《易》是一部宇宙生灭变化之书，孔子正要肯定这生灭变化的宇宙，而在其上建立其不易的至健至刚的生活态度。

孔子始终把自己当作一个普通人，当作人民大众的一员。即使对自己的弟子也从不以人师自居，提倡教学相长、有教无类。不以精神贵族、精神领袖自居。孔子既倡言，又力行，用自己的行动实现自己的理念，身体力行，教书育人。他不只是一个空洞的说教家。

孔子是人性中之至人。孔子是大教育家，他教育一切人，“来者不拒”，“有教无类”，他的讲堂没有门禁。他又善因材施教，对各种不同的人针对其不同情况进行教导。他又是政治家，在鲁三月而国大治的话，近人虽多不信，然而他曾为鲁国办了一次胜利的外交，这是有案可稽的。孔子的知识技艺之博也是令人可惊叹的，孔子曾被太宰称：“夫子圣者与，何其多能也！”子贡曰：“固天纵之将圣又多能也。”子贡在他处又答复人问：“仲尼焉学？”道：“夫子焉不学！”孔子亦自谓：“吾少也贱，故多能鄙事。”虽然孔子自以为：“君子多乎哉，不多也。”教人亦似不重知识。如教人读诗，以多识于鸟兽草木之名便是叫人得纯粹的知识。孔子又是诗人，他曾说：“兴于诗。”他常常征引诗。他的弟子陈亢首先问伯鱼：“子学诗乎？”可知孔子实以兴于诗为先教。孔子首称赞诗之长处：“诗可以兴，可以观，可以群，可以怨，迩之事父，远之事君，多识于鸟兽草木之名。”孔子同时又是音乐家，他曾学琴于师襄：“子与人歌而善，必使反应，而后和之。”“子在齐闻韶，三月不知肉味。”可知他如何陶醉于音乐中。他曾评太师乐如何好：“始作翕如也，从之纯如也。……”又曾评子路荣不好谓：“由之瑟，奚为于丘之门。”他曾谓音乐应以尽善尽美为理想。他曾“自己返鲁”去正乐。“子之武城，闻弦歌之声。”更可知孔子弟子均深受乐教影响。孔子曾对曾皙的话“暮春者，春服既成，冠者五六人，童子六七人，浴乎沂，风乎舞雩”的生活很赞许，可知其人向往自然平凡生活的真性情。

孔子首先把自己当作一个凡人，他不把自己当成神的化身，或肩负着什么神圣使命的上帝的使者。他只像一个普通人那样任凭命运的摆布，但对生活乐观豁达。因此，虽然他同一般人一样看透世间万象的流转，然而他却不像一般人那样为感幻灭而颓废。他相信命运，因为他明明深切觉着万象的流转，但唯其相信命运，所以他能超脱命运。因为他能静观命运从他心灵中经过。世上有种人建筑乐观于悲观之上，好比搭一座桥，孔子就是这种人。孔子常说："君子不忧不恐。""仁者不忧"，"君子坦荡荡"，"曲肱而枕之，乐在其中矣"。其称颜渊之最好处，即在能不改其乐。《论语》第一章就说："学而时习之，不亦说乎。"孔子一生无数次在政治上失败，相传他曾干七十二君，然而终于道不行。但他始终未说悲观的话，他相信："道之将行也与，命也！道之将废也与，命也！"他相信："天或将丧斯文，天或未丧斯文。"然而，他却乐天知命，他说："不知命，无以为君子。"他只要"内省不疚"，"曾求诸己"，便"何忧何恐！"这难道不是乐观的人生态度吗？

一个敢于正视人生的人，他的生活必定是多方面的，但又是相互统一与和谐的。因为，一个伟大的人格一方面是充满激情的，一方面又是冷静理智的。伟大的人格之所以伟大，正因为他是情感和理智的统一。孔子的人生理想，一是礼，一是乐。孔子所谓的礼就是节制，乐就是相当于生命。林放问礼之本，子曰："大哉问，礼，与其奢也，宁俭。丧，与其易也，宁戚。"不正是节制之德吗。又如"子入太庙每事问"，为什么入太庙要每事问，孔子回答说："是礼也。"因为每事问表示谦恭。谦恭是节制，所以是礼。孔子的弟子著的《乐记》说"大礼与天地同节"，"礼者天地之序也"，都告诉我们礼不过是"节制"、"秩序"之意。至于乐，《乐记》中说"大乐与天地和"，"乐者天地之和也"，"乐者敦和"，和者，流动活泼之谓，流动活泼者生命之象征也。孔子教人，永远注意礼乐双管齐下。因为"乐胜则流，礼胜则离"。乐胜则流，言生命之冲动无节，片面失范；礼胜则离者，言规则太严，生命将约束于形式，所以"礼之用"要"和为贵"，乐要尽美且尽善。所以，孔子一生对人类有无限的热忱，情感非常真挚。“颜渊死，子哭之恸”，“子食于有丧者之侧，未尝饱也”。然而他救世依然，“进以礼退以义”，子爱哭子丧明，孔子仍责备他太不能节制其情，可知孔子本身便是一个礼乐和谐的人。

孔子是一个现实主义者，他只承认人世间的真实的生活。他不信神，不信鬼，不寄希望于来世。“不知生，焉知死”，“未能使人，焉能使鬼”。孔子的人生经历十分丰富，已经够他享受，他不必希望来生，因为今生已是无限的悠久。他不必希望彼界，此界即是他的天国。今生的失败，不必要在来世报偿，因为今生的努力过程中已有其内在的价值。今生的罪恶同卑劣，不必要彼界来超度。在不断努力中，真善美必然逐渐呈现而升华一切罪恶同卑劣，于是烦恼即菩提，秽土即净土。他的生活只与这现实世界有关，用不着用幻想于填满超世间的虚空来自慰。颜渊说得好，孔子的人格“仰之弥高，钻之弥坚，瞻之在前，忽焉在后”。可知孔子生活之意义与价值之无尽。所以他不谈鬼神，不谈死后，他只见其进，不见其止，以尽其性。他只求朝闻道赋予生活的意义价值，夕死也无妨。孔子在《论语》中曾说，“默而识之”，“天何言哉，四时行焉，百物生焉”。

孔子是中华民族的圣贤，孔子不仅仅是儒家的代表，他是诸子百家精神的集大成者，是中华民族灵魂的象征，是人类历史上最伟大的人物。

圣人们给了人类哪些启示？

人类因有自己的文化而被称为万物之灵，但从生物学上来说，人类就是高级动物，总还有着动物的一些特征和属性。就像羊群总得有一个头羊引领才能前行那样，人类在每一阶段也都有自己的引领者，这样的人被称为先知或者圣人。人类前面的路是黑暗的，是在摸索中前进的，是圣人们先发现了前面的“光”，然后才带领人类走向光明。但大凡是引领人类前进的精神导师，他们的思想都是简单的，他们只要向人类召唤示意，人们就能理解他的意思，明白他所指引的方向，他们的精神就像一盏灯塔，一束光，照耀和指引着人类前进的道路。

苏格拉底是人类的导师，苏格拉底的全部智慧，无非就是教会人们学会自己思考，正如他的墓志铭：“认识你自己”。

孔子是人类的至圣先师，孔子的思想用两个字概括，就是人活在世界上要勇于“担当”。人要将心比心，自己不愿意的事，也不要对别人做，“己所不欲，勿施于人”。

释迦牟尼是人类的“佛陀”，即大慧大觉之人。释迦牟尼教给人们的，仅只是在面对烦恼和苦难时要能“超脱”。“一切有为法，如梦幻泡影，如露亦如电，应作如是观。”

耶稣按基督教的说法，是上帝的儿子，是上帝派到人间来拯救人类的，耶稣给人类的启示，不过是面对不幸和苦难要坚持“忍耐”二字。“如果有人打你的右脸，你就献上自己的左脸。”

穆罕默德是伊斯兰世界的先知。穆罕默德告诉每一个穆斯林，只要“坚守”，就能成圣。“凡在大地上的都要毁灭，惟有你的主的本体具有尊严与大德者，将永恒存在。”

老子是哲学家之鼻祖，老子的哲学，就是告诉人们要在复杂的尘世中消除烦恼。要避免伤害就必须做到“无为”。“不敢为天下先，故能成器长”，“圣人后其身而身先，外其身而身存”。

马克思是全世界工人阶级的导师。马克思给天下受苦人指引的出路是“阶级斗争”。“全世界无产者联合起来”，“无产者失去的只是锁链，而获得的将是整个世界”。

甘地是印度独立之父，甘地时刻以自己的亲身示范告诫人们，任何时候都不能使用暴力。“不使用暴力，是谦逊的极限。”“他们先是无视你，再来是嘲笑你，接着他们与你战斗，最后你赢了。”

曼德拉是黑人领袖，也是非洲独立之父。曼德拉以他对27年的牢狱生活的漠然诠释他的“宽容”理念。“当我走出囚室迈向通往自由的监狱大门时，我已经清楚，自己若不能把痛苦和怨恨留在身后，那么，其实我仍在狱中。”

这些人类的导师们都是上百年或几百年才出一位的圣贤，他们的理念简单而质朴，没有令人目眩的华丽的辞藻，也没有振聋发聩的豪言壮语，却彰显了完美的人性，都反映了人类的基本价值观，他们争取的是人类起码应有的权力，是一些平凡得再平凡不过的事情，而正是这些平凡显示出了他们非同常人的伟大。

千秋功罪GDP

GDP被公认为是人类在20世纪的两大创造之一。GDP的横空出世，犹如一座光芒四射的灯塔，照亮了世界经济发展的方向。改革开放以来，中国经济释放的潜能，沿着GDP的目标，犹如蓄积日久而一朝决堤的洪流，势不可挡地奔腾向前，创造了世界经济发展史上的奇迹。

一、20世纪最伟大的发明

国内生产总值，Gross Domestic Product，简称GDP，是指在一定时期内（一个季度或一年），一个国家或地区的经济中所生产出的全部最终产品和劳务的价值，常被公认为衡量国家经济状况的最佳指标。它不但可反映一个国家的经济表现，还可以反映一国的国力和财富。

GDP的涨落，标志着经济的兴衰。一国的GDP大幅增长，反映出该国经济蓬勃发展，国民收入增加，消费能力也随之增强。反过来说，如果一国的GDP出现负增长，则显示该国经济处于衰退状况，消费能力减低。但GDP也有局限。由于GDP用市场价格来评价物品和劳务，它就没有把几乎所有在市场之外进行的活动的价值包括进去。特别是GDP漏掉了家庭中生产的物品和劳务的价值。GDP没有包括环境质量，也从来都没有被用来度量幸福或者社会福利。其结果可以设想政府废除了所有环境管制，那么企业就可以不考虑他们所引起的污染而生产物品和劳务。在这种情况下，GDP会增加，但福利很可能会下降。空气和水质量的恶化要大于更多生产所带来的福利利益。GDP也没有涉及收入与分配。人均GDP告诉我们平均每个人的情况，但平均量的背后是个人情况的巨大差异。更为重要的是，随着科技进步和信息化时代的来临，经济的性质发生了很大变化，尤其是创新驱动下的经济的复杂性，不断推出新的产品和服务以及生产链的日益全球化，GDP很难充分捕捉和覆盖经济体中日益增多的种类，因而很难完全记录经济带来的全部价值。一个相关的问题是如何计算无形产品和服务，如搜索引擎、应用软件等纯数字产品的价值，这些产品由于没有市场价格而不被GDP统计在内。同时，GDP也没有把经济增长是否以未来的增长为代价问题充分计算在内。单从统计的角度来说，目前在许多领域我们还处在统计数字的迷雾之中，例如，我们既没有有关经济增长不可持续情况下的消极方面以及经济增长大量消耗自然资源等未来所需的信息，也没有有关积极方面，就是在经济增长带来创新与创造性情况下所需的信息。1987年，经济学家罗伯特·索洛用一句名言打趣说："你可以看到电脑时代无处不在，但在生产率数字中却没有。"这表明了GDP作为经济衡量标准还存在许多严重问题。然而，尽管GDP存在种种弊端，但却仍是透过迷雾的惟一闪耀的光芒。

回顾历史，可以看出，GDP是经济危机催生的产儿，可谓生于危难之中。1929年在美国爆发了经济危机，导致百业凋敝，社会秩序混乱，民生艰辛。由于没有准确的统计数据，导致经济决策犹如盲人摸象仅靠感觉。1932年，为帮助美国总统罗斯福应对经济危机，应美国国会的要求，美国商务部同国民经济研究所的西蒙·库兹涅茨等经济学家密切合作，开创性地编制了1929—1932年全国国民收入数据，最初的统计指标是"国民收入"（NI），而不是GDP。1934年1月4日，美国商务部内外贸易局向全国金融委员会呈递《国民收入报告（1929—1932）》，应用国内生产总值这一指标作为衡量经济状况的标准。因此这一天被称为GDP

的生日。到今年GDP已整整80岁了。GDP诞生之时，正是凯恩斯发表《就业、利息和货币通论》之际，从此，GDP称为现代宏观经济分析的支柱。80年来，GDP指标不断完善。GDP统计取得辉煌成就，为决策者判断经济冷热、决定政策取向并精准调控力度与节奏提供了依据。诺贝尔经济学奖获得者保罗·萨缪尔森认为，GDP是20世纪最伟大的发明之一。

二、中华民族走向伟大复兴的标志

中国的GDP核算历史并不长。20世纪80年代初，中国开始研究联合国国民经济核算体系的国内生产总值（GDP）指标。1985年开始，中国建立GDP核算制度。1993年，正式取消国民收入（NI）和国民生产总值（GNP）核算，从此，GDP成为国民经济核算的核心指标。2003年国家统计局宣布，中国将改进GDP核算与数据发布制度，取消容易引起误解的预计数，建立定期修正和调整GDP数据的机制，在发布GDP数据的同时，发布相关的重要数据，必要时还将公布核算办法。这是中国提高GDP数据的准确性和透明度、向国际通行办法迈进的重要一步。

改革开放以来的30多年，是我国国民经济蓬勃发展、经济总量连上新台阶的30多年，是综合国力和国际竞争力由弱变强的30多年，也是成功实现从低收入国家向上中等（即中等偏上）收入国家跨越的30多年。1978年，我国经济总量即GDP位居世界第10位，占世界的份额仅为1.8%。35年后的2012年，中国的GDP已成为仅次于美国的世界第二大经济体，2013年GDP总量达9.2万亿美元，占世界份额为12.3%，创造了人类经济发展史上的奇迹。1979—2013年，我国GDP年均增长9.8%，除了亚洲金融危机和世界金融危机期间的个别年份，我国经济都保持了两位数的增长。同期世界经济年均增速只有2.8%。从国家统计局发布的GDP数据中，可以读出在30多年中中国的巨变：

——经济总量连上新台阶，综合国力大幅提升，GDP由1978年的3645亿元跃升至2013年的56.9万亿元。

——经济总量居世界位次稳步提升，对世界经济增长的贡献不断提高。1978年，我国经济总量仅位居世界第10位；2008年超过德国，居世界第三位；2010年超过日本，居世界第二位；成为仅次于美国的世界第二大经济体。经济总量占世界的份额由1978年的1.8%提高到2013年的12.3%。

——人均GDP不断提高。1978年人均GDP仅有381元，2013年人均GDP41908元，扣除价格因素，比1978年增长17.4倍，年均增长8.7%。

翻开世界经济史，像这样连续30多年的持续高速增长，在人类发展的历史上是绝无仅有的，说创造了人类经济发展的奇迹毫不过分。这是改革开放的伟大成就，是中国共产党领导中国人民走中国特色社会主义道路的伟大成就，是中华民族智慧勤劳的伟大成就。尽管不可否认地存在这样那样的问题。我们可以完全有理由说，改革开放以来，中国GDP的一路攀升，成为世纪之交中华民族走向伟大复兴的一个重要标志。

三、凤凰涅槃，浴火重生

实践已经证明，GDP可以反映一个国家或者地区经济发展大致的状况。但是，如果只是盲目地追求GDP又会带来一系列的问题。如经济虽然增长了，但社会事业、环保事业不能同步发展。在GDP增长的同时，造成生态的破坏和环境污染加剧。收入分配差距的扩大会带来普通群众生活质量的下降，社会的不和谐，引致群众的不满。毋庸讳言，这些年我们在经济建设取得巨大成就的同时，也存在盲目追求GDP的现象。GDP崇拜现象，有许多原因：一是不正确的政绩观。官出数字，数字出官。导致从上到下只看数字，不顾质量。二是GDP上去了，客观上带来就业和居民收入的提高，以及经济的繁荣。三是只求短期效应，不顾长远影响。地方领导只看经济规模，不看经济质量，而提高经济增长质量的难度大于增加经济规模。今天，我们到了该认真反思的时候了。我们既不能再像过去那样不顾经济规律和自然规律，盲目追求GDP，而是要通过深化改革，调整结构实现中国经济的转型升级，提高质量和效益，使中国经济向中高端迈进；同时，我们也不能完全否定GDP，更不能不要GDP，将“孩子和洗澡水一起泼掉”，而是要稳增长，保持经济的中高速发展，这样才能真正实现惠民生的目的。昔日的GDP，要在经济发展的“新常态”下“凤凰涅槃，浴火重生”。

（一）不单纯追求GDP

以前，我们在认识上总是把一个地区的发展简单地等同于经济增长，这就导致各地单纯追求GDP的增长速度。当然，我们并不是说GDP这个指标不好，到目前为止，它还是衡量经济增长最好的一个指标，只是今天我们发展到这个阶段，只用GDP来衡量确实有他的局限性，除了前面提到的外，比如说，GDP不能准确地反映经济增长的质量，因为它反映的是在一定时期内新增加的最终的产品和服务，它对过去的财富没有反映。第二是它不能完全反映经济增长的社会成本。比如，自然资源的利用以及对环境的破坏和污染。第三，它不能完全反映一个地区或者是一个国家的社会福利水平，比如收入差距问题。针对这些现象，必须坚持贯彻落实科学发展观，改变传统的只以GDP作为惟一发展评价指标的做法。

（二）应该是没有水分的GDP

所谓没有水分的GDP，包括这样几层含义：一是GDP的数字首先要真实。数字来源是真正靠统计得来的，而不是由哪一级组织或哪一个领导决定的。近些年来，由于GDP及其增长率不仅是地方经济发展的基础和依据，更是关系地方党政领导升迁的“进身之阶”。事实上，由于各级实行GDP排名，因此GDP已经不可否认地成了考核各级党政领导政绩的一项重要指标，关乎他们的升降去留。因此，这种利益和价值导向必然引发“官出数字，数字出官”的现象。造假之风屡禁不止、愈演愈烈。有的市、县，GDP的数据由常委会讨论决定，有的根据一把手的需要决定，然后交由统计部门发布，而不顾客观事实。据人民日报的文章反映：2010

年，各省GDP的总和超过全国统计3.2万亿元，2011年又达到4万亿元。到2013年已超过全国6万亿元。这还只是中央和省之间的误差。各省和市县之间的误差率可能比这个还要大得多，这种现象完全违背了实事求是的原则。二是要提高GDP的含金量。GDP含金量是一个形象的说法，大意就是说GDP应是真正给人民群众生活带来改善，使人民生活得更幸福的GDP。GDP增加了，相应的就业就应当更充分，居民收入就应当得到增加，人民的生存和工作条件就应当得到改善，环境没有被污染，这样的GDP才是有含金量的GDP。过去一些地方单纯追求绝对形式的GDP，无情地扭曲了我们经济生活的本来面目。乡、镇长可以把每棵树按照评估的价值或50元或100元报到GDP里面，县市长同样也可以把地价和房价的上涨报到GDP里面，一级一级地加码就带来皆大欢喜的GDP总量的上涨，普通劳动者的工资收入和卖粮食的收入也就被暴涨的GDP所淹没，被房价物价的暴涨所淹没。再如，一段城市道路，反复挖了又填，今天刚铺好，明天又开膛；后天铺好，大后天又开膛。这些反复的费用都算进GDP，而路还是那么一截。这样创造的GDP又有什么意义？

（三）不应仅仅是投资拉动的GDP

GDP作为衡量一个国家和地区经济状况和发展水平的重要指标，应该反映经济发展的综合能力和整体水平。GDP的构成应该是多种因素的综合，既有投资拉动的因素，更有科技进步的因素，还有结构调整、改革创新的因素。目前，我国GDP的构成还比较单一，投资因素比重过高，甚至占到主要份额。要提高科技进步因素在GDP中的比重。科学技术是第一生产力，要努力提高经济增长中的科技含量，培养更高素质的劳动者，从而提高劳动生产率和经济增长的质量和效益。要在GDP的增长中，真正体现出社会事业的发展，社会的文明进步和人民生活的改善和提高。要调整经济结构，淘汰落后产能，大力发展新兴战略性产业和服务业，培育新的经济增长点。经济结构调整，不但有利于实现经济的转型升级，提高经济的综合质量和水平，有利于经济的持续健康发展，还有利于保护环境、减少污染。这种结构的GDP，才是高质量的GDP。三要大力推进改革创新，破除阻碍经济发展的体制机制障碍。改革激发社会活力，就是解放生产力。只有旧的障碍破除了，新的东西才能出来，被压抑的潜力才能得到释放。全面深化改革，特别是转变政府职能，简政放权，还可以降低经济社会发展的成本，这从另一个角度看也等于是增加社会财富，等于创造了GDP，而且是没有投入的GDP。总之，我们要改变过去只靠投资拉动创造GDP的观念和做法，把GDP的增长建立在充分发挥人们的聪明才智和创造精神的基础之上，建立在经济整体素质和综合生产能力提高的水平之上。

当前，我国经济已经由高速增长转向中高速增长，这不仅表现为经济增速的放缓，更表现为增长动力的转换和经济结构的再平衡，也意味着改革开放进入一个全面深化的阶段。在这一重要关口，正确认识和对待GDP，对于做到习近平同志要求的那样，准确把握改革发展稳定的平衡点、近期目标和长期发展的平衡点、经济社会发展和改善民生的结合点，从而牢牢把握主动权，实现“新常态”下长期持续稳定的经济增长，具有十分重大的现实意义。

器识与文艺

中国第一流的文学艺术家，都自觉地懂得最好的文学艺术成就或境界是人格性情的自然流露而不是具体的文学艺术作品。这可通过中国的文学艺术家都相信“诗言志”、“文以载道”、“文以贯道”、“德成而上，艺成而下”、“依于仁、游于艺”而得到证据。屈原是中国最早的大文学家，但是屈原著《离骚》的动机源于思君王、怀故国之情不能自已而发之为文，而不是为了要当一个文学家才写《离骚》的。陶渊明是中国历史上最杰出的五言律诗的诗人，但是陶渊明却在其《五柳先生传》中明确表示自己写文章的唯一目的只是自我娱乐，其心中的所想所思则由“羲农去我久，举世少复真”、“枝叶始欲茂，忽值山河改”诸诗中可看到，完全是世道人心之感慨。李白、杜甫被誉为中国历史上的诗仙、诗圣。李白虽然狂放，但仍自述为“我志在删述，垂辉映千春，希圣如有立，绝笔于获麟”，这是以孔子的著作和事业为目标以自勉，也表述了自己并不是甘心止于只当一个诗人、文人而已。杜甫的志向，在“致君尧舜上，再使风俗淳”的诗里表述得更为明确。杜甫被称为诗圣，正是他把精神的寄托之处，只放在人伦世道的兴衰上。李白称自己写文章如“咳唾落九天，随风生珠玉”，他的文章完全是其人格性情的自然流露。杜甫写诗虽苦吟以达惊人之成就，而“读书破万卷，下笔如有神”，他的文章也是以其本心的自然流露为最高境界。中国历史上还有如扬雄、韩愈、柳宗元，都是大文豪。然而，当扬雄老了以后却后悔自己年轻时所写的文章都只不过是纯粹的文艺辞赋，自谓“雕虫小技，壮夫不为”。韩愈文起八代之衰，但他的志向却是继承孟子的学统而成一代圣人。柳宗元在《答韦中立书》中，也反复地讲“文以明道”为写文章的宗旨，非在辞藻雕饰。韩愈、柳宗元论文章，都重养德、养气。韩愈说德盛气充，则文自汩汩乎其来，都把文学看作是人生事业中次一等的事情，只不过是文人之流露而已。至于中国历史上的艺术家，如倪云林就自称他作画只不过是抒写胸中意气，也以艺术为人格性情之流露，为暇余自娱之事。中国历史上关于文学艺术的论述不胜枚举。

西方的许多大文学家艺术家，也认为文学艺术离不开人生，离不开生活。西方许多被誉为天才的人在文学艺术创作中当灵感来时也“行乎其所不得不行，止乎其所不得不止”。歌德曾说：“非我作诗，乃诗作我。”贝多芬所说的经常“忽闻天音”也是指艺术创作为人格之自然流露的现象，所不同的是，西方的文学家、艺术家毕竟许多人以文学艺术创作为自己一生献身全部精力而追求的事业，因此西方的文学家艺术家中有许多人有“为艺术而艺术”的理论。持这种观点的人认为，文艺为一独立的文化领域，以追求和表达“美”为目的，而不必问其“真”或“善”与否。这也可以理解，因为一个献身于创作的文学家艺术家，难免会产生以文学艺术追求为人生至上之目标的意念。但是在中国历史上，除了昭明太子在编《昭明文选》时，纯以“能文为本”，不以“立意为宗”以外，中国文学批评中，自古至今极少有“为文学而文学，为艺术而艺术”的理论。相反，在古代文士之中，刻意求文之工者，常常被人讥讽为玩物丧志。所谓“一为文人，便无足观”，“士当先器识而后文艺也”。中国文艺崇尚诗文以言志。主张文章要写真性情，崇尚文以载道，主张尚德扬善，这一点上与西方为艺术而艺术的注重纯粹美感的观点不同，也与西方传统文学主张表达幻想来世理想境界与客观的宇宙人生哲理的观点不同。中国文学家艺术家精神，体现在追求超越文艺之美本身而尚性情之真与德性之美，这正是中国文学家艺术家的可爱之处与伟大之处，也体现了中国文学家艺术家的人格。

中国人所崇拜的文学家、艺术家中，自古至今都有一些是放荡不羁的天才。这些人不愿受一般世俗道德观念的约束限制，也不愿受一般人所崇尚的利禄富贵的羁绊，而顺其自然之性格，不顾虑世俗之人的讥讽耻笑而抒发自己的才情。

文学家艺术家的想法，有时难免不与现实生活有一段差距，往往和现实相脱节而沉浸在一种想象的理想境界中。中国历史上有这样的人，西方历史上也有这样的人。顾恺之的痴绝，米芾的疯癫，尤其是李白的狂放，到了跳到水中捉月的程度，以至于溺水而死，这和西方文学家艺术家的疯狂毫不逊色。但总的来看，西方的文学家艺术家崇尚感情，轻视理性。中国的文学家艺术家也难以割舍儿女之情，因此与经学家道学家往往互不理解。中西文学家艺术家之天性虽有不同，但最根本的是中国文学家艺术家的精神和西方文学家艺术家有比较大的区别。中国第一流的文学家艺术家，都自觉地懂得最高级的文学艺术是人格性情的自然流露，因此，都把文学艺术作品的成就放在第二位，或者作为一种业余爱好。很少有人倾注全部生命和精力作一个职业的文学家艺术家。而且中国文学艺术家精神人格的形成，也很少有像西方那样是靠个人追求奋斗而形成的，是由于经历了许多现实生活中的不幸和挫折后而形成的。

我们之所以说中国文学家艺术家人格的形成不同于西方文学家艺术家，是因为西方文学家艺术家的人格是由经历不断的精神奋斗，不断地实现自我超越向上奋斗而形成的，而中国文学家艺术家的人格大多是由自然人文的熏陶以及内心的自我修养而形成的。西方近代的文学家艺术家，许多借恋爱、饮酒、逃出家庭或远离家乡国土，以使自己的精神世界达到一个新的境界。他们并且与自己的情欲抗争，顶住世俗的讥讽，战胜环境中的各种挫折以使自己的精神产生激荡，来寻找文艺创作的灵感。中国的文学家艺术家则重视通过游历名山大川以开阔胸襟，发思古之幽情；读书破万卷，以尚友古人，胸襟开阔而情欲自灭。古圣先贤恒在心目，而自能不顾世俗之讥诽。中国儒家和道家所说的内心之修养，其核心尤在强调人既要能立足现实而且要超越现实，应事接物而心无所陷溺。然而从日常生活中的现实情境中，很容易使人产生空灵化、理想化的想象，使人的心思驰骋神往，悠然其中，幻化出新鲜活泼的意境，使现实生活的情景得到理想升华，成为文学艺术创作的题材。因此，中国文学家、艺术家人格的形成，可以不经过种种与现实相冲突的精神激荡，也是在由激荡中经各种奋斗而形成的。中国古典的文人，纯由自然人文之熏陶与内心道德之修养，以直达于一极高人格境界，如屈原、陶渊明、杜甫等。

我们知道，中国文人的人格之形成，主要在于自然与人文的熏陶与内心的自我修养。因此，我们可以看到，中国文人的人格之伟大处都不在于其表现一向上之企慕向往精神，而表现在其学养的纯粹深厚，性情的敦笃真挚，或胸襟的超越高旷，意趣的洒落自在。凡是受儒家思想陶养较多的中国古典文人，大都以前者见长，而以道家思想陶养较多的浪漫之文人，大多既以后者见长。前者的文学作品，善达真挚之性情，其文经常以气象胜、风骨胜；而后者的文学作品，则善达高旷之胸襟，而其文经常以神思胜、韵味胜；所谓文如其人者也。

中国人的友道

中国传统社会生活的一大特色是重友道。中国人在社会生活中非常重视扩大友道，而不太重视社会文化团体组织，尤其轻视朋党之类的组织，中国人的传统观念中非常轻视结党或搞派性之人的人格。朋党意识和友道意识的区别在于，朋党意识要求其成员要舍其人生的其他目的以专心为其朋党的抽象的公共目的而奋斗，要求其成员牺牲一切目的，以为其目的之实现而专心致志。西方中世纪的基督教会，就要求一切信教者要将全部人生的一切行为都服从于教会，发展到后来就有教皇干涉政治的事。西方近代资本主义制度下的企业联合成托拉斯、卡特尔后，也想垄断全部社会经济，并进而要求控制政治文化。资本家也往往是以金钱衡量一切，以致富为最高理想，因此，便舍弃其他一切人生之目的，而专此一心从事企业的发展和扩张。因此，这种朋党精神，也可以说促进或成就了西方社会的文明和进步，使西方文化发展走向另一极端。而在传统的中国社会中，最缺乏的就是各种独立存在的社会文化团体来充实社会组织，以作为民主政治的基础，这也造成了中国社会传统上就缺乏朋党意识。因此，中国政治上无西方式的独裁的政党，也不像西方那样有一个强大的宗教组织而排斥其他宗教，残杀异端。中国人也历来反对经济上搞垄断的商业组织。中国的社会性组织只有近代以来产生的所谓“帮会”。这种帮会有的虽然后来也有政治动机，但其发起初始大都是为了互相帮扶以应对急难之事，大多起因于外敌来犯时以团结一致抵御外侮，因此都没有一贯的政治目的。这种“帮会”也可以说是为了扩大友谊而结成的团体。中国的帮，因为往往是一群人互相包庇，结党营私做危害社会的事，以至盗贼流氓都有帮会组织，因此成了纯粹以利害关系结合在一起的朋党中最下流的组织。帮会的流弊自不必说了。但是盗亦有道，贯穿于帮会中之“道”，就其本质而论，仍然是人与人之整个人格意气，相互信任的结合。

在中国的帮会中，不要求帮会的成员牺牲其个人的人生文化活动，违反一般的人道以求得帮会的发展，帮会所要求于其成员的只是同属一会的人，在某人有难时，要根据自己的财力能力相互帮扶，共同担负起帮会赋予其成员的责任，但决没有像西方中古基督教会希望信徒把全部精力都奉献给教会，以至牺牲其素有之信仰、道德、伦理之观念。帮会必须肯定人孝敬父母、兄嫂的家庭责任，遵守法律的国家责任，同时不干涉帮会成员的一切宗教信仰和其所从事的一切其他人生文化活动。帮会的精神，只是要求在信义上相互要对得住，彼此能够交往下去。其中最严格的规约，都是维持信义这个纽带。这个纽带就像腰带，至多在人的腰部将彼此连紧在一起，而不是在头上把彼此都套在一种铁的纪律中，所以帮会形成后虽偶尔也存在排他性，但却不像西方式的社会组织如教会那样具有严格的排他性。

中国人的友道意识是中国儒家所非常看重的。朋友之相交，靠的是志同道合。然而中国传统意义上的所谓友道，绝对不是今天我们所说的“同志”。今天我们所称谓“同志”，只是指因相同的信仰而有共同的理想走到一起来了。如信某一主义，即可相互成为同志。然而中国古代的所谓志同道合，则常常不是在一抽象的目的方面有相同理想。“同志于道”的内容常常是指具体的人生文化理想的概括。“同志于道”只是说同有担负共同道的理想，但个人对此道中的具体内容的认识、偏重则不必相同。在一时一地，个人所志之事也不必相同。孔子说：“君子和而不同，小人同而不和”，“君子周而不比，小人比而不周”。孟子也说：“君子亦仁而已矣，何必同。”朋友相交，与其言重同，不如言重和。孔子说：“友直，友谅，友多闻，益矣。”直者，自陈其异见；谅者，谅人之异于我者；多闻者，由友而知我其所不知，而知与我所知道的不同。便佞善柔，就是指一切都与自己相同，以顺适自己的意思。正由这个原因，中国人交朋友，更愿意交那些能指出自己的缺点错误的人。

中国古代的“朋”字即同于“凤”字。《说文解字》中是这样解释“凤”字的：“凤飞，群鸟从以万数”，也即异类相从之意。因此所谓求“志同道合”之朋友，其实只是“异中求同、异中求和”。《易经》上说：“同声相应，同气相求，水流湿，火就燥，云从龙，风从虎，圣人作而万物覩。”然而，水之与湿，火之与燥，云之与龙，风之与虎，都不是同一之同，而为异中之同，按照各自的类属独立而又相通。由此可见，中国人的友道意识纯粹是向外部世界敞开自己的心扉以交天下贤能之士为友的精神。这种对外敞开的心胸体现了以对别人的善意和尊重，赢得别人的信任和友好的精神。因此，这种朋友之间的情谊，也可以说和德国哲学家康德所说的“超越的亲和感”是相同的。朋友之间有善意的规劝的义务，但没有屡次告诫的义务。朋友之间的关系，永远是一主一宾，相遇以礼，敬而远之的关系。即便是自己对而朋友错了，也不能勉强要求人家要和自己一样。因而，朋友之间在学问上见解不必相同；政治上方向不必相同；宗教上信仰不必相同；贫富穷通，贵贱尊卑，与经济上的利害关系不必相同。人无论在学问上、政治上、宗教上的见解、行径、信仰、贫富，在社会上的贵贱地位、利害关系无论和自己有多大不同，但如果我敬他的为人，都可与之成为朋友，或者与之神交。与友神交是不受限制的，外可交万里之遥的朋友，上可交千载之前的朋友，下可交百世之后的朋友。这样，人交朋友的方式可以无所不至，运用自如。

中国人之所以自古以来就崇尚友道而鄙视结党，并不只是因为朋党只是以利害而结成，还由于党同伐异的做法不能达到开拓心量，从而显示和培养人的心灵上的仁德。我们知道了中国社会这种崇尚友道而反对朋党的精神，就会真正懂得了中国历史上为什么没有提倡自由而实际上有着最多的社会生活方面的自由、宗教学术上的自由和政治上自由的原因之所在。今天，人们都说个人生活缺乏自由是由于集体社会的权力太大。正因为有中世纪教会控制了全部西方社会文化的存在，所以才有近代文艺复兴，宗教改革以争取自由的运动。正因为有资本主义控制社会的存在，才有共产主义欲打破资本主义制度之桎梏的运动。凡是被过分重视的一种抽象的理想，都往往能吸引其组织的成员倾注全部热情和精力以求其实现之。这样而形成的组织团体具有很强烈的排他性，以至威胁和损害到他人的自由。相反，如果我们对凡按照抽象的理想或共同利害而形成的社会组织都主动地规范它们的功能，限制它们的权限，而给它们赋予“扩大友道”的意识和责任，并强化到组织中的每个成员的思想意识和行动中。这样，即使人与人之间虽然所属的社团组织不同，也能相互尊重对方不同的意见，相互之间包容涵业，在异中见其同，分离中见其类通。须知，人生的一切不同文化活动、文化事业、社会组织之间都可以并行而不悖，共同发展以取得成就。这样自然就不须每天人人都争取自由却人人都能享有自由，这样就天下稳定而社会安宁了。

人生的“苦”与“乐”

人生的一切活动本身都应该是目的，而不应视作手段。我们通常所说的一种活动可以作为另一种活动的手段，实际上指此活动的价值意义可贯注于另一活动之中。人生中的一切活动的价值，事实上确有互相贯通、互相照映、互相促进以增益其意义的关系，而并不是像有的人所说的这一活动只是为了实现另一活动目的的手段，而其活动本身并没有任何价值。所谓“孝也者所以事长，慈也者所以事众，齐家而能治国，治国而能平天下”，并不是说齐家为治国之手段，治国为平天下之手段。我们通常所说的由一手段过渡至一目的的活动，以至于又过渡更高一级的目的的活动，也只应该看作是我们人生活动的不断升进以成一层层上达之历程，而非是一活动的价值被否定而扬弃。我们在承认人生的每一活动都有其价值的基础上，来纵观人类社会文化历史的发展历程与宇宙运动变化的根本原理，便可看到人类是在不断地在人生活动中实现着自己的价值，人类的价值体现在人生活动的事事物物的发展历程中，这就是人的完美的自我实现。

中国儒家的人生观肯定人的一切活动本质都有价值，都应当视为人生的一目的。但这并不同于西方的快乐主义、功利主义者以“人生一切活动只要能满足当前的快乐就是有价值的，人生应以追求快乐为目的”

的观点。在儒家的人生观中，关于苦乐问题，既不主张人生只应以苦行自励，也不主张人生的目的只是追求快乐。西方的人生观往往摇曳于两个极端。希腊人喜欢追求快乐，中世纪的基督教则鄙弃一切世俗活动中的快乐，只求神给人们以赐福。古希腊的斯多葛派及后来的一切理性主义者、理想主义者都轻视快乐。后来，快乐主义者、功利主义者兴起，则矫枉过正，又主张追求快乐是人不言自明的权力和本性，人生应以追求快乐为目的。其实，快乐本身并不足以为人生追求的最高目的，对这一点西方也有许多持相同观点。摩尔在其《伦理学原理》一书中，有一段专门驳“快乐论”的话：“我们试设想一种境界，其中什么东西都没有，只有无尽的快乐。如果是这样的话，是否应该作为人生的最高目的。我们再设想有一个幸灾乐祸之人，在别人愈痛苦时，他愈感到快乐，我们想想他的这种心境是否还有道德感。由此我们便明白了把快乐当作人生唯一追求的价值是一种荒谬的论调。”西方理想主义者如格林认为，人生所追求的是实现自己的目的，而不是实现目的之后的快乐，快乐只是一附带的情感体现。康德尤其严格地把快乐作为非道德行为。当今西方的快乐主义者认为，凡是不产生快乐的行为都不是善的行为，“乐”是为善的必须条件。西方伦理学关于这一问题的争论，迄今为止还没有定论。但是在中国先哲的论述中，除了伪书《列子·杨朱篇》外，一概没有以快乐为人生惟一目的的论述。道家教人为天人，儒家教人求仁义礼智，明善诚身，都没有讲人只以追求快乐为目的。但是，儒家、道家和墨家都并没有绝对鄙视快乐。墨家自尚苦行，是为了求他人之快乐。庄子说游心于万化者，则乐不可胜计，而主张以知养恬，以恬养知。恬愉亦乐也。孔子的人格境界是一方面“发愤忘食”，一方面也“乐以忘忧”。《论语》第一句即是“学而时习之，不亦说乎”。孟子自道其三乐，说“礼义之悦我心，如雏豢之悦我口”。宋代理学发端于周濂溪教二程寻孔颜乐处。张横渠说：“和乐，道之端乎，和则可大，乐则可久。”王阳明又有“乐为心之本体”之言，他的弟子王心斋作

"乐学歌"写道："学是乐，乐是学，不学是不乐，不乐是不学。天下之学何如此乐，天下之乐何如此学"。这些都可以看出儒、道二家不鄙弃快乐。但是，如果我们追本溯源，仔细探究儒、道二家所指的快乐的本义，则可以看出其与西方快乐主义、功利主义者所指的快乐并不完全一样。西方快乐主义者所说快乐的原本之义，或者是指一个人得到了自己想得到的东西之后的满足感，或者是指心灵不为外物所干扰，因而无所贪求和恐怖，伊壁鸠鲁就属于这一类。前者之乐，由于得物；后者之乐，由于绝物。两者都是因害怕苦痛而追求快乐。然而，中国道家、儒家讲快乐，则既都不由于得物，也不由于绝物，也不是由于害怕苦痛而追求快乐。庄子之乐在游心于万物，而非绝物。儒家更主张人与物相互感通，更不是绝物。庄子讲无所求而超越于一切死生、得失、贫富、利害、祸福、贵贱的计较之外，其乐也不是由于外物而得。其乐"唯生于心灵之解脱而无所执，游于万化而未始有报，以官天地而府万物。"所以，这种快乐也是由心灵自身的积极活动而产生的。儒家所讲的"乐"与庄子所讲的又不一样，儒家的"乐"是生机不息、生趣盎然之乐。但在这种乐不是因外物而来而是来自内心这一点上却和庄子是相同的。所以说，颜渊一箪食、一瓢饮、在陋巷，而不改其乐。原宪"捉襟而肘见，纳履而踵决，歌声若出金石"。孟子谓"天将降大任于斯人也，必先苦其心志，劳其筋骨，饿其体肤，空乏其身，行拂乱其所为"，皆生于忧患之环境，死于内心之安乐。

普通人一般都害怕苦痛而追求快乐。英国人狄更斯在《希腊人的人生观》一书中说，希腊人之所以追求快乐的人生是因为他们非常害怕死亡，因为他们认为人一死什么就都没有了，所以在活着的时候就要及时行乐。所以快乐主义、功利主义的人生哲学，实际上就是顺乎人的性情的世俗哲学。但是当人的精神境界提高后，一有精神追求的时候，就不会单单追求世俗的享乐，而表现为不畏艰苦而甘愿受苦的精神。因此，西方中世纪的宗教精神及西方哲学中的理性主义、理想主义者都鄙视快乐，他们确实比一般的快乐主义、功利主义者和希腊人中追求快乐者的精神层次要高。西方近代的文学家艺术家有理想主义、浪漫主义精神者，也常常表示出鄙弃世俗快乐的趋向，而宁可追求苦痛。如卡来尔就说过："能受苦即伟大。"歌德的一生经历过无数次恋爱，而当即将成功时他却自行逃走。用他自己的话说，就是"我经历了一切人生之享受，最后就是为了体验人生的空虚"。晚年他又说："一生快乐之日不过四个礼拜。"托尔斯泰晚年从幸福的家庭中出走而死于风暴途中，也是为了不愿享乐的人生观。罗曼·罗兰在其所著《米格朗基罗传》中引用米格朗基罗的话："愈使我痛苦的，我愈喜欢；我的欢乐是悲哀。千万的欢乐，不及一单独的悲哀。"这些都表明了西方近代有理想主义、浪漫主义精神的文学家、艺术家，宁肯秉持受苦的精神，而远避和鄙视富贵荣华。然而人之所以能知受苦之伟大，是因为他不怕苦，而且能甘于苦，以苦为乐。尼采的《快乐的智慧》一书也是这种观点。但须指出的是，西方的文学家艺术家中主动追求苦痛的一些人常常逃不出两种人，一种是为了坚持自己的个人意志以提升精神，第二种是想通过体验痛苦丰富人生的经验。中世纪的基督教徒之所以不怕苦，则是因为他们鄙弃世俗观念。出于以上这些原因而受苦之人，其实都未必能在心里真正做到安心乐于困陋拂逆与坦然地面对死生之际。中国儒、道二家则以能在一切贫贱忧患之境安乐处之为道德完美的证明。因此，在儒家看来，慷慨就义者就不如从容就义者。儒家之所以高于道家及西方的宗教家与斯多葛、伊壁鸠鲁学派及理性主义者，是因为儒家完全肯定人生的一切活动与一切遭遇的价值精神。正是由于这一点，儒家不仅能安于贫贱与世俗之忧患，也能安乐于富贵与世俗之幸福。因此，《洪范》五福中富、寿、康宁，也为儒家所承认为人生应当追求的。这也就是等于肯定了一切世俗的幸福对于自己和每一个人的价值。孔子说："素富贵行乎富贵，素贫贱行乎贫贱，素夷狄行乎夷狄，素患难行乎患难，君子无入而不自得焉。"张横渠说："富贵福泽，将厚吾之生也；贫贱忧戚，容玉女于成也。”这是指既能安于幸福，也能安于忧患，从而肯定了一切世俗的幸福与忧患的价值精神。西方宗教家的那种自苦精神，常常是由于畏惧世俗之乐的诱惑而进行的。道家之徒遁迹山林，轻富贵，骄王公，弃天子而不为，也是常常因为他们不能看到世俗幸福的积极价值之所在。斯多葛派视名誉、金钱、健康、寿命等为可有可无之物，而亚里士多德在《伦理学》中则把这些称为“无之不可，而有之不足”之物。而在中国的儒者看来，一切世俗幸福的有无并不妨碍人们取得精神生活和道德生活上的成就，而且还可以作为进德修业的物质精神基础。儒家还认为，一切世俗的幸福，如肥马轻裘，宫室之美，妻子好合，如鼓琴瑟之乐，令闻广誉之施身，未尝不可得之于己而与人同乐。尤其是未尝不望贵为天子，富有四海，行其于天下。然当富贵而“不以其道得之”则不处，贫贱虽所恶，“不以其道”亦在所不去。程伊川说：“今日万钟，明日饿死，唯义所在。”这就是孔子、孟子这样的圣人之所以今日栖栖皇皇，明日得为卿相，也不为之动心的原因。孟子说：“舜居深山之中，与木石居，与鹿猪游……饭糗茹草，若将终身焉。及其为天子也，被袗衣，鼓琴，二女果，若固有之。”一切都像是自然的，应该的，没有什么变化，都像本来就是这样的。这真是完美的境界啊！然而，由于瞽瞍杀人，皋陶为士，舜即当弃天子之位如敝屣，“窃父而逃，遵海滨而处，终身欣然，乐而忘天下”。还有如文天祥，未起兵勤王时，他的生活的豪华和一般富贵人家没有什么不同，而当他决定一朝决心许国，则历艰难万死而无悔：“鼎镬甘如饴，求之不可得。”人如果真正做到心安理得，则可以吃尽天下最大的苦而无怨言；悲愿宏深，则可以配享天下洪福但不会沉溺。人要能贫贱忧患，也能富贵安乐，能乐生但也不畏死。这就是达到了“富贵不能淫，贫贱不能移，威武不能屈，此之谓大丈夫”的境界。

乡土农业对人生的启示

人的乡土情谊是与崇敬天地的宗教精神和爱物惜物游心自然的精神紧密相连的，被称为诗哲的德国诗人席勒认为，人本能地有一种回归自然土地的心愿。现代西方人如威尔斯也认为一个人如果离开其生长的乡土就会失去许多东西。但是事实上全世界只有中国人对于故乡的气息有着深厚的情谊。中国是一个传统的农业社会，与土地打交道是中国人的基本生活方式，土地既是滋养生命孕育生命的大地母亲，又给人以欢乐和生机，这种关系自然会使人对土地产生深厚的情谊，并凝练出无穷的精神价值，给人生以深刻的启示。

一是植物的生长与结果，须要人的培植。人在培植种子时必须按照种子生长的规律和顺从种子的习性。种子的生长与结果，除了靠人施肥外，还要靠适宜的气候与天气。所以在农业生产中，人们自觉意识到，一方面人在一定程度上有支配和控制自然的力量，另一方面自然界的每一种植物的种子有它自身生根、发芽、生长的规律，这是人所改变不了的。气候与天时也是人类所无法控制的，这种意识就会使人节制对自然的欲望从而尊重自然，顺应自然，培养人与自然或人与天之间相辅相成相互和谐的关系，这种关系会使人增加对天和大自然的相互依赖的感情。而在工业社会中，人所从事的主要是对原材料加工制造，原料自身不能生长发育，只能靠人通过加工而改变。这就使人感到原料只是完全由人主宰可任人加工的一自然物，会强化人对自然不断征服的意识。

农业对于人生的第二个启示是，经常看着植物的生长，更使人能相信一事物靠内部发展的力量，发现一个内在的世界。工业生产必须将许多原料和机器都准备好，然后由人在一定的工厂里按照图纸设计要求一件件加工制作，再装配在一起，所以工业生产没有一内在自发的世界存在。而植物的生长发育，虽然也需要肥料、日光和水分等外部条件的结合，但每一种子本身都有其自我生长发育的规律，有其潜伏着而要生长发育出的芽、叶、花、果等形式在其生长发育过程中表现出来。这样就使我们可以于一种子中看出生机，看出将自种子内部变化发展的一切；使我们更全面了解到世界不仅有外表的一方面，而且有其内部的一方面；使我们不但只从现实上看世界，而且也从可能上看世界。我们从生物的生长中看出一生机，看出一自内向外生长的生命的历程。这也启示、印证我们自己的生命机理历程，使我们自然联想到开发我们自己的内心世界，实现我们自己深藏之人性，使诚于中者形于外，而成就我们的文化生活。西方的文化一词“culture”与农业上培养一词“cultivation”同一词根不是没有原因的。

农业对于人生的第三点启示是农业生产主要依赖土地。土地与机器的不同在于土地虽可私有，但人所私有的土地只不过是地面上的一块，而这一块也还属于整体的大地，没有人能从整个大地上把这一块割裂而带走，即没有人能真正占有土地。而土地之所以能够生产靠的是天时季节的运转，气候的适宜。天时和气候也是任何人不能占据而私有的。所以在从事农业生产的人的意识中，包含——“绝对不可私有不可占据大地”的意识。人在田野，常见大地之连绵不断，天上日月星辰之运转不已，太虚之辽阔无极。人于此不仅开阔了胸襟，同时，也自然减少了向外部世界的追求和对客观世界上的外在之物加以私有占据的心理。机械以及一切人工的制造物，都是人造的地面之物，原则上都是人所能够携带支配的，这样人就自然会对这些东西有占据私有的念头。所以，人占据私有机器的心理最强，由此而引生了现代资本家的无比的贪婪欲望。人只有常常面对在原则上不可能私有的天地时，方能常常廓然忘我，无私心之可起。农业社会的人，所以大多比工商社会中的人为恬淡，为朴厚，就是这个原因。此外，农业社会、乡村社会是比较分散的，工业社会、都市社会是比较集中的。集中的人群，便于政治上的统治，但也便于受野心家的操纵。集中的人群，经常互相模仿暗示以造成一种社会风气，一种时代潮流。这种风气潮流，可坏亦可好，但有一点是确定的，即在集中的人群中，人不易出拔乎流俗，独立不倚，以显发其性情，开辟其心灵，表现其天才，以扩展人文世界的内容和人格。所以，历史上真正的人才，常出自乡村。乡村社会的人稀疏散居，使人可常常有机会面对独立苍茫的宇宙而反省、而沉思，融化其所得之知识与经验，从而发出真正的创造文化力量。

农业对人生的第四个启示是，农业生活使人在空间中必须有定居之所。游牧和工商业则使人常流动于空间而不必有定居之所。人在空间中行动，虽然经历时间，但人所注目的常是在不同空间中所见的事物，因而其空间意识特别发达。而当他认识每一新空间所见到的新事物时，都必须忘掉前一时间所见到的旧事物，所以，他们就常常缺乏代表一事物之连续感的历史意识和时间意识。他的时间意识中的时间具有变化性而缺乏连续性、悠久性。当一个人在安定于一空间时，其所注目的将是切近空间中之一定事物在时间中的变化与变化中的恒常。因而，他的时间意识中的时间不仅具有变化性，而且具有连续性和悠久性，这才是有真正的时间意识和历史意识。只有当真正有了时间意识、历史意识，人才能在其个人生活上爱惜过去的生活，回味过去的生活以迎接当前和未来的生活，从而感受到生活意味的深厚。在人伦关系中，更能追慕祖宗之生命，体会祖宗之意志，以爱护子孙之生命，从而感受生命意义的悠久；在学术文化上，追求上继古人之精神，下开来者之先路，而了解人类文化的连绵不断，实际上贯穿始终永结为一体，悠久不灭。

从以上几点启示中我们可以看到，农业生活确实是更能培养人的和平精神并使其文化更能悠久存在的一种人所必须的经济生活方式。中国古人形容农业的成效时说：“和协辑睦于是乎兴，敦庞纯固于是乎成。”（《国语·周语》）和协包涵和平，纯固则能久，这正说出了农业生活可大可久的精神价值。人由于农业生活而定居一方，而对土地产生感情，从而也使人满足于自然，使生活安顿下来，并使人们之间互相关爱。因此易经上说：“安土敦乎仁故能爱。”《论语》说：“仁者乐山。”西方的文化自古希腊至今，都是以工商业为主。只有美国有较大规模的农业，所以其立国精神比较开阔博大。工商业生活自有其对人生启示的精神价值，但是在使人和平相处，在使人精神上有悠久感上来说远不如农业。在理想的人类世界，我想无论工商业如何发达，人都应有自己的农村故乡，作为儿童时的居所，老年时休息的地方，死后的埋葬之地。将来的中国与世界人人应有一乡间的故居，这样，即便是后来人们背井离乡，也可常有故乡祖宗的庐墓之思，这样其精神才不至于长在挂空游荡之境而有一依止宁息之所。人的这种乡土情谊本身，即可阻止人的权力意志和向外征服发动战争的意志，从而成就人类和平和人文悠久。

与人为善

中国的人生智慧是顺应性与天道的。其中有着博大精深的义理。这种人生智慧的种子即开出使中国文化在世界上千岩竞秀、万壑争流的景象。中国人生智慧的本质，是坚持人是天地万物中居第一位的。中国的一切儒家、道家、墨家的思想都是如此。中国思想中的尊重人、与人为善，是建立在天道即是人性基础上的，人至诚则如神，人可以如天人。这样就把宗教中的超越精神与其所向往神之境界内在化，为人依其仁心而载成万物、发育万物、曲成人文精神之境界。这不是否定了宗教，这是使整个人生与文化，都为如在神前之真诚恻怛之心情所关注，移敬神之礼以敬人与其文化，以对神之亲情对天地万物，而最大限度地实现宗教的精神。不过人在这里不是在下面祈祷上帝，而是人以天心为心，而使其慧无所不运，情无所不通，志无所不到。于是自然与社会，也在个人之仁心的涵盖下超出一般的自然主义人生观之范畴。中国的这种人生智慧表现于在重人事的同时是重心的。所谓重心就是不必先关涉心如何从自然来，心如何来，可以不管。然而人生的一切事业必从心之有所觉悟开始。而人生所追求的快乐、幸福、真、善、美、神圣，都是为满足心的要求，这是一直接自明的事实。中国哲学中在论述关于心的智慧时，并没有一上来就说精神创造世界、参赞化育，而在开始点只是说心认识世界，既直接呈现世界的条理形象于人心，心之识物乃以天神天明照知四方，如太阳之明照大地。中国思想中从来没有否定过天地万物为一客观实在。不但没有否定，而且主张要以心去认识天地万物，即心之运用于万物，以其智慧之光辉遍彻于万物，这就不是像镜子只反映万物，而得种种映像观念而已。心认识世界，当然可以留下印象而成观念，但这只是在认识之后，心对客观事物的映像而已，而不是说心只仅仅是一反映者。如果心在最初只是一反映者，则心在开始点纯属被动，因而被外物所决定。然后再说心的主观能动性就都是枉然。在中国传统思想中，心在最初认识事物时是直接以其感觉和外物相接触感应，这种说法也是符合常识的。常识都认为我们认识某一事物或者看见某一事物，这种认识和看本身就是直接与该事物发生关系。常识通常承认由人的认识能力的主动的延伸而逐渐深化对事物的认识。但中国传统哲学思想认为这种心灵的认识能力或心的感觉照耀之光是人的一种更深奥的智慧。认为这种感觉照耀之光本身只是一种虚灵明觉，是原无色彩的。正因为其无色彩，所以才能够显示天地万物的光彩。如虚空之无形，所以万形皆可位于其中。因而人虽认识某一事物，但可不限于对这一事物的认识，也不会迷恋于某一事物。认识之所以能不断深化，正因为它既不局限也不执着在一事物上这样一种心理境界。这个道理是中国人无论儒家、道家还是后来的佛学、宋明理学都公认的心的一种智慧。这个道理说难也难，说易也易，人只要回头一想，都可懂得。只要明白了这一点，就明白心在认识某一事物的时候，一方面涵盖这一事物，一方面又超越这一事物。这是因为对心的功能的明了才能有这一自觉的认识。即无论如何在人的世界中，不能只以物为唯一的存在。无论天地万物如何多如何广，但当其只是自己独立存在而与我们的心灵没有交流感通时，它对于我们只是一片混沌，它也就不属于人的世界。在人的世界里存在的事物，我们才能知觉到，而当我们的心能知觉到某物时，我们的心永远是超越的涵盖于我们所感知的天地万物之上。这种关于心的智慧不是观念论，而是实在论。这种智慧只是要肯定人的世界与人的认识的世界中，心能活动的范围与存在事物的范围一样广大，既肯定心，又肯定物，心有多大，物有多大。

中国人的人生智慧的第二点，是关于心之性与人之性的智慧，心之不自限自陷于物，即心之德，也即心之不能物化的性质。心虽然不能物化但却能不断显其虚灵明觉而认识事物，从而证明心的存在和活动。心的这种运动和显现，不只流行于“心之虚灵明觉之相续”之中，而是当心感物时，既贯注于他所对的客观事物并与这一客观事物的发展变化而相伴随并在认识上也随着事物的发展变化而变化，而且还会主动地参与到事物的发展变化之中，把促成事物的发展变化当作自己的责任，用自己的力量影响事物的发展变化。由这种情况我们就知道，“性即是仁”。并有依仁而成己成物的道德实践及文化活动。中国传统思想中的所谓“仁心”，一开始并不只限于“仁”和人类。因此，心的“明觉”可无处不到，而人心之“仁”也可无处不到。人之“仁”充其量即与天地合德。而人有些人性即证明人在本性上即同于天地，所以中国人再不复向外求于上帝。中国后来的宗教如道教及从印度传来的佛教，都相信人可成为一完满无限的存在。中国传统思想中看人性，从孔子孟子开始，大都是从自然的人性中看出神圣性，于是斩钉截铁地相信人之性善。人性善，有三层涵义：一、人性在根本上善；二、善在人性之中而不在外；三、一切人之性皆是善的。何以知人性善？一切人性皆善。如果你怀疑，我只需问你对人是否真有善意、有情、有仁心？如果你说你绝对没有，我也没有办法。但是，第一，你绝对不愿意人说你绝对没有，说你残忍不仁，这就证明你知道“仁”是善的行为，你即已经有了人心和善性。第二，你承认你有仁心，有善性，而知道“仁”是好的行为，你必定想做仁心也望别人成为仁人，你希望别人成为仁人，你首先得承认人有仁性，不然，人就不可能有成仁的可能。第三，你只以为你才有仁心，有善性，他人都是绝对残忍的人而无仁性善性，你即是要私据仁心善性为己有，这样就说你先已不仁。失去了仁心，就等于你也否定了自己有仁心善性。通过以上三点，我们就可绝对地下一断语，即如果你有仁心善性，首先肯定他人有仁心善性；如果你否定他人，也就同时否定了你自己。所以，你绝对不能否定一切人性同样是恶的，这就是孟子建立人性善之观点的根据，并由此肯定人人皆性善。于是中国思想中看人之一切罪恶，都认为不是人的本性，而是人性受了蒙蔽所造成的，之所以被蒙蔽是因为人自限自陷于物而被物化。中国人不能容忍西方宗教中那种认为人生而有罪的原罪思想，因而也决没有像西方宗教那样设置一永恒的地狱而为有罪之人死后的去处的思想。中国的儒家和宗教中也没有残杀异端的事，而对一切有罪过的人，都至少在愿望上希望其觉悟而改过，这表现了中国文化中最厚道的对人宽恕悲悯的精神。宋明理学更由人性善推进一步，相信一切万物皆有人性，只是为气质所蔽而不显。我们先不管这种理论是否正确，但却表现了人类不私据仁性、不私据善的伟大精神。

中国人的这种对于人心与仁性的智慧从根本上决定了中国人看自然宇宙只视为一化育流行的境界，是一有情之世界或一太和之境界。这种自然宇宙观认为，从根本上来说自然界不是处处矛盾和斗争相冲突的。自然界虽然不是完美无缺，但反对自然界中为争生存而应相互残杀，或者天地对万物的不仁之事。然而，在中国传统思想中，却有一大智慧，凡自然界的不完满之处，相互残杀不仁之处，都是人心上感到不忍睹之处，也就是说只有在我们的心里流露出不忍之仁心时，就说明世界上有不仁之事。因此，我们说天地不仁，也正是对照人心之仁而比较，而人又为天地所生，则透过人心之仁以观天地，则天地之心也就不能说不仁了。而则透过人参与天地化育之事来看天地之心，则天地之心也可说是以人为本了。自然之流行变化，至少从认识世界的角度来看，如此时便如此，如彼时便如彼，正是由此及彼，生而又生，本无矛盾。由上所述，我们可知，中国传统思想从根本上是尊重人而视人道之本为仁道的，同时要人知心之不可物化，并要人相信仁为心之性与人性本是善的，从而在和人相处时常怀与人为善之仁心。

吏治与腐败

腐败问题是古今中外每一个当政者都要遇到的问题。中国现在的腐败问题在历史上也屡见不鲜，并不是现在所独有的。古今中外政府的腐败有许多共性，原因很多，有的是特定历史条件下的产物，有的是多年积累的，这些问题解决起来也是不容易的，只有抓住问题的症结和根本，对症下药，标本兼治，才能彻底解决问题。

我认为，产生腐败现象的根源、关键和实质是吏治腐败。发生在一些经济环节的腐败虽然更多更明显，但它只是在一个方面、一个环节，就像一棵树，烂一片叶子，枯一个树枝，只要剪掉就完了。而吏治的腐败，则有系统性、传导性和长期性，就像树根出了问题。中国是一个官本位的社会，当了官就有权，有权了就有一切。由于利益导向，中国历史上每一个朝代在执政一段时间后，当社会繁荣、天下太平时，吏治都会出现问题，裙带问题、派系问题、人情关系问题，都难以摆脱，致使吏治不能量德量才用人，任人唯亲、用人不公，社会上意见非常大。这也是历史的周期率。而往往在战争年代或社会动荡时，别的矛盾更突出从而掩盖了这些问题，吏治腐败问题反而不突出。这是因为和平时期官好当，当官有好处；困难时期官不好当，当官风险大。

中国历史上解决这个问题有好几种方法：一是实行科举制，开科取士断断续续搞了上千年，这种做法开始比较成功，但到后期也出现问题。因为，毕竟光凭一纸文章是不能完全看出一个人的才能的，另外，到后期科举制也舞弊严重。二是基层推举制，如汉朝的“举孝廉”。这在和平盛世，以德为主选拔官吏也是一种较好的办法。还可由德高望重、功勋卓著、皇上极为信任的高级官吏保举下级官吏，如晚清时，二品以上的汉官，十之八九出自曾国藩门下。左宗棠没有功名，就是曾国藩举荐的。“文革”后我国恢复高考制度也为改革开放以来中国的现代化建设选拔和培养了一大批各级各类干部。这在新中国成立后我们选拔干部中也是一种比较成功的办法。这些办法的关键是打破依靠关系人情使用干部的网络束缚，使出身寒微的人也能有出头之日。在中国传统文化中，“官道”是“本道”，所以“吏治”如何，关系国之根本。在中国历史上，凡是吏治清明开明的时代，都是比较兴盛的朝代，如汉初兴时，举贤良不拘一格，公孙敖原是一东海牧猪奴，能被擢拔为宰相。凡是吏治腐败的朝代，国家都衰败没落，如明末卖官鬻爵。吏治腐败是一切腐败之源。坏人掌权，必然会干坏事；庸人掌权，必然无所作为；昏人掌权，必然是非不分，这是理所当然之事，古来如此。所以历来明君圣主对于有功有恩之人，但德才不称者，“宁赏千金而不予一顶”。即使在世袭制的封建社会，英明的君主也“传贤不传子”。

从另一方面来考虑，给平民社会尤其是寒家子弟精英通过个人努力能有一个纵向上升的通道，使他们也能看到个人前途的希望，这样也有利于揽天下英才为我所用，并且增强他们对政权的认同感和归宿感，有利于社会的和谐稳定。如果一个社会门阀等级过于森严，人才纵向流动的渠道不畅通，处在社会下层的精英人士没有上升的希望，就会走向异端，另立山头，而成现政权的威胁力量。

领导是全社会的代表者和管理者，他有两个必备的要求：一是要有代表性：担任领导的不但有富人出身，也要有穷人出身；不但有世家出身，也要有布衣出身；不但要有鸿儒，也要有白丁。这样，这个社会才能是稳定的。二是要有管理社会的能力。要真正把大家公认的有才能的各方面人才选拔到各级各方面的领导岗位。这样社会才能得到较好的治理，人民才能服气，才能引领国家形成进步文明的风气。

用人要扬其所长，避其所短。领导就是领导。领导不是学术大师，不一定非要院士、专家、教授担任。有些顶尖级的学者担任领导，不但浪费了一个优秀人才，而且耽误了一项事业。领导不是圣人，精神领袖、道德领袖适合引领淳化民风，不见得适合当领导。假如孔子当了皇帝，恐怕未必是一个称职的好皇帝。领导要能担当。金无足赤，人无完人，术业有专攻。对付妖魔还是需要“悟空”，唐僧虽然是师傅，但对付不了妖怪。

对于一个人的德才也要全面地看，发展地看。不能像“高考”定终身一样，对干部也不能一次定终身。对于一些曾经犯过一些这样那样错误的人，只要改了，也不能揪住不放。有些曾经因各种原因犯过一些错误的人，后来往往会更小心、更谨慎。中国有句古话：“浪子回头金不换。”说明一个人经过一些挫折和苦难，在火里炼过、水里淬过的人，头脑会更冷静，立场会更坚定，会更加成熟老练。

用人要讲究五湖四海。人是感情动物，即使是多么“原则”的人，也摆脱不了一定的恻隐之心，只用一地或一派的人，时间长了就会摆不脱“人情”的羁绊，既影响事业，又害了干部。要用“自己”的人，也要用一些“异己”的人。自己的人往往觉得自己是亲信，有靠山，时间长了就会肆无忌惮，忘乎所以。而“异己”的人明白自己并非心腹，因此更敬业，处事更小心谨慎，诚惶诚恐，兢兢业业。亲信之间出现内讧，后果会更加可怕。“自己”的人如果有想法，更会无所顾忌，心狠手辣。堡垒都是从内部攻破的。古今中外这样的教训是不胜枚举的。

中国文化的根本精神

中国文化是以承认人的绝对价值为核心的文化。中国文化认为宇宙是人的延续，是人的宇宙，即所谓“宇宙即吾心，吾心即宇宙”。对自然宇宙是变化流行化育境界的了解，培育了中国文化的根本精神，这种精神就是和谐的天人自然精神，是善的精神。

这种文化精神，绝对不容许把他人作为手段和工具。人为实现神的意志的工具，人为国家的工具，人为机器的工具的这种观点固然是不对的，但那种认为以他人为自己的工具，以现代人为实现未来理想社会的工具，以现代人为给未来社会的人创造幸福生活而存在的观点也是不对的。所以，孟子一方面说人性善，一方面说人皆可以为舜尧，讲民为贵，社稷次之，君为轻。“行一不义，杀一不辜，而得天下不为。”人人都是自性具足，皆可至诚而如神，自当本身就是一目的，岂可一人而为他人之工具，现代人为未来人之工具?

这种文化精神，强调人有心，有善性，有仁心。心之虚灵明觉能慧照而有智，性显而有情，以感通世界而能裁成万物。所以，人无疑有自己的精神生活，内心生活和文化生活。正因为这些，人才显得出自身的无尽尊严。因此，人对他人不仅应当有爱，尤其可贵的是要有敬。如果只把人看成是谋求生存的动物，以经济动机来审视人的精神生活和文化生活，解释历史文化的发展，从根本上来说就是对人没有敬意。只以满足人的生存条件来对待人，就等于把人当猪对待，也就谈不上爱。孟子也斩截分明地说："食而弗爱，豕交之也。爱而弗敬，兽畜之也。"

这种文化精神，主张人自身是一目的而非手段。人有其精神生活，内心生活与文化生活。人各有其尊严，应该相互敬重，应该承认每个人的生活都有自己的世界，都有自己独立的人生追求，都有自己的独立人格，人们之间应当相互尊重每个人的隐私，应当互相包容相处而不能强求每个人的生活方式都相同。对于宽大的重要，求和与求同的不同，中国传统经典中早就讲得很清楚。《尚书》中尧命舜《敷五教》在宽，《大禹谟》谓御众以宽，《商书》中讲"克宽克仁，彰信兆民"。春秋晏子即辩"和"与"同"之不同。孔子说："君子和而不同"，孟子也说"仁而已矣，何必同"。从此而奠定了中国文化宽容博大的精神。

这种文化精神，倡导人自身就是独立的存在，而非仅是集体的零件。由于人的心灵本身的虚灵不昧，慧照及于万物，不可能自限自陷而物化。心之性又为仁，所以个人原能情通万物，及于家，及于国，及于天下，及于自然世界，以至及于上下千古历史文化世界。这样，个人精神有助于社会而有成物之志，也可以自觉地按照同情不忍之心而成仁取义。这种成仁取义，并非是把自己当作社会的一个细胞或者一个工具，而是把成就别人当作成就自己。所以，从外部看，社会虽包括个人，自内部看，个人组成也成就社会。因而，将个人独立于社会之外虽然是罪恶，但是将社会凌驾于个人之上，也是没有道理的。

这种文化精神，要求仁爱之人必须施于天下。不能光限于家族主义，秦朝就是毁于封建家族主义的；也不能只限于国家，国家主义和法家都灭亡了。有一种说法，认为中国传统思想中早就有世界主义，如天下一家的思想，这没有错，但是仁义之心的传播必是由近及远的，因此，不能废除家庭。国家作为一种客观存在，从横向而看比世界要小一些；从纵向来看，则是为世界文化之所托命，祖宗心血之所凝注。人的感情所注不能只有横展而无纵通，虽然天下一家是人类最终必然要实现的远大理想，但首先必须是中国像一个人那样顶天立地站立在世界上，这是一个先决条件。只有满足了这个条件，而后中国文化精神中的世界主义意识才可与之并行不悖。

中国文化把自然宇宙看作是按一定规律运动变化的状态，因此对其特别有感情。由此把宇宙看作生命运动的象征，而沉浸在品尝其中的艺术趣味中，这样就影响了我们对客观世界做冷静观察和分析，也缺乏对于时间、空间、数及自然范畴的客观形式的观念，所以就没有能产生西方的近代科学。但这不说明中国文化精神与科学是相悖的。中国传统思想，从认识论上讲，决定为实在论。因而不仅肯定物质的客观实在，而且肯定生命、精神与历史文化现象的客观存在。这一肯定，就是科学的基础之一。中国传统思想中还肯定心灵为涵盖超越万物者，由心灵出发可以全面认识万物之间的数量关系、形式关系等科学意识，从而证明心灵的虚灵明觉的伟大功用，从而能了解和认识世间万物，开拓人的性情发展的规律和潜能的境界。科学家的眼界只局限于对实在世界与物质世界的了解，或以一种狭窄的哲学观曲解自然文化现象。如果精神上先受到条条框框的束缚，而不能竭尽全力地应用自己的智慧，科学就不可能真正发达。

中国文化精神固从传统上就重人与人相敬而特重推让，因此，中国过去社会没有很尖锐的阶级对峙，人民也很少向政府要求平等自由，所以没有西方式的民主政治。中国秦汉以后的政治人物，多出于选举、荐举、科举与学校，一般官吏更出自人民，老了退休后重返乡里居住。政府以少干涉人民生活为宗旨，人民信任政府，结果往往是人民和政府由于相互尊重而忘记了对方的区别。西方的民主政治精神，一方面出于个人的自尊心和责任感，民主哲学的观点也多主张个人的人格尊严和道德责任，这也是西方民主政治思想的潮流所向。中国起源于人格尊严的贵民思想，自战国以后就确立了。这与西方民主思想的主要含义有相通之处。

钱穆先生在《晚学盲言》中曾指出，西方式民主政治不适合于中国，因为中国民族精神注重谦德，但这也只是中国文化精神的一方面。怀着不忍之心责任之感以担当世运而从政，也是中国文化精神的另一重要方面。民贵之意，也不能只表现于道德，而必须见于政治。如果从政的人都只怀着忠信听上面的指使而没有自己的主见，则他的政治地位就发挥不了作用，就是消极地而不是积极地从政。

中国传统思想中因相信人性善而各有其人格尊严。汉高祖以平民为天子后，封建废而王室日趋于孤悬之上，是为国家大一统的象征。而在下面则万民平等，废除了以前的等级制。魏晋时代之所以门阀世族兴旺起来，是因为天下大乱，有血缘关系的家族团结起来以互相保护自己的安全，而并不证明社会上有阶级存在。唐宋以后，中国社会更日渐发展为职业、行业的区别，更没有西方那种阶级对峙的情况。经济上，由于土地兼并的矛盾几百年的积累而日益尖锐起来，但历史上的儒家都称颂井田制。王莽之政和北魏的均田制，王安石的新法，都包含着拆分和抑制兼并的精神。中国文化也素来重视劳动。在这点上，我们可以看出，中国共产党早年在革命时实现的土地改革与重劳动工农的政策是符合中国文化精神的，因而得到了民众的支持。但是，中国文化精神中之所以讲井田，讲均田，都只是富而后教，行之本于仁心，而归于使人都能发挥向上进取之心，生活于礼乐文化的氛围中。我们说，实践对于人生固然重要，但劳动只是实践的一种形式。另外，由于一切实践都所以尽心显性以成就完满的礼乐文化生活，有德慧之人格，都因为它是一种道德性的实践。因此，也不能把劳动只看成一种生产手段，而应看成是人生的一种尊严，一种艺术。西方人在论述如何消除西方工业文明的弊端时，只有英国人懂得把劳动作为艺术的重要性。而中国古代将民间劳动作为一门艺术的例子，在中国的文学作品中随处可见。中国农民与西方奴隶制度、封建制度、农奴制度的生活情调是完全不同的。

中国文化精神不只存在于中国之历史社会，尤其不是只在历史学家、考古学家所研究的文物中，而是直接存在于现在中国人的内心深处和生活方式中，并表现其决定国运的力量。中国文化精神有无比强大的力量，它是直接贯注于全部中国人的生命与心灵的深处。它像一浩浩荡荡的洪流寻求它自己的发展道路，无声无息地向着自然且合乎它的意志的方向奔流。每一个中国人都必须以一虔诚之心认识它、相信它，从它得到营养。它对每一个中国人都有深挚的爱，而没有一点私心。它的内部凝含着中国人全部数千年无数的祖先的生命与心灵精神交融成的力量和潜能，它是我国立国的根本。如何依此精神建设一个富强民主文明和谐的现代化国家，是我们的责任。但我们必须先有智慧能认识其存在，有性情以相信之承担之。孔子说：“知远之近，知风之自，知微之显。”德由此入，信由此起。又说：“君子见机而作，不俟终日。”只有对我们民族文化精神的真谛心领神会，在实现中华民族伟大复兴的征程中才不会迷失方向！

中国文化的价值

中国文化精神有其永不磨灭的价值。我们都知道世界上只有中国文化有5000多年的历史，这五千年的中国文化是连续不断、一以贯之的。这种存在本身就证明其价值之所在。因为一种文化能使其自身长久存在必有其存在的理由。其原因就在于这种文化能满足各个时代、各个阶层人们长久的精神需求，因而有其不容磨灭的精神价值。

我们如果深入探索中国文化内部的精神价值，就会发现中国文化精神仅就在一点上就有其至高无上的价值，这就是关于“人者仁也”的认识。通过这个认识，中国文化以贯通天地，成就人格，匡正人伦，彰显人文。我们虽不敢肯定地说，只有中国文化能知重人、重仁，因为西方基督教的主张爱与佛教的慈悲也是重人。基督教的上帝让自己的儿子化身为人来世间以救人同入天国，并教人在地上行天堂的善举，佛教主要以给人传授佛法为主，从而超脱世间苦难。这两者都以“重人”为其精神宗旨。中国传统思想并不认为仁超越于基督教的上帝之爱和佛教的慈悲之心，而是一致的，即人性即仁，以至于一切善德，都直接内在于人性。这是数千年来中国传统思想虽万变而不离其宗的一个重要特征。这种人性即仁的思想，最早是来自孔子所说的“欲仁仁至”，仁不外求的思想，后来又由孟子加以发挥。但是如果从学术文化史的角度来看，这一思想其源自于中国古代的宗教中，那时对天地的信仰就早已蕴含着注重其德行的思想。犹太人崇拜能力，他们的上帝以权威能力著称；希腊人崇尚智慧，柏拉图的造物主以能解释一切理念无所不知而著称；基督教的上帝虽然以爱之德性为主，但到后来也以全知全能的理智和主宰一切的意志而著称。而中国古代宗教中的天师，则自始至终以宽大无私的德性出现。

孔、孟的大智慧，即在直接体现和继承人们所信仰的天地的无私之德，从而让人们遵行仁道。由此得出这样一个结论，只要尽心行仁道以知人之仁性，即可知天之所以为天，而存心养性即事天。人成圣即是与天合德。因此，孔、孟的思想，其实就是中国古代的宗教信仰，并作为其“哲学之智慧及道德之实践”的统一。也就是说，中国古代的宗教信仰，都融化结合在孔、孟他们的哲学智慧和道德实践之中，看起来好像超化无形。如果紧紧抓住这一本质探究中国传统思想，中国文化精神的本源，我们就可以看出中国传统思想从本质上来讲真正是天人合一的思想。孔、孟的精神，即为一继天而体仁，并实现“天人合一”于人文和人伦精神中。以孔、孟的精神为枢纽，所形成的中国文化精神，我们可以概括为：依天道以立人道，而使天德流行于人性、人文、人伦之精神仁道。这个意思按照宋明理学的说法，就是以太极以立人极，而于人极中见太极。按西方理想主义思潮的术语表述，就是直接按照绝对的生命精神，以成就主观生命精神，而使绝对生命精神内在于主观生命精神，而再通过主观生命精神，以表现于客观生命精神，即表现于人的各种对人对物的感应关系及精神文化之活动上。

正基于此，中国文化的本质其实最为清净，而以一极高明之对于性与天道合一的智慧，极敦厚笃实之“立地上以承天，承天道以隆人道”的德性为基础的文化。我们用一种比如的语言说，可以说中国文化在精神本原上为一直上直下，不使天与任何人，或任何人生文化活动，或地上的万物受一点委屈。因其不想使一切天、人、物与人生文化活动受委屈，所以中国文化精神又有致广大而极宽平舒展的一面。我们想懂中国性与天道合一的智慧，必须深切反省，人心之虚灵明觉，可无所不涵盖，人之德性可无所不贯通。要看到人之德性，非个人私有，而是天地之德性。中国先哲对于心性与天道的智慧，在细密分疏方面虽不如西方和印度，但在洁净精微与高明方面，确有对人类文化永不磨灭之价值。

我们要想真正理解中国人“立地上以承天，承天以隆人道”的敦厚笃实的德性，必须注意中国文化始于夏禹之重朴实勤劳、崇尚忠敬的精神，由夏朝至孔子期间，逐步开拓出中国人文世界的历史，与孔子的“继天而体仁之教”，及其在汉代以后逐渐实现的中国民族之凝聚，政制之改进，土地之开发，文化区域逐步扩大的历史。但就敦厚笃实的德性而论，我们直接从中国今天的农民中，中国人的人格世界中，朴实的经学家、史学家中，重践履的儒者、理学家中，方正贤良的名臣中，忠君爱国的儒将中，以身殉道的气节之士中，仁厚的君主，如汉光武、宋太祖中，古典的文人如屈原、杜甫以及特立独行的人物中，都可以看到，都可以想见。他们的人格德性直接使人敬爱，而有其永远不可磨灭的价值。

关于中国文化精神中致广大而极宽平舒展方面的理解，我们必须一方面从中国儒家中对于天地万物有情而不傲视，对于一切人都予以平等的礼敬仁爱，对于一切人伦关系，一切文化活动，一切人生之富贵、贫贱、死生、祸福等遭遇均一一肯定其价值，而使这一仁爱之心无所不运，不能有丝毫的缺漏而能安仁而乐等见之。另一方面，也可自中国社会的大体而言无阶级对峙，社会的政治系统，家庭宗法系统，文教系统与宗教系统不相凌驾而并行不悖，朋友之间崇尚和而不同见之。而中国艺术文学精神重游心于物，尚自然流露，重表现虚实相涵之意境。中国民间日常生活中，宽闲自得之情趣与中国人格世界中侠义之士的仗义公平，豪杰之士的宏纳众流，风流文人的倜傥不羁以及僧道隐者高士的游世而超世忘世，都可看到其广大而宽平舒展的文化精神的表现。这种广大而宽平舒展的精神，是中国所以能成一广土众民国家，经常能以太平、大和之世为理想而乐天以安居于世界的原因之所在。今天的世界要平息纷争，实现和平，而达到天下一家的境界，必须把中国传统的致广大之心量与胸襟和宽平舒展的气度普及到世界人心之中可能实现。中国传统思想中提倡“政治、家庭与文教、宗教之不相凌驾”、“泯除阶级而承认人间社会中人各有位分差别”等理念，也正是今天人类社会所应该努力实现的。中国的文学艺术精神与重情趣的日常生活态度，也将会为消除人类社会中人间戾气，使人各安其位而得其乐提供理论基础。这些都是中国文化有其永远价值的明证。

中国文化之命运

纵观中国文化四五千年的历史精神，是从敦笃厚重、朴实的唐虞夏商周精神兴起的，这是中国文化值得称赞的地方，也值得令人感叹。

中国文化的这种精神就是一种追求诚信和实事求是的精神。从大禹治水平土而协和万邦尊崇鬼神，到周朝之盛而礼乐兴，天下诸侯一统于周天子，宛然是初立洪范皇极的规模。到孔子的时代周朝开始衰落，孔子想复兴周礼而安定周边的国家。从外王之道上以兴灭国、继绝世、平天下；从内圣之道方面教仁教孝，希望人与天合德。这两方面都是想通过立人道之仁，以继天道之仁，使天道之仁流行于人道之中，从而立太极于中国文化之中。从孔子开始，以六艺垂教，而以前的道德学术，分散为诸子百家之学，诸子百家虽然影响很大，但没有能够形成各门不同的学科，尤其是形成自然科学，到最后形成一些游士的空泛议论，从此，分散的各种学说就没有再能统一起来，形成百家争鸣的局面，最后导致天下的四分五裂。秦国以武力兼并六国而一统天下，使天下在形式上实现了统一。潜藏隐伏在社会下层人民中的儒家的人文精神，到了汉朝开始显示出其坚凝社会、建制立国的文化效用，汉朝之后分离为三国，由于外部少数民族的入侵而导致天下大乱。两晋、六朝虽然乘天下混乱，文化艺术得到了繁荣，但由于其文化精神不是扎根在民众中，没有坚实的社会基础，以形成国家和民族安身立命的信仰依托，而是就像海市蜃楼漂游盘旋于空中，表现为文学和艺术，最后归于佛教。隋朝唐朝之后恢复了秦汉时代的大一统局面，政治规模更趋宏远。

唐朝扩大疆域以走向世界对外开放，文学艺术繁荣昌盛，才情横溢华丽多彩。在宗教方面致广大而纳众流，这时的中国文化气象膨胀发挥到了极致。由于唐朝向外扩展很大但内部反而空虚，所以到晚唐时终于开始衰落，到五代时已完全颓败了。到了宋代，理学家重新开始整理恢复中国文化。他们的做法不太重视文化的表现形式，如文学艺术，而重视文化的骨质的树立，提倡主静、主敬而立人极、显天理，明本心。由道德上之实践，而依理以生气，由此心之理以见天理、天心。天人不二之枢极立，而后中国文化精神复归于贞定。宋积弱而亡于元，明朝效法唐代的做法也亡于清。宋明理学家讲学于唐五代之后，正处于民族元气衰散之余，所以他们不得不重新凝聚收摄以立极，而暂时轻视霸术和功利之学。这种小心谨慎以养薄弱，只注重表演和空泛以给人看的虚张声势的做法，只能是加速其灭亡的步伐而无补于国家社稷。

理学刚开始时，在社会上的影响并没有变成治道而贯穿到国家治理的行政刑法和礼乐等社会风俗中去。宋朝的儒者们倡导的理气之学没有形成气候，社会人心也没有得到重整时宋朝就垮台了，变成了元朝。明儒继承了宋儒未竟的事业，矫正了宋儒过分拘谨的风气，开辟了新风，很有一些成就。明末诸儒，如黄石斋、朱舜水、顾炎武、黄梨州、王船山，都重视学术中的治道，而大力提倡礼乐刑政与食货经营，以改善社会与民生。王船山尤其善于把“理”、“气”结合起来而讲“性”与“天道”，崇尚志气以期刚大，彰礼乐刑政之全体大用，以立民族文化之生命。他的目的就是在立皇极，由道德之实现而重社会文化之表现。清朝的学术重考证训诂，这就是所谓的“学必期于专精”，而未能“道必本于全量”（章学诚语）。民族精神不能顶天立地以挺起，所以终不能本“分”之精神以立文化之皇极。中华文教，日成虚饰，而无真生命精神以实之。考古以求自信，并不是求内在的精神上的自信。学术的目的日渐沦为追求留名和留言，作文制艺的目的只用来品尝把玩。以至后来的妇女缠足，吸食鸦片和纳妾养小等败坏的社会风气的流行，不能说与这时文化的堕落不无关系。

清末以降，外患内忧交至而来，至清之后，就文化来说，欧风美雨冲决中华民族文化的堤防汹涌而来。西方文化从本质上来说，崇尚文化的专业化发展和学术分析的精神，这在表面看来似乎与清朝重分门别类、重专精一门的治学精神相仿佛。但是晚清与民初的学者，向往国家富强的理想，但没有找到根本的实现道路；提倡科学和民主自由的精神，但找不到和中国实际的结合点和落脚点。无论是执政者，还是社会革命家和教育文化思想家，因为处在中西文化交融激荡的错杂之际，往往都不知道一切文化活动都应该按照其表现的精神为客观理想服务。在外部，要以积极向上的态度表现于所尊敬的人和社会客观精神，一切道德价值的实践与实现都是必须先向实现于自己的人格。如果虽然有所表现而不是向上的，就只能增加其骄矜之气。实践道德如果先向外而求诸他人，只能使其人更恣肆放纵。这是清末民初几十年间的为政之人、社会革命家和教育文化思想家所犯的一个大病、通病，病根正在其精神上。其表现开始时重向外表现而不知积极向上，以求贡献生命精神于客观理想，其结果只能是怀着一个客观理想而自我表现自我品尝。这种人往往自以为是，固执己见，靠激情和意气奋斗，以号召他人，并招纳信徒为之实践。他们把社会作为实现自我理想的场所。这种思想庞杂的文化精神只能使社会活气相荡相消，互摧互压，而闭敛于无形，民族精神日归瘫痪腐烂，中国文化精神之高明敦厚而广大之德慧都被埋没在地下。世上只有看到的是自然生命之间暴力的泛滥与理智光辉的流失。

民族精神的瘫痪和腐烂，似乎最终难免导致民族文化的“自杀”。但值得欣慰的是，如果我们揭开表面而看底层，则中国文化的潜流仍在沿着晚清诸儒立皇极之精神发展着。他们化清儒之学重专精社会文化并行不悖地分途发展，以达到民族精神的旁皇周达，扬升高举，必将能改变上百年来被动接受西方文化冲击的局面，而自动地吸收、摄受、宏纳西方学术文化之众流以充实此皇极，而展开分途努力发展的中国人文世界。从这种意义来看，我们可以说，欧风美雨固然冲决了中国文化之堤防，是上天故意荡涤中国文化中的尘垢与虚饰，使中国民族精神吞吐百川以为大海的开端。只要先圣先贤的英灵永在，中国文化的真正精神也终将自混沌中昭露以出，而其光辉历久弥新。我们当代中国人的责任是，只有深入穿透到中国文化的潜流中，去其土石与沙砾，重显其源泉混混、不舍昼夜、健行不息之道德于光天化日之下。这就是继承了孔孟立太极、宋明理学家立人极与明末至今企慕皇极之精神，依太极、人极以繁兴大用，实立皇极于天下，使我们的一切精神活动都一一能得到升展直立而不受委屈，积诸直而并行不悖、参武成文，成大方之直，依枢极以周流而大方无隅，斯谓圆而神。这正是我们当代人贞下起元之责任。《周易》说："云行雨施，品物流行，大明始终，六位时成。"又说："坤至柔而动也刚，至静而德方，动万物而有常，含万物而化光"，"直方大"。又说："君子刚健、笃实、辉光，日新其德。"

文化的创造，确实应当是日新其德，通其变以不倦。文化的品物，确实必须不断变动，以分别成序位，伸展开来成为并行不悖的人文世界。日新而后高明，直方而后广大，刚健笃实而后光辉。这些等等都来源于我们的自求尽心性。之所以这样说，绝非是说未来已经是立皇极的理想人文世界。人生既幸福无疆，更无凶吉、得失、死生、祸福，也没有美丑、善恶、真伪、贤不肖之别。凡此等等，都说明人是有限的生物个体，有特定的思想，他追求一般人都追求的东西，他的人生境遇有顺也有逆，他的心性必然通过情绪而流露出来，这些都是不可避免的。这一切矛盾，将始终伴随着整个人生的历程。人的可贵之处就在于，能透过这诸种矛盾，把消极的东西转化为积极的因素，以实现自己的上升与进步。我们只有把追求绝对至善的精神，运用于相对的现实中，以自尽心知性完成人格的升华。如果人们怀着安逸享乐之心，认为一俟理想的人文世界可使人各取所需终日享受极乐，从此，人就有了安然休息之所，这就大错而特错了。“天行健，君子以自强不息。地势坤，君子以厚德载物。云雷屯，君子以经纶。”经纶于雷雨之动中，即人生之所息。我们以此心存此志气，则皇极已立于我们当下之心中并透过我们的心以彰显于世，这样一个雷雨般变动的世界，也就是皇极的理想人文世界在不远的将来就会确立起来，矗立在我们面前。每一个肩负民族文化使命的人应该担负起这一历史重任，毫不迟疑地为之奋斗！

人类文化的演进及地位

人类文化是如何产生的？从其历史起源来看，是一个自然进化的过程。自然宇宙的存在及其发展变化历程，是一个在不断地超越自己中而形成的过程。贯穿于自然宇宙过程中的，始终是一个超越物质世界或物质世界不断自我超越的生命精神。物质世界的物体，从现象上来看，虽然相互客观存在而并立于时空中，但在其客观存在的同时也在相互作用而相互影响和发散。事物自身的能量的作用发展使事物自身的本质越来越少，慢慢由有形变成无形。事物间的能量相互影响贯通和本身力量的发散，使事物逐渐超化其物质性，由有形而超形，由形而下达到形而上，也由多个而融合成一。如果我们按照物质世界相互影响能力的大小以及在无限时空中的整个变化历程来看，则不难看出一切物体为一既有形而无形，既无形而有形的超物质而只有生生不息之机的形而上实体或形而上的宇宙生命精神的显示。

我们所说的生物的生命活动特征，即在其能互相贯通而互相支持。人类心灵精神的特征，即在其能将显于所谓客观世界者加以选择纳之于主观，同时将显现于主观世界的东西表现之于客观世界。人心之选择也必有所舍，即不是原原本本地按照客观世界的形象，而其表现形式有的也是从客观世界的外表所看不到的。这就是说无限时空中的整个物质的一切变化历程是互相贯通进而互相支持的，看起来就像是一个有机的大生命体。而就其吐纳万形，使形者不形、不形者形来看，也就是一个庞大的心灵、庞大的精神。如果我们仅就这整个时空世界的各种特殊物体并立起来看，则每一个物体都是与另一物体相互外在而对峙，就像是各自用自己的优势相对立而互相并不了解，也不知自己所存在的宇宙的整体是一个什么样子，自己所具有的资质和力量从何而来，而只是自己这样存在着，显示着。显示自己即意味着要消耗力量，形愈显而力愈散，质亦毁，仍然回到原来的状态。由此可见，力和质事实上是宇宙形上实体之生生之机以运用于“特定之形地相继以生”的另一种说法。正因为这种特定之形所以成就了各种物体的个体性。形上实体的生生之机，即涵蕴于物体的特定之形中，既倾力使该物体发展运动，又使该物体的特征形象慢慢消失在生生之机中而归于形，这就是自然运动神妙而不可测的规律。

然而自然界中有生物存在，都以一定的形状生存，而又要以自己的形状来实现自己显示自己的存在。因此，它就表示出保存身体的要求和延续种族的意志。这是天下之大愚大惑，也是天下之大私。然而这种大私大愚大惑的要求意志也是依据普遍化的自然理性而产生的。这种相续固执之事之所以能实现，是由于按照实现相续固执之事的自然理性之内部的生生不已的规律。这种生生不已的内在规律，不能直接自形而上的实体发出，而且往往洋溢于此形体之外。而具有外形的这一物与另一物相互感应，也有不断开拓自我，突破原来形式限制以发展具体生命形式的力量。这种规律发生在形形更迭之中，而宇宙中的生生不已的规律也沿着这个道理进行，充实弥纶于生物发展进化的历程中，体现在生物的不断适应环境而变化自己的形式的过程中，生物进化的这一原理，就是生命世界之所以不断开辟的根本原因。

生物进化的原理与生命世界之所以不断开辟的道理是一致的，即是不断超越自我与超越外在与自己对立的事物，超越那些阻碍自己发展的事物的过程。植物的枝叶扶疏于天，根须四贯于地，其实也是破除其他外部事物阻碍而实现的。正因为其扎根在一个地方，生存的中心点不能动，所以其胶结而不能自解，所以只有其上下向外发展。动物能运动正是这种生命胶结自解的开始。动物的各种活动是由其本能产生的，是由于对自然事物的因果线索的直接感觉而随时自发产生的。因此，动物的行为是在事发前就能有准备。这是生命的光辉透入外在世界的变化而先看到以求自处，以成就其生命的保存与发展的过程。然其本能的直觉之光辉，透入事物的因果线索中，自己也置身其中。其本能的反应，随光辉所及而发生，所有的配合环节自然天成，俨然像一个设计精密的机关。因此，生命世界的开辟，不得不赖于能提出此“透入自然因果线索之光辉”以照自然的表面现象的发展变化的知觉。当看见形象时反映出知觉，这就是生命的开始。而对这个知觉的反映适合与否及其利害的经验，更有助于生命的其他活动的保存与发展。只要反应的利害之机见，则取舍之事成。取得反应的有利的方面以在同样的境遇中重复使用并加以普遍推广，这就是人的自然理性在经验中的运用，是高级动物于本能意外，由生命的开明所另外自生的一条适应环境变化以求生存的道路。

至于由于发生交替反应而产生的整体知觉，则是生命自我超越其个体而注目于客观外在世界的开始的机会。这种自动地顺着知觉对象在整体中的形象关系而产生反应，也即不自觉地为整体知觉对象的形象关联的原理所引导，以在原初的刺激与反应自然连结之外，另创自己的反应与纯粹知觉对象相连结的途径。我们过去常说，两种反应同对一知觉对象而都有可能，则知觉对象被拱戴而生。交替反应虽然发生，却往往没有什么实用，自由游戏活动最早就是这样产生的。又说人向知觉对象的反应扑空，人的知觉力于是就设定一纯粹的知觉对象的世界。比如“知觉对象间之联结”得保存，而现其一即现其二，这样就自然在心理上产生了联想。

另外，根据反应的扑空与否，就分出了知觉对象是真实的还是虚幻的，内外世界如何就区别开来了。对一实在的知觉对象既有欲望，对象忽然消失了，而对对象的把握如果没有消失，则意象犹存而心怀希望。

如果欲望的终无所用，希望的并没有得到，而心知反自收敛，则自觉其印象观念就形成了。动作无所用，希望无所得，而生命的冲动折回逆行，于是就表现为失望的纯粹表情之不能自已。生命冲动的折回逆行，而表情即凭借感官的自身，以与面部而及身体。而在产生这种表情之际，同时将表现出与情绪相连的印象观念，最后都一起消失。只有这种表情的身体生理活动，显于体外或体内的又会被我们所知觉，这种知觉又会引发出人的感情，这种感情自己会发展变化。当这种表情活动见之于声音和手的动作时，又会影响我们的感情和与感情相联系的意象观念，以至于使我们以往表情的动作复苏。这就是为什么文字语言之所以有对自己自命之意义，而文字语言又能引起他人的表情动作，即所以文字语言之所以有能命人之意义。语言文字之所以可以为人我所同发出写出而引起同类的动作，即语言文字之所以有公共意义，这种公共意义在长期的表述过程中逐渐化为约定俗成的语言文字。语言文字有公共意义，人可随一语言而有同类动作，我们可以根据他人的语言文字和他人的动作，而直接判定他人的心里有什么样的观念。正因为这样，便有人心与心的相通和普遍的人类心灵，普遍的良知。人类社会的道德即由此而滋生。直接依靠语言的招呼与合作，表现人的社会道德性而形成人类的共同生活，这就是今天的家庭生活。

至于我们在自觉形成观念印象之后，能够根据对某物的观念印象，再造一事物以重现我们对环境中遇到的另一事物，这就是我们按照自己的理想以制造工具的开始，也就是人的精神主宰外界的意识的开始，这就是人类生产技术和艺术的起源。有了人类共同的生产活动，就有了社会经济，用文字而代替用实物来表达美的意象就有了文学，以语言文字联系他人，以他人的语言文字联系自己，就有了政治活动。人本身的生命活动受到客观条件的限制和阻碍而设定一客观外在的生命的精神世界，就有了宗教，而语文的用处，首先是和宗教有关系的。因此，人类文化都似乎是从宗教开始的，后来随着人类文化活动越来越发达，那种原始的人对自然物的神秘性崇拜逐渐就消失了，宗教就进化为信仰纯净的绝对精神，以显示出人终于超越了自身的局限。

由以上可以看出，人类文化活动之所以能自发地产生，确实是深深植根于自然与宇宙之形上实体的生命精神，都是由自然事物在进化历程不断实现自我超越而实现的成就。自然事物的进化，如果是先由无生物后有植物，再有动物，再有人心灵与其文化。则这个进化历程，正是由自然界的物体相互影响作用而变化无常超越植物到植物生命之有常这一点以回达其生命。由植物的生命的胶结，而超越至动物有对外界反应的本能直觉意识；由动物的按照本能以求生存超越至能靠经验生存，再由经验中刺激反应的相互作用的意识到主动刺激以产生反应的交替反应。人则由动物的经验没有内外区别超越到有内外界划分。这一区别说明人自觉区别于自然并能以其精神理想主宰自然。自然的进化，必须进化至人的自觉其精神理想能主宰自然，这样才有别于自然。由此可以看出，自然进化的意义，即客观地位于精神或人之下，而自然能进化出在其之上的精神或人，则是由于自然的本性是一超越自然以拱出精神或人者可知，而自然的本性，也就是一超越自然而同于精神的本性者才能掌握。那种真能进化出精神的或人的存在而为其根据和理由的自然，即为有精神人性的自然。人的精神性或人性就表现为人文世界的成就，这已显示出其发展的不可阻挡，其前途无可限量。这种人性或人文世界进化发展只渐精进的根源正在于人类精神的无限性。然而，真能进化出精神或人的存在而有精神性人性的自然，如果其为一存在者，也就不可能不是一无限的精神存在。只是这样而且只是推理是这样而没有经过实证，则还不能满足我们的要求。若要实证，则必须实证之于个人精神之内。因此，这一无限之精神，又必须内在于任一人的精神之中，这种实证我认为最后应求之于个人的宗教信仰与道德实践之中，但我们应该知道一切文化活动，都是人的道德活动的一种表现形态，这样就没有什么不可以实证的了。

我们怎样才能从我们的各种文化活动中，证明或了解人类本身内在的具有一种无限精神呢？关键是要确知人的一切文化活动，一开始都不受自然的本能欲望交替反应与联系等自然心理的支配，而是只依一精神理想而产生，即常常反而表现为一“超越自然的本能欲望等，以涵盖的理性化解人类的自然欲望等”之超越的精神自我或本心之存在，即一“超越人类个体自我，而涵盖他人自我及一切生物或物体”之超越的精神自我或本心之存在。人的家庭生活的本质即超越涵盖人性的本能。人的生产技术和社会经济活动的本质，即超越涵盖了人利用物体以谋衣食的求生本能。人的政治活动的本质即超越涵盖了人追求权力的本能。人的学术活动是人无私探究宇宙万物中的人生真理，而充塞弥沦于一切真理世界的人的精神活动。人的艺术文学活动，是人无私地表现宇宙万物及人生中至美，进而揭示彰显焕发出客观世界的美的精神。人的宗教活动，是人的精神皈依于宇宙万物人生中之至神，以超升现实世界的苦痛丑伪罪恶，而光荣理想世界之真善美者也。人的道德活动，是实现人的理想世界中之真善美于人之自身以完善人的自我人格，并通过自己的人格把理想世界之光辉——真善美传播到人世间去，以使现实世界逐步接近实现理想世界。这些都是由人的自我超越的精神无限传播而产生的人类文化，这些都直接与宇宙的形而上的本源相通。

除人以外的世间万物，并非不表现真理与善美，只是他们的真善美不能被自我意识到。真理是万物之能成万物的根据，人以外的万物的发展变化与追求生命的保存与延续，也必有一定的规律并依据这些规律，这就是真理的体现。但是人以外的万物并不知道有这些真理。再次，人以外的万物，如生物，其互相发生关系是有所选择的。其与之发生关系的事物及其形态质量，以及发生关系的时间和态度，都是相互对应而和谐，内外配合以达到相互感应的完美境界。生物之间最乐意的感应关系，莫过于雌雄之间的相悦相爱，尤其具有美感。但是生物之间的悦爱只是一种生理本能，并不是生物的自觉意识。人以外的万物，如高级动物，其代代之相续以生，蜂蚁有同类之相扶持，哺乳动物有母子之情，都有明显的善的表现。然而，他们却都缺乏对自己生命之个体独立存在的自觉，因而不能自觉地透入他我、他心、他生命个体，以致让他物产生同情。这样，他也不知道其他生命个体中的生生之善，也不知道自己生命体中的生生之善。对于这些生物来说，只是按照自然所赋予的生生之理以变化发展，以生存延续，以影响其他事物的力量和形象，以各种活动在他物面前显示自己的存在，从而以求避其所恶而得其所爱，以未避所恶而苦，以得其所爱而乐，并以其所乐为其所善，以其所苦为其所恶。这样，万物之善在互相存在互相影响而他们并不相知，互相共处却不知道善的存在。正因为这种情况，事物间便产生了相互对峙斗争而以权力相压以争胜负的断杀的情况。

正是以上原因决定了除人以外的事物虽然也日行于真善美之世界，也在不断地表现真善与美的形式，以生、以动，以得其所善为目的，然真善美的世界却未曾被他们意识到而是被他们无明的纱幕遮住了，这让人感到是一件可悲的事。至于人与其他万物的不同，即在其能由超越个体自我的限制而具有自觉自心与他心的意念以揭破此无明，从而体验到这个自然世界所表现的真善美，并自觉地探究自然世界还未被发现的真善美，而呈现昭露之于其自心作为自己心中的理想境界，并将自己的理想在自然世界中得到实现。所以人能求生存也能求认识外部事物的真理。男女相悦而知其美，共同生活而知互乐共乐为善，进而追求超越生存要求的人生目标而追求真理，超越男女相悦的恋爱之情美，超越共同生活的小家之善而达于社会大家庭之善，并以对神对天的敬畏崇敬之心而皈依于善，自我化释敌视、压倒他人的斗争权力傲慢的心情和欲望而养成谦虚慈悲之心，以孜孜不倦地追求和修炼真善美和神圣境界。如果做到了这样，天地万物所表现出的真善美就被人所感知和理解。这样，万物所极力表现于外界的美好的东西而万物自身却没有能意识到的这种遗憾就通过人的感知而得到补偿，万物也就不是虚生一回了。

万物未表现而只在天心中的真善美，也不能永远被淹没在寂寞中，这样天心方可得以慰藉？人道于是由此得到尊重，社会由此也得以平安。追溯一切追求真善美的文化活动所产生的根源，其根本在于人有一个超越个体的精神自我主宰着人心。这样就使人能既和自然相和谐又能超越自然，以发展人的主观能动性于自然世界的建设和建立一个真正的人文世界。至于人文世界中体育、军事、教育、法律等文化，则是人文世界自身的组成部分。军事是为了保护社会，体育是为了强身健体，法律是为了维护社会秩序和个人自由，教育是为了普及和传承文化。强身关系人类的生存。保护社会始于保护家庭和宗族。法律可以辅助政治以维护社会公正，制裁人好利而贪、好色而淫和人的权力欲望以及傲慢之心。法律根据人趋利避害之心，通过赏罚的行为而使人不敢做违犯正义的事，是以其人之道还治其人之身的方法。教育使文化得到普及和传承，而重在通过以文学艺术道德宗教的熏陶和培养，正面地启迪人的从善之心。是纯以超自然本能欲望之上的文化化其本能欲望的方法。体育、法律的道德，而通乎学术。军事教育之道圆而近乎艺术。法律所立者人间律，学术所研究者宇宙之律。艺术是按照人生理想来塑造客观事物，教育是按照理想来塑造人格。体育是按照运动规律以训练身体。军事家怀着对自己民族文化的美好之处的热爱以消灭危害自己民族文化的敌人，然后通过胜利后的光荣以昭示彰显民族文化的美好。人类如果能和平相处，军事文化就可化为体育而只用于民族体质的自强。人人如果都能自觉遵守法律，则用于赏罚的法律便可以废除，立法就如同教育一样了。这四种是保护文化的文化，都可蕴含在前面各种文化意识中去，同样可以看出人文世界可补充自然世界的不足之处，人的文化意识既超越于人的自然生命欲望，而又可涵盖自然生命欲望并规范和条理自然生命欲望，以使之表现出其价值。同时，也可以和其他文化活动相补充，互相指引，互相贯通，互相限制，互相规定，而又并行不悖，联合成一个完整全面的有机的文化生命的实体而矗立于自然世界之上。

文化融合与天下统一

中华文化是多种文化融会交流而形成的。早在公元前的春秋战国时期，在中国形成百花齐放、百家争鸣的文化盛况，但诸子百家源出一本。孔子之后，六艺之教散于民间，学术文化按照士人人格的不同分流为诸子百家，学派虽多，但从文化观点而论，其所偏重都不外乎继承了孔子文化精神的某一个方面，这些学派的形成无外乎有的偏重于六艺之教，有的偏重于天道观念。正因为其源出一本，所以其学术文化的精神所向都偏重于天下一统的思想。这些精神思想到汉朝时终于又万流归宗，凝聚发力于现实而建立了中国历史上第一个由平民为天子的坚实而博厚的伟大帝国。

当诸子百家学术分流之际，正值战国群雄竞逐之时。但是诸子中除法家、纵横家中的一些人物外，都并没有特别地与现实政治势力结合。因此，文化学术思想的分流与现实社会政治势力的分裂并没有像今天的欧洲那样相互结合起来，以导致更大的世界的分裂。这正是由于诸子百家源出一本，共同象征天下一统的原因。

比较一下诸子百家的学术，就其各自所偏重的精神取向而言，儒家偏重效法周朝的学术精神。其学兼综六艺而特重礼乐。礼者道德之精神，乐者艺术之精神。儒家由孟子之言心性、言仁义，至荀子之言礼制，言君臣之道，至《乐记》、《中庸》、《易传》，乃以礼乐精神之“中和”、“序位”、“同异”、“内外”、“动静”、“刚柔”说宇宙人生社会文化之全部。可以说，儒家思想已到了极致。

墨家薄礼乐而不废诗书。不废诗者，取其民间实际生活之记载。不废书者，以其载古代帝王之劳动务实之事业。最能表示中国古人的劳动笃实之精神的古代人物，无如平水土躬稼穑而有天下的夏朝的大禹。所以墨家提倡效法夏朝，墨子的兼爱之教所重视的是，在下要亲眼看亲耳听，了解老百姓的实际生活状况，目的是让每一个人都有吃有穿，为他们开辟一条谋生之道。而不重视少数士君子的盛容修饰、弦歌笙舞的礼乐生活。因此，墨子精神的主要方面在社会经济。墨子所说的兼爱，本于天志，就是天的意志，就是说要像天那样爱每一个天下万民而生养他们。这种宗教精神，从传统上来说，就是墨子继承的孔子的“天道为仁”的精神。但是墨家认为天是一个客观存在，并强调天的人格性，在这一点上似乎和基督教、伊斯兰教相似。孔孟则以人体仁道，由天人之道合一以说明人性与天道非二，所以不强调天的超越的外在的人格性。由孔、孟以降，教人效法天的仁而行仁，即所以立人道而立天道，因此，人没有什么值得崇拜企慕天的东西。而墨子则把天的兼爱当作天的意志，也就是天的欲望。因此，如果人不顺遂天的愿望就遭天怒；如果人顺遂天的意志，就会为天所爱。人顺从天的愿望，天也就顺从人的愿望，而受到天的奖励，得到福祉和利益。反之，如果人让天的愿望得不到满足，天也会不让人的愿望得到满足，人就会得到天的惩罚，遭受祸害。这就是说人与天之间的关系是一种交易关系。如果照这种说法去行兼爱之道，就不是自愿地尽其心性，或者说按自然之理这样做，而是把兼爱作为获得天之报偿的手段。这等于把人追逐实际利害的动机夹杂在了宗教精神之中。从这种意义上说，这种夹杂使墨子的宗教精神反而不如孔子的精神境界高远。

至于法家的精神，则纯出自战国纷争之世。法家的思想，重富国强兵而尚耕战。这种征战并不是仁义的征伐，这种耕只是富国而弱民。法家精神的重心不在社会经济而只在现实的国家政治。因此，在法家的精神中，诗书礼乐与文化的本身价值都被抹杀了。法家主张不效法先人而重视应对当今之所急，这是对传统文化精神的一大背叛。但是法家却轻民而尊君，视君为神圣并神秘化，这实际上是利用了人民的宗教心理。法家名义上并不以古代政治家的措施为例。法家只继承了殷商先罚后赏的法制精神。法家的政治思想演变为后来一部分为法治，一部分则为专制极权主义。

至于道家，他们所喜欢称颂的是至德之世，即尧舜以前的时代。夏商周的文化，都不在他们的眼中。而对于纷争不断的现世，更惟恐逃避之不及。庄子是宋人，老子是楚人，其余的道家大多是齐人。宋与齐、楚之地，受周代文化的感染较浅，而楚人又多信巫史。老庄认为六艺是已经过时的“雏狗”。因此，他们主张弃社会而就自然，外游于人间世，内心则求侯于天与造物者游。道家的根本文化精神，也可以说是接近追求解脱的宗教精神，超现实的形而上学或哲学精神。老庄的帝王之道，则为一种政治理想。但就老庄所说的天与道的涵义而言，则根本上则根本上是在万物而无私者，这也可说为中国古代宗教中对天帝的信仰所转化而来的，也略同于孔子的以仁言天。而与孔子所不同的只是老子喜说天之大仁不仁、无为无不为之德。无不为而一任万物之容与遨游于天地间，此天地之所以为大也。老庄实际上并不重视从“自天道之使四时行、而百物生之生生不已、自强不息”这一方面来表达天德。老庄的天道，虽然可以说是横被四表，却不能纵通上下与始终，在这一点上他不如孔子等儒家人物。庄子言天机之动、天籁之行，咸其自已，不相为碍，谓天地有大美而不言，其所谓真人至人之生活中，涵天乐在，则其人生之理想境界真是一种游心宇宙的艺术生活，这可以说是与古代的乐教精神遥遥相期。庄子真可称得上是化人间之乐教为天地间之乐教而倡之于世的大师。

先秦学术除儒道墨法外，阴阳家完全是原始自然哲学的遗产与儒家仁义之教的结合，也可看作是古代卜筮与《易》之流。至于农家，由中国经济生活中之重视农业可以说明。农家的人物都是吸收了一些道家和墨家的观点，在思想上并没有多少精义。纵横家是指那些在列国纷争之世，兜售靠权术得天下的人。名家是指那些通过各家的辩论以开启对逻辑、知识论等问题而特殊加以发挥的哲学家。这几家无论从学术的成就还是形成的规模上，都不足以和前四家相比。还有一个杂家，其著作《吕览》、《淮南》，则是诸家分流以后，从各家著作中摘借汇编到一起以求反归于一本的一种思想潮流。秦汉之际是一个学术思想的转折点。秦灭六国和周朝后，实现了诸子所向往的抽象的一统天下的理想，但是秦朝以政摄教而摧残学术，其精神完全不是中国文化精神，所以秦没传几代就灭亡了。只有当汉朝建立后，才真正实现了先秦诸子所向往的文化凝合之理想。这时由杂家所代表的文化精神渐去，杂以成纯，而通过董仲舒、司马迁表现于世。他们使孔子所倡导的那种中国人文精神全部得以再现光大。汉文化事实上是先秦诸家的学术思想相汇合而实现于社会所形成的。这种文化精神使中国民族的统一不是像秦朝那样只是抽象的形式上的统一，而成为真正的有文化内容和精神的具体的有机的统一。

中国人的恕道

人类靠自己的良知，懂得如何应对生活遇到的各类意想不到的事情，总是能找到解决具体问题的具体办法。而人的实践理性活动的归宿，也只有在对具体问题具体分析具体对待。对待不同的事物，应有不同的态度。事物千差万别，对待事物的方法也无穷尽。事理相符而不相冲突，这就叫作事理无碍，事事无碍。而由事理或事事无碍，从中可以看出人类理性活动本身的超越性与涵盖性、普遍性。但是谁也不可能做到时时事事理事相符的境界而无错误或过失。

实事求是地说，在我们自觉的道德生活中，我们会发现我们常常在犯错误和过失。如果不经过错误和过失的教训，我们就不可能很得当地应对和处理任何问题。错误和过失的原因，往往是人类心怀私心，也就是说我们常常执着地按一般道理办事。这种一般性往往只表现人们认识事物的人类理性的抽象的普遍性，而不表现其具体的特殊性，或真正的普遍性。这种过失是人所不可避免的。要改正这种过失，有赖于人从执着的陷溺中超拔出来而明心复性，依性以生情。但是这种明心复性的功夫，一方面靠自我的提升，另一方面只有当我们的行为在实践中受到他人或环境的阻碍时不得不反省自己，即所谓的不到黄河心不死。当我们的行为有过失时之所以常常受到他人的阻碍，是由于我们的这种行为常常和别人所想的不一样，因而和别人相悖。和别人的想法相悖，别人就会对我们的表现行为进行报复而使我们的行为受到阻碍。至于我们的一些善行也往往受到他人的阻碍，则是由于别人的不对，反而可看作是我们的善行被阻碍。如盗贼对主人的憎恨。

人在追求自觉的道德生活的时候，因自己的过失而遇到困难和挫折，固然可以使自己意识到错误而改正。但即使自己的行为正确也遇到困难和挫折，也可以使我们更坚定我们的行为的正确，以坚持和扩大我们的善的行为，并使别人改正错误，以共同从事正确的行为。因此可以看出，一个人在实践中受到他人或环境中的阻碍，都有利于我们的进步和成长，锻炼我们做到明心见性从而以性生情的工夫。我们避免过失的办法，最好是设身处地地把自己换到他人位置替别人想想，来考量自己对别人的所作所为是否恰当，如果自己是别人是否能接受。同时，在日常生活中遇到别人对自己的一些自己不愿和不能接受的行为，应记住自己再不能以这种行为去对待别人。这就是我们所说的“己所不欲勿施于人”、“我不欲人加诸我也，吾亦欲毋加诸人”之恕道，也是“所恶于上，毋以使下，所恶于下，毋以事上，所恶于前，毋以先后，所恶于后，毋以从前，所恶于右，毋以交于左，所恶于左，毋以交于右”之挈矩之道。由恕道，我们的心量可超越自己而透入对方，以人之情勘定自己之情，以己之情度人之情，从而自拔于过失罪恶之外。同时，对于社会上别人的过失罪恶之施加于自己的一一加以截断，并转化为教训，为自己做有道德的事情的借鉴。因此，恕道是人实现明心见性的实实在在的途径，也是人达到超脱社会罪恶，而最切近每一个人的可行之道。

至于一个人做善事还会遇到困难和挫折被别人的错误和罪恶行为所阻碍的情况，按照儒家的人生观，我们不应对他人的过失和罪恶负责任。儒家而且认为远离罪恶之人的心情，是每一个人的本性。以直报怨，固无私愤，而亦有义愤。正由于这种义愤之心，人更坚定了自己走正确的路，干正确的事并坚定地发展下去。如果一个人能不断扩大自己的善行，就会发现善越来越多而恶越来越少。义愤之情便不会变为偏激的行为，而可化为“助人之改过以去其罪恶，同归于好善”之志。这些都说明我们在这个充满着过失和罪恶的世界上，到处都可以进行善的行为。人己之过失，以致所导致的人生的困难和挫折，如果人们有一天能认真地反省的话，就更能促进一个人的善行无限地发展下去，也能促进人与人之间共勉以迁善改过而达到圣贤之境。这也就是儒家之所以肯定有过失罪恶与阻碍苦痛世界，以使人能超度之的意义之所在，这与基督教之所以肯定过失罪恶世界而求超度的出路的意义不同。基督耶稣原谅人的罪恶而自己深受痛苦以求能解除他人的痛苦，其人格之伟大而使人感动。但是这并不是人人都能做到的，同时也并不能阻止罪恶的流行。因为耶稣的牺牲，使其解除罪恶的立足点在天国而不在人间，即在世间并没有一个阻碍罪恶流行的立足点。儒家的忠恕之道，以直报怨，则可以使人人都在世间有一立足点，以阻碍自己与他人的过失与罪恶流行。义愤之情及与人为善之心，也都可以直接使善在世间得到其自然生长的道路。这是儒家思想“极高明而道中庸”的又一个方面。

人类文化之兴亡

人类精神及人类文化在宇宙中的最后命运如何？人类文化将永远日进无疆而永不毁灭吗？或者终将崩毁而湮没无闻？如果其崩毁，其原因在自然界还是在人类精神文化自身？人类有没有补救的办法而使其文化历万劫而不毁呢？如果能不毁灭，何以过去有无数民族的文化，如希腊、巴比伦、埃及、罗马的文化都消灭了呢？我认为，凡是一切特殊的有限之物，从本质上来说没有永远不毁灭的，然而，如果生命有限的物体能给自身赋予一种无限的精神，则就成了永远不能毁灭的。因此，将人类文化看作一特殊的有限之物而放在宇宙中来看则没有一个民族的文化是永不毁灭的。而人类与其文化及所在的宇宙，也终将难免于毁灭。然而，由于人类能自觉地体会无限之精神，则人类可不毁灭，文化可不毁灭，我们也应当努力使其不毁灭。只有这种努力以使其不毁灭的精神，不能只为少数个人的精神所具有。只有当这种精神的力量大到足以阻碍使文化崩溃的那种力量时，才能使文化不至毁灭。至于文化崩溃的原因，施本格勒认为主要是由于人类文化精神自身的堕落所致，而不在其外部的自然界。人类文化精神自身的堕落，就是其罪恶。罪大而毁，则毁的价值要高于存在。这个观点和西方宗教中罪恶招致毁灭的观点是相同的，也和黑格尔历史哲学中的所谓毁灭也是表示价值的理论是一致的。我认为人的文化精神的堕落，是由于在文化进化的过程中，人的精神负担的日渐加重造成的。之所以造成文化堕落的结果，是由于非常错综复杂的原因，并不单纯是由于在一个堕落的时代个人精神不如前代人。所以，我们不能对堕落时代的人的精神过于苛刻，而堕落时代的人的个人人格价值不必低于文化兴盛时代的人。人之遭遇堕落的时代，与人类文化有自然趋向于堕落有关系，这是人生的悲剧，应加以同情。而文化的堕落，终招致毁灭。宇宙之所以有涤除清洗人类罪恶的方法，是为了使人类精神得救于永恒之世界，因此其本身并不纯粹为悲剧，而且是喜剧，这是“天地之不与圣人同忧”。就像我们生活于某一文化环境中，虽然明知其罪恶已成，但我们仍然应当努力使其长存不毁，并努力挽救使其上升，这是我们每个人尽了自己的义务。我们也不能简单地臆断一旦人们意识到觉悟后会共挽文化走向毁灭的这一颓势。如果真的我们能明白文化兴亡的原因在哪里，从而努力振兴而避免灭亡，这样文化的永存自然就是当然和必然的了。如果人们竟然不能明白文化之所以兴亡的原因，而想使其兴，避其亡，则不但民族文化固然会毁灭，人类文化也会毁灭，而世界上仍然会有其他的精神活动、文化活动的存在出现。他们虽可以不叫人类，而其有精神文化活动的本性则与人类相同。这样，则人类虽毁而仍不毁。至于个人的精神之真能精进向上的人，则其功力不会白费，而将有助于其灵魂的超升，并对未来社会的众生会大有裨益。宇宙中的一切人的一切有价值的人格精神，无不被保存于天地间，但也只有那些力求现实世界的文化保存与进步之人的人格精神才真正有价值。这就是人之所以无论在任何为难处境中都可以得到慰藉的精神支柱，它鼓舞着人在困境中坚忍不拔地自我奋斗。用儒家的话说，就是“君子之乐天知命故不忧，唯念念在立命以与天争顺逆者也！”

人类文化之所以兴，唯在精神之向上。当人精神向上之时，则符合理性的理念会昭显于心，充乎内以求形于外。因为自己的生命中有一精神，也认为他人的生命中充满精神，因而对人敬之以礼，接之以诚。又因为自己的生命精神往往洋溢于整个自然世界，也认为自然本身就是一充满精神生命的境界。感到天地万物之中，就好像有神灵主宰其中。对鬼神的敬畏成了基本的道德规范，似乎到处都有鬼神，如在头上，如在左右，敬信之心，乃不容已。这就是人类原始的宗教文化。在人类原始的宗教文化中，固然夹杂有种种迷信，人的智力尚没有发展到高级阶段。但是在这个阶段，人与人及神相遇时的礼与诚及敬信之心，相互之间的朴质纯挚之情，笃实厚重之貌，诚困敦笃之行为，都是后来文化更进步时代的人所不及的。可见人智日进，七窍凿而混沌死，纯朴破而玉生辉，这是理之所当有，势之所难免的了。神灵日益退出于自然之外而更加神圣，自然也日益屈居于人之下。天地并，而人顶天立地于其间，各种文化活动都逐渐与宗教剥离而各自发展其自身，以形成了丰富多彩的人文世界。三才之分，政教礼乐之别都是人类智慧的杰作，确立了宇宙人生的大义。在这些中都有一种周流贯通的精神，贯穿在整个人文世界的开展之中，以助成人文世界中的义道和仁道。在这个时期天人分而不离，道术散而未裂。人文的一些文化形式开始发展，枝叶扶疏，而人的生命精神的本干还足以持载。文化中生生不息的元气，充实饱满在文化理想之中而生生不息，使人人都主动努力于文化的创造而不重视文化的享受，即使享受也是为了有利于文化创造精神的抒发，这就是文化兴盛时代的特征。

人类文化的积累，本身也有一种使文化精神堕落的趋向潜存其中，其关键是因为在人的精神意识中孳生了一种对文化成果享受的意识，这种意识的增强会日益掩蔽其创造精神。我们所说的文化的享受，非只指物质文化生活的享受而言，而是指一切只被动地接受一种文化成果的意识都为享受的意识。享受本身并不见得是不好的，事实上也是创造本身所必不可少的一部分，是创造的动力。但是享受精神过于创造精神，则为一切文化堕落的根本原因。我们谈论文化，不可不懂得文化活动与其成果的区分。求真理、求美求善等为文化活动，而已成的记载知识的书籍、艺术作品、宗教仪式，由生产技术活动和经济活动所创造积累的财富，政治中个人已获得的名誉地位，社会国家的平治与安定，法律中已确定的法制，道德中的礼仪形式，道德生活中的习惯，体育活动所得之健康与寿命之延长，军事所致之国力之强盛，教育之教材之富、学校之多，都是人类文化的成果，这些都是可以供后人享用的东西。当文化发达文明日盛而普及愈广之后，大多数人对文化的享受精神往往有强过少数人对文化的创造精神之势。因国富兵强、社会政治的平治和安定，法制、礼仪的建立，道德生活习惯的确定与书籍、著述及艺术作品的增多，都可使人一生下来，就有文化文明成果准备具足，只在需要时取用的条件。而人在应用这些文化成果时，往往不需要有一创造的智慧，而只需要能辨别什么是自己所需要的这样的智力，或运用聪明灵巧方便的方法获得享受社会文化文明的智力。世界上的思想家政治家教育家与家庭中的父母，也往往随着新一代的需要从以往文化成果中选择他们所需要的为他们所用，或要求新一代接受他们认为是善的文化成果。这些动机都不能说不善，而且也表现出思想家政治家和父母的道德理性。但是由于后一代人没有经过困难，没有经过挫折和奋斗就得到了自己所需要的东西，这往往使后代人觉得创造精神是不需要的。而前代人认为是善的东西，又未必与后一代人精神上的需要相符合，这样，前一代人的好意很有可能成为阻碍后一代人抒发创造精神的阻碍力量而无形地压制了后一代人的创造精神，同时，使后一代人对于前一代人所认为是善的东西的接受只徒具一表面形式。

当文化日益发达后，由于社会分工的原因，人人各有其经常从事的文化活动，因而分别贡献其精神于不同的文化领域，于是人们所教给自己子孙或学生或他人的东西，都是根据自已所学而擅长的。人的精神不易相知，而易相知的只是人各种精神表现于言语文字物质世界或身体之动作者。如后代之人不能透入前人之精神，而只能学习他们的语言文字或身体动作等仪式，而只能以得到前人的文化器物，如艺术品为自已所有，以代表对前人精神的继承。而当文化发达之后，精神表现于物质世界身体的动作与语言文字越来越多，后代人听到看到的已多得应接不暇，到了不能一一发现其精神意义的程度。

于是，文化愈发达，虽使人继承的文化活动的外表和形式越多，言谈愈能娴雅，行动愈能遵礼法，金玉愈能满于堂，书画文籍愈装潢满私人的家室和公共图书馆，但是人的精神内容却日益贫乏，创造精神日益衰减，而享受的内容也日渐向和文化精神内容相背道而驰的方向发展。因为，契合于文化精神内容的享受，应多少须一创造精神的理解并潜依于一创造精神。这种创造精神的衰退，使文化传播变成为只为文化形式的袭取与文化精神内容的丧失，这就是文化衰落的开始。而这种衰落之势的形成，是由于只顺着文化发达利用方便而精神表现于外在者太多使其势不得不然而导致的。

然而，人的真正的文化精神的堕落，而使文化崩溃的原因，还有比上面更大的原因。以上所说的文化的衰落，不过是因为人的精神仅知道袭取文化的形式，而使人类的文化活动能绵延相续，成为一种社会风俗习惯而流传，或者是人与人之间互相交替反应之类。人的文化精神的真正堕落，乃始于文化既分门别类地发达，从事一种文化活动又有各自所从事的不同文化活动之后。一方的人自己看到自己所从事的文化活动的价值，想把这种文化活动普及到全社会，同时又抹杀其他人所从事的其他文化活动的价值。客观地说，个人或社会的文化活动，都不免会有所偏重，这种偏重也可看作是一种积极追求上进的精神，如希腊文化之崇尚科学艺术，中世纪之崇尚宗教，近代之崇尚科学及各种文化，这与牛顿长于科学，歌德长于文艺，都各表现了一种向上的精神。然而，在一个正当创造的时代，如果一个人的向上精神偏重于此，正可使其他人的向上精神偏重于其他，以互相激励而竞相向上。当发展至某人偏重一种文化活动的价值而抹杀其他文化活动的价值时，如中世纪基督教后期残害异端与钳制科学，则精神堕落，这就是世道衰败的征兆。大凡当世衰之际，人都被自己的专长所蒙蔽，而抹杀他人和他种文化的价值，这就是一种摧残文化的动机之所在。这种动机的初起，都是由于这种文化发达之后人与人精神不易相知而引起的。因为他人不了解我，所以以一种优越的心态而抬高自己的位置；因我不了解他人，所以容易对他人鄙视抹杀。这些都是可以谅解的。然而，当人各自都以一种高傲的心态互相鄙视抹杀的时候，人的驾驭他人的权力欲望就会相应地孳生。权力欲的孳生，又会助长人鄙视抹杀他人的高傲心态。就会坚执认为自己的一切都对都好，别人的一切都错都不好，就会有学术文化上的意气之争。这种意气之争，即使各人都自认为以自己的文化精神为中心，而他人的文化精神只是外围的补充，这种自我中心论即是文化崩溃分裂动机的萌发之初。这种意见意气之争，开始大都表现于宗教、学术、文学、艺术及社会道德标准的纯粹文化之范围，但由于争论的发展，更进一步便进入社会政治的范围。其特征首先表现在争名，次为争位，再为争权，再为争势，再为争利争财富，再为争武力以求财富权势。名、位、权、势、财富、武力本身并非必然是坏的东西，若是按照人类的真善美的文化理想，作为社会政治经济中的正当目标而追求并非不可以。人的尊崇名位权势的动机，如果受人的自然的理性主宰，都可以指引人的精神的上升。但是如果单纯地争意气争名位权势，毕竟就都成了一件罪恶之事，其结果将是导致人与人的互相残杀。

当然从另一方面来看，人与人的相互残杀，可以消除人文世界之堕落时代的罪恶，也是刺激已物化之人生命活气的唯一道路。正由于人们之间的相互残杀，从而使人看到人在现实世界的生存得不到保障，而有超越现实之理想的兴起，也使人通过相互放射施加权力欲以互相否定，从而都意识到对自己不利而收敛折回，从而再求肯定人之自我独立，再有文化精神的兴起。因此，从这点上说，人与人之间的相互残杀，也有其客观价值。

当然，一个民族也可在其内部分崩离析的局面无可挽回时，不必等到精神堕落至相互残杀的阶段而都被异族所毁灭。这就是希腊、罗马灭亡的原因。一个民族也可能在有创造兴旺发达的精神的时候遇到一个比自己更强大的民族而被他消灭，如迦太基民族之因遇到天灾，人们为了求生存争夺粮食而互相残杀，在这种情况下又被野心家所利用。但我认为，即使没有任何外在原因，而顺应人类文化的自然发展，人类文化也会相继逐渐堕落，因为任何一种文化内部都存在一种导致自我毁灭的因素。只有这种自我毁灭的机制，才能全部涤除其罪恶污秽的东西。这就像每一个生物都不免于最后要死亡一样。正如世上所有存在的事物都有一种竭尽其力以使自己最后毁灭的机制一样，这就是古人所说的一治一乱往复循环是不可避免的事物运动的规律。虽然，纵使天下无道至极，人类相互残杀过半，只要没有大的天灾或外力使一民族消灭，仍然会有孑遗之人，孳生子息；仍然会有出自人类理性的精神理想昭露而使文化精神得以复兴。如果人们在文化精神开始堕落时就能觉察到的话，而事先设法挽救，或者在即将崩溃时想办法挽救，则也可延缓其毁灭的时间而长其治而远其乱。如果我们能真正了解人类文化的本质，而达到性与天道之精微的程度，以不断地提升其中向上的精神，防止文明末日的到来，使分殊而不失于会通，会通而不失于分殊，则实现长治久安也是有可能的。

意气之争

鄙视抹杀他人的高傲心态，往往会导致人们之间的意气之争。争名，争位，争权，争势，争利，争财富。名、位、权、势、财富、武力本身并非必然是坏的东西，若是按照人类的真善美的文化理想，作为社会政治经济中的正当目标而追求并非不可以。人的尊崇名位权势的动机，如果受人的自然的理性主宰，都可以指引人的精神的上升。但是如果单纯地争意气争名位权势，毕竟就都成了一件罪恶之事，其结果将是导致人与人的互相残杀。

争名者事实上就是争社会的一个同情认可，也就是争让一个有价值的名词加于自己。而自己即由于他人把一个名称加在自己头上而使他人对自己羡慕崇拜。当美名聚集于自己身上，而自己事实上名不符实，却还想抓住占有，以获得虚荣心的满足时，这就是一种罪恶意识。只有当争名之心能促使自己勉力为善以使自己的德性与功业与美名相般配时，这才可以避免争名所带来的罪过。人至少应该做一些有价值的事情以得到他人的认可，才能去获取一定的名誉，这样即使没有获得美名，也有利于精神的提升和进步。

至于争位。位指社会设置的一个固定的名称，常常为一可尊敬的人占据。如果没有到这个位置上的资格而有争取这个位置的想法的人，其实是想通过得到这个位置而得名。因位与可尊、当尊、必被尊的意思有关联，所以，人们往往由于得到位而得名。得到了一定的位置后，这个人就可以无所事事，而只靠人们尊崇这个位置的习惯心理或尊曾居此位的某人的声望的影响而得名。没有资格而想争位的意识是一种比争名更低级的意识，因这与一种懒惰心理相联系，只在利用社会的习惯心理及他人影响，而不像争名者尚有一种希望他人羡慕崇拜我而精神上向往我的积极意义。

至于争权之心，则是为了直接发泄权力欲，是权力欲支配人心而产生的。权与势相连，有权则有势。但是权是自上由下而施行，势是自下观上之所见。下观上之施权，则其权未施已觉其将施而先自慑服。争权者想居高位以施权，其精神上尚有一超临之气象。争势者则意在使人先自慑服于下，因此不敬人也不自敬者莫若争势。争名者尚为一有价值的事情而求位于一人或群众，这可通过一些奉承阿谀的言行，而未必有真正的别的行为。而要求权势，既可由先窃位以弄权，也可靠自己的财力和武力，使别人产生羡慕和畏惧之心。羡慕和畏惧都可使人的精神被压抑和降低而先屈服于我的面前，甘心受我的役使以满足我的权力欲。因此，不具备资格而争权争势的人，只是借炫耀自己的财富和武力以显示自己的权势大，这是最大的不敬人亦不自敬。

由上可见，争意气者尚多为君子，自争名争权以后的都是小人。君子道消，小人道长，而社会文化风俗之败坏，以至到了只见争财富争武力，以使个人的权势闻名于世而社会开始真正崩溃。那些靠争财富武力以得权势的小人，其人格精神已完全下沉到自然欲望和权力欲望之中。人类所创造的文化成果到此至多成为其用以满足其自然欲望和权力欲望的工具，如借礼法以为束缚人民之方，以文艺为麻醉之工具，以哲学理论为战伐之辞令。要说那些小人们对社会还有所利，就在社会一般人只知好利而畏威，在人人只成为一求生存的动物，或只知享受物质文化成果之存在，而后他们又可恃其财力和武力以鞭笞天下。社会沦丧到只有争权势之人横行于世以及人人都只知好利而畏威的地步，人就成了同禽兽一样的只有饮食男女和愤怒恐惧的本能的动物。人埋没了其本性中的良知，否定善以成不善，所以其罪过尤甚于禽兽。这时，那些争权力的人，把求真善美的无限精神全都隐藏起来，其心中潜存的无限理性，只知道扩张权力欲和其他欲望，以至达到无限贪嗔的地步。人与人之间的贪嗔又相反而相克，于是人与人之间最后为争斗而相互残杀导致天下大乱。

当然从另一方面来看，人与人的相互残杀，可以消除人文世界之堕落时代的罪恶，也是刺激已物化之人生命活气的惟一道路。正由于人们之间的相互残杀，从而使人看到人在现实世界的生存得不到保障，而有超越现实之理想的兴起，也使人通过相互放射施加权力欲以互相否定，从而都意识到对自己不利而收敛折回，从而再求肯定人之自我独立，再有文化精神的兴起。因此，从这点上说，人与人之间的相互残杀，也有其客观价值。

文化融合之道

中国文化精神在立本以持末，求绝乱源于机先，以拨乱反正，长治久安之道方面确实高于世界上任何民族的文化。中国历史文化之所以较为悠久，其原因也在这里。在历史上只有中国文化的成就仍未能打破一治一乱的循环，这在成就中国人文世界各个领域各个方面确实有点欠缺。正是由于此，中国文化虽然长久悠远，却没有达到非常丰富的程度，不免缺乏精彩之处。在西方希腊罗马与现代欧洲文化中，人们都善于在各自的领域大胆地探索追求极致而使其文化多极多元发展以各显其能，异彩纷呈。就其精神的外部展现来看，其开放程度可以说全部泄露无余。文化的多端发展，或使道术散开而分裂，因此西方社会崇尚财富武力的病症也比中国更深更重。如果继续这样发展下去，终有一天就像施本格勒预言的那样，出现文化的崩溃局面将是难免的了。这就告诉我们，要想使人类文明欲长久，就应当像中国古人那样时时注意于人类文化之本原，而不断地提升向上精神。欲求中国文化之淡泊，则宜取之于西方文化，以求文化内容之丰富。这是中西文化融合之道，也即就是开拓人类文化。

这是一条什么样的道路呢？我们说这是一条和一切文化衰落毁灭之道相反的道路，是一条关乎人类精神之下坠以求向上的道路。希望人人于自己精神之下坠处，能意识到文化精神之下坠，随时想办法予以挽救。对于自己精神之向上处，一切现实社会与历史中人类文化之向上处力求能自觉之，保持之，充实之，再进而提升之，普遍化之。我之所以偏重于讨论人类文化的道德理性之基础，也是为了使人能自觉人类文化之本原中的向上精神，从而能挽救文化之下坠。识其善者之可好，即所以使人恶其所不善，而去其所不善之道。徒恶其不善者，而不自觉真善者，则人与人惟以相恶其不善为事，正所以毁人类之文化也。好恶之机微，而为用大，不可不察也。道德为一切文化之基础，不可不信也。人之精神人格，为人间至贵之物。人不可不互尊人格，而尤不可不尊重特殊之人格。如天才圣贤豪杰之类，以提升人类的精神。人之传播其文化理想，不可不出自对人的敬和诚，这些都不能不信。不同文化活动其本源都是一致的，因此应该并行不悖而相互贯通，不能忽视这个道理。“天心至仁”的宗教信仰是一点也不能少。纯粹表现人的超越精神的自我无私的求真求美之心的科学哲学和文学艺术，是文化的主体，其无为皆其大用之所存，必须明白这一点。家庭之情感，为人之德性表现于人与人间者之始，不可不慎也。政治经济生产技术与体育军事法律之文化，都应该有助于人追求真善美而实现其人性，彰显精神之自我以参赞自然。而教育的方法必须使后人的创造精神不致受到压抑。就是说，道德不能徒存于内心而不显于其他文化。道德徒存于内心，而不表现于外而得到涵养就不可能持久。文化不能只一往向外表现，而必须懂得文化的根本在人性与人格，也就是彰显人性以成人格。人有文化之表现，但如果不觉其本之所在，而且忘其本以离其本，这就潜藏着文化堕落的隐忧。人不信天心，则人之情与人心就徒托于空虚，而天心也就孤悬而摇落。但是如果只徒信天心以绝尘世，则人心也就随天心以孤悬而逃不出空虚。人不追求真理，则生命精神没有发挥的出路。人只徒追求真理而冷漠无情，真理也会只成为人追求权力欲望的工具，而理亦可杀人。人不求美，则生命精神无润泽而归于枯干，而终缺德，美就完全成了光景之玩弄，而成为好名求爱的工具。按照自然规律，备器致物以成礼乐，求真以通于善而合于美。欣赏表现感觉形象的美的事物，而知其中有超越其形象的美的道理存在，这就是求美以通于求真求善。顺应自然之理以充实内在表现于外在，这是人格的真与美与善合一，诚才是真正的道理。离开了真善美就不能通内外，也不能为社会政治经济法律教育找到理论根据。因此，只有以诚为根本的道德准则，才能合内外而成文化世界之本末，从而可以通于天心，所谓天心，也就是诚而已。

人类社会文化如果只简单地分离就会相互之间保密，其恶果是执一而废百。但是社会文化又不得不分殊发展，所以，人在世界上应当通达而致广大者其识量，当专一而尽精微者，这是对其所从事的文化事业应尽的职责。有识量而能宽容。人相互宽容，就会各有其自由。如果个人人格之尊不立，则人必俯仰随人而依顺社会文化之习气以至湮没其创造精神。如果将自己的意见强加于人让其服从，则好名好势好权的私欲就会因缘而起。因此，个人人格的尊严和自觉，对于他人自由的尊重，与保障自由的法律的建立，使人人都能像康德所说的成为自动自觉的立法者，都成为维护社会文化之不坠的骨干。但是人们相聚于朝市，其相互来往应酬之情应接不暇，则必然会使一开始有意义的文化活动渐趋徒具形式而顺应社会习俗之流行而难自拔于流俗，这样就不容易有创造的文化精神。人如果只知道当今的文化，而不能怀往古之文化，则就会被现实文物的繁杂所蒙蔽，精神逐渐变得分散。而人的家庭生活和在自然世界的生活都之所以益人之天趣以养其生机，就是因为其自拔于人文之积习，超越于各位权势私利的欲望之外。正由于这个原因，所以要想不使人类文化的发展顺其自然之势而走向崩毁，则人类社会的组织都宜于求其分散而不求其集中。人应当散居于分野，从而产生怀远古，乐家庭，享亲近鱼鸟山林之趣，这些都是中国古人之能常保其文化于不蔽的一条重要途径，但被现代人所忽略和忘记了。自然界的规律本来是没有一个事物不是始于本而成于末，末成而终于毁。所以，要想使事物不被毁灭没有其他的办法，只能让其所成之末皆返于本，而末都成了本，才能使事物生生不已。万物的本末都是按照天地定好的，万物之间各自相蔽而不通融，所以各自的生命自成一系统而不再改变。所以万物虽多，可以彰显于天地间，但不相为通就不可能见到天地之和。人的性情无所不通，天心内在于人之本心，故人道立而天地之和见，这就是天心之本见于人，则本见于末的一个例证。家庭是生命之本，古人和古代的历史是今天的文化之本。人在洪荒之世只见自然，因此开辟人文世界是在自然中开辟以凿自然之“混沌”。混沌不可凿，然无混沌之可凿，则亦无可凿混沌之创造精神。原始的自然界的混沌，我们不可能再见到。但是寄情乡野，恒存鱼鸟山林之趣，则可使人仿佛忆起原始之自然界的混沌，而重现人类凿混沌以开人文之创造精神。

亲近自然也是创造人文之本。人类的精神如果不能得到提升向上，则世界就没有不衰毁的文化。如果人的精神真正得到提升，则蔽之所在，觉即随之。才能发现其蔽，即救蔽的办法已经有了，这样才可以真正救蔽。陈白沙先生说：“才觉使我大而物小，物尽而我无尽。”程明道先生说：“开拓得去，则天地变化，草木蕃；开拓不去，则天地闭，贤人隐。”岂止是自然界的天地草木如此，人文世界的天地器物也是如此。人能使精神一直向上提升，则一切都由精神主宰，还有何蔽之不可救？知人之本心即天心，则开天辟地，即人所任。天之所废，人将兴之。这就是人与天灾争顺逆，人的存亡继绝之事，并非是出于情之不容己，而是聊以自尽其当然之道，抑且自信其事之必成，其功之必就，先天而天亦弗能违者。这就有赖于人之真信得其本心即天心，以知“万化在乎手宇宙在乎身”而自强不息，使精神一直向上提升而不能有一息松懈。这样，人文与天地长存不毁的因缘就从今天真正开始了。

语言文字与文化精神

人类精神之表现于客观世界，主要赖于语言文字。语言文字不仅可作为人们相互之间精神上贯通之用，也可作为记录凝定自己的心意，如思想、情感，以便反省之用。语言文字还可以用来表达一种复杂的观念，使思想能得到更为方便经济的使用。这不是说人没有语言文字就不能思想，不能重现心意于己，表现心意于人。而只是想说明人若没有语言文字，则心中的各种思想观念就不能清晰地加以区别并记录固定下来，这样就容易相互混淆。由于各种观念综合而成的观念容易散开，这样抽象思维所形成的概念，必然不容易保存下来，由此而由概念的相互贯通构成的推理就无法深入进行下去。

对于一个集体事物的各个方面来说，加以研究后所得出的结果与所决定解决问题的方案如果没有语言文字记录下来，我们以后将不免要重新开始，而不能以此结果为其他研究和推理的前提，以此态度作为参考而制定我们以后解决其他问题的方案。这样看来，如果没有语言文字，无论是我们要重新回忆自己过去的一些想法，还是向别人展示自己的思想，都会大不方便。我们之使用语言文字，并不仅仅是由于科学哲学中以叙述说明事理，而且是用来表达我们的思想情感，这样就有了文学。用来表达命令要求，为各人和各社团国家定名字，这样就用之于社会政治活动。还用在生产技术社会经济中，以记载生产的货物和财富的数目，标识各种货物的名目类别，以便于考查录取。用之于道德生活中，如道德理想之凝聚于道德名词中，道德命令表现为道德格言，都可加深人们对道德理想和道德命令的印象和信仰。最后，语言文字还被用之于宗教咒语，神祇名称的规定及对神祈祷的誓词等等。因此，我们可以把语言文字的效用概括为：一、记录。即客观化自己的经验、思想、观念、概念、推理结果于文字。这可称为语文向自己表现自己的效用。二、传达。这是语文表现于他人的效用。凡记录可向自己表现的效用也可向他人表现。三、表达自己对别人的指示。这些主要见之于社会政治活动中。四、表达自己对自己的要求。主要见之于道德生活或自己支配自己的活动。五、向宇宙或神表达要求。主要见于宗教诗歌哲学之活动。这可以说是向一超越的自己或超越地贯通人我之天心或宇宙表现自己，而对此超越的自己或天心宇宙有所希望而如有所使命的活动。

语言文字所以有如此大的效用，其原因何在呢？语言文字的形象只是一声音或字简单的描绘，这只是人的感觉的一种印象，而且语言文字所表达的意义，最初只是人随意而定的，但为什么竟能表达人的多方面的精神呢？这个问题的答案，正在于语言文字最初是由人随意而定立的，语言文字的外表，只是一形声的简单的描摹。人类最初在定某声形表示某观念或某物时并没有唯一性和必然性。但是一社会中即先有某一人，开始时以形声表示某一物某观念，他人从而效之，约定俗成，某定之形声就有了特定的意义。人一看到某字形音，就想起某种意思，而心中就有了某观念某物。此字形与某意思的联系是一习惯成自然的联系。而人们由某形音到某意思，或由某意思到某形音形成一种自然的心理联想。至于对某字，则有一某字所表达的意思所代表的观念或事物的反应活动，则为一种交替反应。但是这种某字与某意思的联系，开始是由人们自由定立而约定俗成的，在约定俗成后，当人们听到他人用某字时，就想到他人心中指的是某个意思。当一个人知道某字代表某个意思时，他也知道当他说出这个字时别人也知道他是什么意思。这样，当我们听别人说话或自己向别人说话时，我们的心和别人的心是在相互感知回应，这样我们的心灵也成了一社会的心灵或普遍的心灵。如果我们故意用某字表示另外一种意思，或说谎以使他人误解我们的意思，或掩盖事实真相，我们就犯了乱用语言之罪，我们就必须负道德责任。由此可见，语言文字的意义，最初虽然是自由定立的，一个人由某字想到某个意思是一个习惯的、自然的及交替反应的机械动作。但是在机械动作之上却产生了对他人心中的意念的了解和感应之心，而使我们的心成为一社会心普遍心，这就使我们在使用语言文字时受到一种道德责任感的规范和约束。由此使人们自觉地产生一种用更恰当的语言文字来更真实地表达事物的未来面目的道德意识。从语言文字与意义的机械联系到由人自由定立一意思的过程，也是由人定一规律，以规定一种社会道德性活动的方式。

每一种语言文字与其意义之间有一机械联系的价值。一方面在使人们向他人表达心意指示，而与他人在精神上相贯通成为真正的可能，使人们在使用一文字时的心成为社会心或普遍心，同时，也使人们当下自我之精神可贯通于过去自我之精神的内容而成一统一自我。文字之所以有对自己表达和记录备忘的功用及对自己下命令的功用，即由于当我们将文字提起时，我们即将我们过去用此文字所代表的意义也同时提起。因为语言文字的简单性而容易提起，即使我们对文字的意义也易提起。我们即使不能同时想起一个文字的全部意思，也可以反复念此文字语言而逐渐想起。当我们使用语言文字时，可以赋予此文字语言以极复杂的意义，如一涵义深厚之名词，如一简单之文句。我们可以先提起此简单名词文句，而使其复杂之意义追踪而至，逐渐呈现。之所以能做到这一点，是因为当我们最初以某名词文句表达其复杂的意义时，我们即已自立一规律以对自己有一规范约束：即如此复杂之意义与如此之名词文句之形声上代表，并规范约束自己在自我表达此意义时今后也一定要用此形声来代表，还可由此语言文字反溯其有意义的活动。这样，我虽然在现在用语言文字表达心中的意念，但我们的精神却和过去以及我们在过去所定的规律即过去的自我精神相贯通。同时，在我们用语言文字表达心意时，我们即在向一超越于现在自我之精神的未来自我之精神或社会自我之精神表达我们的心意。于是这种未来自我之精神、社会精神也同时内在于当下之现在自我精神之中，而这一未来自我精神和社会自我精神的综合概念就可等同于一客观的普遍自我之精神的概念——即某种意义上的神的概念。因此，我们还可以说，我们表达心意都是在向内在于现在自我中的客观普遍自我之精神或某种意义上的神表达。

如上所说，语言文字的意义虽寄托于客观感觉性之形象世界，但是语言文字的声形与意义相互联系则全为人之个人精神或社会精神所支持。至于人们所自觉要求表达或表现我们心中所想的意义于语言文字，使此意义寄托于形象世界的形声，就决不只是一机械的习惯或交替反应，而应当是人的主动地重现自己的心意或普遍化社会化的可能与应当之事，是人现在的心意自觉地外现于外在的形象世界的表现。凡存在于时空形象世界中的事物的各个部分都是互相联系互相作用的，在其互相联系作用中自然形成他们在时空中的秩序。人的语言的声音，在时间中互相外化；写下的文字，则在空间中互相外在。在其相互外在之中，也自有其时空的秩序。分别不同的形声，表达分别不同的心意，而使如互相外在的布列于语言文字之中。这些诸种语言文字在时空中的相互外在性，即可支持人们分别不同的心意以便不相混乱。而我们可按照空间中左右上下、时间中先后之秩序来听和读。看到或听到这些语言文字，我们就能知道他人的心意或重现自己的心意。这样就使我们目前的心灵在语言文字所记载的心意的基础上接着向前思考以开辟新的思想历程，使我们的思想向前更进一步。当然，使用语言文字也有种种缺点。例如，在我们的心中或精神中所想表达的思想情感与所见事物的各个方面往往是互相贯通渗透的，但当通过客观外在的语言文字表达出来时，往往便觉得这些语言文字所表达的和我们心中所想的和印象中的东西并不完全一样。我们通过语言文字了解他人的心里所想，也往往容易被分成互相不相联系的许多片段和意思。我们在写字时，我们心里想的先后次序，也并不必就是我们所理解的义理的先后次序，但我们却常常以文字记录的先后次序，用来了解人在读文字时心意的先后次序以识义理，于是容易以义理自身的先后次序，同于作者心意及语言文字的先后次序。这样就往往造成误解。语言文字的意义只表示事物的一般性和普遍性，而不表达某个性或特殊性。固有名词或可指特殊的个体物，但是固有名词的意义则纯粹视人对此名词所指之事物的直接经验而定。他人的直接经验不同，则视此名词之意义不同。另外，人们往往对一名词根据自己对此名词所指事物的新的了解而赋予他人所不知道的新的意义。而这一名词在未经解释时，则别人可能完全不知道其意义，即使经过了解释他人也不一定能全与我们所了解的相契合。又有若干经验为根本不可能用语言文字加以解释的，或愈解释离其真正的涵义愈远。所有这些语言文字在使用时的缺点和所限制之处，我们必须承认。

不过，这些缺点和限制，我们也可通过综合贯通各互相外在的文字意识及虚心参照经验事物，以体会他人的言外之意得到补救。如人都能通过这些而体会他人起初使用这个字的意义，并也用某字表示某意义后，某字即被公认获得一个新的意义。此新意的赋予，也是对语言文字的缺点补救的一种办法。也正需我们在尽量应用语言文字后能够真正认得。所以，也可以说由用语言文字而得到启示。至于语言文字使我们的心意的普遍化社会化，并使之重现成为可能与应当，及帮助我们的心意得到扩展的功效，是不容否认的。

这里需要说明的是，语言文字的形声之屈曲与特点意义的联系虽然是机械的，但我们由一种语言文字的组合，而自觉地求综合贯通理解其整体和全部的意义，或有一个整体而全部的意思而主动想找一合适的语言文字以准确地得到表达，这就真不能说是机械的了。因为一种语言文字实际上有多方面的意义，所以当许多语言文字组合而合起来表达一整体而全部的意义时，我们想理解其中一种语言文字的意义就常常需要把上下文中别的字的意思联系起来断定，先确定这一组合所表达的整体意思，从而再根据这整个意思来正确理解某个字的意思。我们要找到一个适当的文字组合以表达一个完整的心意时，必须先从意义相近的一些字中选择一个最切合所要表达的意思的字。并且必须用一个字的特殊意义以表达我们的心意。由此可见，人们的这种理解文字组合后整体意思的要求，这种综合贯通的理解，就是为求得综合构造之说的全部意思以及马上规定一文字的特殊性的创造精神活动。我们在重视构造说的全部意思时，我们由听说话者的意见时思考他说的话的意思，而不是只限于说话者的意思。因为我们之所以能理解说话者的意思，是凭借我们的经验思想背景，从这一背景中凸显出来一部分以与说者的意思互相凑泊。因为我们知道说话者的意思在后，再经过我们的反省，便可对说话者的意思加以引申，这也是人所经常具有的一种创造性活动。人们要找到一个适当的文字以全面表达一种心理的意思，就必须综合性创造性地按照人所要表达的全部意思的各方面的情况和形象来选择以切合的文字而加以组合，并力求在这一文字组合中全面表达人们的意思。人们创造出这样一个文字组合，其最初的目的固然只是为了取诸字的一种意思，合起来以表达人们心中的意思，但是当这一文字组合形成后，则这一组合中各字的其他意思又再次被人们觉察到，这又会把人们引入开辟一种新的思路、情感和想象的领域。这就是通常所谓的情生文文生情的原因之所在。这种文情相生以开辟思想，更可见文字之运用本身就具有可引导人类精神开拓的作用。

需要指出的是，文字语言为一感觉界之形声，此形声属于客观物质世界，而重新能使人们的心意得以重现于已并普遍化社会化。所有这些文字语言对精神表现的价值，实际上也都属于一种消极的工具型的。之所以说是消极的工具，就是指人们在理解语言文字时必须力求要超越语言文字本身以知其所表达的意义。而人们在使用语言文字时已经心中有了要表达的意思，而当把这些意思表达为语言文字后，人的理想即在使人所表达的这种意思普遍化社会化，或使之重现为可能的或应当有的。这种理想纯粹是精神的，而当人们已形成语言文字时，再加以感觉，自看自听，往往反而对这些语言文字的意义会有新的理解和感受，使自己原来的心意重现于眼前。语言文字的意义自然也可包括其他文字，然后必然最后归至于一语言文字所表达的心意中的思想、观念、想象、情感或事物等。语言文字之所以能表达我们的各种心意给别人和社会或使未来重现在我们面前，仍在其被肯定为可超越之媒介时，则感觉性的语言文字表达超越感觉性的心意或精神这一功能。

我们以上分别说明，形象世界的物体、身体及感觉性的语言文字，之所以能表现人们的精神，自然形象之所以能启示一理想的精神意义，以引发规定人们的精神形态和理由，都在这些都具有超越自己的能力。只有由自己超越，才与精神的本性不相违反而可表现人之精神。凡人的一切自然生命欲望与自然心理性向的自己超越其主观性与机括性被动性，都可成为精神的表现。主观性的自我超越即客观性，机括性的自我超越即见活泼周流之生机，被动性的自我超越，即自觉其初之所以被动的原因。而一切理一旦被自觉，即化私为公，化主观为客观，超特殊之个体而为普遍。而不自觉地依理而动的行为，都就成了依自觉自定的理想而动之自动的精神活动。自我的人们的自然生命欲望及自然心理性向自我超越，都是违背人的主观自然规律的。因此，要实现这种自我超越也变成一自我的精神活动，一般要等到在其自然生活经历大的挫折后，人的心理由自然心理之性向而发出反应活动，与欲望所要求的相违背，或其欲望活动为自然心理中如模仿同情所引起的活动所压抑。总而言之，人的欲望的活动及自然心理的活动的相互克制，与人受挫折时外在环境的强大力量对人生活的限制，往往会逼迫人的欲望及自然心理性向的自我超越，而显示出人的精神自我之活动。当有时过度的挫折与欲望及自然心理性向太被限制时，反而会逆反而增强人在这方面的欲望，使人更不能超越而显出精神方面的活动。要改变这种状况，或者靠满足人的这些欲望，使之放浪形骸，任自然心理性向而动一段时期，或靠他人精神活动的鼓舞感染，然后使其精神自己活动从中显出，以使人的欲望和任天而动的自然形象由于得到满足而超越。因此，人可能因贫贱而更慑于饥寒，富贵更流于逸乐。或以贫贱忧患而励志，也可能以富贵厚生而更不淫。一切外境之顺逆，对人的精神活动的生起与创发，都可能有其现实的价值和效用，但这要看其人处顺逆之境时，原来的自然生命欲望自然心理性向及精神自我昭露的状态为如何而定。但其现实效用与价值，都在使人的自然欲望自然心理形象得到超越。

凡精神理性之事物之所以能表现精神，以及对精神活动之发生及价值和效用，都不在其积极方面，而在其自己超越方面。这并不是看清表现精神的物体身体文字之形象及自然生命欲望等的重要性。我们承认精神之表现于物体身体文字之形象，可规定精神之形态，并成就人与人及人之前后自我之精神贯通，以互相增上而生发。这个形象世界，也可看作是人之精神互相贯通以生发精神之枢纽。而人的自然生命欲望及自然心理性向的活动，都可在其成为自觉之内容时成为人的理想的内容，也即成精神的规定者。我认为这一形象世界与自然欲望、自然心理性向的重要性真正在于其自己超越之际。所有这些，对精神之规定为精神枢纽的作用，都不表示其为精神之外的决定者，而可以使人们怀疑精神活动的自发性和自决自主性。只当视此枢纽存在于交光相映互相贯通的人我精神，或前后之自我精神的内部。这一系列的规定，都内在于精神自身而为精神自己所主宰、所生发、所表现于成长之历程中的条理。精神自身以外实际上无任何外在的能决定的任何事物。我们至多只能说形象世界、自然欲望或自然心理的活动都是精神活动之凭借或场所。

语言文字与文化起源

语言文字最早的起源，应当为人类表情时的发声与身体动作。所发的声音自己能够听见，而这些身体的动作总可包括在外界以手画出种种痕迹，如偶然画出一形象与人的印象观念相似。但是无论此画出的痕迹形象与人们的意象观念相似与否，人们都可以发出的这个声音，画出的这个痕迹的形象作为人们表情的身体生理活动的表现。而由后者的知觉同时可以引生保存人们原先的情感和贯穿于情感之中的意象观念。因此，人在事过境迁之后，重现昔日表情所成之附于外界的痕迹形象，都多少可以重现人们的过去之情及其中的意象观念。情初由意象观念生，因此即使情已淡忘，意象观念仍可再被引起，而他人如有一表情之活动，其所显于外之声音或身体动作之形态，身体动作所留下的痕迹想象，如果足以使人产生同样的知觉，人们也就自然引生类似的情感或意象观念。于是人们即可构成一“声音形象与人之情绪意象观念”之习惯的联结，这就是语言文字能表达意思的原始的形态。

当人们发出某声或画出某形象痕迹时，又常常引起他人的一些动作反应，此反应可能与这一声形的反应动作相似，也可能不相似。但是无论相似与否，人们都可由某声形与他人某一反应动作的相继呈现并为人之所知觉以构成一整体知觉，从而留下一整体之经验。如果我们再假定，某人正因某一自然欲望欲追求把持某物或排斥抵拒某物。而某人之发出某一形声，又可使他人有一同类的或不同类的帮助某人欲望能得到满足的活动。则当某人下次再有同一欲望时，即可按照以前的方法重复原活动而将自然的重复发出同类之声形以引起别人来帮助自己的行动。这就是原始的以语言文字命令他人的开始。如再假定，某人以命令人的文字所引起的他人的身体的动作，即与某人当初自然地发出此语言文字时身体的动作同类，某人又经常靠发表同一意义的语言文字与身体动作以相互引发同类之动作，则这种语言文字与身体动作，即有一公共的客观的相同之意义的呈现。而某人也可以普遍化我们所自觉之“我所发语文之声形，或我之身体之动作与为其意义之我心中的观念印象之连结”以了解他人而于见他人发出同一语言文字之声形或有同一身体动作时，就可确定心中也有同一种观念印象相连结。这就是人类的理性显现为他人的内心世界而形成或确立者。这种对别人内心的了解，是通过人的自觉的意识，为人类理性的一种真正显现，也是人类个体生命限制的真正解救，从而使人的个性得以发展以贯穿到真正的社会生活和精神生活的开始。由人们对别人内心的了解开始，人类在发出语言文字时，能自觉是向一超乎我之个体生命的另一个体生命之心或另一客观存在之心而发。这些一定的语言与一定意义的联结，即成为人类“能兼自觉他心与已心之超越心普遍心”所支持，而他为人类所自定的各种规律。

由于以上纯粹知觉对象世界的成立，人类的一切精神文化活动就都逐渐而由此产生。而人类最早的社会文化活动，我猜想应为群居而以声音相招呼表情合作之不自觉的社会道德之活动。人类群居的开始，即为父母子女一起群居。而人直接以声音相招呼表情合作之社会道德，首先应与人的性本能结合并加超化以显为家庭生活之形成。其次，即为显于血缘宗族社会的形成。到了这个时候，人就能自觉通过观念印象运用已成之物而改造之以达到希望目的之事。这就是人类制造工具或生产技术活动的开始。

回溯人按照自觉观念印象以运用改造已成之物的事情之所以可能，起初是由于人类根据本能欲望以追求把握以为知觉对象之某物而没有得到什么时，人就暂时超越这一活动而纯粹保存对这一事物的观念印象于内心后，人类还可再想想此物。同时，当看到眼前的某一事物时，人们就会回想起以前当对一物采取某种动作时就可得到这一物的经验。于是，人们即顺欲望之兴起与某物之观念意象仍存于心而重新采取某一动作于此物。这就是人所从事的通过运用物改造物以达到希望目的的事情。如果只是这样的事的话，猩猩和猴子也能做到，这还不是人的真正制造工具的开始。回顾人的制造工具的开始，应兼有“人有某种运用改造物之动作，曾使一物成为某形态之物”的自觉存于人的心中。于是在某形态之物的感知下所成的观念意象以后因自然联想而重现时，人即再依习惯之联系而重现以前如何运用改造物之动作以使之成某形态之物。这种方法是纯粹的按照观念意象来制造事物以印合于人最初的观念意象。这种原始的制造物的意识，起初同动物的游戏没有多大区别而无实用目的。制造物之能满足人的自然欲望的实用价值，可为后来再根据过去经验所发现者。制造活动与动物游戏的不同，在于人的制造工具的活动是观念意识在前，是有目的的，而动物游戏则是一种自然的结果。人的表现情绪之生命活动则自内将观念意象推置于意识之前，有一将此观念意象向外投下之势，因此，当人们重新以从前如何用物之动作以制造物，以应合于某观念意象时，从人的主观心理上来说，即为实现此观念意象于外，而此观念意象即显为一欲实现其自身于外的理想并领导人们制造工具的活动。由人们制造工具的活动反过来为人们所知觉，并与此理想及外物逐渐应合人的理想的过程同时为人们所自觉。于是人们又会感觉到制造物的生命活动为“人表现理想而实现理想之向心理或向上精神”的客观化或实际之表现。这就是精神理想主宰人之生命活动并主宰客观物质世界之外物之生产技术意识的起源，也就是艺术意识的起源。

生产技术意识和艺术意识相分化而各自独立发展，在人制造物的活动复兴。一制造物可满足人自然欲望的自觉联系，及人自觉地要求制造物以满足人的欲望时，由社会道德意识与生产技术活动的结合，即是人类经济组织的起源，至于艺术意识的自觉显出，则在制造物之意识所制造之物的形象之美为人所自觉时，由美的意象不以实物表现而以文字表现，标志着文字的起源。

至于人如果自觉地将一关于他人的动作状态的观念意象而存之于心，并由此而生出希望他人再由此动作状态的理想，遂自觉地向人发出语言或命令以使他人有此状态之动作，这就是人支配人命令人之政治意识的起源。而由他人的语言以知他人之心，他人所命于我事所怀之理想，并以之支配自己的行为活动，即政治上之服从命令，拥戴领袖，尊重公意而共同形成建立。这就是政治组织的起源，这种支配人命令人与服从尊重人的意识，与形成建立政治组织的各种意识，乃是人的一种社会道德意识与人的权力欲相结合而又加以超化所形成的。

人的这种自觉地将一他物或他人的意象观念先存在心中，而不以实际动作使其实现，只是单纯地将其置于意识之前，而同时也相信客观外在世界的某处，已有实际事物与其相对应契合，这就是纯粹的理智判断活动的起源，也即是求真的学术活动的起源。人发现并判断的内容与客观事物的内容相一致而表现出同一个道理，这就是真理意识的起源。说出此真理，即科学哲学之学术著作的起源。而在人于一特定的观念意象加以自觉后，即超越出一观念意象的形成以及其他，并自由地不断超越，以主义任一知觉对象，或心中存任一意象观念以作判断，或实际制造一物以之与所造之观念意象相对应，或表现于语言文字，这就是学术研究或技术艺术文学创造之自由感的起源。而对于真理之体验，或对于真判断中的观念与观念的联系之真理价值之体验，对美感之体验，或对于意象之结合和谐之美德价值之体验，这就是纯粹的学术文艺精神生活的起源。

在人的最原始的精神意识中，人虽有内部和外部两个世界的划分，但外在世界绝非单纯的形象世界或者一物质世界。在原始的精神意识中，已有一正常的知觉对象世界，即一具实在性而能对我之生命活动加以阻碍限制规定的外在世界。此外在世界包括今日的人群世界，自然生命世界及物质世界。由他人的语言动作，人可掌握他人的内心世界中和自己相同之处，而其他生命的身体动作，也可使人了解其他生命的存在。但是这里要说明的是，按照这个原始意识的自然发展，即可同时掌握和了解一切自然的天地万物中都有生命或精神之存在，这就是宗教的起源。原始人之所以相信自然之天地万物都有生命精神，其原因由自然意识的发展就足以说明。就人的自然意识而言，人在受到外界的阻碍限制时，人只会感觉有一个除我之外的存在，但未必就是生命或精神之存在。但如前所言，当人受外界阻碍限制时，人想挣脱这种限制的意识就会反应到头脑中和感官上，把自己心中的情绪和头脑中的观念意象表现于外在，处在这种状况下的人即有“一方将此情绪与其中之意象观念在其自身被消化，而一方推置于外在世界之自然性向”。按照此性向，人即可视为初之有此情绪意象观念，也由外在世界之赋予而能赋此生命性精神性之情绪意象观念于我者，也即宜为外在之生命或精神之存在。这样，如果有其他外在力量能减少人所感到限制阻碍的那种外在力量而与人以其他情绪意象观念者，我们也可看作为一种更强大的外在生命精神的存在力量。由此都可认为人已自觉其生命精神之存在之心，直接按照一种自然理性而产生一种直觉的判断。如果是这样，我们可顺着原始人表情活动与其自觉地了解一生命精神之存在的外在性向，以实际掌握一外在之生命或精神于能为人之阻碍限制或能减少此阻碍限制之客观自然万物中而视之如神，对之冒出一宗教性之信仰，都是理所当有而且适宜有的。由于语言文字能够引发人的行为活动，就使人直觉语言文字有引动人生命精神的力量，即可直觉有一生命精神之力量透过语言文字以达于我。于是，人可感觉到每一语言文字的背后也好像有一生命精神存在予以支持。而语言文字逐渐被视为人所信仰的神所创造，而人也相信语言文字可使人之生命精神与神相沟通。由此，表现人的精神活动和文化活动的最重要的工具——语言文字，即首先与人的宗教意识相结合。语言文字的最早之大用，都可在祈祷敬神的颂词和巫书中见到，而人的精神活动和文化活动最早也是围绕人的宗教意识与宗教中所用语言文字的意义中逐渐发展而来。

原始宗教的进化与各种文化的逐渐脱离而独立是一件事情的两个方面。各种文化之逐渐脱离宗教而独立是由于各种文化活动在社会生活中逐渐被重视。各种文化活动之所以分别被重视是由于其分别表现人之理性，而由人之理性分别表现于各种文化活动，则原始宗教信仰中的自然万物之神即日益失去其神性。比如，由于人的生产技术活动，自然界的事物就日益被人的精神所主宰，而表现为在人的生命精神之下的存在。由于理智性的学术活动，于是人日益能自现象上分别有精神之人与无精神之动物的差别，有生命之生物与无生命之无生物的差别。这都是人对自然神的信仰丧失的原因。因此，人对神的信仰就逐渐集中到人所不能控制主宰的自然物，如天地等，再进而只信一超越一切物质现象的天神上帝，并把他看作是现象世界的创造者，或弥纶于现象世界之间存在于现象世界之后内在的绝对精神。如此之神，即为人纯净之精神的自我超越和自我客体化，也是纯宗教意识的对象。人类的宗教能进化到信这样的神，则成为高级宗教。

“化民成俗”的教化作用

人们活着，如果只图吃得饱、穿得暖、住得舒适、过得安逸，一味追求奢华的物质享受，满足于物质的欲望，而不接受教育。那么，人们活着就失去了应有的价值，而跟禽兽的生存没有多大差别了，如此，人类就将倒退到蒙昧的野蛮时代。因此，接受教育是人类与动物生存的本质差别，是人类自身摆脱愚昧，奔向文明的起跑点。重视教育，发展教育是社会发展、进步的必由之路，古代贤明的国君执政都以教育为己任，把教育作为振兴国家，造福人类的头等大事。

儒家教育学说的创始人孔子在讲到教育目的时，曾明确地把它规定为两个方面的内容，一是主张通过办教育来培养统治阶级的治术人才，所谓“学而优则仕”、“学也，禄在其中矣”（《论语》），无非都是说学习的目的就是为了求得高官厚禄；二是认为教育的目的还在于用仁、义、礼、乐来教化百姓，以维护社会的长治久安。

作为先秦时期儒家教育思想全面总结的《学记》，继承了孔子的教育目的论，开宗明义便提出了“化民成俗”的教育目的学说。文中谈到：“发虑宪，求善良，足以谀闻，不足以动众；就贤体远，足以动众，未足以化民。君子如欲化民成俗，其必由学乎！”意思是说，古代君王发布政令，访求品德善良的人，可以赢得小小的声誉，但无法感召大众；接纳贤明之士，亲近与自己疏远的人，可以感召大众，但不足以起到教化百姓的作用；那些品德高尚的君子倘若想要教化百姓并形成良好的风俗，就一定得办学施教。这表明《学记》的作者已经清楚地认识到，办学施教的特殊功效正在于“化民成俗”。换言之：“化民成俗”也正是学校教育的最高目的之所在。

接下来，《学记》还进一步谈到：“玉不琢，不成器；人不学，不知道。是故古之王者，建国君民，教学为先。”这一方面是为了说明古代帝王重视教育的原因，另一方面也是从教育在人的个性形成中具有特殊功效的角度，阐明教育为什么能起到“化民成俗”的作用。

“化民成俗”教育目的的提出，是对先秦各家教育目的进行综合总结的结果。在先秦诸子学说中，孔子曾经提倡把“教化”作为教育目的之一；而战国末年的荀子则在“性恶论”的哲学思想指导下，提出过“化性起伪”的主张。在荀子看来，人性既然天生是“恶”的，那么要想改变人性，使之成为完美的“圣人”或“君子”，就只有依靠后天的教育。也就是说，教育的目的正在于改变人性中天生的“恶”。这就是所谓的“化性起伪”。《学记》作者作为儒家学派的继承人，正糅合了孔子等先秦教育家的观点，才系统地提出了“化民成俗”这一影响深远的教育思想，从而在中国教育史上写下了十分精彩的一笔。

儒家的这一思想在《周礼》中体现得尤为充分。《周礼》对万民的教化主要包括礼教教育，道德行为教育和职业教育三个方面的内容。

（一）礼教教育

《周礼》通过施行十二教法对万民进行礼教的教育。这十二教法是：“一曰以祀礼教敬，则民不苟；二曰以阳礼教让，则民不争；三曰以阴礼教亲，则民不怨；四曰以乐礼教和，则民不乖；五曰以仪辨等，则民不越；六曰以俗教安，则民不愉；七曰以刑教中，则民不暴；八曰以誓教恤，则民不怠；九曰以度教节，则民知足；十曰以世事教能，则

民不失职；十有一曰以贤制爵，则民慎德；十有二曰以庸制禄，则民兴功。”（见《周礼·地官·大司徒》）

《地官》“大司徒”按照五种地方的人民生活习惯，施行十二种教法。第一种是用祭祀的礼节教民尊敬。《周礼》规定了祭祀的各种礼节。如：用吉礼祭祀邦国的天神、人鬼、地祇；用币帛加在柴上焚烧使烟气上升来祭祀上天昊帝；用币和牲体分布在柴上焚烧使烟气上升来祭祀日月星辰；用牲体加在柴上焚烧使烟气上升来祭祀司中、司命、风师、雨师；用血滴在地上来祭祀社稷、五祀、五岳；用牲与玉币埋在地下或水中来祭祀山林川泽；用劈割过的牲体来祭祀山川河谷，丘陵与百物的小神；进献熟食祭享先王；夏天用禴祭祭享先王，秋天用禬祭祭享先王；冬天用蒸祭祭享先王。“大司徒”，用上述祭祀的礼节教化天下人民，使人民循规蹈矩，不会马虎随便。

第二种是用乡射饮酒的礼节教人民谦让，古人行礼，凡祭祀、宾客、丧祀等礼节，男女都可参加，惟独乡射饮酒礼，只许男子参加，不让女子参加。“大司徒”用乡射饮酒的礼节教育人民，使人民互敬互让，不会相争。

第三种是用婚姻的礼节教人民亲爱。《周礼》设置了掌理万民婚姻的职官“媒氏”。“媒氏”掌理万民的婚姻，通令男子三十岁必定要娶妻，女子二十岁一定要出嫁。每年仲春二月是最佳的结婚季节，令男女们举行婚礼。这时候如有不按六礼规定而强行结婚的，也不加禁止，但如果有无故违背婚姻礼法的规定，就要加以处罚。“大司徒”用婚姻的礼节教化人民，使人民互亲互爱，这样人民就不会产生怨恨。

第四种是用乐礼教民和睦。《周礼》突出音乐对人的感化作用，设置了“大司乐”、“乐师”、“大师”、“少师”“典同”等职官掌理音乐。“大司乐”掌国学的教法，用“乐德”、“乐语”、“乐舞”教国子。在《周礼》看来乐语盛行，乐舞不衰可以创造出一种不争不怒，宁静安谧的氛围，以达到外世和谐的目的。“大司徒”用乐礼教化人民，使人民和睦相处，不会互相仇视。

第五种是用礼仪来明辨上下尊卑的等级。《周礼》规定了诸侯大臣的“五仪”和“五等之命”。诸侯的五仪是：公、侯、伯、子、男的五种不同的礼仪，诸臣的五等之命是：上公九命为伯，他们的宫室、车旗、衣服、礼仪都是九为节度；侯伯七命，他们的宫室、车旗、衣服、礼仪都是七为节度；子男五命，他们的宫室、车旗、衣服、礼仪都是以五为节度。王的三公八命，卿六命，大夫四命，如果出封在外，各加一等。上公的孤卿四命，执持皮帛，礼仪与小国国君的子男相同。上公的卿三命，大夫再命，士壹命，宫室、车旗、衣服、礼仪各按命数为节度，子男的卿再命，士不命，宫室、车旗、衣服、礼仪各按命数为节度（见《周礼·春官·典命》）。“大司徒”用礼仪来辩明上下尊卑的等级，以教化人民，使人民不会有越礼的行为。

第六种是用当地的传统风俗教民安居。《周礼》推行了六项传统的风俗，这六项风俗是：（一）人民建筑房屋一定要使它坚固，耐用。（二）同宗族的人死了，一定要使他们按照辈分年龄的高下、大小、次序埋葬在一起。（三）亲戚表兄弟之间要使他们和睦相亲。（四）乡间子弟们连合就教于儒。（五）使朋友之间能互相信任。（六）使人民按照贵贱穿着相同的衣服（见《周礼·地官·大司徒》）。“大司徒”用这些传统的风俗教化人民，使人民安居乐业，不会有苟且的行为。

第七种是用刑罚教民守法。“大司徒”用适用于乡中的八种刑罚纠察万民。这八种刑罚是：（一）对父母不孝的刑罚。（二）对族人不和睦友善的刑罚。（三）对亲戚不符合婚姻礼节的刑罚。（四）对师长不尊敬的刑罚。（五）对朋友不讲信用的刑罚。（六）对贫苦的人不同情，不帮助的刑罚。（七）造谣惑众的刑罚。（八）扰乱人民正常生活的刑罚。“大司徒”用这些刑罚教育人民遵守法令，使人民不敢叛逆暴乱。

第八种是用誓戒教人民敬慎。《周礼》自王宫官府到六乡、六遂，都颁布誓戒。“大司徒”用各种不同的誓戒告诫，使人民不敢怠惰。

第九种是用制度教民节制。《周礼》制定了九种使用财货的制度：（一）祭祀用财的制度。（二）招待宾客所需开支的制度。（三）丧事及灾年所需开支的制度。（四）国王饮食所需开支的制度。（五）百工制造器物所需开支的制度。（六）聘问赠送所需开支的制度。（七）饲养牛马所需开支的制度。（八）国王恩赐群臣所需开支的制度。（九）国王饮宴时特别恩赐群臣所需开支的制度。“大司徒”用九种用财制度教育人民，使人民知道满足。

第十种是用累世相传的技艺教民掌握技能。累世相传的技艺是指士、农、工、商世代相传的技艺。如士的后代以事为业，农的后代以农为业，工匠的后代以工艺为业，商的后代以经商为业。“大司徒”用各行各业世代相传的职事教育人民掌握各种专业技能，使人民不会失业。

第十一种是按照贤德品行颁授爵位，勉励人民崇尚德行，相劝为善。

第十二种是按照功绩给予俸禄，使人民努力尽职，奋发立功。

《周礼》对万民的教化，特别强调读政令和习礼乐。“大宰”、“大司徒”、“大司马”、“大司寇”分别以各种制定的治法、教法、政法、刑法于夏历十一月宣布于邦国都鄙，并向外悬挂，让万民观览。“小宰”、“小司徒”、“小司马”、“小司寇”又于第二年夏历正月再公布一次，并摇木铎晓谕众官和百姓。在《周礼》看来，只有让万民和百官深入了解王国的政策法令，才能正邦国、谐万民。习礼乐是对万民的行为、道统规范的熏陶和训练。在“十二教”中，关于礼教就有“祀礼”、“阳礼”、“阴礼”、“乐礼”、“仪辩”五种礼教内容，这种以“礼”为教的政教，充分体现了上古时代的统治者对“礼”的推崇。

（二）道德教育

《周礼》在施行十二教法对万民进行礼教教育的同时，又颁布乡学教学的官法，实施道德教育。

《周礼》的乡学教学的官法“乡三物”包括了三大教学内容：一是“六德”教育。“六德”就是知、仁、圣、义、忠、和。二是“六行”的教育。“六行”就是孝、友、睦、姻、任、恤。三是“六艺”的教育。“六艺”就是礼、乐、射、驭、书、数。“大司徒”把乡学的三种教法向六乡颁布，使三种教法在乡、州、党及四郊的学校中作为教学的内容。以培育人才。对有优异贤能的学子，就用敬待宾客的礼节对待，并向国王举荐（见《周礼·地官·大司徒》）。

《周礼》的乡学，由“师氏”、“保氏”执教。“师氏”用“三德”、“三行”教王世子及公卿、公卿大夫的子弟。“三德”是三种品德：第一种是至德，至德就是中和之德，即“乡三物”中六德的“忠”、“和”二德。它是人的禀性的根本。第二是敏德。敏德就是仁、义顺时的品德。用它来作为行动的准则。第三是孝德。孝德，它可使人明白不可做逆恶的事情。“三行”就是三种操行。第一是孝行。孝行就是对父母行孝道。它的作用是亲爱父母。第二是友行。友行就是对人友爱，以尊敬贤良和睦朋友。第三是顺行，顺行就是对人恭顺，用它来奉事师长（见《周礼·地官·师氏》）。

“保氏”用才艺教导培养国子，教他们六艺：第一是五礼。五礼就是《周礼》中的吉礼、凶礼、宾礼、嘉礼五种礼仪。第二是六乐。六乐就是“云门”、“大咸”、“大韶”、“大夏”、“大濩”、“大武”六种音乐。第三是五射。五射就是“白矢”、“参连”、“剡注”、“襄尺”、“井仪”五种射技。第四是五驭。五驭就是“鸣和鸾”、“逐水曲”、“过君表”、“舞交衢”、“逐禽左”五种驾车的技术。第五是六书。六书就是“象形”、“指事”、“会意”、“形声”、

“转注”、“假借”六种造字方法，即造字的六种字类。第六是九数。九数就是“方田”、“粟米”、“差分”、“少广”、“商功”、“均输”、“方程”、“赢不足”、“旁要”九种算术方法（见《周礼·地官·保氏》）。

“六艺”从内容上看是六门学科知识的教育。其中“五礼”是礼仪教育。“六乐”是音乐舞蹈的知识教育。“五射”、“五驭”是射箭和驾车的技艺教育。“六书”是文字知识的启蒙教育。“九数”是数学知识的教育。可见《周礼》的乡学教育已经初具规模。它不仅制定了教育法规“乡三物”，而且建立了门类相对齐全的教育学科。为后世的兴学及学校教育提供了一个借鉴。

“六艺”突出了“礼”“乐”的地位，以“五礼”居首，“六乐”次之。表现了《周礼》寓道德教育于礼乐之中的教化万民的教育指导思想。

（三）职业教育

《周礼》十分重视对人民的职业教育。

《周礼·地官·大司徒》：“颁职事十有二于邦国都鄙，使以登万民。一曰稼穑，二曰树艺，三曰作材，四曰阜蕃，五曰饬材，六曰通财，七曰化财，八曰敛财，九曰生材，十曰学艺，十有一曰世事；十有二曰服事。”

“大司徒”向邦国都鄙颁布十二种职事。用十二种职业教化人民。第一种是教民种谷，生产粮食。第二种是教民种植果木蔬菜。第三种是教民采取山泽所出产的财物。第四种是教民驯养繁殖鸟兽。第五种是教民镂雕制镶嵌金石珠玉等器物。第六种是教民从事商业，贩卖货物。第七种是教嫔妇等治理丝麻。第八种是教民采取野生果实。第九种是让一些人受雇佣于工、农、商，从事各不固定的工作。第十种是教民学习礼、乐、射、驭、书、数等才艺。第十一种是教民从事世代相传的专门技艺。第十二种是教民为官府服务（见《周礼·地官·在司徒》）。

十二种职业的颁布和实施，是《周礼》对万民教化的一项重要内容。它使国中之民有所事事，安居乐业，成为王国统治者的驯服工具。

（四）尊师重教的风气

“尊师重教”是中华民族的优良传统。在中国古代，师的地位与君、父并列。《国语·晋语》引乐共子的话说：“民生于三，事之如一。”所谓“三”，就是指“父生之，师教之，君食之”。战国末年的著名教育家荀况更是重视教师的作用，并且首次将天、地、君、亲、师放在一块相提并论。这就是《荀子·礼论》篇所说的：“天地者，生之本也；先祖者，类之本也；君师者，治之本也。”

尽管在先秦其他典籍中已有不少尊师的言论和主张，但真正从理论高度系统阐述“尊师”思想的还应首推《礼记》。在《礼记》中，作者反复提醒统治者对那些执行“建国君民”教育任务的教师，应给予崇高的地位和应有的尊敬。对此，《学记》明确提出：“凡学之道，严师为难，师严然后道尊，道尊然后民知敬学。”

正因为教师的地位如此重要，所以在儒家制定的礼制中，师与君、亲被列为同一等级。《礼记·檀弓》谈到：“事亲有隐而无犯，左右就养无方，服勤至死，致丧三年。事君有犯而无隐，左右就养有方，服勤至死，方丧三年。事师无犯无隐，左右就养无方，服勤至死，心丧三年。”所谓“心丧三年”，是指老师以恩爱培养学生，有同于生身父母，所以学生对于老师的亡故虽不必着丧服，但为了感谢老师对自己的培育之恩，他在三年内心中的哀戚程度犹如丧父一般。据史书记载，汉代经师去世，弟子不论身处何方、位居何职，都必须前去奔丧。著名的经学大师郑玄去世时，会葬的弟子多达数百人。荀淑和李郃死时，其弟子李膺和冯胄均仿照《礼记》“心丧三年”。当时一位名叫任末的著名儒生在奔师丧途中病危，临终前还不忘告诫自己的侄子说：“必致我尸于师门，使死而有知，魂灵不惭；如其无知，得土而已。”《后汉书》卷七十九（《儒林传》上）晋代以后，虽然不再有为师服丧之礼，但天地君亲师的牌位却是在普通百姓家庭一直供奉着的。

《礼记》作者始终认为，师与父是同等重要、可以相提并论的，正所谓“天生时而地生财，人其父生而师教之”。（《礼运》）既然事师如事父，那么即使学生身为帝王也不能把自己的老师当作一般的臣子对待，故《学记》明文规定：“当其为师，则弗臣也。大学之礼，虽诏于天子无北面，所以尊师也。”汉明帝对老师桓荣“尊以师礼，甚见亲重，乘舆尝幸太常府，令荣坐东面，设几杖，会百官骠骑将军东平王以下及荣门生数百人，天子亲自执业，每言辄曰大师在是”。（《后汉书·桓荣传》）贵为天子对待老师尚且如此尊敬，至于一般的高官大臣对老师自然更会尊敬有加。西汉的于定国官至廷尉，深感学问不足，于是请老师来教授《春秋》。每次讲课，他都让老师坐上位，自己手捧经书，坐面北的下位。这些都足以表明尊师确实是中国传统文化的重要内容，而这种传统的形成，又是与《礼记》的积极倡导分不开的。

既然老师如此受尊重，那么这种职业就不是任何人都能从事的。《礼记·学记》曾对教师提出了严格的要求，认为只有那些对教育规律了如指掌的人，才有资格成为教师。作为一个合格的教师，他必须具备丰富的知识，了解教材的精神实质，只靠“杂记”是远不够格的。这就是《学记》所谓“记问之学，不足以为人师”。此外，如果要想成为一名优秀的教师，他还应该努力做到“善教者使人继其志”，即通过循循善诱的方法来引导学生向教师所期望的目标努力。这些条件都是从事教育工作的老师所应具备的基本素质。

儒家道统的“四句”心传秘诀

古文尚书《大禹谟》中的“人心惟危，道心惟微，惟精惟一，允执厥中”四句十六个字，几千年来被奉为儒家的心传秘诀，由尧传舜，舜传禹，禹传益。朱熹在《中庸章句》中说：“盖自上古神圣继天立极，而道德之传有自来矣。其见于经，则‘允执厥中’者。”

“人心惟危”这四个字简明而有力量，如黄钟大吕，瓦釜雷鸣，当头棒喝，充满忧患意识。他开宗明义地提醒人们，人的意念是最危险的，稍有不慎，就会走火入魔，产生邪念。这里的“心”指思想、意念，是动词，不是名词。这句话也告诉我们：人最危险的是思想，只要一有思想，就会有行动，所以心“危”则“行”难安。这也从另一个方面提醒人们：治人先治心，管人先管心，安人先安心，收人先收心。只要心安，就会一切安好。所以安心是治人治家乃至治国治天下之根本。

“道心惟微”说明世事的复杂。人生漫漫，前头的路是黑的，不是光芒普照，也不是有灯塔指路。所以得十分仔细谨慎，探幽索微，慢慢地摸索着前进，摸着一块石头就往前走一步，切不可情况不明贸然前行，否则就会一失足成千古恨。只有不畏劳苦，不厌其烦，千觅百寻地探索，仔细地辨认和思考，才能对前面的路有一个“柳暗花明”的认识，才可向前迈进。尤其是带领一个国家和民族的领袖人物，更应深知自己肩负整个民族生死存亡的重任，应夙兴夜寐，寝食难安，时时刻刻如履薄冰、如临深渊，慎之又慎。应该深明大义，洞明世事，心中有一个科学的指导思想和世界观，指导他带领人民迈向光明的未来，这就是“道心”。

“惟精惟一”指完成自己的神圣之使命，没有别的办法，只有精心努力，只有专心一意。精能生巧，精能生慧，精诚所至，金石为开。只有刻苦钻研，不懈探索，才能掌握事物的规律和真谛，使自己的领导能力和领导艺术达到炉火纯青和游刃有余的境界。这时克服各种困难和解决复杂问题就再不是负担和烦恼，而成为一种刺激和享受。“惟精惟一”不单是领袖人物恪尽职守的不二法门，可以说也是一切人做好一切工作的“秘诀”。只有一心一意，才能心无旁骛地为民服务。心诚则灵，这样时间长了，老百姓才会觉得你是靠得住的自己人，才会信任你，拥戴你，才会跟你交心，也才会一心一意地跟着你走。

“允执厥中”就是待人要公道正派，说话要讲究诚信，处事要把握好分寸。据说，当初尧传舜时就只是“允执厥中”四字。这是尧在长期的领导实践中总结的宝贵经验，是他留给舜的精神遗产。当领导首先要“公允”、“执中”，这样才能取得众人的信服。如果一个领导者在任何时候处理任何问题时都能“允执厥中”，群众就不会有意见，领导也就不会犯错误。要做到“允执厥中”并不是一件容易的事，需要一生的学习、思考、修为、磨炼和实践。首先，要对什么是“执中”有一个正确的认识，这就需要“明道”，要有判断事物的知识和智慧，如果连什么是“执中”都不知道，何谈做到“执中”；其次，还要有公道正派、诚信为民的思想境界，这就是一个人的“公心”修养，也是一个人的良心。如果一个人的内心深处本来就阴暗邪恶，即使他能辨别善恶那又有什么用呢？第三，还要有敢于和善于“执中”的能力和勇气。愿意和懂得善恶是一回事，但敢于惩恶扬善又是一回事。真正英明的领袖就应该敢于作为，坚持正义，这样才能真正达到“执中”的目的。

总之，十六字心传秘诀的涵义，概括起来可以说就是：一个人位居领导者的位置时，他的任务是治理天下民众，要治理好民众首先就得清楚明白治国的道理，治国的道理也就是带领民众向什么地方走、走什么道路的问题。国家向哪里发展？顺应民心很重要，老百姓是国家的主人，老百姓的愿望就是国家发展的方向，也就是治国者的“道心”，也是治国的方略的根本指导思想，这个指导思想必须遵从老百姓的愿望。要治理好国家，必须使天下太平，百姓安宁。如果老百姓不满意则天下就不会安宁。要想老百姓安宁必须国家的政策正确，如果不知道老百姓在想什么，政府就不可能制定正确的政策。要知道老百姓的真正意愿，必须真正到群众中去，做深入细致的调查研究，并真诚地、全心全意地为老百姓着想，排忧解难，取信于民，才能使老百姓满意，这样天下也就太平了，百姓也就安宁了。

张载的“四为句”

我国北宋时代的著名学者张载为后世留下了许多宝贵的思想遗产，其中最著名也最为人们所熟悉的是“为天地立心，为生民立命，为往圣继绝学，为万世开太平”。由于每一句都以“为”字开头，故简称“四为句”。近千年来，张载“四为句”传诵不衰，其精神感召力日益强盛，成为许多有志之士特别是青年俊杰的座右铭。

“为天地立心”，就是为人间社会确立价值标准。中国历史上的“天地”是指人间社会，“天地间”等同于“人世间”。“天地”是宇宙创生万物的根源性力量。“天地之心”是自然目的与道德目的的统一，除具有自然目的的含义外，还有其道德价值意蕴，也就是有其道德目的。“事天诚身”则是人应当履行的道德责任。张载“为天地立心”之“心”是指人的道德精神价值。这里的心不是那个物质的“肉心”，是“用心”、“有心”的“心”，我们常说，某某人是“有心人”，并不是说这个人有物质形态的“肉心”。只要是人，都会有“肉心”，否则就不可能活在世上。这里的“有心”，是指这个人肯于思考问题，认真严密细致。因此这里的“为天地立心”的“心”，不是说给天地找一个客观存在的物质之心，这里的“心”也和“有心”、“用心”的心同样有异曲同工之妙，是象征意义上的，就是为人间社会确立道德标准，形成确定的价值观。人“有心”，做事就有规矩，有板有眼，有目的，有方向，有目标。天地“有心”，人间社会就会有秩序。人间社会有确定的价值观，社会有稳定的秩序，这是人们从事生产活动和生活在这个世界上的基本条件，否则，一切都无从谈起。概言之，张载所说的“为天地立心”，就是要为天下建立一套以仁、孝、礼为核心的价值系统和文化秩序。同时要看到，“为天地立心”也不是一件简单的事，需要有窃天火、煮己肉、照人间的历史担当和道德勇气。由此，我们不得不佩服一代大儒张载的宏大气度和担当精神，这正体现了儒家“天下兴亡、匹夫有责”的“士大夫精神”。

“为生民立命”，“立命”，指掌握自己命运的根本。“为生民立命”，就是为人类生存和发展找到前途和意义。可以说，“为天地立心”的目的就是为了“为生民立命”。“立心”是为“立命”服务的，只有做到“为天地立心”才能谈到“为生民立命”。如果社会混乱，没有良好的秩序，民不聊生，事实上人们也就无法安身立命。人是社会的主体，人和周围世界的一切活动，其目的都是为了人的生存和发展，“命”是生民的根本，也是目的。“命”字涵盖了人一生的全部。因此，“立命”既包括为人类创造生活的出路和途径，也包括为人确立生活的意义。只有把“命”立好，人的一生才能很好地生活在这个世界上。总之，张载提出“为生民立命”就是要使民众“乐天知命”，对自己的命运作出正面的抉择，并通过自己的道德努力掌握自己的命运，从而赋予生活以意义。但“立命”也不是一件简单的事。事实上，人类社会的历史，就是人类祖祖辈辈为自己“立命”、为子孙后代“立命”而不懈奋斗的历史。

“为往圣继绝学。”就是把以前先贤的学统继承下来。“往圣”指历史上的圣人。儒家所谓圣人，指通晓天道人事的人格典范和精神文化领袖。北宋理学家普遍认为，自孔孟之后便出现了“学绝道丧”的局面，所以要努力为儒家恢复“绝学”，接续其中断了的学术传统。其实，张载所说的“绝学”其内涵不仅包括儒家文化，而且还包括整个华夏文化的优秀传统。因此，事实上，这里的“为往圣继绝学”绝不是简单地使哪一位先贤的学问不至断绝的问题，而是从更广阔的意义上讲的，是指延续人类文明的慧命，使人类精神文化的薪火代代传承下去，不断地推进人类社会的文明进步。“为往圣继绝学”这一口号，还集中表达了当时士人的文化使命感，通过思想文化建设，不仅为社会道德价值系统的确立提供学理基础，而且还为政治合法性和合理性提供文化支持。

“为万世开太平。”就是创造一个永久和平安宁的社会环境。实现天下太平，不但是天下老百姓世世代代永恒的期盼，也是周公、孔子以来儒家先圣所一直追求的社会理想。其标志是社会安宁、经济繁荣，以及伦理规范和人文信仰的重建。许多世代以来，无数志士仁人为了实现天下太平，有的抛头颅、洒热血，战死疆场；有的舍生取义，不畏强权，以身殉道；有的皓首穷经，呕心沥血，终生求索。“为万世开太平”不仅是一项独立的大任，而且也是前三句的目的和总结。“立心”、“立命”、“继绝学”的根本目的只有一个，都是为了“开太平”，而且是“为万世开太平”。这不由得使人想起德国哲学家康德的那段话，“我们不是为了制作书本，而是为了塑造人格；不是为了赢得战役和疆土，而是为了得到秩序和安宁。真正的大师的杰作是创造一种合宜的生活方式”。这和张载的“四为句”的涵义是何其一致，可见，真理是具有一定的普遍性的，大哲的思想是相通的。而张载提出“四为句”的时代比康德的时代要早近五六百年以上。

王阳明的“四句教”

“四句教”是王阳明哲学的核心表述，关系阳明思想的终极关怀和基本宗旨。阳明哲学以“心学”而在中国哲学和文化史上独树一帜，“心学”弥补了中国传统哲学只研究客观世界而忽视人的主观能动作用这一空白，对后世中国人文思想的发展十分重要。阳明“心学”不是只简单地强调人的意识的作用，不是单就精神的方面强调人对周围事物的关系，而是强调人与客观事物、精神与物质的相互关系及作用，强调精神对物质，精神现象转化为物质变化的完整的过程和统一，是从精神到物质、主观到客观、主观和客观相统一运动的完整体系。他的心学体系就在这“四句教”中得以完整地体现。因此，“四句教”的诠释是把握阳明心学的关键要领之所在。

一、无善无恶心之体

善与恶本来是一对道德范畴，在没有认识之前，是无法界定善恶的。这句话的意思也就是说，心作为一客观存在的主体，本来无善恶可言，是一本来空灵清净之物，就心体本来而言，是没有善恶的。还有一层意思，就是说心一定要保持本真，不能有善恶之偏，如果有善恶之偏，心体就会失去本色，丧失了它的本来面目。心就不成其心。

二、有善有恶意之动

意是指意念，意念就是心动。善恶是与人的意念同时出现的。一是说心本无善恶，善恶是由于心动产生的。人只要有意念心就动，心动就不可能是中性的，心动就会有意念，意念不是向善就是向恶。二是指人的心中一旦有“善”或“恶”，心就不能再平静了，就会有“动”。这是因为“善”和“恶”都是有“意”的，心一有“意”，就有所指，就会失去中性，失去平衡，就将产生欲望，就必然会动。所以，人只要心动，只要一有意欲，就必然相伴而出现善或恶。意动是知也是行。从这里也引出，只要有知有行就必然会出现善恶，非善即恶，非恶即善。

三、知善知恶是良知

人心只要一动，只要有意欲，就必然出现善恶。当善恶已经存在的时候，分清善恶就非常重要。如果能分清孰善孰恶，这就是良知；如果分不清孰善孰恶，这就是没有良知。这里提出两个概念，一是知，就是要有判断力，能分出有善有恶，何善何恶，而不能善恶不分，这就是知。二是良知。这就是一个判断的标准问题。良知的观念原出于《孟子》，孟子说：“人之所不学而能者，其良能也。所不虑而知者，其良知也。孩提之童无不爱其亲者，及其长也，无不知敬其兄也。”只有把善作善，把恶当恶，才叫良知。如果只“知”，而没有“良知”，虽然会能分清善恶之别，但有可能会把“善”当“恶”，或者把“恶”当“善”。只有良知，才能以“善”为善，以“恶”为恶。如果说“有善有恶意之动”是纯粹理性的话，“知善知恶是良知”不但强调的是纯粹理性，而且还强调实践理性，也就是具有道德的含义。因此，“知”只是客观的、纯粹的认识问题，而“良知”就有了道德的、社会的问题，有了价值取向的问题。阳明继承了孟子的思想，他说：“心自然会知，见父自然知孝，见兄自然知悌，见孺子入井自然知恻隐，此便是良知，不假外求。”良知作为先天原则，不仅表现为“知是知非”或“知善知恶”，还表现为“好善好恶”，既是道德理性原则，又是道德情感原则。良知不仅指示我们何者为是何者为非，而且使我们“好”所是而“恶”所不是，它是道德意识与道德情感的统一。一个人的价值观受他的环境影响，因此，良知不是天生就能产生的，这就提出了“致良知”的问题。

四、为善去恶是格物

格物在这里的涵义非常丰富，指人类的各个方面的活动，如果概括地说，就是改造客观世界，就是人生实践的目的。为善去恶就是人类改造客观世界的目的和标准。阳明先生在这里用了格物这样一个内涵抽象模糊而内容非常丰富的词，给后人留下了十分广阔的想象空间。可以说，“格物”二字可涵盖人类的一切行为，人类对自己、对他人、对社会的一切活动都可以“为善去恶”为根本标准。

从“知善知恶是良知”到“为善去恶是格物”，通过“致良知”达到了“知行合一”的境界。“致良知”和“知行合一”是阳明思想的精粹和核心，这是认识和实践的统一。阳明的“四句教”，从逻辑上是一个从认识到实践的过程。从“心”到“物”，从“无”到“有”，从“知”到“行”，从主观到客观，再到“知行合一”，达到物我同体的境界。尤其需要指出的是，“知行合一”的过程，并不是自发就能实现，而是需要一个“致”的“工夫”。程灏说：“涵养须用敬，为学则在致知。”“致”的过程，既是一个认知的过程，也是一个磨炼修习的过程，因此需要下艰苦的“工夫”。“工夫”在阳明心学中是一个十分重要的范畴，是一个不可或缺的环节和过程，没有“工夫”的过程，就无法从“知”到“良知”，从“良知”到“知行合一”。把在实践中磨炼和静思中体悟作为“学问”的范畴，这是阳明为学治学的一大特点，也为中国学术开辟了一个新的境界，这种思维方式和哲学理念对三百年后王夫之的“经世致用”、“在事中磨”的治学思想的提出有很大的启迪作用，从而使中国传统学术走出了宋明理学空谈道论的窘境。

“中庸之道”漫议

一、“中庸”之微言大义

“中庸”一词，在《论语》中只出现了一次。《雍也》篇中，孔子说：“中庸之为德也，其至矣乎！民鲜久矣。”根据《说文解字》的解释：“中”，即中正平和，不偏不倚；“庸”，用也，常也。“中庸”，即中正不偏激、可常行之道。孔子认为，“中庸”是最崇高的道德，但长期以来，早已被人们淡忘、忽视了。

孔子把“中庸”归于“德”，实际上，是把它作为处理、协调矛盾的一种思想方法与处世原则、技巧。在现实社会中充满了各种矛盾，矛盾的双方既相互对立、排斥，又各有相对合理的因素。人处于其中，既不能兼容，又不能回避，只能正视矛盾，设法加以协调、解决。比方说，在宗法社会中，人与人之间有诸如君臣、父子、尊卑、贵贱等各种等级差别，以及与之密切相关的各种权力、利益冲突，也就有了各种社会矛盾。于是便产生了“礼”，用礼的形式，既肯定、维护了客观存在的等级制度，同时也对每位社会成员的道德、行为、权力、利益等进行约束和规范，这就使得各种社会矛盾的诸多因素能在相对合理、有序的状态中既共同存在，又相互协调，从而使社会得以稳定、发展。因此，社会矛盾越是尖锐，孔子就越是极力主张礼治。

虽然“中庸”二字在《论语》中只出现了一次，但其精神、原理却贯彻于《论语》全书乃至孔子及其儒家的思想体系中。中庸之道反对极端、过头。孔子认为，矛盾的两个极端，都同样谬误。这就是其所谓“过犹不及”。《先进》篇：

子贡问：“师与商也孰贤？”子曰：“师也过，商也不及。”曰：“然则师愈与？”子曰：“过犹不及。”

“师”即颛孙师，也就是子张；“商”即卜商，也就是子夏。子贡问孔子，子张与子夏这两位弟子中，谁更“贤”一些？孔子说：子张过头些，而子夏又不够些。到底“贤”、“过”与“不及”具体指什么？这里没说，也并不重要。重要的是，子贡按一般人的观念，觉得过头一些总比不够要好，但孔子认为，“过”与“不及”都同样不好。为什么“过犹不及”呢？因为二者都违背了合适的“度”。任何事物，都得有一定的界限、一个合适的“度”。即便是真理，逾越了这个“度”哪怕是一步，也可能变成谬误。而且有的时候，事物过了极限，反而会向它的对立面转化。比如：

子游曰：“事君数，斯辱矣；朋友数，斯疏矣。”（《里仁》）

子夏为莒父宰，问政，子曰：“无欲速，无见小利。欲速，则不达；见小利，则大事不成。”（《子路》）

这里指出，事奉国君，不可“数”，也就是不可过于殷勤、密切，否则就会引起反感而走向反面——反遭耻辱。孔子还说：“事君尽礼，人或以为谄。”（《论语·八佾》）——连他人也会误解，这就“里外不是人”了，哪怕本人出发点并不坏。对待朋友也是一样，过于殷勤就可能反遭疏远。在处理政务以及日常事务中，人们在主观愿望上总想出效果，对于一些可见的利益，人们总不愿放过。可是这样一来，往往事与愿违。想快，结果反而更慢；贪图小利，反而坏了大事。这些客观效果与主观愿望恰恰相反的事例，我们每个人都常有身历、耳闻、目见。所以，孔子最反对偏激。他说：“子绝四：毋意，毋必，毋固，毋我。”（《子罕》）主观臆断、绝对化、固执、唯我独是，这都是偏激的表现，孔子极力杜绝。避免过头、走极端，最好的办法，就是凡事取其中，适中合度，不偏不倚。像上述的事君、事朋友，孔子的主张是：“所谓大臣者，以道事君，不可则止。”（《先进》）子贡问友，子曰：“忠告而善道之，不可则止，毋自辱焉。”（《颜渊》）对待国君，以仁义之道为宗旨，该怎么办就怎么办；对待朋友，忠言相告，好好引导。这些都得有度。如果对方不接受，一意孤行，就只好作罢，甚至走人，千万不可勉强，否则就可能自取其辱。至于日常行事，也是这个原则。如：季文子三思而后行。子闻之，曰：“再，斯可矣。”（《公冶长》）季文子即鲁国大夫季孙行父。其人处事谨慎，三思而行。这本该无可非议。可是此人往往谨慎过头。《左传·文公六年》载：季文子准备出使晋国，临行前，让人代他向鲁君请求：如果遇到不幸，应享什么样的丧礼。手下人问他：“准备这个有什么用？”文子答道：“要预备不测之事，这是自古以来的教训，否则万一事到临头去请求而求不到，那就为难了。现在请求虽然过分了一点，但又有什么害处？”——这就是“三思”得过头了。宦懋庸说：“文子生平盖祸福利害之计太明，故其美恶两不相掩，皆三思之病也。其思之至三者，特以世故太圆，过为谨慎，然其流弊将至利害徇一己之私矣。”（宦懋庸《论语稽》）“三思”既为太过，不思显然不行，于是孔子认为季文子最合适的是取其中：“再（二思），斯可矣。”这种事取其中的原则，也体现在孔子自己的待人行事中。比方说：“子钓而不纲，弋不射宿。”（《述而》）“钓”是用钓竿钓鱼，“纲”是用系有许多鱼钩的大绳拦河捕鱼；“弋”是用带丝线的箭射天上的飞鸟，“宿”指栖止的鸟。对鱼、鸟，不捕不射，则不得食；但若用纲拦捕，或射杀栖止的鸟，则显得志在必得、用心太过。于是用钓，使之愿者上钩；用箭射飞鸟，若被射中说明其鸟命该绝。如此既得鱼鸟，又无太过之嫌，心安理得。此则为适中之道。再比方说："阳货欲见孔子，孔子不见，归孔子豚。孔子时其亡也，而往拜之。"（《阳货》）阳货想要孔子去见他，孔子恶其为人而不见。阳货便趁孔子不在家时，送给孔子一只熟小猪，目的是要让孔子为了答谢而不得不去见他。对于孔子来说，这显然是个难题：若再不去，明为失礼；若去，便中了阳货的圈套。于是来个适中的办法：趁阳货不在家时去答谢，这样既不失礼，也见不了阳货。此外还有一例："孺悲欲见孔子，孔子辞以疾。将命者出户，取瑟而歌，使之闻之。"（《阳货》）孺悲想见孔子，据《礼记·杂记》记载，大概是想向孔子学习丧礼。不知何故，孔子不想教他，于是托言有病而婉拒了。当传命者刚走出房门，孔子则弹瑟高歌，故意让孺悲听到。孔子这样做用意何在呢？大概是觉得，若单以病推辞，孺悲可能会信以为真而不明白孔子的真实态度；若正面拒绝，又未免过于令孺悲难堪。"取瑟而歌，使之闻之"，正是一种适中的办法。

除了以上不取两端，仅取其中外，也可于两端兼取并存，具体则视情况而有不同。首先，可兼具两端而各有节制、分寸。如："《关雎》乐而不淫，哀而不伤。"（《八佾》）"子温而厉，威而不猛，恭而安。"（《述而》）

《关雎》是《诗经》第一篇，其中哀、乐具体何指，姑且不论。孔子认为，《关雎》中哀、乐两端均有，但乐而不过度即"不淫"，哀而不过度即"不伤"，所以虽容两端却为佳篇。孔子为人，既有威仪却不凶猛，只让人感到严厉；又庄严而安详，使人感到温和又不失其庄重。"温"与"厉"，两端具备，却又都不过分。其次，可兼取两端，融两端之长而去两极之弊，化对立为有机的统一体。如："质胜文则野，文胜质则史，文质彬彬，然后君子。"（《雍也》）"质"与"文"，是对立的两端，一个人过于质朴则显得粗野，而文采太过又显得虚浮。作为君子，应兼有质朴与文采，二者相得益彰。此外，还可兼收并蓄，就是于各方中取其善者、去其恶者，重新组合。如：颜渊问为邦，子曰：

“行夏之时，乘殷之辂，服周之冕，乐则《韶》、《舞》，放郑声，远佞。郑声淫，佞人殆”。（《卫灵公》）关于治国，孔子认为，在历法上，应采用适合农时的夏历；在名物制度上，应采用较为质朴的商代车子和较为华美的周代礼帽；在音乐上，应采用舜时的《韶》和周武王时的“武”（即《舞》），因为孔子认为，《武》尽善，《韶》尽善尽美，听到《韶》乐，甚至可以“三月不知肉味”；而郑国的音乐放荡，有害于民风，应舍弃不用；在用人上，则应疏远危险的小人。

实行“中庸”，还有一种方法就是“权”。孔子说：“可与共学，未可与适道；可与适道，未可与立；可与立，未可与权。”（《子罕》）这句话说的是，与人共学，却未必可与他同道；可与他同道，却未必可与他同有成就；可与他同有成就，却未必可与他同样善于通权达变。这本与《中庸》无关，但其中谈到“权”，即处理矛盾时通权达变的问题，并且可知孔子以“权”为人们立身处世的一种高度的修养。所谓“权”，通权达变，就是不拘泥，“毋必，毋固”，而善于审时度势，灵活变通。且看这一例：子路问：“闻斯行诸？”子曰：“有父兄在，如之何其闻斯行之？”冉有问：“闻斯行诸？”子曰：“闻斯行之。”公西华曰：“由也闻斯行诸，子曰‘有父兄在’；求也问闻斯行诸，子曰：‘闻斯行之’。赤也惑，敢问。”子曰：“求也退，故进之；由也兼人，故退之。”（《先进》）同样一个问题，听到一句正确的话就必须马上实行吗？孔子对子路与冉有的回答截然相反：对冉有回答说，必须马上实行；而对子路回答说，父兄还在，不能马上实行。难怪公西华不得其解。孔子却自有道理：冉有向来遇事退缩不前，所以要促进他；而子路生性莽撞好胜，所以要打打他的锐气。这就是说在教学方法上要因材施教；在处事方法上要通权达变。进和退，是矛盾对立的双方，似乎二者必取其一；但在现实中应视其具体情况（如对象、条件等）不同，区别对待，灵活处理。退者，则进之；进者，则退之。否则进、退、折中都不对。四川武侯祠有一对联，其下联曰：“不审势则宽严皆误，后来治蜀要深思”，就是这个道理。孔子还说：“君子之于天下也，无适也，无莫也，义之与比。”（《里仁》）这句话听起来似乎有点相对主义、虚无主义的色彩，其实说的正是权变问题。对于天下万事万物，不能一成不变地认为该怎样、不该怎样，关键在于坚持一个“义”字。只要符合道义，该怎样就怎样。孟子论孔子：“可以仕则仕，可以止则止，可以久则久，可以速则速。”（《孟子·公孙丑上》）就是说孔子善于审时度势，该仕则仕，该退则退，该留则留，该走马上就走。

折中、兼取、权变，可以说是“中庸”的三大法则。但切不可认为孔子的“中庸”就是不讲原则、调和矛盾或圆滑世故的市侩哲学。孔子说过：“无求生以害仁，有杀身以成仁”、“当仁不让于师”、“道不同不相为谋”（俱见《论语·卫灵公》）等，可见他在仁、义等原则问题上，从不含糊。所以他虽然提倡中庸，但反对不讲是非的折中。他说：“乡愿，德之贼也。”（《阳货》）“乡愿”，就是我们日常所见的那种不讲原则是非、八面玲珑、四方讨好的好好先生。孔子认为，这样的人，是败坏道德的贼寇。

二、“中庸”之“和而不同”

在孔子的“中庸”学说中，还有一个十分重要的命题：“和而不同”。他说：“君子和而不同，小人同而不和。”（《子路》）孔子还说：“礼之用，和为贵。先王之道，斯为美，小大由之。有所不行，知和而和，不以礼节之，亦不可行也。”（《学而》）这里就提出了礼的根本作用在于“和”，也就是协调中和各种矛盾。孔子认为，过去圣明的君王的治国之道最可贵之处，就在于此。不管什么事情，都以“和”来解决，即使遇到困难，也努力求和。求和，就必须借助于礼，以礼对人们加以节制。孔子也说过：“夫礼，所以制中也。”（《礼记·仲尼燕居》）

“和”，也就是“中庸”的原则。通过“和”，使矛盾得到平衡、和谐、统一，人人都可在矛盾中处于中正平和，因此它具有普遍、永恒的意义。这就是“中和可常行”的“中庸”之道。

关于“和”与“同”的概念，其实并非孔子的发明。在春秋时，早已有之。《左传·昭公二十年》有如下一段记载：

齐侯至自田，晏子侍于遄台，子犹驰而造焉。公曰：“唯据与我和夫！”晏子对曰：“据亦同也，焉得为和？”公曰：“和与同异乎？”对曰：“异。和如羹焉，水火醯醢盐梅，以烹鱼肉，燀之以薪，宰夫和之，齐之以味，济其不及，以泄其过。君子食之，以平其心。君臣亦然。君所谓可，而有否焉，臣献其否，以成其可；君所谓否，而有可焉，臣献其可以去其否。是以政平而不干，民无争心。故《诗》曰：‘亦有和羹，既戒既平。鬷嘏无言，时靡有争。’先王之济五味、和五声也，以平其心、成其政也。声亦如味，一气二体三类四物五声六律七音八风九歌，以相成也；清浊小大、短长疾徐、哀乐刚柔、迟速高下、出入周疏，以相济也。君子听之，以平其心，心平德和。故《诗》曰：‘德音不瑕。’今据不然。君所谓可，据亦曰可；君所谓否，据亦曰否。若以水济水，谁能食之？若琴瑟以专一，谁能听之？同之不可也如是。”

晏子这番长篇大论，把“和”与“同”的问题阐释得既生动又透彻。“据”即齐大夫梁丘据，字子犹。齐景公认为他与自己最“和”，而晏子不以为然，认为那只是“同”。他说，所谓“和”，就像烹调一样，水火鱼肉，加上各种不同的佐料，并去其不好的味道（如腥、臭、苦、涩等），才成其美味，让人吃得可口舒心。又好像音乐一样，各种乐器、音调、情绪、节奏、速度、旋律等，各有不同而富有变化、配搭和谐，才能成其为好听的音乐。君臣之间也是这样。君王认为合理的，其中也有不合理之处；君王认为不合理的，其中也必有合理之处，臣子应提出自己的不同见解，才能使君王的决定更合理完善。这才是

"和"。而梁丘据君王说可，他也说可；君王说不，他也说不，一味苟同附和，就好比同味相加不能吃、同声相叠不好听。这就是"同"。可见，"和"与"同"有本质的差别。"和"是和谐，是指彼此间在肯定差异中求统一；而"同"是苟同，指完全无差异的一致。孔子认为，君子与他人之间，应在坚持原则的前提下存异而求同，而不能毫无原则地苟同附和。"中庸"为德之至，而"乡愿"为德之贼，其道理就在于此。关于这个问题，《论语》中还有以下论述："君子周而不比，小人比而不周。"（《为政》）子贡问曰："乡人皆好之，何如？"子曰："未可也。""乡人皆恶之，何如？"子曰："未可也。不如乡人之善者好之，其不善者恶之。"（《子路》）"君子矜而不争，群而不党。众恶之，必察焉；众好之，必察焉。道不同，不相为谋。"（《卫灵公》）"益者三友，损者三友。友直、友谅、友多闻，益矣；友便辟、友善柔、友便佞，损矣。"（《季氏》）以上这些，就是"和而不同"的待人、看人、交友的原则。作为君子，首先应在态度上庄重、矜持而不好争斗，这样才善于与人交往；其次，要善于与各种不同的人和睦共处（即"周"、"群"），但不能相互勾结、拉帮结派（即"比"、"党"）。这就需要坚持一定的原则、立场——道。道不同者，不能深交共谋。结交朋友，要交正直、守信、博学之人，这样于己有益；而不能交谄媚、伪善、虚浮等对己有害的人。看一个人，众人都说他好的，或者众人都说他坏的，这样的人都不好。最好是好人都说他好，坏人都说他坏。这些原则，即使在今天，也还是适用的。

在对于矛盾的认识、解决问题上，先秦诸子各有不同的见解、主张。道家强调矛盾的相对性，认为诸如荣辱、祸福、生死、得失等等各种矛盾，都可以无条件转化，因此主张消极顺应。法家则强调矛盾对立的绝对性，主张强力、压制，其结果往往激化矛盾。孔子的中庸思想，承认矛盾对立，但反对极端、激化，而主张在一定的原则上协调矛盾，使对立双方趋向统一、平衡，这无疑具有相当的积极、进步的意义。

在他之后，儒家学者对这一思想进行深入阐释、发挥。相传为子思（即孔伋，孔子嫡孙）所作的《中庸》（《礼记》之一篇），就是其中的代表。《中庸》强调“执其两端，用其中于民”和“时中”（即权变而把握其中），并且把中庸之道提高到世界观的高度。比如其中说道：“中也者，天下之大本也；和也者，天下之达道也。致中和，天地位焉，万物育焉。”中庸之道遂成为儒家思想体系的一个十分重要的内容，对中国的传统思想文化产生了极其深远的影响。

三、“中庸”作为最高的道德修养

“中庸”思想，虽然早在春秋时代已被孔子所特别推崇，孔子曾给“中庸”以很高的评价说：“中庸之为德，其至矣乎？民鲜久矣。”（《论语·雍也》）不过在孔子那里，“中庸”作为一种道德修养标准尚未上升到哲学的理论高度，后来的儒家经典《礼记》则在此基础上，从道德的高度进一步阐发了儒家这种重要的伦理思想。《礼记》从人生哲学的角度确立了以“中庸”作为个体道德修养的最高标准。

《礼记·中庸》开宗明义说：“天命之谓性，率性之谓道，修道之谓教。”这是全篇的总纲，也是作者从哲学角度为“中庸”作为儒家道德修养标准所提供的理论依据。其中“天命之谓性”，是说人性是上天所赋予的，是生而俱有的。这句话虽然没有讲到人性的善恶，但从下一句“率性之谓道”来看，《中庸》作者是承认人具有先天善性的。“率性之谓道”，意谓循性而行就是“道”，可见人性一定是善的，否则循性而行就不能称之为“道”。在这里，《中庸》作者试图通过道与性命之间的联系，来说明仁义礼智这些儒家所推崇的道德质量是内在于人的本性的客观存在，而并非外界强加于人的。这种见解实际上是孟子“仁义礼智非外铄我也，我固有之也”（《孟子·告子上》）观点的另一种表述。

但《中庸》并没有因为人具有天生的善性而崇尚性命之道的自发

性，而是十分注重后天教化的作用，要求人们自觉地加强道德修养，这就是所谓的“修道之谓教”。在《中庸》作者看来，人们虽然具有与生俱来的善性，但正像孔子所说：“性相近也，习相远也。”（《论语·阳货》）如果个体的人不加强后天的道德修养，先天的善性就会被后天的恶习所抵消。此外，尽管人们都先天地具有善性，但每个人的先天气禀又是不尽相同的，有的人行动太过，有的人行动不及。这些都要求必须有一个可供人们后天进行道德修养的共同标准。《中庸》认为最好的道德修养标准莫过于“道”，或者说是无过无不及的“中庸之道”。《荀子·礼论》说：“礼者，断长续短，损有余，益不足，达爱敬之文，而滋成行义之美者也。……故其立文饰也，不至于窕冶；其立粗恶也，不至于瘠弃；其立声乐恬愉也，不至于流淫惰慢；其立哭泣哀戚也，不至于隘慑伤生，是礼之中流也。”这就表明，礼虽然主要包括伦理原则和道德规范两大内容，但贯穿于这两大内容之中的仍然是无过无不及的“中庸之道”。《礼记》对“中庸”的解释是：“喜怒哀乐之未发，谓之中；发而皆中节，谓之和。中也者，天下之大本也；和也者，天下之达道也。致中和，天地位焉，万物育焉。”（《中庸》）“喜怒哀乐”是人性的表现，“未发”是指人性未表现出来时的存在状态。这种存在状态是不偏不倚的，故谓之“中”。“发而皆中”是指“喜怒哀乐”之类的人性表现均符合节度，符合节度即为“和”。“中”在思想上符合天赋本性，是天下的根本；“和”在行动上符合天赋的本性，是天下普遍推行的准则。人们只要将“中”与“和”的原则发挥到极处，天地就清宁，万物就茂盛。因而“中和”自然应该成为人们道德修养的最高标准。可见在《礼记》中涉及道德修养问题时，中和与中庸是相通的，中和即中庸。

“中庸”作为道德修养最高标准的显著标志之一，就在于它是区分“君子”与“小人”的试金石。《礼记·中庸》中仲尼曰：“君子中庸，小人反中庸。君子之中庸也，君子而时中；小人之反中庸也，小人而无忌惮也。”君子之所以能成为君子，就在于他能随时让自己的言行符合中庸要求；而小人虽然有时也能让自己的言行符合中庸要求，然而一旦遇到特殊情况，则无所顾忌和畏惧，言行就会违反中庸要求。这样，能否在任何场合都坚持中庸标准，就成了显示道德修养优劣的显著标志之一。对一个道德高尚的君子来说，他一定能够做到“戒慎乎其所不睹，恐惧乎其所不闻。莫见乎隐，莫显乎微。故君子慎其独也”。（《中庸》）也就是说，君子不但在别人看不见、听不到的情况下能自觉而谨慎地奉行“中庸之道”，而且在隐蔽幽微之处也丝毫不会出现偏离“中庸之道”的念头。而对一个品德修养一般的人来说，他往往自以为很聪明，但在私欲的驱使下，落入到罗网和陷阱之中而不知躲避。这种自以为聪明的人即使选择了中庸之道，可能连一个月也坚持不了。这就是孔子所说的：“人皆曰予知，驱而纳诸罟护陷阱之中，而莫之知辟也；人皆曰予知，择乎中庸而不能期月守也。”（《中庸》）在《礼记》作者看来，中庸作为一种最高的道德修养标准，普通民众长久以来很少能坚持实行它，只有孔子的贤弟子颜回才真正做到了选择中庸之道，并始终以此作为道德修养的标准，正所谓“中庸其至矣乎！民鲜能久矣。……回之为人也，择乎中庸，得一善，则拳拳服膺而弗失之矣”。（《中庸》）

作为儒家最高的道德修养标准，“中庸之道”的作用十分广泛而性质又非常精微。《中庸》说：“君子之道费而隐。夫妇之愚，可以与知焉，及其至也，虽圣人亦有所不能焉。……故君子语大，天下莫能载焉；语小，天下莫能破焉。……君子之道，造端乎夫妇；及其至也，察乎天地。”（《中庸》）一句话，中庸之道具有无所不包的性质，从普通百姓到圣人都可以把它作为道德修养的标准。中庸之道作为一种适用范围极广，而又性质精微的道德修养标准，它之所以长久以来难以为普通民众所实行，原因主要有两点：其一，中庸之道的尺度不易把握，非大智大仁不足以行之。《中庸》引用孔子的话说：“道之不行也，我知之矣：知者过之，愚者不及也。道之不明也，我知之矣：贤者过之，不肖者不及也。人莫不饮食也，鲜能知味也。”意思是说，中庸之道要求人的认识和行为无过无不及而恰到好处，可是人的禀气不同，智者、贤者过之，愚者、不肖者不及，所以“民鲜能久矣”。孔子认为只有像舜这样大智大仁的圣人，才能恰当地把握住“中庸之道”的尺度以成就事业：“舜其大知也与！舜好问而好察迩言，隐恶扬善，执其两端，用其中于民，其斯以为舜乎？”（《中庸》）其二，中庸之道贵在持之以恒，非勇毅刚强者不足以行之。《中庸》引孔子之语称：“天下国家可均也，爵禄可辞也，白刃可蹈也，中庸不可能也。”在孔子眼中，奉行中庸之道是比治天下、辞爵禄、蹈白刃更为艰难的事情。没有超常的毅力和勇气，就不可能坚持实行中庸之道。孔子还认为，只有性格真正刚强的人才能持之以恒地奉行中庸之道，这种刚强的性格应该具有以下特点：待人和顺且不迁就，保持中立而不偏倚，国家政治清明时不改变穷困时的贞操，国家政治黑暗时不改变自己的志向。可见这种性格的刚强是自强，而不是以气胜人或以力胜人。只有具备了这种刚强的性格，才能坚持奉行中庸之道。由此可见，“中庸”是指道德修养中不偏不倚、平和中正的状态。它不像其他道德范畴那样具有实在性的意义，而只是贯彻于道德修养过程中的最高标准。在《中庸》看来，人们如果能够在各自的道德修养中按照儒家的伦理原则和道德规范“择乎中庸”、“中立而不倚”，那么就可以做到：“素其位而行，不愿乎其外。素富贵行乎富贵，素贫贱行乎贫贱，素夷狄行乎夷狄，素患难行乎患难，君子无入而不自保焉。在上位不陵下，在下位不援上。正己而不求于人则无怨。上不怨天，下不尤人。”如此，则人人安分守己，实现“王道”政治理想也就指日可待了。

修养的境界

人格修养论在中国传统文化中占有很重要的位置，尤其是在儒家文化中作为“人之所以能成为人”、人达到至善境界的重要途径。最具有代表性的是孟子的观点。孟子论修养，是以性善论为根据的。孟子认为人一生下来都具有恻隐、羞恶、辞让、是非四种善心，这是仁、义、礼、智的开端。这就是孟子所谓性善论。他在《公孙丑》上篇说：

恻隐之心，仁之端也；羞恶之心，义之端也；辞让之心，礼之端也；是非之心，智之端也。

人之有是四端也，独其有四体也。有是四端而自谓不能者，自贼者也；谓其君不能者，贼其君也。（第六章）

恻隐、羞恶、辞让、是非四种是仁、义、礼、智四种善性的开端。人有这四种开端，如同他有手足四肢一样。孟子认为，有这四种开端却认为自己不行的人，这是自暴自弃的人；认为他的君主不行的人，便是暴弃他君主的人。孟子还说：“凡有四端于我者，知皆扩而充之矣，若火之始然，泉之始达，苟能充之，足以保四海；苟不充之，不足以事父母。”孟子认为，凡是具有四种开端的人，如果晓得把它们扩充起来，便会像刚刚流出的泉水一样、终必汇为江河，假如扩充它，便足以安定天下；假如不扩充它，就不足以事奉父母。

孟子认为仁、义、礼、智四种善行完全是天赋的、与生俱来为人心所固有的，他还把这种天赋叫作“良知”、“良能”。孟子把人不待学习便能做到的叫作“良能”，把不待思考便会知道的叫作“良知”。这种“良能”、“良知”推广到社会就形成了“仁义”、“仁政”等伦理规范和政治原则。他认为，充分扩张善良的本心，这就是懂得了人的本性，懂得了人的本性，就懂得天命了。保持自己的善良本性，培养自己的善良本性，这就是对待天命的方法。他说，短命也好，长寿也好，我都不三心二意，只是修养身心，等待天命，这就是安身立命的方法。关于自我人格修养，孟子主要是提倡尽心、知性、知天的自我修养的方法。

孟子认为，尽心、知性、知天，就是扩充存养的过程。尽心即存心，保持心的完善无缺。孟子说：“在人者，不失其赤子之心者也。”（《离娄》下篇）赤子之心就是能保持那种婴儿的天真纯朴的心的人。尽心即保持这种赤子之心而不失掉，而要做到这一点，就必须克服不正当的欲念。孟子认为，修养心性的方法没有比减少物质欲望更好的了。如果一个人的物质欲望不多，即使善性有所丧失，也不会多；如果他的物质欲望多，即使善性有所保存，也不会多。因此，减少物质欲望，扫除私心杂念，就是修养心性的最好的方法。

孟子主张君子不要勉强去追求富贵，应该努力去修养自身。孟子认为人人都想得到富贵安乐，但能否得到要听认命运的安排，自己不能去强求。人们是否具有仁、义、礼、智，是否能得到天道，都是由命运决定的，但也有人本性的作用，君子强调本性的作用而不强调由命运决定的，意在鼓励人们要努力去修养自身，努力保存自己善良的本性，这样才能得到“天道”。

孟子还谈及君子应该讲善言、行善道，努力修养自身而使天下太平。他在《尽心》下篇中说：“言近而指远者，善言也；守约而施博者，善道也。君子之言也，不下带而道存焉；君子之守，修其身而天下平。人病舍其田而芸人之田——所求于人者重，而所以自任者轻。”孟子所谓“善言”，就是言语浅近而意义深远；“善道”，就是操持简单而效果广大。君子必须严格要求自己，努力去修养自身，然后才能去影响别人，让别人效法，从而使天下太平。孟子还认为，一个人要做到一切言行都自然而然地符合礼的要求，必须要效法商汤、周武王通过修身来保持仁义的善性。孟子说尧舜的行仁德是出于本性，汤武是经过修身来恢复本性然后力行。汤、武是自然而然地一切都按照仁义行事，毫无私心杂念，毫无矫揉做作，达到了美德中的最高境界。君子应该按照这种法则去做，通过修身来保持仁义的善性，使一切言行都合于礼。

为了加强扩充存养，孟子还提出了“浩然之气”。他在《公孙丑》上篇中说：“我知言，我善养吾浩然之气。……其为气也，至大至刚，以直养而无害，则塞于天地之间。其为气也，配义与道；无是，馁也。是集义所生者，非义袭而取之也。行有不慊于心，则馁矣。”孟子所谓浩然之气，就是用正义去培养一种最伟大最刚强的精神性气质。这种浩然之气，又必须与义和道配合，是由正义的经常积累所产生的。这种气又称“平旦之气”或“夜气”。他又在《告子》上篇中说：“其日夜之所息，平旦之气，其好恶与人相近也者几希，则其旦昼之所为，有梏亡之矣。”孟子认为那些丧失善心的白天黑夜还会滋生善性，特别在天刚亮的时候会有善的气质产生，这时候他内心的好恶与一般人相近的还有一点点，可是一到第二天白天，他的所作所为又把它们消减了。如果夜间萌发的善气不足以保存，那么他就离禽兽不远了。孟子要求人们要时时刻刻地保存和培养这种夜间产生的纯真、清明之气，那么人的本性都是善的。孟子还论述了道德修养的等级，希望人们努力修养达到更高的境界。

孟子认为有道德的人可以分为六等，即“善”、“信”、“美”、“大”、“圣”、“神”。这六种等级的划分，是按仁、义、礼、智四种善性来衡量的，一级比一级高，说明人的道德修养是无止境的，应该不断努力修养，争取达到更高的境界。

人的个性不同，大致可分为“中道”、“狂”、“狷”三种。“中道”是指行为合乎中庸之道的人，即不偏不倚、不左不右、一切都符合仁、义、礼、智四种善性的人。“狂言”是指狂妄的人，即志向远大、知进而不知退的人。“狷”是指狷介的人，即洁身自好、守节无为的人。狂与狷，虽然有所偏，如果努力修养，也可以成为圣人。孟子还在《万章》下篇中论述了伯夷、伊尹、柳下惠、孔子等圣人道德的特点：孟子认为伯夷是圣人中清高的人，伊尹是圣人中以天下为己任的人，柳下惠是圣人中随和的人，孔子是圣人中识时务的人，也是兼具各家之长的集大成者。孟子强调个人的修身养性，不论其个性如何，只要努力修养自己，也都可以成为圣人的。

孟子提出“与人为善”之说。他认为君子不仅要欢迎别人帮助自己为善，而且要帮助别人一同为善。孟子说，子路，别人把他的错误指点给他，他便高兴。禹听到了善言，他就给人敬礼。伟大的舜更是了不得，他对于行善，没有别人和自己的区分，抛弃自己不正确的意见，听从别人正确的意见，乐于吸取别人的长处来行善。他从种庄稼、做瓦器、做渔夫直到天子，没有一样长处不是从别人那里吸取来的。吸取别人的长处来为善，这就是偕同别人一道行善。所以君子最高的德行就是偕同别人一道行善。子路和禹欢迎别人帮助自己为善，而舜则主动吸取别人的长处来为善，并能与别人一道行善，其道德境界是最高的。

孟子还提出“自反”之说，凡事办得不好都应从自己身上找原因。孟子认为自己爱别人，可是别人不亲近我，就要反省自己是否十分仁爱；治理别人，可是没有治理好，就要反省自己是否很有智谋；礼貌待人，可是得不到相应的报答，就要反省自己是否恭敬。任何行为如果没有得到预期的效果，就得反躬自责，自己的确端正了，天下的人心都会归向自己。

孟子认为一个人应该有“知耻”之心。他在《尽心》上篇中说：“人不可以无耻，无耻之耻，无耻矣。”孟子认为，人不可以不知羞耻，有羞耻心的人才有好的道德，才不会去做坏事。如果没有羞耻之心，那就什么坏事和丑事都能做得出来。不知羞耻的人无可救药；懂得羞耻的人，才能严格要求自己，才能赶上和超过别人。

孟子还提出君子求学贵在自得的思想。孟子认为君子要用正确的方法来进行深造，就是要求他自觉地得到知识。自觉地得到知识，就能牢固地掌握它而不动摇；牢固地掌握它而不动摇，知识就能积蓄得深；知识积蓄得深就能取之不尽，左右逢源，所以君子要自觉地去求得知识。他还谈及教和学都要追求最高的目标和遵循一定的规矩。孟子说，羿教人射箭，一定要把弓拉满了；学的人也一定要努力拉满弓。有名的木匠教人做工，一定依循规矩，学的人也一定要依循规矩。孟子以这两个比喻来说明教和学都要追求最高的目标和遵循一定的规矩。这个目标和规矩就是仁、义、忠、信等道德规范。他还在《尽心》上篇说："大匠不为拙工改变绳墨，羿不为拙射变其彀率。君子引而不发，跃如也。中道而立，能者从之。"君子教人学道如同大匠教人做工、射手教人射箭一般，不会因为学的笨拙而降低标准和要求。君子是采用引而不发的启发式教学方法，让学者自己去揣摩、体会，从而达到一定的要求和目标。孟子还总结了五种教育方法：一是像及时雨那样灌溉万物的，帮助他们迅速成长；二是成全人的品德的；三是培养人的才能的；四是用问答式进行教育的；五是以自己的品德学问供人私下学习的。这五种就是君子教育的方式方法。孟子还谈及学生不能挟持老师回答问题，而应该虚心诚恳地向老师求教。孟子坚决反对五种不礼貌的发问方式：一是倚仗自己的权势来发问，二是倚仗自己的贤能来发问，三是倚仗自己年长来发问，四是倚仗自己有功劳来发问，五是倚仗自己是老交情来发问。这五种发问方式，是孟子所反对的。他提倡学生应该虚心诚恳地向老师学习。对于那些不虚心受教育的人，孟子主张采取"不屑之教诲"的方式。就像他在《告子》下篇中所说的："教亦多术矣，予不屑之教诲也者，是亦教诲之而已矣。"孟子认为，教育也有多种多样的方法，我不屑于去教育他，这也是教育他的一种方法。这是指那些不虚心受教育的人，如果不去理他，让他受到冷落，可能会促使他去反省自己，从而改过自新，这就是所谓的"不教而教"。

处世的学问

中国传统文化中，儒家最重立身处世之道，尤以孟子为代表。孟子作为继孔子之后儒家学派最著名的一位大师，他严于律己，最重气节，有一套自己的处世哲学。他的处世哲学也是以“性善论”作为根据的。主要表现在“出处去就”、“辞让取与”以及“舍生取义”等方面，下面从这几个方面试作探讨。

一、“出处去就”

立身处世的哲学集中体现在作为四书之一的《孟子》一书中，孟子在《离娄》下篇中曾谈论了贤者在盛世和乱世中应该持有的处世态度。他说：禹、稷处于政治清明的时代，三次经过自己家门都不进去，孔子称赞他们。颜子处于天下大乱的时代，住在简陋的巷子里，一箪饭，一瓢水，别人都受不了那种苦生活，他却自得其乐，孔子也称赞他。孟子对此事评论认为，禹、稷和颜回处世的态度虽有所不同，但道理却一样。禹、稷处在太平盛世，政治理想得到实现，所以他们才能够那样积极地为百姓办事。假如禹、稷和颜子互换地位，颜子也会三过家门不进去，禹、稷也会自得其乐，这就是孔子在《论语·泰伯》篇中所说的：“天下有道则见，无道则隐。”不管处于盛世或乱世，圣贤所持的态度都是积极的。

孟子还指出，君子急于做官，但应该坚持走正道去做官。他曾在《滕文公》下篇中回答了周霄的问话。孟子用父母为儿子找妻室、为女儿找婆家这样一个生动而有趣的比喻，说明君子急于做官而又不轻易去做官，做官必须走正道的道理。君子是不肯同流合污的，就如《尽心》下篇载：孟子说，《论语·卫灵公》载有孔子带着学生周游列国时，在从陈国到蔡国去的途中，因故受到包围，断粮七天。孔子受困，并不是孔子本人有什么过失引起的。而是因为陈、蔡两国的君臣不贤，孔子不愿与他们结交的缘故。

孟子评论事情都是以“道”为准则的。《滕文公》下篇就有一段他与彭更的对话：彭更问孟子说，您的后面跟随的车子几十辆，跟随的人员几百名，从这个诸侯国吃到那个诸侯国，不也太过分了吗？孟子回答说，如果不合理，就一箪饭也不可以接受；如果合理，舜接受了尧的天下，都不以为过分，你以为过分了吗？他认为，推行仁义之道的士人对社会做出的功绩最大，所以士人受到优厚的待遇并不算过分。在评论人物上，孟子也是以道为标准的。如《公孙丑》上篇载：曾皙尊崇子路，因为子路是孔子的门徒，主张行仁政。曾皙羞与管仲相比，因为管仲实行霸道，不行仁政，虽然管仲辅佐齐桓公称霸中原，曾皙也认为那样的功绩十分卑微。孟子认为公孙丑把他和管仲相比是不应该的，因为孟子主张实行王道，反对行霸道。

孟子认为，君主想见贤人但不可用召唤的形式，而应合乎礼节。孟子认为，召唤老百姓要用全幅红绸做的曲柄旗，召唤士用有铃铛的旗，如唤大夫才用有羽毛的旗。用召唤士人的旗帜去召唤老百姓，老百姓难道敢去吗？何况用召唤不贤之人的礼节去召唤贤人呢？这是不合乎礼的，贤人当然不能应召去进见。孟子还打一个比方说，君主想见贤人却不遵循正当的礼节，就如同是想请他进来却把门关闭一样，当然不可能见到贤人。因此，孟子主张严格按礼法办事，决不屈从权贵。

孟子反对从利的立场去考虑问题。如果只考虑利，那么作小的让步以获取较大利益的事可以做，作大的让步以获取较小的利益的事也是可以做的。孟子还认为，本身邪恶不正的人，是不可能使别人正直的。他知道，假如自己不遵循礼法办事，那是不可能使别人按礼法办事的。这表现了孟子严格依礼法行事，决不屈从权贵的精神。孟子还谈及能成大事业的君主应当尊贤敬士，有德有才的贤臣应当守道自重。如《公孙丑》下篇中有一段文字是写齐王想见孟子，但又不愿降低身份先去看望孟子，所以托病召孟子来朝自己。孟子听了使者的话而知道齐王摆架子，所以托病不去朝见齐王。第二天孟子却去東郭氏家里吊丧，故意让人们知道他昨天是托病不上朝的。他这种做法受到了公孙丑、孟仲子、景丑等人的责备。孟子引用曾子的话说："晋、楚之富，不可及也。彼以其富，我以吾仁；彼以其爵，我以吾羲；吾何慊乎哉？"

孟子认为国君应该礼贤下士，不能依靠财富和爵位去轻视行仁守义的贤臣。而行仁守义的贤臣也不要在拥有财富和爵位的君主面前轻贱自己，应该守道自重。孟子还说："故将大有为之君，必有所不召之臣，欲有谋焉，则就之。其尊德乐道不如是，不足与有为也。故汤之于伊尹？学焉而后臣之，故不劳而王；桓公之于管仲，学焉而后臣之，故不劳而霸。"孟子分析了商汤和齐桓公之所以大有作为，能够称王称霸于天下，就是因为能够虚心向大臣学习。

孟子认为那种以阿谀来取得富贵是最可耻的事。他曾设一个寓言来讽刺这种小人。《离娄》下篇载："齐人有一妻一妾而处室者，其良人出，则必厌酒肉而后反。其妻问所与饮食者，则尽富贵也。其妻告其妾曰：'良人出，则必厌酒肉而后反；问其与饮食者，尽富贵也，而未尝有显者来，吾将瞯良人之所之也。'蚤起，施从良人之所之，偏国中无与立谈者。卒之东郭墦间，之祭者，乞其余：不足，又顾而之他，此其为厌足之道也。其妻归，言其妾，曰：'良人者，所仰望而终身也，今若此！'与其妾讪其良人，而相泣于中庭，而良人之知也，施施从外来，骄其妻妾。由君子观之，则人之所以求富贵利达者，其妻妾不羞也，而不相泣者，几希矣。”孟子在故事中叙述了一个齐人乞食坟墓间而回家在妻妾面前大耍威风的故事，辛辣地讽刺了那些追求富贵利达而不择手段的人物。

孟子在“出处去就”问题上是以义为标准的。如《公孙丑》下篇载：孟子去齐，宿于画。有欲为王留行者，坐而言。不应，隐几而卧。客不悦曰：“弟子齐宿而后敢言，夫子卧而不听，请勿复敢见矣。”曰：“坐！我明语子。昔者鲁缪公无人乎子思之侧，则不能安子思；泄柳、申详无人乎缪公之侧，则不能安其身。子为长者虑，而不及子思；子绝长者乎？长者绝子乎？”这里通过想为齐宣王挽留孟子的客人与孟子的对话，说明了孟子的去就，取决于国君有无同他合作共事的诚意。齐宣王没有同孟子合作的诚意，孟子当然要跟他决绝。

孟子来见齐王，是为了实现自己治国安邦的政治主张。因为齐王不采纳他的政治主张，才不得已而离去。尽管如此，孟子对齐王仍然抱有希望。他对齐王的宽大仁厚之心正好与尹士小人之心，形成了鲜明的对比。《公孙丑》下篇又载：孟子去齐。充虞路问曰：“夫子若有不豫色然。前日虞闻诸夫子曰‘君子不怨天，不尤人’。”曰：“彼一时，此一时也。五百年必有王者兴，其间必有名世者。由周而来，七百有余岁矣。以其数，则过矣；以其时考之，则可矣。夫天未欲平治天下也；如欲平治天下，当今之世，舍我其谁也？吾何为不豫哉？”孟子想到历史的发展都是由乱到治的必然规律时，想到当时只有自己能够担当平治天下的重任时，心中就充满了信心和喜悦。孟子没有受到齐王的信用而离开了齐国，表现了他“可以仕则仕，可以止则止，可以久则久，可以速则速”的思想。

二、辞让取与

孟子认为，君子应该正确对待取与。圣人必须先洁身正己而后才能正天下。他曾在《万章》上篇中说：“伊尹在有莘国的郊野耕田，十分喜爱尧舜之道。如果不符合义，不符合道，即使把整个天下的财富作为俸禄给他，他也不会理睬，即使把四千匹马拴在那里给他，他也不会看一眼。如果不符合义，不符合道，他不给别人一根小草，也不向别人要一根小草。孟子又说：商汤曾派人带着礼物去聘请伊尹，受到了伊尹的拒绝。商汤再三派人去聘请他，他才完全改变态度。伊尹想到天下的人民中，只要有一男或一女没有受到尧舜之道的恩泽，就好像是自己把他推入到山沟中一般。他自己这样担负起天下的重任，所以就到商汤那里去劝说商汤讨伐夏桀拯救人民。凡先知先觉者都应该帮助后知后觉者，应该以天下为己任，假如不把自己的聪明才智发挥出来，就是辜负上天的生育之恩。”

孟子认为，君子受人财物必须根据礼义，凡是符合礼义的财物，虽少但不辞；凡是不合礼义的财物，虽多但不受。孟子对国君的馈赠，有时接受，有时拒不接受，采取两种截然相反的态度，因此陈臻认为孟子在“是”与“非”之中必居其一。孟子回答说都是对的。他接受宋君的馈赠和薛君的馈赠都是有理由的，拒受齐王的馈赠也是有理由的。接受或拒受，都是根据礼义来决定的。他认为，君子是不可以用钱财来收买的。

孟子还认为，士不能寄居在别国，依靠诸侯的赏赐过日子，诸侯如果真正尊贤，就应该举用贤人而让他从上级那里得到给养。鲁缪公屡次问候子思，同时屡次送给他肉食，子思很不高兴。最后一次，子思便把来人赶出大门，认为君主是像对待犬马一样地畜养他。孟子认为，接受君主的馈赠只是暂时性的，不能经常这样做。长期接受馈赠是不合乎礼的。君主喜欢贤人，就应该举用他，让他有一定的职务而从上级那里得到给养。鲁缪公供养子思的方式是不合乎礼的。孟子认为尧对于舜的尊敬和供养是天子诸侯尊贤的典范。他接着上文又说：尧对于舜，使自己的九个儿子向他学习，把自己的两个女儿嫁给他，而且各种官吏，以及牛羊、仓库无不具备，来使舜在田野之中得着周密的生活照顾，然后提拔他到很高的职位上，所以说，这是王公尊敬贤者的典范。

孟子还谈到同贤人结交必须以礼相待，礼的内容不仅在于礼物，而且要注意礼仪。《告子》下篇有载：孟子住在邹国的时候，曾接受了任国季子送来的礼物；住在平陆时也曾接受了齐国卿相储子送来的礼物。可是到了后来，孟子拜访了季子而不拜访储子。这是因为季子代理任国国君管理政事，不能够到别国去见孟子，派人送礼物和孟子结交是符合礼仪的。而储子当齐国国相，可以到齐国的平陆去见孟子，他不亲自去而派人送礼物去和孟子结交。礼物虽多而礼仪不足。孟子交友的标准是合不合于礼，而不在于礼物的多寡。

三、舍生取义

孟子还主张“舍生取义”，认为义比生命更珍贵。他曾在《告子》上篇中说：鱼和熊掌都是味美的食品，如果两者不能并有，那只好舍去鱼，而要熊掌。生命和义都是孟子所喜欢的，如果两者不能并有。便舍去生命，而要义。因为比生命更为孟子所喜爱的是义，比死更为孟子所厌恶的即是不义，所以当生命与义二者不能得兼时应该是舍生取义。孟子还认为，一个人如果能把自己所固有的善性推而广之，便可以成为仁义之人。如他在《尽心》下篇中说：每个人都有不忍心干的事，把它扩充到所忍心干的事上，便是仁。每个人都有不肯干的事，把它扩充到所肯干的事上，便是义。换句话说，人能够把不想害人的心扩而充之，仁便用不尽了；人能够把不挖洞跳墙的心扩而充之，义便用不尽了；人能够把不受轻贱的实际言行扩而充之，那无论到哪里都合于义了。一个士人，不可以说话而说话，这是用说话来谋取私利；可以说话而不说话，这是用沉默来谋取私利，这些都是属于偷盗类的行为。如果把不愿偷盗之心扩充到一切言行中去，士人的言行就会符合义的标准。此外，孟子处世方面的另一个重要内容还表现在“交友”上。孟子曾在《万章》下篇中对万章谈论如何同当代和古代的优秀人物广交朋友。他认为凡是地位相当、志同道合的优秀士人之间最容易结交为好朋友。他们在一起可以相互切磋砥砺，不断提高修养。而阅读古人留下的诗文，就等于同古代的优秀人物交朋友。

孟子主张要选择正派的人做朋友。《离娄》下篇中载：古时相传有个叫逢蒙的向羿学习射箭，完全掌握了羿的射箭技巧，他想天下只有羿超过他，于是就杀死了羿。对此事，孟子认为羿也有罪过。他列举了学射的例子来说明，选择朋友一定要选正派的人。由于子濯孺子选择了正派的尹公之他传授射箭技术，尹公之他又选择了正派的庾公之斯传授射箭技术，所以庾公之斯没有伤害子濯孺子。而羿由于选择了不正派的逢蒙做学生和家臣，结果被逢蒙杀害了，这不可不算是羿的罪过。

孟子还认为从天子、国君、大夫到普通人结交朋友，都不能倚仗势利，而应该重视道德，他曾在《万章》下篇中向万章讲述了交朋友的原则是：不倚仗自己年纪大，不倚仗自己地位高，不倚仗自己兄弟的富贵。交朋友，因为朋友的品德而去交他，因此心目中不能存在任何有所倚仗的观念。鲁国大夫孟献子结交乐正裘、牧仲等五位朋友，小国国君费惠公以子思为师、以颜般为友，大国国君晋平公与贤者亥唐交朋友，天子尧帝与舜交朋友，他们都是不倚仗势利来与贤者交朋友的。地位低的人尊敬地位高的人，叫作尊重贵人；地位高的人尊敬地位低的人，叫作尊敬贤人。尊重贵人和尊敬贤人，其道理是一样的。尊重贵人，是因为贵人的品德好；尊敬贤人，是因为贤人的品德好。品德好，是交朋友的先决条件。

孟子还谈论到人与人之间的交际应出于恭敬之心。孟子认为，与人交际应该出于恭敬之心，如果心中怀疑人赏赐的礼物来路不明，就是对人不敬。所以不要怀疑，也不要拒绝。只要按照原则来进行交往，按照礼节来进行接触，这样孔子也会接受他人赠送的礼物的。这是孟子在与人交际过程中所持的指导思想。

个人修养与道德政治

在儒家特别是孔子的学说中，道德政治观念是十分明显的。《论语·颜渊》载："季康子问政于孔子，孔子对曰：政者，正也；子帅以正，孰敢不正？"在这里，孔子以"正"释"政"，而"正"恰好是一种道德判断。这就说明孔子认为政治本身属道德的范畴。又如《论语·为政》："为政以德，譬如北辰，居其所而众星共之。"主张从政的人必须用道德来领导，才能得到群众的拥戴，这无疑更是一种道德政治论。因此孔子的政治原则简单地说，就是运用政治道德，实现道德政治。在他看来，政治与道德应该是密不可分的，他的理想政治是"大同"与"小康"。"大同"之世是要做到"天下为公"。……所谓"天下为公"是说全世界里人人都没有一点"阶级意识"，更没有一点"个人意识"和"国家意识"。……可是要使全世界人人都消除了"个人意识"、"阶级意识"和"国家意识"，必须先使全世界人人都具有无我无私的崇高的道德修养，所以"大同"之治实在就是理想的道德政治。至于"小康"之治，则是由具有无我无私的崇高的道德修养的领袖人物，来领导这个人人为私的世界；以各种合理的道德规范——如义、信、仁、让等——来治理这个人人为私的世界。这种政治，从根本上说，也是道德政治。道德政治的理论基础是"礼治"，其根本是修身。

必须看到，尽管在孔子的学说中存在大量的道德政治论，但真正将这种观点发展成一套完整理论，并深远地影响后世的，还是《礼记》，特别是《大学》、《中庸》两篇中的修齐治平理论。

《礼记》中的《大学》、《中庸》之所以在中国古代政治思想史上格外受到历代统治者的青睐，最主要的原因之一就在于篇中完成了儒家道德政治学说的理论建构，提出了“修身为本”的政治口号。

《大学》开宗明义，提出了被后来宋明理学家总结为“三纲八目”的道德政治理论纲领。“三纲”即所谓“大学之道”，《大学》开篇即说：“大学之道，在明明德，在亲民，在止于至善。”其中“明明德”，是指发扬光大与人生而俱来的善性；“亲民”即“新民”，是指统治者推己及人，使人们除去其不良习性，而实现道德一新；“止于至善”，是指达到“为人君止于仁，为人臣止于敬，为人子止于孝，为人父止于慈，与国人交止于信”这种完善的道德境界。“八目”是达到“大学之道”的具体途径和不同次第，即“格物、致知、诚意、正心、修身、齐家、治国、平天下”的道德政治理论模式。其中前五项属于修己的范围，后三项属于治人的范围。无论修己或治人，皆以“修身为本”。《大学》对这一修己治人的模式作了非常具体的说明：

古之欲明明德于天下者，先治其国；欲治其国者，先齐其家；欲齐其家者，先修其身；欲修其身者，先正其心；欲正其心者，先诚其意；欲诚其意者，先致其知；致知在格物。

所谓“格物”，是指推究事物的原理。这种原理既包括自然界的万物之理，也包括人类社会的人伦之理。按照儒家的理解，人伦之理的主要内容不外乎孝、悌、忠、信等道德观念。这样，个人的道德完善也就与国家政治有机地统一起来了。这也就是蒋伯潜先生所说的：“《礼记》首段，可以见孔子最高之政治理想；《大学》全篇，可以观儒家之政治理论。大同之盛，亦惟德治足以致之。”（《十三经概论》）

《中庸》首章就讲清了道德与人生的关系：（一）道与天命、人性的关系。作者认为人性是天命，道则是顺着人性去思考和行事，教化也就是依照道的要求进行修养，正所谓“天命之谓性，率性之谓道，修道之谓教”。《中庸》中所说的道，主要是指封建社会君臣、父子、夫妇、兄弟、朋友等人伦关系准则。（二）道与人生的关系。即所谓“道也者，不可须臾离也，可离非道也”。意思是说任何社会成员都无不处在以人伦为内容的“道”之中，必须时刻遵循这种“道”，因而道与人生的关系极为密切，是人生须臾不离之物。（三）修道的要领在于“戒慎乎其所不睹，恐惧乎其所不闻”和“慎其独”，而贯穿在“戒慎”、“恐惧”和“慎独”之中的则是“诚”的精神。（四）修道要达到的最高目标是“中和”。从道德修养的角度来说，“中和”是指一种平和的精神状态，即所谓“喜怒哀乐之未发，谓之中；发而皆中节，谓之和”。《中庸》作者认为只有使个人的道德修养达到平和的精神状态，才可能实现政治乃至宇宙秩序的和谐，正所谓“致中和，天地位焉，万物育焉”。从中可以看出，《大学》、《中庸》对儒家道德政治学说的发展，集中表现在“修身为本”这一重要命题上。

如前所述，以孔子为代表的儒家的政治原则简而言之，就是用政治道德去实现道德政治。因此，《大学》、《中庸》中提出的属于道德范畴的“修身”自然具有政治的功用。概而言之，这种政治功用就是“齐家”、“治国”、“平天下”。

修身与治国的连接点是道。儒家的道德政治学说认为修、齐、治、平统一于道。《大学》说：“为人君者止于仁，为人臣者止于敬，为人子者止于孝，为人父者止于慈，与国人交止于信。”可见“仁”、“敬”、“孝”、“慈”、“信”等宗法伦理准则被视为普遍适用和永恒不变的“道”。这种道既适用于修身，也适用于从政治国。《中庸》认为古今天下通行的道理有五种，这五种道理实际上也就是孟子所说的“父子有亲，君臣有义，夫妇有别，长幼有序，朋友有信”。上述五种道理之所以能够通行天下古今，完全有赖于人的智慧、仁爱和勇敢三种天下古今通行的美德。尽管知、仁、勇是人们很难具有的美德，但“好学近乎知，力行近乎仁，知耻近乎勇。知斯三者，则知所以修身；知所以修身，则知所以治人；知所以治人，则知所以治天下国家矣”。这就表明，只要“好学”、“力行”、“知耻”，就能够接近“知、仁、勇”这三种天下古今通行的美德。如此，则修身、治人、治天下国家都有了必要的基础。于是修身与治国最终得以统一到仁、敬、孝、慈、信等宗法伦理准则上来，也就是能够统一到《中庸》所说的“天下之达道”上来。

个人的道德修养状况直接关系到政治教化的优劣。强调统治者个人道德修养在政治教化中的极端重要，这是儒家道德政治的重要表现之一。孔子就反复说过：“其身正，不令而行；其身不正；虽令不从。”“苟正其身，于从政乎何有？不能正其身，如正人何？”（《论语·子路》）这些都说明统治者个人具有良好的道德修养是从政的前提条件。《礼记》更是发展了儒家的这一道德政治学说。其中的《大学》就十分重视统治者的道德修养在政治教化中所起的榜样作用，如“一家仁，一国兴仁；一家让，一国兴让；一人贪戾，一国作乱；其机如此。此谓一言偾（覆败）事，一人定国。尧、舜帅天下以仁，而民从之；桀、纣帅天下以暴，而民从之”。又说：“上老老而民兴孝，上长长而民兴弟，上恤孤而民不倍，是以君子有絜矩之道。”“絜”指测量长度，“矩”为制作方形的工具。所谓“絜矩之道”，是比喻道德上的示范作用和推己及人的方法。《大学》作者认为这种榜样的力量是极大的，统治者必须对它格外重视。

《中庸》同样具有这种思想，篇中不但引《诗经·豳风·伐柯》的句子“伐柯伐柯，其则不远”，说明修身的榜样作用，而且明确提出：“君子动而世为天下道，行而世为天下法，言而世为天下则；远之则有望，近之则不厌”。相对于《大学》而言，《中庸》在这一问题上的观点更加理论化。它提出“凡为国家天下有九经：修身也，尊贤也，亲亲也，敬大臣也，体群臣也，子庶民也，来百工也，柔远人也，怀诸侯也”。这里的所谓“九经”，实际上是指治理天下国家的九条重要政治原则。在这九条政治原则中，“修身”是基础。其余八条虽然是“治人”的，但同样离不开道德修养。由于所治之人情况不同，适用的原则也就有差异，所以有“尊”、“亲”、“敬”、“体”（体恤）、“子”（爱民如子）、“来”（以德感召）、“柔”、“怀”的不同要求。然而无论对哪一类人实行哪一种原则，都离不开统治者对这些原则的理解与贯彻，而理解与贯彻的基础则是个人的道德修养状况。《中庸》这种重视统治者个人道德修养在政治教化中所起榜样作用的观点，在涉及如何实行治国平天下的“九经”时表现得尤为明显：

齐明盛服，非礼不动，所以修身也。去谗远色，贱货而贵德，所以劝贤也。尊其位，重其禄，同其好恶，所以劝亲亲也。官盛任使；所以劝大臣也。忠信重禄，所以劝士也。时使薄敛，所以劝百姓也。日省月试，既禀称事，所以劝百工也。送往迎来，嘉善而矜不能，所以柔远人也。继绝世，举废国，治乱持危，朝聘以时，厚往而薄来，所以怀诸侯也。

这里提及的方方面面，每一件都是在强调最高统治者个人道德修养的榜样作用！

道德政治能否实现的关键在于贤德之人能否出现。《中庸》说：“大哉圣人之道，洋洋乎发育万物，峻极于天。优优大哉！礼仪三百，威仪三千，待人而后行。故曰：苟不至德，至道不凝。”孔颖达疏曰：“苟诚非至德之人，则圣人之至极之道不可成也。”意思是说，圣人之道至高至大，圣人制定的礼仪制度虽然名目繁多，但都体现着道德精神；而且这些体现着道德精神的礼仪制度，最终要靠具有崇高道德修养的人才能保证它得以贯彻执行。否则，礼仪制度就只能成为一纸空文。为此，《中庸》又说：“文武之政，布在方策；其人存，则其政存；其人亡，则其政息。……故为政在人，取人以身，修身以道，修道以仁。”“文武之政”是儒家理想的政治制度。这些都写在简册上，能否将它变成现实，完全取决于有没有能够认真实行它的人。这种人必须是“修身以道，修道以仁”的道德高尚者。在这里，作者明显把人的作用置于礼仪制度之上，强调道德政治有赖于道德高尚的人才最终得以实现。

儒家这种重视道德高尚者在道德政治中所起关键作用的观点，对后世影响极大，并逐渐演变成中国传统政治文化中浓郁的贤人治国特色。在实行礼治、人治的中国古代社会，几乎所有的思想家、政治家都深入思考过用人问题。《白虎通义·佚文》中就说过：“治国之道，本在得贤。得贤则治，失贤则乱。”古代贤人的标准虽然提倡德才兼备，但实际上仍然以德为重。宋代著名政治家司马光曾经深有体会地说过：“智伯之亡，才胜德也。夫才与德异，而世俗莫之能辨，通谓之贤，此其所以失人也。夫聪察强毅之谓才，正直中和之谓德。才者，德之资也；德者，才之帅也。……是故才德全尽，谓之圣人；才德兼亡，谓之愚人；德胜才，谓之君子；才胜德，谓之小人。”又说：“夫德者，人之所严；才者，人之所爱；爱者易亲，严者易疏，是以察者多弊于才而遗于德。自古昔以来，国之乱臣，家之败子，才有余而德不足，以至于颠覆者多矣，岂特智伯哉！故为国为家者苟能审于才德之分，而知所先后，又何失人之足患哉！”司马光的上述人才观，显然受到儒家道德政治学说的深刻影响。

儒家的道德政治论，把道德修养看成是治理天下国家的根本。尽管这种观点在政治实践中从来没有被历代统治者真正实行过，但历代儒家的经典，特别是《大学》、《中庸》在阐述这种观点的过程中，还是发挥了不少有价值的思想。如对统治者提出严格的道德要求，反对统治者贪得无厌地聚敛财富，强调人在贯彻政治制度中的主导作用，提倡学、问、思、辨、行的道德修养方法和锲而不舍的学习精神等等。这些都是政治思想史和伦理思想史上的积极成果，也是中国文化宝库中的一朵奇葩。

儒家的“修身”之道

个人的道德修养在儒家的道德政治中占有如此重要的地位，那么如何完成个人的道德修养，也就自然成为儒家道德政治学说的主要内容之一。在儒家经典《大学》和《中庸》对修身的途径都分别提出了自己一整套独特的见解。

无论《大学》或是《中庸》，道德修养实际上都被表述为修身问题。《大学》中涉及的修身途径主要包括四个条目：格物，致知，诚意，正心。这四个条目又可以归纳为致知格物和正心诚意两个步骤。致知格物虽然在《大学》中被看作是修身的起点，但该篇并没有对致知格物作直接的解释，于是历来对它就有了各种各样的不同阐释。《大学》本文明确提出了“致知在格物”、“物格而后知至”的观点，认为“格物”为因，“致知”为果；“格物”在先，“致知”在后。类似的见解在《乐记》中也出现过：“人生而静，天之性也；感于物而动，性之欲也。物至而知（智）知，然后好恶形为。”宋代朱熹对此的解释是：“即凡天下之物，莫不因其已知之理而益穷之，以求至乎其极”为“格物致知”；“至于用力之久，一旦豁然贯通，则诸物之表里精粗无不到，而吾心之全体大用无不明”为“物格知至”。意思是说，人们获得知识，进行道德修养，必须先从个别事物一一求之，待到豁然贯通时，方能悟出大道理。近代学者蒋伯潜先生在《十三经概论》中则提出：

谓“格物”之“格”，当从陈澧之说，训之为“至”。“格物”者，谓事事物物，皆躬亲历至之也。“物”字所包至广，内而曰意、曰心、曰身，物也；外而曰家、曰国、曰天下，亦物也；诚、正、修、齐、治、平，事也，事亦物也。推而广之，则君臣、父子、兄弟、夫妇、朋友，以至官吏、将士、教师、医生……一切位与职，皆物也；君之仁民、臣之敬事、父母之慈幼、子女之孝亲、兄弟之相友、夫妇之相爱、朋友之以信相交，以至官吏之执行政务、将士之捍卫国家、教师之教授生徒、医生之治疗疾病……一切尽其职责之行为，皆事也，事亦物也。事非经过不知难，亦非经过不能有真知灼见，故曰“致知在格物”、“物格而后知至”也。然则“格物致知”犹俗云“从阅历增长见识”而已，此语至为浅近，亦至为切实。

以上解释都认为人有认识能力，认识主体不会自动产生对事物的认识，只有认识主体与客体相互接触才能产生对事物的正确认识。《大学》的“格物致知”并非单纯地讲认识问题，更重要的是阐述一种“修身”的途径。因而“格物致知”中的“物”必须涉及人伦范畴，而其中的“知”也必须兼及人们的道德修养内容。

关于“正心诚意”，《大学》对它有明确解释：“所谓修身在正其心者，身有所忿，则不得其正。心不在焉，视而不见，听而不闻，食而不知其味。此谓修身在正其心。”意思是说，忿怒、恐惧、好乐、忧患等各种情绪会妨碍人心正常地发挥认识作用。人受情绪支配，容易丧失理智。这样就无法辨别是非，虽有物而不能见，虽有声而不能闻，虽然吃着食物也分辨不出滋味。这是从反面解释“正心”。从正面来说，“正心”就是排除情绪影响，发挥人心辨别是非的功能，实际上也就是指精神高度集中专一。《大学》作者认为精神高度集中专一是人们发挥正常认识功能的必要前提。这种见解到了宋儒手中，更是发展成了一种“静坐”观道的功夫。朱熹就曾经提出：“读书闲暇且静坐，教他心平气定，见得道理渐次分晓。这个却是一身总会处。”（《朱子语类》卷十一）明代理学家对虚静的体会较前更为深刻。陈白沙就说过：“为学须从静坐中养出个端倪来，方有商量处”（《白水集·与贺克恭黄门》），甚至断言：“作圣之功，其在兹（指静坐）乎！有学于仆者，辄教之静坐。”（《复赵提学佥宪》）《宋元学案》中还记载了很多宋代理学家“静坐”观道的切身体会，兹引数例如下：

程颐弟子王频读《论语》，“玩索其意味，又退而读之。读了又时时静坐，静坐又忽读，忽然有个入处”。（《震泽学案》）

朱熹说：“读书闲暇且静坐，庶几心平气和，可以思索义理。”（《沧州诸儒学案》）

陆象山说：“学者能常闭目亦佳。”弟子詹阜民“遂学静坐，夜以继日，如此者半月。一日下楼，忽觉此心已复澄莹。”（《槐堂诸儒学案》）

静坐的结果能使人精神高度集中专一，从而为人们体认万物和道德修养准备了一种不同于理性思维的直觉思维状态。

在《大学》中，“诚意”被表述为“正心”的前提条件，这就是所谓的“欲正其心者，先诚其意”。那么什么是“诚意”呢？《大学》的解释是：“所谓诚其意者，毋自欺也。如恶恶臭，如好好色，此之谓自谦。故君子必慎其独也。”可见所谓“诚意”就是不自欺，就是“慎独”。其中“自谦”读为“自慊”，意为满足、惬意。《大学》作者认为，一个人如果不欺人、不自欺、表里如一，精神上就会感到满足与惬意。“诚于中，形于外”，内心道德境界的高下必然通过外在的言行举止表现出来。所以“诚意”说到底就是诚实。尽管在《大学》中“正心”与“诚意”被区分为人们修身的两个不同条目，而且“诚意”被视为“正心”的前提条件。但在实际的“修身”过程中，两者又是很难截然分开的。这就是清代学者王夫之所说的：“心之与意，动之与静，相为体用，无分于主辅。”“欲正其心者必诚其意。而心苟不正，则其害必达于意而无所施其诚。”（《读四书大全说》）因此，《大学》中的“正心”、“诚意”虽然被划分为两个条目，实际上也可看作是修身途径中的一个步骤。

与《大学》阐述的道德修养途径有所不同，《中庸》高度评价“诚”在道德修养中的重要作用，认为“诚”是成就道德修养和治国平天下的必不可少的精神准备和前提条件：“在下位不获乎上，民不可得而治矣。获乎上有道，不信乎朋友，不获乎上矣。信乎朋友有道，不顺乎亲，不信乎朋友矣。顺乎亲有道，反诸身不诚，不顺乎亲矣。”在《中庸》作者看来，至诚不但可以化物：“诚则形，形则著，著则明，明则动，动则变，变则化。唯天下至诚为能化”，而且至诚可以育物：“唯天下至诚，为能尽其性。能尽其性，则能尽人之性；能尽人之性，则能尽物之性；能尽物之性，则可以赞天地之化育”；甚至提出了“至诚如神”的神秘命题：“至诚之道，可以前知。国家将兴，必有祯祥；国家将亡，必有妖孽。见乎蓍龟，动乎四体。祸福将至：善，必先知之；不善，必先知之。”可见有“至诚”之心的人不但能成就自身的德行，而且能建功立业、成就他人。“至诚”之所以具有如此大的功用，这是因为“至诚”具有永不停息、不断积聚的性质：“故至诚无息，不息则久，久则征，征则悠远，悠远则博厚，博厚则高明。”意思是说，至诚不息则其德行能积暂为久，久则必有征验于外，屡有征验则其德业必能积小为大、由近及远，以至于广博深厚、高大光明。《中庸》曾经以天地山水等自然现象为喻，形象地说明了“至诚”在道德修养中的积渐之效。这就是：

今夫天，斯昭昭之多，及其无穷也，日月星辰繁焉，万物覆焉。今夫地，一撮土之多，及其广厚，载华岳而不重，振河海而不泄，万物载焉。今夫山，一卷石之多，及其广大，草木生之，禽兽居之，宝藏兴焉。今夫水，一勺之多，及其不测，鼋鼍蛟龙鱼鳖生焉，货财殖焉。

上述带有明显夸张性质的论述包含着主观道德观念与客观道德实践

相统一的思想。在中国古代思想史上，孟子把道德看作单纯的主观内在的意识活动，荀子则把道德看作是“积礼义”的外在教化过程。《中庸》则把道德的自我完成与化育万物看作是一个统一的过程。根据这一原则，个体的道德修养就不能仅仅停留在内心，而要用以“化”、“变”外部世界。从道德政治的角度说，道德显然只有走出“内心”，去“化”、“变”外物，才能真正起到教化的作用。

“诚”既然在道德政治中具有如此重要的作用，那么如何才能达到“诚”的境界呢？《中庸》认为“明善”是“诚身”的关键：“诚身有道，不明乎善，不诚乎身矣。”所谓“明善”，就是指明白什么是善道，如何去实行善道，以及善道在天命人性方面的根据。作者提出只有努力提高对德行的认识，才能建立起诚的心态，而要建立起这种“诚”的心态，首先必须明白“诚”有“天道”和“人道”之别。《中庸》说：“诚者，天之道也；诚之者，人之道也。”又说：“天地之道，可一言而尽也。其为物不贰，则其生物不测。天地之道：博也，厚也，高也，明也，悠也，久也。”天的规律高明悠远，地的规律博厚无边。天地永远按其客观规律运行，专一不贰，诚实无欺，故其生物之多且生物之妙不可测度。这就是所谓的“诚者，天之道也”。同时，体现天命人性的人伦道理作为人类社会的规律，也是诚实无欺的。“栽者培之，倾者覆之”——有德者得到庇护，无德者必招致灭亡。这也是一种天道至诚的表现。天道既然“至诚”，那么自觉体现天道的“至诚”便是人事之理所当然，故云：“诚之者，人之道也。”可见认识天道“至诚”，并努力按天道原则行事，便是“诚之”。

《中庸》作者认为在“明善”的前提下，圣人与普通人达到“诚”的路径是不相同的。他说：“诚者，不勉而中，不思而得，从容中道，圣人也。诚之者，择善而固执之也。”圣人即“诚者”，他能自然合于诚；普通人即“诚之者”，他必须通过明善思诚，“择善而固执之”，才能达到诚的境界。《中庸》还说：“自诚明，谓之性。自明诚，谓之教。诚则明矣，明则诚矣。”意思是说，圣人具有诚的天性，有诚的天性自然天生能够明善；普通人则必须通过接受教育，先明善而后达到诚。虽然途径有别，但最终皆能达到至诚至善的佳境。由此可见，《中庸》认为圣人天生具有“诚”的美德，他无须在道德修养上多费时日，所要做的只是用自己所具有的“诚”的美德去“化”、“变”周围的普通人。普通人则不然，他在具备“诚”的美德之前，必须经过一个漫长的道德修养过程；在这个过程中，他应该“博学之，审问之，慎思之，明辨之，笃行之。有弗学，学之弗能，弗措也。有弗问，问之弗知，弗措也。有弗思，思之弗得，弗措也。有弗辨，辨之弗明，弗措也。有弗行，行之弗笃，弗措也。人一能之，己百之；人十能之，己千之”。在这里，《中庸》作者不但明确指出学、问、思、辨、行，是普通人进行道德修养，以期达到“诚”的必要方法；而且认为仅仅有方法还不行，同时必须具备一种锲而不舍的精神去学、问、思、辨、行，方能达到至诚的道德修养境界。

“大同”与“小康”

正如每一个有志之人都有自己的梦想一样，每一个伟大的民族都曾经有过自己的梦想。这成为一个民族奋发有为、生生不已的精神动力。古代的希腊民族曾提出过自己的理想国乌托邦。习近平总书记提出了实现中华民族伟大复兴的中国梦，这是当代中国共产党和中华民族的伟大理想。在中国古代，我们的先人们也曾提出过自己的梦想。所谓“大同”社会、“小康”社会就是最具代表性的社会理想。

《礼记·礼运》载孔子与学生子游之间的一段谈话称：

大道之行也，天下为公；选贤与能，讲信修睦。故人不独亲其亲，不独子其子，使老有所终，壮有所用，幼有所长，矜寡孤独废疾者皆有所养；男有分，女有归，货物恶其弃于地也，不必藏于己；力恶其不出于身也，不必为己。是故谋闭而不兴，盗窃乱贼而不作，故外户而不闭。是谓大同。

今大道既隐，天下为家；各亲其亲，各子其子，货力为己，大人世及以为礼，城郭沟池以为固；礼义以为纪，以正君臣，以笃父子，以睦兄弟，以和夫妇；以设制度，以立田里，以贤勇知，以功为己。故谋用是作，而兵由此起，禹、汤、文、武、成王、周公由此而选也；此六君子者，未有不谨于礼者也；以著其义，以考其信，著有过，刑仁讲让，示民有常。如有不由此者，在执者去，众以为殃。是谓小康。

这就是著名的“大同”、“小康”社会政治模式。关于这种社会政治模式究竟是否由孔子提出，历来看法不一。梁启超先生在《先秦政治思想史》中，确信这是孔子的话，认为不存在可疑之处。在诸多承认“大同”、“小康”属孔子言论的论述中，蒋伯潜先生《十三经概论》所论尤详，他说：

此段论“大同”、“小康”之治，极为明白。……“大同”与“小康”之比较，前者“天下为公，选贤与能”；后者“天下为家”、“大人世及”。天下为公，故“人不独亲其亲，不独子其子”，货不必藏于己，力不必为己；天下为家，故人亦“各亲其亲，各子其子，货力为己”。此无他，公私之别而已。是故大同之世，谋不作而乱不起，小康之世则谋作而兵起矣。设为城郭沟池以固之；贤勇和，著有功，以奖之；立制度田里以安之；刑仁讲让以倡之；无非欲守其已得之天下而已。故行大道则为大同，谨礼则为小康。小康之治，三代之英所曾实现者也；大同之治，则孔子最高之政治理想，托之于尧舜者也。孔子之时，周衰鲁弱，又无所凭借以发挥其政治抱负，不但大道之行之大同，终成幻想之乌托邦，即小康亦未之逮，此其所以喟然长叹也。此段论大同，与《论语》赞尧舜之巍巍荡荡，焕乎有文，南面恭己，无为而治，及《中庸》论笃恭而天下太平之盛，正可互证，而所说更为具体；即本篇非孔子亲撰，要亦言偃之徒记述所闻，其为儒家政治理论之结晶，固无可否认者也。

大同、小康的思想与《论语》、《中庸》等其他儒家经典中的论述是一脉相承的。按照《礼运》的解释，大同社会的基本特征之一便是“天下为公，选贤与能，讲信修睦”，而这也正是《论语》中所反复强调的。《论语·泰伯》称：“子曰：‘巍巍乎！舜、禹之有天下也，而不与焉。’”这不正是“天下为公”的具体表现吗？《颜渊》篇中载子夏申述孔子“举直而错诸枉，能使枉者直”的言论说：“富哉言乎！舜有天下，选于众，举皋陶，不仁者远矣。汤有天下，选于众，举伊尹，不仁者远矣。”阐述的正是“举贤与能”的观点。至于“讲信修睦”，那更是孔子在《论语》中所一再谈到的。《阳货》篇载：“子张问仁于孔子。孔子曰：‘能行五者于天下，为仁矣。’请问之。曰：‘恭、宽、信、敏、惠。恭则不侮，宽则得众，信则人任焉，敏则有功，惠则足以使人。’”意思是说，从仁爱的观点出发，人与人之间的关系就融洽和睦，这不正是“讲信修睦”吗？

大同社会的另一特征是“人不独亲其亲，不独子其子，使老有所终，壮有所用，幼有所长，矜寡孤独废疾者皆有所养”。这种思想在其他儒家经典中也每每可见。《孟子·梁惠王上》所谓“老吾老，以及人之老；幼吾幼，以及人之幼；天下可运于掌”和“老而无妻曰鳏，老而无夫曰寡，老而无子曰独，幼而无父曰孤。此四者，天下之穷民而无告者。文王发政施仁，必先斯四者”，正可视为大同社会上述特征的注脚。

倘若整个社会人人都能做到大公无私，那自然可以“谋闭而不与”，统治者也就可以“无为而成”。儒家把大公无私社会中的“无为而成”看成是最高的政治理想。孔子就曾经十分明白地表示：“天下有道，丘不与易也。”（《论语·微子》）意思是说，如果天下的政治实现了“天下为公”，他也就不必积极参与治理天下的工作了。此外，“天下为公”的大同社会之所以可能“谋闭而不兴”，在儒家看来，那是因为社会成员人人都具备了“至诚”的品质。有了这种“至诚”的品质，就可以化育天下万物。《礼记·中庸》对此说得十分透彻：“唯天下至诚，为能尽其性。能尽其性，则能尽人之性；能尽人之性，则能尽物之性；能尽物之性，则可以赞天地之化育；可以赞天地之化育，则可以与天地参矣。……如此者，不见而章，不动而变，无为而成。”

“大同”社会政治理想的实现，要求每个社会成员都具有崇高的道德情操，大公无私的纯洁胸怀。这种情况在生产力十分低下的原始公社时期或许存在过，而在阶级社会中则是很难实现的。为此，孔子又提出了一个相对低级的政治理想；这就是所谓的“小康”。孔颖达疏曰：“康，安也。行礼自卫乃得不去执位及不为众所殃，而比大道为劣，故曰小安也。”这就是说，在“小康”社会中，社会成员具有私心是一种合乎逻辑的社会现象。在人人为私的情况下，维持社会政治秩序的有效手段便是“礼”。具体来说，就是由少数具有伟大仁爱精神、高尚道德情操和大公无私情怀的圣贤人物通过制礼作乐来规范社会成员的行为，从而使社会归于治平。孔子认为禹、汤、文、武，成王、周公就是这些圣贤中的杰出代表。故《礼运》称：“禹、汤、文、武、成王、周公，由此其选也。”

“小康”社会的特征是“天下为家”、“人人为私”。在这种社会中，人们虽然“各亲其亲，各子其子，货力为己，大人世及以为礼，城郭沟池以为固”，但由于有“礼义以为纪”，仍然可以实现“以正君臣，以笃父子，以睦兄弟，以和夫妇”的治平目标。与“礼义以为纪”相配套，小康社会还相应地制定出一整套政治措施，这就是孔子所说的“以设制度，以立田里，以贤勇知，以功为己”。无论是制定礼仪节文，或是设计各种政治措施，都离不开一定的谋划，于是“谋是用作”。“小康”社会既然“人人为私”，无论是要争得权益，或是保护既得利益，都离不开军事手段的选择，所以说“兵由是起”。儒家礼治的特殊功效正在于在这种“天下为家”、纷争迭起的社会能“以著其义，以考其信，著有过，刑仁讲让，示民有常”，即为社会建立起许多规范。在位的统治者只有依照这些规范行事，才能得到民众的拥戴；相反，如果违背这些规范行事，势必为民众所唾弃。

从《礼运》篇提出的“大同”、“小康”社会政治理想的上述具体内容中可以看出，这种社会政治理想的内涵是与儒家学说的基本观点相吻合的。人们没有理由怀疑它出自孔子师徒之手，完全可以将其视为儒家社会政治理想的集中表述。

中华文明的双璧

“礼”和“乐”是人类社会文明的表现，“礼乐”和文明不可分割。中国素有“礼义之邦”的美称，而中国传统文化也被视为“礼乐”的文化。因此，“礼”与“乐”被称为中华文明的双璧。

一、礼乐文明的起源

礼仪最初产生于原始社会末期日常生活中的一些风俗习惯，并随着社会的发展不断地完善起来，到了周代，统治者们在“敬天”、“敬德”、“保民”的思想影响下，有意识地加以整理，从而形成了一整套礼仪典章制度。后来，儒家学派即以“礼”与“仁”为其思想核心，“礼”受到极大的重视，得到最大程度的推崇和发扬，积淀凝聚成了一种稳定的精神特质，对中华民族在过去几千年民族精神、民族心理、社会理想、伦理观念、政治制度、行为方式、民族风俗、审美倾向等的形成，都产生极为深远的影响。谈礼，则不能不谈《仪礼》。《仪礼》是一部来源颇早的范围很广的礼书。根据《左传》的记载可以证明，其中的许多礼仪在春秋时期还流行着。西周统治者为了适应社会的需要，对流传久远的诸多礼仪进行加工改造，剔除其原始色彩，而增之以威严庄重。《仪礼》一书虽不能说是出于周公，但不妨将之纳入西周的礼乐体系中。

我们这里所说的“礼”的内涵与人们日常生活中的行为规范所说的“礼”是有很大区别的。但在本质上它们是有共同性的，那就是：“文明”。礼是随着人类社会文明的产生而产生的，是文明发展的需要。关于这一点：我们可以从什么是礼及礼的起源来作进一步的了解。

汉代许慎的《说文解字》说：“礼，履也，所以事神致福也。从示，从丰，丰亦声。”（《说文解字·示部》）又“丰，行礼之器也。从豆，象形”。（《说文解字·丰部》）近人王国维就他所见卜辞中的丰字作了分析，说：此诸字皆像二玉在器之形。古者行礼以玉，故《说文》曰：“丰，行礼之器。”其说古矣。推许君不知“丰丰”字即珏字，故但以从豆象形解之，实则豊从“丰丰”在凵中，从豆乃会意字，而非象形字也。盛玉以奉神人之器谓之豊若丰，推之而奉神人之酒醴亦谓之醴，又推之而奉神人之事通谓之礼。（《观堂集林·释丰》）礼，就是奉神人之事。因为先民们认为只要天地祖先神灵保佑，就会天下太平，万事大吉，所以对礼极为重视。

关于礼的起源，历来众说纷纭，应该是多方面的。礼有各种各样的礼，因而它产生的时间和原因不可能是完全一致的。有些礼起源于宗教，例如祭祖礼。当人类社会进化到知道自己有先祖的阶段，就开始祭祀祖先了，一来表示崇敬，二来乞求祖先神灵的保佑，攘祸致福。有些礼仪起源于早期的带有交易性质的礼品交换。例如“聘礼”中行聘国与受聘国之间的礼物的等价交换。也有人认为礼起源于人欲、人情。《荀子·礼论》即说到这种观点：礼起于何也？曰：人生而有欲。欲而不得，则不能无求。使欲必不穷乎物，物必不屈于欲，两者相持而长。是礼之所起也。《史记·礼书》也说到：“余至大行礼官，观三代损益，乃知缘人情而制礼，依人性而作仪，其所由来尚矣。”宋人郑樵也谈到这点，他说：礼本于人情，情生而礼随之。大抵人生而有欲有求，若不以礼加以节制，则不免起争斗纷乱。人类进入文明社会，脱离了野蛮、愚昧的状态，感情亦变得丰富、深沉起来，便有了相应的礼节产生了。正如郑樵所说的有室家之情，则有冠昏之礼；有交际之情，则有乡射之礼；有追慕之情，则有丧祭之礼。这也是很有道理的。

不论是起源于宗教心理，或起源于物品交换，或起源于对人欲、人情的节制、引导，都是文明的表现。因此，杨向奎先生所说的“礼代表文明”是再恰当不过了。

“礼”和“乐”本是属于不同的两个文化范畴的，但在夏商周时代，二者却有着极为密切的关系。《礼记·乐记》说：“知乐则几于礼矣。礼乐皆得，谓之有德，德者得也。”又《礼记·仲尼燕居》云：“达于礼而不达于乐，谓之素。达于乐而不达于礼，谓之偏。”古人认为听乐就可以知道政治的得失，可以正君王、臣子、百姓之礼。因此，不知乐不算懂礼，反之，知乐而不懂礼，则失之偏颇。可见，礼与乐是一样重要的。

我们前面已介绍了古人对“礼”的看法，那么，古人又是怎样理解“乐”的呢？《礼记·乐记》说：人心由外界事物的刺激感应而动，表现为声音。不同的声音互相应和，就会发生变化，这种变化有度，又成节成章，就形成歌曲，再加上乐器的演奏，干戚之武舞，羽旄之文舞，就成了“乐”。因此，由人心感应而产生的乐，不仅包括歌曲（诗歌），乐器的演奏（音乐），还包括相应的舞蹈。

乐用以抒发感情，表达志向，在这点上，它与礼是有着共同的文化根源的。可以说，礼是一种节制，一种约束，而乐则起着调和作用。礼的本质是区别尊卑贵贱的等级的，而乐则是用以调和各种等级之间的关系。等级分明则人们有着不同的虔诚恭敬的心情，关系和顺则人们不至于产生怨恨之情。《礼记·乐记》云：“乐者为同，礼者为异；同则相亲，异则相敬。”“乐至则无怨，礼至则不争。”相亲相爱又不违背礼的原则，从而达到使社会安定，百姓和顺的目的。故云：“乐者天地之和，礼者天地之序也。和故百物皆化，序故群物皆

别。”（《礼记·乐记》）

清代邵懿辰说：“乐本无经也，乐之原在于《诗》三百篇之中，乐之用在《礼》十七篇之中。”（《礼经通论》）《仪礼》中，明记用乐的有四种，即是《乡饮酒礼》、《乡射》、《燕礼》、《大射》。行礼用乐有两个主要的作用，一是用乐有助于行礼。乐有时可以渲染气氛。如诸侯行《燕礼》即可以乐来显示宴会上君臣之间融洽亲密的关系。乐也可以引导礼仪的程序。例如燕礼中，即以乐曲引导主宾登堂入室。在哪个阶段应歌唱，又哪个阶段吹笙，哪个阶段歌唱、吹奏交替，最后又以乐曲敬送主宾。乐曲的不同都表明了行礼处在不同的阶段上。这样，乐就成了礼仪本身不可缺少的有机部分。乐的另一个作用是以更柔和的方式表明了礼的尊卑贵贱的本质，因为不但不同的礼仪奏演不同的乐舞，而且不同等级、不同身份、不同地位的人所用的乐亦有严格的区别。从乐队的规模、演奏的乐曲，演唱的诗歌，到演出的程序，都有明文规定，不得有丝毫的僭越。例如“乡射”和“大射”都属射箭比赛礼仪，但因级别不同——一是乡大夫主持，一是国君主持——参加者的身份不同，其所用之乐即有很大区别。乡射时乐工四人，所奏乐曲是《周南》中的《关雎》、《葛覃》、《卷耳》和《召南》的《鹊巢》、《采蘩》、《采苹》；大射时乐工六人，所奏之曲是《鹿鸣》、《新宫》、《狸首》。用乐不同则体现了等级尊卑。再比如前面所介绍过的乡饮酒礼与燕礼所用之乐亦有明显的区别。关于这点，王国维先生曾撰有《乐诗考略·释乐次》专门论述。他的基本观点多与《仪礼》中关于用乐的记载相合。

在先秦时代，用乐必得合于礼，若不合于礼，是会被人讥笑的，甚至会受到严厉的抨击。《左传·襄公四年》记载了这样一件事：穆叔到晋国，回报知武子所行的聘问之礼。晋侯设享礼款待他，并以乐器演奏《肆夏》三章，又乐工歌唱《文王》三曲，可是穆叔都没有答拜。后来乐工又歌唱《鹿鸣》三章，穆叔则三次行拜礼。晋国的韩献子很奇怪，派人去问穆叔说，我们用音乐招待您，您舍弃大的礼仪，却再三拜小的礼仪，这究竟是什么礼呢？穆叔回答说，《三夏》是天子用来招待诸侯的，我不敢听它；《文王》是两国国君相见的音乐，我也不敢听它。《鹿鸣》是君王用来嘉奖寡君的，怎么能不拜谢？《四牡》是君王用来慰劳使臣的，也应当拜谢。穆叔是知礼懂乐的，而晋侯则失礼于乐。在《左传》中类似这样的失礼于乐的事还有不少，这也是春秋时期礼坏乐崩的表现吧。

以周礼、周乐为代表的礼乐文化充分体现了上古社会的文明程度及理性现实精神，它的影响绵延了两千多年，虽然在形式上因时代的变更而有所变化，但其本质却没有太大的变化，通过它可以透视中国传统文化的各个方面所蕴含的实质。

二、礼、乐与人们的日常生活

《仪礼》是专门记录战国以前贵族生活中各种礼节仪式的一部书。《仪礼》十七篇，有士礼、大夫礼、诸侯礼、天子礼，但却没有庶人礼，即便有庶人在场，也是不参与贵族们的行礼的。例如“聘礼”中的贾人。贾人是庶人在官，因而在整个聘礼中是不与之行礼的。《仪礼》中写到：“贾人东面坐启椟，取圭垂缫，不起而授上介。”贾人若也属士阶层，应当“起而授上介”，“不起”即是不与为礼。贾人之所以仍得以参加聘礼，是因为他们懂得物价行情，能够对玉进行估价而不至于使行聘礼的双方因礼物不等价而失礼。这就是所谓的“礼不下庶人”（《礼记·曲礼上》）。应当说明一下的是，“礼不下庶人”并不是说庶人无礼，只能说士人不与庶人行礼。庶人应当也有自己的礼的，只不过先秦典籍文献没有完整地记载下来。

东汉经学家郑玄曾说过：“礼者在于所处。”（《通典·凶礼二》所引郑玄语）“‘所处’者，门内门外之治也。推而广之，日常生活皆是。”（陈戍国《先秦礼制研究》）的确，《仪礼》十七篇对于饮食、衣着、接人待物等都有详细得近乎繁琐的记载。例如“公食大夫礼”中记录了什么肉羹应与什么菜搭配：牛羹宜于霍叶（豆叶），羊羹宜于苦菜，羹宜于薇菜等。《礼记》也归纳了周代贵族阶层的饮食之别。“天子燕食，羞用百二十品，大夫燕食，有脍则无脯，有脯则无脍；上大夫庶羞二十品，羹食。自诸侯以下至于庶人，无等。士不二羹。大夫无秩膳，七十而有阁。士以下，恒食黍稷，大夫以上，加稻粱。”“周之饮食精备如此，而礼制即寓于其中。所谓夫礼之初，始诸饮食也。饮食之礼，详于《仪礼》。”（柳诒征《中国文化史》）刘师培先生在其《中国历史教科书》中也曾简要作了论述。

当时各种礼仪中的饮食之制并不仅仅是为了满足人们的口腹之欲，也不仅仅是为区别尊卑贵贱，它已成为礼仪中不可或缺的有机组成部分。例如在乡饮酒、燕礼中，主宾和众宾客的馐馔是有区别的，而众人在祭酒、祭肉时都只是象征性地尝一小口而已。只在整个礼仪几近完毕时，大家才不计爵数地饮酒，不加限制地奏乐。可见，饮食亦与仪礼本身一样是主张节制的。戒恣肆淫滥，同样体现了礼仪的诸种精神。

《仪礼》中虽然除《丧服》十分明确地记载了丧礼过程中表现亲疏关系、哀痛程度的服饰外，没有专门的章节介绍礼服，但在每种礼节中对行礼之人的服饰都有极繁琐的规定和记载。它也成为礼仪不可缺少的重要成分。后人对三代，尤其是周代的礼服也多有研究，其中刘师培先生的《中国历史教科书》的论述可算是比较地简洁明了的。在一种仪式过程中，主人与主宾及介往往都要换好几次礼服。例如，聘礼中，使者上朝行聘礼这一节，使者穿皮弁服，国君亦穿皮弁服；待使者要接过上介手中的圭玉时，须加穿袭衣，国君要接受使者行聘的圭玉时，亦加穿袭衣，然后，国君与使者都露出裼衣（衣之近体者，亦称中服），依次行礼。

先秦礼服不仅等级很多，而且极为严格。凡地位身份较高的人可以兼穿下一级的礼服。但地位低下的人绝不能僭上。稍有差错，便属失礼，因此，当时主持仪式的礼官必须是精于礼节的人。《论语》中有大家都很熟悉的“四子侍坐”的故事。当孔子问他的弟子们的志向时，公西华说：“非曰能之，愿学焉。宗庙之事，如会同，端章甫，愿为小相焉。”小相，即为赞礼的小官。公西华作为孔子的得意门生，必然是深于礼学的，也只敢说“为小相”，虽是谦虚之辞，但亦可见礼官之不易当。

礼典既如此之繁难艰深，人非能生而知之，因此当时的贵族们是很重视礼仪的教育的。所谓礼仪的教育，实际就是礼典的演习。《礼记·王制》云：“乐正崇四术，立四教，顺先王诗、书、礼、乐以造士，春秋教以礼、乐，冬夏教以诗、书。”《王制》当是秦、汉时人论述先秦爵禄、学校、选举、养老制度之作。又《史记·孔子世家》也说到：“孔子以诗、书、礼、乐教。”可见，礼是当时官学和私学教育的一个重要内容。礼的学习大抵是实践课，即按赞礼者的宣唱演习当时所实行的各种礼典的具体仪式，并辅之诗、乐。

礼在周代贵族们的生活中的重要性是很可以想象的。它对于周人的影响远不止于此，它与周代的宗族制度，周人的宗教信仰等都有着极密切的关系。

“宗族”在中国具有内蕴很深的、特殊的文化意义，并且它对于政治、经济、社会学等方面也都有很重要的意义。何谓“宗族”？一般的说法是指有共同祖庙的亲族，即有明确父系祖先的家族。“宗”，最早见于殷墟卜辞，是指供奉神主之庙。《说文》说：“宗，尊祖庙也”，意义相同。《尔雅·释亲》则解释曰：“父之党为宗族。”此即指父系的大型的亲属组织。它是以血缘关系为纽带的。“宗”有大宗、小宗之分。大宗指的是家族中嫡长子孙世代相袭的一系。小宗是相对于大宗而言的，即家族中嫡系长子以下诸子的世系。周王世中以嫡长子继承王位，即大宗；其他诸子分封为诸侯，即是小宗。诸侯的君位又是由嫡长子世袭，则又算是大宗，其他诸子分封为卿大夫，相对于诸侯，则是小宗。卿大夫由嫡长子世袭，属大宗；其余诸子为士，则为小宗。在周代，大宗（嫡长子）的地位比小宗（其他诸子）尊贵得多。《仪礼·丧服》：“大宗者，尊之统也。”《礼记·大传》：“尊祖故敬宗；敬宗，尊祖之义也。”先秦文献中，宗族之长被称为“宗子”，其余诸子被称为“支子”。宗子可以主持祭祖礼，而支子则不能随便祭祀始祖，必须先告诉宗子。“庶子不祭祖者，明其宗也。”（《礼记·丧服小记》）“支子不祭，祭必告于宗子。”（《礼记·曲礼下》）大宗还享有更多的特权。在家族中大宗占主导地位，以兄统弟；在国家中亦是以君（大宗）统臣（小宗）。把国家政治与家族血缘联系在一起，形成了中国早期特殊的政治制度：宗法制度。

作为周礼的主要内容之一的宗法制度中，有严格的等级区别及相应严格的宗庙祭祀制度。这对于确定每个社会个体成员在由血缘和等级关系所构成的巨大而严整的社会体系中的固定的位置及职责，对于稳定社会的平衡状态都起着十分重要的作用。

《仪礼·丧服》是中国现存的最早最完整地反映宗法制度的文献。它通过丧服制度反映周代社会的宗法结构以及宗统与君统的结合。（陈戍国《先秦礼制研究》）“丧服是在处理死者与服丧者的宗族、臣属和外亲等关系上产生的，《丧服经》就是这些关系的实际反映。它在宗族关系方面，以同族小宗五等亲为范围；在臣属关系方面，以存在主奴隶属为范围；在外亲关系方面，以‘名’（有母之名）‘从’（从于宗族）为范围。三者都具有极为严密的亲疏等差上的名分界线，不能任意加以增益或删削。”由亲疏关系所决定的五服是宗法制度的基本结构。《仪礼·丧服》第一段在介绍丧服中最重的斩衰服时就把宗族、臣属关系囊括其中。

子为父服，臣为君服，皆三年，是因为父至尊，君至尊，这很好理解。但为什么父也为长子服三年？这就只能从宗法制度本身来解释了。因为长子是未来的宗子，是未来的国君，地位也是极为尊贵的。而“妻为夫，妾为君”则是男权的反映。我们前面已提到，宗族是父系的亲属组织，这就决定了它是以父权、男权为中心的。宗法制度中宗统、君统的现状可见一斑。

然而，《丧服》中占更大篇幅的还是士阶层的服丧之制。这大概是因主权（君权）本来就是至高无上而大于宗法的缘故。例如周公将政权还给成王之后，每次上朝，周公亦得拜于成王前。这是以叔父拜侄的例子；又赵武灵王废了原来的太子章而立子何为王，章也不能不上朝拜君，这是以兄拜弟的例子。可见，身为一国之大宗的天子、诸侯，凭着身份的至尊至贵（拥有王权），有时是可以凌驾于宗法之上的。

《仪礼·丧服》虽没有明说是士的丧服，也讲了一些关于卿大夫等其他阶层的丧服，但从其内容还是可以看出它主要介绍的是士之丧服。如为妻服齐衰杖期，不着服者等级身份，但另有“大夫之嫡子为妻”服齐衰不杖期，可见为妻服齐衰杖期者即是大夫庶子之类一般的士；又“丈夫妇人为宗子”服齐衰三月，但又另有“大夫为宗子”服齐衰三月，传曰：“何以服齐衰三月也，大夫不敢降其宗也。”可见前一“丈夫”必非大夫，而只是指士；再有，经言为“众子”服齐衰不杖期，郑玄注：“众子者，长子之弟及妾子，女子子在室亦如之，士谓之众子，未能远别也，大夫则谓之庶子，降之为大功。”……此外，《丧服》言斩衰服的服制是“斩衰裳、苴绖、杖、绞带、冠绳缨、菅屦……”《左传》襄公十七年：“齐晏桓子卒，晏婴粗缞斩，苴绖、带、杖、菅屦……”其老曰：“非大夫之礼也。”曰：“唯卿为大夫。”晏婴所服既非大夫礼，当即是士礼。（朱凤瀚《商周家族形态研究》）类似这样的例子很多。这些都说明在《丧服》中，不说明丧者等级身份之服制，一般是指士人之服（也有可能包括大夫）。

仔细整理、分析复杂纷繁的丧服服制，可看出周代士家族服丧者的五个系统：父系男亲系统，父系女亲系统，外亲系统，夫亲系统，宗亲系统。其中，父系男亲系统服制是整个士家族丧服制之本。所服丧的亲属范围为：由服丧者上推三世至第四世曾祖父；向下推三世至第四世曾孙，又旁及族曾祖父一支至族昆弟，为同高祖之亲，亦是四世。但事实上极少出现五世同堂的情况。

根据服制的不同，可看出服者与所服者的亲疏远近，关系越远者服制亦越轻。同时也可见出尊卑的等级关系。首先是重直系，轻旁系。例如对于直系男性先人，服不下齐衰，重于大功，而旁系则不上斩衰。其次是重长子轻众子。例如为长子服斩衰三年，为众子则只服齐衰不杖期。其中原因前面已经提到过。不外是因为长子是先祖之正体，又将代服丧者为宗庙之主的缘故，是出于尊祖和尊宗庙之主的考虑。此外，还有大家都已熟悉的男尊女卑，重嫡轻庶的种种思想观念在《仪礼·丧服》中都有极明显的体现。此处不一一赘述。

周代宗法制度及宗法制度下的士家族的诸形态在祭祖礼，如“特牲馈食礼”、“少牢馈食礼”、“有司礼”中都有所体现。宗法制度在商周至清代三千年里，对中国历代社会的政治、经济、思想、伦理、文化等各方面都有深远的影响。从某种意义上说，中国的古代社会实可称为宗法社会。

三、“礼”与“乐”的象征意义

在上古先民的思想中，天命观念无疑是极为重要的部分。他们对于天地万物阴阳之变化，水旱瘟疫风霜雪雨之无常，常常得不到合理的解释，于是归之于上帝之天命而加以崇拜祭祀。“山川之神，则水旱疠疫之灾，于是乎禜之。日月星辰之神，则雪霜风雨之不时，于是乎禜之。”（《左传》昭公元年）这就是早期先民泛神的宗教心理。但到了周代，社会文明已经到了相当高的程度，周人逐渐从原先那种认为社会的正常发展绝对地依赖于诸神的佑护的心理中解脱出来，而把目光投向了现实的礼与德的实施。通过礼的实施，将天命与德治联系起来，充满现实的理性精神。周人是相信天命有德的，甚至天命就是德的化身。因而现世的德治的实施，是体现天意的。而德治的实施又是与礼的推行密不可分的。在礼的精神中充满德的光芒。

周代是中国文化史上全面脱离原始宗教信仰而进入理性思维时期。周人的精神就是现实的礼教精神，也就是后来的整个中国民族的精神。它有宗教而不为宗教所羁，把着眼点放在客观的现实。而中国的现实就是宗法家长制的农业社会。因此，周人的现实理性的全部精力也就放在了制定一整套与这种社会相符合的宗法礼制上。周代是全面进入理性思维的时代，同时也是全面进入礼乐文化的时代。

孔子也曾说过："殷人尊神，卒民以事神，先鬼而后礼。……周人尊礼尚施，事鬼敬神而远之，近人而忠焉。"（《礼记·表记》）这道出了殷人与周人在文化精神和宗教心理上的大差异。的确，我们从《仪礼》所记载的礼仪及其传、记都可看出周人礼的现世精神。例如乡饮酒礼中，主宾席位的铺设即体现了德的思想。古人认为天地间盛美道德之气，始于东北方，而强盛于东南方。所以主人坐东南方，是表现主人的仁德。乡饮酒礼的本义是为体现长幼之序、尊卑之别的，这正是德的表现。通过乡饮酒礼的实施，使百姓们在内在外都懂得尊重奉养老人，孝顺父母，善事兄长，因而教化得以形成。这种孝悌本身就是德行了。至于乡射、大射本身更是为确立德行，推行德治而实施的。《礼记·射义》："故射者进退周还必中礼，内志正，外体直，然后持弓矢审固；持弓矢审固，然后可以言中，此可以观德行矣。"从射箭时的动作仪容可以看出一个人的德行之好坏，而从整个射仪过程礼仪的实施，可看出国家社会之盛德。有德行的人可以封侯封地作为褒奖，而有德行的国家则会安定兴盛。这些都体现了周人的充满理性的现实精神。其实，其他各种礼仪，诸如"聘礼"、"觐礼"、"公食大夫礼"及诸种祭礼中，也都体现了以德为核心的现实精神。

《仪礼》所记载的诸种礼典并非什么很神秘的东西。它只不过是"现实生活的缘饰化"（沈文倬《艮与耤》），是从现实生活中提炼出来而稍加装饰而已。礼典是由礼物与礼仪构成的。这里所说的“礼物”，并非我们现在所理解的一般意义上用于馈赠的礼物，而是礼家所说的“名物度数”，即举行礼典时所使用的宫室、服饰、器皿等器物。通过这器物的大小、多寡、高低、华素等差别显示行礼之人的尊卑贵贱。“礼仪”，礼家称之为“揖让周旋”，即指行礼者按其身份地位在礼典进行中使用礼物的仪容动作。同样地，从对行礼者在进退、登降、坐兴、俯仰种种严格的要求中区别了尊卑贵贱。在礼典中，不论是礼物还是礼仪都是不容更改、不容有丝毫僭越的。只有礼物的使用和礼仪的实施都恰如其分，无过无不及，才可能表达出正确的礼意。礼意就是礼典所要表达的内容、目的和旨趣。

首先，礼物、礼仪可看成是手段和形式，而礼意才是礼典的目的。《礼记·郊特牲》说：“礼之所尊，尊其义也。”意思是说，尊礼是因为它有义理，即礼意。礼意是礼的最重要的组成部分。区别尊卑贵贱是《仪礼》诸礼仪的一种实质。再如行仁德之政是《大射》等礼仪所表达的一个重要内容。

但是，并不能绝对地将礼物、礼仪看作是纯形式的东西。礼物和礼仪本身也可看作是礼的内容的体现。没有礼物，礼仪，礼是不存在的。一定的礼物和礼仪表现一定的礼意。礼物、礼仪的数量变了，礼意也随之变化。例如“乡饮酒礼”中，主宾的祭物是狗的背脊、肋骨、肩、肺，主人的祭物是背脊、肋骨、臂、肺。而介的祭物则是背脊、胁骨、后胫骨、肺。祭物之不同，显示身份之不同，若混乱了则不成体统。又如献酒时所用器皿为爵，而不献酒时用觯。再如“聘礼”中行聘用的玉的等级品种的规定：国君用圭玉，国君夫人用璋；进献用琮，这都是由礼物、礼仪的名与数的不同而表达出不同的礼意。再比如“丧服”篇中，从服饰、器皿到服丧期，若有一处的数字弄错了，就没有了所谓的五服。像这样的例子，《仪礼》中比比皆是。记得《论语·八佾》中记载这样一件事：周王朝礼制对乐舞的规定是“天子八佾，诸侯六，卿大夫四”，鲁大夫季氏本来只可用四佾舞于庭，可却僭越而用了八佾，导致孔子对之进行严厉批评，有“是可忍，孰不可忍”之语。因为礼物、礼仪变了，礼意也发生变化。在先秦典籍中于此多有印证，以《左传》为最。总之，《仪礼》中所记载的礼典体现了中国“礼”的实质，包括日常所需要的对象，“包括人与物，人与人，人与超自然等关系的节文……包括物质与精神两方面”（李安宅《仪礼与礼记之社会学的研究》），礼正是各方面的有机包容的全体。

中国古代的民本思想

进入新世纪以来，在我们的各项工作中，“以人为本”已成为一个非常流行和引人注目的字眼儿，“以人为本”就是着眼人、尊重人。这一思想在中国传统文化中已有悠久的历史，在三千年前的商周时期，先进的思想家和政治家就提出“保民”、“爱民”、“利民”等民本思想。“以人为本”就是“以民为本”思想的延伸和发展。了解历史上民本思想的由来及体现，对于我们更自觉地坚持“以人为本”，贯彻落实科学发展观具有现实意义。

一、民本思想的由来

民本思想，即“以民为本”的思想。早在商周时期，保民的思想即为人们所重视。《尚书》中的核心思想，是“敬天”“明德”“慎罚”“保民”。《商书·盘庚》中说：“恪谨天命。”又说：“汝克黜乃心，施实德于民。”又说：“古我前后，罔不惟民之承。”又说：“式敷民德，永肩一心。”等等，强调的是敬天保民。《周书·无逸》中周公告诫成王的中心思想，乃言治民要“先知稼穑之坚难”；要“爰知小人之依，能保惠于庶民，不敢侮鳏寡”；要“徽柔懿恭，怀保小民，惠鲜鳏寡”。在周公的训辞中，“保惠于庶民”的保民思想，显得更加突出。再如《国语·周语上》中《召公谏厉王弭谤》一章，召公用“防民之口，甚于防川。川壅而溃，伤人必多，民亦如之”的形象比喻，体现了更加鲜明的重民、导民的思想认识。所以，民本思想早在殷商与西周时代已见端倪。随着时代的发展，思想解放的兴起，《左传》中的民本思想更加鲜明突出。

《左传》中的民本思想，来源于春秋时期的进步哲学思想。当全盛于殷商、西周时代的天道观念已经动摇，人们对“天”、“人”关系做出新的解释，从重视天道转而重视人事的时候，民本思想也随之发展壮大。《左传》桓公六年季梁的一段话，集中表现了天与民、神与民的关系。

少师归，请追楚师。随侯将许之，季梁止之，曰：

“天方授楚，楚之羸，其诱我也。君何急焉？臣闻小之能敌大也，小道大淫。所谓道，忠于民而信于神也。上思利民，忠也；祝史正辞，信也。今民馁而君逞欲，祝史矫举以祭，臣不知其可也。

“夫民，神之主也，是以圣王先成民而后致力于神。故奉牲以告曰：‘博硕肥腯’，谓民力之普存也，谓其畜之硕大蕃滋也，谓其不疾瘯蠡也，谓其备腯咸有也；奉盛以告曰：‘絜粢丰盛’，谓其三时不害而民和年丰也。奉酒醴以告曰：‘嘉栗旨酒’，谓其上下皆有嘉德而无违心也。所谓馨香，无谗慝也。故务其三时，修其五教，以致其禋祀，于是乎民和而神降之福，故动则有成。今民各有心，而鬼神乏主，君虽独丰，其何福之有？君姑修政，而亲兄弟之国，庶免于难。”

季梁乃随国之贤者，他说这一番话的背景是：楚武王侵随，故意以羸师诱随。随侯不知是计，欲发兵追击楚军，季梁乃极力劝阻。季梁在这段话中的意思是，小国欲抵御大国，要做到“道”、“忠”、“信”。所谓“道”，是忠于民而信于神；所谓“忠”，是上思利民；所谓“信”，是祝史真实地报告民的情况。这三个条件的中心都是一个“民”字。季梁提出“民，神之主，是以圣王先成民而后致力于神”的口号，重在于把人（即民）从天道神道的桎梏中解放出来，这是对商、周以来天、神与民、人之间主宰与被主宰、支配与被支配的关系来了个大颠倒。在春秋初期，“神”当然还不可能被完全否定，但已退为次位，民已居神之上。这是一个不同寻常的突破。季梁提出“敬神保民”，其实质是借“敬神”来推广他的“保民”理论。敬神告神，都离不开民力、民和、民心；只有民力普存、民和年丰、民无违心，才能信于神，得到神的福佑。可见敬神只是个幌子，保民才是实质。季梁谏止随侯避免与楚国交锋，不是从双方军事力量的对比上来阐述其利害关系，而是用“成民保国”“成民取胜”的理论从哲学观念的高度说服随侯。这与鲁庄公十年“曹刿论战”思想是一致的。《左传》作者随后记道：“随侯惧而修政，楚不敢伐。”“修政”即在于加强保民养民，其结果是楚人再不敢打随国的主意，说明“民本思想”的巨大威力。季梁的思想，在春秋时期颇具代表性。

《左传》中“民”的概念，广泛用于各种范畴的统治对象，包括当时的奴隶和平民以及统治阶级下层在内的广大群众。从《左传》的记载中可以看到，当时的统治者已明确认识到民心向背的重要性。郑国的共叔段不断扩张自己的势力，大夫公子吕请郑庄公早日除之，“无生民心”。（隐公元年）晋公子重耳（即晋文公）流亡遇五鹿“乞食于野人，野人与之块”，重耳“怒，欲鞭之”。大夫子犯却说，此乃“天赐也”。（僖公二十三年）这种对“野人”（即乡人）态度的转变，不仅在于“野人与之块”暗示着可以得土地的吉兆，也同对“民”的重视的时代思潮有关。民心的向背是统治者治国和巩固君位的重要条件，失民心者必失位亡身，这样的例子在《左传》中比比皆是。在梁国：

梁伯好土功，亟城而弗处。民罢而弗堪，则曰：“某寇将至。”乃沟公宫，曰：“秦将袭我。”民惧而溃，秦遂取梁。（僖公十九年）

梁伯疲民以逞，民不堪命，终于鱼烂而亡。所以“三传”皆云：“梁亡，自亡也。”（僖公十九年）楚灵王“汰侈”，城陈、蔡、不

羹，大兴土木之役，加上连年征战，人民疲惫，最后弄得“众怒不可犯也”，自缢身亡。（昭公十三年）

正因为“民”对于君国统治和维持君位已产生举足轻重的作用，所以贤君视民之利，高于君之利、国之利。《左传》文公十三年记载：

邾文公卜迁于绎。史曰：“利于民而不利于君。”邾子曰：“苟利于民，孤之利也。天生民而树之君，以利之也。民既利矣，孤必与焉。”左右曰：“命可长也，君何弗为？”邾子曰：“命在养民。死之短长，时也。民苟利矣，迁也。吉莫如之！”遂迁于绎。

邾文公是个开明的国君，已明确“苟利于民，则君之利亦随之”的道理。天命在于养民，民有利，君之寿命亦在次要，这确是难能可贵的。民如此重要，所以春秋时期一些开明统治者对使“民不堪命”、“民弗堪也”的沉重剥削采取了一些宽缓政策，通过“抚民”、“利民”、“息民”等措施而获取民心。鲁国的季孙氏从季文子到季武子、季平子，三世执鲁政，就是因为采取了一些利民措施而“得其民”。相反的，鲁昭公因失尽民心，被驱逐出境。晋太史墨对昭公被逐评论说：“鲁君世从其失，季氏世修其勤，民忘君矣，虽死于外，其谁矜之？社稷无常奉，君臣无常位，自古以然。故《诗》曰：‘高岸为谷，深谷为陵。’三后之姓，于今为庶，主所知也。”（昭公三十二年）昭公被逐，公室衰弱，季氏执政，政权下移，其根本原因，在于民心的归属。所以，《左传》作者借乐祁之口说：

无民而能逞其志者，未之有也。国君是以镇抚其民。《诗》曰：“人之云亡，心之忧矣。”鲁君失民，焉得逞其志？（昭公二十五年）

乐祁的话，当然代表了作者自身的思想倾向。这一类的例子在《左传》中还有许多，如齐景公“弃其民”，“民三其力，二入于公，而衣食其一”；齐国刑罚苛重，“国之诸市，屦贱踊贵”。而陈氏“以家量贷，而以公量收之”。民“爱之如父母，而归之如流水”，“齐其为陈氏矣”。（昭公三年）政权的争夺转化为民心的获取。晋文公、晋悼公、卫文公，皆因得“民”而得政；反之，晋灵公、卫懿公、宋殇公等，或因“君使民慢”，或因“役使其民”而“民不堪命”因而失位亡身。作者的意图是十分清楚的。

民心向背，得民与否，也是战争胜败的决定因素，关系到霸业的兴衰。庄公十年，齐、鲁长勺之战时，曹刿与鲁庄公论战，所坚持的就是施惠于民、得民心支持而战的思想。晋文公“入而教其民”，“入务利民”，又“示民以信”，“教民以礼气”，使“民听不惑”，经过多年的利民教民的国力积累，“一战而霸”。楚庄王治民有方，“民不疲劳，君无怨谤”。“商农工贾，不败其业”，因此邲地一战取胜。吴王阖庐“亲其民，视民如子，辛苦同之”，“是以民不罢劳，死知不旷”，吴国称霸一时。这些，都显示了“民”在争霸斗争中的重要作用。

民本思想是春秋时期思想大解放思潮中的一个重要组成部分，反映了由殷周奴隶制向封建制过渡时期人的价值观念的更新。在《左传》中可以看到，自春秋中期以后，有关“保民”、“爱民”、“得民”、“恤民”、“成民”、“抚民”、“利民”的论述越来越多，说明民本思想越来越为统治者和进步思想家所重视。到了战国时期，孟子响亮地提出“民为贵，社稷次之，君为轻”的口号（《孟子·尽心下》），赵威后打出“苟无岁，何以有民？苟无民，何以有君”的旗帜，（《战国策·齐四·齐王使使者问赵威后》）则将民本思想又推向了一个新的高峰。

二、民本思想的体现

民本思想在战争中的表现，则是民的作用与民心的向背，成为战争胜负、霸业兴替的决定力量。《左传》中在大量的战争描写尤其是对战争胜负的背景叙述之中力图揭示这样的真理：得民而战者胜。

春秋时期，决定争霸战争胜负的主要还在于双方的实力。实力的后盾与基础是“民”。所谓“无民，孰战”，“无众，必败”，已成为春秋时期各国有识之士的共识。既然“民”与战争的关系如此重大，欲参与战争的诸侯国都知道“安民”“抚民”的重要。这里且看著名的“曹刿论战”的一段记载：

十年春，齐师伐我。公将战。曹刿请见。其乡人曰：“肉食者谋之，又何间焉？”刿曰：“肉食者鄙，未能远谋。”乃入见，问：“何以战？”公曰：“衣食所安，弗敢专也，必以分人。”对曰：“小惠未徧，民弗从也。”公曰：“牺牲玉帛，弗敢加也，必以信。”对曰：“小信未孚，神弗福也。”公曰：“小大之狱，虽不能察，必以情。”对曰：“忠之属也，可以一战。战则请从。”公与之乘，战于长勺。（庄公十年）

鲁庄公所认为可以参战的三个条件，其中第一条“衣食所安，必以分人”，因其恩惠所加，只在贵族，未及于民，所以曹刿反对。第二条对神诚信，只对天地神灵，仍未及民，亦不足以战。只有第三条，乃是为民办好事，所以曹刿认为可以一战。这表现出他对战争胜负估计的远见卓识。曹刿论战，不与鲁庄公讨论军队的数量，武器装备，战斗的具体部署，而是着眼决定战争胜负的政治环境与民心的向背这样的战略机制，说明他目光的远大。长勺之战，鲁国能以弱小的力量战胜强大的齐国，就在于取得了人民的支持这一先决条件。

要战胜敌人，就必须依靠广大人民、取得人民的支持，这在《左传》中有明确的反映。成公十六年申叔时曾劝告楚司马子反说：“民生厚而德正，用利而事节，时顺而物成。上下和睦，周旋不逆；求无不具，各知其极。故《诗》曰：‘立我丞民，莫匪尔极。’是以神降之福，时无灾害。民生敦厖，和同以听；莫不尽力，以从上命，致死以补其阙：此战之所由克也。”民生富厚，民德一归于正。人民富足，办事则有节制；顺时而动，万事皆能成功。国家上下和睦，团结一致，将士都能知道自己应遵循的规矩。所以民生富足，百姓就能齐心一致，为国效死力。这就是战争能够取胜的原因。申叔时对战争胜负的分析，完全归结于一个“民”字上。所以，“无民而能逞其志者，未之有也，国君必须安抚好人民，得民方可得志”。昭公十三年，吴国灭州来，楚令尹子期请楚平王伐吴，楚平王弗许，谓“吾未抚民人，未事鬼神，未修守备，未定国家，而用民力，败不可悔”。考虑的还是民未安定，不可滥用民力征战，否则，一败涂地连后悔都来不及。

先养民而后用兵，先守备而后攻伐，先安内而后攘外。这种思想在《左传》众多的战例中都有明确的体现。晋文公“始入而教其民”，“入务利民”以及示民以义、信、礼，说明他认识到安民得众对于取得战争胜利的不可估量的作用。正因为如此，城濮之战中下层人民主动献“舍于墓”之计，诵“原田每每”之诗，军民上下，同仇敌忾，反映出作者得众者胜的思想。反之，申叔时认为“今楚内弃其民，而外绝其好；渎齐盟而食话言；奸时以动，而疲民以逞。民不知信，进退，罪也。人恤所底，其谁致死”（成公十六年）。鄢陵之战楚国失败，看似因子反醉酒误事所致，其实根本的原因，则在于申叔时所指出的，楚弃民疲民而战，必败。此外，吴王阖闾的“视民如子”与吴王夫差的“视民如仇”，这些反差强烈的例子，足以说明作者战争思想中对“民”的态度。

军阵和睦，将士上下同心同德，是战争取得胜利的一个重要因素。所谓“帅乘和，师必有大功”（成公十三年），就是这个意思。桓公十一年，楚国的斗廉对屈瑕说：“师克在和，不在众。商、周之不敌，君之所闻也。”强调的是一个“和”字。和者，团结一致也。团结一致，众志成城，这就是最大的战斗力。当年商纣王人多，周武王人少；商纣王有亿兆夷人，但离心离德；周武王仅虎贲之士三千，但同心同德，却可灭商，可见“和”之重要。

《左传》在战争的叙写中非常重视揭示“帅乘和”可以取胜的思想。城濮之战时，作者首先详写晋军将帅的配备：

于是乎搜于被庐，作三军，谋元帅。赵衰曰：“郤克可。臣亟闻其言矣，说礼、乐而敦《诗》《书》。……君其试之！”乃使郤縠将中军，郤溱佐之。使狐偃将上军，让于狐毛而佐之。命赵衰为卿，让于乐枝、先轸；使乐枝将下军，先轸佐之。荀林父御戎，魏犨为右。（僖公二十七年）

单是狐偃、赵衰等人对职位的谦让，就给人一个“帅乘和”的感觉，再加上赵衰对郤縠的称赞，更是营造了一个上下和睦团结的气氛。开战之后，晋人围曹、解救宋围、拘楚宛春而复曹、卫，以及决战城濮，在每一个战术问题上，晋国君臣和将帅无不进行了热烈的讨论和研究，制定出可行的作战方案。不但如此，甚至连舆人即下层役卒也为战争出谋献策。这一切，都在向人们揭示：晋国“帅乘和”。还可以看看齐、晋鞌之战的例子，鞌之战时，晋军主帅郤克身负重伤，流血及履，张侯、郑丘缓亦受伤而坚持战斗，将帅三人互相鼓励，表示了死战的决心，在这样昂扬的战斗精神鼓舞下，晋军士气大作。战斗胜利之后，晋国的士燮（范文子）、郤克、乐书等人又都谦逊让功。凡此种种，无不在提示人们：晋国上下团结，同心对敌，所以取胜。

很难设想，一支离心离德、四分五裂的军队能取得战争的胜利。定公五年楚国的斗辛曾说：“不让，则不和；不和，不可以远征。”将帅不谦让，军队不团结，更不可以远征攻伐。柏举之战，吴人入郢，然吴军内部夫槩王等人争宫，结果反胜为败。内不和，先自败。鄢陵之战前，晋郤克谓楚人有“六间”：

楚有六间，不可失也：其二卿相恶；王卒以旧，郑陈不整，蛮军而不陈；陈而违晦，在陈而嚣。合而加嚣，各顾其后，莫有斗心；旧不必良，以犯天忌。我必克之！（成公十六年）

所谓“六间”，即六个致命弱点。这六个弱点之中，第一个就是将帅不和——二卿相恶，即楚令尹子重与司马子反不和。最终，也真应了郤克的预言，子反以饮酒误事致使楚国大败。

无独有偶，一向注重帅乘和的晋人，也犯了内部不团结的大忌。邲之战时，晋国的主帅荀林父新用事，“未能行令”，不能坚持正确的作战方针而抵制错误的主张，上、中、下三军主帅，专行而不获，各执一辞，因此晋军内部一开始就形成了主战与主和两派不同的意见。再加上中军佐先縠刚愎不仁，孤军独进；将领魏锜、赵旃二人心怀私怨，各有贰心，所以晋军内部各行其是，离心离德。楚人参言之：“晋之从政者（指荀林父）新，未能行令；其佐先縠，刚愎不仁，未肯用命；其三帅者，专行不获；听而无上，众谁适从？此行也，晋师必败！”后果然不幸而言中。晋之败，亦非败于楚，乃自败也。

军阵和睦、同心同德、团结一致才能克敌制胜，这一思想在《左传》中是非常鲜明的。“和”、“同”的思想，就是民本思想的体现和发展，没有“以民为本”、尊重人、体恤人，就不可能调动和发展人的积极性和主动性，就不可能实现真正意义上的和睦，也不可能实现同心同德。所以，以人为本是其思想基础。

规范·修养·陶冶

注重发挥道德在形成和维护社会秩序中的作用，是中国传统文化结出的一大成果。无论是治国理政，还是经济活动和社会生活，都渗透着道德意识，以致形成中国特有的“礼治”、“德治”。但是传统道德在中国人生活中的作用，并不只是体现为约束性的，而更重要的是体现在规范、修养、陶冶等各个方面，既包含严肃庄重，又不乏生动活泼；既重礼“教”，更注重“化”。

一、道德规范

中国传统文化中的礼，不仅是一种伦理原则，而且也是道德规范。就道德规范而言，其内容主要是《礼记》中提及的各种礼节仪度。概而言之，这些礼节仪度包括吉、凶、宾、军、嘉五个方面。

吉礼是对祭祀的规定，在五檀中居于首位。祭礼的内容包括祭祀神祇与祭祀祖先。《礼记》规定，从天子至于士，身份不同，祭祀的规格也应有异。天子祭天地，诸侯祭社稷，大夫祭五祀，士祭其先。《礼记》中的《郊特牲》、《祭法》、《祭义》、《祭统》诸篇，对祭祀的礼节仪度作了详细的记载和说明。总的原则是，无论天子或是庶人，凡祭祀必须恭敬虔诚，祭服敝则焚之，祭器敝则埋之。所谓“祭祀与其敬不足而礼有余也，不若礼不足而敬有余也”（《檀弓上》），正是这种原则的最好说明。

凶礼是对丧葬的规定。丧礼在《礼记》中涉及内容最广，《礼记》四十九篇就有十篇专门介绍丧葬之礼。因此，《礼记》对丧礼的规定最为完备。《礼记》规定，从天子以下，身份不同，棺椁的规格、殡葬的时间等也应有所不同。《礼记》还以亲疏为等差，详细介绍了斩衰、齐衰、大功、小功、总麻五种丧服的不同规定。《礼记》提出，丧事要立丧主、设相导，哭丧不呼名，居丧要极哀，要哀痛至极，毁瘠不形。因此凶礼重在哀，这就是《檀弓上》所说的：“丧礼，与其哀不足而礼有余也，不若礼不足而哀有余也。”

宾礼是对致贡朝会，宾主相见，礼物授受方面的规定。《礼记》中的《明堂位》、《燕义》、《聘义》诸篇都是这方面的内容。例如、朝见时诸侯西面而见天子，觐见时诸侯北面而见天子，不得错位，否则就是违礼。诸侯见天子，自称某臣某侯，而在自己的臣民面前则自称寡人，不得乱称，否则为失礼。同样道理，相问答对，语言各有一定的程序，不能越轨，否则也是失礼。此外，客主相见，互赠礼物，也有严格的礼数，不能违反，否则就是失礼。如《礼记》规定，主国对于前来行聘礼的使臣，不论入境出境，都将三次致送刍、米类物品，且致送饔饩至客人所居住的馆舍，将五牢（牛羊猪三牲合为一牢）陈设在宾馆大门之内，另有数十车米、柴、草料陈放在宾馆的门外供徒卒车马使用。使臣逗留期间，必须在朝廷上举行食礼一次，飨礼两次，在寝宫举行的燕礼和赏赐时新之物尚不在此限。可见礼节规定十分周密。在所有的宾礼规定中，必须共同遵守敬让的原则，因为“敬让也者，君子之所以相接也。故诸侯相接以敬让，则不相欺陵”。（《聘义》）

军礼主要是指战事或田猎活动中有关兵车旗旌等方面的规定。在五礼中，军礼与祭礼同等重要，正所谓“国之大事，在祀与戎”。这是因为诸侯争霸，战乱频仍，大凡诸侯中有不甘臣服者，或者臣子百官在执行王朝典章制度方面有僭越行为，天子就得会合其他诸侯，用武力迫使其就范。《礼记》规定，天子行军，前朱雀后玄武，左青龙右白虎，旗上画有北斗七星。这些虽属军旅制度，但仍带有道德规范的意义。军礼中的所有仪式，主要作用都在于显示天子的尊严与权威。这是尊尊卑卑的道德原则在军礼上的体现，因此军礼重在威严。

嘉礼是对敬老、侍长、冠、婚方面的种种规定。在五礼中，嘉礼最为驳杂，包括饮食、婚冠、宾射、飨燕、脤膰六项内容。这些内容大多涉及日常生活中的行为准则，因而在传统礼俗中影响最广。如《礼记》规定，每到婚礼中纳采、问名、纳吉、纳征、请期的日子，男方的使者到来时，女方的父母要先在庙中摆设筵席，然后亲自出门拜迎；入了庙门，彼此揖让而登堂；在庙堂的两楹间，听受使者传递男方之词，一切都在谨慎敬重的氛围中进行。又如《礼记》提出侍于长者，形容要严肃，目不斜视，耳不侧听。长者问，要辞让然后对答；有吩咐，则唯喏而起。凡执尊者之器，要执轻如执重。违反了上述规定，就是非礼。总之，嘉礼必须突出一个敬字。

作为道德规范内容的礼节仪度在《礼记》中是十分庞杂的。这里介绍的只是其中的一小部分。然而尽管这些礼节仪度林林总总，形式各不相同，但贯穿于其中的精神实质却是相同的。这就是以“亲亲”、“尊尊”、“男女有别”为主要内容的伦理原则。换言之，所有形形色色的以礼节仪度为内容的道德规范，都渗透着以尊卑贵贱等级观念为核心的伦理原则。

二、道德修养

从伦理学的观点来看，“礼”不仅包括伦理原则和道德规范，而且还从人生哲学的角度确立了以“中庸”作为个体道德修养的最高标准。

“中庸”思想，早在春秋时代已被孔子所特别推崇。孔子曾给“中庸”以很高的评价说：“中庸之为德，其至矣乎？民鲜久矣。”（《论语·雍也》）孔子主张“中庸”的本意是反对“过”与“不及”，而要“两端执其中”。也就是说，处事要恰到好处，落实到道德实践上，便是摒除一切过激的言行。不过在孔子那里，“中庸”作为一种道德修养标准尚未上升到哲学的理论高度，《礼记》则在此基础上，从道德哲学的角度进一步阐发了儒家这种重要的伦理思想。

《礼记·中庸》开宗明义说：“天命之谓性，率性之谓道，修道之谓教。”这是全篇的总纲，也是作者从哲学角度为“中庸”作为儒家道德修养标准所提供的理论依据。其中“天命之谓性”，是说人性是上天所赋予的，是生而俱有的。这句话虽然没有讲到人性的善恶，但从下一句“率性之谓道”来看，《中庸》作者是承认人具有先天善性的。“率性之谓道”，意谓循性而行就是“道”，可见人性一定是善的，否则循性而行就不能称之为“道”。在这里，《中庸》作者试图通过道与性命之间的联系，来说明仁义礼智这些儒家所推崇的道德质量是内在于人的本性的客观存在，而并非外界强加于人的。这种见解实际上是孟子“仁义礼智非外铄我也，我固有之也”（《孟子·告子上》）观点的另一种表述。

但《中庸》并没有因为人具有天生的善性而崇尚性命之道的自发性，而是十分注重后天教化的作用，要求人们自觉地加强道德修养，这就是所谓的“修道之谓教”。在《中庸》作者看来，人们虽然具有与生俱来的善性，但正像孔子所说：“性相近也，习相远也。”（《论语·阳货》）如果个体的人不加强后天的道德修养，先天的善性就会被后天的恶习所抵消。此外，尽管人们都先天地具有善性，但每个人的先天气禀又是不尽相同的，有的人行动太过，有的人行动不及。这些都要求必须有一个可供人们后天进行道德修养的共同标准。《中庸》作者认为最好的道德修养标准莫过于“道”，或者说是无过无不及的“中庸之道”。从伦理学的角度来看，礼虽然主要包括伦理原则和道德规范两大内容，但贯穿于这两大内容之中的仍然是无过无不及的“中庸之道”。

“中庸”既然是贯穿于伦理原则和道德规范之中的永恒原则，那么究竟什么是“中庸”呢？《礼记》的解释是：

喜怒哀乐之未发，谓之中；发而皆中节，谓之和。中也者，天下之大本也；和也者，天下之达道也。致中和，天地位焉，万物育焉。（《中庸》）

“喜怒哀乐”是人性的表现，“未发”是指人性未表现出来时的存在状态。这种存在状态是不偏不倚的，故谓之“中”。“发而皆中”是指“喜怒哀乐”之类的人性表现均符合节度，符合节度即为“和”。“中”在思想上符合天赋本性，是天下的根本；“和”在行动上符合天赋的本性，是天下普遍推行的准则。人们只要将“中”与“和”的原则发挥到极处，天地就清宁，万物就茂盛。因而“中和”自然应该成为人们道德修养的最高标准。可见在《礼记》中涉及道德修养问题时，中和与中庸是相通的，中和即中庸。

“中庸”作为道德修养最高标准的显著标志之一，就在于它是区分“君子”与“小人”的试金石。《礼记·中庸》说：

仲尼曰：“君子中庸，小人反中庸。君子之中庸也，君子而时中；小人之反中庸也，小人而无忌惮也。”

君子之所以能成为君子，就在于他能随时让自己的言行符合中庸要求；而小人虽然有时也能让自己的言行符合中庸要求，然而一旦遇到特殊情况，则无所顾忌和畏惧，言行就会违反中庸要求。这样，能否在任何场合都坚持中庸标准，就成了显示道德修养优劣的显著标志之一。对一个道德高尚的君子来说，他一定能够做到“戒慎乎其所不睹，恐惧乎其所不闻。莫见乎隐，莫显乎微。故君子慎其独也”。（《中庸》）也就是说，君子不但在别人看不见、听不到的情况下能自觉而谨慎地奉行“中庸之道”，而且在隐蔽幽微之处也丝毫不会出现偏离“中庸之道”的念头。而对一个品德修养一般的人来说，他往往自以为很聪明，但在私欲的驱使下，落入到罗网和陷阱之中而不知躲避。这种自以为聪明的人即使选择了中庸之道，可能连一个月也坚持不了。在《礼记》作者看来，中庸作为一种最高的道德修养标准，普通民众长久以来很少能坚持实行它，只有孔子的贤弟子颜回才真正做到了选择中庸之道，并始终以此作为道德修养的标准。

作为儒家最高的道德修养标准，“中庸之道”的作用十分广泛而性质又非常精微。一句话，中庸之道具有无所不包的性质，从普通百姓到圣人都可以把它作为道德修养的标准。中庸之道作为一种适用范围极广，而又性质精微的道德修养标准，它之所以长久以来难以为普通民众所实行，原因主要有两点：其一，中庸之道的尺度不易把握，非大智大仁不足以行之。中庸之道要求人的认识和行为无过无不及而恰到好处，可是人的禀气不同，智者、贤者过之，愚者、不肖者不及，所以“民鲜能久矣”。孔子认为只有像舜这样大智大仁的圣人，才能恰当地把握住“中庸之道”的尺度以成就事业；其二，中庸之道贵在持之以恒，非勇毅刚强者不足以行之。在孔子眼中，奉行中庸之道是比治天下、辞爵禄、蹈白刃更为艰难的事情。没有超常的毅力和勇气，就不可能坚持实行中庸之道。孔子还认为，只有性格真正刚强的人才能持之以恒地奉行中庸之道，这种刚强的性格应该具有以下特点：待人和顺且不迁就，保持中立而不偏倚，国家政治清明时不改变穷困时的贞操，国家政治黑暗时不改变自己的志向。可见这种性格的刚强是自强，而不是以气胜人或以力胜人。只有具备了这种刚强的性格，才能坚持奉行中庸之道。

由此可以发现，从伦理学的观点来看，“中庸”是指道德修养中不偏不倚、平和中正的状态。它不像其他道德范畴那样具有实在性的意义，而只是贯彻于道德修养过程中的最高标准。在《中庸》作者看来，人们如果能够在各自的道德修养中按照儒家的伦理原则和道德规范“择乎中庸”、“中立而不倚”，那么就可以做到：“素其位而行，不愿乎其外。素富贵行乎富贵，素贫贱行乎贫贱，素夷狄行乎夷狄，素患难行乎患难，君子无入而不自保焉。在上位不陵下，在下位不援上。正己而不求于人则无怨。上不怨天，下不尤人。”如此，则人人安分守己，实现“王道”政治理想也就指日可待了。

三、道德陶冶

儒家的礼治主义主张实质是一种道德政治论，故“礼治”又称“德治”，亦可称为“礼乐之治”。从伦理学的观点来看，礼是通过伦理原则和道德规范来培养人的道德情操，以便使人们自觉地维护尊尊卑卑的等级秩序，作用的对象主要是人的理智；乐则是借助于一定的艺术形式（包括音乐、诗歌、舞蹈）来巩固和陶冶人们的道德情操，作用对象主要是情感。只有礼乐并举，才能最终实现儒家礼治主义的政治理想。尽管礼、乐在儒家的道德修养中占有同等重要的地位，但它们作用方式又是有所不同的。礼义的作用是使“贵贱有等”，各安其位；乐文的作用是使“上下和同”，彼此无怨。“是故先王之制礼也以节事，修乐以道志，故观其礼乐而治乱可知也。”（《礼器》）那么什么是“修乐以道志”呢？所谓“修乐以道志”，实际上是指乐具有倡导情志，提高人们道德情操的作用。至于乐为何能“道志”，这主要是由于“乐”在道德修养中发生作用的方式和作用对象不同于礼义造成的。从作用方式看：乐由中出，礼自外作。乐由中出故静，礼自外作故文。（《乐记》）凡三王教世子，必以礼乐。乐所以修内也，礼所以修外也。礼乐交错于中，发形于外，是故其成也，怿恭敬而温文。（《文王世子》）

所谓“乐由中出”、“乐以修内”，是说乐由内心而起，它既可以劝道己志，使自己行之不倦；又可以导志化民以治下。这与礼通过外在的伦理原则和道德规范来加强道德修养的作用方式显然是不同的。从作用对象看：乐者，音之所由生也，其本在人心之感于物也。是故其衷心感者，其声噍以杀，其乐心感者，其声啴以缓；其喜心感者，其声发以散；其怒心感者，其声粗以厉；其敬心感者，其声直以廉；其爱心感者，其声和以柔。六者非性也，感于物而后动。（《乐记》）

这里所说的“声”、“音”、“乐”是三个不同的概念。所谓“声”，是指人感于外物产生各种情感，从而发出不同的声响；声的变化符合音乐的旋律而形成“音”；音调谐和，并以乐器伴奏，再配上舞蹈动作，才成为“乐”。但说到底，“乐”是人类情感的产物，其作用对象最终也还是人的情感。正因为“乐”与人类情感如此紧密相关，所以《礼记》提出音乐是人情所必需的：“夫乐者，乐也，人情所不能免也。”又说“乐必发于声音，形于动静，人之道也。声音动静，性术之变，尽于此矣。故人不耐（能）无乐”。（《乐记》）不难理解，《礼记》重视“乐”，这决不是从艺术角度着眼的，而是看中了“乐”在感化人心，陶冶道德情感，进而影响风俗教化方面具有一种其他手段无法替代的重要作用。对此，《乐记》作了多方面的阐述。都是说，好的音乐可以“通伦理”、“治人心”，对于陶冶人的道德情操，形成良好的社会风尚具有积极的影响。具体来说，乐在陶冶人的道德情感方面，至少可以发挥以下两方面的重要作用。

一是通过和乐民声来限制不良欲望的产生。人们感物而动，性发为情，情变为欲，倘若“物之感人无穷，而人之好恶无节”，就容易导致“灭天理而穷人欲”，于是悖逆诈伪之心，淫佚作乱之事便会层出不穷，强胁弱，众暴寡，智诈愚，勇苦怯。就节制人的不良欲望而言，礼乐刑政的目的是相同的，所不同的是，乐主要是通过艺术的形式作用于人的内心，使人保持一种平和中正的情感，从而抵制不良欲望的产生。否则“心中斯须不和不乐，而鄙诈之心入之矣”。倘若心中有了“鄙诈之心”，自然谈不上进行任何道德修养。

二是通过和合情感来培养“附亲万民”的道德情操。在封建宗法社会中，同一血缘关系的社会群体被分化成各种不同的等级。这种等级的划分往往容易导致社会成员情感上的隔阂。这时就需要寻找到一种使不同等级的人们能够彼此心灵交通，关系和谐的手段，而乐以其独有的感人至深的方式，便于使人从内心产生和谐的情感，于是理所当然地充当了这种手段。不同身份的社会成员在欣赏乐的过程中，就会自然而然地化解因身份的差别造成的隔膜乃至怨恨，培养起相互和谐融洽的情感状态。

由此看来，乐在陶冶人们的道德情操方面确实占有不可替代的重要地位。它可以使人们“志意得广”、“容貌得庄”、“万民和亲”，最终发挥出“移风易俗，天下皆宁”的神奇妙用。

人间的秩序

人伦关系奠定了最基本的人间秩序。所谓人伦关系，是指古代社会中人与人之间的关系以及应遵循的行为准则。《孟子·滕文公上》云：“（舜）使契为司徒，教以人伦。父子有亲，君臣有义，夫妇有别，长幼有叙，朋友有信。”孟子所说的父子、君臣、夫妇、兄弟、朋友之间的关系就是古人所界定的人伦关系，共五种，故古人又称之为五伦；亲、义、别、序、信就是孟子所倡导的人伦关系中应遵循的行为准则，即父子之间应有骨肉之亲，君臣之间应有礼仪之道，夫妇之间应挚爱而有男女之别，兄弟之间应有长幼次序，朋友之间应有诚信之德。

孟子说舜使契为司徒，掌人伦教化。舜的时代是古代儒家所向往的圣明时代，其所以圣明，原因固然是多方面的，但重视人伦教化显然是其中重要的原因之一。没有人伦教化，整个社会也就不会有正常的人伦关系，人伦关系不正常，则父子不亲、君臣不和、夫妇不爱、兄弟不睦、朋友无信，整个社会势必陷入一片混乱，显然，人伦关系的正常与否是关系到社会是否安定、国家是否兴旺、强盛的一个极重要因素，难怪舜要其心腹大臣契亲自负责这件事。

（一）夫妇关系

在五伦关系中，古人对夫妇关系似乎颇为关注。《周易大传·序卦传》认为，夫妇关系是父子、君臣等关系的基础，只有有了正常的夫妇之道，其他的人伦之间的礼义才能得到维持、实施，因而《大传》作者主张夫妇之道应永久地保持下去。《大传》之后，司马迁在《史记·外戚世家》中又说："《易》基《乾》、《坤》，《诗》始《关雎》，《书》美厘降，《春秋》（按，此指《春秋公羊传》）讥不亲迎，夫妇之际，人道之大伦也"，司马迁在总结《易》、《诗》等古籍中的有关人伦关系的阐述之后，也提出了与《周易大传》相同的观点："夫妇之际，人道之大伦也"。

综上不难看出，夫妇关系乃是所有人伦关系中最基本最重要的一种关系，而人伦关系的正常与否，又系及社会的安定与否，国家的强盛与否，同时又是圣明时代能否到来的一个先决条件。《春秋》载：鲁隐公二年九月，纪国国君派大夫纪履緰前往鲁国接鲁君之女。鲁君之女嫁与纪君，所以纪履緰是代纪君去接鲁女的。纪君娶鲁女，纪君是新郎，鲁女是新娘，按"亲迎"惯例，新郎纪君应亲往鲁国迎接新娘，但他却派纪履緰代迎，这种做法显然有悖古礼所规定的夫妻之道，因而理所当然激起《公羊》先师的不满，"此何以书？讥。何讥尔？讥始不亲迎也。"据《公羊传》说，不亲迎的现象并不始于纪君，而是由来已久，而且，据先秦其他典籍，这种现象在民间也不为少见，如《诗经·齐风·箸》云：

> 俟我于箸乎而，充耳以素乎而，尚之以琼华乎而。
> 俟我于庭乎而？充耳以青乎而，尚之以琼莹乎而？
> 俟我于堂乎而，充耳以黄乎而，尚之以琼英乎而。

诗写一女子出嫁时，她的夫婿不亲往迎接，而是在自己家中等待新娘。《诗序》说："《箸》，刺时也，时不亲迎也。"显然，《诗序》

作者与《公羊》先师一样，也是把当时的“不亲迎”当作讥刺的对象。《公羊》先师及《诗序》作者为什么对“不亲迎”如此反感呢？因为不亲迎就意谓着蔑视夫妇之道，蔑视夫妇之道就意谓着对人伦准则的践踏，这能不引起《公羊》先师的讥刺吗？

不亲迎的要讥刺，亲迎的自然要褒美了。《春秋》载，鲁庄公二十四年夏，“公如齐逆女”，《公羊传》说：“何以书？亲迎，礼也。”鲁庄公亲往齐国接新娘，《公羊》先师认为这与夫妻之礼相合，其褒美之意不言而喻。鲁庄公娶的是齐襄公之女，而齐襄公乃是鲁庄公杀父仇人。鲁桓公十八年，庄公之父桓公携夫人姜氏前往齐国与齐襄公相会，姜氏为襄公的异母妹，兄妹二人早在小时就常以秽亵之语相戏谑，你欢我爱，举止轻薄，毫不避忌兄妹间的男女之别，当时只是因为他们的严父齐僖公尚在，他们尚不敢公开乱伦。现在僖公已去世多年，鲁桓公又携姜氏会襄公，兄妹二人于是又想借此机会再叙旧情，于是当鲁桓公到齐国后，齐襄公便立即将姜氏接进自己宫中，与之欢宴、共寝。事后鲁桓公责问姜氏，姜氏心怀怨恨，告诉襄公，襄公遂使公子彭生杀桓公于车中。

齐襄公杀庄公之父的事，《公羊》先师当然不会不知道，然而就是在这样的情况下，《公羊》先师仍然对庄公的“如齐逆女”许之以“礼”而褒美之，于此可见《公羊》先师对新郎亲迎新娘、对夫妻之道是何等的重视。

人伦关系中的夫妻之道是双向的，新郎要去亲迎新娘，做丈夫的要尊重妻子，反过来，做妻子的当然也要忠于丈夫，那种背着丈夫与他人眉来眼去，甚至勾结奸夫害死亲夫的妻子自然会激起天下人的共愤，这其中当然也包括《公羊》先师在内。如《春秋·庄公元年》载：“三月，夫人孙于齐。”鲁桓公被杀后，夫人姜氏干脆就“孙”于齐国。关于“孙”的含义，《公羊传》说“内讳奔谓之孙”，也就是说，为了替鲁国避讳，故尔把“奔”说“孙”。很明显，《公羊》先师认为，姜氏的行为是属于“奔”的性质。“奔”，对于一般的臣子来说，是出奔，而对于本应回国寡居的姜氏来说，就是淫奔，何况姜氏“奔”的地方就是淫夫齐襄公之所在。在这里，《公羊》先师的评说虽然不著一字褒或贬，但贬斥之意，却是再明显、再激烈不过了。

《公羊传》作者在指责姜氏“孙于齐”之后，接着又再次表明他们的两点看法：一、“夫人何以不称姜氏？贬。曷为贬？与弑公也。”这是在这篇不长的传文中，对姜氏的第二次贬斥，公开指出她是杀死桓公的凶手之一，并把她伙同襄公杀死桓公的丑恶历史暴露于后代亿万人面前。其所叙史实，较之以传史为主的《左传》还要详细，于此可以想见《公羊》先师对姜氏愤恨之深，似乎不把她的秽史抖出来就不足以解恨似的。二、“念母者所善也，则曷为于其念母为贬？不与念母也。”儿子思念母亲，本是人们所赞许的，但在这里，庄公思念其母姜氏，《公羊》先师却加以贬斥，极力反对，显然，在《公羊》先师眼中，姜氏不仅不配为人之妻，而且也不配为人之母。这是《公羊》先师对姜氏的又一次贬斥，也是对夫妻之道的又一次强调。

《公羊传》有关夫妻关系的论述，除上述的“亲迎”、“妻忠于夫”之外，还有颇具特色的“夫妻一体”的理论。《春秋》载，鲁宣公元年春正月，宣公派“公子遂如齐逆女”，两个月后，公子遂“以夫人妇姜至自齐”。鲁宣公派公子遂去齐国接新娘，这是违背“亲迎”之礼的，《公羊》先师在这里之所以不作贬斥，是因为类似的贬斥在纪君使纪履緰如鲁逆女时已经说过，所以这里予以省略。《公羊》先师在这里所要贬斥的，是鲁宣公在父丧期间的娶妻之举。鲁宣公之父鲁文公在上年二月去世，今年正月，鲁宣公就派公子遂去齐国接新娘，前后还不满一年，明显违背了为父守丧三年的古礼，这当然要加以贬斥。但宣公乃一国之君，按《春秋》及《公羊传》为鲁君避讳的原则，宣公是不能贬斥的，故《公羊》先师转而贬斥宣公夫人姜氏，因为“夫人与公一体”，夫人的“耻辱与公共之，夫人贬则公恶明矣（何休《解诂》）”。

“夫人与公一体”即“夫妻一体”，这是《公羊》先师对夫妻关系的一个颇为新颖而又深刻的论述，“一体”表明夫妻关系之密切，按何休所说，即荣辱与共、祸福同之。“一体”的理论，使夫妻关系在礼仪、形体结合的基础上，又上升为命运的结合，思想、心理的结合。当然，这里的荣辱、祸福、乃至共同的命运、共同的心理，都是以儒家思想为前提的，都必须符合仁义道德的准则，而不是狼狈为奸、沆瀣一气，这是不言而喻的。“夫妻一体”是《公羊》先师对儒家人伦思想的一个发展。孟子只说夫妻要有男女之“别”，《公羊》先师则从另一方面，从“同”的方面去思考、去探索。如果普天下的夫妻果真都像孟子、《公羊》先师所说的那样，既有“别”，又有“同”，那么，和睦的家庭也就随处可见，天下安宁也就指日可待，国家的兴旺也就大有希望，《公羊》先师也许正是着眼于这种光明的未来，才在孟子的基础上，提出“夫妻一体”理论的。

人伦关系，除夫妻关系外，还有父子、君臣、兄弟诸关系，下文兹就此再作简要介绍。

（二）父子关系

《春秋》载，鲁僖公五年春，“晋侯杀其世子申生”，《公羊传》解说道：“曷为直称晋侯以杀？……直称君者，甚之也。”晋侯即晋献公，晋献公有一宠姬叫骊姬，骊姬为了让自己的儿子将来能继承晋侯的位子，便设计陷害世子申生。她在申生献给献公的祭肉里放进毒药，然后诬告申生想害死父亲，晋献公不辨真情，立即杀了申生的老师杜原款，并派兵捉拿逃回封邑的申生。申生满腹冤屈，无法诉说，最后被逼自缢而死。晋献公身为人之君父，却听信诬陷之辞，逼杀儿子，对此，《公羊》先师以“甚之也”加以贬斥，意思是说，晋献公做得太过分了，太缺少父子之间的骨肉亲情了。《公羊》先师的贬斥，是以具体事例充实孟子的“父子有亲”的人伦思想，从而从反面证明了父子亲情乃是人类不可或缺的一种情感。

《春秋》又载，鲁哀公二年，“晋赵鞅帅师纳卫世子蒯聩于戚”。《公羊传》解说道：“戚者何？卫之邑也，曷为不言入于卫？父有子，子不得有父也。”蒯聩之父卫灵公的夫人南子为宋公之女，南子在宋时，曾与宋公子宋朝有过暧昧关系，嫁到卫国后，常因思念宋朝而郁郁寡欢。卫灵公为宽慰南子，遂把宋朝请到卫国，蒯聩得知母亲与宋朝的淫乱之事后，恼怒异常，他带着家臣戏阳迷一同去朝见南子，想叫戏阳迷乘机杀死南子，但到时戏阳迷却迟迟没有动手，南子见蒯聩神色异常，便立即跑到灵公处，说“世子要杀死我”，蒯聩害怕，逃往他国，其党羽也随即被灵公赶出卫国。三年后，卫灵公病重，去世前要公子郢继其位，这说明他已不承认蒯聩为其世子。灵公去世后，公子郢不愿为君，南子于是把君位传与蒯聩的儿子辄，即卫出公。这时，晋国赵鞅出于个人目的，决定用武力送蒯聩回卫国，想造成卫国的内乱。《公羊传》说，《春秋》写“入于戚”而不写“入于卫”，是因为“父有子，子不得父”，即卫灵公已经废除蒯聩的世子之位，蒯聩已经不能再继承卫君的位子，不能再拥有卫国，用何休的话来说，就是“父得有子而废之，子不得有父之所有（《解诂》）”，即父亲可以废黜儿子，儿子却无权夺取父亲之所有。

“父有子，子不得有父”是《公羊》先师就父子关系而提出的一条新的人伦关系的准则。客观地说，这条准则并不严密，它似是而非，却又似非而是。如果它仅仅是针对卫灵公父子说的，那还有几分道理。南子通淫宋朝，明显违背了夫妻之道，这当然要受到贬斥（《公羊传》中类似的贬斥在姜氏与齐襄公通淫时已说过，所以这里不再重复），但蒯聩却因此而要杀死自己母亲，却又做得过火了些，因而卫灵公罢黜他的世子之位，尽逐其党羽，都是情有可原的，蒯聩就是凭借晋国军队回到卫国，也无权再登上国君的位子。然而，如果把这条人伦准则加以推广，用它去规范天下的父子，那么情况就复杂了，它也许有助于正义的伸张，但也可能为邪恶势力的横行创造条件。春秋初年，卫国公子州吁杀死卫桓公自立为君，但国内的百姓并不拥护他，为了稳定国君的位子，州吁的佞臣石厚便去请教自己的父亲石碏（音却），石碏是卫国的老臣，他早就对州吁、石厚的所作所为愤恨不满，今见儿子来询问巩固君位的办法，就乘机设下一计，说只要叫州吁去朝见周天子，国君的位子就会稳固，并建议儿子和州吁一同前往陈国，求陈桓公向周天子代为请求朝见之事。州吁、石厚果然中计，立即动身前往陈国，这时陈桓公已收到石碏来信，信中求他捉住州吁、石厚，为卫国除奸。因而州吁、石厚二人一到陈国就被陈桓公捉住，不久，二人分别被卫国派来的右宰和石碏派来的管家所杀。石碏杀子，伸张了正义，维护了国家的安定，故尔这种的“父有子喜”当然要大加提倡、广为推广。然而，人世间的事情是复杂的，石碏的“父有子”应加提倡，而晋献公的逼死太子申生，以及春秋时另一位卫君——卫宣公将儿媳据为己有的“父有子”却是应加贬斥的，否则，岂不邪恶横行，天下无序？可见，父是否“有子”、子能不能“有父”，须看具体情况，不能一概而论。可惜这些应区别对待的注意事项《公羊》先师竟一字未提，致使原本很不错的立论，变得笼统、含混、是非参半，真是智者千虑，也难免一失。

为人父母的，对子女应有慈爱之心、骨肉亲情，反过来，为人子女的，对父母当然也应当有骨肉亲情、孝敬之心。关于这，《公羊传》也谈到了。《春秋》载，鲁闵公二年夏五月乙酉，闵公“吉禘于庄公”。吉禘是孝子在亡父的丧期满二十五个月后，去掉丧服，换上吉服，在祖庙中举行的一种祭祀。按古礼，父亲去世后，在丧服期间，其神位放在亡父的新庙中，孝子应按时前往祭祀，事死犹事生，以尽孝子的骨肉亲情，直到二十五个月的丧期满后，才把亡父的神位移入祖庙，到这时，孝子才能中断事死犹事生的骨肉亲情。鲁闵公之父鲁庄公死于庄公三十二年八月，到闵公二年五月，才二十一个月，可是这时鲁闵公就迫不及待地举行吉禘的祭祀，想提前将庄公的神位送入祖庙，提前中断父子的骨肉亲情，对这类不孝的儿子，《公羊》先师自然要加以讥刺。

（三）君臣关系

“君臣有义”是孟子所概括的君臣关系的准则，“义”的内涵相当广泛，哪些行为是合于君臣之义的，哪些行为又与君臣之义相违背，在回答这个问题之前，且先看看下面的三个事例。

事例之一。《春秋》载，鲁庄公二十四年冬，“戎侵曹，曹羁出奔陈”。北狄入侵曹国，曹羁先后三次劝谏曹君，说北狄人多势众，且毫无信义，劝曹君不要亲自与北狄交战，但曹君始终不听，曹羁无奈，只好离开曹国，出奔陈国，后果不出曹羁所料，曹国大败，曹君也战死于沙场，对此，《公羊》先师称曹羁之所为是“得君臣之义”。《公羊》先师这个褒奖有根据吗？有。孔子说：“所谓大臣者，以道事君，不可则止”（《论语·先进》），也就是说，为臣的以儒家道义去侍奉国君，如果国君不肯采纳忠言，那就辞职他去，另投他国。显然，曹羁就是“以道事君，不可则止”的臣子，他的“三谏不从，遂去之”当然合于君臣之义。

事例之二。《春秋》载，鲁宣公二年秋九月乙丑，“晋赵盾弑其君夷獆（即晋灵公）”，其实弑君者并非赵盾而是赵穿，当时赵盾已离开国都，但尚未走出国境，赵穿弑君后，他又返回国都，晋史官认为赵盾身为正卿，“亡不越竟，反不讨贼”（指赵穿，见《左传·宣公二年》），故在史书上写作“赵盾弑君”。《春秋》又载，鲁宣公六年春，“晋赵盾卫孙免侵陈”，《公羊》先师同样认为赵盾不讨伐弑君者与亲手弑杀国君没什么两样。“尔为仁为义，人弑尔君，而复国不讨贼，此非弑君而何？”这句话虽出自晋史官之口，但《公羊》先师对此表示赞同，却是无可疑义的。《公羊》先师认为，为仁为义是臣子对国君应尽的道义，故尔讨伐弑君者就是臣子义不容辞的责任，否则就是不仁不义之臣。晋灵君是晋国的暴君，他的死实是罪有应得，但尽管这样，《公羊》先师仍然对赵盾提出讨贼的要求。由此可见《公羊》先师对臣子的为仁为义是何等的重视。

事例之三。《春秋》载，鲁成公十六年九月，“晋人孰季孙行父，舍之于招丘”。晋侯要拘囚鲁成公，后因鲁大夫季孙行父挺身而出，代主受过而使鲁成公免去了这场牢狱之灾。晋侯之所以要拘囚鲁成公，是因为在晋楚鄢陵之战前，晋曾要求鲁出兵援晋，共同击楚，鲁没答应，晋侯故尔怀恨在心，便在鄢陵战后的各诸侯君相会时，借口鲁成公迟到误期而要拘捕他，这时季孙行父义无反顾地挺身而出，说：“此臣之罪也”，表示愿为此而去坐牢。季孙行父所执守的“代主受过”的君臣关系准则，赢得《公羊》先师的由衷赞颂，他用儒家思想中最辉煌的字眼儿——“仁”字来褒美季孙行父，并对他的被囚招丘表示深深的同情。

以上三个事例，可以说都是孟子“君臣有义”的具体注脚，人们从中不难看出《公羊》先师所倡导的君臣关系的准则：国君有过，臣子应极力劝谏；国君有难，臣子应挺身而出；国君被弑，臣子应讨伐逆贼。能做到这几点的，自然就与君臣之间的“义”相合。当然，如果臣子于极力劝谏后，国君仍拒而不听，这时臣子自可“弃而他去”，这也同样合于君臣的“义”。由此可见，《公羊》先师给予臣子的活动空间还是较大的，并不要求他们非得在一棵树上吊死不可。与上述相反，如果臣子在该劝谏时不极力劝谏，如果国君对臣子的劝谏充耳不闻、一意孤行，如果国君有难、臣子不闻不问、不作讨伐，那就与君臣之间的“义”不合，就要受到谴责。

当然，《公羊》先师所倡导的君臣关系的准则，并不只是上述几条，臣子应维护君王的尊严与权力，同样也是这些准则的组成部分之一。不过，细心的读者可能会发现，在这些准则中，《公羊》先师对臣子的要求多，而对国君的要求则少，这不能不说是一个不小的缺憾。

（四）兄弟关系

“亲亲之道”是《公羊传》提出的处理兄弟关系的总的准则，这个准则，《公羊传》全书共出现过三次。

鲁庄公有三个弟弟：庆父、叔牙、季子，庄公病重，叔牙想乘机杀死庄公，以便让庆父继位。季子知道叔牙的阴谋后，便用毒酒酖杀叔牙。对这事，庄公三十二年的《春秋》记曰：“秋七月，癸巳，公子牙卒。”叔牙（即公子牙）是被酖杀的，《春秋》为何却写作“卒”？《公羊传》说这是“为季子讳杀也”，《春秋》为何要为季子“讳杀”？《公羊传》说：为了君臣之义，季子不得不杀死亲兄，但为了维护兄弟间的“亲亲之道”，为了让季子逃脱“杀兄”的罪名，《春秋》又不得不把公子牙的死写成“卒”，以便使人觉得他是得病死的，而不是被酖杀的。显然，“亲亲之道”就是《公羊》先师所倡导的兄弟间应维持的一种关系，即兄弟间应有相亲相爱的骨肉之情。

鲁庄公去世后，其子子般即位，两个多月后，子般便被庆父所唆使的邓扈乐杀死，庆父怕遭惩罚，逃往齐国，鲁国国君的位子便由庄公的另一子来继承，即闵公。闵公元年春，《春秋》记曰：“春王正月。”《公羊传》解说叙述庆父杀子般的经过。邓扈乐曾因淫乱宫中而受到子般的惩处，子般即位后，庆父便挑唆扈乐杀子般，然后又把邓扈乐杀掉。当初叔牙想弑杀庄公，季子为了防止事件的发生而杀掉叔牙，如今季子不杀庆父，一是因为就是把庆父杀了，也无法挽回已发生的事情；二是因为邓扈乐已被处决，案件已有结论；三是为了维护兄弟间的“亲亲之道”。在这里，《公羊》先师再次提出“亲亲之道”的准则，为了这个准则，只好放过庆父，不予追究。

庆父弑杀子般后逃往齐国，一年后，即鲁闵公元年冬，他又回到鲁国，到第二年秋，庆父又杀死了闵公，《春秋》记曰：“秋八月辛丑，公薨。”《公羊传》的解说，与闵公元年的解说相近，也是解释季子不惩处庆父的原因：一是因为闵公被弑已是既成事实，就是杀了庆父也无法挽回；二是为了维护兄弟间的“亲亲之道”。在这里，《公羊》先师又一次提出“亲亲之道”的准则。从鲁庄公三十二年秋七月，到鲁闵公二年秋八月，在短短两年的史实评说中，《公羊》先师就接连三次提出兄弟间的“亲亲之道”的人伦准则，由此可见《公羊》先师对这条准则的重视。然而，人们不难发现，《公羊》先师对“亲亲之道”的强调似乎过了头，以至有忽视君臣之义的倾向，特别是第三次的解说。

第一次“亲亲之道”的提出无疑是很有道理的。季子为了维护君臣之义而酖杀叔牙，《春秋》又为了维护“亲亲之道”而把“酖杀”写作“卒”，可以说，君臣、兄弟这两种人伦关系都得到了维护。第二次“亲亲之道”的解释也还说得过去，因为庆父不是亲手杀死子般的，凶手邓扈乐也已伏法，故尔人们对《公羊》先师所说的季子因出于“亲亲之道”的考虑而放走庆父的解释一般也会认可。但第三次的解说就说不通了。庆父在唆使邓扈乐杀死子般后又亲手杀死闵公，而这时《公羊》先师还在说季子不惩处庆父仍是出于“亲亲之道”的考虑，这不是将兄弟间的“亲亲之道”置于君臣大义之上吗？这与前面第一次的解说——为了君臣大义而杀死兄弟不是前后矛盾、自己打自己嘴巴吗？

从以上简要分析可以看出，《公羊》先师对“亲亲之道”的阐述确有强调过分、顾此失彼的弊误，但这也反映了事情的另一面，即《公羊》先师对兄弟骨肉之情的重视，这从下面所举的一些事例也可得到印证。

据《左传·隐公元年》载，郑庄公有弟叫共叔段，他凭借母亲对他的宠爱积极积蓄力量，企图夺取庄公的位子。他扩建封邑的城墙，扩充封邑的领地，命令西部、北部边境的人全都听命于他。对于这些，郑庄公全都知道，他的臣子也曾劝谏过他，要他及早采取措施，防患于未然。但郑庄公却迟迟不动手，说“多行不义，必自毙”、“将自及”、“不义不暱，厚将崩”。当然，庄公并不是真的在等待共叔段的“自毙”，他之不动手，是因为此时共叔段的罪过还不是很大，还不能置之于死地。不久，共叔段又日夜打造兵器、四处招兵买马，准备袭击国都，并叫其母为内应，庄公得知后，说“可矣”，并立即派大军征讨，共叔段寡不敌众，终于兵败而逃往他国（《公羊传》说共叔段兵败被杀）。对这事，《春秋》记曰：“郑伯克段于鄢。”《公羊传》说共叔段想夺兄长的君位，不配为弟，说《春秋》将“杀”写作“克”，是“大郑伯之恶”，兄弟二人全都违背了兄弟间的“亲亲之道”，全应受到贬斥，但两相比较，《公羊传》对郑庄公的贬斥似乎更重些，因为全书除了这里用“恶”字来斥责郑庄公外，在其他地方还不止一次地重提这件无视兄弟之情的事，如鲁庄公三十二年，鲁僖公五年的传文都有这样的话：“杀世子母弟，直称君者，甚之也”，杀世子，指晋献公杀世子申生，杀母弟，指的就是像郑庄公这样的杀死同母弟的人。《公羊》先师之所以对郑庄公如此不满、憎恶，也许与郑庄公为人过于奸诈、丝毫不顾及兄弟手足之情有关。共叔段对君位的觊觎固然应贬斥，但作为兄长的郑庄公如果有爱弟之心，就应对其不轨行为及早制止，而不能故意让其膨胀，然后攻而杀之。

《春秋》载，鲁昭公元年夏，“秦伯之弟鍼出奔晋”。鍼为秦桓公之子、秦景公的同母弟。鍼因得父母亲的宠爱而富比景公，因而引起景公的妒忌，鍼怕因此而得祸，故尔出奔晋国，直到景公死后才回到秦国。对于鍼的出奔，《公羊传》说：“有千乘之国而不能容其母弟，故君子谓之出奔也”，“不能容”三个字极其鲜明地表现出《公羊》先师对秦景公不念兄弟“亲亲之道”的贬斥。

在《公羊传》中，兄弟间的“亲亲之道”准则有时还被用以处理国际间的事务。《春秋》载，鲁僖公二十年夏，“郜子来朝”，鲁文公十二年春正月，“盛伯来奔”，《公羊传》分别解说道：“郜子者何？失地之君也。何以不名？兄弟之辞也”、“盛伯者何？失地之君也。何以不名？兄弟之辞也”，郜、盛都是与鲁国同姓的兄弟关系的小国，二国灭亡后，其国君都来投奔鲁国，《公羊传》认为，《春秋》之所以不写二国君的名字而只写国君的爵位，是为了维护兄弟间的“亲亲之道”，为了给失地的兄弟留一些面子，好像在告诉他人，二人虽然丢了国家，但仍然贵为国君，而不是一般的人。

关于兄弟间的人伦关系，孟子说“长幼有叙”，说兄弟间应有长幼尊卑的次序，这是着眼于兄弟间的年龄、上下的差别。《公羊》先师说“亲亲之道”，则重在强调兄弟间的骨肉亲情。两相比较，《公羊》先师所说的似乎更富于人情味。

《公羊传》不是专论人伦关系的书，因而书中有关这方面的论述也就不可能是全面的，比如五伦中的朋友关系，书中就只字未提，而在已经谈到的四种关系中，也有可商榷的不足之处。但瑕不掩瑜，书中所阐述的许多人伦思想问题，如亲迎、夫妻一体、君臣之义、亲亲之道等无疑都是古代文化遗产中的耀眼的精华，都是儒家思想的极有价值的组成部分。

儒家的理想人格

在中国古代的“文人政治”中，士大夫一直是官僚机构的重要组成人员，他们对传统文化的形成和发展产生过极其重大的影响。作为被儒家文化所造就的统治阶级的成员，或候补成员，儒家的正统道德观念自然在士大夫身上得到了最集中的体现。从杜甫、文天祥，到林则徐，这些“忠臣节士”身上无一不烙有儒家正统道德观念的深深印记。

儒家的道德传统包含的内容是极其广泛的。“理想人格”就是士大夫们孜孜以求的最高道德境界。孔子的理想人格诚然以忠君孝亲为主要内容，但同时也有志士仁人的阳刚之气和道德节操。孔子说：“三军可夺帅也，匹夫不可夺志也。”（《论语·子罕》）又说：“饭疏食，饮水，曲肱而枕之，乐亦在其中矣。不义而富且贵，于我如浮云。”（《论语·述而》）孔子的学生曾参也认为：“士不可以不弘毅，任重而道远。仁以为己任，不亦重乎？死而后已，不亦远乎？”（《论语·泰伯》）这些都体现出了一种人格的光芒和强烈的历史责任感。孟子身上更是充满了集“义与道”的“浩然正气”。孟子曾经豪迈地宣称：“居天下之广居，立天下之正位，行天下之大道，得志与民由之，不得志独行其道。富贵不能淫，贫贱不能移，威武不能屈，此之谓大丈夫。”（《孟子·滕文公下》）像这样一些以天下为己任的道德责任感，刚正不阿的正义感，舍生取义的献身精神，独立不迁、可杀不可辱的气节，都不能不说是儒家理想人格中闪光的一面。对儒家的理想人格作较全面概括的是儒家伦理道德学说的集大成之作《礼记》、《儒行》等经典中，归纳起来可为这样几个方面：

自立备预。像筵席上的珍宝，等待诸侯的聘用；早晚用功学习，以等待别人的求教；怀忠信之德以等待别人的推举；力行不倦以等待别人录用。儒者以忠信为盔甲，以礼义为盾牌来保护自己；一动一静，谨守仁义；即使遇上暴虐的政治，也不改变平日所立的志向。这就是儒者的“自立”。

平日的起居行动严肃可畏，他们的一坐一立都很恭敬，讲话有信用，行为不偏差；在路途上，不与人争冒险而易走的路；冬天夏天，不与人争阴阳舒适之处；爱惜生命以等待时机来临，保养身体准备有所作为。这就是儒者的“备预”。

近人刚毅。不以金玉为宝，而以忠信为宝；不希求土地，而以建立义理为土地；不希求积蓄财物，而以文章和才艺为财富。儒者在政治昏暗时不出来做官，先办事，后受禄；若遇上不义之君，则主动离开。这就是儒者的“近人”。

可以亲近而不可胁迫，可以被砍头而不可被侮辱。儒者居住简朴，饮食清淡，有过失可以私下分辨指正，而不可以当面数落。这就是儒者的“刚毅”。

特立独行。即使金钱和财物堆放在面前，各种爱好之物围绕在身旁，也不会因为贪图利益而亏损道义。即便在暴力胁迫面前，也至死不改变操守。遇上猛兽便上前搏斗，毫不考虑个人的勇力是否堪当；举重鼎时不去估量自己的气力能否胜任，只问该不该做就动手。对于已经开始做的事，一定做到底；对于未来的事，不作预谋，该做的就去做。讲错了话，不会再讲；不听信谣言，也不去寻根问底；常常保持威严，使人敬畏；不重视谋略，而常行所当行。洁身自好，用道德净化心灵；向君上陈述自己的言辞后伏听君命；对君上的错误微进谏言以纠正其过错；如果微谏而君不察，则明白指出其过错，但必须言辞委婉而不失礼节。儒者的才华和德行均为自身所实有，无须借助任何形式的拔高与夸大。在明治之世不会放松自己的修养，昏乱之世也不会败坏个人的操守；不与见解相同的人结成党派，也不非毁与自己见解不同的人。这就是儒者的“特立独行”。

忧思宽容。虽然与同时代的人生活在一起，但思想却与古代贤人相投合；当世的行为，往往成为后世的法式。儒者即使生逢乱世，在上位的人不引荐，居下位的人不推举，而且那些好造谣取宠的小人又成群相攻讦，也只能加害他的身体，而绝对改变不了他的志向；虽然生活受到困扰，最终得以伸展自己的抱负时，还是不忘老百姓的困苦。这就是儒者的“忧思”。

广泛地学习而没有穷止之时，坚定地施行道义而不乏倦，失意时不作邪僻之举，通达时力行正道。以和为贵，以忠信为美，以从容宽缓为法则。儒者见贤思齐而又能泛爱一切，能够涵容而不苛求他人。这就是儒者的“宽容”。

举贤授能。以贤能作为推荐人的唯一标准，内举不避亲，外举不避仇。推荐人时要考量功绩，累积事实，只求举贤得当，君主得以凭借所荐贤人实现志向，而不企求报答，更不会趁举贤之机贪求个人荣华富贵。这就是儒者的“举贤”。

听到有益的话，见到有益的事，首先想到的就是要告诉和指示给朋友。儒者有爵位则彼此互相推让，遇到患难则争相效死；自己要升迁，若朋友仍在下位，便等着一齐升迁；自己在此国得志，若朋友在他国不得志，虽然路途遥远，也要设法把他招来。这就是儒者的“授能”。

规为出仕。上可以不做天子的臣，下可以不做诸侯的吏，谨慎安静而爱好宽和，刚强坚毅而不拒人于千里，广博学习而又畏服贤人，接近文章且能磨砺气节。即使把国家分给自己，在他看来只不过是芝麻小事。儒者既不做别人的臣子，也不求做官。这就是儒者的“规为”。

即便在生活困苦到极点的情况下，也能坚持以正道出仕；受到君主的信任则竭力报君，不敢有所疑虑；没有受到君主的信任则静默以待，而不会去讨好谄媚以求进爵加官。这就是儒者的“出仕”。

交友尊让。与朋友之间有相同的志向，经营道艺有相同的方法；彼此有成就都感到欢乐，彼此不得志也不互相厌恶；久不相见，听到不利于对方的谣言，不加听信；彼此志向相同则相处在一起，意见不同则及时分手。这就是儒者的“交友”。

温柔善良是仁的根本，恭敬谨慎是仁的实质，宽大充裕是仁的表现，谦逊接物是仁的技能。儒者兼有上述种种美德，仍然不敢自称合于仁。这就是儒者的“尊让”。

从总体上看，《儒行》所倡导的理想人格还是符合儒家的伦理原则和道德规范的。尤为可贵的是，《儒行》中所强调的道德修养偏重于培养一种刚正不阿的浩然正气和特立独行、不随波逐流的文人气节。也就是说，它所弘扬的是儒家道德传统中优秀的一面。这些都对后世以儒家为主体的中国传统文化产生过积极的影响。从陶渊明的“不愿为五斗米折腰”、范仲淹的“居庙堂之高，则忧其民；处江湖之远，则忧其君”，到文天祥的“人生自古谁无死，留取丹心照汗青”，直至顾亭林的“天下兴亡，匹夫有责”；无一不闪烁儒家理想人格气节的光辉。今天我们学习这些道德哲理，可以想象和品味我们的先人儒者所追求的道德目标是何等卓越，品行之要求是何等高尚，在“道德沦丧、礼崩乐坏”的现时代值得我们当代的知识分子学习、体悟和实践。

“大一统”思想及其影响

所谓“大一统”，是说幅员广大的周王朝是个统一的整体，周王所分封的各诸侯国的一山一水、一草一木、所有子民都归周王所有，各诸侯国君也都听令于周王，拥戴周王，周王拥有至高无上的权力。

大一统思想是儒家的传统思想。孔子说：“天下有道，则礼乐征伐自天子出。天下无道，则礼乐征伐自诸侯出（《论语·季氏》）。”所谓“有道”，就是说天下是统一的整体，天子拥有无边的权力，这时的“礼乐征伐”之事自然由天子决定，反之，如果天下分裂，天子无权，那么“礼乐征伐”的决定权自然就落到诸侯手中。孔子是坚决拥护周王室的，类似的话在《论语》一书还有许多。孔子之后的儒家亚圣孟子也极力主张国家统一。一次梁襄王问他，天下要怎样才能安定？孟子说：“定于一”（《孟子·梁惠王上》），即天下归于一统，就会安定。孟子直接将国家的安定与否与统一联系起来，说得既精炼又深刻。孔、孟之后，进一步发展这种大一统思想的就是《公羊》先师。

《公羊》先师的大一统思想除《公羊传》开篇的正面阐述外，还从以下几方面表现出来。

第一，王者无外，天下一家。

《春秋·隐公元年》云：“冬，十有二月，祭伯来”，《公羊》先师认为，祭伯为周天子的大夫，他虽然是从周王朝出奔到鲁国的，但却不能以“奔”称之，因为周王朝是大一统的王朝，王朝所统辖的各诸侯国均归周王朝所有，都是周天子的属下，因而对周天子来说，天下的每一寸土地、每一个诸侯国，不管其远近如何，都不存在“内”与“外”的区别。既然不存在这种区别，那么周王朝的祭伯的奔鲁就不能说“奔”，而只能说“来”，因为“奔”只用于诸侯国之间，如《春秋》载，闵公二年“（鲁）公子庆父出奔莒”、僖公五年“楚人灭弦，弦子奔黄”，对于鲁国来说，莒是“外”国，同样，对于弦国来说，黄也是“外”国，因而，庆父奔莒，弦子奔黄，都只能称“奔”，表明有内、外之别。

《公羊传》的“王者无外”思想在全书许多地方都有出现，如桓公八年经文云：“祭公来，遂逆王后于纪。”周桓王娶纪国女子为王后，并派祭公去纪国接这位女子。关于此事，《公羊传》解说道，女子在自己的国内本来只能称女，而这里却称王后，这是因为对周天子来说，是不存在外国的，故“王后”的称呼是很恰当的。《公羊传》认为，天下皆归周王所有，因而周王的王后，不论走到哪里，都是王后，不论谁，都必须以“王后”称之。《公羊》先师借“王后”的称谓问题，又一次阐述了他们的“王者无外”的大一统思想。

《公羊传》有不少地方都提到“为天下记异”，如僖公十八年就经文“沙鹿崩”解说道：“沙鹿崩，何以书？记异也。外异不书，此何以书？为天下记异也”，成公五年就经文“梁山崩”解说道：“梁山崩，何以书？记异也……外异不书，此何以书？为天下记异也”，昭公十八年就经文“宋卫陈郑灾”解说道：“何以书？记异也。何异尔？异其同日而俱灾也。外异不书，此何以书？为天下记异也。”《春秋》记史有这样一条规则：凡政治事件，不论是哪一国的，只要是大事，《春秋》就全都加以记载，而对各种灾害，则一般只记鲁国，或灾情影响到鲁国的他国灾害。不过也有例外，比如上述的沙鹿崩、梁山崩、宋卫陈郑灾，《春秋》也都特作记载，这是为何？《公羊传》说“为天下记异”，即“沙鹿崩”等奇异现象是周朝天下所罕见的，故《春秋》特予记载。《公羊传》的解释是否符合《春秋》原意，这里暂且不论，但它的“为天下记异”的说法却无疑是全书“大一统”思想的又一体现。《公羊传》认为，天下是大一统的，天下的山河，尽管有东西南北之分，天下的诸侯，尽管有同姓异姓之别，但对于周天子来说，天下所有的人，都是一家人，东西南北所有的山河，都属于这个家，也就是《诗经·小雅·北山》所说的“普天之下，莫非王土，率土之滨，莫非王臣”，既然天下是一家的，那么这个家中所发生的奇异现象，如晋国沙鹿城突然倒塌，黄河岸边的梁山突然崩陷，宋、卫、陈、郑四国在一天之内同时发生火灾，自然要有所记载，自然要将这些奇异现象告诉家中的一切人，否则就不是一家人，就体现不出王者无外的大一统精神。

第二，拥戴、维护周王的权力与尊严。

周幽王宠妃褒姒的嫣然一笑，使辉煌的西周王朝在顷刻间化为乌有。此后，周王朝将都邑从镐京迁到洛阳，开始了历史上的春秋时代。春秋时代的周天子虽然与西周天子一样，都是周朝天子，都是周文王的后代，但其权力与尊严，却远不如西周天子。他们无法再像西周天子那样，对诸侯国指手画脚、发号施令，诸侯国君对待周天子，也不再像西周时那样恭敬、周全。周天子权力与尊严的失落，直接导致周王朝大一统局面的破坏，这种现象自然引起儒家圣贤的忧虑与不安，孔子大声疾呼要“正名”，要“君君、臣臣、父父、子子（《论语·颜渊》）”，要恢复周天子的权力与尊严。孔子之后，子夏、公羊高、沈子等《公羊》作者也不遗余力地利用一切可能、一切史料去挖掘、解说《春秋》拥戴周王的微言大义，他们懂得，只有周王的权力得到各诸侯国的承认，周王的尊严得到各诸侯国的维护，周王朝的大一统局面才有可能得到恢复与巩固。《公羊传》的这种体现于拥戴周王的大一统思想在全书的表现是相当多的，下面兹就几个重要的方面加以介绍、分析。

其一，“不与诸侯专封”，专封的权力在周天子。“不与诸侯专封”，就是不赞成诸侯自作主张独断专行地为他国筑都邑，或将土地赏与他国大夫，比如齐桓公为卫国筑楚丘城。鲁闵公二年，卫为狄所灭，后赖齐桓公等人的救援才得以重新复国，鲁僖公二年，齐桓公又率诸侯之师在楚丘为卫国修建新的都邑。齐、卫都是诸侯国，齐、卫之君都是周王的属下，因而，按《公羊传》的看法，齐桓公是无权擅自为卫国修建都邑的。这件事只能由处于齐、卫君之上的周王来主持，或由周王下令某人去执行，只有这样，才能体现周王的无边权力。《诗经·大雅·烝民》云：“王命仲山甫，城彼东方”，《毛传》说：“古者诸侯之居逼隘，则王者迁其邑而定其居”，诸侯要迁居，仲山甫要筑城，都要有周王（此指周宣王）的命令，可见，《公羊》先师的“不与诸侯专封”的看法是有充分依据的。绝非想当然的主观推想。

然而，当时的周王已远不及西周时的周宣王，而齐桓公也不是一般的诸侯，而是有功于大一统中国的显赫一时的齐之明君，在这种情况下，《公羊传》认为齐桓公率各诸侯之师救卫、城楚丘，也是可以的，虽然没有周王的命令。但这种“可以”，只能是心中默许，只能在行动上支持，而不能在史书上记下“齐城楚丘”，即“实与而文不与”，因为这毕竟是不合法的。在春秋时代，行“专封”的诸侯并不止齐桓公一人，鲁襄公元年，楚共王将过去攻占的宋国彭城赐予宋人鱼石，鲁昭公十三年，楚平王让过去曾被楚灭掉的陈、蔡二国重新复国，对于以上二人的“专封”，《公羊传》全都作了“不与诸侯专封”的贬斥，而不作“实与而文不与”的通融，这说明《公羊》先师对“专封”的诸侯是区别对待的。是“不与”还是“实与而文不与”，主要看他是否有功于周王朝的“大一统”，楚共王、楚平王丝毫无功于这个大一统，远不能与齐桓公相比，因而，他们的“专封”理所当然要受到《公羊》先师的指责，否则，无齐桓公之功，却一味仿效其“城楚丘”之举，天下岂不大乱？大一统岂不成了一句空话？

其二，讥世卿。讥世卿，即贬斥世卿。关于世卿，何休《解诂》云："世卿者，父死子继也。"卿是西周、春秋时朝廷中的高级官员，这种官常是世袭的，即父死子继、世代相传。世袭制弊病很大，它常使某一姓的世卿权力无限膨胀，从而给周王、周王室造成巨大威胁，比如就在尹氏死后二百年，尹氏家族中的尹辛、尹圉就用武力赶走周敬王，立王子朝，并滥杀朝中大臣，造成王室大乱。世卿制的目无周王、目无王室自然是《公羊》先师所无法容忍的，他们指责世卿制，说它"非礼"，应及早废除，尽管它是先王遗留下的制度。《公羊》先师为维护周王的权力而表现出来的胆略与气魄，实在令人敬佩。既然"父死子继"的世卿制在贬斥之列，那么"父老子代"的做法，如仍叔之子代其父以聘鲁，就更应大张旗鼓地加以讨伐，因为它在藐视周王的这条路上，比世卿制走得更远。

其三，周王朝的直接管辖地决不容侵伐或私下用以交易。《春秋》载，鲁宣公元年，"晋赵穿帅师侵柳"，《公羊传》解说道："柳者何？天子之邑也。曷为不系乎周？不与（不赞同）伐天子也。"《春秋》又载，鲁昭公二十三年，"晋人围郊"，《公羊传》解说道："郊者何？天子之邑也。曷为不系于周？不与伐天子也。"天子之邑自然不容侵伐，否则，周王的尊严又何在？

天子之地不容侵伐，那么是否可以用以交换他物呢？不行。《春秋》载，鲁桓公元年三月，"郑伯以璧假（借）许田"。《公羊传》认为，周田是鲁君朝见周王时、在周都洛阳城外的住地。这住地归周王直接管辖，鲁君根本无权拿它去交换郑伯的玉璧。但交换之事毕竟已成事实，对此，《公羊》先师只好从维护周王的角度去解释《春秋》经文，说经文本应写作"郑伯以璧易周田"，今写作"郑伯以璧假许田"，是为了尊重周王，为周王隐讳，使人仿佛觉得这只是暂时的"借"，而不是永久的"交换"，而且所借的仅是许国的田地，而不是周都的田地。为了中国的大一统，《公羊》先师确实是绞尽了脑汁。

其四，周王的子女及“王人”理应受到诸侯的尊重。《公羊传》认为，不仅周王的尊严要维护，就是周王的子女、周王派往各诸侯国的“王人”，其尊严也同样要维护。鲁庄公元年，周王下嫁女儿（称王姬）给齐国，婚礼由鲁国主持。当这位王姬到达鲁国时，鲁君在宫廷外为她修建了一间馆舍，《公羊传》说，修建馆舍是合乎当时婚礼的，但这馆舍建在宫廷外，却是非礼的，因为这等于疏远王姬，无视王姬的尊严。《春秋》又载，鲁僖公五年，“公及齐侯、宋公、陈侯、卫侯、郑伯、许男、曹伯会王世子于首戴”，《公羊传》解说道：“曷为殊会王世子？世子贵也，世子犹世世子也。”《公羊传》认为，世子乃周王之子，是高贵的，为了维护世子的尊严，在叙述此事时，应把“世子”摆在特别的位置，就是写成经文的叙述方式：公及齐侯、宋公等会王世子于首戴，而不能将世子与诸侯并列，写作公及齐侯、宋公、陈侯、卫侯、郑伯、许男、曹伯、王世子会于首戴。《春秋》又载，鲁僖公八年正月，“公会王人、齐侯、宋公、卫侯、许男、曹伯、陈世子款、郑世子华，盟于洮”，《公羊传》说：“王人者何？微者也。曷为序乎诸侯之上？先王命也。”这里的“王人”虽然地位不高，但他是受周王的派遣而来的，是王室的代表，故理应将他摆在诸侯之前，以示尊重。何休《解诂》云：“（王人）衔王命会诸侯，诸侯当北面受之，故尊序于上。”

其五，回避周王的失败。鲁桓公十六年，卫宣公受妻子宣姜及其子公子朔的挑唆，派人杀死太子急及公子寿，宣公死后，公子朔即位，是为卫惠公。但公子职、公子泄怨恨惠公曾害死太子急及公子寿，于是共逐惠公而立公子黔牟。十年后，即鲁庄公五年冬，齐、鲁、宋、陈、蔡五国兴师伐卫，想用武力把被逐出卫国、逃到齐国的惠公送回卫国，让他重新登上国君之位，《春秋》对此事记道：“冬，公会齐人、宋人、陈人、蔡人伐卫。”《公羊传》解说道：“此伐卫何？纳朔也。曷为不言纳卫侯朔？辟王也。”齐、鲁伐卫后两三个月，即第二年春天，周王也出兵救卫，企图阻止公子朔返卫复位，但没有成功。《公羊传》的“辟王”，就是针对周王的出兵而言的，意思是经文没有提“纳朔”是为了回避周王出兵的失败。齐、鲁等国伐卫纳朔，周王救卫欲阻止纳朔，齐、鲁等国显然是与周王对着干的，这自然是《公羊》先师所不允许的。周王救卫虽然失败了，但周王的尊严还是要维护，《春秋》没把此事写成“伐卫以纳卫侯朔”，《公羊传》认为，这正是为了回避周王的失败，为了维护周王的尊严。齐、鲁等国伐卫得胜后不久，便各自收兵回国，《春秋》记道：“秋，公至自伐卫。”《公羊传》说，这次伐卫虽然成功了，公子朔虽然已返回卫国，重又即位为君，但伐卫之举仍然是不如意的，为何？“不敢胜天子也”，虽然战胜了天子之师，但仍不敢这么说，只能说并不如意。这同样也是为了回避周王的失败，或者说给周王一点面子。

其六，不与致天子。鲁僖公二十八年，晋、齐、宋、秦等国军队在城濮打败楚军，之后，晋文公把周王请到践土，让他接受诸侯朝见，《春秋》记曰：“公朝于王所。”《公羊传》解说道：“曷为不言公如京师？天子在是（践土）也。天子在是，则曷为不言天子在是？”不与致天子也（不赞同诸侯召请天子）之本年冬，周王又从践土来到河阳，《春秋》又记曰：“天王狩于河阳”，《公羊传》解说道：“狩不书，此何以书？不与再致天子也。”《公羊传》认为，在周王与诸侯之间，只有周王致诸侯，而决不能让诸侯致周王，为了维护周王的尊严，《公羊》先师在同一年的《春秋》解说中，连着两次疾呼“不与致天子也”、“不与再致天子也”，其拥戴周王的忠心，着实让人钦佩。

第三，极力褒扬为大一统作过贡献的诸侯君，如齐桓公。

鲁僖公四年春，齐桓公率齐、鲁、宋、陈、卫、郑、许、曹之师征讨楚国，问其不尊周王室、不向周王室进贡苞茅（用以漉酒）之罪，夏，楚国派屈完面见齐桓公，表示愿结盟求和，答应以后继续向周王朝进贡苞茅，桓公许之，双方盟于邵陵，事情终于以诸侯军不战而胜而结束。

关于这段史实，《公羊传》说，楚国是野蛮落后的夷狄建立的国家，当王室强大时，它最后归服，当王室衰微时，它最先反叛。当时北有北狄南侵，袭燕国、灭邢、卫，南有楚国向北扩张，灭掉许多邻近小国，可是整个中国却并没因此而断绝，而是仍然像线一样延续着，这是为何？这是因为诸侯中出了个齐桓公。在北方，他打退北狄，恢复邢、卫二国，并为他们修建新的都城，在南方，他又率师征楚，不战而使楚国屈服，又一次维护了周王室的尊严。对此，《公羊传》褒扬备至，说齐桓公在行“王者之事”，有可贵的“救中国”之心。通过这些褒扬，《公羊》先师又一次宣传了他们的大一统思想。

齐桓公是春秋霸主之一，既是霸主，当然有对他国动武，甚至攻灭他国的不光彩历史，如僖公十七年，齐桓公就曾攻灭过项国。《公羊传》作者一向是反对侵略的，但这次却例外。传文说：《春秋》之所以不写“齐灭项”，是为齐桓公隐讳，而隐讳的原因，乃是因为齐桓公有继绝存亡之功，即及时恢复被北狄减掉的邢、卫二国，从而维护了中国的大一统。灭项虽然是不光彩的侵略行为，但较之继绝存亡的大功，显然又是微不足道的，因而为他隐讳也是理所应当的。从《公羊传》的隐讳解释中，我们不难看出《公羊》先师是何等重视天下的大一统。

“三世说”及其影响

“三世说”是《公羊》学者何休籍公羊学提出的一个著名论断，对后世影响很大。何休把所见、所闻、所传闻解释为《春秋》的三个时代，所见之世为鲁之昭公、定公、哀公三代，这是孔子及其父亲所生活的年代，所闻之世为文公、宣公、成公、襄公四代，为孔子祖父所生活的年代，所传闻之世为隐公、桓公、庄公、闵公、僖公五代，为孔子高祖、曾祖所生活的年代，何休在上述解诂中，还归纳出每个时代的总特点，即：所传闻之世是衰乱之世，所闻之世是升平之世，所见之世是太平之世。关于“异辞”，何休也有不同于《公羊》本意的新的说法，同年《解诂》云：“异辞者，见恩有厚薄，义有深浅，时恩衰义缺，将以理人伦，序人类，因制治乱之法”，简言之，异辞就是各个时代为理人伦、序人类而制定出来的各不相同的治乱之法。

在何休的《公羊》学思想中，有一著名的“三科九旨”理论。何谓“三科九旨”？三科，即何休所归纳出来的《公羊传》的三种思想，其中每种思想又包括三个部分，共九个部分，称九旨。何休所归纳的三科九旨，有的符合《公羊传》思想，如内其国而外诸夏，内诸夏而外夷狄，有的则未必就是《公羊传》的本意，如新周，以《春秋》当新王等。何休所说的“新周”，见宣公十六年传文。该年经文云“成周宣谢灾”，《公羊传》解说道：“成周宣谢灾，何以书？记灾也。外灾不书，此何以书？新周也。”《史记·孔子世家》归纳《春秋》的思想为“据鲁，亲周，故殷”，故《公羊传》的“新周”即“亲周”，新，通“亲”。《公羊》先师认为，孔子（《公羊》先师认为《春秋》乃孔子所作）之所以要特地记下周都宣谢的火灾，是因为他对周王朝有着特殊的亲近之情，可是何休对“新周”的含意却不这么解释，何休认为，大火烧毁西周中兴之王周宣王的乐器，这是上天借此向世人传达他的黜周之意，这说明周朝已无复兴的可能，不过，周朝虽然应免黜，但它毕竟比殷商新，故称周为“新周”，可见，何休所说的“新周”，包含有黜周的意思在内，而这却是《公羊传》所没有的。周王既然要免黜，那么由谁来当天下新王呢？“以《春秋》当新王”，这里的《春秋》实际上指的是鲁公，因《春秋》为鲁国史书，“以《春秋》当新王”，即以鲁公为天下新王，也就是何休在鲁隐公元年三月的《解诂》中所说的，“《春秋》王鲁，托隐公为始受命王”，即以鲁公为天下之王，以鲁隐公为第一位受天命而为王的鲁公。何休在这里所说的“王鲁”、“以《春秋》当新王”也不是《公羊传》的思想。《公羊传》虽然有为鲁避讳的意识，但却没有“王鲁”的思想。何休的“故宋”，即《史记》的“故殷”，经文云，鲁襄公九年，“宋灾”，《公羊传》说，“外灾不书，此何以书？为王者之后记灾也。”宋为殷后，殷也曾是王者，故王者之后的火灾《春秋》也特予记载。“故宋”，表示不忘宋人的故旧事业，对宋国的事情特予记载，而不与其他诸侯国等同。何休的“故宋”多少还可以在《公羊传》中找到一些影子，不像“新周”，“以《春秋》当新王”那样，与《公羊传》全属风马牛不相及。

何休三科九旨中，最值得称道的是第二科，即“所见异辞，所闻异辞，所传闻异辞”。何休这是借用《公羊传》的话。这句话在《公羊传》前后共出现过三次。鲁隐公元年，经文云：“公子益师卒”，《公羊传》说：“何以不日？远也。所见异辞，所闻异辞，所传闻异辞。”

这是说，经文之所以不记下公子益师去世的日期，是因为鲁隐公年代距孔子太远了，孔子所见的典籍，说法不一，所听到的史实，说法也不一，民间所传闻的掌故，说法依然不一，孔子无法确定，故不写去世日期。鲁桓公二年，经文云："三月，公会齐侯、陈侯、郑伯于稷，以成宋乱"，《公羊传》说："内大恶讳，此其目言之何？远也。所见异辞，所闻异辞，所传闻异辞。隐亦远矣，曷为为隐讳，隐贤而桓贱也。"《公羊传》认为，对鲁国的大恶，《春秋》一向是避讳的，而这次却直言不讳地说出来，其所以如此，是因为桓公的年代距孔子太远了，对桓公这件事，孔子所见到的典籍，说法不一，所听到的史实，说法也不一，民间所传闻的掌故，说法依然不一，由于桓公是个道德卑贱的人（桓公弑隐公而立），故孔子直书其大恶而不作避讳（传文的上下文意不很联贯）。鲁哀公十四年，传文在解说经文"西狩狱麟"时，又提到"所见异辞"这句话，说："《春秋》何以始乎隐？祖上之所逮闻也。所见异辞，所闻异辞，所传闻异辞"，这是说，《春秋》之所以开始于鲁隐公，是因为隐公的史实是孔子祖上所曾经听到过的，而孔子，他所见到的典籍，说法不一，所听到的史实，说法也不一，民间所传闻的掌故，说法依然不一。

从上可知，《公羊传》的"所见异辞，所闻异辞，所传闻异辞"，其本意不过是指孔子所见、所听及民间所传闻的史实，说法不一罢了，而何休借用这句话所表达出来的，却完全是另一种意思。何休的"三世说"与《公羊传》的"所见异辞，所闻异辞，所传闻异辞"的本意没有任何相通之处，与该书的其他诸多思想也不存在彼此间的借鉴与继承的关系，可以说，它是地地道道的借《公羊传》的解说来做自己的文章，是典型的借题发挥。《公羊》先师常将自己思想强加于《春秋》，何休仿而效之，也将自己的思想强加于《公羊》先师，而且做得更巧妙、更大胆，可谓青出于蓝而胜于蓝。

"三世说"是何休（公羊）学思想中最具特色、最有价值的一个方面。不过，何休此说并不是凭空创造的，它是在董仲舒“三等说”的基础上而提出的。但何休的“三世说”虽然是借鉴董氏“三等说”而提出的，但二者却有本质的区别，不论是思想性还是理论性，何休的“三世说”都要比董氏的“三等说”深刻得多。首先，董氏的“三等说”是指将《春秋》一书分为三部分：哀、定、昭为有见，襄、成、文、宣为有闻，僖、闵、庄、桓、隐为有传闻；而何休的“三世说”，则是将二百四十多年的春秋史分为三阶段：昭、定、哀为所见之世，文、宣、成、襄为所闻之世，隐、桓、庄、闵、僖为所传闻之世。其次，董氏的所见、所闻、所传闻，是指孔子修《春秋》时，史料的三个来源：有见部分的史料，来自孔子所见到的典籍或史实，有闻部分的史料，来自孔子所听到的历史史实，有传闻部分的史料，来自民间传闻的历史掌故；而何休的所见、所闻、所传闻，则为春秋三世的名称，这三世分别是孔子自己与其父、孔子祖父、孔子高祖及曾祖所生活的年代。最后，“微其辞”、“痛其祸”、“杀其恩与情俱”分别是董氏所概括出来的孔子对《春秋》三部分的各不相同的记事准则，即：有见部分记事慎重隐微，有闻部分则重在总结惨痛的历史教训，有传闻部分记事大胆、直率，讥则讥，褒则褒，评价客观，不留情面；而“见治起于衰乱之中”等，则为何休对《春秋》三世的政治、民风所作的概括、归纳，即：所传闻之世，世人用心粗疏，是衰乱之世；所闻之世，则已进入升平之世；至所见之世，社会安定，世人崇尚仁义，用心详深，天下万国，不论大小远近，一律平等，一视同仁，是理想的太平之世。

从以上三方面的比较不难看出，董氏的“三等说”全是从解经的角度去阐述的，而何休的“三世说”，虽然也有解经的文辞，如说所见之世，“大夫卒，有罪无罪皆日录之”，但其主要部分，或者说最有价值的部分，乃是对春秋时代的社会发展、民风演变的论述。尽管这些论述与春秋的史实并不相符，尽管春秋时代始终处于动荡之中，从未出现过升平或太平，尽管何休的理论还比较粗糙，并且带有浓厚的主观想象的色彩，但他所提出的、由衰乱而升平、由升平而太平的春秋发展史，却带有人类社会由低级向高级演化的社会进化论的影子，这是非常可贵的，我们不能因为它的不足与缺憾而全盘否定。在何休去世后的一千八百多年，清末康有为又在何休“三世说”的基础上提出有名的康氏“三世说”，并以此为纲领，领导变法维新。康氏“三世说”的提出，有力地证明了何休的“三世说”的极为可贵的价值。

康有为（公元1858—1927年），原名祖诒，字广厦，号长素，又号更生，广东南海县人，故人称“南海先生”。康有为是晚清著名政治家、思想家、经学家，是清末改良变法的领袖人物，其著作有《新学伪经考》、《孔子改制考》、《大同书》、《春秋董氏学》、《礼运注》等，这些著作，既是经学著作，又是康氏改良变法的理论阐述。

康氏变法理论的核心内容是著名的“三世说”。

康氏对《公羊》学中的“三世说”非常推崇，他说：“三世为孔子非常大义，记之《春秋》以明之。所传闻世为据乱，所闻世记升平，所见世记太平。乱世者，文教未明也；升平者，渐有文教，小康也；太平者，大同之世，远近大小如一，文教全备也（《春秋董氏学·春秋例第二》）。”康氏的“三世说”就是在《公羊》“三世说”及《礼运》的“小康大同说”的基础上发展成的。康氏认为，人类社会的发展，不论东方还是西方，都要经历一个由“据乱世”而“升平世”（即“小康”），又由“升平世”而“太平世”（即“大同”）的发展过程。

康氏所设计的“三世”，在戊戌变法之前与之后，其具体内涵有所不同。戊戌变法前，他认为“据乱世”为君主专制社会，即封建社会，“升平世”为君主立宪的资本主义，如英国、日本，“太平世”为民主共和的资本主义，如美国、法国。戊戌变法失败后，他又对原先的理论作了修改，说“据乱世”为封建专制社会，“升平世”为资本主义社会（包括君主立宪和民主共和），“太平世”为大同的理想社会。康氏对修改后的“三世”曾有过详细的描述，他在《大同书》中说，在“据乱世”，人类社会等级森严，有帝、有王、有高居于平民之上的世爵贵族，那时，实行一夫多妻制，女子听命于男子，那时，黄白棕黑各种族之间的智愚分别甚为明显，且互不通婚，那时，有买卖奴婢制度，那时，宗主国与附属国之间，贵贱差别十分明显。这种社会显然是低级、缺乏民主的封建专制社会，而“升平世”则已向前跨了一大步。那时，人与人之间的等级区分很小，国家由民主统领来治理，虽然偶尔还有一些世爵贵族，但这些贵族只有空名而无实权，那时，实行一夫一妻制，但妻子仍没有独立权，仍然依从于丈夫，那时，棕黑种族逐渐减少，有的演化为白种、黄种，黄种和白种之间，虽然略有智愚的差别，但不明显，那时，只有仆人，而没有买卖的奴婢，那时，宗主国与附属国之间，逐渐平等。康氏所描述的这个社会，就是他到欧美考察之后，经过自己的想象、加工而设计出来的资本主义社会，康氏认为，这个社会虽然比“据乱世”的封建社会文明了许多，但还不是最完美的，它充其量只能算是“小康”社会，最完美的社会，乃是“太平世”的“大同”社会。康氏认为，在“太平世”，人与人之间都是平等的，既没有帝王，也没有统领、贵族，只有民选的议员，那时，女子享有独立权，一切与男子平等，那时，各种族之间不存在智愚的区别，且互相通婚，那时，没有奴婢，没有雇仆，也没有宗主国与附属国之分，各国一律平等。

康氏“三世”的名称是来自何休“三世说”的，但康氏“三世说”，远比何休“三世说”深刻、科学、丰富、清晰。首先，何休的“三世”，仅仅局限于二百四十二年的春秋时代，而康氏的“三世”，则是对整个人类社会的概括、分析。其次，何休对“三世”特征的描述，非常简单，且很模糊，他说“衰乱世”的特征是世风粗疏，对“升平世”，何休则语为不详，对“太平世”，何休说那时世人崇尚仁义，人人平等，是理想的太平盛世。这些描述，远不能与康氏的全面描述相比。最后，何休的“三世”与春秋的历史很不相符。春秋的历史，是诸侯争霸、战争不断的历史，在春秋的二百四十多年间，从来就没有过所谓“升平世”、“太平世”，何休的理论虽然在思想上有所建树，但却严重歪曲了春秋史实。而康氏的“三世说”，则与人类社会历史进程中的许多方面都相当接近，如说“据乱世”等级森严，“升平世”等级渐少，“太平世”则全无等级界限；如说“据乱世”行一夫多妻制，“升平世”行一夫一妻制，但妇女尚无独立权，而“太平世”，则男女一律平等等。

康有为是清末变法维新的首领，也是一位政治性很强的历史人物，他的一切思想，都充满着浓厚的政治色彩，都与他的变法维新紧密相连，特别是他的“三世说”。康氏认为，中国社会，在清光绪之前，都属“据乱世”，为了国家的富强，为了抵御外敌入侵，他力主变法，主张中国社会应由“据乱世”进入君主立宪的“升平世”，他在变法期间写给光绪皇帝的《请定立宪开国会折》中说：“《春秋》之义，据乱之后，进以升平……伏乞上师尧舜三代，外采东西强国，立行宪法，大开国会，以庶政与国民共之，行三权鼎立之制……”，他希望光绪皇帝仿效东方日本、西方英国的做法，行宪法，开国会，“以庶政与国民共之”，建立立法、行法、司法的三权政体，他认为只要这样，中国就可由“据乱世”而跃入“升平世”，成为世界的强国。

康氏“三世说”的提出，是《公羊》学思想在中国封建社会的最后一次闪光。康氏领导的变法维新虽然因慈禧太后的镇压而失败了，但我们却不能因此而否定康氏的“三世说”，在康氏所处的清朝末年，康氏“三世说”无疑是当时中国最先进的思想。康氏弟子梁启超对康氏“三世说”赞扬备至，他说：“夫‘三世’之义，自何邵公（休）以来，久闇忽焉。南海之倡此，在达尔文主义输入中国以前，不可谓非一大发明也（梁启超《论中国学术思想变迁之大势》）”，又说：“先生（按，此指康氏）发明《春秋》‘三世’之义，以为文明世界在于他日，日进而日盛，盖中国自创言进化学者，以此为嚆矢焉（梁启超《康有为传》），”梁启超的话并非过誉，康氏“三世说”是对《公羊》“三世说”的创造性发展，也是将近代西方思想融进儒家思想的初次尝试，它的提出，再次证明《公羊》思想完全可以随着时代的发展而发展，随着时代的前进而前进。

道德属性与宗法观念

作为中国文化思想史上的一个重要学派，儒家是以伦理道德为显著特征的。班固在《汉书·艺文志》中说：“儒家者流，盖出于司徒之官，助人君顺阴阳、明教化者也，游文于六经之中，留意于仁义之际，祖述尧舜、宪章文武、宗师仲尼，以重其言，于道最为高。”这一概括，基本上揭示了儒家以伦理道德为本的学派特征。李书有先生在《中国儒家伦理思想发展史》一书中，概括出儒家的伦理思想有以下三大特点：“儒家的伦理是一种宗法伦理，它以孝悌为本，维护亲亲、尊尊的封建宗法等级制度”；“儒家伦理是一种政治伦理，它是我国社会的官方统治思想，是维护封建制度的精神支柱”；“儒家伦理是一种实践伦理，它重修养、重践履，主张积极用世，以修身、齐家、治国、平天下为宗旨。”儒家的伦理思想，主要体现在儒家经典中。就儒家经典而言，在伦理思想方面对后世影响最广的当首推《礼记》。《礼记》完全可以看作是一部反映儒家伦理道德思想的专著。篇中所宣扬的修身、齐家、治国、平天下的观点，更是历代封建统治阶级所奉行的伦理思想的总纲领。

（一）道德属性

儒家伦理观的道德属性是通过“礼”来体现的。“礼”从本质上说是一种以尊尊卑卑为主要内容的等级制度。“礼”的这一本质又是通过各种礼节仪式体现出来的。在西周社会，奴隶主贵族进行祭祀、朝聘、军事、婚、丧等活动时，都规定了严格的、符合其身份的礼节仪式，从中体现出君臣、父子、兄弟、夫妇等关系的上下尊卑差别。倘若所用礼乐与本人等级身份不符，就要受到谴责与处罚。这种谴责和处罚既有暴力强权的一面，亦有意识形态的一面。前者表现在对违礼的小民动用刑罚，对违礼的诸侯加以征讨。在意识形态方面，“殷礼”主要借助“上帝”的威严维护礼制；“周礼”更重“人事”，主要把“礼”解释成为一种辨别善恶是非的准则，从而使“礼”更具有伦理道德属性。以尊尊卑卑为本质内容的“礼”，正是依靠“君令臣共”、“父慈子孝”之类的伦理道德规范来维护礼的存在的，由此而具备了鲜明的道德属性。因而维护“礼”的道德属性，也就能够起到维护尊卑等级制度的作用。与礼的道德属性相联系，也就产生了相应的善恶标准——依礼行事为善、为顺，反之则为恶、为逆。这就是《左传》所说的，破坏贵贱、长幼的等级秩序，即破坏了“礼”，是“逆”，也就是不善的表现；反之，以德行、孝道去维护“礼”，则是“顺”，也就是善的行为。可见春秋时期的儒家已经清楚地意识到，只要赋予“礼”以鲜明的道德属性，就能够起到维护尊卑等级制度的特殊功效。

《礼记》作为先秦儒家礼治主义学说的集大成之作，更是极力推崇礼所具有的道德感化作用，甚至把礼抬到了“治国安邦”的高度。“安上治民，莫善于礼。”意思是说，礼对于“安上治民”就像称轻重要有衡器、量曲直要有绳墨、画方圆要有规矩一样，都是不可或缺的重要手段。所谓“安上”，是指保持君主的统治地位，只有依照礼的规定，上下有等，尊卑有序，君臣主仆，各守其正，君位才能稳固。在《礼记》

作者看来，只有把民众的一言一行都纳入到礼所制定的伦理道德规范之中，严格按照礼节度数行事，人民才不会犯上作乱，社会才可能归于太平。这样，就把礼提到了安上治民、正国禁乱的高度。具体来说，《礼记》作者认为礼所具有的伦理道德在“安上治民”中，至少有以下三方面的重要作用。

首先，《礼记》认为礼所规定的伦理道德规范是人区别于其他动物的根本标志。在《礼记》作者看来，人之所以成其为人，关键在于人能自觉地用伦理道德规范来约束自己的言行，舍此则人兽无别。为此，《礼记》反复强调说：“凡人之所以为人者，礼义也。”“孝弟忠顺之行立，而后可以为人。”（《冠义》）正因为礼是人成其为人的首要条件，所以孔子深有感触地说：“丘闻之，民之所由生，礼为大！”（《礼记·哀公问》）《礼记》作者提出这种以礼作为区分人与动物首要标志的观点，目的在于提醒人们必须时刻注意用人伦道德规范来确证自己区别于其他动物的类的尊严。尽管作者的用心是以此唤醒人们将礼变为个体的自觉行动，从而起到维护尊卑等级制度的作用，但它在要求人们道德自律和增强道德责任感方面，显然又有其超乎时代和阶级局限的合理性。

其次，《礼记》作者认为用礼所具有的道德规范作为“教之本”，有利于增强统治阶级内部的团结，从而起到“安上”的作用。礼之所以能够起到这种奇妙作用，奥秘就在于礼可以用道德感化的力量使人们各守其正、思不出位，以便使社会秩序井井有条。

再则，《礼记》作者认为通过礼所具有的伦理道德观念来教化下民，有利于缓和社会矛盾，从而不动刑罚而起到“治民”的作用。礼的实质在“分”、在“别”。通过这种“分”和“别”，很自然地形成了一种阶梯型的社会等级秩序。生活在这种等级森严的礼治社会中，每个社会成员的言行举止，衣食住行都必须严格依照一种预设的规范行事，既无挑选的自由，更无僭越的权利。尽管统治者把这种等级秩序解释成符合天地自然规律的合理存在，但它说到底是通过限制大多数社会成员的个性与人身自由来维持现存的社会秩序的，因此从本质上说，行礼的结果必然会消融社会成员彼此间融洽的感情，从而导致社会矛盾的激化。正因为如此，所以儒家主张行礼的同时，还要用“乐”所具有的“和”与“同”来消解行礼造成的隔膜。其实，用“乐”来抵消“礼”的负面作用固然十分重要且必不可少，但《礼记》作者认为通过礼所具有的伦理道德观念来感化下民，而不是一味地利用礼的等级规范来限制下民，同样可以起到缓和社会矛盾的作用。

总之，“礼”既具有外在行为规范方面的约束力，又有内在方面的道德感化力，所以它在“安上治民”方面具有无可替代的巨大作用。孔子曾经发出这样的感叹：“治国而无礼，譬犹瞽之无相与，伥伥乎其何之？譬犹终夜有求于幽室之中，非烛何见？”（《仲尼燕居》）

（二）宗法观念

《礼记》中的“礼”，从伦理学的角度来看，既有伦理原则，又有道德规范。就伦理原则而言，《礼记》认为“礼”的核心内容便是“亲亲”、“尊尊”和“男女有别”的宗法观念。

“亲亲”主要是指父子关系，“尊尊”主要指君臣关系，“男女有别”主要指夫妇关系。“长长”虽然指的是幼长关系，但幼对长，也是一种“尊尊”关系。可见《礼记》论述的人伦关系，主要是父子、君臣、夫妇关系。在《礼记》作者看来，具体的礼节度数是可以变革的，而“亲亲”、“尊尊”、“男女有别”这些人伦原则是不可移易的。之所以如此，是因为“礼之所尊，尊其义也。……知其义而敬守之，天子之所以治天下也。”（《郊特牲》）孔颖达疏：“言礼之所以可尊重者，尊其有义理也。……圣人能知其义理而恭敬守之，是天子所以治天下也。”这里所说的“义”或“义理”，显然指“亲亲”、“尊尊”、“男女有别”的人伦原则。“礼”正因为包含了这些人伦原则，它才成了统治者治理天下时须臾不离手的重要工具。

“亲亲”最基本的要求是孝。孝是中国传统文化中由来已久的伦理观念。早在甲骨卜辞中，就已经出现了孝字。这说明至少在殷商时代，中国人就已经有了孝的观念。作为一种伦理道德范畴，孝的观念一方面与先民的祖先崇拜密切相关，尤其是在以家族主义政治为中心的中国古代社会更是如此。另一方面，这种观念也与人类的亲情有关。父母生养子女，作为子女自然会产生一种还报的心理和孝敬的感情。《诗经·小雅·蓼莪》就反映了子女这种从内心萌发的还报父母恩德的孝敬之心：

父兮生我，母兮鞠我，拊我畜我，顾我复我，出入腹我。欲报之德，昊天罔极。

这种子女对父母的孝敬之情，人类学家称之为“反哺”现象。如果不考虑具体的历史内容，单就其抽象意义而言，孝亲实际上是古今人类社会普遍共存的一种社会现象。但是，儒家的所谓孝道始终是一个充满政治内容的伦理范畴。孔子论孝，就十分强调顺从、恭敬，并将事亲与事君联系在一起，认为能行孝道的人决不可能犯上作乱。《礼记》全面继承了儒家的“孝亲”学说，并将它完善为一种重要的伦理原则。《礼记》作者认为孝是充塞于天地之间的普遍原则，事亲如事天，君子跬步不能忘孝。《祭统》提出孝有三个环节：“生则养，没则丧，丧毕则祭。养则观其顺也，丧则观其哀也，祭则观其敬而时也。”在有关“孝”的三个环节中，《礼记》特别重视“祭”，认为这是“追养继孝”的重要手段：祭者，所以追养继孝也。（《祭统》）这种“追养继孝”、“报本反始”的思想，早在殷、周时代就产生了。当时祭祀的目的就是要人们永远“尊祖”，不要“忘本”，以维护宗族的“亲亲”关系。由此可见，《礼记》推崇“孝”道，完全是着眼于这种伦理道德观念十分有利于巩固宗法秩序。

《礼记》作者坚信，只要实行了“亲亲尊祖”、“尊祖敬宗”、“敬宗收族”的“亲亲之道”，封建宗法统治的天下就可以成为“庶民安”、“财用足”、“百志成”的乐园。在这里，“孝”作为一种伦理范畴所具有的政治内涵是显而易见的。

值得注意的是，《礼记》在阐述“孝亲”观点时，还特别强调一个“敬字”。《檀弓上》曾载孔子学生子路的话说：“吾闻诸夫子，丧礼，与其哀不足而礼有余也，不若礼不足而哀有余也。祭礼，与其敬不足而礼有余也，不若礼不足而敬有余也。”《礼记》作者对此十分赞同，并进而提出“敬”应该贯穿于“追养继孝”的祭祀过程的始终。因为在《礼记》作者看来，“其祭也敬，敬则其境内之子孙，莫敢不敬矣。”（《檀弓上》）为了体现子孙对祖先的绝对孝敬，《礼记》甚至提出：不惜以隐祖先之“恶”、扬祖先之“善”的方法来成全子孙的孝敬之心。这种盲目推崇“孝敬”的流弊必然使得本来出自人类“反哺”天性、符合人之常情的“孝亲”行为，蜕化成一种悖离人类天性的矫情与残忍。各种《孝子传》上所记载的历代孝子事亲的故事，就不乏这种走向极端的例子。如“老莱娱亲”的故事说：老莱行年七十，言不称老，常着五色彩衣，装作婴儿状戏于老父、老母面前，以逗乐父母。一个七旬老人，为了显示对父母的孝敬，竟做出如此不近人情的举动，真是令人啼笑皆非。又如“郭巨埋儿”的故事：汉代郭巨家境贫寒，有一三岁小儿。郭巨的老母常减省自己的饮食给孙子。一天，郭巨对妻子说：贫乏不能供养老母，儿子还要分吃母食，不如把儿子埋掉算了。于是夫妻两人掘坑，却挖得一罐黄金，罐中有字曰：“天赐郭巨，官不得取，民不得夺。”为了尽孝敬之心，竟然要坑杀自己三岁的亲生儿子，真是令人不可思议！以上不近人情之举虽然有悖《礼记》推崇“孝敬”的初衷，但它们无疑是《礼记》将孝敬观念绝对化所必然招致的恶果。

“尊尊”最基本的要求是忠。在中国长达数千年的大一统专制社会中，忠君一直被视为最高的伦理原则。从汉代开始，历朝统治阶级表面上尽管热衷于宣扬“以孝治天下”，汉代曾设“孝悌力行”一科，并下令各地推举“孝廉”，即孝行特出的人，由朝廷授予相应的荣誉，以成全臣子“立名显亲、光宗耀祖”的心愿；但最高统治者这样做的实质是为了“以忠治天下”。就儒家来说，通过推广孝道来培养人们忠君的精神品格，这是他们的一贯主张。孔子的贤弟子有子就说过：“其为人也孝弟，而好犯上者鲜矣；不好犯上而好作乱者，未之有也。”（《论语·学而》）到了《礼记》中，这种主张更是演变成了将君臣关系“父子化”而以孝论忠的伦理学说。

这样，《礼记》就把忠和孝统一了起来。唯能孝亲，才能忠君。君臣关系也就是父子关系；国家政务即是家务的扩大化，这叫“移孝于忠”。中国传统文化中的所谓“忠臣出于孝子之门”，其思想根源正在于此。

《礼记》中这种忠孝合一的观念，表面上好像增强了君臣之间的亲密关系，实际上却只是更加提高了君主的地位和权威，从而增加了“忠”的伦理在实践上的困境。因为在早期的儒家那里，尽管忠君也是他们所推崇的作为人臣的伦理准则之一，孔子就说过：“君使臣以礼，臣事君以忠”（《论语·八佾》），但他同时还主张“以道事君，不可则止。”也就是说，并非无条件地忠君，就臣而言，应该“以道事君”；就君来说，必须“使臣以礼”。当忠孝合一的观念在《礼记》中形成之后，情况就发生了变化，开始要求臣子自觉培养起忠君意识，君主的权威也随之开始绝对化。这种情况到了汉代儒学大师董仲舒手上，更是赋予君臣之间的上下尊卑关系以一种形而上的合符宇宙秩序的基础。

董仲舒完全是用阴阳五行学说将《礼记》中忠孝合一的观念重新进行包装，提出了“土”德的君臣观，其结果是大大强化了君主个人的专权。此后长达数千年的中国封建君主专制社会，对君主无条件“尽忠”，几乎成了臣子的唯一义务和必须自觉遵守的最高伦理准则。

客观地说，肇端于《礼记》的忠孝合一的传统道德观念，确实培养出了不少青史留名的忠臣，像苏武、岳飞、文天祥、林则徐等历史人物，他们都是在这种传统道德观念陶冶下成长起来的“忠君爱国”的英雄。但不可否认的是，忠孝合一的伦理观也造就了一大批臣子的“愚忠”。以《水浒全传》中的宋江为例，他在接受朝廷招安之后，被奸臣设计害死前夕，还特地把李逵叫来，让他也饮下毒酒，以防这位黑旋风再举义旗造反，坏了他“忠臣”的名节。明代的著名清官海瑞也是如此。当时的嘉靖皇帝迷信道教，海瑞上书劝谏，皇帝不理睬，于是他便买了一副棺材去面见皇帝，准备以死相谏。结果龙颜大怒，把他投入牢狱。后来当海瑞在狱中听到嘉靖驾崩的消息时，竟哭得死去活来，口吐鲜血。这些举动在今天看来，显然是“愚忠”，但按照忠孝合一的伦理原则，它们都堪称高水平的忠君义举。总之，按照传统道德观的要求，作为一个合格的忠臣，即便当皇帝毫无道理地将他诛杀时，他也不得有半点怨言，相反还要发自内心地认为“臣罪当诛，天王圣明”（韩愈诗），或者叩首高喊：吾皇万岁，万万岁！

“男女有别”的基本要求是顺。这种顺当然是单就妇女而言的“妇顺”。把女子的一生牢牢固定在从属于男子的地位上。按照《礼记》的规定，女子不但要顺从父亲、丈夫和儿子，而且还要格外顺从公婆。也就是说，公婆之命对的要顺从，不对的也要顺从。这就表明，女子在出嫁之后要受到丈夫和公婆的双重束缚，而且公婆的束缚往往重于丈夫的束缚。在这种情况下，对于已婚女子来说，博取公婆的欢心就成了她的当务之急。否则，如果不慎惹恼了公婆，即便能够赢得丈夫的宠爱，也难逃休弃的噩运。《孔雀东南飞》中刘兰芝就是一个典型的例子。尽管刘兰芝与丈夫焦仲卿相亲相爱，情谊甚笃，但由于婆婆认为媳妇“举动自专由”，刘兰芝结果还是被遣归家，夫妻双双最终不得不以死殉情。

为了培养女子的妇顺之德，《礼记》还相应地制定了一整套严格的教育措施：出嫁前三个月，还要教以“妇德，妇言，妇容，妇功”。（《昏义》）其中德是品德，妇以顺为德；言是语言，妇以顺为辞；容是仪容，妇以温顺为仪容；功是女功，妇以勤劳为功。由此可见，“三从”的核心是顺，“四德”的核心仍是顺。这样，就完全把妇女置于丈夫和家庭的附庸地位，从而强化了夫权。众所周知，在封建宗法社会中，夫权制表现为男子在家是家长，在族是族长，而皇帝则是至高无上的大族长。因此强化以男尊女卑为主要内容的“夫权”，实际上也正是巩固皇权统治的必然需要。

由“妇顺”派生出来的中国古代女子的最高道德标准则是节烈。《大戴礼记·本命》篇中曾经规定了“七去”条款，女子只要违反其中任何一条，男方便可据此理直气壮地将女方赶出家门。“七去”条款是：“不顺父母去，无子去，淫去，妒去，有恶疾去，多言去，窃盗去。”按照“七去”条款，在一夫多妻制的婚姻关系中，女子不要说有“淫”的非分之想，就是内心产生“妒”的情绪也是道德不允许的行为。在这种伦理原则的规范下，特别是经过宋代理学家的推崇，“节烈”也就自然成为封建社会妇德的最高标准。所谓“节”，是指夫死不改嫁，从一而终；“烈”则是指夫死后自杀以殉节。宋代理学家程颐就曾经说过：“饿死事极小，失节事极大”，告诫女子应把节操看得比生命更宝贵。另一位理学大师朱熹则道貌岸然地指责汉末女诗人蔡文姬改嫁为“失节”。在朱熹看来，蔡文姬要么该守一辈子活寡，要么该殉节。在这些道学先生的积极倡导下，中国封建社会的正史表彰了难以胜数的所谓“烈女”，而中国城乡大地上也树起了一座又一座的所谓贞烈牌坊。古典名著《儒林外史》中就记载了一个十分典型的殉夫死节的故事：老秀才王玉辉的女婿病故，女儿准备以死殉节，其公婆惊得泪如雨下，急忙劝止。但王玉辉这位“知书达理”的老秀才反而鼓励女儿说：“我儿，你既如此，这是青史留名的事，我难道反拦阻你？你竟是这样做罢！”女儿死后，王玉辉还责骂哭得死去活来的老伴是呆子，说：“她这死得好，只怕我将来不能像她这一个好题目死哩！”并仰天大笑道：“死得好，死得好！”由此不难看出，在每一座贞烈牌坊的背后，都隐藏着一段人性扭曲的悲剧故事。

《礼记》中提出的上述伦理原则，可以视为先秦儒家伦理道德观的一种发展。它把臣对君、子对父、妇对夫的人伦关系作了适应封建专制主义政治需要的片面说明。汉代的今文经学大师董仲舒正是在此基础上，结合阴阳五行学说推演出“君臣、父子、夫妇之义，皆取诸阴阳之道。君为阳，臣为阴；父为阳，子为阴；夫为阳，妻为阴”；阳为主，阴为辅，妻、子、臣都是为了配合夫、父、君的存在而存在的所谓“王道三纲”学说。其后，东汉章帝钦定的白虎观经义中就明确提出：“三纲者何谓也？君臣、父子、夫妇也。”唐代经学家孔颖达主编的《礼记正义》在注释《乐记》中“然后圣人作为父子君臣以为纪纲”一语时，引《礼纬含文嘉》说：“君为臣纲，父为子纲，夫为妻纲。”从此，“三纲”成为一种固定的说法，成为封建社会不可移易的伦理原则。

礼与中国人的传统习俗

人们常把“礼”与“俗”合起来称“礼俗”，可见礼与俗的关系是极为密切的。历代许多经学大师在给《仪礼》、《周礼》、《礼记》等礼书作注作疏时，常常将礼与俗混为一谈。例如《周官·地官》：“礼俗丧纪祭礼皆以地媺恶为轻重之法而行之。”郑玄注：“礼俗，邦国都鄙民之所行先王旧礼也。”“君子行礼，不求变俗，”随其土地厚薄为之制丰省之节耳。”贾公彦疏：“俗者，续也。续代不易，是知先王旧礼”，故引《曲礼》“君子行礼，不求变俗”以证之。谓若周公封康叔于殷墟，其民还行殷之礼俗者也。”这里郑注与贾疏都将礼与俗混淆未分。

事实上，俗不等于礼。但是有些风俗经过一定的整理加工便可上升为礼。有些礼就是起源于民间风俗的。在远古时代，社会的各个阶层就有了自己的风俗，这些民间的风俗，有些上升为民间的礼节，若能在相当范围内受到大众的赞许并得以普遍地遵循，再具备了礼的要素，就成为民间的礼制。反之，某些礼仪随着社会的发展，由于朝代的更迭，统治者的取舍不同，已经不为官方所推行，但在民间仍是世代相传，形成相对稳定的风俗习惯而保存下来，几经改易，虽面目有所不同，但仍依稀可见远古时代相关礼仪的影子。《仪礼》所记载的诸种生活礼仪对两千多年的中国古代社会的影响是极深远的，这从古代所流传的风俗习惯即可略见一斑。例如“士冠礼”对民间流行的“成年礼”，“丧服”、“士丧礼”对民间丧葬习俗，“士昏礼”对民间婚嫁习俗，“馈食礼”对民间祖先崇拜、鬼神崇拜，“乡饮酒礼”对敬老养老风俗、饮食文化、宴饮之礼等都有深远的影响。因此，中国的民风民俗虽不是社会意识的系统形态，但在普遍的下层社会结构和生活方式的各个方面，都体现出礼的精神，表现了传统教化的特色。

每个人一诞生到这个世界上，就具有了社会性。他无时无刻不在接触和熟悉他所生活的社会，吸收这个社会经过长期积累存留下来的各种知识，受到社会各种风俗习惯礼仪的潜移默化，正如美国人类学家鲁思·本尼迪克特所说的：“习俗在经验和信仰方面都起着一种主导性作用……个体生活的历史中，首要的就是对他所属的那个社群传统上手把手传下来的那些模式和准则的适应。落地伊始，社群的习俗便开始塑造他的经验和行为。到咿呀学语时，他已是所属文化的造物，而到他长大成人并能参加该文化的活动时，社群的习惯便已是他的习惯，社群的信仰便已是他的信仰，社群的戒律亦是他的戒律。”（《文化模式》，三联书店，1998年版）而在种种社会风俗习惯中，成年礼是对一个人产生深远影响的礼俗之一。它在精神上对人的影响远远超过了它的形式所带来的效果。

《礼记·昏义》云：“夫礼，始于冠，本于昏，重于祭丧，尊于朝聘，和于乡射。此礼之大体也。”世界上大多数民族对其成员的成年都予以相当的重视。这是因为一个人从童年到成年，其意义不仅在于这个人自身心理、生理的成熟，而更在于这是社会新陈代谢的重要环节，其重要性不亚于生命的诞生。因此，社会不可能对这样重要的环节抱以漠视的态度。即使还处在原始社会阶段的民族都有正规的成年礼。《仪礼》中所记载的“冠礼”正是这种成年礼的遗留，后来经过统治者理想的加工改造，从而具有了更完备的仪式过程。虽然它后来已不作为一种制度被推行，但它已经成为风俗习惯而被保存下来。它虽然主要是流行于贵族士人阶层，但在中国这样的礼义之邦，许多所谓的衣冠诗礼之乡，一般百姓人家也有举行这种成年礼的。在中国各地风俗志中有许多关于成年礼的记载不胜枚举。民间所流行的冠礼，与古制有所不同：首先是举行冠礼的年龄提前了，大多是在16岁的时候。这从我们上述诸例中可得知。这可能与民间婚龄提前有关。再者，冠礼的仪式简化了不少，不再是那样繁琐，例如《嘉靖宁波府志》记宁波士农商贾所行冠礼，“一从简朴，仅取成礼”。民间的冠礼往往与婚礼联系在一起，只有成年人才可以结婚，因此，又有赶在婚礼之前举行冠礼的。冠礼在不同地区流行，往往会带上各自的民俗色彩。例如《至元嘉禾志》记元代时桐乡一带风俗云：“男子十六始冠，亦有婚而冠者。女子于归乃笄，聚族张筵。凡冠笄，皆炊大糕，馈遗亲里，始讳其名而字之。”很明显地带有了欢乐的喜庆色彩。

民间流行的成年礼虽然在形式上与《仪礼》所记载的古制有很大区别，但基本上还是它的延续，在精神上还是一贯的。成年礼所关注的不仅仅是生理意义上的性的成熟，世界上不存在纯粹的性成熟的风俗。人们所认识的性成熟是一个社会问题，而与性成熟有关的成年礼则是以这种或那种方式对原先的儿童作为成年人的新的资格的认可。“这种授予新的地位又委以新的义务的仪式就像地位和义务本身一样各有千秋且受着文化的制约。”（鲁思·本尼迪克特《文化模式》，三联书店，1988年版）在中国，成年礼所受的是儒家传统文化的影响和制约，因而，我们对成年的要求就明显地体现了儒家文化的要求。随着“以成人见”的礼仪之后的是“责成人之道”的要求。唐代柳宗元在《与韦中立书》中云：“古者重冠礼，将以责成人之道，是圣人所尤用冠也。”《国语》也记载了这样一件事：赵文子行冠礼之后，去见韩献子，献子告诫他说：人行了冠礼，就是成人了，就像宫室有了墙屋，不能只求洁身自好，还要担当驱除不善的责任。所谓的“成人之道”就是指成年人所应当承担的社会责任。这种社会责任是与儒家思想联系在一起的。儒家认为的社会责任即是“为人子，为人弟，为人臣，为人少”者所应履行的种种义务，具体地说，就是在家里要尽孝悌的义务，在社会上承担起为子民人臣的责任。故而有“礼始于冠”的说法。这正是与儒家文化对道德实践的要求相一致的。

继成年礼之后的又一个重要的礼仪便是婚礼。《仪礼·士昏礼》所记载的著名的“六礼”的程序，即“纳采”、“问名”、“纳吉”、“纳征”、“请期”、“亲迎”，对民间婚礼仪式有很大的影响。很多地方基本上都沿用了这一仪式程序。“六礼”在后世于程序上逐渐简化，内容也几经变革。例如，纳采、问名、纳吉诸礼合并为纳采，单方面的问名改为双方交换写明男女姓名、出生年月日时（即俗称的“生辰八字”）和父祖三代姓名官衔的庚帖（即俗称“龙凤全帖”）的订婚仪式。此时，男家致送订婚礼物，俗称“放小定”，用雁是不可能的了，有些地方以鹅代替，但茶是一定要的，因而也有称“下茶”的。而纳征与请期也往往合并，俗称“下聘”，也称“放大定”，是正式的聘礼，一般依各自的门第、财力而决定聘礼的丰俭，大体包括首饰衣物食品等物。亲迎的程序基本上保留下来了，不过时间改在白天，用花轿代替了“御轮”。这些程序，一旦成为风俗，往往不会轻易改变，否则容易招致乡里的非议。这也体现了中国人守“礼”的文化根源。

“人生自古谁无死”，生老病死是人不可抗拒的自然规律。如何处理自己的身后事，自古以来就是一个不容忽视的问题。古人往往极看重葬礼，它不仅是对死者身份、地位的确认，而且是儒文化中“孝”的重要体现方式。下面简单地谈谈《仪礼》对民间丧文化的影响及民间丧礼习俗的流变。

民间的丧礼及丧服制度基本上仍保留了远古时代的礼仪。从属纩、行复礼，沐浴，入殓、饭含到殡、出殡，及出殡时的执绋，唱挽歌都被不同程度地沿袭下来。其中，执绋和唱挽歌比较多地吸收了世俗的成分，它带有更多的地方色彩和随意性，也体现了礼和俗的交流。挽歌在周代，只是一种民俗事象，而未入礼；到汉代，它成为上层社会丧葬礼仪的一部分，到南北朝时更为流行。由俗入礼，又由礼到俗，其中双方的相互影响是显而易见的。

中国传统丧服制度自《仪礼》中规定之后，直到民国政府的《北泉礼仪录》，固然时有变通更革，但基本上是沿袭不衰，分为斩衰、齐衰、大功、小功、缌麻五个等次，即“五服”。古代社会里，丧服制度适用于自天子到平民百姓的社会各个阶层。民间除了“五服”之外，还有一种免祖服，更轻一些，是包括同宗同姓的一类。随着历史的演变，服丧习俗也并非一成不变。比如整个社会丧服服饰习俗往往会随着新的质料的出现、崇尚的观念的改变而改变。比如宋代《书仪》云：“大功、小功、缌麻皆用生白绢为襕衫、系黑鞓角带，大功以生白绢为四脚。妇人以生白绢为背子及裙，大功露髻以生白绢为头帤盖头，小功缌麻勿着华采之服而已。”这里很明显地带有了宋代服饰的特色。其他的如服丧对象、人员及服丧期等方面，各个朝代的不同地区也常有所不同。

由服丧期限和丧服等级及一系列风俗礼仪构成的丧文化，能经历几千年而沿袭不衰，其原因不外是在于思亲和哀亲，通过哀思增加凝聚力和亲情感，不仅对于家庭和家族内部如此，即使是街坊邻居亦如此。《周礼》云：“五家为比，使之相保；五比为闾，使之相受，四闾为族，使之相葬。”它虽是一条律令，但它对乡里互相帮助办丧事的规定却充满了人情味，这也正体现了中国民间丧文化的一个特色。

有丧必有祭，祭祖礼与丧礼一样，自《仪礼》以来沿袭不衰。在不同的历史时期或表现为鬼神信仰，或表现为祖先崇拜。其实，鬼神信仰也即是祖先神的崇拜。我们从《仪礼》及《礼记》中可以看出早在夏、商、周三代就已经有了比较完备的祖先信仰体系。对祖先的崇拜是儒家伦理思想的一个特征。孔子虽从不谈论鬼神之事：“子不语怪力乱神”，但他对祭祀祖先却十分重视，说自己是殷人之后，从小即学习祭祖礼。其实，孔子重视祭祖、敬祖之礼，最终目的并不在于使人们纯粹地为敬奉鬼神而敬奉鬼神，其出发点仍是人事，是极具现世精神的。

民俗文化中祖先崇拜的方式仍是祭祀，包括立宗庙、祖宗祠堂及一系列祭祖礼仪。这种祭祖礼非常复杂，名目繁多。有“家祭”、“节祭”、“村祭”、“族祭”等。“家祭”所祭祀的对象通常是到祖父母、父母为止，主要是在先人的生日、忌日时祭祀，仪式相对简单。“节祭”是“家祭”的另一种表现形式，对象仍以祖父母、父母为主，但范围又可扩大到曾祖高祖，一般是在清明节、中元节、送寒衣节（十月一日）、冬至、除夕等节令举行祭祀活动。至于“村祭”、“族祭”的范围则更广了，祭祀的对象上推到同一村寨或同一族成员的共同祖先，一般以祠堂为祭祀活动的场所。族祭的祠堂里的祖先牌位，通常供奉四世，即高祖、曾祖、祖父和父亲，且都以妻室相配。族祭的次数一般是一年四次，即在春夏秋冬四季中的第二个月，各择一个吉日。举行祭祀时，凡祠堂所出子孙行过冠礼的，都必须参加。主祭人依古礼的规定往往由宗子担任。这种种仪式都是人们对慎终追远的伦理观念的维护和体现。

在中国人的心目中，宗族的血亲祖先是最重要的、最该供奉的祖先，因为整个社会的伦理是以“己身”为出发点来构筑社会关系的。中国人或许对神、对宗教不那么热心和虔诚，但对祖先却是怀着十分现实而深厚的感情，混杂着自觉的敬仰与本能的折服和归依感。因此，中国民俗中，祭祖常常是最热闹的最隆重的活动。从民俗文化的角度看，祭祖是人们意识趋向、内心追求和精神寄托的反映，表现了人们对家族关系的崇尚。祭祖虽是祭死去的人，其实质仍是指向现世中的人，其精神是顺从和孝敬，是和睦亲好，是家族的前途和荣耀。中国人祖先崇拜的圈子有大有小，小是一个村寨、家族、家庭，大到整个民族。例如，每年的清明节，总有成千上万的海内外炎黄子孙前往陕西黄陵凭吊和祭奠中华民族的共同祖先——黄帝。从这个意义上说，祖先崇拜是从维系家族、氏族，甚至民族利益出发的一种对于祖先的追念，这种崇拜有利于调动家族之间、氏族之间乃至民族之间所有成员彼此和睦团结的情感和道德，这才是祖先崇拜的深刻内涵和意义。

中国民俗丰富多彩，但无不有其历史根源和文化根源，《仪礼》中所载的诸种礼仪对中国民俗文化的影响可谓极深远的了。除了上述种种，民间崇尚的尊长敬老的风俗，宴饮礼节及饮食习俗，座次方位及尊卑等等，也都可见到上古相关礼节的影子。

忠：儒家政治伦理的核心

孔子学生子路一次问孔子，如果有国君叫先生去治理国家，先生准备先做什么事？孔子说："必也正名乎……名不正，则言不顺；言不顺，则事不成；事不成，则礼乐不兴；礼乐不兴，则刑罚不中；刑罚不中，则民无所措手足（《论语·子路》）。"孔子认为，治理国家首先要做的事就是"正名"，只有名正了，各方面的事情才能做好。所谓正名，就是纠正政治、伦理上的用词不当的现象，比如周王去世叫"崩"，诸侯去世叫"薨"，二者不能互相替代；还有就是摆正名称与实际之间的关系，使得名能符实，比如君王（名）应有其相应的权力（实），如果没有，就是名不符实。春秋时代，不论是人或事物的称谓，还是名与实之间的关系都非常混乱，所以孔子才说"必也正名乎"。当时要正的"名"相当多，如君与臣、父与子、夫与妻、主人与宾客、大夫与士等等，而这其中孔子认为第一要紧的，就是正君之名、臣之名。颜渊认为，父不父、子不子，其不良后果还仅局限于一个家庭或一个家族。而君不君、臣不臣，即国君没有相应的各种称谓及权力，臣子也没有相应的称谓以及对国君应尽的职责，就会导致国家的动乱，乃至灭亡，其严重性自然要远远大于父不父、子不子。正因为如此，所以孔子才把"君君臣臣"摆在前面，认为只有纠正了国君、臣子的各种不正当的称谓，只有摆正了君臣的名与实的关系，才能使国君安宁、臣子安宁、百姓安宁。

关于“君君臣臣”的具体内涵，孔子本人，以及他的弟子、儒家的著作，如《孟子》、《荀子》、《左传》、《公羊传》等，都曾提到过。其中说得最详细、最全面的，莫过于《公羊传》，如果要给《公羊传》正一下这方面的名的话，那么可以毫不夸张地说，该书乃是孔子“君君臣臣”的最佳、最详尽的注释，该书的作者，都是当时“君君臣臣”思想最为浓厚的忠诚无二的臣民。

《公羊传》的“君君臣臣”思想，首先表现为对君臣名分的确定。《庄子·天下篇》云：“《春秋》以道名分”，可见，确定名分是《春秋》的一大思想。《公羊传》是《春秋》思想的继承者，因而它也理所当然地继承了《春秋》的“道名分”思想，也就是说，《公羊传》认为，国君或臣子的名称、地位、职分都应从礼仪制度上作明确的规定，而不能随意替代或更改。如，鲁隐公三年传文说，同样是去世，“天子曰崩，诸侯曰薨，大夫曰卒，士曰不禄”，这是君臣身份不同，在去世称谓上的区别。鲁隐公五年经文载：“秋，卫师入盛”，传文说：“曷为或言率师，或不言率师？将尊师众，称某率师；将尊师少，称将；将卑师众，称师；将卑师少，称人。”这里所说的某某率师、某某将、某师、某人，都是因主帅地位的尊卑不同、师之众寡的不同而出现的几种不同的说法，这些说法是绝对不能互相混淆的，否则，臣子之间的地位差别就体现不出来。又如鲁隐公十一年经文云：“春，滕侯薛侯来朝”，传文说：“其言朝何？诸侯来曰朝，大夫来曰聘”，同样是拜见鲁国国君，诸侯君拜见与大夫拜见，在说法上就有所不同。再如，鲁昭公二十三年经文载：“戊辰，吴败顿、胡、沈、蔡、陈、许之师于鸡父，胡子髡、沈子楹灭，获陈夏啮”，传文说：“其言灭获何？别君臣也。君死于位曰灭，生得曰获，大夫生死皆曰获。”这是君臣间的“道名分”在战场上的体现：国君战死叫“灭”，被俘虏叫“获”，臣子则无论是战死还是被俘，都统称为“获”。

其次，《公羊传》的“君君臣臣”思想还体现在对国君尊严与权力的极力维护。《春秋》载，鲁定公二年五月，鲁宫雉门（南大门）以及门两旁的观阙因失火而被烧毁，同年十月，“新作雉门及两观”，《公羊传》认为，《春秋》之所以要记下“新作雉门及两观”一事，是为了斥责季孙氏“不务乎公室”。春秋后期，鲁国的政权落到季孙氏手中，朝中事情，不论大小，均取决于季孙氏，包括这里的“新作雉门及两观”。失火在五月，新作却拖到十月，《公羊》先师认为这是季孙氏对国君事情不重视、不尽力去办的表现，换言之，这是无视国君的尊严，这种现象自然是《公羊》先师所不允许的。

《公羊传》认为，国君的尊严不仅在国内要得到维护，就是在国外，也同样要得到维护。《春秋》载，鲁僖公二十八年夏四月己巳，“晋侯、齐师、宋师、秦师及楚人战于城濮，楚师败绩”。《公羊传》认为，臣子是无法与国君同等并列的，因而楚国的子玉尽管是百官之首，但在晋侯面前，仍然是一个“微者”，仍然不能以爵位称之，而只能以“楚人”称之，以显示等级的差别、国君的尊严。鲁宣公元年，楚军、郑军联合侵伐陈国、宋国，晋国得知后，派赵盾率军救援陈、宋二国，并与陈、宋、卫、曹四国军队一同伐郑。《春秋》记曰：“宋公、陈侯、卫侯、曹伯会晋师于棐林（郑地），伐郑”，《公羊传》认为，赵盾只是晋国的臣子，他是没有资格与四国国君“相会”的，相会只能在同等级的国君与国君之间，或大夫与大夫之间进行，故而经文只写“晋师”而略去“赵盾”。在这里，《公羊》先师又一次维护了国君的尊严，这说明，《公羊》先师在“君君臣臣”的正名方面，是内外一致，毫不含糊的。

在国君的名与实的关系之中，国君的权力是一项重要内容，如果国君大权旁落，徒有虚名，那么，“君君臣臣”的正名便是一句空话，对于这，《公羊传》作者当然非常清楚，因为该书许多解说都极力强调国君应拥有无上的权力。鲁成公十七年十月，鲁、晋、齐、宋、卫、曹等国联合伐郑。十一月，伐郑没有成功，鲁成公从伐郑前方回到国内，《春秋》记曰：“十有一月，公至自伐郑。壬申，公孙婴齐卒于狸轸”。《公羊传》说，公孙婴齐本为鲁臣，后出奔晋，鲁成公为伐郑而去晋国与晋侯相会时，晋侯要拘囚鲁成公，后经公孙婴齐说情而得免。因公孙婴齐有功于鲁成公，故鲁成公答应他回国复封之为大夫，但公孙婴齐在随同鲁成公返国时，突然于十月壬申日死于狸轸。公孙婴齐是死于鲁成公回到鲁国之前的，按惯例，鲁史官在记这两件事时，应先记公孙婴齐之死，后记鲁成公“至自伐郑”，但《春秋》作者却把这两件事颠倒过来记，这是为何？《公羊传》说，公孙婴齐死的时候，鲁成公还未回到鲁国，鲁史官尚未亲自听到鲁君发布的任命公孙婴齐为大夫的命令，故尔他无权将公孙婴齐的死写进史书（古时只有大夫以上的官员的死亡，才能写进本国的史书），只有到了十一月，鲁成公回到鲁国，发布了“吾固许之反为大夫”的命令后，史官才能记下“公孙婴齐卒于狸轸”一事。由于任职命令是在鲁成公回国后才发布的，故《春秋》将这两件事的次序颠倒过来记。《公羊传》的解释是否符合《春秋》原意，这里暂且不论，但该书根据这件事所阐发的“待君命，然后卒大夫”、“无君命，不敢卒大夫”的史官记史原则，却体现了《公羊》先师维护君王权力的一片赤诚之心。国君的命令是行事的依据，不论史官知不知道公孙婴齐已被封为大夫，只要他还没亲自听到或接到鲁国君的命令，他就不得写上“公孙婴齐卒”。公孙婴齐的死是一件小事，但如何对待这件小事，如何记录，何时记录，却是对君王权力承认与否的大事。这正是《公羊》先师要借这件小事做一番文章的真正原因。

鲁国有忠于公室的史官，也有无视国君、独断专行的权臣。《春秋》载，鲁僖公三十年，鲁国“公子遂（名遂）如京师，遂如晋”。鲁襄公十二年春，莒人兴兵伐鲁，包围了台地，鲁国“季孙宿帅师救台，遂入运”。对以上两条经文，《公羊传》都作了如下解说：“大夫无遂事，此其言遂何？公不得为政尔。”“遂”字在《公羊传》中有特定的含义，鲁桓公八年传文云：“遂者何？生事也”，即从一件事又生出另一件事。公子遂奉命出使周都洛阳，接着，又擅自主张，代表鲁国访问晋国；季孙宿在救台之后，也擅自“取运以自益其邑（封邑）（何休《解诂》）。”显然，“遂如晋”、“遂入运”都是无视国君权力的独断专行，是“臣不臣”的犯罪行为，这种“公不得为政”，国君徒有虚名而无有其实的反常现象自然是《公羊》先师所反对的，为了纠正这种现象，他们提出了“大夫无遂事”的办事准则，即：大夫在执行国君使命之后，不得擅自主张又去办另一件事。“大夫无遂事”维护了国君的权力，界定了为臣的职权范围，它是《公羊传》“君君臣臣”思想的极其重要的组成部分，也是众《公羊》先师对儒家思想的一大发展。

《公羊》先师不仅维护鲁国国君的权力，斥责鲁国的独断专行的大夫，而且对天下所有诸侯国君的权力也同样加以维护，对天下所有诸侯国的独断专行的大夫也同样予以斥责。《春秋》载，鲁襄公十六年三月，“公会晋侯、宋公、卫侯、郑伯、曹伯、莒子、邾娄子、薛伯、杞伯、小邾娄子于溴梁，戊寅，大夫盟”。《公羊传》说，由于当时天下各国的权力都已落入大夫手中，国君只不过是旌旗上的装饰，摆着做个样子，因而溴梁之盟的结盟者，就只能是大夫而不可能是国君。《公羊》先师的话虽然武断了些，偏激了些，但他们对天下专权之大夫的“偏刺”、对天下公室的拥戴、对天下诸侯君的忠诚，却是可钦可佩的。

最后，《公羊传》“君君臣臣”的思想还体现为对一切弑君夺位者的严厉斥责。孟子说：“孔子成《春秋》而乱臣贼子惧（《孟子·滕文公下》）”，乱臣贼子指的是谁？综观《春秋》全书，这乱臣贼子指的应是独断专行的大夫、谗害忠良的佞臣、制造祸乱的奸党，以及形形色色的弑君夺位者。其中最后一种人最可恶，最令《春秋》及《公羊传》的作者愤恨。《春秋》作者将这些人的姓氏、名字及其恶行载入史册，让他们在天下所有人面前亮出其可憎、丑恶的面目，《公羊传》作者则在此基础上又作进一步的声讨笔伐，从而使儒家“君君臣臣”的思想变得更为丰富，更为深刻。

《春秋》载，鲁隐公四年二月，“戊申日，卫州吁弒其君完”，州吁为卫桓公的兄弟，他虽然杀了桓公、夺了君位，但数月之后，他便被卫人杀死了，《春秋》记曰：“九月，卫人杀州吁于濮上”，对上述两条经文，《公羊传》分别解说道：“曷以国为氏？当国也”、“其称人何？讨贼之辞也”。这两条解说虽然简短，但是非却很分明。当国，即“欲当国为君（何休：鲁隐公元年《解诂》）”这是《公羊》先师给州吁定的罪名，说他早就有篡位为君之心；“讨贼之辞”，则是毫不客气地把州吁列入“乱臣贼子”之列。尽管州吁也是卫公室的人，但《公羊》先师并不因此而对他笔下留情。

《公羊传》对弒君者的贬斥，多数是在弒君事件发生之后，如上文的州吁，但有的则在弒君事件发生之前，如下文的鲁国公子翚。《春秋》载，鲁隐公四年秋，“翚帅师会宋公、陈侯、蔡人、卫人伐郑”，《公羊传》解说道：“翚者何？公子翚也。何以不称公子？贬”。《春秋》又载，鲁隐公十年夏，“翚帅师会齐人、郑人伐宋”，《公羊传》解说道：“此公子翚也，何以不称公子？贬。曷为贬？隐之罪人也。故终隐乏篇贬也”。公子翚的弒杀隐公在隐公十一年，但《公羊传》对他的贬斥，却从隐公四年就开始了，而且终隐公之篇，始终都在贬斥。从《公羊传》所说的史实来看，公子翚弒杀隐公是得到桓公默许的。既然这样，为何《公羊》先师对他特别憎恶，在弒杀之前就开始贬斥呢？这也许跟公子翚的为人过于卑鄙有关。据隐公元年的《公羊传》说，隐公与桓公同为惠公的庶子，惠公嫡妻无子，因而惠公的继承者只能在隐公与桓公当中挑一个。桓公之母是正式嫁给惠公的，而隐公之母则为陪嫁给惠公的，因而桓公之母比隐公之母尊贵。按立庶子以贵不以贤的惯例，惠公的继承者只能是桓公而非隐公，但惠公去世时，桓公年纪尚小，为了国家，隐公只好先即位为君，他想等桓公成年后再把君位还给他。这些情况公子翚当然知道，但他却劝隐公不要把君位还给桓公，自己终生为君，公子翚的目的是为了讨好隐公，拍其马屁，谁料隐公不答应，此时公子翚又以小人之心度君子之腹，担心隐公将这些话告诉桓公，对自己不利，于是他又到桓公面前编造谎言，说隐公无意交还君位，致使桓公同意其弑杀隐公。由此看来，公子翚不仅是弑君的凶手，而且还是一个十足的小人，《公羊》先师也许是鉴于此，才在公子翚弑杀隐公之前就一而再、再而三地对他加以贬斥。这种贬斥虽然有点违反常例，但却体现了《公羊》先师的"君君臣臣"的可贵思想。

《公羊》先师对弑君者作严厉斥责，而对那些企图弑君而未成的人是否就留其面子、不作评论呢？曰：否。鲁庄公三十二年，庄公病重，庄公二弟公子牙想乘此机会杀死庄公，但这事被庄公三弟季子发觉了，季子用毒酒毒死公子牙，从而制止了一场弑君事件的发生。但《春秋》对公子牙的死，不是记作"季子酖杀公子牙"，而是记作"公子牙卒"，《公羊传》说，这是为季子避讳。季子虽然酖杀了自己的亲兄，但却有功于鲁君，理应为之避讳。《公羊传》在称赞季子的同时，又说"君亲无将，将而诛尔"，就是说，弑杀国君或父母，无所谓已经或将要，只要他有此企图，就应诛杀，如公子牙。显然，《公羊》先师对公子牙这类的欲弑君而未果的乱臣贼子，同样也是深恶痛绝的。

公子牙欲弑君而未果，偷鸡不成反蚀了一把米，最后连自己的命也搭了进去。不过，像这样的事例在春秋时代并不多，多的是弑君成功，企图得逞，然后或是弑君者自己登上君位，或是拥立另一人为君。对于这些弑君者，当时本国或其他诸侯国，有的有加以讨伐，有的则睁一只眼闭一只眼，不作计较。对后一种情况，《公羊》先师往往要说上几句，以表明他们的态度。鲁隐公十一年，冬十有一月壬辰，隐公被公子翚所杀，《春秋》记曰："公薨"，《公羊传》解说道：

何以不书葬？隐之也。何隐尔？弑也。弑则何以不书葬？《春秋》

君弑，贼不讨，不书葬，以为无臣子也。

公子翚弑杀隐公，但事后却逍遥法外，连一根毫毛都未损，对此，《公羊》先师颇为不满，骂鲁国“无臣子”，即没有一个臣子是拥戴公室、恪守臣子职责的。“无臣子”是《公羊》先师“君君臣臣”思想的又一有力体现。

在《公羊传》中，与斥责弑君者紧密联系的，是热情称赞为保卫国君、勇斗弑君者而献出宝贵生命的忠烈大夫。《春秋》载，鲁庄公十二年“秋八月甲午，宋万弑其君接及其大夫仇牧”，《公羊传》在解说中，也是先以“贤”称颂仇牧，然后接着叙述宋君被杀、仇牧牺牲的经过：宋国南宫万曾被鲁庄公俘虏过，回国后又在宋闵公面前大夸鲁庄公的好处，闵公听不进去，奚落了他几句，谁料他竟然因此而杀死了闵公。仇牧闻讯后赶到宫中，“手剑而叱之”，残忍的南宫万又把他杀了，并砸碎他的头，将他的牙齿插在门上。

孔父和仇牧都是为国君而死的。华督欲弑杀宋殇公，但他知道若不先杀死孔父，是无法杀死殇公的，于是孔父、殇公先后被华督所杀。仇牧则是因为痛斥弑君者而被杀的。他们二人的死是何等凛然，何等刚烈。《公羊》先师在解说中，不仅以“贤”称颂二人，而且还在每处传文的开头和结尾，分别对二人作进一步的颂扬，说“孔父可谓义形于色”、“孔父正色而立于朝，则人莫敢过而致难于其君者，孔父可谓义形于色矣”，说“仇牧可谓不畏强御”、“万臂杀仇牧，碎其首，齿著乎门阖，仇牧可谓不畏强御”，从这些热情的赞颂，人们不难看出《公羊》先师对弑君者的仇恨，对国之忠臣的景仰，以及对天下一切臣子所寄予的希望：希望他们都能像孔父、仇牧一样，为保卫国君而不惜牺牲自己的一切。《公羊》先师强烈的“君君臣臣”思想在这里又再次得到鲜明的体现。

慎终追远，民德归厚

祖宗崇拜在华夏民族各种崇拜中占有特殊的地位，所谓“建国之神位，右社稷而左宗庙”（《礼记·祭义》），就表明我们的先人是将“祖宗”放在头等重要的位置上的。在漫长的古代社会中，这种观念对社会生活的方方面面均发生着持久而无孔不入的深远影响。追溯祖宗崇拜观念产生的历史可以发现，这种观念之所以具有如此深厚的力量，又是与中国社会的基本结构——宗法形态密切相关的。

不难理解，在人类社会刚刚步入阶级社会的初期，以宗族关系作为生存斗争中人与人之间联系的纽带，应该是唯一天然现成的形式。这种纽带作用的强弱，往往取决于生存环境的优劣，而中国先民们所生活的恰恰是一个艰苦而又与外界隔绝的生存圈。农业学家M·G.肯德鲁早就指出：“尤其是印度与中国，降雨持续时间与降雨量，都有着大幅度变动的情况。”（《气候》、牛津·1930年版）另一位农学家大后美保则在《农业气象学通论》中进一步提出，梅雨期与台风是造成降雨量突变的主要原因。黄河中下游的这种气候特征对农业生产形成了两大不利影响；其一是易发生水旱灾害，中国古代神话中的“十日并升”和洪水泛滥的传说，正说明自上古开始，中国的水旱灾害就十分严酷；其二是季节性强，从耕种到收获的每一个过程都必须在很短的时间内完成，时令稍过，收成就大受损失。这种艰苦的生存环境，使得宗族纽带作用大为加强。事实上，在更合适的社会群体组织出现之前，宗族是唯一能够保障人们生存的社会群体组织。无论是防御灾害，进行耕种和狩猎，或是抗击外族的入侵与掠夺，由血缘关系联结起来的宗族组织都发挥着无与伦比的重要作用。游离于宗族组织之外的个体是难以逃脱非死即奴的悲惨命运的。

在长期的生存竞争中，一些宗族遭到各种自然和社会力量的打击，被严重削弱，甚至惨遭灭亡；有的则发展壮大，称雄于世，宗族成员的生存因此有了保障。通过大量对比，先民们深刻体会到宗族的兴衰很大程度上取决于宗族领袖的能力和智慧。于是那些能够使部族繁荣的领袖逐渐成为崇拜的偶像。这些人死后也就成了部族成员尊崇的祖先。

应当看到，祖先崇拜更为直接的原因还在于祖宗在中国古代先民的眼中，实际上是一种宗族生存的标志。因为宗族作为一种父系血缘组织，其特征首先表现在具有共同的始祖和宗庙，而宗庙则是祖先神灵的物质标志。《说文解字·宀部》："宗，尊祖庙也。"《说文解字·广部》："庙，尊先祖貌也。"《释名·释宫室》则曰："庙，貌也，先祖形貌所在也。"宗庙既然是"先祖形貌所在"，那当然也就是同一血缘团体的人们共同尊崇的中心。《礼记·大传》说："是故人道亲亲也，亲亲故尊祖，尊祖故敬宗，敬宗故收族。"所谓"收族"，就是指将整个宗族凝聚起来，使之更加强大有力。于是祖宗也就成了团结宗族的一面最有号召力的旗帜。由此可见，祖先崇拜确实是与中国古代的社会基本结构——宗族形态，密切相关的，而祖先崇拜的重要表现形式之一恰恰是祭祀。从这个意义上说，祭祀不外乎一种凝聚宗族的主要手段。

从《礼记》和其他先秦儒家典籍中可以看出，祭祀不但是凝聚宗族的主要手段，同时也是维护宗法制度的重要手段。什么是宗法呢？简而言之，就是指宗族之法或宗庙之法。同一祖先所繁衍的后世子孙，都属于同一亲族，处理同一宗族内部成员间的亲疏等级和世袭权利的制度，便是宗法制度。宗法制度的产生，可以上溯到原始社会末期的父系家庭公社时期。这种父系家庭公社的显著标志是父权的存在。在国家产生的过程中，奴隶主贵族利用并改造了形成于父系家庭公社时期的以血缘关系为纽带的宗族组织系统，创建出了作为奴隶社会上层建筑的宗法制度。周代的宗法制度虽然也以血缘关系为基础，但它与氏族组织已有本质区别。它利用宗族血缘关系来加强奴隶制的等级从属关系，实行政治上的分封，把族权与政权紧密结合在一起。所谓“天子建国，诸侯立家，卿置侧室，大夫有贰宗，士有隶子弟”（《左传》桓公二年），就是一种按照宗法制的原则而实行的等级分封制度。

宗法制的核心内容是嫡长子的继承制和余子的分封制，以及与之相适应的大宗、小宗的区分。按照宗法制度的原则，应“立嫡以长不以贤，立子以贵不以长”。（《公羊传》隐公元年）嫡长子为全宗族的大宗，旁系庶子为小宗。周天子由嫡长子世袭继承，他是姬姓宗族的“大宗”，其余诸子分封为诸侯，是姬姓宗族的“小宗”。在诸侯国内，也是根据嫡长子世袭的原则，由嫡长子继承父位为下一代诸侯。他在封国内被奉为“大宗”，他的诸弟被分封为卿大夫，为“小宗”。卿大夫在各自的采邑内也实行嫡长子继承制，他们在自己的采邑内也是“大宗”，其余诸弟为士，是“小宗”。士的嫡长子仍为士，其余诸子则为庶人。总之，始祖的嫡系后裔均为“大宗”，从周室的王位到诸侯、卿大夫，都必须由嫡长子世袭继承，形成“世卿世禄”的特权制度，他们是姬姓族制系统中不同等级的“大宗”。每一等级都有其相应的“小宗”，“小宗”对“大宗”而言均属于“庶”。

在上述复杂而又庞大的宗法系统中，血缘关系固然是宗法制赖以存在的基础，而维系血缘关系的强有力的手段，则首推祭祀。

如前所述，由于历史和生存环境的原因，中国古代的宗族成员对自己的祖先本能地存在着一种崇拜的心理，而祖先崇拜的表现形式之一又正是祭祀，这样祭祀也很自然地成了大宗用来维护宗法等级的有力武器。事实上，在宗法制社会中，各级大宗都受到族人兄弟的共同尊崇，被奉为“宗子”。族人对于“宗子”的等级从属，集中地体现在“尊祖”和“敬宗”的关系上面。“尊祖”是宗法制的一条重要原则，而对祖先的尊敬又是通过祭祀表现出来的，于是祭祀祖先的特权便被牢牢地掌握在宗子手中，庶子根本没有祭祖的资格。庶子对祖先的尊敬，只有通过服从宗子，即“敬宗”来体现。故《礼记·大传》说：“尊祖故敬宗，敬宗，尊祖之义也。”这就表明，宗法制正是借助于主祭祖宗的特权，使大、小宗之间的等级从属关系得到进一步加强，从而保证了周天子和各级大小诸侯利用宗子的身份实行统治。明白了这点，我们对古人反复强调“国之大事，在祀与戎”——把祭祀和战争看成是维系统治同样重要手段的观点，就丝毫也不会产生困惑和不解。

以上分析表明，在宗法社会中，大宗与小宗的关系，完全是一种等级从属关系，小宗必须服从大宗。各级小宗都要无条件地受到同级大宗的支配与约束。每一等级的大小宗关系，都是上下级关系，领导与服从的关系。周天子是天下最大的宗主，也是政治上的“共主”。很明显，这种政权与族权有机结合的方式完全是借助于血缘关系作为连结纽带的。其中大宗牢牢地掌握宗庙祭祀特权，又是强化血缘关系这根连结纽带的有效方法。值得注意的是，大小宗之间的等级从属关系往往不是通过政治强权来规定的，而是通过一种宗庙之法来实现的。

这可从《礼记·祭法》中可以看出，根据立宗庙之法，死后有庙有坛能受祭者为神，无庙无坛不能受祭者为鬼。王为大宗，其受祭之祖宗可以达到七位之多，这受祭的七位祖宗都是神；而庶人和灭族者的祖先只能是鬼。“官师”的先祖想继续为神，他的宗族就必须挤进士族的行列。在这种宗庙法中，神与鬼的区别实际被赋予某种现实的意义，成了人们身份的象征，也就是说，有无宗庙和宗庙的多少代表着主祭者身份的高低贵贱和政治权力的大小。倘若说宗庙的设置是大宗、小宗身份的外在标志，那么名目繁多的祭祀仪式则是大宗、小宗政权和族权的一种显现方式。在中国古代的宗法社会中，统治者正是通过宗庙祭祀这样一种特殊手段，巧妙地将政权、族权、神权有机地结合到一起。

祭祀在凝聚宗族和维护宗法制方面的特殊功效，还显著地体现在《礼记》所记载的各种祭祀仪式之中。这种情况在周代祭祀的立“尸”礼中表现得尤为典型。《仪礼·士虞礼》郑玄注曰：“尸，主也。孝子之祭，不见亲人之形象，立尸而主意焉。”意思是说，立尸像神是为了使祭祀者崇拜祖先的感情有所寄托。根据《礼记·祭统》“夫祭之道，孙为王父尸”的说法，可以得知所谓尸祭，就是让孙子辈的人装扮成受祭者而模仿其起居饮食之类的动作。由于血统遗传的关系，这种妆扮往往显得惟妙惟肖，以至于使参祭者看到尸就像真的看到受祭的祖先一样，从而在尸面前既毕恭毕敬，同时又觉得十分亲切。《礼记·祭义》所谓“孝子临尸而不怍”，说的正是这一意思。在尸祭仪式中，“座尸以食之，毁损其馔，欣然若亲之饱，尸醉若神之醉矣”。（《白虎通·宗庙》）可见通过尸祭仪式，人们就能够在心理上将生者与死者的世界混而为一，使祖宗仿佛仍然活生生地存在于宗族之中。这对掌握祭祀大权的大宗来说，无疑是一种巩固自身正统地位的最好方式。此外，尸祭仪式的另一妙用还在于能够加强同族人之间的感情联系，弥合由于宗法等级关系造成的大、小宗之间不可避免要发生的感情上的裂缝，从而使血缘关系这根纽带不至脱落。

总之，祭祀通过各种仪式与先祖神灵相沟通。在名目繁多的祭祀仪式中，宗子得以与先祖相接，不但如闻其声、如见其形，而且还能从先祖的神灵那里获得精神上的鼓舞和赐福。这种先祖的赐福不仅施于宗子，而且也施之于宗子所代表的宗族。因而，各种祭祀仪式无疑可以使同一宗族的人获得一种心理上的认同和亲近感，从而有利于加强族人之间情感上的联络，起到维护宗族内部团结，永葆王业，以固家邦的特殊功效。周代统治者也许正是由于深悟个中三昧，所以周天子必使诸侯助祭，诸侯又必使大夫助祭，从不肯轻易放弃祭祀这一加强血缘纽带作用的法宝。懂得了这个道理，我们对《礼记·祭义》及其他篇章中涉及祭祀仪式的一切事物，诸如祖庙牌位、礼器、祭品等，无不强有力地叮咛着加强宗族血缘情感，以便使其成为宗族凝聚的象征物的做法，就会觉得完全是情理之中的事。

中国传统的婚姻形式

婚姻嫁娶是社会生活中的一件大事，也是个人生活的重要转折点。在中国古代，人们对婚姻嫁娶非常重视。《礼记·昏义》上说："昏礼者，将合二姓之好，上以事宗庙，而下以继后世也。"把婚姻看成是人类自身承上启下繁衍发展的重要手段，是传宗接代的唯一途径。《易传》上说："有天地然后有万物，有万物然后有男女，有男女然后有夫妇，有夫妇然后有父子，有父子然后有君臣，有君臣然后有上下，有上下然后礼仪有所错。夫妇之道，不可以不久也，故受之以恒。"根据这一观点，天地为万物之母，而由男女形成的夫妇则是父子君臣上下礼仪等社会生活内容的根源所在；但夫妇之道的形成和表现，却都存在于婚礼之中，所以《礼记·昏义》上又说："昏礼者，礼之本也"，至为重要。下面就围绕《仪礼》所记的士婚礼谈谈古代婚姻制度方面的话题。

一、《士昏礼》所记的婚礼仪式

《仪礼·士昏礼》主要记载了聘娶婚的婚礼程序——"六礼"以及结婚时的"同牢"、"合卺"和婚后"见舅姑"、"庙见"等仪式。

所谓"六礼"指纳采、问名、纳吉、纳征、请期和亲迎。

纳采　男家请媒人向女家表达求亲之意，用雁作为礼物。旧说雁是顺阴阳之物。夫为阳，妇为阴，以雁为礼是用来象征夫妇和顺婚姻幸福。纳采的时候主人和来宾都穿着礼服，进退揖让，都有严格的规定。双方坐下后，来宾和主人就开始交谈，其对话格式是：来宾说："吾子有惠，贶室某也。某有先人之礼，使某也请纳采。"主人回答说："某之子蠢愚，又弗能教。吾子命之，某不敢辞。"

问名 纳采之后，男方再通过媒人向女方询问女子的姓名，以便回来后占卜吉凶。其礼节与纳采相同，也要用雁作为礼物。问名也有一套对话格式，来宾说："某既受命，将加诸卜，敢请女为谁氏？"主人回答说："吾子有命，且以备数而择之，某不敢辞。"问名的时候，女家要设酒宴款待，其间也有许多进退揖让之礼。

纳吉 男家得知女子姓名之后即进行占卜，看婚姻是否吉利。若得吉兆，就请媒人向女家报喜，决定缔结婚姻。其礼节与纳采礼一样，仍然以雁作为礼物。纳吉也有一套对话格式，来宾说："吾子有贶命，某加诸卜，占曰'吉'。使某也敢告。"主人回答说："某之子不教，唯恐弗堪。子有吉，我与在。某不敢辞。"

纳征 纳吉之后，男方便向女方送聘礼，表示正式订婚。这时送的礼比较重，有玄纁、束帛和俪皮。玄纁，即黑色的币帛。《周礼·地官·媒氏》云："凡嫁子娶妻，入币纯帛无过五两。"五两即五匹，每匹二端，每端二丈，五两即十端二十丈。束帛即十端币帛。俪皮即两张鹿皮，以喻成双成对。"纳征"也叫"纳币"，因为男方要向女方交纳财货。"纳征"之后，双方婚姻就算成功了，所以又叫"纳成"，"征"就是"成"的意思。纳征时礼节如纳吉，其对话格式是：来宾说："吾子有嘉命，贶室某也。某有先人之礼——俪皮束帛——使某也请纳征。"主人回答说："吾子顺先典，贶某重礼，某不敢辞，敢不承命？"

请期 男家择定完婚吉日，仍派人带着雁作为礼物，征求女家同意。宾主的对话格式是：来宾说："吾子有赐命，某既申受命矣。惟是三族之不虞，使某也请吉日。”主人回答说：“某既前受命矣，唯命是听。”来宾说：“某命某听命于吾子。”主人说：“某固惟命是听。”来宾说：“某使某受命，吾子不许，某敢不告期？”即把日子告诉对方。主人回答说：“某敢不敬须？”

亲迎　到了婚期，新郎亲往迎接新娘。新郎穿着礼服，戴着礼帽，乘坐黑漆的车，前面有人执烛前导，后面跟着两辆从车。准备给新娘坐的车也是这样，但加有布幔。到了女家，新娘已经打扮好，立于房中，新娘的陪嫁姪娣也打扮好，站在那里等待。新娘的父亲穿着玄端礼服在门外迎接新郎，把他接进家中。这时男方仍以雁作为礼物送给女方。接着新郎行礼而出，新娘随行。出门外后，新郎亲自驾车，请新娘上车，然后由专门的驾车人代替新郎赶车上路，新郎则乘上自己的车，先赶到自己家门外等候。

“六礼”结束后，接着便行“同牢”、“合卺”之礼。先是新郎把新娘接进家门，然后新郎家帮忙的人把各种肉食准备好，新郎新娘面对面坐在一起进食，这就是“同牢”。“同牢”之后，即行“合卺”之礼，新郎新娘各执一瓢以酒漱口。据说新郎新娘的瓢是由一个完整的葫芦分为两半，合起来仍为一个葫芦，以喻夫妻同体，所以后世又把“合卺”作为夫妇成婚的代称。“同牢”、“合卺”之后，新郎新娘脱去礼服，新郎走进新房，亲手摘下新娘的缨饰，然后撤出室内的烛，夫妇安寝。

至此，成婚之礼还没有最后结束。行过“同牢合卺”之礼后，夫妻之礼已成，可以同床共枕，但对女方来说，她只完成了成妻之礼，还有成妇之礼未完成。成妇之礼主要包括两项内容，即“拜舅姑”和“庙见”。

“拜舅姑”即拜见公婆。第二天清晨，新娘早早地起床，沐浴更衣，以枣栗献给公公，以干肉献给婆婆，大家都以礼相见，然后新娘还要向舅姑进食，舅姑答谢。这就是“拜舅姑”之礼。此礼完成以后，舅姑先从西阶走下，新娘则从阼阶走下。阼阶即东阶，是主人接待客人之处。新娘降自阼阶，说明行“拜舅姑”礼之后，新娘已成为家庭中的正式成员，承担起传宗接代的责任了。

如果公婆已不在世，新娘还要行“庙见”之礼才算正式成为丈夫这个家族的正式成员。“庙见”之礼是指新妇在成妻之礼三个月后到宗庙去拜见祖先的礼节。新妇准备好祭品，先拜公公，拜的时候说：“某氏来妇，敢奠嘉菜于皇舅某子。”然后拜婆婆，拜的时候说：“某氏来妇，敢告于皇姑某氏。”这样，这个新娘既成妻又成妇，婚礼才算最后完成。

二、婚礼仪式的发展变化

《仪礼·士昏礼》制定的婚礼仪式在西汉时期基本照行。汉平帝元始三年（公元3年）曾诏刘向等定婚仪，次年立王皇后，即以“纳采”、“问名”、“卜吉”及遣使持节迎（代表皇帝亲迎）而完成“六礼”的程序。东汉以后，社会动乱，民不聊生，地主阶级的嫁娶大典也无法遵从“六礼”程序。据杜佑《通典》卷五十九记载，当时婚礼往往“以纱谷蒙女首，而夫氏发之，同拜舅姑，便成妇道”，婚礼仪式大为简化。即便如此，两汉帝王贵族之家的婚礼依然十分奢侈。如《后汉书·桓帝懿献梁皇后传》记载，后汉桓帝刘志与梁皇后的婚礼，全按孝惠皇帝纳后的先例，聘金黄金二万斤，纳采时所送礼物有雁、璧、乘马、束帛等。《后汉书·王符传》记载：“而今京师贵戚，……其嫁娶者，车軿数里，缇帷竟道，骑奴侍童，夹毂并引。富者竞欲相过，贫者耻其不逮。一飨之所费，破终身之业。”

唐代的婚礼也是沿袭古礼，但由于魏晋南北朝以来的民族大融合，使得唐代的婚礼也吸收了不少少数民族的风俗，因而婚礼的仪式增多，节目繁复，场面更加热闹。

依据刘复《敦煌掇琐》“婚事程序”，当时的婚礼有“通婚书”

（相当于“纳采”、“问名”）、“答婚书”（相当于“纳吉”）、“女家受函仪”（相当于“纳成”）、“成礼夜祭先灵”（相当于“庙见”）、“女家铺设帐仪”、“同牢盘、合卺杯”、“贺慰家父母”等程序。唐代封演的《封氏闻见录》中说：“近代婚家，有障车、下婿、却扇及观花烛之事，及有卜地安帐、拜堂之礼，上自皇室，下至士庶，莫不皆然。”从这些记载中我们可以对唐代的婚礼仪式有个大概的了解。

上述通婚书到女家受函仪，是议婚订婚期间的仪式，其中纳采之礼所送礼物有合欢、嘉禾、阿胶、九子蒲、朱苇、双石、棉絮、长命缕、干漆等九种。据说胶与漆，取其坚固；绵絮，取其调柔；蒲与苇，取其心可屈可伸；嘉禾，可分享幸福；合欢，意即皆大欢喜；长命缕，喻白头偕老；双石，意在双固。订婚之后，便是“亲迎”。男家先要“卜地安帐”，即在屋旁设置青布幔，称为：“青庐”或“百子帐”，作为新郎新娘拜堂的地方。

良辰一到，新郎便在傧相的陪同下到女家迎接新娘。新郎一行到女家时，要受女方家属的戏弄（口头调笑以至扑打），这称为“下婿”。迎娶新妇之时，必须把三升粟填入臼中，一张席子覆盖在井上，三斤枲堵塞窗子，三支箭放在门上。新娘出门之前，要梳妆打扮，故意迟迟不出，男方则咏诗催妆。新娘临行，父母赠言。出门后乘坐用围幔妆饰的车子，新郎要骑马绕着车子走三圈。新娘喜车启程后，还有“障车”节目，阻止新娘动身，意在不忍离别。

当新娘快到青庐时，有一个仪式叫“跨马鞍”，意即表示平安到达，日后可以过安稳日子。这个习俗即来自北方鲜卑族的婚俗。接着便是新娘入门。这时公婆以下之人，都必须从便门出去，再从正门进入，还得踩着新娘的脚印而行。

“亲迎”的高潮是新婚夫妇的交拜仪式，即“拜堂”。《易传》称：“有天地然后有万物，有万物然后有男女，有男女然后有夫妇”，天地为万物之母，所以夫妻拜堂，先要拜天神地祇。父母劳苦功高；尊老也是年轻夫妇应尽的职责，所以二要拜高堂。新婚夫妇要相敬如宾白头偕老，所以夫妻要相互交拜。交拜完毕，夫妻手牵“同心结”进入洞房，表示一对新人志同道合，永不分离。这四个步骤，就是我们常说的“一拜天地，二拜高堂，夫妻相拜，共入洞房。”

入洞房后，有“坐床”、“撒帐”仪式。“坐床”是女坐右边，男坐左边。“撒帐”是由家属的长辈妇女中选一个双全女亲来进行。她一边将托盘中的枣、栗子、豆、花生、金钱等撒到帐中，一边吟唱“撒帐”诗，祈求吉祥如意。撒帐钱上有“夫妻偕老”、“福寿延长”“弄璋添喜”等吉祥字样。唐代婚礼还有“合髻”的习俗，即新郎新娘各剪下一绺头发，用彩线系在一起。也有“同牢”、“合卺”的习俗。这些都表示夫妻同体，同舟共济，白头到老，永不分离。“合卺”之后，“女以花遮面，傧相帐前咏除花、却扇诗三五首。去扇讫，……傧相、夫侍俱出，去烛，礼成。”（刘复《敦煌掇琐》）

从新人入洞房到去烛礼成，宾客不分长幼，争拾钱果相戏，专门给新娘出难题，甚至殴打新娘以为吉利，称“弄妇”，也称“闹房”。这一习俗一直延续到今天，且花样很多，增添了婚礼的热闹气氛。闹房后，新婚夫妻就寝。第二天清晨，夫妻早起拜见公婆，整个婚礼遂告结束。

宋代的婚礼仪式在书面上的规定开始简化。《宋书·礼志》称：“士庶人婚礼，并‘问名’于‘纳采’，并‘请期’于‘纳成’。”这样只剩“纳采”、“纳吉”、“纳成”和“亲迎”四项。朱熹认为“纳吉”包括送礼币，所以他的《家礼》只有“纳采”、“纳成”和“亲迎”三项仪式，司马光的《书仪》也是如此。

宋代的婚俗与前代相比，比较突出的变化有三：一、宋人商品价值观念比较重，婚姻嫁娶很重资妆与聘财。据孟元老《东京梦华录》记载：“将娶妇，先问资妆的厚薄；将嫁女，先问聘财之多少。”真是“娶妻不顾门第，直求资财。”（《宋文鉴》一〇八）二、宋人有“相亲”习俗，即由男方家长约定日子，带着子弟到园圃、酒楼，或直接到女方家中聚会，如果男方相中女子，则在女子发髻上插入一根金钗，称“插钗”，表示确立关系；若不中意，则送给女子彩缎两匹，称“压惊”。三、宋人有坐花轿的习俗，迎接新娘不再用车。司马光《书仪·亲迎》中说：“今妇人幸有毡车可乘，而世俗重担子、轻毡车。”所谓“重担子”，即指重视坐花轿。

宋代以后汉族人的婚礼仪式大都沿袭宋礼，其他民族汉化后的婚礼也与汉人基本相似，清人的婚礼就是一个例子。清人在入关前，其婚礼较为简单，富有民族色彩。汉化以后，渐渐形成一套繁琐细密的礼节，下面简单谈谈“亲迎”的仪节，以见一斑。

清人在“亲迎”前要请人在洞房内奏乐，称“响房”，还要把花轿放在院子里亮一亮，称“亮轿”。“亲迎”之时，新娘被吹吹打打抬到洞房。洞房前的地上放一个火盆，让花轿和新娘跨过火盆，据说可以避邪。喜轿到洞房时，新郎手持弓箭朝轿底连射三箭，意即射走敌人、邪气。新娘下轿后，就有专人将一个装有五谷杂粮的花瓶交给新娘，喻其持家立业，五谷丰收。新娘过门槛时，必须跨过马鞍，意在表示平安。接着便行“坐床”礼，即新郎新娘按男左女右并肩坐在床上，由女全科人（即父母子女俱全之人）把新郎的右衣襟压在新娘的左衣襟上，表示男为一家之主，应该压倒女人。第二天清晨，新郎先到父母亲处道喜，新娘则须在房中床上静坐到第三天早晨方可下地出房，还规定不准她大小便，据说是为了“关一关新娘的性子”，使她今后变得柔顺。为了过这一关，新娘在婚前一两天就开始不喝水不吃饭，只吃点鸡蛋，以免大小便难禁而出丑。第三天早晨，新郎新娘要先到庙堂前行礼叩头，然后回家向父母行三跪九叩之礼。当日上午，新郎和新娘“回门”，新郎叩见岳父岳母，新娘拜见父母双亲。“回门”当天即回男家。至此婚礼才算完成。

总而言之，《仪礼·士冠礼》所制定的婚礼仪式在后代的发展变化是有的趋简有的趋繁。趋简的部分主要表现在“纳采”、“问名”、“纳吉”、“纳征”、“请期”等仪式上，趋繁的部分主要表现在“亲迎”上。此外，《礼记·郊特牲》上说：“婚礼不用乐，幽阴之义也，婚礼不贺。”可见周代的婚礼并不热闹。而汉代以后，婚礼重视讲排场，宾客盈门，吹吹打打，富有喜庆祥和热闹的气氛。这一点也是后代婚礼与周代婚礼的一个重要的不同之处。

三、聘娶婚与其他婚姻方式

《仪礼·士昏礼》所记载的是聘娶婚的仪式，这种婚姻形式的特点是讲究“父母之命、媒妁之言”，一切都按照所规定的程序来进行。由于这种婚姻方式最为有章可循，其形式中又包涵诸多礼义在内，最具“礼”的特点，因而在强调礼教的封建社会中，聘娶婚成为最主要的一种婚姻方式。但是，在中国悠久的历史当中，婚姻方式是多种多样的。下面我们再简单谈谈聘娶婚以外主要的婚姻方式，以期对中国婚姻制度有更全面的了解。

掠夺婚又称“劫夺婚”或“佯战婚”，是以强行“劫夺”的方式迎娶新娘、达到成婚目的的一种婚姻方式。这种婚姻方式大概起源于上古社会在战争中掠夺女人为妻妾的习俗。在后世则形成两种不同的情况：一是没有爱情基础的强行霸占；一是男欢女悦的迎娶形式。比如《左传·文公十八年》记载：齐懿公看到阎职的妻子很漂亮，便不容分说，将她劫夺到自己的后宫，还要让阎职为自己驾车。《左传·桓公元年、二年》记载：宋国的太宰华父督在路上碰到了大司马孔父嘉的妻子，发现她长得“美而艳”，便率人攻杀了孔父嘉，将孔妻据为己有。宋殇公对此大为恼怒，华父督害怕了，索性连宋殇公也杀掉，另立国君。这两个例子是属于强行霸占，男女双方没有什么爱情可言。而在《周易》中的“匪寇婚媾”的描写，则是属于后一种情况，即男女双方已有感情基础，“劫夺”只是一种形式。“匪寇婚媾”的意思是：“他们不是强寇，他们是求婚配的人。”据曹树翘《滇南杂志》记载，我国爨族仍实行这种劫夺婚制度。在迎亲的时候，女婿及亲族穿新衣，蒙黑面，乘着马，拿着武器，吹吹打打到女家，与女家械斗，女婿趁乱挟着新娘上马就跑，女家则大呼小叫，在后追赶，没赶上，装怒而回。

收继婚亦称转房制，即子弟在父兄死后，娶庶母或嫠嫂为妻的婚姻形式。这种婚姻在后世被认为是乱伦，而在先秦却屡见不鲜。比如晋武公在晚年娶了齐桓公的宗女齐姜。当时武公年事已高，而齐姜则年少而貌美。武公之子献公遂与齐姜通奸，生了一子，寄养在申氏家中，取名申生。后来献公即位，就立齐姜为夫人，申生为太子（《左传·庄公二十八年》）。再后来晋献公因宠骊姬而导致晋国发生内乱，太子申生被杀，申生的兄弟子圉即位为晋惠公，他便娶了其兄申生之妻贾君（《左传·僖公十五年》）。

随着人伦观念的强化，这种婚俗在中原地区逐渐消失，但在一些少数民族中仍很盛行，如汉代的匈奴、西羌、乌桓，宋代的女真族，元代的蒙古族，清代的满族，都实行过这种婚制。《岷峨山人译语》载：“胡俗，妇丧其夫，其家男子即收为妻妾，父子兄弟不伦也。”《建州闻见录》载：“嫁娶则不择族类，父死而子妻其母。”说的都是这种情况。

选婚　这是帝王婚娶的一种形式，即从民间挑选年轻美貌的女子入宫。这种形式开始于西汉初年，东汉时形成一种制度，规定每年八月派人到全国各地挑选13岁至23岁的美女入宫，众所周知的孝文帝窦皇后和王昭君都是民间女子通过选婚方式进入汉皇宫廷的。这种方式在后代帝王之家均沿用不衰。

同居　未经正式婚娶仪式而成为事实上的夫妻。如汉武帝的姑母馆陶公主寡居后，便与侍者董偃同居做了夫妻。武帝的女儿鄂邑长公主，寡居后与丁外人私通，昭帝知道后便公开下诏让他们同居做夫妻。又如临邛卓王孙之女卓文君，因喜爱司马相如，便不顾其父反对，夜奔司马相如，自由结合。

指腹婚　即子女尚在娘胎中就由父母包办订婚。《后汉书·贾复传》记载，光武帝刘秀的大将贾复在出征中受了伤，当时其妻正好怀孕。刘秀为了安慰贾复，便对他说："你放心，你的妻儿我会尽心照顾，你妻子如果生下儿子，我便把女儿嫁给他；如果生下女儿，就做我的儿媳妇。"这就是指腹为婚。指腹为婚多在关系良好的夫妇间进行，所谓亲上加亲，在后世很流行。但由于社会环境和人事关系的变迁，子女长大以后，往往不能践履前约而使指腹婚失效引起争讼，正如司马光在《家范》中所说："及其既长，或不肖无赖，或身有恶疾，或家贫冻馁，或丧服相仍，或从官远乡，遂致弃信负约，违狱致讼者多矣。"可见其弊害无穷。

童养媳这种婚姻方式在宋、元、明、清和近代都很流行。它先是由男家买回幼女，养在家中，长大后给子弟做妻妾。童养媳结婚称"圆房"或"开怀"。童养媳的地位与奴婢差不多，命运一般都很坎坷，民间有很多关于她们的悲惨故事。这种婚姻方式是妇女深受压迫的典型表现。

四、关于婚龄与婚时

关于婚龄，《仪礼·士昏礼》中没有说明，但在《周礼》和《礼记》中有具体的规定，可补《仪礼》专讲仪节之不足。《周礼·地官·媒氏》中说："媒氏掌万民之判。……令男三十而娶，女二十而嫁。"《礼记》的记载与此相同。《曲礼上》说："三十曰壮，有室。"《内则》中说：男子"三十而有室，始理男事"，女子"二十而嫁，有故（遭父母丧），二十三而嫁。"这种婚龄规定，基于两个原因：1.《尚书·大传》引孔子的话说："男三十而娶，女二十而嫁，通于织纴纺绩之事，黼黻文章之美，不若是，则上不足以事舅姑，而下不足以事夫养子。”即女子二十而嫁，才可具自立治家之能力。2. 班固在《白虎通义》中说：“男三十筋骨坚强，任为人父；女二十肌肤充盈，任为人母。”意即男性三十女性二十，其生理发育已经成熟，可以为人父母了。

但这种规定在当时以及后代都未得到遵守。在中国古代社会中，婚龄一般比较早，比如据《左传》记载，鲁国国君的成婚年龄一般都在二十岁上下。越国被吴国战败后，越王勾践也鼓励人民早婚：“男子二十不娶，女子十七不嫁，要罪其父母；生子生女，都予奖励！”（《国语·越语》）到了汉代，民间曾出现“男年十五而娶，女年十四而嫁”的早婚早育现象，成为当时有识之士的一大忧虑，如王吉就说：“世俗嫁娶太早，未知为人父母之道而有子，是以教化不明而多夭。”（《汉书·王吉传》）但由于中国人重视多子多孙，重视数代同堂，所以早婚现象在后代仍很普通。如唐太宗在贞观元年（公元627年）曾下诏，“令男二十，女十五以上无家者，州县以礼聘娶。”唐玄宗时，又将婚龄提前，诏令“男年十五，女年十三以上得嫁娶。”宋代以后，历代封建政府大致是以“男年十六，女年十四”为成婚年龄。《墨子·节用上》说：“丈夫年二十，毋敢不处家，女子年十五，毋敢不事人。此圣人之法也。”从中国古代婚龄的实际情况来看，墨子的主张似乎比《周礼》、《礼记》的规定更符合国情。

关于举行婚礼的时间，《仪礼》也没有具体说明。《周礼·地官·媒氏》中说：“中春之月，令会男女，于是时也，奔者不禁。若无故不用令者，罚之。”据考察，这里的中春之月（即夏历二月）是国家规定的一年中可以结婚的最后一个月，也就是说，每年秋收以后到第二年的初春二月的这一段时间，人们农事不忙，可以操办婚姻嫁娶之事。史籍记载的情况基本上也是如此。如《左传·桓公九年》记载桓公娶纪女为后，《左传·庄公十八年》记载周惠王娶陈女为后，时间都在春天。《左传·襄公十二年》记载周灵公求齐女为后，时间是在冬天。齐桓公迎娶王姬，也是在冬天进行。

至于一天中举行婚礼的具体时间，一般以为是在黄昏时候举行。因为婚礼被认为是具“幽阴之义”（见《礼记·郊特牲》）的仪式，在黄昏太阳快落山时举行最为适合。“婚姻”之“婚”即为“黄昏”之“昏”，也是表示婚礼在黄昏举行。这种习惯直至现在仍然没有太大的改变。

中国封建婚姻的内在精神

中国封建社会的历史很长，中国又是一个重视传统、重视古礼的国度，因此虽然各个时代的婚姻制度都有大小不同的发展和变化，但又都万变不离其宗，整个精神依然和古老的传统保持一致。所以我们可以从《仪礼·士昏礼》中窥见中国封建社会婚姻制度的内在精神，更好地理解中国封建社会婚姻爱情的性质特点。

一、父母之命、媒妁之言

在长期的封建社会里，正常的符合礼仪的男女婚姻，必须经过媒妁奔走于前、父母批准于后才可成立，否则便是名不正言不顺，遭人取笑，婚事也不成。可见“父母之命、媒妁之言”是封建社会男女婚姻所必需的两个基本要素，缺一不可。

“父母之命、媒妁之言”的婚姻不是封建社会的特有产物，早在奴隶社会它就已经很流行，到了封建社会则变本加厉，成为男女婚姻的必要因素。

《诗经·齐风·南山》有这样的诗句：“娶妻如之何？必告父母。……娶妻如之何？匪媒不得。”说明父母和媒人对于娶妻不可缺少。在《诗经》里我们可以看到没有父母同意爱情不能成功和没有媒人说合婚事也不成的例子。《诗经·郑风·将仲子》这样写道：

将仲子兮，无踰我里！无折我树杞！岂敢爱之，畏我父母。仲可怀也，父母之言，亦可畏也。

这是一个热恋中的少女，但心中充满了痛苦和矛盾。一方面她很爱这个小伙子，希望和他见面，但又拒绝他到她家里相聚，因为害怕父母的责骂。可见父母之命对于恋爱婚姻举足轻重，没有父母的同意，恋爱便无法顺利进行。

《诗经·卫风·氓》则讲述了没有媒人在热恋中的情人也不能成婚的情形：

氓之蚩蚩，抱布贸丝。匪来贸丝，来即我谋。送子涉淇，至于顿丘。匪我愆期，子无良媒。将子无怒，秋以为期。

一个小伙子笑嘻嘻地拿着钱币来买丝，实际上不是真来买丝，只是借买丝之名来和姑娘商量婚事。两人情意绵绵，难舍难分。小伙子最后要走了，姑娘一直把他送到淇水对岸的顿丘，临别时姑娘对小伙子说："不是我故意拖延婚期，只是因为你没派媒人来说亲；你快去请媒人，我们秋天就可成亲。"真是"娶妻如之何？匪媒不得。"可见媒人之重要！

但在《诗经》里，我们还可以看到另一方面的情形，即男女青年在婚姻爱情上的自由活泼的一面，如《诗经》开篇第一首《关雎》：

关关雎鸠，在河之洲；窈窕淑女，君子好逑。

参差荇菜，左右流之；窈窕淑女，寤寐求之。

求之不得，寤寐思服；悠哉悠哉，辗转反侧。

参差荇菜，左右采之；窈窕淑女，琴瑟友之。

参差荇菜，左右芼之；窈窕淑女，钟鼓乐之。

这首诗千百年来曾被误解为"咏后妃之德"，其实这是一首男女青年在河水沐浴时的情歌，"关关雎鸠，在河之洲；窈窕淑女，君子好逑"是"比"而不是"兴"，雎鸠沐浴后在河洲遨游，一如青年男女沐浴后在河边谈情。

再如《邶风·静女》一诗这样写道：

静女其姝，俟我于城隅。爱而不见，搔首踟蹰。

静女其娈，贻我彤管。彤管有炜，说怿女美。

自牧归荑，洵美且异。匪女之为美，美人之贻。

刘大白先生曾把这首诗译为现代汉语：

一个静悄悄的姑娘，流利而又端庄，

约会等我在城角旁；

为甚仿佛看不见？

累我搔着头皮，远望着在路上彷徨。

一个静悄悄的姑娘，妩媚而又和惋，

她送给我这只红管；

红管红得有光芒，

我爱你能代表——咱们俩爱情美满！

你就是她从牧场上采回来的柔荑，

实在美丽而又希奇！

不但你自身美丽，

更可爱在你是——那美人送我的表记！

很显然，这是一首情诗，描写一对年轻的情人相约在城角幽会，姑娘和小伙子开玩笑，故意躲着不见，急得小伙子“搔首踟蹰”。他们爱得既炽烈，又风趣，显得无拘无束。

又如《召南·野有死麕》也是一首大胆热烈的情歌，第一章讲吉士诱怀春之女，第二章讲“有女如玉”，第三章说：

舒而脱脱兮，无感我悦兮，无使尨也吠！

三句诗的意思是：你慢慢儿地来，不要碰到我身上挂的东西，不要使得狗儿叫！

《诗经》中像这类情诗还有不少，说明当时男女青年在爱情生活中，特别是婚前的爱情生活还是相当自由的。《周礼·地官·媒氏》中说："仲春之月，令会男女，于是时也，奔者不禁。"连官方也明令允许男欢女爱，可见《诗经》时代的奴隶社会，虽然其婚姻也要求有"父母之命、媒妁之言"，但毕竟还有一定的自由度，不像封建社会那样"男女授受不亲"，只能通过"父母之命、媒妁之言"才能结识异性，走上婚礼的殿堂。

在春秋战国之交，中国进入封建社会，而成书于东周时期的《仪礼》，其中的《士昏礼》正好成为封建社会婚姻制度的原始法典。在奴隶社会婚姻生活中开始流行但还不是法力无边的"父母之命、媒妁之言"在《士昏礼》中毫无疑问地得到强调，终于成为封建社会婚姻嫁娶的两大决定力量。

在《士昏礼》所述的婚礼程序——"六礼"之中，纳采、问名、纳吉、纳征、请期五道程序都是媒人和父母之间进行协商而完成的，亦即说，从议婚到婚姻成定局都由父母和媒妁决定，真正要结婚的青年男女只是等到亲迎阶段参加一下仪式而已。可见按照《士昏礼》的规定，男女青年的婚姻自主权完全被剥夺，只能听从"父母之命、媒妁之言"，成为包办婚姻。这也就是封建社会婚姻制度的一大特色。

"父母之命、媒妁之言"的包办婚姻，是从父母的角度来考虑婚嫁之事的，因而容易走到门当户对的路子上去，不顾青年男女的感情基础，新娘和新郎往往是在揭开红头盖的时候才第一次见面，是美是丑是善是恶都早已成为定局，无法再改变，如果所谓的"先结婚，后恋爱"恋不起来，爱情悲剧就注定要发生。另一方面，这种包办式婚姻也剥夺了男女青年自由接触的机会，因为反正等到该结婚的时候，自有父母与媒妁为他们解决婚嫁问题，无需他们自己去寻寻觅觅，再说自寻自觅也不符合"男女授受不亲"等等封建礼教。在这种情况下，地主阶级家庭的子女往往从小就被隔离，女孩子被禁闭在深闺之中，足不出户，难得遇上一个异性。偶尔天赐良机，遇上一个异性，往往就一见倾心。但这时她对对方依然没有什么了解，不过是以稀为贵而已。在一见倾心之后，若是无缘再会，可能就会因此而相思、而得病，而入黄泉，悲剧依然产生；而若是有缘再会以至以身相许，却往往又碰上负心汉子，常酿成“痴心女子负心汉”的不幸，故有“寄言痴小人家女，慎勿将身轻许人”的深情告诫；而最好最难得的是双方都一见钟情，后花园私订终身，却又为封建礼教所不容，因为没有“父母之命、媒妁之言”。因此私订终身、私奔等等爱情故事往往成为反封建礼教的主题，激励青年为婚姻自主而奋斗。无媒自婚的故事在历史上并不少见，在小说戏剧里更多，从中我们可以看出“父母之命、媒妁之言”的包办式婚姻扼杀人性，不得人心。比如在王实甫的《西厢记》里有个崔莺莺，她是个深沉、幽静的少女，有羞花闭月之貌，又善女工，工诗词，却深深地闭锁在寂寞的闺中，并由“父母之命、媒妁之言”把终身许给了“花花公子”郑恒。后来她遇到了青年书生张珙，两人一见钟情，在崔家婢女红娘的帮助下终于私下成亲，并最后战胜封建礼教势力的代表——莺莺之母老夫人，唱出了一首“愿普天下有情人都成了眷属”的反封建战歌。

《西厢记》源于唐代元稹的《莺莺传》，但两者的结局完全不同。《西厢记》以崔张团圆、有情人成了眷属为结局，《莺莺传》则以张生抛弃莺莺为结局。这两种结局正好反映了对封建包办婚姻的两种态度。前者反对包办婚姻，歌颂崔张爱情；后者则维护封建礼教，认为张生始乱终弃为“善于补过”。有趣的是，《西厢记》成书之后，关于它的结局仍然存在两种不同意见。有人认为王实甫的《西厢记》只到《草桥惊梦》为止，所谓大团圆的结局是关汉卿的续作，因而加以诋毁。清初沈谦还编写《美唐风》传奇，“用反崔张之案”来“维世风”。清代有的地方当局更是把王实甫的《西厢记》列入禁毁淫书目录里。这些都反映了封建卫道者的观点。另一方面，从元明以来，《西厢记》却一直是最受群众欢迎、流传最广的剧本，后世以爱情为主题的小说戏剧也很少不受它的影响。明代汤显祖的杰作《牡丹亭》，其主人公杜丽娘和柳梦梅也是“无媒自婚”，杜丽娘就曾为崔张的“前以密约偷期，后皆得成秦晋”（见《牡丹亭·惊梦》）而深深感动。可见《西厢记》的反封建主题很容易引起同样受封建礼教压迫的青年的共鸣，激励他们为追求自由幸福的爱情而斗争。

总而言之，“父母之命、媒妁之言”的包办式婚姻，在奴隶社会已开始流行但还不是唯我独尊，到了封建社会，这种婚姻方式则被写进法典，具有最高的权威。由于这种婚姻方式大多缺乏爱情基础，因而酿成许多悲剧和不幸，也因此激起了青年男女的不满和反抗，形成封建社会里持续不断的一个反封建主题——反对包办婚姻，追求爱情幸福。

最后附带谈谈“媒人”。

“媒人”的形象其实经历了由好到坏的过程。最初的媒人原是氏族中享有威信的长者，他们受男方家长的嘱托，为青年男女的婚事奔走，为的是成人之美。在两家遇到麻烦时，他们也积极想办法从中调停，帮助解决问题，从而受到人们的尊敬。人们对于媒人，本来是寄予美好愿望的，正如传说中的那样，“月下老人”把有情人都牵系在一根红丝线上，让有情人都成了眷属。他们应该是相爱男女的贴心人。可是到了后来，媒人却成了体现家长意志的代理人，他们撮合男女婚姻，为的是谋私利，用的是花言巧语，考虑的是封建家长所强调的门当户对，酿成了许多悲剧，受到人们的指责和唾弃，正如一首民歌所讽刺的那样：

一条帕子两边花，背时媒人两面夸：一说婆家有田地，二说娘家是大家；又说男子多聪明，又说女子貌如花。一张嘴巴叽哩咕，好像田牛青蛤蟆。无事就在讲空话，叫儿叫女烂牙巴。日后死在阴司地，龟卒拿他去挨叉。

由于媒人在缔结婚姻中的特殊地位，所以在《周礼》中有《地官·媒氏》一节说明其职责：“掌万民之判。凡男女自成名以上，皆书年月日名焉。令男三十而娶，女子二十而嫁。凡娶判妻入子者，皆书之。中春之月，令会男女。于是时也，奔者不禁。若无故而不用令者，罚之。司男女之无家者而会之。凡嫁子娶妻，入币纯帛无过五两。禁迁葬者与嫁殇者。凡男女之阴讼，听之于国之社；其附于刑者，归之于士。”可见当时的媒人，官方色彩比较浓，管的事情也较多，与后代的私媒有很大不同。

但官媒在后代并未完全消失。据史料记载，宋代的媒人也有行会组织。朱彧《萍洲可谈》说：熙宁年间，“宗女既多，宗正立官媒数十，掌议婚。”而元代的媒人，则由乡社推选出来后注籍于官，政府给他们颁发《至元新格》（即婚姻法），使他们熟悉法律条文。这种官媒用“斧”、“秤”作为职业的标识。明代的媒人也享受国家的优惠条件。例如《宛署杂记·铺行门》就记载，宛平、大兴两县准许媒人免于缴纳行业税银。

至于民间的私媒，在大家平常的印象中，一般都是中年以上的女性充当，巧舌如簧，能说会道，俗称“媒婆”。

二、买卖婚姻

《仪礼·士昏礼》所记载的是聘娶婚的仪式礼节，这种婚姻是以“父母之命、媒妁之言”为前提，而以“聘礼”为核心。“聘娶婚”之“聘”即“聘礼”之意，有“聘礼”则娶，否则免谈。《礼记·曲礼》上说：“非受币，不交不亲。”不受币就不交亲，可见聘币很重要。聘娶婚之重聘币，我们可以从《士昏礼》中看得很清楚：

《士昏礼》所记聘娶的程序有“六礼”——纳采、问名、纳吉、纳征、请期、亲迎。在这“六礼”当中，几乎每一道程序都得由男家向女家送礼。特别是纳征，男家更要向女家交纳一大笔货币和财物，包括玄纁束帛和俪皮，即十端二十丈币帛和两张鹿皮。“纳征”也叫“纳成”，即通过交纳财物，婚姻便成定局。这时女子的头上就要戴上缨饰，说明已有所属，所以《礼记·曲礼》上说：“女子许嫁，缨。”女子所戴的这个“缨”一直要戴到结婚入洞房之时才由新郎亲手脱下，故

《士昏礼》上说："主人入，亲脱妇之缨。"这种习俗说明，男方纳征之后，这女子便已卖出，只是还没有"提货"，故先给戴缨作为标记。有了这标记，别人就无权动用这"货物"。由此可见，聘娶婚之重聘币，正道出了这种婚姻的买卖性质。

许多古籍都记载"伏羲制嫁娶，以俪皮为礼"的说法，可见聘娶婚之买卖性质也是来自远古时期。而在《士昏礼》和后代几千年的婚俗中，这种性质相沿而不改，而且越来越明显，构成了封建社会婚姻制度的另一个显著特色。

比如在宋代的婚俗中，据吴自牧《梦粱录》记载，就有男家向女家"下财礼"的仪式。财礼之多少，可视贫富而定。富家一般送所谓"三金"：金钏、金镯、金帔坠，再加上花茶果物，团圆饼、羊、酒等；贫穷之家一般送织物一二匹、官会（一种纸币）一二封，以及鹅、酒、茶、饼等。在清代的婚俗中，也有一道程序叫"放大定"，女方把陪嫁的嫁妆送到男家，男家也把许多金、银、绸、缎、酒、饼、鹅、羊送到女家，这样这桩婚姻买卖即告成功，接下去就可准备举行婚礼了。

买卖婚姻和包办婚姻一样也酿造出了许许多多的婚姻苦酒。因为婚姻可以像购物一样方便，所以有钱的人就显得非常潇洒，而苦的则是被卖的女子。俗话说："娶到的媳妇买到的马"，任人欺侮任人骑，哪有幸福可言？因为婚姻可以买，所以有钱的人也别出心裁，来个什么姑嫂之间的等价交换：两家的长兄讨不起老婆，便互相嫁出自己的妹妹，两家的妹妹就成了既是大嫂又是小姑，称为"姑嫂亲"。有时候如果甲家兄长残疾而讨不到老婆，乙家兄长因贫穷而讨不起老婆，双方又都有妹妹，也可以形成"姑嫂亲"。这样换来换去，目的只有一个：成就婚事，传宗接代。至于结婚后男女双方是否幸福，即使是结婚当事人，也往往不予考虑，更何况其父母与他人！

婚俗中的遗传基因很活跃，它结合着民族风情民族文化，在继承着旧传统的同时向前发展，不可能一个时代一副面孔；而婚俗中的买卖性又符合人们的趋利之心，因而更具有遗传性，所以婚俗发展到现在，其买卖性质依然有所遗存，有些地区还相当普遍。由于数字迷信和传统思想的影响，有些地方的人们在议定聘金时往往喜用三、九、八等数字，如三千三百三十三，即意味生生不息，子孙满堂。因为有些地方的方言中，“三”即谐“生”音。此外，在中国哲学思想中，“三”也是个好数字，因为老子就说过：“道生一，一生二，二生三，三生万物。”至于用“九”字，如“九千九百九十九”，无疑是意味夫妻长久、百年到老；用“八”字，如“八千八百八十八”，则是求夫妻和顺，家业发达。凡此种种，均有其传统思想之渊源与民俗心理之影响。

然而从我们的眼光来看，如果婚姻已经摆脱了“父母之命、媒妁之言”而以男女互爱为基础，那么婚姻再以聘礼为重则无疑是对爱情的莫大亵渎，因为铜臭味使得美丽的爱情变得庸俗不堪，高雅的礼堂成了交易的场所。我们觉得，如果爱情一定要有所表示的话，我们倒很欣赏《诗经·卫风·木瓜》所说的那样：

投我以木瓜，报之以琼琚。匪报也，永以为好也。

投我以木桃，报之以琼瑶。匪报也，永以为好也。

投我以木李，报之以琼浆。匪报也，永以为好也。

在这里，一切俗气的东西都荡然无存，只感觉在明丽的天空中，爱情是多么的美好！

封建婚姻制度对女性的歧视

中国封建社会长达两千多年，在这样长的时期内，形成了许多摧残人性的陋习，这些陋习成了封建制度的一部分而维护了封建社会的稳定。最典型的就是在汉朝独尊儒术后形成的“三纲五常”的封建伦理制度，其重要特征就是男女不平等而对女性的歧视。这由封建的婚姻制度可见一斑。

《仪礼·士昏礼》第一句云：“下达，纳采，用雁。”贾公彦疏云：“言下达者，男为上，女为下，取阳倡阴，和之义。”就已经表现了男尊女卑倾向。“亲迎”之时，父亲告别女儿，其训辞是：“戒之敬之，夙夜毋违命！”母亲告别女儿，其训辞是：“勉之敬之，夙夜无违宫事！”可见姑娘出嫁后，最须注意的事便是听话（毋违命）和做好家务事（无违宫事），这正应了《说文》对“妇”字的解释：“妇，服也，从女持帚洒扫也。”“亲迎”之后，第二天清晨，新娘子要早早起床，沐浴更衣，持枣栗进拜公公，持腶修进拜婆婆。为什么偏要用枣栗和腶修呢？“疏”的解释是：“枣栗，取其早自谨敬，腶修，取其断断自修。”从以上数事看来，《士昏礼》于礼仪细节之中，已深含这样一种思想：女性卑贱。这一思想，正是中国妇女几千年来被践踏被蹂躏的根本原因。

毫无疑问，在母系社会，女性曾经辉煌过。然而进入父系社会后，女性的地位便一落千丈，成了男人的附属物。男女地位的悬殊，根据《诗经·小雅·斯干》之说，从降生起便已注定。这首诗的最后两章这样写道：

乃生男子，载寝之床。载衣之裳，载弄之璋。其泣喤喤，朱芾斯皇，室家君王。

乃生女子，载寝之地。载衣之裼，载弄之瓦。无非无仪，唯酒食是议，无父母诒罹。

男孩一生下来，就成了家中的小皇帝，简直了不得！他睡的是床，穿的是衣裳，玩的是美玉，就连他的哭声也好像就是一首好诗，长大定能称君称王。而女孩一生下来，则只能睡在地上，穿的不是衣裳，只裹一件褓褓，玩的是纺塼。父母对她的希望，只是不要遭受非议，不要自作善恶的主张，只要好好给丈夫做酒做饭，不要给父母带来麻烦。男女区别之大，真可谓不啻天壤。

既然男女地位区别如此之大，那么在婚姻制度中种种男尊女卑的不平等现象层出不穷出也就成为不可避免的了。下面再列举一些现象予以申说。

1. 一夫多妻制

《礼记·昏义》上说："古者天子后立六宫、三夫人、九嫔、二十七世妇、八十一御妻，以听天下之内治，以明章妇顺，故天下内和而家理。"《礼记·曲礼下》云："公侯有夫人，有世妇，有妻，有妾。"这些记载说明，一夫多妻是礼制和法律所允许的。

而当时的现实也确实如此。据《左传》记载，齐桓公有"王姬、徐嬴、蔡姬"三夫人，又有"内嬖如夫人者六人：长卫姬、少卫姬、郑姬、葛嬴、密姬及宋华子"。晋文公的妻妾则有文嬴、偪姞、季隗、杜祁、齐姜以及怀嬴等五秦女。

诸侯多妻，士大夫也多妻。不必说那些身居高位的士大夫们有三妻六妾，就连那些破落的士人也照样可以多妻。《孟子·离娄》中记载，齐国有个人，常常到郊外墓堆去向祭墓人乞讨，穷酸得很，然而在他的家中，依然有一妻一妾。

秦汉以后的封建帝王，对多妻制兴趣很浓。如汉武帝时，后宫中从皇后、夫人以下分为十四个等级。西汉末期的王莽，纳杜陵史氏为皇后，设三夫人，九嫔、二十七美人、八十一御人，共计一百二十人。王莽托古改制，故其后妃人数，亦如《昏义》所言。隋炀帝的后宫除皇后外，另有三夫人、九嫔、二十世妇、七十八女御。至于后世的封建士大夫，娶妻纳妾，也都司空见惯，被视为人情之常，正如一句俗话所说的："有钱的男人哪个不弄来三妻六妾？"

多妻制的集中表现就是所谓的"媵妾制"。所谓"媵"，就是诸侯所娶嫡妻的伴嫁女子，《仪礼·士昏礼》注云："媵，送也，谓女从者也。"媵的地位比正妻低，但又比妾高，介于妻妾之间。她们一般都是新娘的妹妹和侄女这一辈。在周代的婚俗中，一个诸侯向另一个诸侯国娶妻，和新娘同姓的其他两个诸侯国可送几个女子作为新娘的陪嫁。这就是《公羊传·庄公十九年》所说"媵者何？诸侯娶一国，则二国往媵之，以侄、娣从"的意思。

古籍中对嫁女陪媵的习俗多有记载，如《诗经·大雅·韩奕》记载了韩侯娶妻的生动热闹的场面："韩侯娶妻……诸娣从之，祁祁如云。韩侯顾之，烂其盈门。"是说韩侯娶妻的时候，新娘子后面还有许多妹子跟着她，慢慢的静静的好像一朵朵彩云。韩侯回头观看，门前呈现出灿烂的光彩。《卫风·硕人》讲齐庄公的女儿庄姜嫁到卫国时，有"庶姜孽孽"的诗句，"庶姜"即指陪嫁侄娣，"孽孽"，盛饰之貌，形容陪嫁的女子打扮得漂漂亮亮。宋共公的妻子宋共姬，在《春秋》中被当作"贞顺"的典型人物来表彰，因为她为了坚守当时贵族妇女的礼法，当大火烧到宋宫时，她不肯离开，竟被活活烧死。《左传·成公八年》记载她出嫁时，有其同姓国卫国和晋国送来陪嫁女子，异姓的齐国也有

“来媵”，一国嫁女，三国来媵，自然是陪嫁女子多又漂亮，可以想见当时的热闹情景。

媵制起源较早。《尸子》中记载帝尧把娥皇女英二女嫁给舜，“妻之以皇，媵之以英”，实行的就是媵制。西周春秋时期，媵制成为当时诸侯贵族婚嫁时的一种特有制度，到了战国时期，嫁女陪媵现象才逐渐消失，但陪送侍女、丫鬟的现象，却一直到近代都还存在，这可以说是媵制的一种演变。

“妾”字已见于甲骨文。但在卜辞中，“妾”的身份和地位是否与后世的“妾”相同，尚不清楚。后世之“妾”的名义，最早见于《礼记》。《礼记·内则》上说：“聘则为妻，奔则为妾。”这是说，经过“父母之命、媒妁之言”正式聘娶的是妻，凡未经正式聘娶仪式的，都称为妾。妾的地位比媵还要低，其来源也比较复杂，有的是买来的，有的是家中的女仆，有的是战争中的女俘，有的是亲朋所赠的女子。这些妾一般地位低下，遭遇悲惨。有的在丈夫死后还要陪葬。《左传·宣公十五年》记载，晋国的魏武子有个妾，没有生育子女。魏武子生病时，曾交代把这个妾再嫁出去，可当他病重之时，却又要这个妾给他陪葬，可见当时有让妾陪葬的习俗。幸好武子的儿子魏颗比较开明，他认为其父头脑清醒时所说的话是应该听从的，即应该把这个妾改嫁出去，而不应该让这个妾去给他父亲陪葬，因为让妾陪葬是他的父亲在病重头脑不清楚时的主意。后来他就把这个妾改嫁出去，使她免遭陪葬的厄运。这则故事后面还有一段迷信的尾巴，说魏颗有一次与秦军打仗，看见一个老人用草结成绳子，绊倒了秦军猛将杜回，魏颗因此抓到了杜回，立了战功。晚上魏颗梦见那位老人，他说：“我就是你所嫁出去的那个妇人的父亲，你采纳你父亲头脑清醒时的命令而把我女儿嫁出去，我因此来报答你。”这就是成语“结草衔环”中“结草”的故事，表示感恩报德，至死不忘。在“妾”当中，有些因为色艺俱佳而被主人宠幸，称“宠妾”、“嬖妾”或“爱姬”，她们一般从小就受到专门的训练，在文学艺术才能方面高于其他女性。这类妾在后代的宫女和贵族家中的歌伎中较多，她们当中有些人因才貌出众而改变了命运，如汉武帝的李夫人，汉成帝的赵飞燕，原来都是歌舞伎，后来得宠而登上了皇后的宝座。

刘熙《释名·释亲》中说："媵，承也，承事嫡也。"《汇苑》中说："妾，接也，方得接见君子而不得伉俪也。"可见媵妾制中的"媵"和"妾"都是处于从属地位，受嫡妻支配。媵妾制的设立，主要是为了供贵族享乐和生儿育女传宗接代。古人认为媵妾制有"防嫉妒、重继嗣"的作用，其实只讲对了一半，即"重继嗣"，因为儒家认为"不孝有三，无后为大"，有些嫡妻不能生育，岂不断绝了香火？这时媵和妾就可以帮主人夫妻的忙，给生个一儿半女，起到了"继嗣"的作用。至于"防嫉妒"，意即培养嫡妻和众媵妾的容人雅量，不互相嫉妒。其实情形恰恰相反。数女共事一夫，一夫必然有所厚薄，被冷落之女，特别是正妻，往往醋意大发，产生强烈的嫉妒之心，报复之心，酿成诸多悲剧。如《战国策》记载，魏王送了一个美人给楚王，楚王很宠爱这个美人，就冷落了郑袖。郑袖很气愤，就设法陷害这美人。有一天她对美人说："楚王确实喜欢你，只是不太欣赏你的鼻子。你以后见楚王的时候掩起鼻子，这样楚王必定会更喜欢你。"美人信以为真，果然每见楚王，必掩其鼻。楚王颇纳闷，就问郑袖。郑袖便乘机进谗道："这个美人说您身上有股难闻的味道，所以见到您就掩起鼻子。"楚王听了大怒，下令："劓美人鼻"——割掉她的鼻子！于是美人再也不美了。又如《魏书·刘昶传》记载，昶子刘辉尚兰陵公主，公主颇严妒。辉曾私幸主侍婢而怀孕。公主将她鞭笞至死，"剖其孕子，节解；以草装婢腹，裸以示辉"，简直惨不忍睹。再如王文禄《龙兴慈记》载，常遇春是明代开国功臣，明太祖朱元璋怜悯他尚无子嗣，就赐给他几个宫女。因他的妻子很蛮悍，他不敢接近宫女。一天，他早起盥洗，见宫女之手，不禁失声称赞："好白手！"便上朝去了。等他回来时，看到一个红盆，打开一看，“乃断宫人手也”。可见媵妾制使女性备受摧残，“防嫉妒”之说，实属无稽。

与一夫多妻制相反的是一妻多夫，如《宋书·前废帝纪》记载：刘宋前废帝刘子业沉湎女色，他妹妹山阴公主愤愤不平地对他说：“妾与陛下，虽男女有殊，俱托体先帝。陛下六宫万数，而妾唯驸马一人。事不均平，一何至此！”于是刘子业立即给她置面首三十人。面首即美男子。山阴公主有了这么多情夫，仍然意犹未尽，她看到姑妈巴古公主的驸马褚渊漂亮，又将他劫持到家强逼与其行淫。无独有偶，南齐的废帝郁林王萧昭业，也曾为他的母亲置面首三十人，以表达他的“一片孝心”。在北朝、北魏先后临朝的冯太后和胡太后，都曾公开与一批朝臣通奸。唐朝的女皇武则天，据说也是恣淫无度，有许多公开的情夫。

但一妻多夫毕竟是少数，且限于公主皇后等特殊阶层，她们有条件过腐朽荒淫的生活，所以才有多夫。这种制度不像一夫多妻制那样被堂而皇之地写进法典作为一种礼制固定下来，因而不能说明男女平等。在整个封建社会，妇女永远是男人的附属物，男女之间永远不能平等。

2. 三从、五不娶、七去及从一而终

既然古代男女地位不能平等，男尊女卑成为一种共识，因而在古代礼制有关婚姻的具体规定方面，也基本上以男子为本位，对女子作出了种种限制，其明显的例证便是所谓的“三从”、“五不娶”、“七去”及“从一而终”等。

“三从”，即《礼记·郊特牲》所说的：“妇人，从人者也。幼从父兄，嫁从夫，夫死从子。”《仪礼·丧服·子夏传》也说：“妇人有三从之义，无专用之道，故未嫁从父，既嫁从夫，夫死从子。”这种规定说明妇女从生到死都从属于男子，没有她们自己的地位。

所谓“五不娶”，见于《大戴礼记·本命篇》，指“逆家子不取，乱家子不取，世有刑人不取，世有恶疾不取，丧妇长子不取。”意思是说，有“悖逆”罪行的家庭中的姑娘不能娶，恐其“逆德”；有淫乱行为的家庭中的姑娘不能娶，恐其“乱人伦”；直系亲属中有受五刑的姑娘也不能娶，因为其家被弃于人；亲属中患有难治疾病的姑娘也不能娶，因为其家是被弃于天的；母亲早死，年长超过婚龄的姑娘也不能娶，因为这种女子缺乏母亲教诲，教养不好。

所谓“七去”，亦见于《大戴礼记·本命篇》，是关于离婚的规定，指的是“不顺父母去，无子去，淫去，妒去，有恶疾去，多言去，窃盗去”。不孝顺父母，因为她“逆德”；没有生儿育女，因为她绝后；有恶疾，因为她不能参加祭祀。至于妒、淫、多言、盗窃等，都是因为她不遵守妇道，所以要离弃。

值得注意是，《本命篇》除了“五不取”、“七去”等规定之外，还有一个“三不去”的规定，即“有所取、无所归不去，与更三年丧不去，前贫贱、后富贵不去”。就是说，如果妻子没有了娘家，不可离弃；曾经侍奉已死公婆的，也不可离弃；曾经共同过贫苦生活的，也不可离弃。这“三不去”相对于“五不娶”、“七去”而言，已经不算是什么特殊照顾了，但到了后世，大家竟连这个多少能替妇女说句公道话的“三不去”也都基本忘却了，只强调“七去”等规定，可见妇女地位越发低贱了。

不准寡妇再嫁的规定也是从先秦时就有的礼法。《礼记·郊特牲》中说：“夫死不嫁。”即是强调寡妇守寡。这种规定到了后代，发展成“从一而终”的理论。汉代的班昭在《女诫》中就说：“夫有再娶之义，妇无二适之文。”到了宋代，理学盛行，“从一而终”更得到了强调，什么“烈女不更二夫”、“饿死事极小，失节事极大”等等口号似乎都成了真理。为了鼓励寡妇守寡，统治阶级还对那些能守节的妇女加以表彰，封为“烈女”、“贞女”等。如朱元璋就下过这样的命令：“寡妇三十以前夫亡守志，五十以后不改节者，旌表门闾，免除本家差役。”（《明会典》）

夫死不嫁，从一而终的礼法使得世俗认为寡妇失节是奇耻大辱，为了保全贞节，有些寡妇甚至不惜自我戕害。如《烈女传》记载，有个寡妇才貌双全，当地贵族都对她垂涎三尺，连国王都不放过她。这寡妇无奈，只好对镜操刀，割鼻毁容，结果成了“刑余之人”，守住贞节，得到了“烈女”的封号。更有甚者，有的女子没出嫁其未婚夫就死了，还要去为丈夫终身守节，叫作“过门守贞”。这比已婚寡妇不再嫁更为残忍。

总而言之，“三从”、“五不娶”、“七去”、“从一而终”等礼法规定都是男权社会中对女性之野蛮而专横的限制，其不近情理是显而易见的。比如“七去”之中，“无子”而被离弃就很荒唐，因为不会生育不能完全归罪于女方。“妒去”也是没有道理的。试问，若不是一夫多妻，何妒之有？况且嫉妒之心，人皆有之，丈夫犯妒，又该如何处置？至于“不顺父母去”一条，若是确实不尊敬公婆，诚有被弃之理，但这里的“不顺父母”，实际上指的是不得父母欢心，即使小两口情深意笃，还是要“去”，所以《礼记·内则》上说：“子甚宜其妻，父母不悦，出。”比如《孔雀东南飞》一诗中，焦仲卿与刘兰芝可谓爱情深笃，只是因为刘兰芝不得焦母欢心，终被休弃回家，最后被逼跳水而死，焦仲卿亦自尽殉情。这出爱情悲剧，无疑是由焦母这一封建礼教的代表一手造成的。

由上可见，封建社会的婚姻制度，就男女地位而言，它是极不合理极不公平的。封建社会中千千万万的妇女遭受摧残和迫害，产生了许许多多的婚姻和爱情悲剧，其罪魁祸首，就是不合理的封建婚姻制度。

先人是怎样教书的

《学记》总结了教学上成功与失败的经验教训，提炼出一系列切实可行的教育原则和行之有效的教学方法，从而成为中国乃至世界教育史上宝贵的文化遗产。

在谈及教育方面成功与失败的原因时，《学记》创造性地提出了“四兴四废”的观点。它说：

大学之法，禁于未发之谓豫，当其可之谓时，不陵节而施之谓孙，相观而善之谓摩。此四者，教之所由兴也。发然后禁，则扞格而不胜；时过然后学，则勤苦而难成；杂施而不孙，则坏乱而不修；独学而无友，则孤陋而寡闻；燕朋逆其师；燕辟废其学。此六者，教之所由废也。

其中“所由废”的六点是教育失败的原因，而“所由兴”的四个方面，则是教育成功的经验。这些经验包括：

一曰“豫”——“禁于未发之谓豫”。这是施教者对每个教育对象要做到深入了解，对其可能发生的问题要做到心中有数，积极预防，不能等到事情发生之后再去消极处理。否则，如果待事情出现以后再去处理，就会“扞格而不胜”。

二曰“时”——“当其可之谓时”。这是要求教师应该按照学生适当的年龄阶段或适当的时机进行教育，才可能产生良好的学习效果。倘若错过了适当的时机进行教育，事后做补救工作，尽管学生勤苦努力，也很难成功。

三曰“孙”——“不陵节而施谓之孙”其中“孙”指一定的顺序。教学要有一定的顺序，循序渐进。教师必须根据不同学生的年龄特征和已有的知识基础进行相应的教学；对于年长和基础好的学生可教给较多、较深的内容；对那些年龄小或基础差的学生则不涉及过深的内容或过难的问题，以免造成学生的为难情绪。如果不按照一定的顺序杂乱无章地施教，就会打乱条理性，而不可能收到好的教学效果。

四曰“摩”——“相观而善之谓摩”。这是要求教师注意利用学生之间相互取长补短、相互观摩切磋的方法来促进学业。如果学生孤僻而拒绝学友的帮助，势必造成见识不广、思路狭窄的弊病。

以上四条经验中的前三项与现代教育理论中的量力性原则基本吻合，而第四项则包含了发挥学生的集体互助精神促进教学的思想，其科学性是不言而喻的。

在总结了教育的成功经验之后，《学记》作者还要求教师对学生的个性心理特征做到了如指掌，并在此基础上进行因材施教，从而达到“长善救失”的教学效果。《学记》说：

“学者有四失，教者必知之。人之学也，或失则多，或失则寡，或失则易，或失则止。此四者，民之莫同也，知其心，然后能救其失者也。教也者，长善而救其失者也。”

在这里，《学记》明确提出求学的人普遍存在着四种弊端，教师对此应当首先明了在心，然后才能做到长其善而救其失。所谓“救其失”，是指教师对学生个性心理方面的缺陷要通过一定的教育方式去补救，而“长其善”则是指对受教育者所具有的个性心理方面的特长应尽量使其得到合理发挥。在《学记》作者看来，学生中有的人智力较差，学习却贪多务得，贪多则嚼不烂；有的智力较高，但学习内容贫乏，贫乏则孤陋寡闻；有的学习过于简单，浅尝辄止，不求甚解；有的学习过分艰深，而又畏难而退，造成半途而废。以上四种缺陷都是由于个人的不同心理和个性特征引起的，作为教师理应对每个学生的具体情况了然于心，然后采取相应的补救措施。这就是教师在教学活动中所应努力遵循的“长善救失”的重要原则。

为了贯彻“长善救失”的原则，教师在具体的教学过程中还必须采取一系列行之有效的教学方法；这些方法是：

（一）恰到好处的问答法

采用问答方式进行教学是中国古代最常见的教学方法。我国古代杰出的教育家孔子最常用的教学方法之一正是问答法，《论语》中就记载了很多这方面的成功范例，其中的《先进》篇有这样一段记载：

子路问：“闻斯行诸？”子曰：“有父兄在，如之何其闻斯行之。”冉有问：“闻斯行诸？”子曰：“闻斯行之。”公西华曰：“由也问闻斯行诸，子曰：有父兄在；求也问闻斯行诸，子曰，闻斯行之。赤也惑，敢问。”子曰：“求也退，故进之；由也兼人，故退之。”

由此可见，孔子在运用问答法进行教学时，已经到了非常娴熟的地步。他往往能够根据学生不同的个性特征，通过有针对性的问答方式来达到“长善救失”的教学目的。《学记》正是在总结前人教学经验的基础上，对问答法作了进一步的改进，认为教师在采用问答法时，应该本着先易后难、由浅入深的精神进行，并明确提出：

善问者如攻坚木，先其易者，后其节目，及其久也，相说以解。不善问者反此。善待问者如撞钟，叩之以小者则小鸣，叩之以大者则大鸣，待其从容，然后尽其声。不善待问者反此。此皆进学之道也。

《学记》这是用攻坚木与撞钟的比喻，形象地阐明了正确采取问答式教学方法的基本要求。认为善于发问的老师，犹如木匠攻伐坚硬的木材，必须先从容易部分下手，然后再去对付树木上最坚硬的节疤；老师向学生提问也应先易后难，先浅显后深奥，这样久而久之，学生就能够很自然地具有轻松愉快地解决各种难题的水平。那些善于对待学生提问的老师，犹如撞钟一样，小击则小鸣，大击则大鸣，随着学生所提问题的大小，给予相应的回答；而且在回答问题时，老师必须在最恰当的时候才回答最关键的问题，这样才能达到最佳的教学效果。

在对学生进行问答式教学时，老师对那些不具备提问能力的学生还应予以关照，可以有针对性地采取讲授法讲解问答式教学中涉及的问题，以免造成这部分学生的学业滞后。倘若通过讲授有的学生仍无法理解，那就说明这些学生目前尚不具备这方面的能力，老师这时应该将问题搁置一旁，以后再说，切不可强行灌输，以免造成学生的畏难情绪。这就是《学记》反复强调的："力不能问，然后语之；语之而不知，虽舍之可也。"

《学记》中要求教师在运用问答法时，必须注意到学生的接受能力，分量适中，深浅达度，有的放矢，以及讲授与问答并用等做法，都是十分切合实际的行之有效的教学措施。它们至今仍有很强的指导作用。

（二）循循善诱的启发式

"启发式"作为中国一种古老的教学方法，同样也是孔子十分重视的。尽管孔子并未概括出"启发式"这一具体概念，但他的言论和教学实践却处处体现了"启发式"教学法的精神实质。《论语·述而》说："子曰：不愤不启，不悱不发，举一隅而不以三隅反，则不复也。"郑玄注曰："孔子与人言，必待其人心愤愤、口悱悱，乃复启发为之说，如此则识思之深也。说则举一隅以语之，其人不思其类，则不复重教之也。"其中"愤"指心求通而未得，"悱"指口欲言而不能。"心愤口悱"和"举一反三"，都是指学生在一定基础上进行积极思维的状态。孔子主张老师应在学生达到"心愤愤"和"口悱悱"的境界时再加以启发，才能较好地发挥主导作用，收到良好的效果。此外，作为教学主体的教师，不仅应该注意在一定条件下适时对学生进行启发，而且还要尽量要求学生得到启发后积极开展思维，以求举一反三，触类旁通。在这里，孔子已将启发式教学的基本原理揭示得十分明白。

除了理论的阐述之外，《论语》中还保留了不少孔子进行启发式教学的实例。其中最典型的是《八佾》篇的下面一段记载：

子夏问曰："'巧笑倩兮，美目盼兮，素以为绚兮'，何谓也？"子曰："绘事后素。"曰："礼后乎？"子曰："起予者商也，始可言《诗》已矣。"

其中的"巧笑倩兮，美目盼兮"两句见于《诗经·卫风·硕人》，"素以为绚兮"一句，今不见于《诗经》。东汉学者马融认为末句为逸诗，清人翟灏《四书考异》引周子醇《乐府拾遗》说："孔子删诗有删一句者，'素以为绚兮'是也。"朱熹《论孟或问》认为："此句最有意义，夫子方有取焉，而反见删，何哉？且《硕人》四章，章皆七句，不应此章独多此一句而见删，必别自一诗而今逸矣。"意谓《八佾》所引三句均是逸诗，是与今本《硕人》不同的另一首诗。朱熹的见解无疑是最有说服力的。吕绍纲先生在谈到孔子对子夏进行的上述启发式教学时，曾作过如下精辟分析：

最重要的一点，是子夏自己先学《诗》，而不是孔子先教子夏《诗》。这是孔子启发教学的前提，没有这一点，余皆不须论。其次是子夏学《诗》，经过自己思考，在"素以为绚"这一句上愤愤悱悱，想不通，道不明。再次，孔子在子夏弄不懂的关键之点上加以启发点拨，一句"绘事后素"一下子点通子夏的思路。最后，子夏一点便透，立刻由"绘事后素"联想到"礼俊"，一个人须有忠信之质然后可以学礼。礼好比女人的粉黛衣饰，忠信好比女人的巧笑美目。巧笑美目是天然素质，当然在先；粉黛衣饰是人工文饰，当然在后。子夏闻"绘事后素"而知"礼后"，是闻一而知三，举一而反三。（《孔子新传》，湖南出

版社，1991年版）

孔子开创的启发式教学法在《礼记·学记》中得到继承和发扬，书中多次涉及这方面的内容，如“时观而弗语，存其心也。”郑玄注曰：“使之悱悱愤愤，然后启发也。”又如：“力不能问，然后语之。”程树德《论语集释》考证说：“力不能问，故口悱悱也。当心愤愤口悱悱时，已是用力于思而未得其义，乃后启发为说之。”值得一提的是，《学记》在涉及启发式教学法的内容时，还独树一帜地提出了“善喻”的概念：“君子之教，喻之；道而弗牵，强而弗抑，开而弗达。道而弗牵则和，强而弗抑则易，开而弗达则思，和、易、思，可谓善喻矣。”意思是说，作为一个出色的教师应该善于诱导启发学生，而不去逼迫强制学生；只给学生指导学习的门径，而不去包办代替。这样，才能使师生和睦，学生不把学习视为苦差事，并能独立思考。只有如此，教师才称得上“善喻”，即善于启发诱导学生自觉刻苦学习。

以上分析表明，《学记》提出的“善喻”的教学方法，正是对孔子“不愤不启”、“不悱不发”和“循循善诱”的教学经验的总结；而且与孔子的启发式教学法相比较，“善喻”法还有其发挥之处。因为“善喻”法不但继承了孔子开创的启发式教学法的基本精神——要求教师努力发挥学生在学习中的自觉性和积极性，以便培养学生独立思考的能力，而且强调让学生在和谐愉快的气氛中学习思考。这点显然是以往的启发式教学法所不曾重视的。

除了以上介绍的“问答法”和“启发式”之外，《学记》对老师的教学还提出过不少具体要求，如“君子知于学之难易而知其美恶，然后能博喻；能博喻，然后能为师。”所谓“博喻”，即要求老师运用多种行之有效的方法晓谕学生。《学记》作者认为，作为一个合格的教师，他应该对教学活动中的各种复杂情况和各种教学原则、教学方法的优劣了如指掌，这样才可能谈得上“博喻”，而“博喻”又是作为一个合格教师必须具备的基本条件。除了必须具备“博喻”的能力，教师的语言表达也十分重要。对此，《学记》提出的要求是：“善教者，使人继其志。其言也，约而达、微而臧、罕譬而喻，可谓继志矣。”意思是说，作为一名优秀教师，他的语言表达应该简练而晓畅，话语不多却很精辟，举例选择精当而极易使学生通晓，只有这种语言表达才能诱导学生自觉按照教师指示的方向进行学习。

教与学是整个教育过程中互相依存的两大环节，《礼记》不但从施教者的角度全面总结了先秦的教育原则和教学方法，而且还从受教者的角度初步探讨了学习的正确步骤和方法。

首先，《礼记·学记》强调学习必须从基础入手，由易到难，循序渐进。为此，《学记》明确指出：“良冶之子必学为裘；良弓之子必学为箕，始驾马者反之，车在马前。君子察比三者，可以有志于学矣。”意思是说，凡是那些擅长熔化金属修补器具的工匠，他的儿子要继承父业，一定得从补缀兽皮为裘的练习入手；擅长做弓的匠人，其子要学习做弓，也一定先从弯曲柳条制作簸箕的练习入手；小马开始学驾车，与大马驾车相反，一定要让小马跟在大马所驾的车子后面，以便让它见习一下大马拉车的情况。人们如果能认真观察以上三件事中包含的道理，就不难从中悟出学习的方法。这种方法用今天的教育术语来说，无疑是强调学习必须重视基本功训练，必须遵从由易到难、循序渐进的客观规律。不难理解，这种学习方法与现代教育学的量力性原则的基本精神是完全吻合的。

与重视基础知识学习、重视基本技能训练的观点相联系，《礼记》作者还从方法论的角度提出了学习的五个步骤，这就是：“博学之，审问之，慎思之，明辨之，笃行之。”在这里，《中庸》作者提出的学、问、思、辨、行的方法，虽然是直接针对修身致诚而言的，但同样也是一种切实可行的学习方法。其中“博学”、“审问”、“慎思”、“明辨”、“笃行”五个步骤，可以看作是学、思、行三者的放大，也是孔子学、思结合的学习方法的具体阐述。孔子曾经深刻地指出“学而不思则罔，思而不学则殆”（《论语·为政》），强调光是学习而不积极思维，就会迷失方向，如果思维不以学习为基础，同样会流于空想，从而招致认识上的错误和危机。《中庸》作者正是在此基础上进一步强调不但学与思要相互结合，而且必须辅之以行；这样就把书本知识的学习与实践经验的总结放到了并重的地位。这对后来儒家形成“经世致用”的文化传统，无疑起到了一种方法论上的促进作用。事实上，《中庸》中总结出来的学习的五个步骤，在漫长的封建社会业已成为士子们学习的准绳。朱熹在白鹿洞书院任教时，就把这五个步骤确定为书院的学规。

儒家教育的核心是要造就“修身、齐家、治国、平天下”的人才，这就规定了封建时代的学子必须把个人修养视为终身的学习任务。与此相关联，《礼记》特别提倡一种慎独的修养方法。《大学》作者就坚持认为，为了达到完美的道德修养境界，修身者必须随时警惕自我不良行为的产生，即便在个人单独居处的情况下，也不能丝毫放纵自己的言行。这样，久而久之，才能养成表里一致的良好习性。为了达到修身至善的目的，《大学》作者还倡导修身者必须不断追求进步，即所谓“苟日新，日日新，又日新”。而且提倡在求学过程中，同学之间要相互切磋，认真琢磨，以便使道德修养臻于完善。我们认为，《大学》中提倡的上述“慎独”的品德修养方法和切磋琢磨的学习方法是符合教育规律的，至今仍有可取之处。

中国古代的教育

提到中国的古代教育，人们就会自然而然地联想到被康熙皇帝誉为“万世师表”的孔子。事实上，孔子也确实堪称世界上最伟大的教育家，他一生所从事的主要社会活动便是教育工作。孔子不但开创了私家讲学之风，终生诲人不倦，而且编撰了儒家的经典性教科书——“六经”。作为儒家“七十子后学所记”的《礼记》一书，就从多方面总结了孔子以来儒家学派丰富的教育思想。全面、系统地了解《礼记》中的教育思想，不仅可以帮助人们认清作为伟大教育家的孔子的真实面目，而且对中国古代尊师重教的文化传统也会更具有深切地领会。以往人们在谈及《礼记》的教育思想时，往往局限于《学记》一篇，而实际上《礼记》中有关古代教育的内容却远不止于此，像书中的《内则》、《王制》、《文王世子》、《大学》、《中庸》等篇，都程度不同地包含了丰富的教育内容。

《论语·述而》称：“子以四教：文、行、忠、信。”这就表明，孔子的教育内容主要涉及以下四个方面：历代文献，社会生活实践，对待别人的忠心，与人交往中的诚信。在以上四方面的教育内容中，前一项属于文化知识教育，后三项均属道德教育的范畴。《礼记》则在此基础上，根据教育对象的不同，作了更为详细的划分。

根据儒家典籍记载，我国古代学校教育的主要内容是礼、乐、射、御、书、数，即通常所说的“六艺”。其中的书、数属少年阶段在小学学习的重点，射、御、礼、乐则为大学教育的内容。“六艺”中射、御的学习，除了传授和培养有关的知识和技能外，还着重要学生注意与礼、乐之教相配合。

如果按照性质来划分，“六艺”实际包括德、智、体、美四个方面。其中，礼属道德教育，乐属美育教育（兼有道德教育的功能），射、御属军事教育，与现代的体育教育类似，书、数则是基础性的文化知识教育。

“礼”在儒家的学校教育中占有十分重要的地位。古今学者一致认为礼的起源与原始氏族社会时期的祭祀活动密切相关。许慎《说文解字》称：“礼，履也，所事神致福也。从示、从丰。”段玉裁注曰：“‘礼有五经，莫重于祭’，故礼从示从丰。丰，行礼之器。”各种祭祀活动举行的时间、地点、仪式、程序等方面均有严格的规定。这些规定逐渐定型和系统化，于是便形成了各项礼仪制度。在众多的礼仪制度中，祭祀活动能够唤起人们对祖先的崇敬之情，从而起到团结整个氏族或部落成员共同奋斗的作用，因而自然而然地被后世儒家视为一种最重要的教育内容。《礼记·祭统》就明确说过：“君子之教也，必由其本，顺之至也，祭其是与！故曰：祭者，教之本也。”事实上，随着阶级社会的出现和宗法等级制度的日渐严密，也就更需要有相应的礼仪制度来确定人们在社会生活中各自所处的地位，以便建立起稳定的社会秩序。这样一来，“礼”的范围也就越来越广，以至逐渐形成了吉、凶、军、宾、嘉五大类型。礼的五大类型无疑都关系到国家重要的政治活动，因而应该成为当时贵族子弟必须掌握的行为规范。《礼记·内则》称，“二十而冠，始学礼”，正说明“礼”是贵族成年男子接受教育时的必修科目。

“六艺”中的“乐”包括诗歌、奏乐和舞蹈三方面的内容。《尚书·尧典》记载舜命夔典乐教胄子说："诗言志，歌永言，声依永，律和声。"这就把诗歌声律均纳入到乐教范围。《吕氏春秋·古乐》篇称，"昔葛天氏之乐，三人操牛尾，投足以歌八阕……"更是显示出歌、舞、乐三者合一的实际状况。乐的产生本来出自人们在劳动生产过程中抒发感情，交流思想，增进联系协作和用以自娱的需要。当礼出现后，乐又成了各种礼仪中不可缺少的项目之一。因此，中国古代社会的"乐"，除了供欣赏享乐外，主要是指配合礼仪活动的音乐歌舞表演。《周礼·地官》中"保氏"所教的"六乐"——《云门》、《大咸》、《大韶》、《大夏》、《大蒦》、《大武》，实际上都是在各种典礼场合使用的乐舞。这就表明，古代的习乐实际上也正是践礼的一种基本训练。《礼记·乐记》所谓"知乐则几于礼矣"，讲的就是这个道理。也许正由于"乐"与"礼"之间存在这种密切的联系，因而"乐"也就成为古代最早的学校教育内容之一。《礼记·内则》中，就有"十有三年学乐、诵诗、舞勺"的明确记载。在现存的关于西周官制的文献中，具体负责实施学校教育的多数是乐官。《礼记·王制》说："乐正崇四术，立四教，顺先王诗书礼乐以造士。"根据郑玄的注解，所谓"乐正"，即乐官之长，职责主要是执掌贵族子弟的教育工作。《周礼·春官》称："大司乐掌成均之法，以治建国之学政。"大司乐的下属职官包括"掌国学之政，以教国子小舞"的乐师，教诗歌的大师，教打击乐的小师、磬师，教吹奏乐的笙师等等。清代有的学者甚至认为："检三代以上书，乐之外无所谓学。"（俞正燮《癸巳类稿》卷二）这种说法虽然未免夸大其词，但从中显示出"乐"在古代学校教育内容中占有十分重要地位的事实，却是毋庸置疑的。

应当看到，儒家之所以把"乐"列为重要的教学内容，还不仅仅因为"乐"是礼仪中不可缺少的基本项目之一，而且更重要的原因还在于"乐"具有"治心"的特殊功效。先秦时期的儒家一贯认为，礼可以节制规范人们的言行，而乐则可以征服人心，二者互为表里，相辅相成。

《礼记·乐记》就说过："礼乐不可斯须去身，致乐以治心，则易直子谅之心油然生矣。……致礼以治躬则庄敬，庄敬则严威。"在这里，"治心"与"治躬"是各有妙用，无法相互替代而又殊途同归的。尽管儒家着眼的是"乐"所具有的道德内容，但这种以道德为内容的教育显然不同于"礼"的外部规范，而是重在内在情感的熏陶。因此，我们可以肯定地认为"乐"教兼有美育和道德教育的双重功能。

"射"和"御"均属基本的军事技能，前者指射箭，后者指驾驭战车。无论射箭，或是驾驭战车，从现代教育角度来看，都在体育教育的范畴之内。

"射"和"御"之类的军事技能被列为学校的教育内容，这是与中国古代社会生活的实际状况密切相关的。我们知道，殷周时代主要的作战方式是车战。车上的甲士均由贵族成员充当，所以"射"和"御"也就自然成了贵族子弟必须掌握的军事技能。《礼记·王制》中就明确提到："大司徒教士以车甲，凡执技论力，适四方，赢股肱，决射御。"《内则》中也有"成童舞《象》，学射、御"的规定。在射、御两项内容中，射的地位尤其重要，它是每一个贵族子弟的必修科目。古代男子刚出生，家长就要在门的左侧悬一张弓，出生后三日则由"射人以桑弧、蓬矢六，射天地四方"（《内则》），以此象征将来能精于射艺。正由于习射是古代教育的重要内容，所以习射的场所也就逐渐演变为带有学校性质的教育场所。孟子在解释古代学校名称"序"的含义时就说过："序者，射也。"（《孟子·滕文公上》）

"射"、"御"之类的军事技能训练被列为中国古代早期学校教育重要内容的事实，还可以从教育者被称为"师"上得到印证。根据古代文献记载，"师"的本义是指军队，引申为率领军队的长官也称"师"。《尚书·洪范》郑玄注曰："师，掌军旅之官，若司马也。"不难设想，负责贵族子弟射、御训练的一定是地位较高的军官。久而久之，所有的教育者也就被统统尊称为"师"。《周礼》中的"师氏"，其职责虽然已经演化为劝诫君王，教授国子，但仍要“使其属帅四夷之隶，各以其兵服守王之门外”，可见还是具有带兵军官的某些职能。

值得注意的是，随着文武分工和作战方式的改变，射、御作为学校教育内容的地位和性质也发生了相应的变化。春秋中叶之后，战车地位下降，不再成为战场的主力，“御”作为一种技艺已经逐渐丧失其军事上的价值，于是驾车也就渐渐沦为仆役之事，而不再成为学校教育的必修内容了。文武分工之后，大部分贵族子弟也不再直接承担出征作战的义务，此时的“射”虽然仍是贵族子弟必须学习的内容，但除了部分专职武官外，“射”已不再作为一种主要军事技能存在，而是转化为礼仪项目来加以对待。这就是《礼记·射义》所说的：“诸侯君臣，尽志于射，以习礼乐。”与“射”这种性质上的改变相适应，习射的要求也主要不再是准确性和穿透力，而是射者的容体与姿势必须严格符合礼仪标准。《礼记·射义》说：“射者，进退周还必中礼，内志正，外体直，然后持弓矢审固；持弓矢审固，然后可以言中，此可以观德行矣。”郑玄注曰：“中者，虽不中也，取；不中者，虽中，不取。何以然？所以贵揖让之取也，而贱勇力之取。”这就充分说明，此时的习射，目的已不在于比技艺，决胜负，而在于观德行，贵揖让。换句话说，“射”已经沦为一种礼仪形式。

“六艺”中的“书”、“数”，主要是指习字和算术，这是学习一切文化知识必不可少的基础。根据《礼记·内则》记载“古代幼童六岁开始“教之数与方名”，即学习数字和识别方位；十岁离家人学“学书记”，开始正式接受“书”、“数”教育。总之，“书”、“数”教育基本上属于小学阶段的基础教育。

从以上介绍中可以看出，“六艺”的概念虽然是《周礼》提出来的，但它的内容却大部分保留在《礼记》中。倘若离开了《礼记》的阐释，后人就难以弄清“六艺”的含义及其性质的演变。

在涉及古代学校的教育内容时，《礼记》与《周礼》的区别在于以

“四术”取代“六艺”。《礼记·王制》说：“乐正崇四术，立四教，顺先王诗书礼乐以造士。春秋教以礼乐，冬夏教以诗书。”《文王世子》中也有“春诵夏弦”（“诵”指诵诗，“弦”指奏乐），“秋学礼”，“冬读书”的记载。可见“四术”指的是诗、书、礼、乐。“四术”与“六艺”相比较，少了射、御、书、数，多了诗、书（此处的“书”专指典籍），相同的科目只有礼、乐二项。从这种教学内容的变更中不难发现，“四术”的出现明显晚于“六艺”。因为射、御不再包括在学校的教育内容中，反映的肯定是春秋中期之后的学校教育状况。而且“四术”的教育内容中没有书、数，还表明它不涉及小学阶段的教育。应该看到的是，尽管“四术”与“六艺”两种教学内容并不存在本质上的区别，都是以礼乐训练为核心，但“四术”显然更符合孔子的教学实践。《史记·孔子世家》称：“孔子不仕，退而修诗、书、礼、乐，弟子孺众，至自远方，莫不受业焉。”如果司马迁的说法属实，那就说明孔子晚年教育学生的内容正是“四术”。“四术”加上“易”和“春秋”，就构成了后代儒家教育的核心内容“六经”（“乐”已佚，实为“五经”）。由此，我们似乎可以得出这样一个结论：“四术”是中国古代教育内容由“六艺”向“八经”转化过程中的一个重要的中间产物。

除了“四术”之外，《礼记·中庸》还提出了“五达道”、“三达德”和“九经”的具体教育内容。所谓“五达道”，是指君臣、父子、夫妻、兄弟、朋友间的人际关系。这五种人际关系是天下普遍通行的大道理。所谓“三达德”，则是指明智、仁爱、勇敢，这三种品德是天下普遍通行的美德。五种大道理都需要凭三种美德去实行，这就是《中庸》所说的：“天下之达道五，所以行之者三。曰：君臣也，父子也，夫妇也，昆弟也，朋友之交也。五者，天下之达道。知、仁、勇三者，天下之达德也，所以行之者一也。或生而知之，或学而知之，或困而知之，及其知之，一也。”意思是说，对于天下古今通行的“五达道”

和“三达德”，有的人生来就懂得，有的人经过后天的学习才懂得，还有的人则是碰到困难后去学习才最终懂得。尽管这三种人懂得上述道理的时间有先后之分，但一旦到了他们懂得道理时，就不再存在什么差别了。在这里，《中庸》作者所强调的，显然是后天学习的重要性。因为即便是儒家圣人孔子，他也自认为“非生而知之者，好古敏以求之者也”（《论语·述而》）。如此，则其他的普通人就更谈不上“生而知之”了。接下来，《中庸》还用孔子的话说：“好学近乎知，力行近乎仁，知耻近乎勇。知斯三者，则知所以修身；知所以修身，则知所以治人；知所以治人，则知所以治天下国家矣。”由此可见，仁、智、勇三种品德之所以被儒家列为重要的教育内容，完全是出于修养自身、统治万民和治理天下国家的需要。至于《中庸》中提出的所谓“九经”——“修身”、“尊贤”、“亲亲”、“敬大臣”、“体群臣”、“子庶民”、“亲百工”、“柔远人”、“怀诸侯”，即九种治理天下国家所经常使用的方法，那更是培养修己正人的君子不可或缺的教育内容。

不难看出，《中庸》提出的上述教育内容注重的是政治和道德教育，可视为对“四术”教育内容的一种必要补充。而且从某种意义上说，《中庸》强调的教育内容还更符合儒家的教育观。在儒家看来，诗、书、礼、乐的教育内容所要达到的目的，无非是要培养道德高尚、治人有术的统治者。从这个角度看来，《中庸》中提出的政治和道德教育理应成为儒家教育内容的主体和核心。

“孝道”与中国家庭生活

重视家庭伦理建设是中华文化传统之一，而儒家所提倡的孝道，就体现了对家庭伦理建设的重视。儒家的孝道强调子女对父母的敬顺，曾经并且仍将产生巨大的影响。

作为家庭伦理的孝，孝道大致包括了以下几个方面的内容：

一、爱惜身体

《孝经·开宗明义章》中有这么一段话：子曰：“……身体发肤，受之父母，不得毁伤，孝之始也。”孔子说：要做到孝，首先应该爱惜自己的身体，哪怕是很细小的头发、皮肤，都是父母遗留下来的，做儿女的不能稍有毁伤，这是孝的起点。在儒家的孝道观念中，极为重视人的“所从出”，即人的生命的来源。从自然界来说，是“天地氤氲，万物化醇”，所以天地是自然万物的主宰；从人类来说，是“父精母血，交媾而生”，所以父母是子女生命的主宰。一个人从甫一出生到离开人世，他的身体、生命，就不是属于他自己所独有的，而是属于——甚至完全地属于——他的父母，因为父母是他的生命的缔造者，他的一切都是父母所赐予的，他是父母生命的延续，《孝经·圣治章》中说：“父子之道，天性也，君臣之义也。父母生之，续莫大焉。”

曾子就是从这个意义上说："身也者，父母之遗体也。行父母之遗体，敢不敬乎？"（《礼记·祭义》）曾子自己也确实是努力履行"父母全而生之，子全而归之"的准则的，他在临终前曾对人说："启予足，启予手。"也就是让别人检查他的手、足有否损伤，要是没有任何的损伤，这样就可以完整地把自己交还给父母、祖先了。正是基于这种观念，这种认识，《礼记·曲礼上》中就明确指出做儿子的，要在出门前禀告父母，回家时要与父母照面，出游要有固定的地方。不能涉足险境，如登上高处、面临深渊等，不能去做秘密的事，以免不慎伤身，给父母带来伤害。父母亲活着，就不能轻许朋友以性命攸关的承诺。《孝经·纪孝行章》中提到："事亲者……在丑不争。……在丑而争则兵。"就是说，作为孝子，不应该轻易地与别人争斗，否则将会受到凶险的祸害。孟子所说的"好勇斗很，以危父母，五不孝也"，也认为与人争斗，是不爱惜自己的身体和性命，是属于"不孝"的行为之一。

《礼记·檀弓上》中还说：死而不吊者三：畏、厌、溺。畏，是指轻身自杀；厌，是指不小心而被压死；溺，是指涉水时不注意而被淹死。这三种情况，在儒家的孝道看来，都属于轻身忘孝，是失礼的行为，所以死了也不值得同情，可以"不吊"。做子女的，是"行父母之遗体"，延续宗族的生命，所以，孝子还要尽到为祖先传承祭祀香火的义务。孟子说："不孝有三，无后为大。"所谓"无后"，东汉赵岐注释说是"不娶无子，绝先祖祀"。既然生儿育女也是为了尽孝，那么，父母对子女拥有主婚权也就是顺理成章的事了。子女们的终身大事，必须听从父母的安排，本人没有择偶的权力。

爱惜身体被看作是"孝之始也"来提倡，其实质是这么一种推理：父母生养了子女，子女的一切都是属于父母的，子女的身体，子女自身并没有自由处置的权力；爱惜身体，某种意义上就是爱护父母的财产，就是保证生养了自己的父母能有一个回报。孟子说："事，孰为大？事亲为大；守，孰为大？守身为大。不失其身而能事其亲者，吾闻之矣；

失其身而能事其亲者，吾未之闻矣。”（《孟子·离娄章句上》）曾子说：“终身也者，非终父母之身，终其身也。”（《礼记·内则》）也都反映了这种子女的身体归属于父母的观念。

这种子女的身体属于父母的理论，自然易于产生流弊。例如，在儒家经典所记载的虞舜尽孝的故事中，虞舜之父瞽叟曾经“焚廪掩井”，不仁不慈到了屡次要杀害儿子的程度，却没有遭到先儒们太多的谴责，这似乎是默许瞽叟的“杀子”的权力。而明朝末年的魏禧甚至讲过这么一段极端的话：“父母即欲以非礼杀子，子不当怨，盖我本无身，因父母而后有，杀之，不过与未生一样。”（魏禧《日录》）这正是“父叫子死，子不得不死”的言论。

二、赡养父母

《孝经》中论述了从天子到庶人五个不同等级的人实行孝道的不同方式。前四个等级的天子、诸侯、卿大夫、士的行孝，侧重于政治和功名方面的成就、作为，分别是“保天下”、“保社稷”、“保宗庙”、“保禄位”，而“庶人之孝”，在儒家的孝道思想中，可能是比较“低级”的，然而，赡养父母，却是实行孝道的最起码的、最基本的方式。曾子曾说：“孝有三：大孝尊亲，其次弗辱，其下能养。”（《礼记·祭义》）“能养”虽然只是“其下”，却也是必不可少的。《孟子·离娄章句下》中列举的五种“不孝”的行为，其中就有三个是“不顾父母之养”的。《唐律·斗讼》还规定出“供养有缺”的罪罚：“诸子孙违反教令及供养有缺者，徒二年。”《唐律》注解说：“谓可从而违，堪供而缺者。”就是说，按家庭收入情况，能够供养父母吃穿得好一些，而竟给较次的食物、衣物，就算供养有缺。到了明、清时期，仍有这项法律。

养亲虽然不是孝道的全部内容，但对于百姓来说，却是实实在在的孝行。《二十四孝》中的子路为亲负米、江革行佣供母、蔡顺拾椹供亲，都是尽力养亲。清朝康、乾年间扬州人石成金用俚言（白话）写成了一部书叫《福寿真经》，其中《事亲》这一节就对养亲的道理作了一番浅易而切实的解说，常言道：“养儿防老，积谷防饥。”父母受了千辛万苦，也只指望儿子孝顺，有个后成。我看今世人将父母生养你、教训你、婚配你，恰似该当的，所以不能孝顺。试看那乌鸦也晓得反哺，羔羊也知道跪乳，禽兽尚能报本，哪有为个人反不知孝顺的理呢。人若果然不知孝顺，反不如那禽兽了！

当父母亲年老，丧失了劳动能力，缺乏生活资料时，儿女们养亲的孝行，确实是非常重要的。“老有所养”，“养生丧死无憾”，是孟子所认为的“王道”的目标之一。《礼记·王制》中记载三代有“养老之礼”：“有虞氏以燕礼，夏后氏以飨礼，殷人以食礼，周人修而兼用之。”但这里的“养老”只是尊老的礼节罢了，真正的“老有所养”的责任，必然地是由儿女们承担起来。《孝经·三才章》中说：“先王见教之可以化民也，是故先之以博爱，而民莫遗其亲。”也就是说，先代圣王推行和宣扬孝道，是让人民能够担负起赡养年老的双亲的责任。因此，“养儿防老，积谷防饥”对千百年来的中国百姓来说，是再自然不过的事情了。

养亲包括饮食、衣衾、起居等诸方面对父母的照料。《礼记·内则》对这些方面有详尽的论述，都是对子、媳在奉养父母的生活细节方面的规定，看似繁文缛节，却是儒家所重视的养亲之“礼制”。当然，富裕之家赡养父母时，可以奉以甘脂美味，衣以丝帛锦缎，但孔子在回答子路提出的“伤哉贫也，生无以为养”的疑惑时，却讲了很近情的话：“啜菽饮水尽其欢，斯之谓孝。”的确，能够竭尽其所能，谨身节用，以养父母，这就是尽孝了。

三、敬顺父母

《论语·为政》中有两则孔子语录：子曰：今之孝者，是谓能养。

至于犬马，皆能有养，不敬，何以别之？子曰：色难。有事，弟子服其劳，有酒食，先生馔，曾是以为孝乎？从这两则语录里可以看出：孔子认为，只是奉养父母，却缺乏那种发自内心的敬意，就无以区别赡养父母与饲养犬马牲畜的不同，即使奉上酒食美味，也还不是真正的、全部的孝。儒家的孝道，除了赡养父母之外，更注重尊敬和顺从父母。孟子还称颂过曾子“养志”之举：“曾子养曾皙，必有酒肉；将彻，必请所与；问有余，必曰：‘有。’曾皙死，曾元养曾子，必有酒肉；将彻，不请所与；问有余，曰：‘亡矣。’将以复进也。此所谓养口体者也。若曾子，则可谓养志也。事亲若曾子者，可也。”（《孟子·离娄章句下》）同样是以酒肉供奉父亲，曾子的“养志”与曾元的“养口体”就有所不同，区别在于有无诚敬之心。

在曾子看来，“养”父母只是一种外在的孝的行为，孝道的内在的思想境界要求是要做到“敬”，它比“养”更难以达到，也就更为可贵。“安”也是一种“敬”，是内心的诚敬发而为外在的快乐的容色。“久为难”是说长久地做到恭敬快乐是很不容易的；“卒为难”是说一直到父母亲去世都能这样保持着恭敬就更不容易了。总之，一时半载地恭敬快乐还达不到“至孝”的境界，只有长久地这么做才是“至孝”。在儒家经典中，虞舜就是这样的“至孝”、“大孝”，孟子说：“大孝终身慕父母。五十而慕者，子于大舜见之矣。”（《孟子·万章章句上》）

如果说，养亲侧重于物质上、肉体上的奉养，那么，敬亲就是更注重于精神上、道德上的修炼与提升了。强调子女对父母的敬顺，正是儒家孝道的伦理化、道德化的表现，或者可以说，正是因为儒家孝道更强调子女对父母的敬顺这一方面，才使得父母子女之间缘于血缘关系的亲情与爱，转化为一种道德品性，转化为一种礼教制度，也正是在这一点上，我们得以深刻理解《孝经·广要道章》中的这句话：“礼者，敬而已矣。”

儒家的孝道，更强调子女对父母的敬顺这一面，自有它在道德方面的价值和意义，但强调过头了，也会产生流弊，它使得子辈与父辈的关系极不平等，“天下没有不是的父母”，子女则须无条件地敬顺、服从父母。当然，如果父母慈爱、开明，子女们孝敬、服从，家庭和睦，上下相亲，其乐融融，这样两全其美，自然是最为理想的了。但是，如果父母不仁不义，不慈不爱呢？儒家的孝道明确地表示：即使是这样，子辈仍然要做到敬顺、服从。《二十四孝》中，有闵子骞的“单衣顺母”，有王祥的“卧冰取鲤”，都是这种无条件地顺从的例子，而这方面最典型的例子，是孔子、曾子、孟子及后代儒者都一致称颂的虞舜事亲尽孝的故事。

《孟子·万章章句上》中记载：“父母使舜完廪，损阶，瞽叟焚廪。使浚井出，从而掩之。”这就是说：虞舜的父母叫虞舜去修缮储粮的仓屋，等虞舜上去后，抽走梯子，虞舜的父亲瞽叟就放火焚烧粮仓，加害于虞舜；后来又叫虞舜去淘井，等虞舜下井后，就往井里填土，加害于虞舜，其不仁不慈至此。但虞舜仍然敬父母，不敢怨。最后，虞舜的孝心终于感动了瞽叟。

从一般情况来说，父母对子女的慈爱，是天性，是本能，像虞舜的父母这样狠毒对待子女的情形是极端的例外，但虞舜仍然能“克谐以孝”。因为虞舜做到了一般人都难以做到的死而无怨的“敬顺”，所以才被儒家奉为“至孝”、“大孝”的典范。元代的许名奎所著的《劝忍百箴·孝之忍》中说：“盖事难事之父母，方见人子之纯孝，爱恶不当疑，曲直何敢较！”这正是这种“无条件敬顺父母”的孝道观念的表现。

儒家孝道强调“敬顺父母”，也表现在劝谏父母的问题上。劝谏父母的过错，儒家孝道并不反对，只不过劝谏仍然要以“敬顺”为前提原则。《论语·里仁》中记载：子曰：事父母几谏。见志不从，又敬不违，劳而无怨。也就是说，子女对父母只能委婉地劝谏，父母不听从劝谏时，子女仍然要尊敬父母并且服从父母，即使心中忧愁，也不能怨恨。《礼记》等儒家经典中关于劝谏父母的看法，与孔子“几谏”的原则相同，如《礼记·曲礼下》中说：“子之事亲也，三谏而不听，则号泣而随之。”《礼记·内则》中说：“父母有过，下气怡色柔声以谏。谏若不入，起敬起孝，说则复谏；不说，与其得罪于乡党州闾，宁孰谏。父母怒，不说，而挞之流血，不敢疾怨，起敬起孝。”这里的谏父母的行为，都是从“为人子之礼”的角度上说的。

与《论语》、《礼记》的有关说法有所不同，《孝经·谏诤章》明确地提出：子辈要当“争子”，“父有争子，则身不陷于不义。故当不义，子不可以不争于父。”“故当不义则争之。从父之令，又焉得为孝乎！”《孝经》确实更强调为人子者谏诤父母的意义，但是，我们应该看到，这是着重从父亲的角度（即身不陷于不义的角度）来看待谏诤问题的。从儒家的孝道来说：谏诤是从属于“敬顺”的大前提的，是服从于“敬顺”的大前提的。

儒家孝道中，还有“为观者隐”的内容，也属于“敬顺父母”的大范畴。《论语·子路》中记载了这么件事，叶公语孔子曰：“吾党有直躬者，其父攘羊，而子证之。”孔子曰：“吾党之直者异于是：父为子隐，子为父隐，直在其中矣。”孔子伦理哲学的基础就在于“孝”与“慈”，父亲偷了羊，儿子要为他隐瞒，而隐瞒尊长的过错才是真正的“直”。元代的许名奎所著的《劝忍百箴·父子之忍》中曾引“证罪攘羊”的例子，其注解说：“父子，人之大伦，伸一己之细行，伤人道之大伦，非天理也。”这倒是指出了问题的实质。后世的某些法律如《唐律》等还规定：“告言阻詈祖父母、父母”的行为是“不孝”，也就是说，祖父母、父母犯罪允许子孙隐瞒，这叫作“容隐”。当然，这种“为亲者隐”只限于一般的罪责。北宋司马光所编撰的《家范·子下》中还把“谏诤”与“容隐”联系起来分析。司马光的“谏诸内，隐诸外”及“善则称亲，过则归己”的提法，总算是一种折中的解决办法。

四、葬祭以礼

《论语·为政》中记载：孟懿子问孝，子曰："无违。"樊迟御，子告之曰："孟孙子问孝于我，我对曰：无违。"樊迟曰："何谓也？"子曰："生，事之以礼；死，葬之以礼，祭之以礼。"孔子所论，在此概括为"无违"两字，其内涵是"生，事之以礼"和"死，葬之以礼，祭之以礼"。"生，事之以礼"即父母活着的时候，子辈要养亲，敬亲，而除此之外，儒家的孝道，对丧葬和祭祀之礼也极为重视，这就是所谓的"追孝"。《论语·尧曰》中说："所重：民、食、丧、祭。"人民与粮食的重要性自不待言，而儒家却把丧葬与祭祀的重要性，同人民与粮食相提并论，等量齐观。《孝经·纪孝行章》也说："丧则致其哀，祭则致其严。"曾子曾说过："吾闻诸夫子：人未有自致者也，必也亲丧乎！"（《论语·子张》）也就是说，只有在父母亡故的时候，做子女的哀恸之情才得以自然地、尽情地流露和发挥，这是人之常情。《孝经·丧亲章》中说："孝子之丧亲也，哭不偯，礼无容，言不文，闻乐不乐，食旨不甘，此哀戚之情也。"但儒家又将丧葬之礼加以严谨地规范，为的是使丧亲时既能体现孝子的哀恸之情，又能以礼制来节制感情，不使之泛滥。《礼记·檀弓上》中记载了这么一件事：弁地有个人死了母亲，像婴儿一样尽情地哭泣。孔子对此评论说："他这样做固然是尽情地表达他的悲哀的感情，但这不可能长久普遍。作为礼制，它应该是能普及大众的，是要人人都能做到的。所以说丧礼的哭是有一定的节度的。"这就是"君子礼以饰情"（《礼记·曾子问》）因此，儒家经典中为丧葬之礼作了许多规定，丧葬礼制中，有"三年之丧"的规定。孔子曾说过："子生三年，然后免于父母之怀。夫三年之丧，天下之通丧也。"（《论语·阳货》）孔子又说："三年无改于父之道，可谓孝矣。"（《论语·学而》）都明确地提出了父母去世后应守丧三年，以报答父母在子女幼年时三年怀抱哺育之恩。种种礼制规定固然重要，但儒家更强调丧葬时人子的“诚敬”之心。子路说：“吾闻诸夫子：丧礼，与其哀不足而礼有余也，不若礼不足而哀有余也。”（《礼记·檀弓上》）孔子在回答子贡问丧时说：“敬为上，哀次之，瘠为下。颜色称其情，戚容称其服。”（《礼记·杂记下》）孔子又在回答子游问丧具时说：丧葬之礼中，诚敬之心最为重要，出于诚敬之心，根据家里财力去安排葬礼，就不算失礼。

儒家重丧葬也重祭祀礼。祭祀亡故的亲人，以示不忘本、不忘恩，这正是“事死如事生，事亡如事存，孝之至也”的表现。《礼记》中的《郊特牲》、《祭法》、《祭义》、《祭统》诸篇，都是专论祭祀礼制的，其中《祭义》阐发祭祀的伦理意义及其与孝道的密切关系，如：祭祀的次数不能太多，多则倦烦，倦烦则不恭敬了，但次数也不能太少，少则怠慢，怠慢则容易遗忘。秋天时节，霜露覆盖大地，君子心中将产生凄怆的感情，因为想起死去的亲人；春天时节，雨露滋润大地，君子心中有所震动，疑惑将见到死去的亲人。春祭作乐以迎亲人的亡灵归来，秋祭则哀伤地送走亲人的亡灵。又如：君子在父母生前尽心奉养，父母去世了，就诚心祭祀，终生都牢记着不要辱没父母。君子终生要为父母服丧，指的是每年父母的忌日。忌日里不做别的事，并不是这个日子不吉祥，而是因为这一天对父母的思念到了极点，所以不敢再为自己做私事了。只有圣人才能使上帝来飨用他的祭祀，也只有孝子才能使父母的亡灵来飨用他的祭祀，因为“飨”就有“向”的意义，只有诚心向往，鬼神才会来飨。所以孝子祭祀时立于尸（神位）前，不会有惭愧的神色。《礼记·祭义》中还说：孝子的祭祀，能尽心于诚笃，因而行动也无不诚笃；能尽心于诚信，因而鬼神如在眼前；能尽心于恭敬，因而举止也无不恭敬，能尽心于礼仪，因而礼节没有过失。一进一退，都显出恭敬，好像真的在父母跟前，听命于父母的使唤。

从孝子祭祀的行为中，可以知道他的心情：他站立时，恭敬地弯曲着腰；走上前时，恭敬地面带喜悦之情；献上祭品时，恭敬地满怀希望；退下来立定时，好像还将听从吩咐去做事似的。直到撤掉祭品退下来时，孝子那恭敬庄重的神色仍然未从脸上消失。“祭者，所以追养继孝也。”儒家的孝道重视丧葬和祭祀之礼，目的在于“崇德报功”，纪念祖先、父母，并且强化孝亲的意识。这正是曾子所说的：“慎终，追远，民德归厚矣。”（《论语·学而》）

中国传统孝道的现代意义

中国人注重孝行、孝道，是由来已久的道德传统。在殷墟发掘的甲骨卜辞中，就曾出现过“孝”字，这说明至少在殷商时期，我们的先民就已经有了“孝”的观念。

孝的最初的基本涵义是“善事父母”。《尔雅·释训》上说：“‘张仲孝友’，善父母为孝，善兄弟为友。”《说文解字》承续《尔雅》之说解释“孝”字曰：“善事父母者。从老省，从子，子承老也。”即认为“孝”字是子与老形成的会意字——子女上承老亲。可见，孝是子女养亲敬亲的专有名词。

《诗经·小雅》中有一首《蓼莪》，正是先民们爱亲敬亲的纯朴感情的自然流露，《蓼莪》中深情地缅怀父母养育之恩，一唱三叹，动人情怀：

蓼蓼者莪，匪莪伊蒿。哀哀父母，生我劬劳。

蓼蓼者莪，匪莪伊蔚。哀哀父母，生我劳瘁。

缾之罄矣。维罍之耻。鲜民之生，不如死之久矣。无父何怙？无母何恃？出则衔恤，入则靡至。

父兮生我，母兮鞠我。拊我畜我，长我育我，顾我复我，出入腹我。欲报之德，昊天罔极。

南山烈烈。飘风发发。民莫不谷，我独何害?

南山律律，飘风弗弗。民莫不谷，我独不卒。

孝的观念，源于血缘关系，源于亲情的爱与敬。黄寿祺先生曾指出“孝治”与“孝道”的区别，他说：“故帝王言孝，总关政治用心，或寓欺世之诈伪；人民敬孝，每出天伦情性，诚为人类之美德矣！”（《群经要略·孝经篇》）儒家的孝道，从人民的天伦情性出发，使“孝”的观念伦理化，形成了道德规范。《孝经》及其他的儒家经典对“孝”的阐述和发挥，都是努力使孝道从自然的情感表现转化为自觉的行为规范。

传统的孝道，是利弊兼有的矛盾体，其中既有民族性的精华，也存在一些封建性的糟粕，我们应该用历史和现代的眼光，对传统孝道进行重新审视和深刻反思。

一、孝道中的道德意义

父母与子女之间的情感，是一种基于血缘关系的亲情和爱。在儒家所说的“父子有亲，君臣有义，夫妇有别，长幼有叙，朋友有信”的“五伦”中，父子关系是惟一的以血缘为纽带的人伦关系，是由生育所发生的亲子关系，此间有一种宿命般的不可替换性。《孝经·圣治章》中说：“父子之道，天性也。”“父母生之，续莫大焉。”都是讲到血缘关系对父母、子女的定义，以及血缘关系对父母、子女之间情感的支持。

就父母与子女之间的情感来说，父母对子女不能不怀有某种怜爱与仁慈，因为，在他们的子女的生命中也有他们自己的生命，子女在某种意义上还是与他们一体的，是他们的骨肉，对子女的爱也就是对延续自己生命的人的爱。从子女这一方面来说，子女对父母也不能不怀有依恋之情，因为父母是他生命所从出的来源，他对这一来源自然会怀有一种神秘的敬意和亲近之情。孔子说过：“子生三年，然后免于父母之怀。”（《论语·阳货》）古往今来，世界上任何个人的幼年时期，总是要依靠父母哺育照料，总是把父母的世界看成一个神圣的世界。子女对父母的感情是对产生和哺育了自己生命的人的感情。父母与子女之间的关系在期望、关切、忧虑等情感方面，和他们二者各自与他人的关系有着显著的不同，而这就是血缘的力量。

先儒们推崇终身仰慕、敬顺父母的行为，如《孟子·万章章句上》中引虞舜为例说，虞舜诸事顺遂，却因为得不到父母的欢心而郁郁寡欢，像孤儿一样无依无靠。我们知道，虞舜的父母，“父顽母嚣”，自身并不完美，但仍然是虞舜终身依慕的对象，这自然是“至孝”、“大孝”。然而，像虞舜这样的“至孝”、“大孝”并非人人都能自然地、自觉地达到。古人们也注重到了另一种倾向。《孟子·万章章句上》在上面所引的虞舜的例子后，接着说人在幼年时，就怀恋父母，到长大成人，有了情欲，就开始喜欢年轻美貌的女子；有了妻子儿女，就依恋妻子儿女；出仕做官，就热衷于得到君主的欢心。对父母的情感难以保持一贯的仰慕、敬顺。《荀子·性恶》中说：“妻子具而孝衰于亲。”《邓析子·转辞篇》中说：“孝衰于妻子。”说的也是人们对父母的孝敬之情在有了妻子儿女之后就减退了。《礼记·坊记》中说：“子云：‘父母在，不称老，言孝不言慈。……’君子以此坊民，民犹薄于孝而厚于慈。”北宋司马光的《家范·子下》中引了“郭巨为亲埋儿”的故事后写道：“或曰：郭巨非中道，曰：然。以此教民，民犹厚于慈而薄于孝。”即：“郭巨埋儿”，有人认为他的做法不符合道义，回答是：对！但用这样的极端的例子教育民众，民众仍然重慈薄孝。

“厚于慈而薄于孝”，用现代语言来说，就是父母子女之间基于血缘关系的感情是不平衡的。相对而言，父母对子女的关怀和爱护，与子女对父母的情感的回报相比，无疑是前者更强烈也更有力。父母对子女的关怀和爱护，某种程度上可以说是天性，是本能。父母是长辈，他们已经自立，而每个孩子生下来时却都处在柔弱无力、无法自己生存的状态，因此，父母生下了孩子就负有抚养和关怀他们的义务，这是人类的延续所必须的，甚至动物也能在某种程度上做到这一点，我们确实看到动物间的“伟大的母爱”，这是造化的安排，是物种繁衍所必须的。而反过来，子女对父母的关心和敬爱，虽然从某种角度言之也出于自然之性，但相对来说是非本能的、非天性的，是需要经过教化、修养等后天的努力才能达到的。我们可以看到许多动物和人类一样表现出对自己后代的关怀和爱护，但很少有动物能和人类一样表现出终身仰慕、敬顺父母的孝行来。

儒家的孝道，重点强调的是子女对父母的赡养、亲爱和敬顺。这是一种调节，即通过对孝的强调来弥补自然本能的不足——即弥补子女对父母的关心和敬爱的不足，使父母与子女之间的爱达到一种平衡，使儒家最重视的父子之间的人伦关系达到一种稳定，从而带来整个社会的和谐。从这个意义上，儒家强调孝道表现出了人禽之别，文明之化，道德也在此呈现，它使父母子女之间的互爱从一种主要是本能的爱转化为一种重心放在道德上的爱。义务感、敬畏心等种种伦理规范被引进来了，甚至有时这种爱全然以道德的面貌出现。

二、孝道中的政治意义

《孝经》一书集中论孝，其他的儒家经典也都或多或少地涉及孝的观念，可以说，重孝是儒家思想体系的一个重要特色。著名史学家钱穆先生在20世纪40年代曾提出一个观点，认为中国文化就是“孝的文化”。

近代学者邬时庆在《孝经通论》中指出：“《孝经》有伦理义，有政治义。”的确，在儒家思想体系中，孝既是正人伦之根本，又是治天下之础石，很显然，孝，不仅仅是规范个人行为及家庭关系的伦理道德准则，而且还是与社会关系、政治生活密切相关的，也就是说，孝实际上包括了家庭伦理意义的“孝道”，以及政治意义上的“孝治”两方面的内容。

如果要追溯源头，寻找最早的孝道切入政治的例子，那就是《尚书·尧典》中的一段记载。其大意是：尧帝对四方诸侯首领说："我在位已经70年了，你们能不能代替我升任帝位呢？"四方诸侯首领回答说："我们这些人的德行不配居于帝位。"尧帝说："大家可以明察贵戚中有无可升任帝位的，也可以推举地位低微的人。"众人提议说："有一个穷困的人在乡野中，名叫虞舜。"尧帝说："是的，我也听说过有这么个人。他到底怎么样呢？"四方诸侯首领说："他是瞽叟的儿子，父亲生性顽劣，后母凶狠又愚笨，同父异母弟弟名叫象，为人傲慢无礼。但虞舜却能够以孝道来侍奉父母，宽待弟弟，努力地同他们和谐相处。虞舜孝心厚美，处理天下的事务也一定会很公正完美，不至于邪恶出格。"尧帝说："我试试看吧！我先把两个女儿嫁给他，从这两个女儿那里观察虞舜的治家之法。"于是，尧帝命令两个女儿下嫁到妫水湾，为虞舜妇。经过一段时间的考察，最后，尧帝把帝位禅让给虞舜，并对他说："敬慎地行事吧！"

虞舜的孝行，在于他逆来顺受，始终无怨怼之心，所谓"事难事之父母，方见人子之纯孝"，所以他孝名远扬，也正是因为虞舜"至孝"的名声，所以尧帝先是以女妻之，又招为助手令参与管理政务，最后把帝位也禅让给他了。这是孝道与政治结合的最早的例子。

从孔子系统地归纳、总结儒家思想体系开始，孝就始终是一个充满政治意义的观念了。《论语·为政》中孔子在回答有人提出的"你为什么不去从政"的问题时，借用《尚书》上的话说："孝敬父母，友爱兄弟，以影响于执政者，这也就是从政了，何必一定要出仕做官呢？"可见，孔子认为孝悌之道与政治是密切相关的，实行孝道，就可以对政治产生良好的影响。

据称，孔子曾说过："吾志在《春秋》，行在《孝经》。"（见《孝经纬·钩命诀》）孟子说："孔子作《春秋》而乱臣贼子惧。"《春秋》一书，褒贬诸侯，当然是直接关乎社会与政治，而《孝经》被视为与《春秋》互相为用的著作，也是为了纠正世道人心，“正礼教，顺天下”。不管孔子是否确有“吾志在《春秋》，行在《孝经》”之言，把《孝经》与《春秋》相提并论，也还是有一定的道理的。从《孝经》十八章的内容来看，真正论及家庭伦理方面的孝道的内容，仅有第六章《庶人章》、第十章《纪孝行章》的大部分、第十八章《丧亲章》的大部分，而其他各章，都是宣扬了“孝治”的观念，阐发论述孝与政权、政治的关系。其他的儒家经典中的孝论，也都表现出与政治的密切关系。

儒家“孝治”观念的形成，其时代背景是周代。《孝经·圣治章》中提到：昔者周公郊祀后稷以配天，宗祀文王于明堂，以配上帝，是以四海之内，各以其职来祭。这固然是表现出周人重祭祀的一面，同时也表现出周代重视世系传承的一面。后稷是虞舜时代的农官，教民稼穑，封于邰。后稷是周人的始祖，十五传至周武王而有天下。从《诗经》中的几篇史诗里，我们可以了解周人自后稷以来生生繁衍以及迁徙、建国的经历，而在这一过程中，氏族社会逐渐瓦解了，国家形态逐渐形成了。然而，在早期的国家形态中，产生于氏族社会末期的父家长制大家族被原封不动地保留了下来，所以后稷的嫡传子孙们，在作为宗族首领的同时，也兼有政治领袖的身份。《诗经·公刘》篇，描写的是公刘率领周人进行氏族迁移的情形，诗中有“君之宗之”的句子，表明周人此时已经建国，氏族首领公刘已经是君主，即有了国家统治者的身份。自公刘以后到周武王，《史记》已记载其间的传承世系。

周代的政治统治模式，是“邦家合一”的父家长专制主义，君主就是宗族首领，他对邦内的政治统治，是与对宗族的管理统治结合在一起的。周人灭商之后，根据宗法制度，在当时的“天下”范围内进行了分封：周王自称为天子，王位由嫡长子继承，他是整个“天下”的大宗；天子的其他儿子分封为诸侯，诸侯对天子来说是小宗，但在本国则为大宗，其爵位由嫡长子继承；诸侯的其他儿子分封为卿大夫，卿大夫对诸侯来说是小宗，但在本家则为大宗，其爵位也由嫡长子继承；卿大夫的其他儿子又分封为士……这样，大宗率小宗，小宗率群弟，自天子、诸侯至卿大夫、士，形成一个严密的家族统治体系。《礼记·大学》里所说的“齐家、治国、平天下”，就是指这个家天下的统治网。

周代的这种政治统治模式，就是建立在“孝治”观念基础上的。

三、孝道中的社会意义

儒家思想观念体系中的“孝道”，影响了中国历史长达两千多年。在20世纪初，当新文化运动兴起时，反对儒家纲常礼教思想曾经成为一股时代潮流，而传统孝道又因其维护家族制度，支持专制主义，束缚人的思想、行动的自由，所以首当其冲地成为批判的对象，非孝之论蠭起，《孝经》等儒家经典也遭到贬斥。陈独秀、鲁迅、胡适、吴虞等新文化运动的先驱人物，都曾对传统孝道中非理性、不近情、愚昧和残忍的方面不遗余力地加以攻击。这也许是“矫枉必须过正”吧。历史的车轮已经行进到21世纪的今天了，更富于理性的现代人，固不必盲从传统的孝道，但也不应该轻易地全盘否定传统孝道。传统孝道中合理、有益的部分，仍然对现代社会具有价值，问题是：如何让孝道在现代社会发挥其作用?

从整个孝的理论来说，传统孝道的性质及其在文化体系、社会制度中的地位在某种程度或某个局部上已经不适应变化了的现代社会，尤其是“孝”与“忠”的联系和类比，在今天已显然不合时宜了。解决矛盾的出路首先是使“孝”与“忠”分离，使“孝道”不再负有“孝治”的重任，而仅仅是作为一种子女对父母的爱，主要是在调整家庭关系中起作用，也就是使孝道回到个人、家庭的伦理范畴中来。而今天我们已经有了这样做的社会条件。

古人重孝，因为孝道使父子关系的主轴得以维持和加强，进而达到整个家族的团结，从而完成家族所承担的各项功能；而且，从整个国家来看，家与国又是相连的，家的稳定直接关系到国的稳定。而在今天，我们现在的家，与古代社会的大家族已经显然不同了，就是与鲁迅、吴虞他们抨击孝道时候的家也已经不同了。中国社会在家庭关系方面的进步，在近百年来比以往任何时候都要大得多，它包括父权制家族的解体和男女平等的潮流。在今天，我们的家不再是过去那种动辄十口百口、数代同居的大家族了。家变小了，家的功能也减少了，这样，加在家庭伦理的“孝”之上的政治和社会的重负大都被卸去了。那么，我们需要问：今天我们应当怎样做父亲和儿女呢？或者说，从道德伦理的角度，我们应当对父母与子女之间的关系和感情提出一些什么要求呢？

首先，应当为“子孝”恢复其相对性——即对“父慈”的重新提出，以做到孝、慈并重。父母与子女之间的关系应该是平等的，他们应该互爱，父慈子孝的要求应当置于平等的地位，给予同等的分量。针对传统孝道的弊病，我们不要忽视父母对子女的义务和爱，以及父母对子女的理解和宽容。父母与子女之间的矛盾冲突经常发生在子女即将成人的阶段。“代沟”、“青春期的叛逆”、“逆反现象”等等，似乎是相当普遍的。子女即将离开父母的护翼而走向社会，他们有他们新的愿望、新的追求，他们所面对的现实环境也与父辈们迥然不同，他们似乎正处在一个“无情无义”的年龄阶段，而忘记了过去父母对他们的细心体贴和爱护，甚至把父辈的爱护、指导看作是一种束缚，他们开始反抗，要挣脱束缚，向往着外面的天地。在这种时候，父母该怎么办？传统孝道似乎并没有在这方面提供多少回答。古代社会的人生追求在性质以至途径上经常是重复的，儿女的机会也常常附着在父辈和祖辈身上，而现代社会在这一点上却大大不同了。

在现代社会中，父母不应该再以传统孝道的模式去要求子女，不应该一味地强调子女无条件地服从自己的意思，应该细心地体会儿女的心愿。现代社会的父母，应该认识到：子女不是父母的私有财产，不能够按照自己的模样去塑造他们，或者希望他们去完成自己未遂的志愿。父母也应该尊重子女的意愿，子女有选择自己生活的权利，有追求自己所喜好的价值的权利，只有尊重他们的权利，他们才能真正成为一个独立自主的人，成为完整的人。现代社会的父母，应该更为开明，努力去理解子女的要求、志愿、情感，即使不能理解，也应该给予恰当的宽容。父母当然不是袖手旁观，而是要尽量利用自己的经验和智慧为子女提出建议或劝导，但是，最后的决定却必须由他们自己做出。子女确实长大了，他们就要离开父母了，父母在感到失落和惆怅的时候却也应该感到庆幸，父母应该希望子女超越自己，希望子女在事业上、人生道路上比自己做得更好。这样的一种爱才是更伟大的爱，因为在这样的爱中，既包含了作为长者的奉献和牺牲，抛弃了任何个人占有和支配欲的因素，又包含了成熟的理性的成分。

然而，话说回来，从现代社会的现实情况来看，又使我们觉得，应该在父母与子女的关系中，让义务的天平稍稍偏向儿女一方，即应该更强调子女对父母的义务，强调现代社会中日益淡薄了的孝的观念。在今天的家庭，尤其是在城市的家庭中，父母的权威已经大大削弱，对于许多成年的子女来说，父母权威甚至不复存在，反倒是出现了一种西方所谓的“倒歧视”现象——不是父母老人本位，子女幼者受轻视，而是相反：父母老人受轻视，子女幼者成为本位。有一种戏谑的说法：古代人强调的“孝子”，今天却成了“孝”子，即去“孝顺”子女了。还有类似的说法：过去是父母包办儿女的婚姻，如今是父母“包办”儿女的婚礼的一切开销。现代社会里，儿女婚后也大都不和父母住在一起，日常的晨省昏定，嘘寒问暖自然就不可能有了，“父母在，不远游”的戒律也被打破了……因此，正是由于客观上远离了父母，越来越难于就近关心和照顾父母，所以主观上就越应该要求自己给父母较多的关怀和爱心。例如，在今天，父母在，可远游，不必用旧时代的孝道中某些“紧箍咒”来束缚自己，但不论走到天涯海角，子女们对生我养我的父母双亲永存一份真挚的牵挂，给父母双亲以物质上或精神上的温暖、安慰，则是于情于理都是切合的吧。

强调子女对父母的孝的义务，实际上是一种对自然不足的弥补，是对双方之间感情天生不平衡的一种调节，而正是这种调节显示出了文明与道德的力量。即使是在现代社会，有这样一种道德的调节比起没有来，于社会更有好处，一个尊老爱幼的社会，总是比一个“老年人的地狱”的社会更温暖，也更美好。我们应该努力避免在我们这个拥有古老文明和传统孝道的国度里出现类似西方“倒歧视”现象的弊病，我们应该努力在现代社会中，仍然保持着一种上下之间的亲情，一种淳朴美好的天伦之乐。

四、孝道所产生的流弊

儒家的孝道，更强调子女对父母的敬爱这一端，自有它在道德方面的价值和意义，它致力于调整父母与子女之间的伦理关系，维护家庭关系的和谐，它培养了我们民族尊老敬贤的优良传统，也对维护整个社会的安宁起到了积极的促进作用。从孝道介入政治作用范畴方面来看，儒家宣扬的“孝治”观念，致力于创建一种使“亲亲”与“尊尊”、“贤贤”相结合的家国政治，其目的在于使天下平息纷争却又保有活力。我们不能否认“孝”作为一种具有政治效用的社会道德教化所起的作用，历史上曾出现的“郁郁乎文哉”的周文气象，那彬彬有礼、温情脉脉的政治景观和君子风度，的确自有其美好的一面。总之，倡导孝道对于个人修养、家庭关系、社会政治的敦风厚俗之功，是不能一笔抹杀的。然而，我们也应该看到：中国历史上重孝与泛孝的倾向，把孝道强调得过了头了，也就有流弊的产生。

我们已经在前面分析说明了儒家对孝的强调是一种调节作用，这是在“慈”与“孝”之间不平衡状况的调节。其实，它应该是有前提条件的，是相对性的，即“父慈”是前提条件，相对于父慈而有子孝。《礼记·大学》中说：“为人子止于孝，为人父止于慈。”二者并列。北齐的颜之推在其著名的《颜氏家训》中说："夫风化者，自上而行于下者也，自先而施于后者也，是以父不慈则子不孝……"这也是为"子孝"提出前提条件。如果父慈子孝是普遍的对应，那自然是最理想也最完善的了，可是，尽管从一般情况来说，父母对子女的慈爱是一种天性和本能，但也不能排除因各种社会的、家庭的、经济的原因而出现父母不仁不慈的现象。《二十四孝》中，就有三例是父母不仁不慈的情况：虞舜"父顽母嚣"，闵子骞后母"妒损，衣以芦花"，王祥"继母朱氏不慈"。在这种情况下，"子孝"失去了相应的前提，但为人子者仍应无条件地恪守"孝道"：虞舜死里逃生，仍无怨怼，闵子骞冻得发抖，而不声张抗议，王祥卧于冰上性命堪虞……这些都被奉为孝的典范，这在今天看来，的确太不近人情了。强调孝道是可以接受的，但没有相应前提片面性、绝对化地强调孝道，就偏离了情理了。这就是说：父母是否仁慈并不是必须的义务，只有子女的孝顺，才是真实的而又强硬的义务要求。翻开历代封建王朝的各种法律，从来没有认定父母不仁不慈是犯罪行为的，而"不孝"却一向都被列入十恶不赦的重罪。《孝经·五刑章》中说："五刑之属三千，而罪莫大于不孝。""不孝"所受的刑罚是极为严厉的。

在重孝与泛孝的主张影响下，一些甚至违反了孝道训条的愚行与暴行也被认可、推崇，如郯子为顺从母亲的意愿，冒着生命危险去深山老林里取鹿乳，违反了"孝子不服闇，不登危"的训条；介子推"割股啖亲"即割掉自己大腿上的肉给父母吃，违反了"身体发肤，受之父母，不敢毁伤"的训条；郭巨埋儿，因家贫将儿子活埋省下粮食奉养老母，又是违反了"不孝有三，无后为大"的训条……尽管如此，因为他们的目的是为了善事父母，所以被认可并且受推崇。

在孝道为本的总的指导思想下，子女在人身、意志、财产上都处于极端无权的地位，他们对父祖必须绝对服从，甚至连自己的身体、生命都被认为是属于父祖的而不是本人的。"父为子纲"这种礼制规范得到国家强制权力的充分保护。父母对子女拥有教令权、惩戒权、送惩权、主婚权等。

教令权，是指子孙要遵从父祖的意志，要接受父祖的管束。惩戒权，是指子孙违反父祖的意志不受约束时，父祖可以行使权威加以惩戒，因此教令权与惩戒权互为表里，实际上是一种权力。《吕氏春秋·荡兵》中说：“家无怒笞，则竖子婴儿之有过也立见。”《颜氏家训》中说：“怒笞废于家，则竖子之过立见，刑罚不中，则民无所措手足，治家之宽猛亦犹国也。”这些都是礼制上的要求，《唐律·斗讼》规定：“即有违反教令，依法决罚。”则是有国家法律做后盾。上古奴隶社会以至封建社会初期，法律容许父祖杀害子孙。《史记·李斯列传》记载，秦二世胡亥假借秦始皇的名义赐扶苏死，有劝扶苏上表请免者，扶苏说：“父而赐子死，尚安复请。”遂自杀，这就是个例证。后来生杀之权操纵在皇帝和国家机器手里，虽然不再允许父祖杀子孙，但对杀害子孙的却罚极轻。元、明、清的法律规定，除故意杀害并无违犯行为的子孙要受惩罚外，子孙如有不孝行为而被父祖杀死，父祖是可以免负刑事责任。相比之下，《唐律·斗讼》规定：“诸告祖父母、父母者，绞。”“骂祖父母、父母者，绞。”这种处罚，又严厉到了极点。

法律除了承认父祖的惩戒权外，还给父祖以“送惩权”，即请求官方代为惩罚的权力。父祖以子孙违反教令为理由送请惩戒的，或处以徒刑，或处以杖笞，还可以流放边远地区。父祖如以不孝罪名呈控将子孙处死，一般情况下官府是不加拒绝的。《清律例》规定：“父母控子，即按所控办理。”即不必审讯即可定案。

父母的意志是子孙婚姻成立或解除的决定条件。家长可以为子孙择妻，为女嫁夫，子孙必须遵从包办的婚姻而不得违抗，否则要受到惩罚。同样，父母对娶来的媳妇不满意的，可以下令离弃。东汉末年有一首民间叙事诗《孔雀东南飞》，说的是焦仲卿之妻刘兰芝与焦母不合，尽管焦仲卿与刘兰芝恩爱不舍，但也还是违心地遵从母命，遣送妻子出门，结果焦、刘两人双双自杀。这种以爱情和性命去殉“孝道”的悲剧，在历史上不知演出过多少！

总之，从相对的“父慈子孝”中强调“孝”的一端，发展到绝对化了的“父为子纲”，这就使得父子关系的不平等达到极端，子辈成为父辈的附属品，子辈没有自己独立自主的意志、人格。鲁迅先生在新文化运动时期所写的《我们现在怎样做父亲》一文中说：“‘父子间没有什么恩’这一个断语，实是招致‘圣人之徒’面红耳赤的一大原因。他们的误点，便在长者本位与利己思想、权利思想很重，义务思想和责任心却很轻，以为父子关系，只须‘父兮生我’一件事，幼者的全部，便应为长者所有。尤其堕落的，是因此责望报偿，以为幼者的全部，理该做长者的牺牲。”鲁迅先生的这段话，确实是击中了传统孝道极端发展的流弊的根本要害。

孝，是中华民族的传统美德，我们的祖先对人际关系的亲密和谐的向往并非完全落伍。虽然社会已经必然地进入了现代，但古老的梦想仍保持着他的魅力。我们要尊重我们的传统，包括强调孝敬的传统，并在传统中注入更多理性的成分，一方面，我们将怀有对传统的理解、宽宏和原谅，以及后人对前人应有的尊重，另一方面，我们也将排除传统中不尽合理的成分，而提取出富于精神和道德价值的成分，伴随我们走向未来。

儒家的仁政思想

一、孔子的仁政观

孔子一生，为实现其政治理想而四处奔走，但现实却把他的理想击得粉碎，官至鲁国大司寇的短暂辉煌，也没能使他大展宏图。然而一部《论语》，却记录着他那不合时宜而光耀千古的政治理想，这就是他以“仁”为核心的“仁政”思想。

要论理想，孔子最向往的是尧、舜时代。在《论语》中，他赞叹道：大哉，尧之为君也！巍巍乎！唯天为大，唯尧则之。荡荡乎！民无能名焉。巍巍乎其有成功也，焕乎其有文章！（《泰伯》）无为而治者，其舜也与？夫何为哉？恭己正南面而已矣！（《卫灵公》）到底尧、舜时代是什么样的社会而使圣人这样倾心向往、赞叹不已呢？《礼记·礼运》中有一段相传为孔子所描绘的尧舜“大同社会”的理想境界：

大道之行也，天下为公，选贤与能，讲信修睦，故人不独亲其亲，不独子其子，使老有所终，壮有所用，幼有所长，矜寡孤独废疾者皆有所养。男有分，女有归。货恶其弃于地也，不必藏于己；力恶其不出于身也，不必为己，是故谋闭而不兴，盗窃乱贼而不作，故外户而不闭。

是谓大同。

尧、舜之世到底是否果真如此，这段话到底是否孔子所说，我们暂且不论。但这种天下太平，人人大公无私、平等相爱、安居乐业的景象，无论怎样，都会使每一个人热切向往。对于孔子来说，当然更是一个至仁的理想社会。但也正因为其太理想完美，与现实相距太遥远，所以也只能是一个海市蜃楼、空中楼阁。孔子毕竟是个注重现实、讲求实际的思想家、政治家，所以向往归向往，当务之急还是从现实的可能性着手。于是他又描绘了一幅退而求其次的“小康社会”：

今大道既隐，天下为家，各亲其亲，各子其子，货力为已。大人世及以为礼，城郭沟池以为固，礼义以为纪，以正君臣，以笃父子，以睦兄弟，以和夫妇，以设制度，以立田里，以贤勇知，以功为已，故谋用是作，而兵由此起。禹、汤、文、武、成王，周公，由此其选也。此六君子者，未有不谨于礼者也；以著其义，以考其信，著有过，刑仁讲让，示民有常，如有不由此者，在势者去，众以为殃。是谓小康。

这是孔子心目中夏禹、商汤尤其是西周初的社会景象。在这个“小康”社会中，天下为家，有私欲、有权谋、有战争，但有贤君、有礼义制度、有伦理纲常、有正常安定的社会秩序。虽不及“大同”之完美，但也差强人意；更重要的是，他离孔子之世未远，基本上同属一个社会形态，制度尚存，典籍犹在，尤其是鲁国周公故地，遗风犹传。因此，孔子“祖述尧舜，宪章文武”，即以尧舜之世的“大同”为崇高的理想境界，以周文王、武王之世的“小康”为可效法实现的榜样，自己一生孜孜以求为之奋斗的现实目标。这在《论语》中，也有明确的表露。如：周监于二代，郁郁乎文哉！吾从周。（《八佾》）甚矣吾衰矣，久矣吾不复梦见周公！（《述而》）如有用我者，吾其为东周乎！（《阳货》）正是为了实现这一目标，他根据西周的社会制度，提出了“仁政”或“德治”的思想：为政以德，譬如北辰，居其所而众星共之。（《为政》）道之以政，齐之以刑，民免而无耻；道之以德，齐之以礼，有耻且格。（《为政》）所谓“为政以德”，就是要用仁义道德，施行礼乐教化，而不是用政令、刑法的强制手段来治国。因为以政令刑法治国，最多只能暂时约束人的行为；而以仁德礼乐治国，则能长久地征服民心，因此就能像北极星一样，只要安居其位，而众星自然环绕拥戴。这就近乎他所尊崇的舜帝“无为而治”、“恭己正南面而已矣”的境界了。

当然，“仁政”、“德治”只是一个纲领，它必须有一套相应的具体的主张和措施。这就是以下各节所要阐述的内容。

1. 君君臣臣父父子子

任何社会，都必须有一套与之相适应的统治秩序；每一个人，不论是统治者还是被统治者，都有各自的社会角色、社会地位，以及相应的权利、职责与义务，并严格遵守履行，这样社会才能稳定有序。西周社会也是这样。作为一个以血缘关系为纽带的宗法社会，天下为家，家长就是周天子，其他诸侯、大夫、臣子、庶民等。其地位、权利、职责、义务，基本上都以其与周天子以及相互间的血缘关系的亲疏远近所决定，而形成一套宗法制统治秩序，保证社会的稳定。然而春秋之后，社会急剧变革，这个秩序被打乱了。周天子名存实亡，礼乐征伐早已不由天子出，而由诸侯出、大夫出，甚至“陪臣执国命”，臣子弑君篡权、僭位越礼，已是司空见惯之事。孔子对此大为不满、深恶痛绝。季氏身为大夫，却用天子才能享用的“八佾”舞于庭。孔子愤愤然：“八佾舞于庭，是可忍，孰不可忍也！”（《论语·八佾》）季氏等“三桓”祭祖时，唱了《雍》诗，孔子又愤然道：这首诗唱的是天子主祭、诸侯助祭，这与他们大夫家有何相干呢？（《论语·八佾》）还有陈恒弑简公，孔子请求出兵讨伐；管仲私自享用国君之礼，孔子指责其“不知礼”，等等。这类孔子所不能容忍的现象，就是“君不君，臣不臣，父不父，子不子”，（《论语·颜渊》）用孔子一句形象的比喻，就是：“觚不觚，觚哉？觚哉？”（《论语·雍也》）

君臣名实即已乱，就必须按照西周制度中既定的原则、秩序，加以纠正。所以孔子早在他三十多岁时就答齐景公问政说：君君，臣臣，父父，子子。（《颜渊》）这就是说，君、臣、父、子，各安其位，各司其职，各尽本分，这样名实相副，就不会有僭位越礼、犯上作乱之事，天下也就太平了。

后来，孔子又正式明确地提出“正名”的主张。那是孔子周游列国时，卫出公想召孔子治理国政，于是引出一段孔子和子路有关“正名”的对话，子路曰：“卫君待子而为政，子将奚先？”子曰：“必也正名乎？”子路曰：“有是哉，子之迂也！奚其正？”子曰：“野哉由也！君子于其所不知，盖阙如也。名不正，则言不顺；言不顺，则事不成；事不成，则礼乐不兴；礼乐不兴，则刑罚不中；刑罚不中，则民无所错手足。故君子名之必可言也，言之必可行也。君子于其言，无所苟而已矣。”（《子路》）

可见，正君臣父子名分，是事关国家的制度政令、政治事务、礼乐刑罚以至人民行为规范等一系列问题的首要。拿具体的卫国来说，首先就要解决蒯聩、辄父子二人谁应是拥有最高权力的君，谁应是听命于君的臣的问题。这个问题若不解决好，卫国就不可能太平。果然，卫国就是由于父子争位，兵戎相见了十几年，还引起他国介入，内乱中把子路的一条命也搭上了。究其父子相争的原因，就是因为双方各执一理，无以正名，而都认为对方名不正；或者说，他们根本就没有“名分”的观念。

2. 为政在人

宗法制社会，天下为家，是“人治”的社会。因此，要治理好国家，主要靠人，要有英明的执政者，具体地说，就是上有仁德的明君，下有仁德的贤臣。在这个意义上说，所谓“仁政”，就是“人政”。《礼记·中庸》：哀公问政，子曰：“文武之政，布在方策。其人存，则其政举，其人亡，则其政息……故为政在人。”

孔子这段话，就强调了“人”对于“政”的决定作用：像周文王、武王这样的明君，他们的为政之道，虽然都写在版牍（方），竹简（策）上，但也只有他们在世时，其政能行；而一旦人亡，其道也随之废灭了。于是得出的结论是：为政的关键在于人。

首先自然是明君，诸如尧、舜、禹、汤、文、武之类，孔子由衷称颂赞美。明君的英明之处，还在于善用贤人。《泰伯》：舜有臣五人而天下治。武王曰：“予有乱臣十人。”孔子曰：“才难，不其然乎？唐虞之际，于斯为盛……”《说文解字》：“乱，治也。”“乱臣”就是“治国之臣”。唐、虞，即尧、舜之世。太平之世，除了有明君，还须有贤臣。舜有贤臣五人、武王有贤臣十人，才造就出彬彬之盛世。所以孔子感叹人才难得。《颜渊》篇中，有这样一则对话，樊迟问仁，子曰：“爱人。”问知，子曰：“知人。”樊迟未达，子曰：“举直错诸枉，能使枉者直。”樊迟退，见子夏曰：“乡也吾见于夫子而问知，子曰：‘举直错诸枉，能使枉者直’，何谓也？”子夏曰：“富哉言乎！舜有天下，选于众，举皋陶，不仁者远矣。汤有天下，选于众，举伊尹，不仁者远矣。”“举直错诸枉”之语，又见于《为政》篇中孔子对鲁哀公所说：　举直错诸枉，则民服；举枉错诸直，则民不服。

对于鲁哀公，孔子指出用人得当与否，事关民心服不服；对樊迟，则又提出选拔贤人，能直接影响、教育那些邪曲不正直的小人；而在子夏对樊迟的解释中，则又联系历史上舜、商汤选拔皋陶、伊尹等的事例，进一步发挥出选拔贤人能使不仁者匿迹的道理。再如：子言卫灵公之无道也。康子曰：“夫如是，奚而不丧？”孔子曰：“仲叔圉治宾客，祝鮀治宗庙，王孙贾治军旅。夫如是，奚其丧？”（《宪问》）

明君加贤臣，在现实中毕竟少数；而像卫灵公这样的昏君，在春秋之世比比皆是。但卫国之所以还不至于败亡，就是因为有了仲叔圉、祝鮀、王孙贾这三位贤才，主持着国家外交、内政、军事等重大事务。这一事例在当时是颇有典型意义的。因此，孔子常对他的那些从政的学生强调举贤才的问题。如：仲弓为季氏宰，问政，子曰："先有司，赦小过，举贤才。"曰："焉知贤才而举之？"子曰："举尔所知，尔所不知，人其舍诸？"（《子路》）子游为武城宰。子曰："女得人焉耳乎？"（《雍也》）

孔子强调举贤才，本身就是对传统的"举亲故"、"内姓选于亲，外姓选于旧"的用人观念的突破。除了出身贵族的贤才要大力举用外，即使出身寒门，只要有才有德，孔子认为也同样应该选拔上来。如：子谓仲弓，曰："犁牛之子骍且角，虽欲勿用，山川其舍诸？"（《雍也》）这段话颇为费解，但意味深长。犁牛，即耕牛；骍，指牲畜毛色赤红；角，指两角长得整齐周正。古时祭祀，要用牲畜，叫作"牺牲"。但不用耕牛，甚至耕牛之子也不行。周朝崇尚赤色，所以祭祀时要用赤色的牲畜。孔子这话的表面意思是说，固然耕牛不能做牺牲，但其子毛色赤红，而且两角整齐，符合牺牲的条件，那么也完全可以用来祭祀山川，山川之神是不会拒绝的。当然，孔子并不是真的在谈牺牲问题，因为有"子谓仲弓"之言在先，说明是谈论关于仲弓的问题的。据《史记·仲尼弟子列传》记载，仲弓出身微贱。但孔子很赏识他的才干，说："雍也可使南面。"（《论语·雍也》。仲弓名冉雍。南面意为坐北朝南，这是尊者所坐的位子。孔子的意思是说仲弓可做一方的长官。）所以这里以"犁牛之子"相比，说对仲弓完全可以打破出身限制，加以任用。在孔子"举直错诸枉"的话中，也已包含着不以出身限制贤才的意思，所以子夏举了舜用皋陶、汤用伊尹之事。皋陶是古代东夷族的首领（夷是少数民族，为古代中原人所鄙视），伊尹则是奴隶出身，但他们都以才德被重用。皋陶被舜选为继承人，伊尹则为相。孔子还说：先进于礼乐，野人也；后进于礼乐，君子也。如用之，则吾从先进。（《先进》）出身卑贱的"野人"，先学习礼乐后出仕；出身高贵的"君子"，先凭出身做官，然后才学习礼乐。二者之间，孔子更主张用前者。这更鲜明地体现出孔子在用人问题上重才德、轻出身的思想倾向。

孔子这一人才观，正适应于当时的社会潮流。春秋之世，一方面上层贵族领主们长期养尊处优，多有昏庸无能之辈，却因世袭制度而居于高位；另一方面，由于时代变革加剧，大量出身微贱而德才兼备的贤人涌现出来，活跃在社会各领域，这就是春秋战国时的“士”阶层；可是他们却往往因为出身微贱而不得任用，难以发挥才干。孔子本人就是其中一员。孔子这一主张，不但进步于当时，还具有永恒的意义。

3．政者正也

“仁”是一种崇高的境界，对于每一个人来说，它是一种发自内心的自觉的意识。要推行仁政德治，首先要求为政者必须具有高度的仁德修养。这也是上节所谓“仁政”即“人政”的又一层含义。

孔子主张，在上的统治者必须提高修养，克己自律，端正自身，以身作则。这样，他们的品德行为对于在下的庶民百姓就有十分直接的影响。孔子在回答季康子问政时，打了个很形象的比方：君子之德风，小人之德草。草上之风，必偃。（《颜渊》）

这里的“君子”，指的就是在上的统治者。孔子说，他们的品德就像风一样，风吹草动；草往哪边倒，全看风往哪边吹。可见社会风气的好坏，完全取决于在上者的品德行为。因此，要实行仁政德治，首先要求在上者要具备良好的政治素质、品德修养。关于这个问题，孔子与弟子子张有一段对话，子张问于孔子曰：“何如斯可以从政矣？”子曰：“尊五美，屏四恶，斯可以从政矣。”子张曰：“何谓五美？”子曰：“君子惠而不费，劳而不怨，欲而不贪，泰而不骄，威而不猛。”子张曰：“何谓惠而不费？”子曰：“因民之所利而利之，斯不亦惠而不费乎？择可劳而劳之，又谁怨？欲仁而得仁，又焉贪？君子无众寡，无小大，无敢慢，斯不亦泰而不骄乎？君子正其衣冠，尊其瞻视，俨然人望而畏之，斯不亦威而不猛乎？”子张曰：“何谓四恶？”子曰：“不教而杀谓之虐，不戒视成谓之暴；慢令致期谓之贼；犹之与人也，出纳之

吝谓之有司。”（《尧曰》）

这段长篇大论，谈的是关于为政者品德素质问题。孔子在这里向为政者提出了“五美”、“四恶”的具体要求。按照孔子自己的解释，为政者必须具备的“五美”就是：根据民众的利益所在设法使其得利，自己却无所耗费，这叫“惠而不费”；役使人民要选择合适的时机，使人民无所怨恨，这叫“劳而无怨”；一心追求仁而实现了仁，此外别无所贪求，这叫“欲而不贪”；对人不论他拥有多少人、势力大小，都同样泰然从容、真诚相待而不怠慢，这叫“泰而不骄”；平日里总是衣冠楚楚、目光庄重、态度严肃，让人一望而生敬畏之心，这叫“威而不猛”。为政者必须摒弃的“四恶”就是：对人民事先不加教育，一旦犯罪就杀戮，这叫“虐”；不加告诫而坐等人家有所成功，这叫“暴”；政令迟迟不发布，事到临头突然限期，这叫“贼”；分人以财物，却出手悭吝，这叫“有司”（有司是指掌管具体事务的小吏，这里以此比喻小家子气）。具备了应有的品德素质，在行为上还要注意端正自身、以身作则。孔子说：政者，正也。子帅以正，孰敢不正？（《颜渊》）其身正，不令而行；其身不正，虽令不从。（《子路》）苟正其身矣，于从政乎何有？不能正其身，如正人何？（《子路》）

所谓“政”，就是“正”；上正，则下治，这就是“政治”。在上者行为端正了，自身就是表率；上行下效，不用政令人们也会跟着做，所谓上古之世，无为而治，就是这个道理；在上者自己不正，己所不欲而强加于人，就是三令五申，人们也不听从。孔子的这些论述，真可谓治国的箴言、永恒的真理。自古及今、尤其是在法制不健全的人治社会里，确实有许许多多的社会弊病，都可从统治者的自身行为中找到根源。

在上者要以身作则，首先要克制私欲，廉洁奉公。如鲁国的季氏家族，把持国政，僭越逢礼，大肆搜刮，甚至“富于周公”，孔子对他们多有讥评。当季康子苦于鲁国盗贼太多，向孔子请教怎么办时，孔子立即毫不客气地尖锐指出：苟子之不欲，虽赏之不窃。（《颜渊》）在孔子看来，盗贼不过是小盗，季康子之流才是大盗。上有大盗，下才有小盗。所以他批评季康子：如果你自己不贪欲，就是奖励偷盗，也没有人干。克制私欲，还仅仅是最低的要求；重要的是，要在道德修养上做天下人的表率。孔子说：君子笃于亲，则民典于仁。（《泰伯》）上好礼，则民莫敢不敬；上好义，则民莫敢不服；上好信，则民莫敢不用情（《子路》）上好礼，则民易使也。（《宪问》）

亲亲、好礼、好义、好信，这些都是仁者应有的品德修养，在上者做到了，在下的黎民百姓自然真心敬重、服从，民风自然淳厚，天下自然太平。此外，《论语》中还有这两则记载：子路问政，子曰：“先之劳之。”请益，曰：“无倦。”（《子路》）仲弓为季氏宰，问政，子曰：“先有司，赦小过，举贤才。”（《子路》）这里则指出，不仅在道德修养的大原则上，即使在具体的日常事物中，为政者也必须身先士卒，勤勤恳恳，任劳任怨，同时还要有胸怀度量，不计较下属的小过失，并注意提拔任用优秀人才。

4. 政在爱民

如前所论，孔子的“仁者爱人”这一命题的提出，其基础之一就是民众为国家之本这一重要认识。因此，他的仁政德治的主张，自然就包含着对于民众的重视、爱护这一重要的内容，而且是最重要的内容。

首先，孔子主张对民众要宽厚、仁爱。他说：道千乘之国，敬事而信，节用而爱人，使民以时。（《学而》）择可劳而劳之，又谁怨？（《尧曰》）“使民以时”与“择可劳而劳之”均意为役使民众要选择合适的时候（如农闲）。这是说要爱护人民，让他们安居乐业，不要任意征用役使。再如：道之以德，齐之以礼。（《为政》）居上不宽……吾何以观之哉？（《八佾》）听讼，吾犹人也，必也使无讼乎？（《颜渊》）季康子问政于孔子曰：“如杀无道以就有道，何如？”孔子对曰：“子为政，焉用杀？子欲善而民善矣……”（《颜渊》）不敬而杀谓之虐，不戒视成谓之暴。（《尧曰》）这些是说，治理民众，要仁慈宽厚、公平正直，重在以德以礼教育感化，不要随便杀戮。

其次，减轻负担，惠民富民。如：哀公问于有若曰："年饥，用不足，如之何？"有若对曰："盍彻乎？"曰："二，吾犹不足，如之何其彻也？"对曰："百姓足，君孰与不足？百姓不足，君孰与足？"（《颜渊》）"彻"是一种十分抽一的税率，"二"指十分抽二的税率。哀公因为年成不好，用度不足，要增加税收；而有若的看法正好相反，要减轻税收。他认为，要先使百姓足；百姓足了，君王才足；百姓不足，君主也不可能足。这虽是有若的话，却代表了孔子的思想。《左传·哀公十一年》有一段记载可证：季孙欲以田赋，使冉有访诸仲尼。仲尼曰："丘不识也。"三发，卒曰："子为国老，待子而行，若之何子之不言也？"仲尼不对，而私于冉有曰："君子之行也，度于礼，施取其厚，事举其中，敛从其薄。如是则以丘亦足矣。若不度于礼而贪冒无厌，则虽以田赋，将又不足。且子季孙若欲行而法，则周公之典在；若欲苟而行，又何访为？"然而，季氏和冉有不听孔子劝告，于是：季氏富于周公，而求也为之聚敛而附益之。子曰："非吾徒也！小子鸣鼓而攻之可也！"（《先进》）这就十分鲜明地体现出孔子对统治者横征暴敛的深恶痛绝。尤其应当强调指出的是，有若的"百姓足，君孰与不足；百姓不足，君孰与足"这句话，不论在当时还是对后代，都是一句十分深刻精辟的治国名言，堪为天下为政者则。孔子还主张富民、教民。如：子适卫，冉有仆。子曰："庶矣或！"冉有曰："既庶矣，又何加焉？"曰："富之。"曰："既富矣，又何加焉？"曰："教之。"（《子路》）卫国人口众多，孔子想到的是下一步该让他们富起来，再下一步是对他们施行教育。这种思想，即使在今天也没有过时。此外，孔子还提出"行夏之时"（《论语·卫灵公》）即使用夏历的主张。这看起来似乎只是历法问题，却与前文所说的"使民以时"的主张相一致。原来，周代实行的是周历，就是以夏历（即今农历）的十一月为正月。这是从天文学的角度制定的，有它的科学性，但却与农业生产的季节时令不一致，使用起来不方便。另外，据说王公贵族在周历元旦之前，要举行许多有关元旦活动的准备工作，就要征用大量劳力；而此时（相当农历九、十月）正是收获、储藏等农事活动最繁忙的季节，农夫们不堪其负担。“行夏之时”显然有利于农夫们合理安排农事，调节忙闲，是利国利民的主张。夏历（农历）之相沿至今，就证实了这一点。

第三，重视民意、民心，取信于民。对于民意、民心的重视，古已有之。前文所述的召公谏周厉王并言“防民之口，甚于防川”，就是一例。春秋时，郑国常有人集聚于乡校，议论朝政得失。大臣然明主张毁乡校，而子产反对，他认为民众议论政事是好事，当政者可以从中知道民众的好恶，以及时调整政策，顺应民心。孔子给子产以很高的评价：“以是观之，人谓子产不仁，吾不信也。”（《左传·襄公三十一年》）在《论语·宪问》中，他又称赞子产“惠人也”。他主张对人民“道之以德，齐之以礼”，也就是为了“有耻且格”。格，就是心悦诚服，自然归顺。《颜渊》篇中，还有这样一段对话：子贡问政。子曰：“足食、足兵、民信之矣。”子贡曰：“必不得已而去，于斯三者何先？”曰：“去兵。”子贡曰：“必不得已而去，于斯二者何先？”曰：“去食。自古皆有死，民无信不立。”孔子认为，治国以粮食、军备和民众对政府的信任（也就是民心）为必备条件。而三者之中，民心最重要。在必不得已的情况下，粮食、军备可以没有，唯独民心不可无。没有民心，国家就不存在。这确实是至当之论。常言道：“哀莫大于心死”，一个国家，如果政府失信于民，民心涣散，必然是内忧外患。古今中外，概莫能外。所以，在“民信”上，一定要十分小心。

在对待人民的问题上，孔子还有一句名言：“民可使由之，不可使知之。”（《泰伯》）这句话意为：对于人民，只可让他们跟着走，而不能让他们知道为什么。对于这句话，历来有许多争论。有人认为孔子是在宣扬愚民政策，有人则认为这句话应读作“民可，使由之；不可，使知之”（意为：人民认为可以，就让他们跟着走，人民认为不可以，就跟他们讲清道理）。等等。一般说来，还是以前一种读法和理解较合理。至于“愚民”，则是专制时代不可避免的统治术。孔子的仁政德治也好，重视民心民意也罢，都是以维护宗法社会专制统治为出发点的，因此是有限度的。他不可能超越时代，更不可视之为当今力倡的民主之风。更何况，“民可使由之，不可使知之”，至今还被许多号称民主的专制主义者“阳违”地“阴奉”着，我们又何必苛求于这位两千五百年前的文化伟人呢?

孔子的治国治民主张，在下列一段话中有综合性的体现。这是冉求向孔子报告季氏将伐颛臾时，孔子对冉求的教诲：丘也闻有国有家者，不患寡而患不均，不患贫而患不安。（按：这两句疑应作“不患贫而患不均，不患寡而患不安”）盖均无贫，和无寡，安无倾。夫如是，故远人不服，则修文德以来之。既来之，则安之。（《季氏》）这段话意为：治理国家，不怕人民贫困而只怕贫富不均，不怕人口少而只怕社会不安定。财富均，就无所谓贫困；人们和睦相处，就无所谓人口少；社会安定，国家就不会崩溃。做到这样，远方的人如果还是不归顺，就修行礼乐仁德以招致他们。他们来了，就要安抚他们。

二、孟子的仁政论

春秋末期，孔子提出“仁”的学说。主张“节用而爱人，使民以时。”（《论语·学而》）到了战国中期，孟子在性善论的基础上，把孔子的“德政”思想发展为更为完善系统的“仁政”学说。这为后来我国封建社会的儒家奠定了政治思想的理论基础。

孟子的性善论是为其政治主张服务的，他要求统治者从天生的“恻隐之心”出发，“推己及人”。“乐民之乐”、“忧民之忧”、“老吾老以及人之老，幼吾幼以及人之幼”。（《梁惠王》上篇第七章）“以不忍人之心，行不忍人之政”。（《公孙丑》上篇第六章）作一个行“仁政”的“仁君”。“仁政”是孟子政治思想的核心。他说：“亲亲，仁也；敬长，义也。”（《尽心》上篇第十五章）又说：“人人亲其亲，长其长，而天下平。”（《离娄》上篇第十一章）“仁政”就是“先王之道”，就是古代“圣王”治理国家的方法。究竟怎样才能行“仁政”呢？孟子首先提出了“制民之产”的主张。他在《梁惠王》上篇中说：无恒产而有恒心者，惟士为能。若民，则无恒产，因无恒心。敬无恒心，放辟邪侈，无不为已。及陷于罪，然后从而刑之，是罔民也。为有仁人在位罔民而不为也？是故明君制民之产，必使仰足以事父母，俯足以畜妻子，乐岁终身饱，凶年免于死亡；然后驱而之善，故民之从之也轻。（第七章）

孟子认为，没有固定的产业收入却有一定的道德观念和行为准则的，只有士人能够做到。至于一般老百姓，如果没有固定的产业收入，便也没有一定的道德观念和行为准则。这样，就会放荡邪僻，无所不为。等到他们犯了罪，然后对他们施加刑罚，这等于设下罗网坑害人民。哪里有仁爱的人做国君却做出陷害人民的事情来呢？因此，英明的君主规定人们的产业，一定要使他们上足以赡养父母，下足以抚养妻儿，好年成，丰衣足食；坏年成，也不致饿死。然后再引导他们走上善良的道路，他们就容易听从了。在这里，孟子强调指出，只要人民有一定的维持生计的产业，就容易接受为善的好思想，就不会去做违法乱纪的事情。

为了实现“制民之产”的理想，孟子又提出了“井田制”的主张。所谓“井田制”，就如孟子在《滕文公》上篇中所说的：方里而井，井九百亩，其中为公田。八家皆私百亩，同养公田；公事毕，然后敢治私事。（第三章）孟子讲述了井田制的具体实施方法，即每一平方里的土地为一个井田，每一个井田有九百亩，当中一百亩是公有田，以外八百亩分给八家作私有田。这八家共同来耕种公有田。公田上的农事完成了，然后才敢去做私田的事情。孟子希望滕国君臣们结合本国的实际去实行井田制。这是治国的方法之一。

孟子的“井田制”，是一种托古改制的主张。它是夏、殷、周三代古田制的变革。在《滕文公》一篇中，孟子指出，夏代每家五十亩地而实行“贡”法，商代每家七十亩地实行“助”法，周代每家一百亩地而实行“彻”法，实际上税率都是十抽一。“贡”，是根据耕地的收成，按若干年收成的平均数作为征收标准的一种定额献纳赋税的制度。“助”，是借民力助耕公田的一种劳役租赋制度。“彻”，是春秋以前通行的一种按当年的实际收成抽取十分之一的税法。古代贤人龙子说：管理土地的税制没有比助法更好的，没有比贡法更不好的。孟子引龙子的话，认为“助”法最好，“贡”法最不好。“贡”法是比较若干年的收成得一个定数。不分丰收和灾荒，都按这一定数来征收。作为百姓父母的君主，使老百姓辛辛苦苦不得休息，终年地辛勤劳动，却不能供养自己的父母，还要去借债来补足赋税，使老人、小孩饿死而抛尸于山沟之中，那作为百姓父母的作用又在哪里呢？孟子又说：《诗》云：“雨我公田，遂及我私。”惟助为有公田。由此观之，虽周亦助也。（同上）孟子引《诗经》上的话，说明殷、周时代都实行井田制，都是实行助法，希望滕国也应该考虑实行减轻百姓痛苦的“助”法税制。孟子认为，只要能实行井田制，就能实现他所构想的王道乐园，如《梁惠王》上篇所说的：五亩之宅，树之以桑，五十者可以衣帛矣。鸡豚狗彘之畜，无失其时，七十者可以食肉矣。百亩之田，勿夺其时，数口之家可以无饥矣。谨庠序之教，申之以孝悌之义，颁白者不负戴于道路矣。七十者衣帛食肉，黎民不饥不寒，然而不王者，未之有也。（第三章）实行了井田制，在生活物资十分丰富的基础上，再认真办好学校，反复地讲明孝顺父母、尊敬长辈，养成良好的社会风气。能把国家治理到这种境界，就是王道的成功。所以，孟子把井田疆界的理正，提高到“仁政”的开始。孟子认为实行仁政，一定要从划分和清理井田的疆界开始。疆界没有理正，井田的大小就不均，作为俸禄的田租收入也就不会公平合理，所以暴虐的君王以及贪官污吏一定要打乱正确的田间限界。田间限界正确了，分配人民以田地，制定官吏的俸禄，都可以毫不费力地作出决定了。一个国家要富强就得发展农业生产，要发展农业生产就得管理好土地，所以孟子十分强调实行仁政必须从理正井田的疆界开始。井田疆界整正了，分田制禄也就合理了。

孟子在实行井田制主张的基础上，又提出了“取于民有制”，反对过分的剥削。他在《滕文公》上篇中说：是故贤君必恭俭礼下，取于民有制。阳虎曰：“为富不仁矣，为仁不富矣。”（第三章）孟子认为，贤明之君一定认真办事、节省用度、有礼貌地对待臣下，尤其是征收赋税要有一定的制度。他引用阳虎的话意思是说，要发财致富便会妨害讲仁爱，要讲仁爱便不能发财致富。仁爱的君主态度恭敬，必然以礼待下；生活节俭，必然取民有制。孟子还劝诫当权者应该轻徭薄赋。古时征收赋役有规定：夏季征收布帛，秋季征收谷物，冬季征发劳役。孟子认为君子对这三种赋役只能使用其中的一种，暂缓使用其他两种；如果同时使用两种赋役，就会迫使老百姓饿死；如果同时使用三种赋役，就会迫使父亲和儿子不能相顾。言下之意，统治者如果加重百姓的各种赋役，老百姓受到摧残，国家就会败亡。孟子认为贫富悬殊的现象，实际上是执政者带领禽兽来吃人。人们厌恶禽兽互相残杀，而执政者却率兽而食人，这不是失去了仁爱之心了吗？孟子还认为，争取民心是实行仁政的一个重要方面。孟子认为只要有一百里见方的小国就可以行仁政而使天下归服，何况大国呢？大王假若向百姓实行仁政，减免刑罚，减轻赋税，叫百姓能够深耕细作，早除秽草；还使年轻的人在闲暇时间来讲求孝顺父母、敬爱兄长、办事尽力和待人诚信的道理，而且在家里用这些道理服事父兄，在外事用这些道理侍奉尊长，上朝便来尊敬上级，这样就可以使他们拿着棍棒去抗击秦国、楚国的身穿坚实盔甲、手持锐利刀枪的士兵了。这就是说，老百姓生活富足了，深得民心了，一旦发生战争，他们就会奋勇抗击敌人。孟子又在《公孙丑》下篇中强调人心向背的重要性。他说：天时不如地利，地利不如人和。三里之城，七里之郭，环而攻之而不胜。夫环而攻之，必有得天时者矣，然而不胜者，是天时不如地利也。孟子论述了战争的胜败决定于人心的向背，而人心的向背又决定于施行仁政与否。他先以两个“不如”指出“人和”在战争中的重要性，然后以攻城得天时而不能取胜和守城得地利而弃城逃走为例，说明不管攻城者获得多么有利的天时，守城者占有多么优越的地利，若没有“人和”，也必将以失败而告终，从而为论证“人和”的重要性提供了有力的论据。孟子提出争取“人和”的关键在于“得道”，而“道”的得失，又决定“助”的多寡，亦即得“人和”与否，从而说明施行仁政对取得战争胜利的重大意义。凡是“失道”的君主，不管他有多残暴，迟早总会被推翻的。《梁惠王》下篇有记载：齐宣王问曰：“汤放桀，武王伐纣，有诸？”孟子对曰：“于传有之。”曰：“臣杀其君，可乎？”曰：“贼仁者谓之‘贼’，贼义者谓之‘残’。残贼之人谓之‘一夫’。闻诛一夫纣矣，未闻杀君也。”（第八章）孟子告诉齐宣王说，破坏仁爱的人叫作“贼”，破坏道义的人叫作“残”。这类人，我们都叫他作“独夫”。桀、纣就是这样的独夫民贼，商汤王、周武王兴兵讨伐他们是正义的。孟子认为，夏桀和商纣两个暴君的失掉天下，是由于失去了人民的支持，失去人民的支持，是由于失去了民心。得到天下有办法：得到人民的支持，就得到天下了。得到人民的支持有办法：得到民心，就得到人民的支持了。得到民心有办法：人民所需要的东西给他们积聚起来，人民所厌恶的东西不要加给他们，如此而已。因此，孟子提出了“民为贵”的思想。他在《尽心》下篇中说：民为贵，社稷次之，君为轻。是故得乎丘民而为天子，得乎天子为诸侯，得乎诸侯为大夫。诸侯危社稷，则变置。（第十四章）

孟子认为百姓最为重要，没有百姓就没有国家；国家制度是为百姓而设的，所以国家的重要性次于百姓；君主是为百姓办事的公仆，所以是不重要的。所以得到百姓的欢心便可做天子，得到天子的欢心便可做诸侯，得到诸侯的欢心便可做大夫。诸侯危害国家，就得废掉旧诸侯，改立新诸侯。孟子这里强调了立国以民为本的重要性。

孟子还提出君主应该与百姓同乐的思想。周文王的苑囿七十平方里，但割草打柴的人可以去，捕野鸡，打野兔的人可以去，文王和百姓共同享用这个苑囿。而齐宣王的苑囿虽然只有四十平方里，但设了许多关卡和禁令。百姓有谁杀了囿中的麋鹿就等于犯了杀人罪。孟子在这里劝诫国君应该与民同乐，而不应该为了自己享乐而坑害百姓。他又在《梁惠王》下篇说：乐民之乐者，民亦乐其乐；忧民之忧者，民亦忧其忧。乐以天下，忧以天下，然而不王者，未之有也。（第四章）孟子认为以百姓的快乐为自己的快乐的，百姓也会以国君的快乐为自己的快乐；以百姓的忧愁为自己的忧愁的，百姓也会以国君的忧愁为自己的忧愁，和天下百姓同忧同乐，这样就一定会得到人民的拥护，一定会称王于天下。

孟子还主张提倡“王道”，反对“霸道”，只要行王道，就可以取代周天子的地位做新天子。孟子所谓“王道”，就是保民，即推恩于百姓，实行仁政。齐宣王想效仿春秋时著名的霸王齐桓公和晋文公，称霸诸侯，所以向孟子提出这个问题。因霸道主张先诈力而后仁义，所以儒家之徒羞于谈论。王道主张实行仁政，孟子就以此来向齐王开导。他认为实行王道的根本是爱护百姓。努力使百姓安居乐业，就可以称王于天下，没有谁能够阻挡得了的。孟子反对诸侯之间的兼并战争，认为“春秋无义战”（《尽心》下篇）。孟子认为春秋时的五霸（指齐桓公、晋文公、秦穆公、楚庄公、吴王阖闾）不如三代时的天子（指夏禹、商汤、周文王、武王），战国时的诸侯和大夫不如春秋时的五霸，一代不如一代，道德日益败坏。他们所实行的霸道，就是注重武力和权谋，与注重仁义的王道相违背的。孟子对那些不帮助君主实行仁政而帮助君主聚敛钱财和发动战争的臣子严加谴责。孟子认为，如果君主不仁，实行残暴，替这样的君主聚敛财富就如同替暴君夏桀聚敛财富，就是残害百姓。帮助不仁的君主发动战争去争城夺地，就是帮助暴君残害百姓。君主贪财好战，臣子助纣为虐，这样下去必然导致国家败亡。孟子强烈反对不义的战争。孟子认为，为争夺土地而打仗，杀死的人遍野，为争夺城邑而打仗，杀死的人满城，这就叫作让土地来吃人肉，处死刑都不能够抵偿他们犯下的罪行。孟子对这些为争夺土地和城邑而发动战争的人深恶痛绝，主张对这些助纣为虐的人处以最严重的刑罚。对那些连结诸侯的人应该受次一等的刑罚，垦荒地、尽地力的人应该受再次一等的刑罚。因为孟子在《梁惠王》上篇中就曾跟梁襄王谈及谁能统一天下的问题。孟子认为只有不喜欢杀人的君主才能够统一天下。当时的国君都喜欢杀人，都实行暴政，如果有不喜欢杀人，实行仁政的国君出现，那么天下的老百姓都会像久旱逢甘雨一样去归附他。

孟子认为战争的目的在于救民，与梁惠王认为战争的目的在于称霸于天下不同。孟子认为秦、楚等国实行暴政，坑害人民，不断征兵征工，侵夺了人民的生产时间，使他们不能够耕种来养活父母，他们的父母受冻挨饿，兄弟妻子飘零离散。秦、楚使它们的人民陷于水深火热之中，引起人民强烈怨恨。如果魏国在这时去讨伐它们，是救民于水火，那些国家的人民必然乐意归顺，决不会起来抵抗。孟子引古语："仁者无敌"，说明实行仁政就会得民心，得民心就会无敌于天下。但是在讨伐别国的暴君时应该是解救那里的人民，而决不能残害人民。孟子在《梁惠王》下篇中曾对齐宣王说：商汤王凭借七十里地而统一天下，是因为他爱护百姓，深受人民的信任。别国的百姓都把他当成自己的君主，急切地盼望他来解救自己，就像大旱时盼望天上出现乌云和霓虹一样。商汤的军队所到之处秋毫无犯，做生意的照常往来，耕田的人照常耕田，只杀那暴虐的君主而安抚那里的百姓，所以百姓都非常高兴，而如今齐国攻打并吞了燕国之后却暴虐无道，残害百姓，所以遭到人民的反对，各国诸侯也不服，这样就不免拥有国土千里而畏惧众人了。孟子认为，要使齐国不遭到燕国人民和各国诸侯的反对，就只有解除暴政，停止残害人民，让燕国人民自立新君，然后把齐国军队撤出燕国，这样就还来得及阻止各国出兵攻打齐国。孟子还明确地指出了霸道与王道的异同与优劣。他在《公孙丑》上篇指出，霸道依靠自己的实力假借仁义的名义去征讨他国的可以称于诸侯，王道则依靠高尚的道德推行仁政而可以使天下归服。二者的基础不同。依靠实力使人服从的，人家不是从心里甘愿服从，只是由于他本身的实力不够的缘故，依靠道德来使人服从的，人家才会心悦顺服。二者的后果不同。孟子认为只要实行王道，一定能统一天下建立新的王朝。他在《公孙丑》下篇说：每过五百年一定有位圣君兴起，而且这期间还一定会产生辅佐圣王的著名贤人。自周武王以来，至今已有七百多年了。按年数来看，已经超过五百年了；按时势来考察，现在该是圣王和辅佐圣王的贤人出现的时候了。孟子认为当时的梁惠王和齐宣王都是不行仁政的暴君，但只要他们能接受他的主张，就一定能成为统一天下的圣君。他对齐宣王说：王不行仁德的政治来统一天下，只是不肯干，不是不能干。孟子以极其浅显的比喻，生动地说明“不为者”与“不能者”的区别，希望齐宣王能够行仁政，也能够成为统一天下的圣君。

继承和发展孔子关于尚贤的主张，也是孟子仁政论的一个重要内容。孟子曾在《公孙丑》下篇引用了曾子的话说明国君应该礼贤下士，不能依靠财富和爵位去轻视行仁宗义的贤臣，他提出说：天下有达尊三：爵一，齿一，德一。朝廷莫如爵，乡党莫如齿，辅世长民莫如德。恶得其一以慢其二哉？（第二章）孟子认为天下有三种共同尊崇的东西：一是爵位，一是年龄，一是道德。在朝廷没有比爵位更受人尊崇的，在乡里没有比年龄更受尊崇的，辅助君主治理人民没有比道德更受人尊崇的。君主不应该只凭有爵位而怠慢了有年龄和道德之人。他还认为，在战国逐鹿、实力竞争的年代里，尚贤是强国的重要条件。孟子认为，不信任仁德贤能的人，那国家就会空虚；没有礼义，上下的关系就会混乱；没有好的政治，国家的用度就会不够。以上三条，是孟子所谓治国的方法。而三条方法之中，孟子是把信任仁德贤能之人放在首位的，可见尚贤是强国的重要条件。他还在《公孙丑》上篇说：诸侯卿相如果实行仁政，就会有荣耀；如果行不仁之政，就会遭受屈辱。如今这些人非常厌恶屈辱，但仍然自处于不仁之地，这好比一方面厌恶潮湿，一方面又自处于低洼之地一样。如果厌恶屈辱，不如崇尚道德而尊重士人，让品德高尚的人居于官位，让才华出众的人担任职务；国家太平无事，趁着这个大好时机，修明政教和法纪。即使是强大的国家，也一定会畏惧它了。因此，孟子主张礼贤下士，认为君王应该以圣贤为师。孟子认为古代大有作为的圣君都能够礼贤下士，遇到问题往往到贤臣那里去请教。倘若君主做不到这一点，则不能大有作为。商汤和齐桓公都能虚心地向贤臣学习，因此他们都能够称王称霸于天下，大有作为。而当时各诸侯的君主骄傲自大，不肯虚心向贤臣请教，故不能成就王业和霸业，不可能有所作为。孟子还曾向齐宣王陈述了君与臣之间的相互关系。《离娄》下篇载：孟子告齐宣王曰：“君之视臣如手足，则臣视君如腹心；君之视臣如犬马，则臣视君如国人；君之视臣如土芥，则臣视君如寇仇。”这里讲明了三种不同的君臣关系，如果君主把臣子看成自己的手足，那么臣子就会把君主看作自己的腹心；如果君主把臣子看成狗马，那么臣子就会把君王看作一般国人；如果君主把臣子看成泥土和草芥，那么臣子就会把君主看作仇敌。孟子认为，君主仁爱而臣民没有不仁爱的，君主做事合宜而臣民没有不合宜的。君主要做臣民的榜样，这是君王实行仁政的根本。

三、《公羊传》中的仁政观

儒家的仁政思想是极其丰富的，它体现于孔子的语录中、孟子的论辩中，也体现于儒家经典著作之一的《公羊传》一书中。《公羊传》的仁政思想是借《春秋》的具体史实而发的，虽然理论性不如孔、孟等人的言论，但却有具体性、形象性的特点，其中所述，既有来自他们先辈的“祖传秘方”，又有他们自己开发的“专利”，既有继承，又有创新，琳琅满目，硕果累累。下面仅就主要的几方面加以论述。

第一，“拨乱世，反诸正”。

《公羊传》的开篇与末篇都是全书的“书眼”，都是作者借题发挥的关键之处。开篇，作者借“春王正月”阐述了他们的大一统思想，末篇，即鲁哀公十四年，作者又借“西狩获麟”，抒发了对“仁政社会”的无限向往之情。该年的传文说：麟是仁兽，它的出没总是与仁政的有无相关连的，当世上有了行仁政的王者时，它便出现，反之，如果无有这种王者，如果世上没了美好的仁政社会，它便消失不见。春秋时代，诸侯纷争，君王聚敛无度、挥霍无度，弑君夺权之事也屡屡不断，所谓仁政，早已被大大小小的执政者抛到九霄云外。可是，偏偏在这时，却无端出现了麟这种仁兽；这不能不说是极反常的现象，这使得孔子不禁为之哭泣曰：“孰为来哉？孰为来哉？”而且，更令人痛心的是，这种仁兽一出现，便被樵夫所猎获，这意味着，仁政已经被某些野人所囚禁，它很难再在人间露脸了，所以孔子知道后，止不住感叹道“吾道穷矣”，意思是说，我所追求的仁政已经到了山穷水尽的地步。虽然《公羊传》在字面上是在作客观的解说，说麟是仁兽，说孔子闻麟至而哭泣，闻麟被猎获而感叹，但实际上，这是《公羊传》先师借孔子的哭泣、感叹来抒发他们对仁政理想的执着追求，对仁政社会的无限向往。读者如果忽略了这些用意，以为这是在记叙孔子的生平轶事，那就完全辜负了《公羊》先师的一片苦心，一片真心。

仁政社会在春秋时代虽然已几近乌有，但《公羊》先师对未来的前途却并不悲观，他们相信，只要有孔子的《春秋》行于世，就可以令乱臣贼子惧怕，就可以“拨乱世，反诸正”，即消除乱世，恢复无限美好的仁政社会，这就是《公羊》作者在全书结束时，给世人指出的一条光明前程，儒家的积极进取精神在这里得到了又一次的体现。

第二，斥责不施仁政的国君。

先秦儒家仁政思想的一个重要方面，就是强调在上位的国君应以仁爱之心去对待下面的人民，视民如子，视民如伤。然而遗憾的是，先秦儒家所渴求的这类国君在春秋时代却如凤毛麟角，少得可怜，而奢侈淫逸，对人民巧取豪夺的国君却屡屡出现，有增无减。就拿鲁国来说，在《春秋》所记载的十二位国君中，就有隐公、桓公、庄公、宣公、成公、哀公，共六位国君是属于这种类型的，也就是说，这六位国君都曾有过奢侈淫逸、不问人民疾苦的不光彩历史，都曾做过妨民、害民的事情。对于这种历史、这些事情，《公羊传》作者总是作严厉斥责、无情讥讽，毫无顾忌，毫不手软。

鲁隐公五年，《春秋》记曰："春，公观鱼于棠"，《公羊传》解说道："何以书？讥。何讥尔？远也。公曷为远而观鱼？登来之也。百金之鱼，公张之。"鲁隐公为了得到（登来即得来、得到）价值百金的鱼，不惜驱车前往远处的棠地观鱼，名为观鱼，实为张网捕之。对此次观鱼的性质，何休的《解诂》曾有极精辟的分析，他说："公去南面之位，下与百姓争利，匹夫无异"，"与百姓争利"，这是儒家所坚决反对的。儒家主张要为民聚财，要与民同乐，孟子说："得其民有道，得其心，斯得民矣；得其心有道：所欲与之聚之，所恶勿施，尔也"（《孟子·离娄上》），又说："为民上而不与民同乐者，亦非也。"（《孟子·梁惠王下》）鲁隐公不仅不替人民积聚财产，不与民同乐，相反，还为了百金之鱼而与民争利，这自然要激起《公羊》先师的不满。

孔子说："道千乘之国，敬事而信，节用而爱人，使民以时"（《论语·学而》），又说："省力役，薄赋敛，则民富矣。"（《孔子家语·贤君》）这是孔子所描述的仁政社会，也是国君在治理其子民时，应遵循的基本准则：要节省费用、爱护人民，使用民力要看农时，不可占用其农忙时间，要尽量减少人民的徭役，少向人民收取赋税、索要钱财。平心而论，这些准则并不难做到，并非上天揽月的无理苛求。但遗憾的是，春秋时代的诸侯国君似乎都把这些最起码的准则抛到脑后去了，他们或则滥兴土木，或则对人民强行索要，对这类国君的反仁政之举，《公羊》作者总是作大胆揭露、无情斥责。鲁隐公七年，《春秋》记道："夏，城中丘"，《公羊传》解说道："中丘者何？内之邑也。城中丘何以书？以重书也。"周历夏季相当于夏历的春季，或春末夏初，这时正是农忙季节，可是鲁隐公却公然发动民力去修建中丘城，这显然违背了儒家的"省力役"、"使民以时"的原则，对此，《公羊》先师当然不会沉默，"以重书也"，他们认为这是鲁隐公不恤民力的一个严重事件，所以《春秋》才把它记录下来。一个"重"字，深刻体现了《公羊》先师的一片仁爱之心。鲁宣公十年，鲁国闹饥荒，《公羊传》也以"重书"分析《春秋》的记载，这同样也是《公羊》先师仁爱之心的深刻体现。

妨害农时的力役要斥责，法定的狩猎是否就是理所应当的？未必。《春秋·桓公四年》云："春正月，公狩于郎"，《公羊传》解说道："狩者何？田猎也。春曰苗，秋曰搜，冬曰狩，常事不书，此何以书？讥。何讥尔？远也。"周代的天子及诸侯于每年的春、秋、冬三季都有狩猎之事，这是周礼所规定的，按照《春秋》的记事原则，像这样的法定狩猎是不作记载的，然而这次却特加记载，这是为何？《公羊传》说这是为了讥嘲、斥责鲁桓公，因为他跑到远处的郎地去狩猎。何休《解诂》云："《礼》，诸侯田猎不过郊"，在都城的近郊狩猎，还不至于太扰民，现在桓公舍近郊而到远处的郎地狩猎，这必然给沿途的百姓以额外负担，给他们带来许多新的麻烦，这自然是《公羊》先师所反对的。

俗话说民以食为天，当国君的首要任务就是要保证人民有饭吃，让他们"乐岁终身饱，凶年免于死亡"（《孟子·梁惠王上》），为了做到这一点，每个国家都应当有充足的粮食储备，以防凶年的出现，这是一国之君所应当掌握的最基本的领导艺术。可是这个领导艺术鲁庄公似乎还不懂得，庄公二十八年，鲁国粮食歉收，庄公只好派臧孙辰告籴于齐，《公羊传》说："君子之为国也，必有三年之委（积蓄），一年不熟，告籴，讥也。"一歉收就捉襟见肘，鲁庄公连一年之委都没有，更不要说三年之委了，这样的昏君，《公羊》先师能不讥讽、斥责吗？鲁庄公不仅无一年之委、三年之委，而且当饥荒降临鲁国之时，他还调集民力修筑微城，饥荒发生后仅几个月，即第二年春天，他又下令将原先的"延厩"（宫中马厩名）再行翻修、更新，《公羊传》对此事评论道："新延厩者何？修旧也。修旧不书，此何以书？讥。何讥尔？凶年不修。"凶年本应努力救民而不应随意役使民力，可是鲁庄公却始则筑微城，继则又新延厩，这种无视人民生活、滥兴土木的行为自然要受到《公羊》先师的指责、讥嘲。与"新延厩"相似的事在鲁成公身上也发生过。《春秋》载，鲁成公于十八年八月，"筑鹿囿"，《公羊传》对此也表示了讥嘲、斥责，说："有囿矣，又为也"，已经有了，又兴力役再筑新的鹿囿，鲁成公的爱心跑到哪里去了？

春秋时各诸侯国的士卒、战马、战车等都是从民间征集来的，这种制度称"赋"。鲁国的"赋"原先尚较合理，那时每九户为一井，每四井为一邑，每四邑为一丘，每四丘为一甸，鲁国规定，每甸出战车一辆，战马四匹，牛二十头，甲士三人，步卒七十二人，但这个规定到鲁成公元年就被"丘甲"制所取代。所谓"丘甲"，就是原来由"甸"出的赋改由"丘"来出，这样广大鲁国人的赋的负担一下子就增加了四倍。但这还不是最终的赋制，到鲁哀公十二年，"丘甲"制又为"田赋"所取代。"田赋"制的要点是将鲁国人的财产分为田亩与家财两份，每份都要缴纳赋，这样无形之中又增加了鲁人赋的负担。对于这两次赋制的变动，《公羊传》都作了直言不讳的斥责，表现了作者为民呼吁的仁爱之心。

春秋时与"赋制"相辅而行的还有"税制"。鲁国原先实行的是十取其一的税率制，到鲁宣公十五年，又将这种税率提高到十取其二，称“税亩”，对此，《公羊传》认为，十取其一是天下最适中的税率，最能博得人民的颂扬，超过十取其一的，即为横征暴敛，这样的税率只有各种各样大大小小的夏桀才能订得出来。《公羊》先师将鲁宣公比作夏桀，虽然有点过分，但人们从中却可看出他们对不施仁政、无有爱心的昏君的强烈不满。

第三，爱是不受国之疆界限制的。

孔子曾有过一句关于爱的至理名言——泛爱众（《论语·学而》），即必须广泛地、没有任何人为限制地去爱他人，也就是说，不仅要爱本家族的人，而且要爱家族外的其他人，不仅要爱本国人，而且要爱他国人，包括华夏之外的夷狄之邦的人。孔子学生樊迟有一次向孔子问仁，孔子回答说：“居处恭，执事敬，与人忠，虽之夷狄，不可弃也。”（《论语·子路》）居处恭、执事敬、与人忠是仁爱的具体表现，孔子告诫樊迟，就是到了夷狄之邦，也不能把这种仁爱抛弃掉，可见，孔子所提倡的爱是无限宽广博大的，是不受任何疆界限制的。如果把这种“泛爱众”的思想施行于政治，那就要求国君不仅要爱本国百姓，而且还要把这种爱心推广到他国百姓，关心他们的安危、冷暖、忧愁、欢乐，也就是孟子所说的“乐以天下，忧以天下”（《孟子·梁惠王下》），以天下人的乐与忧，为国君自己的乐与忧。具有这种广博爱心的国君在春秋时代有吗？有。《公羊传》所称赞的楚庄王就是这样一位国君。

《春秋》载，鲁宣公十二年，“晋荀林父帅师及楚子战于邲，晋师败绩”，《公羊传》解说道：“大夫不敌君，此其称名氏以敌楚子何？不与晋而与楚子为礼也。”《公羊》先师一向视楚国为落后、野蛮的夷狄之邦，对楚人的行事很少唱过赞美歌，但这次却一反常态地指责中原大国晋国，称颂楚国的楚庄王，这是为何？《公羊传》说这是因为楚庄王在邲之战中表现得很有“礼”。关于文中“礼”的具体含义，可以从下面楚庄王的话语中推断出来。邲之战是因郑背叛楚国、楚兴兵伐郑而引起的，楚庄王率兵攻陷郑国都城后，郑国君肉袒请罪，表示愿为楚之属国，楚庄王答应了，但楚将子重表示反对，认为应乘此机会灭掉郑国，楚庄王不同意，说：我们打败了郑国，只要郑国百姓能归顺就可以了，何必非要占有他们的土地不可？如果我不答应郑国人的求和要求，那我就是不善之人，不仁之人，用不善之心、不仁之心去治理百姓，我就会大难临头。晋军在邲之战中伤亡惨重，大败而归，楚庄王见到这种情况，不禁感叹道："嘻！吾两君不相好，百姓何罪？"他为战争使两国士兵、百姓遭受大难而感叹，并立即下令收兵，不再追击，以尽量减少晋士兵的伤亡。从以上楚庄王的话语以及他对郑、晋二国所采取的措施中可以看出，文中的"礼"，实际上指的就是仁爱之心。《公羊》先师说庄王有礼，实际上就是称赞他有广博的爱心，也就是清代孔广森在《春秋公羊通义》一书中所说的，"庄王之师，进以义，退以仁，卓然君子之行"。由此可见，楚庄王虽然仅是一楚国之君，但却有一颗可贵的体恤他国百姓、士兵的爱心，《公羊》先师正是看到这一点，才"不与（不支持）晋而与楚子"，才破天荒第一次把"有广博爱心"的桂冠戴在楚庄王头上。这说明《公羊》先师与孔子、孟子一样，也十分重视爱的广泛与博大，也极力主张爱不应受国之疆界的限制，而应像甘霖一样，洒遍华夏大地、夷狄之邦。

《春秋·僖公四年》云："齐人执陈袁涛涂。"这件事发生在齐桓公伐楚后的回国途中。当初齐桓公伐楚时，是向陈国借道的，由于齐军军纪不严，骚扰了陈国百姓，故尔当齐桓公率军回国时，陈国百姓都不愿齐军再经过他们的国家。陈国大夫袁涛涂为了维护本国百姓的利益，建议齐桓公改道从东边走，结果齐军陷入沼泽地中，齐桓公一怒之下，拘捕了袁涛涂。对此，《公羊》先师颇为不满，说齐桓公此举并非霸主之讨，批评他师不正，不修其师，以致使陈国百姓"不欲其反由己者"，并引古代周公东征则西国怨、西征则东国怨的史实，从侧面婉转指出齐桓公在这件事上，尚缺乏周公那种兼及天下的爱心，没有考虑到陈国百姓的利益。齐桓公是《公羊》先师所崇敬的国君，他为维护华夏一统、维护周王权力所建立的一系列功勋都曾得到《公羊》先师的高度赞扬。但这次，《公羊》先师却一而再、再而三地对他的执袁涛涂一事作或正面、或侧面的批评、指责，其所以如此，是因为齐桓公的执袁之举明显违背了儒家“泛爱众”的精神，这当然是《公羊》先师所不允许的。在这里，我们又一次看到了《公羊》先师们赤热的博爱之心。

第四，不施仁政者，必鱼烂自亡。

鲁僖公十九年，秦伐梁，梁亡。《春秋》记曰：“梁亡”，《公羊传》解说道：此未有伐者，其言梁亡何？自亡也。其自亡奈何？鱼烂而亡也。《公羊传》说，《春秋》不记伐梁之国，意在表明梁国之亡实是鱼烂而自亡，而非亡于秦的入侵。也就是说，梁国灭亡的最根本原因，在于梁国国内政治的腐败与黑暗，犹如鱼肚溃烂而死去。那么，是什么原因导致梁国“鱼烂”而亡呢？这可以从前人的一些著述中找到答案。《左传》说：初，梁伯好土功，亟城而弗处，民罢而弗堪，则曰：“某寇将至。”乃沟公宫，曰：“秦将袭我。”民惧而溃，秦遂取梁。董仲舒《春秋繁露·王道》云：梁内役民无已，其民不能堪。使民比地为一伍，一家亡五家杀刑……求财不足，行罚如将不胜，杀戮如屠，仇仇其民，鱼烂而亡，国中尽空。何休《解诂》云：

梁君隆刑峻法，一家犯罪，四家坐亡，一国之中，无不被刑者，百姓一旦相率俱去，状若鱼烂。

综合以上所述可以知道，导致梁国“鱼烂而亡”的原因大致有二：一、梁君好兴土木，不恤民力。二、梁国法律严酷，视人民如仇敌。将这两点合为一句话就是：梁君不施仁政，对人民没有一丝的爱心。这样的国家不亡于今日，也必亡于明日，不亡于秦国，也必亡于他国。董仲舒《春秋繁露·仁义法》云：“王者爱及四夷，霸者爱及独身。独身者，虽立天子诸侯之位，一夫之人耳，无臣民之用矣。如此者莫之亡而自亡。《春秋》不言伐梁者，而言梁亡，盖爱独及其身者也。”梁君只爱自己一人而不爱他人，不爱广大国人，国人忍无可忍，纷纷逃离，且造谣说：“秦将袭我，秦将袭我”，秦国得知，乘机起兵，不费吹灰之力便拿下了梁国。《公羊》先师借“梁亡”这一典型的历史史实，警告在上的国君，如不施仁政、不恤民力，则必如梁国，鱼烂而自亡。

儒家的德治论

儒家的正统思想，是崇尚德治，这在其典籍《谷梁传》中表现的最为典型，最为充分。《谷梁传》作为解经之作，就是为了揭示孔子作《春秋》所持“正隐恶桓，正名尽辞”的义旨，建立和巩固孔子赋予《春秋》的“义例”思想体系。其实，在它的字里行间也打上了作传者及其所处时代的思想烙印。笼而统之，《谷梁传》不愧是儒家正统思想的集中体现，这些从传文中大量表现的有关宗法等级、君臣尊卑、伦理道德等观念，就可得到如实的说明。可以说，《谷梁传》蕴含的思想是深邃的，这表现在传文分析问题时不止停留于事物的表面，如对隐公的评价，既肯定他有“善”的一面，又能从实践道义的角度来指出他的不正，使“正隐恶桓”之旨更富有深意；再如：对“郑伯克段于鄢”一事的阐释，既“贱段”，而更主要的是在谴责郑伯，即指出“甚郑伯之处心积虑成于杀也”。《谷梁传》的思想是趋于顽固保守的，但也不乏实事求是的精神，例如僖公二十二年泓之战，宋襄公那种“蠢猪式的仁义”，《公羊》竟极口称颂，说这是“临大事而不忘大礼”，“虽文王之战亦不过此也。”反而骂“有司”（《左传》说是司马子鱼，《谷梁》说是司马子反）是“有君而无臣。”《谷梁》则指出：“道之贵者时，其行势也。”责宋襄公不听司马的正确建议，早击楚军于险，“何以为人”，简直不是人！又如宣公十五年经文：“冬，蝝生。”《公羊》说是“上变古易常，应是而有天灾。”完全是“天人感应”这一套玄虚的说法；《谷梁》则实事求是地说：“非灾也。其曰蝝，非税亩之灾也。”这是对《公羊》的批判，非常正确。

一、礼乐教化 宗法情谊

在儒家经典里，《谷梁传》的一个突出特点是它强调礼乐教化，力主仁德之治，而这恰恰适应了西汉后期统治阶层的政治需要。

众所周知，汉武帝“罢黜百家，独尊儒术”，归根到底是崇尚《公羊传》，尊崇以董仲舒为代表的“公羊”学派。汉武帝时期，各种社会矛盾包括同姓诸侯与中央皇权的矛盾在繁荣昌盛的国势掩盖下，已开始日趋激化。虽然汉武帝一直提倡礼制的建设，但他更重视以暴力的高压手段处理问题，“不暇留意礼文之事”（见《汉书·礼乐志》）并对刑名法术之学产生了浓厚兴趣，转而实行严刑峻法，嗜杀无度。《公羊传》既有倡导礼乐仁德的一面，又有近刑名法术之学，偏重法治的一面，而且后者显得更突出一些。《公羊传·庄公三十二年》说：“君亲无将，将而诛焉。”意谓臣子对君父不能有杀逆的念头，若有了这种念头，就可以将其诛杀。当时守《公羊》义的儒者中，公孙弘“习文法吏事而又缘饰以儒术”，对酷吏张汤十分赏识；董仲舒著有《公羊董仲舒治狱》十六篇，其弟子吕步舒则参与处理淮南王刘安谋反一案（引见《史记·平津侯主父列传》）另外，还有不少习《公羊》的博士弟子出任廷尉。对汉武帝来说，“圣人（《春秋》）、巫师（阴阳五行）、刽子手（刑名）混合的《公羊》学，恰恰供给他残忍雄猜的暴行以理论根据”（见范文澜《中国经学史的演变》），且与他“一君之身趣好殊别”的性格相符（引自《资治通鉴》汉武帝征和四年）。于是，《公羊》学得宠了，取得了几乎独尊的地位。

汉武帝死后，随着战争机制的解体和人民要求安居乐业的呼声高涨，与《公羊》学有密切关系的刑名法术之士遭到朝野上下的普遍反对和斥责。昭帝时，议盐铁而罢榷酤，轻徭薄赋，与民休息，生产得到迅速恢复，社会矛盾趋于缓和。宣帝即位后，要求“稽古礼文”，实行礼乐教化和仁德之治，已经成为社会各界的共同心态，成为儒家士大夫众口一辞的呼声和为政治民的准则。王吉曾呈请宣帝“与大臣延及儒生，述旧礼，明王制，驱一世之民，济仁寿之域”。（见《汉书·王吉传》）据《汉书·赵尹韩张两王传》载，起初赵广汉为颍州太守，见当地豪强横行，“俗多朋党”，便以法术威制豪强，“构会吏民，令相告讦”，结果“民多怨仇”，很不得人心。后来韩延寿出任太守，一反赵广汉所为，崇礼仪，重教化，“举行丧让财，表孝悌有行，修治学官，春秋乡射，陈钟鼓管弦，盛升降揖让”，“令文学校官诸生皮弁执俎豆，为吏民行丧嫁娶礼”。百姓遵用其教，安于田亩，颍州大治。这可以看作当时社会风尚的一个缩影。在这样的社会文化氛围中，《公羊》学显然已经不能再当作统治思想的主要部分，《谷梁》学要走上前台，取而代之了。

在《谷梁传》中，称引古礼之处比比皆是，例如《隐公元年》载：礼，赗人之母则可，赗人之妾则不可。《隐公二年》有：礼，妇人谓嫁曰归，反曰来归，从人者也。《桓公三年》云：礼，送女，父不下堂，母不出祭门，诸母兄弟，不出阙门。

《谷梁传》屡屡高扬传统礼仪，倡导礼乐教化，贬斥非礼行为。清代钟文烝先生在《谷梁补注·论传》中对此指出：“《谷梁》多特言君臣、父子、兄弟、夫妇，与夫贵礼贱兵、内夏外夷之旨，明《春秋》为持世教之书也。”不失为恰当之论。

从重民的思想出发，《谷梁传》力主仁德之治。它明确指出，“民者，君之本也”（见《桓公十四年》），认为那些昏君暴主败亡出奔。“民如释重负”。（见《昭公二十九年》对那些爱护百姓，在志民生的圣主明君，《谷梁传》认为《春秋》是予以褒美的。在《僖公三年》，它连连称道鲁僖公“有志乎民”，表明经文有赞扬之意。同时，《谷梁传》又认为对那些只顾个人享乐，不顾百姓死活的君主，《春秋》是予以讥斥的。《春秋·成公十八年》记：“筑鹿囿。”《谷梁传》说：“筑不志，此其志何也？山林薮泽之利，所以与民共也，虞之，非正也。”也就是说，鲁成公筑囿以为虞猎之地，是夺民利，是不正确的。

在解释《春秋·隐公七年》“夏，城中丘”时，《谷梁传》提出，修城以保民，何如修德以保民。《谷梁传》反对战争，希望人民能生活在相对安定的社会环境中，指出“善为国者不师”（《庄公八年》），认为齐桓公“兵事之会四，未尝有大战也，爱民也”（《昭公二十九年》），《谷梁传》主张礼乐教化和仁德之治的思想内容，与汉武帝锐志武功，多杀士众，竭尽财力，奢泰无极的行径形成明显反差，明于此，也就无怪乎武帝不喜《谷梁》而善《公羊》了。

汉宣帝在《谷梁》学的兴盛中起了重要的作用。宣帝是一个复杂的人物。他喜欢读《申子·君臣篇》，“颇修武帝故事”，曾拒绝王吉“述旧礼，明王制”的建议，反对太子刘奭专用德教儒术，认为“汉家自有制度，本以霸王道杂之”，因而后世常以武宣并称。（参见《汉书·元帝纪》及其颜师古注、《汉书·王吉传》）但另一方面，也是更重要的一个方面，宣帝“由仄陋而登至尊，兴于民间，知民事之艰难”，注意采取措施抚恤百姓，济贫救难，多次颁布假民公田、减免租税、赈贷种食的诏令，要求地方官“谨牧养民而风德化”，并革除弊政，澄清吏治，平理刑狱，废除了武帝时的许多严刑峻法，进一步缓和了社会矛盾。（参见《汉书》，《循吏传》、《宣帝纪》）宣帝意识到礼乐教化的重要作用，注意加强传统礼仪对社会的控制力量，使“海内兴于礼让”。（《汉书·魏相丙吉传赞》）他曾下诏说：“夫婚姻之礼，人伦之大者也；酒食之会，所以行礼乐也。今郡国二千石或擅为苛禁，禁民嫁娶不得具酒食相贺，召，由是废乡党之礼，令民亡所乐，非所以导民也。……勿行苛政。”（见《汉书·宣帝纪》）宣帝非常重视儒家士大夫的思想动向，重视作为统治思想的儒家学说，而这时的儒家学说，除了吸收董仲舒《公羊》学偏重刑名法术的理论，更多地继承了先秦思孟学派偏重仁义王道的思想内容，其重要武器之一，就是《谷梁传》。于是，甘露三年（公元前51年），在宣帝的支持下，《谷梁》学被立为官学，成为统治思想的主要部分。

在力主礼治的同时，《谷梁传》还强调宗法情谊，这可以利用来缓和统治阶层内部特别是刘汉宗室内部的矛盾。这是《谷梁》学在汉代一度兴盛的又一原因。《公羊传》虽有强调宗法伦常的内容，但它更多地是要求大义灭亲，对乱臣贼子进行毫不留情的镇压。《谷梁传》则不然。在解释《春秋·隐公元年》“春王正月”时，《公羊传》说：“立适以长不以贤，立子以贵不以长。”“子以母贵，母以子贵。”《谷梁传》却说：“孝子扬父之美！不扬父之恶。”“为子受之父，为诸侯受之君，已废天伦而忘君父，以行小惠，曰小道也。”《春秋·襄公二十年》：“陈侯之弟黄出奔楚。”《谷梁传》说：“诸侯之尊，弟兄不得以属通，其弟云者，亲之也，亲而奔之，恶也。”以为有密切的血缘关系，陈侯尚不容其弟，因而《春秋》显其恶。在解释《春秋·昭公八年》“陈侯之弟招杀陈世子偃师”时，《谷梁传》认为，称招为弟，不合王朝礼制。但《春秋》为显其恶，特意如此，以说明招对骨肉之亲的极端残忍。这些内容，在宣帝之世有着某种现实意义。

西汉立国之初，高祖刘邦将秦亡的原因归结为没有实行分封制，使广封同姓子弟为诸侯王，作为中央朝廷的屏藩。然而，这些同姓诸侯随着实力的不断增强，越来越严重地威胁着皇权的巩固，结果在景帝时发生了吴楚七国之乱。叛乱平定后，诸侯王实力中落，王国地位如同汉郡。武帝即位，为防诸侯王“合纵以逆京师”。又进一步强迫王国削地，并罢郡国盐铁，悉禁郡国铸钱。这些政策的实施，巩固了中央政权，但也使刘汉宗室间那种温情脉脉的骨肉之情，伦常之谊丧失殆尽，加剧了统治阶层内部的矛盾和纷争。淮南王刘安谋反失败后，武帝罗织罪名，广事株连，大兴冤狱，许多宗室贵族被难受诛。武帝末年，巫蛊之祸起，近臣江充乘机造饰奸诈，诬陷戾太子（卫太子）刘据，武帝也对太子无端猜忌，多方刁难。太子“进则不得上见，退则困于乱臣，独冤结而亡告，不忍忿忿之心，起而杀充”。武帝“不省察，深过太子，发盛怒，举大兵而求之”。太子战败逃亡，为吏围捕而自杀，史良娣及史皇孙兄弟皆遇害。宣帝是戾太子的孙子，史皇孙的儿子，当时“虽在襁褓，犹坐收系郡邸狱”。后来武帝听说长安狱中有天子气，又派人将在押的宗室成员全都杀掉。由于廷尉监丙吉的拼死保护，宣帝才算活了下来。（参见《汉书》中的《武帝纪》、《武五子传》、《宣帝纪》）

在这些同室操戈、骨肉相残的事件中，作为统治思想主要部分的《公羊》学及《公羊》派起了什么作用呢？淮南王刘安谋反一案披露后，曾“善待”董仲舒的胶西王刘瑞称引《公羊》之义，要求严惩刘安。他说：“《春秋》曰：‘臣无将，将而诛。’安罪重于将，谋反形已定。臣端所见，其书节印图及他逆无道事验明白，甚大逆无道，当伏其法。”董仲舒的弟子吕步舒“持节使决淮南狱，于诸侯擅专断。”那位曾经师事董仲舒并得公孙弘赏识的酷吏张汤，在淮南案中更是“穷治根本”，“以深文痛诋诸侯，别疏骨肉，使蕃臣不自安”。（参见《史记》，《淮南衡山列传》、《儒林列传》）、《酷吏列传》可见，《公羊》学和《公羊》派起的是一种推波助澜、火上浇油的作用。在宗室内讧中深受其害的皇帝，即位后当然不能容忍《公羊》独尊的现象延续下去。

宣帝非常重视宗法情谊和血缘之亲，意识到它对巩固刘汉大统的重要作用。即位不久，他下诏说：“盖闻尧亲九族，以和万国。朕蒙遗德，奉承圣业，惟念宗室属未尽而以罪绝，若有贤材，改行劝善，其复属，使得自新。”（《汉书·宣帝纪》）武帝时行首匿相坐之法，虽父子兄弟不得例外，致使“骨肉之恩废而刑罪多”。（《盐铁论·周秦》）宣帝即位后下令予以废除。他说：“父子之亲，夫妇之道，天性也。虽有患祸，犹蒙死而存之。诚爱结于心，仁厚之至也，岂能违之哉！自今子首匿父母，妻匿夫，孙匿大父母，皆勿坐。其父母匿子，夫匿妻，大父母匿孙，罪殊死，皆上请廷尉以闻。”（引见《汉书·宣帝纪》）宣帝还多次垂青于那些讲究宗法情谊，兄弟间礼让为怀的臣下。丞相韦贤选定长子韦弘继承自己的爵位，但韦弘却因罪入狱。韦贤去世，族人、门生假托其命，立其次子韦玄成为继承人。韦玄成“坏容貌，蒙耻辱”，假托病狂，“欲让爵辟兄”，拒不应召。有些官吏要求惩处韦玄成，玄成“不得已受爵”。宣帝“高其节，以玄成为河南太守”，又提拔其兄韦弘为东海太守。（见《汉书·韦贤传》）宣帝此种举动，颇合《谷梁》之旨而与《公羊》相左。《谷梁》学的兴盛已经水到渠成。

对汉宣帝这样以较疏远宗法关系入继大统的皇帝来说，要长期稳住自己的宝座，在注重宗法情谊的同时，又要强调尊王思想。《谷梁传》中尊王思想的存在，也是《谷梁》学兴盛一时的一个原因。近人周予同曾在《博士制度和秦汉政治》中谈及这一问题，但语为不详，这里有必要做进一步阐述。春秋以降，周王室日渐衰微，尽管还保留着宗主的名义，地位却已与诸侯无异，生活于群雄并争时代的《谷梁传》的传授者们，不愿面对这一无情的事实，幻想着回到“礼乐征伐自天子出”的时代。汉昭帝死后，因无子嗣，权臣霍光迎立昌邑王刘贺为帝。刘贺姿行淫乱，旋即被废。接着，霍光又拥立宣帝。可见，宣帝入主汉室，本无任何政治基础，完全是霍光一手包办。因此，宣帝即位后一直对霍光“虚己敛容，礼下之已甚”，甚至“内严惮之，若有芒刺在背”，唯恐自己重蹈刘贺之覆辙。（见《汉书·霍光传》）同时，宣帝对刘贺也很不放心。刘贺被废后，封国改置山阳郡。皇帝曾诏令山阳太守张敞“谨备盗贼，察往来过客”。张敞深知其中用意“于是条奏贺居处，著其废亡之效”。得知刘贺无心再起而“不足忌”之后，宣帝才算一块石头落了地。（引见《汉书·武五子传》）

宣帝的担心不无道理。从血缘关系的远近上说，当时比宣帝更有可能即帝位的确有人在。武帝诸子中，除了刘贺，活着的还有广陵王刘胥。刘胥本人也跃跃欲试，幻想着登上大宝。起初他见昭帝无子，便“有觊觎心”；后见宣帝即位，他更是愤愤不平，说：“太子孙何以反得立？”（见《武五子传》）别的诸侯王如楚王刘延寿等，也认为刘胥可能即位而趋附之。宣帝即位，延寿以为广陵王胥，武帝子，天下有变必得立，阴欲附倚辅助之，故为其后弟赵何齐取广陵王女为妻，并托信给刘胥说：“愿长耳目，毋后人有天下。”（并见《汉书·楚元王传》）虽然刘胥、刘延寿鲜于计谋，又不得朝中权臣匡助，最后被迫自杀，但这一事例表明，宗室贵族中的一些人对宣帝并不服气，宣帝的宝座当初也并非坚如磐石。

正是鉴于上述情况，宣帝在不满武帝肆意杀戮宗室成员的同时，又对武帝辟土广地，一统海内的文治武功钦慕不已，希冀保持那种“溥天之下，莫非王土；率土之滨，莫非王臣”的盛势。他曾诏有司议武帝庙乐，说：“朕以眇身奉承祖宗，夙夜惟念孝武皇帝躬履仁义，选明将，讨不服，匈奴远遁，平氐、羌、昆明、南越，百蛮乡风，款塞来享……功德茂盛，不能尽宣，而庙乐未称，其议奏。”不久他即决定“尊孝武庙为世宗庙，奏《盛德》、《文始》、《五行》之舞，天子世世献”，置武帝于诸帝之上，给以最高荣誉。（见《汉书·宣帝纪》）宣帝要“修武帝故事”，实现皇权的绝对统治，必然喜欢《谷梁传》的尊王之说。

我们还应该看到，《谷梁》学的兴盛，除了它有利于当时的封建统治，适应了社会政治的需要以外，也有着很强的个人因素。晋代范宁在谈到“石渠分争之说”时指出：“废兴由于好恶，盛衰继之辩讷。”（见《春秋谷梁传序》），此论可备一说。汉宣帝喜《谷梁》，确是秉承了其祖父戾太子的遗爱。据《汉书·儒林传》等，“宣帝即位，闻卫太子好《谷梁春秋》，以问丞相韦贤、长信少府夏侯胜及侍中乐陵侯史高，皆鲁人也，言谷梁子本鲁学，公羊氏乃齐学也，宜兴《谷梁》”。于是宣帝“善《谷梁》说”，将《谷梁》学者蔡千秋提拔为谏大夫给事中，“复求能为《谷梁》者”，还派刘向等十多人从江博士和周庆、丁姓习《谷梁》，“自元康中始讲，至甘露元年。积十余岁，皆明习”。随后在甘露三年，宣帝“诏诸儒讲《五经》同异”于石渠阁，让太子太傅萧望之“平奏其义”，从中襄助，并亲自“称制临决”，终使《谷梁》一派获胜，周庆、丁姓皆为博士，取得了与《公羊》博士平等甚至更高的地位。“由是《谷梁》之学大盛”。

为什么宣帝去请教韦贤等鲁人并听从他们囿于乡土之见的建议呢？原因有两方面：一是因为以《谷梁》为代表的鲁学守先王典章之遗，多圣人流风余韵；二是因为宣帝与鲁人的关系特别密切，宣帝祖母史良娣，家本鲁国，当初，年幼的宣帝幸免于巫蛊之祸，丙吉见他无所归依，就把他送到史良娣的哥哥史恭那里，由良娣的母亲贞君扶养。丙吉也是鲁国人，是宣帝的救命恩人，是向霍光建议宣帝即位的人，韦贤、夏侯胜都曾在宣帝即位时，“与谋议”，出了大力。史高则是史恭的儿子，因旧恩封侯得官。（参见《汉书》中的《外戚传》、《丙吉传》、《韦贤传》、《夏侯胜传》）可见，宣帝喜《谷梁》，确与其好恶有关。

再说“盛衰继之辩讷”。（辩，善辩，有口才；讷，言语迟钝，也作“呐”。）汉初，瑕邱江公师事鲁申公，习《谷梁传》，武帝时，江公与董仲舒并列于朝政。仲舒精通《五经》，能文善辩；而江公的口才却远不如仲舒。因此，武帝让江公跟仲舒议辩《公》、《谷》长短时，不如仲舒，“由是《公羊》大兴”。后来鲁人荣广受《谷梁》于江公，“高材捷敏，与《公羊》大师眭孟等论，数困之，故好学者颇复受《谷梁》”，蔡千秋、周庆、丁姓都是荣广的弟子。宣帝善《谷梁》说之后，又选派刘向等人向江公之子江博士及周庆、丁姓学习《谷梁传》。刘向等都是些聪明好学，娴于辞辩的年轻人。如刘向，20岁刚出头即

“以通达能属文辞，与王褒、张子侨等并进对，献赋、颂凡数十篇”，宣帝甚“奇其材”。相比之下当时持《公羊》义的博士严彭祖等人则略逊一筹，未见有什么口才。（引见《汉书》中的《儒林传》、《楚元王传》）刘向等人出色的论辩才能，当是《谷梁》学在石渠会议上取胜的一个因素。

二、亲亲之义 尊尊之道

《谷梁传》在思想上主要是宣扬儒家的宗法等级观念，突出“礼”的规范作用。它认为君臣之间、父子之间、兄弟之间，都要遵循礼的有关规定，凡有违反，都属非礼的行为。《春秋·成公元年》：“秋，王师败绩于贸戎。”《谷梁传》：“不言战，莫之敢敌也。为尊者讳敌不讳败，为亲者讳败不讳敌，尊尊亲亲之义也。”“尊尊亲亲”，就是礼的主要内容，即使尊者、亲者有过错，也得为之隐讳，维护其地位和尊严。《谷梁传》认为人有尊卑贵贱之分，提出“《春秋》之义，用贵治贱，用贤治不肖，不以乱治乱也”（昭公四年）。身份低下的要接受身份尊贵的统治，不可犯上作乱。就“尊尊”而言，诸侯要忠于天子，大夫要忠于诸侯。僖公五年公同诸侯们一起在首戴和周天子的世子会见，《春秋》先说“及”各诸侯，然后说“会”王世子，《谷梁传》认为世子是周天子法定继承者，所以不能让世子和各诸侯并列，而“尊王世子于首戴，乃所以尊天王之命也”。宣公二年晋灵公被赵穿杀死，但史官记载是越盾所杀，因为灵公不听他的规劝，逃亡又不远离本国，回来又不讨伐杀死国君的人，所以弑君的罪过归到赵盾头上。《谷梁》对此完全赞同，并发挥说：“于盾也见忠臣之至，于许世子见孝子之至。”意谓：从赵盾被斥为弑君之贼这事，可以理解到忠臣必须一心为公，毫无私心杂念，才算得上彻底的忠；从《春秋》书“许世子止弑其君买”（昭公十九年）这事，可以理解到孝子必须亲尝汤药，极端谨慎，才算得上彻底的孝。其实，这就是一种愚忠愚孝的封建思想。就“亲亲”而言，儿子要敬重父亲，弟弟要敬重兄长。宣公十七年记载宣公的弟弟叔肸不满宣公杀了子赤，“终身不食宣公之食”，但又不断绝兄弟间的情义而离去，所以《谷梁》称赞说：“君子以是为通恩也，以取贵乎《春秋》。”意思是说：君子认为叔肸这样做，能使君臣之节两通（坚持君臣大义，不是以臣弑君之人），兄弟之情俱畅（但也保持兄弟关系，不流亡他国以彰兄恶），在《春秋》里记载下来，以示可贵。我们还可以进一步揭示《谷梁》中“亲亲”和“尊尊”之间的微妙关系，请看如下几方面：

第一，《谷梁》是鼓吹君主“在民上”、“大上”的主导地位的。君既处于“大上”的地位，君道自然高于亲亲之道，这在《谷梁传》中时可发现的。《谷梁》认为，君处于至尊的地位，其母弟是不能与之相提并论的，“诸侯之尊，弟兄不得以属通”。也就是说，亲亲之道是从属于君臣之道的，亲亲是从属于尊尊的。虽然它也认为称公子、称弟是“贵之”，不称公子、不称弟是贬，但这种“贵”与“贬”，仍然是建立在君道的基础上，君主的地位是一个决定的因素。讲求亲亲之道，决不能忽略君臣之义。这也就是《谷梁》为什么要明确地指出君的世子也是君的臣的缘故。

第二，对于处于大上地位的君主来说，在不损害尊尊之道的情况下，应该坚持亲亲之义。隐公元年“郑伯克段于鄢”，《谷梁》说：“段，弟也，而弗谓弟；公子也，而弗谓公子，贬之也。段失子弟之道矣。贱段而甚郑伯也。何甚乎郑伯？甚郑伯之处心积虑成于杀也。于鄢，远也，犹曰取之其母怀中而杀之云尔，甚之也。然则为郑伯者宜奈何？缓追逸贼，亲亲之道也。”段失之弟之道，郑伯处心积虑远至鄢地杀掉段也失亲亲之道。对贼害君之段，《谷梁》并没有给予同情，但对郑伯杀母弟段，《谷梁》却认为郑伯做得太过分。《谷梁》认为，要把此事处理得符合亲亲之道，就是“缓追逸贼”。贼已逸去，危害已除，就不要再追讨之，因为贼是“亲”者，贼已失道，君不能也失道，还应该顾及亲亲之情。这就是《谷梁》所说的“君无忍亲之义”（襄公三十年）。在这一点上《公羊》是同《谷梁》一致的。《公羊》认为“君亲无将，将而必诛”，但在诛君亲之“将”时，必须恪守亲亲之道，“缓追逸贼”，所以，《公羊传》也认为郑伯杀弟段是大恶。君亲的血缘关系与维护君道相比，已经微不足道，只有在君道得到维护时，亲亲之义才有一席之位。亲亲之义不能损害君道。

第三，《谷梁》认为，讲求亲亲之义应该遵循大道，不能以亲亲之义的小惠而害大道。隐公元年记鲁隐公为成其父之志，而欲让位给鲁桓公，“《春秋》贵义而不贵惠，信道而不信邪；孝子扬父之美而不扬父之恶。先君之欲与桓，非正也，邪也，虽然，既胜其邪心，以与隐矣，已探先君之邪志而遂以与桓，则是成父之恶也。兄弟，天伦也。为子受之父，为诸侯受之君，已废天伦而忘君父，以行小惠，曰小道也。若隐者，可谓轻千乘之国，蹈道则未也。”《谷梁》认为鲁隐公欲让位，只是一种小惠，行小惠而成父之恶，是废天伦而忘君父，鲁隐公让位给其弟桓公，看起来是成其父之志，是亲亲之道，是孝，其实其父之志不符合为君之道，是邪志，鲁隐公欲让位，成其父之邪志，扬父之恶，并非“孝”；不遵君主继嗣之法，也未守君道。诸侯国君嗣立，并不仅仅是受之于父，而且也是受之于君，其间不仅有亲亲之义，也有尊尊之道，二者不可偏废，让弟是废天伦而不孝其父，让位是轻千乘之国而忘其君，以行小惠而负君父之托，以兄弟之情而忘君父大义，只能是小道，所以《谷梁》认为鲁隐公“蹈道则未矣”。从父、从君，才是真正的“道”。先君与继嗣君的关系，是君父与臣子的关系，“继弑君不言即位，正也。亲之，非父也；尊之，非君也。继之如君父也者，受国焉尔”（闵公元年）。一受其国，即继之如君父。

第四，儒家典籍在论及亲亲之义时，总是要提到卫侯辄拒父返国的事。孔子是不赞成卫侯辄的。而《公羊》和《谷梁》都认为卫侯辄无可非议。《谷梁》说：“辄不受父之命，受之王父也。信父而辞王父，则是不尊王父也。其弗受，以尊王父也。”（哀公二年）卫世子蒯聩既已被其父驱逐，就已经失去了继位为君的权利。卫侯辄既受其祖父之命而立为君，不可因为父子之情而废王父之命。《谷梁》一再申述辄拒父是受王父之命，听命于王父，并非不尊其父，因为子听命于父，而子之父应听于父之父。《谷梁》认为：父之命与王父之命相比，王父之命更为重要，所以可以秉奉王父之命而拒受父命。对此，浦伟忠先生认为，《谷梁》之尊王父之命，与其敬祖是分不开的。《谷梁》认为敬祖是亲亲的最重要内容。“宗庙之事，君亲割，夫人亲舂，敬之至也”（文公十三年）。宗庙是宗祖的象征，列祖列宗就成为宗族的实际号召。对于儒家来说，个人的生命在历史的长河中是没有价值的，当它与集体和宗族融合在一起的时候，生命才充满了意义。所以，个人婚姻的意义也在于继万世之后，使宗族得以永存，而宗族也赖列祖列宗千年百世地延续。祖宗们的生命已经显示出了它的意义——它使宗族延续了下来。对于后代子孙来说，祖宗们的生命意义是伟大的，正是他们造就了宗族，造就了后代子孙。宗庙祭祀之事的意义，不仅向亡去的祖宗顶礼膜拜，而且在于其对宗族的崇拜，对永恒的颂扬。《谷梁》要求“君亲割，夫人亲舂”，最恭敬地举行宗庙祭祀，就是因为宗庙祭祀是亲亲之道所源出。

第五，《谷梁》还认为子不可以以父为臣。哀公三年记曰：“齐国夏、卫石曼姑帅围戚。此卫事也，其先国夏何也？子不围父也。不系戚于卫者，子不有父也。”当时，卫世子蒯聩占据了卫国的戚，齐、卫联军包围了戚。《谷梁》认为，这是卫国的战事，应该以卫首兵，而《春秋》之所以先书“齐国夏”，是因为子不可围父。戚是卫邑而不称“卫戚”，是因为称“卫戚”，卫世子蒯聩也就成了其子卫侯辄的臣下，而“子不有父也”，所以只能称戚，而不能称“卫戚”。子不有父，是与孟子等的论述相一致的。《孟子·万章》载咸邱蒙“问瞽瞍之非臣”的话，孟子认为舜并非以瞽瞍为臣，而瞽瞍仍得以舜为子。舜以天下奉养瞽瞍是孝之至。孟子否定了咸邱蒙所问的“盛德之士，君不得而臣，父不得而子”的话，认为这不是君子之言，而是“齐东野人之语”，韩非子也认为舜“臣其父”是不仁，是天下之乱术。（《韩非子·忠孝》）这种子不得臣父的观念，在汉初就发生了根本变化。《史记·高祖本记》曰：“高祖五日一朝太公，如家人父子礼。太公家令说太公曰：‘天无二日，土无二王。今高祖虽子，人主也；太公虽父，人臣也，奈何令人主拜人臣？如此，则威重不行。’后高祖朝，太公拥彗，迎门却行。高祖大惊，下扶太公。太公曰：‘帝，人主也，奈何以我乱天下法？’于是高祖乃尊太公为太上皇。”可见子为天子，其父为臣的观念已经流行。封建专制统治的发展，在是否以父为臣的观念上得到了充分的反映。表现在《孟子》、《韩非子》、《谷梁传》、《史记》中的观念的不同，不是一家一派思想的不同，而是时代思想的不同。战国时，礼崩乐坏的情况更甚，君与臣的地位发生了极大的变化。而这正是时代所关注的。

第六，《谷梁传》中也有《公羊传》所反映的亲亲与尊尊的矛盾冲突。《谷梁》并没有否认君之至尊，它仍然认为君命无二，应该亲奉君命。但在父丧与君丧相冲突，父丧与君命相冲突之时，子应奉父丧，而不奉君之命，不听天子之召。丧祭兵戎为大事，各有所遵奉的准则，在丧殡中，亲亲之道占了主导地位，君命就有所不奉了。《谷梁》也认为诸侯应奔天子之丧，“天子志崩不志葬，举天下而葬一人，其道不疑也”（文公九年）。在这一点上，《谷梁》是与《公羊》相同的。《公羊》隐公三年说：“天子记崩不记葬，必其时也。诸侯记卒以葬，有天子存，不得必其时也。”也就是说，有天子丧，诸侯要奔丧，即《谷梁》所说的“举天下而葬一人”，所以诸侯下葬，不一定能够遵照礼仪规定的时限。但《谷梁》又认为如果遇到先君之丧，未殡，虽有天子之命诏，也不敢往；有天子之丧，也不敢往吊，这是《公羊》所没有的。《礼记·曾子问》载曾子问曰：“君未殡，而臣有父母之丧则如之何？”孔子曰：“归殡，反于君所，有殷事则归，朝夕否。”此所说君未殡而臣有父母之丧，与《谷梁》的诸侯未殡，而有天子之丧的情况是一样的，都是先殡其亲，后吊其君。《五经异议》载各家在奔天子丧问题上的异说，足以说明如家各派有亲亲之义与君臣之道的论述的混乱。不过，《谷梁传》表示出对亲亲之道的侧重，可以反映出亲亲之义与尊尊之道的矛盾与冲突。社会现实虽然使《谷梁》不得不承认君主的至尊地位，但仍希望能够维护亲亲之义，《谷梁》反复申说“君不忍亲也”、“天子之亲唯长子与母弟耳”，就是冀求亲亲之义的不被完全废弃。

总的来说，《谷梁》中有不少关于“亲亲”和“尊尊”的论述，其中宣扬亲亲之义的比重相对较多。《谷梁》认为君父之道是大道所在，君道重于亲亲之义，在君道与亲亲之义发生冲突时，“不以亲亲害尊尊”。

三、贵礼贱兵，尊王攘夷

礼是宗法社会的一种道德和行为的规范，在一些重大的问题上还要用仪式、制度加以固定，目的在于稳定从国家到家族的既定秩序，维护阶级到个人的尊卑上下，从而使全体社会按照这种规范正常运转。宗法社会的统治方式不外乎文治和武备。礼是文治中的核心，意味着等级尊卑的不可动摇性，所以要从朝仪到服饰各个方面加以规定。德，是礼在意识形态方面的内涵。失德谓之“邪”，非礼谓之“达”，国君虽然居于等级制中的最高层，也必须受礼的约束，对内剥削对外攻战都必须有一定的限度。礼的外延很广，上自国之大事，外交往来，下至宗庙的定制装饰，如此等等，都属于礼的范围。礼治，或称德教，或称教化，是儒家学说的基本思想，它主张以德教民，以礼治国。简单地说，儒家以礼为理的目的，就是为了实现他们所设想的“王道”或“仁政”的社会政治。在礼的制约下，来宣扬宗法等级、伦理道德等思想观念，从而更好地处理人与人之间、国与国之间、人与自然之间以及上下尊卑之间等一系列复杂的关系。中国古称“礼义之邦”、“文明古国”，就是渊源于儒家的这种德教礼治思想的。

重礼，是《谷梁传》思想内容上的一大倾向。在《谷梁》传文中，称引古礼来为《春秋》史事进行“正名分”、“寓褒贬”、“别善恶”的例子比比皆是。但是，应当提醒读者的是，礼在《谷梁传》中同其他的儒家经典所论的相比，又有它特殊的含义。在前一节里，我们已重点介绍了“尊尊亲亲”这一礼的主要内容，指出“尊尊之道，亲亲之义”在处理君臣关系上的特殊功用。其实，《谷梁传》所注重的“礼”，已经作为阐释《春秋》经义的核心思想，贯穿于对一切《春秋》史事的理解之中。对此，我们不妨略举几例加以说明：

第一例，庄公元年秋，单伯从京师把王姬迎到鲁国都城，鲁侯为她在城外建造一座宾馆。此事《春秋》记为“筑王姬之馆于外”。而《谷梁传》却从礼节的角度说：筑，礼也。于外，非礼也。筑之为礼，何也？主王姬者，必自公门出。于朝则已尊，于寝则已卑，为之筑，节矣。筑之外，变之正也。筑之外变之正，何也？仇仇之人，非所以接婚姻也；衰麻，非所以接弁冕也，其不言齐侯之来逆，何也？不使齐侯得与吾为礼也。这里，对“筑王姬之馆于外”一事，《谷梁》主要是根据当时的礼制，结合王姬身份的尊卑，来加以诠释的。且不论如此解释是否合于史实，从中流露出的礼节名分思想，却是非常显然的。

第二例，《春秋》“二十有四年春王三月，刻桓宫桷”，《谷梁传》认为：礼：天子之桷，斲之砻之，加密石焉。诸侯之桷，斲之砻之。大夫斲之。士斲本。刻桷，非正也。夫人，所以崇宗庙也。取非礼，与非正，而加之于宗庙，以饰夫人，非正也。刻桓公桷，丹桓公楹，斥言桓宫，以恶庄也。（《庄公二十四年》）很显然，《谷梁》先根据礼制叙述各阶级庙寝的桷制，目的是指出今桓庙刻桷是非正的，所谓“非正”，即是“非礼”的行为。接着又说：“夫人所以崇宗庙也，取非礼，与非正，而加之于宗庙，以饰夫人，非正也。”“崇”义为崇奉，娶夫人本为奉宗朝之祀，今娶仇女以奉宗庙，既非礼，而又因为为了荣耀夫人（哀姜），大修宗庙，奢侈浪费，用心尤其不正。在这里《谷梁》义正辞严，直“斥言桓宫，以恶庄也”，尤能流露出《谷梁》对礼节的重视。

《谷梁》所反映的礼教思想，又一重要内容就是特别强调妇女在社会中的从属地位。《谷梁》认为“妇人在家制于父，既嫁制于夫，夫死从长子。妇人不专行，必有从也。”（隐公二年）完全把妇女的地位控制在父权和夫权之下，鼓吹男权主义。在《谷梁》传文中，多次提到“妇人既嫁不逾竟。逾竟，非正也。妇人不言会，言会，非正也。”（庄公二年）“送女逾竟，非礼也。”（桓公三年）对那些违反所谓“妇道”的女性加以贬斥。例如，《春秋·庄公元年》“三月，夫人孙于齐”，《谷梁》认为儒家以“三纲”为道，认为君为臣纲，父为子纲，夫为妻纲，这是人道，也是天道，任何一个人都得按照这个原则来确定自己的地位，不能违反。夫人（即文姜，和齐襄公谋杀了鲁桓公后，一直留在齐国，经文说她遁逃，是为了避讳。）作为妻子，应绝对服从丈夫，谨守妇道，现在她竟谋杀亲夫，实在大逆不道；人对于应当服从的人，是通过教诲来接受他的约束的。所以，《谷梁》进一步认为，文姜与兄通奸，谋杀亲夫，完全背叛了礼教，应该遭到天与人的最严厉的谴责，也就是不把她当人看待。史臣削去“姜氏”，单称“夫人”，庄公也同意这种做法，是因为他们都特别尊重“受命”，确认每个人都必须谨守礼教。由此可见，《谷梁》礼教思想对妇女行为束缚的程度。再如，襄公三十年，伯姬因为死守“傅母不在，宵不下堂”，“保母不在，宵不下堂”的训教，结果被火烧死，此事被《谷梁》当作标榜“妇道”“贞节”的典型范例，不惜笔墨在传文里大肆渲染。对伯姬的言行是极为赞扬的，因为伯姬遇火灾还能如此守礼，平时的贞节可想而知，即所谓“妇人以贞为行者也，伯姬之妇道尽矣”。其实，伯姬时年已六十左右，其保姆早已去世（古代保姆，由年五十无子，归母家不再嫁的妇人担任）。伯姬谨守礼教，自以身为寡妇，不愿夜晚下堂出门，所以托辞拒左右之请。这分明是一种被迫殉礼的行为，也是一种愚昧的守贞行为：是不识礼之为用的。而《谷梁》为了宣扬儒家的礼教思想，却大力赞美伯姬的无畏牺牲，说伯姬此举是守尽妇道的好榜样。

总而言之，儒家的那套礼教思想体系，在《谷梁传》里已被发挥得淋漓尽致。《谷梁》就像儒家礼教的卫道者一样，反复宣扬宗法礼仪的规范作用，谴责、讥讽违反礼制的种种行为。这完全是出于维护统治集团内部的等级制度，稳定封建统治正常秩序的需要。

其次，《谷梁传》还宣扬了尊崇仁德，轻视武力的思想，即所谓的“贵礼贱兵”。如《春秋·桓公六年》：“秋八月壬午，大阅。”古代利用田猎进行军训，并且大规模地加以检阅，这是每隔三年就举行一次的。现在鲁国到了三年的期限，没有通过田猎来举行大检阅，而在城内举行一个仪式，所以《春秋》特记，认为非礼。对此，《谷梁》也认为治理国家重在兴教化（即“修教明谕”），并非田猎却阅兵整治军队是崇尚武力，是不合正道的。又如《春秋·昭公八年》：“秋，搜于红。”即在红这块地方进行军事演习。《谷梁传》对此是加以褒扬的。天子、诸侯春秋雨季打猎叫搜，冬季打猎叫狩，并通过这类活动进行军事训练，这是国之大典礼。所以，《谷梁》一开始就点明这次阅兵是合礼的。紧接着，先叙述打猎的过程，说到捕获的猎物除天子取用百分之三十，以供祭祀、宴会和日食之需外，剩下的放在射宫里给士兵练习射箭，射中了而在打猎中没有捕到猎物的，可以得到猎物，打猎中捕到猎物而这回没有射中的，就不能得到猎物。最后评论道：“是以知古之贵仁义而贱勇力也。”即意谓“由此可以知道古代是崇尚仁义，轻视勇力的”。这种观念在《谷梁传》许多地方体现出来。如《春秋·庄公八年》：“甲午，治兵。”《谷梁传》在说明“出曰治兵，习战也。入曰振旅，习战也。治兵而陈蔡不至矣，兵事以严终。故曰：善陈者不战，此之谓也。”之后，就提出了“善为国者不师，善师者不陈，善陈者不战，善战者不死，善死者不亡。”的战略思想，意思是说：“善于治国的，政治修明，国家富强，敌人不敢侵犯，也就不必用军队去抵抗；善于指挥军队的人靠智谋取胜，不必布设军队；善于布设军阵的，敌人自然望而生畏，也就不必两相交战；善于作战的人，懂得避实击虚之理，可以减少伤亡；善于使民众为正道而死的人，他的国家可以不被灭亡。”这些古老的战略思想，对今天维护世界的和平与稳定；无疑是有一定的借鉴意义。再如：“伐不逾时，战不逐奔，诛不填服。苞人民，殴牛马曰侵，斩树木、坏宫室曰伐。”（《谷梁传·隐公五年》）、“辅人之不能民而讨，犹可；入人之国，制人之上下，使不得其君臣之道，不可。”（《谷梁传·宣公十一年》）等等，都能反映出《谷梁传》贵礼贱兵、向往和平的思想倾向。

再次，《谷梁传》还表现出尊王攘夷的思想倾向。所谓“尊王”和“攘夷”在《谷梁传》中实际上是统一的，“尊王”是“攘夷”的前提，“攘夷”就是为了“尊王”，使天下趋于大一统的局面。《谷梁传》特尊周之天子，其说随处散见。例如隐公七年有“冬天王使凡伯来聘，戎伐凡伯于楚丘以归。”此经文，《左传》、《公羊》均以戎为戎狄。但《谷梁》却说：“凡伯者何也？天子之大夫也。国而曰伐，此一人而曰伐，何也？大天子之命也。戎者，卫也。戎卫者，为其伐天子之使，贬而戎之也。楚丘，卫之邑也。”即以此所谓戎者实卫国，卫讨天子之使，故贬之而称戎。这里，《谷梁》尊王责卫的意旨是十分明显的。隐公九年《春秋》记“春天王使南季来聘”，就是说周天子通好而聘鲁之事。《左传》、《公羊》都没有为这条经文作传，《谷梁》独对此而唱异议云：“聘诸侯，非正也”，因为按周朝礼制，上级对下级，有问无聘；诸侯对天子，以及诸侯相互之间才是朝聘。现在周桓王派使臣来聘鲁，自然不合礼。而《谷梁》是以天子为绝对神圣的，所以有天子聘问于诸侯为非礼之说，与此相同者，尚有其他之例。庄公元年有“王使荣叔来锡桓公命”之经文，此周天子该年要与齐联姻，而媒妁及其他事情，都有赖于鲁庄公，因此追赐其父桓公官位。此天子当时所行，为当然之礼，《左传》、《公羊》对此全无异议，但是《谷梁》却非难之曰："礼有受命，无来锡命。锡命，非正也。生服之，死行之，礼也。生不服，死追锡之，不正甚矣！"其实当时的周天子，甚至穷于葬费，才不得不遣使求香奠或求金求车求马于诸侯，且追赐死者官爵，而《谷梁》却从"尊王"的角度对此事加以指责。再如，庄五年冬有"公会齐人、宋人、陈人、蔡人伐卫"之经文，《左传》只有"纳惠公也"四个字，《公羊》说同，但《谷梁》却以为："是齐侯、宋公也。其曰人，何也？人诸侯，所以人公也。其人公，何也？逆天王之命也。"即经文所谓"齐人、宋人"就是"齐侯、宋公"，其所以把四国国君贬称为人，实在是用以贬低鲁庄公。而之所以贬黜庄公，就是因为他违背周天子的命令。其实，本年没有天王之命，可能是因为翌年有"春王三月，王人子突救卫"之经文，所以《谷梁》误以为这年冬天，一定有天王之命。这又是由于它过于尊重周天子所致的。

在尊王思想的基础上，《谷梁传》还表现出了尊夏攘夷的思想。它把华夏族建立的中原各国称为"中国"，把边远部族建立的国家称为"夷狄"，极力褒扬中原国家，蔑视和贬抑夷狄国家。对于夷狄国家（如楚国、吴国）向中原国家进犯、扩张的行动，表现了痛恨。例如，《春秋·宣公十一年》："丁亥，楚子入陈。"《谷梁传》认为"所以经文要表示出陈国上下不愿接纳楚子入陈的意思，为的是不让僻处荆蛮的楚国来管理中原陈国的内务"。类似的例子尚不少，如《春秋·庄公十年》："秋九月，荆败蔡师于莘，以蔡侯献武归。"《谷梁传》既目视荆楚为夷狄，又想通过解释蔡侯被俘的原因，来回护中原国家的面子。再如，《春秋·襄公七年》："郑伯髡原如会，未见诸侯，丙戌，卒于操。"《谷梁传》即以为：郑大夫欲从楚者，是夷狄之民；郑伯顾从晋，是中国之君。经文书郑伯卒，使他有如善终，为的是不使成为夷狄的郑大夫加害中国之君郑伯。

此外，《谷梁》在用例上也有明显的内夏外夷的思想倾向。比如：“夷狄不言正不正。”（文公元年）、“不正其信夷狄而伐中国也。”（僖公二十六年）、“不使夷狄为中国也。”（宣公十一年）、“灭国有三术：中国谨日，卑国月，夷狄不日。”（宣公十五年）、“中国与夷狄不言战，皆曰败之，夷狄不日。”（成公十二年）、“中国日，卑国月，夷狄时。”（襄公六年）、“不以中国从夷狄也。会夷狄不致，恶者不致。此其致，何也？存中国也。”（襄公十年），等等。

由于《谷梁》尊崇仁德，尊王尊夏，所以在解经过程中，为了更好地宣扬儒家的仁义思想，也常常把那些不仁不义的中原国家视为夷狄加以贬斥。例如：《春秋·昭公十二年》：“晋伐鲜虞。”原来，这年冬天，楚以夷狄伐姬姓国徐，晋为霸主，不但不能救，反而去侵伐另一姬姓国鲜虞，明显有失霸主之责。所以《谷梁》为了讥斥其不合礼的行为，就把它视为夷狄。相反，遇到夷狄之国（如楚）能学习、效法中原国家时，《谷梁传》就说得好听一些，《春秋·宣公十八年》：“甲戌，楚子吕卒。”《谷梁传》即以为，现在经文记“楚子吕卒”，是逐渐提高到中原的地位。再如，《春秋·定公四年》：“蔡侯以吴子及楚人战于伯举，楚师败绩。”由于吴君能信从中国之蔡的请求，打退蛮国楚的进攻，这种善行应该表扬，所以《谷梁传》就说：“吴，其称子，何也？以蔡侯之以之，举其贵者也。蔡侯之以之，则其宁贵者，何也？吴信中国而攘夷狄，吴进矣。”但是，当“庚辰，吴入楚”之后，由于吴人在楚都作出了许多无礼行为，如“坏宗庙，徙陈器，挞平王之墓”，倚仗打败了楚的战功，一味谋求自己的私利，霸占楚的国都，所以《谷梁》便直斥“不正乘人败绩而深为利，居人之国，故反其狄道也”，即又恢复“吴”为夷狄的野蛮型。不难看出，《谷梁》也以文明和野蛮的程度来分别“诸夏”和“夷狄”的，所谓“夷狄”，主要是针对那些不崇尚礼义的国家而言的。从这个意义上来看，《谷梁》的尊夏攘夷思想倒有一些进步的因素。

总而言之，《谷梁传》在阐释《春秋》大义的过程中为了使圣人的思想昭然若揭，表现出一系列正统的思想，如宗法等级、伦理道德、尊王攘夷等思想。

四、贵义重民　援古正名

《谷梁传》所表现的“贵正义”、“重民本”、“好信古”、“正名分”等思想，可分为以下几个方面：

1. 贵正义

《谷梁》对于“正义”之观念特著。在《谷梁》一书中，只云“义”或“正”者，大概相近于我们今天所说的“正义”。正如本田成之先生所论：“然《谷梁春秋》对于大义名分，名之曰‘正’或‘义’者，乃谓天地之大经大法，有重大之客观的意味，尤文字之意味，由于时代而相逢，又由于使用之地方而异。例如孔子之所谓‘仁’，孟子时已异其解释，其后殆至不知其意味。今《谷梁》之所谓‘正义’，近于《左传》之言礼经，及礼之意味。盖《左传》之所谓‘礼’，有经营国家的法则之意味，而非《荀子》及他书所谓‘礼乐’之‘礼’。‘礼乐’之‘礼’，在《左传》谓之‘仪’。同此仁及礼，从其书其人，而有轻重不同。《谷梁》之所谓正及义者，有《谷梁》特别之意味，与其他经书，异其用法。然与略同意味《左传》之所谓‘礼’，而《谷梁》之所谓正及义，其意味之内容及色彩，仍有不同；《左传》之所谓‘礼’，固谓天地之法则，然其用法，则如天地之在春夏时，生育万物，与以广大之煖感。《谷梁》之所谓‘正义’，则如天地之在秋冬时，肃杀草木，与以严霜之感。盖一则肯定春秋之时世，一则否定之，由其立说之点而发生歧异。”（见《春秋谷梁传考》一文）本氏的高论比较难以读懂，我们可以再通过举例加以说明。例如：《春秋·隐公》“元年春王正月”，按通例当有“公即位”接于“王正月”之后，但此条经文偏偏没有。对此，《左传》认为：“不书即位，摄也。”谓隐公暂摄君政，而非真君。《公羊》说同，以为桓公之母，贵于隐公之母，因此隐公让位于桓；只因桓公年纪还小，隐公为其后见监护人，暂自代为鲁公而已，则隐公不得不谓之贤君。很显然，《左传》、《公羊》并不否定隐公的让位行为。《谷梁》的理解与《左》、《公》不同，独斥隐公为不正、不知“道”、不孝。《谷梁》之所以会指责隐公的行为，主要就是缘于它所根据的“《春秋》贵义不贵惠，信道而不信邪。”这一思想准则。其云“让桓不正”就是其所认为的“正义”。

《谷梁》对“正义”的观念有着独特的见解。它认为正义是在道德之上，道德行为是含不正义于其中。如，“贵义不贵惠”中的“惠”字，范宁注曰“私惠”，孔子谓“子产为惠人”，孟子谓“子产惠而不知为政”，则“惠”意为“恩惠”，即所谓恻隐之心。而《谷梁》是不贵这个“惠”的，只重礼和义、正和道。再如，《谷梁》对于善而不正的行为（如隐公的让位），谓之不义。因为，“惠”虽属道德行为，但不能与正义对抗；隐公让千乘之国，是谓“私惠”，与子产，惠而不知为政相类，可以说这是一种良好的道德行为，而不可谓之正义。《谷梁》的“正义”的思想、跟孔子所论是有不同的。请看《论语·子路》：叶公语孔子曰：“吾党有直躬者，其父攘羊，而子证之。”孔子曰：“吾党之直者异于是，父为子隐，子为父隐，直在其中矣。”在此处之所谓“直”，与“正义”相当，即父子情爱之正，即是道德，道德以外，无所谓正义。孔子曰：“政者，正也。”（《论语·颜渊》）这也就是说，君君臣臣履行正道，不外极温和之道德意味，只似是而非之乡愿，则恶之为伪善者而已，道德行为以外之正义，则视为冷的。《谷梁》大概是把惠和善视为同义。孔子所谓善人，视为君子以上之人物，如“吾不得而见之矣，得见有恒者斯可矣”。（《论语·述而》）的有恒君子。但所谓善，比之于正，宁重而非轻，如“子谓《韶》尽美矣，又尽善也”、“不善不能改，是吾忧也”。（《论语·八佾》），可以看出，孔子不说“不正不能改”，而说“不善不能改”就是指善在正义以上。既谓之善，即含正义于其中，且间有正义未足称为善的。但是《谷梁》所云“善而不正”，却与孔子的“正义”观念大相径庭。

《谷梁》除了认为正义在善之上，还主张正义在贤之上。《春秋·隐公四年》：“冬十有二月，卫人立晋。”《谷梁传》曰只“卫人者，众辞也。立者，不宜立者也。（《公羊》亦同）晋之名，恶也。其称人以立之，何也？得众也。得众则是贤也。贤则其曰不宜立，何也？《春秋》之义，诸侯与正不与贤也。”这里，贤与正比较，虽属贤人，也不能胜于正义。可见，《谷梁》在评介春秋人事时，是很尊崇正义的。

2. 重民本

如果认为重礼、尊王、贵义在于巩固统治阶层的内部关系，那么重民则在于调整统治和被统治阶层之间的关系。明智的政治家都懂得民为邦本的道理。先秦典籍中的“民”，有广狭二义。广义的概念指统治集团以外的士族、平民以至奴隶；狭义的则是“人”“民”对举，“民”属于最低的阶级和阶层。《谷梁传》中“民”的概念属于前者。

当代的史学家，不论其对中国古代社会的分期持什么样的看法，都承认从春秋到战国是一个大动荡、大分化的时代，也是社会经济、政治、文化空前飞速发展的时代。旧的制度正在萎缩、解体，新的生产力、生产关系所决定的新的社会制度正在悄然成长。大量的奴隶逐渐转化为农奴或者农民，这一股巨大力量的形成，反映在思想意识领域里就是重民。

在先秦的史籍和诸子中，儒家学派对于“民”的观念代表了统治集团中比较清醒的看法。《谷梁传》中的重民思想，较之战国时期的多数著作要更为清楚、突出，其着眼点就在君与民之间的关系上，最具有代表性的一条传文是：“民者，君之本也。使民以其死，非其正也。”（僖公二十六年）即认为民众是君主的基础，失掉民众，是不可能统治的；君主指挥民众，使他们战死，这是不合理的。再如，《春秋·襄公十九年》："晋士匄帅师侵齐，至谷，闻齐侯卒，乃还。"《谷梁》对此认为，经文称"还"，是表示事情没有完结的文辞。接受按命令讨伐活着的人。他死了就没有用来施加怨怒的人了。不趁齐国国君死了去攻打齐国，这是表示对士匄的赞许。赞许他，那为什么又说事情没有完结呢？《谷梁》的理由是："君不尸小事，臣不专大名。善则称君，过则称己，则民作让矣。士匄外专君命，故非之也。"很明显，这里《谷梁》要求君主无论是做好事或是有了过错，都要勇于承担，才能使百姓在功过面前也能互相作出谦让。

《谷梁》的重民思想在处理君民关系时，也反映了儒家"节用而爱人，使民以时"的正确观点。例如，《春秋·庄公》："二十有九年春，新延厩。"即鲁庄公把旧的马棚加以改造一事。对此，《谷梁传》指出古时统治人民的人，必须及时了解民生的疾苦。如果发现民众苦于劳役频繁，人君就要尽量减少各种工程；发现民众苦于财物不足，就要减少赋税的征收；发现民众粮食不够吃，那就一切公事都不能兴办。鲁国冬天刚到微这个地方筑城，春天又修缮延厩，可以认为鲁国使用民力已经达到不遗余力的地步。再如，"兵车之会四，未尝有大战也，爱民也。"（庄公二十七年）、"山林薮泽之利，所以与民共也。虞之，非正也。"（庄公二十八年）、"虽累凶年，民弗病也。一年不艾，而百姓饥，君子非之。"（庄公二十八年）、"闵雨者，有志乎民者也。""喜雨者，有志乎民者也。"（僖公三年）、"昭公出奔，民如释重负。"（昭公二十九年)，等等传文，都能表现出《谷梁》重民、爱民的思想倾向。

《谷梁传》中的重民思想，说到底，还是为上层统治者设计的治国方针。换句话说，重民或者民本，只是从执政者的立场上形成的观念和理论。《谷梁》所谓"古者天子对诸侯，其地足以容其民，其民足以满城以自守也。"（襄公二十九年），更直接告诉我们，其重民就是为了"自守"，也就是为了"用民"，让"民"在生产劳动和作战打仗中增加积极性。我们知道，《谷梁传》中的君是具有绝对尊严的，不过从尊王到兼而重民，从重礼贵义到肯定“民”的作用和价值，无疑是时代思想中一个不容忽视的进步。

3. 好信古

《谷梁》传文也表现出好古的思想倾向。也就是说，《谷梁》在阐释《春秋》大义时，往往援用古事古礼来作为立论和褒贬的依据。例如，面对春秋时代税制及其变革，尤其是实施“初税亩”之后，开始废除井田制，承认土地私有权，按田亩的多少征税。有史可鉴，这一税制改革促进了生产力的发展。但是，《谷梁传》却指责“初税亩”不合周制，把它跟古制相提并论，用静止的保守的眼光来分析这一变革。

《谷梁》好古的倾向，还可从大量的传文中体现出来，如以“古者立国家，百官具，农工皆有职以事上。古者有四民：有士民，有商民，有农民，有工民。夫甲非人人之所能为。”来解释“丘作甲，非正也。”的原因（成公元年）；以“古者天子六师，诸侯一军”为据，来说明鲁国季孙、叔孙、孟孙“作三军，非正也。”（襄公十一年）。再如：“古者大国过小邑，小邑必饰城而请罪，礼也。”（襄公二十五年）、“古者公田什一，用田赋，非正也。”（哀公十二年）、“古者诸侯时献于天子，以其国之所有，故有辞让，而无征求。求车，非礼也。求金甚矣。”（桓公十五年），等等。由于《谷梁》惯以古制古礼作为褒贬人事的是非标准，所以传文常呈现出严正的峻厉之气，不过也使其分析问题时总是囿于成见，表现出泥古不化、保守顽固的思想倾向。

其实，《谷梁》有时也充满实事求是的精神。最典型的例子，是对宋襄公跟楚国的泓之战，提出了“倍则攻，敌则战，少则守”的用兵之法，认为“道之贵者时，其行，势也。”（僖公二十三年）即实行正道，贵在适合时宜；用兵之道，就应根据时势的发展而采取相应的行动，哪能像宋襄公那样呆板呢？

4.正名分

《春秋》之“义”，首在“正名”。“正名”的学说是孔子提出来的一个基本观念，作为复礼的一个准绳。因为名分乱了，等级紊淆，礼制也就无从实行。孔子说：“名不正则言不顺，言不顺则事不成，事不成则礼乐不兴，礼乐不兴，则刑罚不中，刑罚不中，则民无所措手足。故君子，名之必可言也，言之必可行也；君子于其言，无所苟而已矣。”（《论语·子路》）明显指出了“正名”对严格礼制的重要性。《孟子》曰：“世衰道微，邪说暴行有作，臣弑其君者有之，子弑其父者有之。孔子惧，作《春秋》。”孔子之所以惧，惧弑君弑父之暴行，层见叠出，复有邪说（即借口于不正之名之不顺之言）为之掩饰，世道混乱就更没有停止之日，于是便作《春秋》以正其名。所以又说：“孔子成《春秋》而乱臣贼子惧。”（《孟子·离娄下》）“正名者，即所以辩正不正之名，亦即所以辨顺不顺之言，使邪说无可假藉，无由隐遁，是非判然大明，即是防微杜渐之道也。——故《春秋》之‘义’，以‘名’为本。”（蒋伯潜《十三经概论·春秋经传概论》）

既然，《春秋》褒贬人事是以正名为标准的，那么为它作解释的《谷梁传》也必然会表现出“正名分”的思想倾向。为了更好地理解“正名”思想，我们举例说明。《春秋·僖公十六年》：“春王正月戊申朔，陨石于宋五。”“是月，六鹢退飞过宋都。”这两条所记，并非大事，而说《春秋》的《公羊》、《谷梁》都非常重视。《谷梁》就是根据孔子所言“君子之于物，无所苟而已”的正名主张，来阐释经义，使经文之事跟“王道”联系起来。再如《谷梁传·僖公十九年》：“梁亡。自亡也。淫于色，心昏耳目塞，上无正长之治。大臣背叛，民为寇盗。梁亡、郑弃其师，我无加损焉，正名而已矣。梁亡，出恶正也。郑弃其师，恶其长也。”这里，所谓“梁亡、郑弃其师，我无加损焉，正名而已矣。”也是孔子的话，意思说：梁亡、郑弃其师（闵公二年经文），都是根据鲁史旧文，我没有增删；我有所增删的，是由于鲁史旧文名不正。像梁亡和郑弃其师，旧文完全正确地表达了，其名既正，不必增删。从以上几条《谷梁》传文来看，《谷梁》作者是确信《春秋》为“正名分”而作的，且在经文中寓有褒贬之义。其实，大部分的《谷梁》传文也都是为正名而作的。不言而喻，《谷梁》是循着《春秋》的正名意旨，以礼、义、道等儒家的思想作武器，来褒贬人事，辨别正与不正、合与不合周礼的。

总而言之，《谷梁传》中所反映的思想倾向比较复杂。书中所记述的时代正经历着“礼崩乐坏”的动荡过程，到《谷梁传》写作成书，这一过程已经结束。所以《谷梁传》在宣扬儒家的宗法等级观念的同时，既重礼又重民，既贵义又贱兵，既尊夏又攘夷，都表现了礼乐教化与仁德之治的思想。而这些又是其为《春秋》正名的思想基础，也是主要的判断标准。

儒家的政治哲学

中国政治哲学源远流长，即使在中国第一部史料文献《尚书》中就有详实地记载，其内容之丰富及充满智慧令人惊叹。中国古代政治概念多发端于此，它是中国古代政治哲学的源头。与其说中国古代政治哲学是《尚书》的附产物，还不如说《尚书》本身就是一部中国古代政治哲学书，尽管《尚书》史料丰富、充满文学色彩，但它毕竟是一部专门记录帝王言论的书，其编书旨意在于为后人提供可资借鉴的统治经验。可以这么说，中国政治哲学的诞生就与中国文化连在一起，密不可分，是中国灿烂文化中的一朵奇葩。故史学大师梁启超先生不无感慨地论道："吾国人对于此方面诸问题之解答，往往有独到之处，为世界任何部分所莫能逮。"因此，将来"参列世界文化博览会之出品恃此"。本文仅就《尚书》中涉及的政治哲学，从天人合一、皇极、德政、洪范九畴、官制、分封制、宗法制、礼、刑九个方面以及中国古代著名的"大一统"思想和"三世说"进行阐述。

天人合一是中国古代政治哲学的认识基础，皇极是根据天人合一的观念来确立为君之道的，德政是为君之道的核心，洪范九畴是治国安邦的总策略，官制和分封制构成权力体系，宗法是权力体制的社会基础，礼制与刑制是互补的两种统治手段。九个方面互相联系，构成一个严密的政治权力体系，“大一统”和“三世说”是儒家的传统思想，中国古代政治哲学就是围绕这个体系而展开的。

一、天人合一

天人合一是中国古代政治哲学的基点。天之观念是中华民族信仰之中心，是一切政治哲学的出发点，而人是一切政治哲学的立足点，天为人谋求幸福是政治哲学的核心。由此形成的天人合一理论是中国政治哲学的特色。

在《尚书》中，天之概念，有两层意思。一层是有形的物质的概念，如天空、日月星辰、风雷雨电、春夏秋冬等自然现象都纳入天的概念，人们祈求天佑，实质是祈求适合人们生存和发展的自然条件；另一层是无形的精神的概念，如昊天、鬼神、祖宗等虚无飘渺的观念，也纳入天之概念，人们祈求天佑，实质是解脱精神困厄、求寻心灵安宁、寄托理想信念等。二者结合，就显得天是无所不在，无所不能，是人类万物的主宰，因此人对天产生了敬畏、顺从乃至顶礼膜拜，唯天意志是从，天意成为人类政治活动的出发点。

人之概念，在《尚书》是极少从类的抽象意义上使用，而更多地是从政治意义上使用，就像亚里士多德的命题，人是政治动物一样，《尚书》里几乎都把人视为政治的人，并用“民”这个概念命名之。民有两层意思：作为个体的民，在统治秩序中处于社会的最底层，是被统治的对象；作为群体的民，是“万物之灵”（《泰誓》），无民则无所谓万物，无所谓天，天因民而灵，“天视自我民视，天听自我民听”（《泰誓》），“天聪明自我民聪明，天明畏自我民明威”（《大禹谟》），“民之所欲，天必从之”。（《泰誓》）可见，天之意志源于民之意志，天之意志应服从于民之意志，民是政治哲学的立足点。

在天与民关系中，政治哲学所寻求的天民合一，是以天与民的对立为前提的。远古时期，人类的生存与大自然息息相关，他们从自然界获取食物，直接依赖大自然的恩赐，虽然大自然有时也向他们施以恩惠，但在更多的时候面目却森严可怖，狂风、暴雨、地震、山崩、冰雪、雷电、洪水等随时都危及人类的生存，使他们食无保障，居无定所，因此天民和谐就成为当时的政治要务。《尧典》篇中对这一情况就有所反映。作为帝王的尧则肩负此任务。一方面，依赖天，一年四季代民祭天，以求天佑；另一方面依赖民，利用民的力量来战胜天。在天人关系中，由于帝王的介入，渐能达到合一，所以又构成了极为复杂的天、帝王、民这三者关系。这三个概念是一切政治哲学之基本概念，三者关系是一切政治关系之枢纽。政治关系的核心是权力与服从关系，而这三者构成了互为权力与服从的关系，任何一方都不拥有绝对的权力。天对民实施统治却没有直接统治权，要委派帝王实施之，而委派什么样的帝王，要依据民意，天对帝王来说是主宰者，帝王对民来说是统治者，而民意又决定天意，在三者动态关系中，若求相对稳定，则应是天意代表民意，帝王代行民意，这样才能构成政治的稳定性，所以说，为民谋幸福是政治哲学的核心。

依据上述观点，我们就可理解《尚书》中，帝王治民又畏民，实施德政，而演绎出的一系列政治关系。

二、皇极

皇，帝王之尊称；极，至极之道理，皇极即帝王之道。所谓帝王之道，可从帝王之使命、帝王之资格、帝王治国安邦之道三方面来加以理解。

帝王之使命。帝王是天在人世间的代表，是替天管理臣民的。因此，帝王要遵循天的意志，替天行道，这是帝王的神圣使命。履行此使命，就安保君国无恙，不履行使命，就有覆国失位之危。为帝王是有规则的，不论其帝位如何获得，都要遵守此规则。历史上的帝王都是人之至尊，为什么不做天下第一，却要让位于天，自己退居于天之子，明明知道自己取得帝位之艰辛，是靠自身长期努力而获得的，而偏偏归之于天意赋予，像舜、禹这样圣贤的帝王，至于商汤、周之文武，本身就是逆天行事，破坏帝位天授的规则，而靠武力夺得帝位，可他们登位后，同样也称是顺天行事，其帝位来自天赋。可见，这些有为之帝王，并非真正迷信天赋帝位之说，而是一方面借助天对臣民的主宰权威增强自己的统治威势；另一方面出于帝位使命约束的无奈，而真切地感到要当好帝王不容易，因天意不可违也。此天意，即民意也。

帝王之资格。如果帝位是天赋的，帝王本无资格可言。由于帝王受天赋使命约束，能否履行使命关系到能否保住帝位，因而就发生帝王的资格问题。为完成使命、让百姓幸福，一般来说，帝王必须德才兼备。因此，对帝王资格具有极为严格的审察。公天下时期，鲧虽有为民治水造福于民的心愿，四处奔波，治水九年，备受艰辛，但由于未治住水，不但不能登上帝位，反而被舜当作罪人流放羽山而死。其子禹，治住洪水，功绩赫赫，恩被四方，舜不因其父是罪人，而将帝位禅让于他。像舜、禹，这样圣贤都要接受长期的资格考验，舜在相位二十八年，禹在相位十七年，被确实认为有资格后才登上帝位的。到了家天下取代公天下的夏、商、周时期，天下在帝王家族势力统治之下，帝位更迭采用世袭制，表面看起来是家族内部的事，实际同样受到资格审查。太甲登帝位后，胡作非为，凶狠残酷，被伊尹放逐到桐宫替中壬守丧、思过，待其悔过自新后，才能复登帝位；武丁登位后，自感才能不足，一年不说话，以求贤人辅佐，取得国运中兴。可见世袭制下的帝王，同样受到帝位资格的考察，只不过在世袭制下的帝王，身份上无法选择，但也不因此而降低资格的要求。正因为世袭制下帝王身份不能随意选择，其帝王禀赋参差不一，资格胜任者自己为帝，资格不胜任者只能当傀儡帝王，让大臣发挥才能弥补自身之才能不足，以完成帝位之使命。殷、周以来，三公、三孤制兴起，是与世袭制下的帝王德才不足不无关系，它的作用名曰辅佐帝王，实则弥补帝王德才之不足，维护帝王在臣民中公众的形象，以保持帝位资格之完善。至于那些无德无才，或有才无德，又不接受劝诫的帝王，如夏桀、商纣，势必不能完成使命，失去帝王之资格，而被历史所淘汰。

帝王之道，是服从于帝位之使命、帝位之资格。至于帝王个人禀赋的差异并不妨碍贯彻帝王之道，只不过对帝王之道实施效果有所差别而已。《洪范》中的箕子借助洪范九畴阐述了帝王之道，他认为，帝王之道在于将幸福普遍地施于臣民。要保持帝王之道的畅通无阻，在于帝王在臣民中作出榜样。帝王统治的对象是臣民，帝王只有在臣民的拥护下才能实现统治。帝王对不同对象的臣民要分别对待，对遵行美德的臣民就赐给他们幸福；对有才能的臣民让他施展才华，对行为不合法、又没有陷入罪恶的人，要宽容他，对无依无靠的人不要虐待。这样，臣民就会感念帝王之道的恩泽而拥护，反之，对于那些享有俸禄的官员，不能让他们作出贡献，就是帝王的失职；对于没有好德行的人，赐给他们幸福，等于施行恶政。这样臣民就会背叛他。对于自身，要注意修行，不偏不颇，不反不乱，不私心偏好，不为非作歹。不营私、不结党、王道正直、隐去私欲，展现的只有为民幸福的德政了，因而臣民对帝王就有所归附了。只有这样，帝王有帝王统治的法则，臣民有臣民归附的法则。就可天下大治了。经历过殷商覆灭的箕子，更加深切地感到，帝王之道从根本上说在于让臣民幸福。只要遵守此道，不论帝王天赋如何，平庸与否，同样可以达到安邦治国的目的。这无疑为世袭制下的帝王提供了一剂治世良方。

三、德政

德政是帝王治国的第一要义，是理解国家兴衰存亡的奥秘所在，一部《尚书》跨越尧、舜、禹、夏、商、周，历经一千多年，强调的全是德政，行德政者得天下，行暴政者失天下，德政关系到国家兴衰存亡。

何谓德政。最早提出德政的是夏禹，他说“德惟善政，政在养民”，就是说德表现在善于治理政事，治理政事的根本在于教养臣民，以民为本。德政就是让臣民生活幸福。尧是行德政的，舜也是行德政的，禹提出德政概念，实际是对尧舜统治经验治理政事方法的最根本概括。此后，人们称颂尧舜禹，实质就是称颂他们之德政，历代君主效法尧舜禹，实质就是效法德政。至于其他的具体的治理政事的方法，随着时代变化、社会的变迁，有的已不适用了，但其治理政事的要义，施德政都是一脉相承的。

伊尹曾作《咸有一德》一文，系统论证了德政的重要性及施行德政的原则和方法，以示太甲。太甲继承帝位后，不遵守先祖成汤制定的经典，不效法先人的德政，胡作非为、凶恶残酷，被伊尹放逐到桐宫替中壬守丧三年，悔过自新后，又被伊尹迎回，伊尹交还了权力。想回到自己的封地、退隐终老，又担心太甲旧习反复，不能专一实行德政，故作此文训诫太甲。

伊尹认为，要保住帝位，不能盲目依靠天命，因为老天很难相信，天命无常。只有不断实行德政，自己的地位才会安定，也只有不断实行德政，国家才不会灭亡。夏桀失德就失天下，成汤“咸有一德”，就顺应天意得天下，并非老天偏爱殷商，只是老天“佑于一德”，并非殷商招来下民，只是下民“归于一德”。因此做一个有德之君，始终如一地修德政十分重要。“德惟一，动罔不吉；德二三，动罔不凶”，这是历史经验总结。

德惟一，是施行德政的原则，并非指德政只有一种模式，每一个帝王都要根据自己所处时代的实际情况来施行德政，各个帝王有各自德政的模式。因此，太甲新上任，要施行德政，并不是要囿于德政模式，而是要心念德政，专一施行德政。如何做到专一施行德政呢？具体运用规则是“德无常师，主善为师。善无常主，协于克一”，意思是德政没有固定不变的模式可以效法，只要以善为标准的德政都可以借鉴，善也没有固定不变的准则可以遵循，只要一心一意行善就是准则。因此德政的关键在于帝王言行的始终如一，心的专一施善。可见德政是从自我修身做起，而后再齐家、治国、平天下，《尧典》中“克明俊德，以亲九族。九族既睦，平章百姓。百姓昭明，协和万邦。黎民于变时雍。”正是德政这一施行程序的形象揭示。

四、洪范九畴

洪即大的意思，范即法的意思，畴即类的意思，洪范九畴即九类大法。是治国安邦的方略，在《尚书》诸多帝王的治国方略中，洪范九畴是最有理论色彩，最系统的一种。它代表先秦安邦治国方略的最高成就，其对后世影响也极大。

洪范九畴的产生却有一段神奇的故事。相传大禹经过洛水，看到一只神龟浮出水面，龟甲上刻着天书，共六十五字，大禹录之，后人称为《洛书》，其书为：“初一曰五行，次二曰敬用五事，次三曰农用八政，次四曰协用五纪，次五曰建用皇极，次六曰乂用三德，次七曰明用稽疑，次八曰念用庶征，次九曰向用五福，威用六极。”

这部洛书，历代十分重视。到了殷商末期，传至箕子。当周武王战胜殷商、平定天下，向箕子求教治国安邦方略时，箕子口授其内容，并称之为洪范九畴，从而洪范九畴得以问世。《洪范》篇详细记载了箕子对洪范九畴的阐释。

洪范九畴是阐述天、帝王、民三者关系的，其中主要是以帝王为核心，阐明帝王与天的关系、帝王与民的关系两个方面，从而为帝王从各种纷繁复杂的关系中理出头绪，为帝王修身、治国安邦提供理论依据。

洪范九畴中概念很丰富，其覆盖范围之广及天下万物，而且各概念中互有联系，互为因果，但其中心概念主要是九大类：

五行：水、火、木、金、土。

五事：貌、言、视、听、思。

八政：食、货、祀、司空、司徒、司寇、宾、师。

五祀：岁、月、日、星辰、惓数。

皇极：为君之道。

三德：正直、刚克、柔克。

稽疑：为占卜决疑。

庶征：雨、旸、燠、寒、风。

五福：寿、富、康宁、攸好德、考终命。

六极：凶短折、疾、忧、贫、恶、弱。

最后两组概念，五福与六极是对立关系，归为一类。上述概念都是以帝王为中心展开的。五行水、火、木、金、土是宇宙的五种基本物质形态，用于解释世间万物的产生。甚至可以与人发生关系，解释人的味觉的发生，这是帝王要掌握的基本知识，也是帝王处理协调政务的理论依据。五事是指帝王的言行举止，帝王治理天下首先要从修养做起，容貌恭敬不言而威，言论正当就能服众，多看、多听、多思就能圣明。八政是设置官职的依据，是八种职位，是辅佐帝王理政的机构。五祀是五种记时的方法，是观测天象安排农事的依据。皇极即为君之道。三德为帝王评判他人性格的尺度，通过把握性格来把握百官处事的分寸，达到驭臣之目的。稽疑是占卜决策的方法。当遇到重大疑难事时，先要自己考虑，再与卿士、庶民商量，最后问卜占卦决策。庶征，是气象征兆，气象与作物、人事、政事有相应的关系，要善于从气象征兆中来调整人事、处理政事。五福是帝王要极力劝勉的，六极是要极力避免的。作为帝王，不但要熟悉以上九类内容，还要熟练此九种用法，各类有各类的妙用，如建立权威要用皇极，驭臣之术要用三德，治民则向用五福、威用六极。修身、事农、协调时令、观测气象、占卜决疑，洪范九畴中无不顾及又安排有序，构成一个极为完整的体系，因而被历代帝王所推崇效法。

五、官制

中国官制，一般认为，至秦、汉时代初步形成，其标志是以丞相为首的九卿分司制的形成，表明了中国官制的确立。其实这是用西方三权分立的理论来分析中国的官制，单纯从行政的角度来比照中国的官制，认为只有以宰相为首的行政中枢的形成，才算官制的形成。可是中国的情形往往并非这样，它是帝王专制的三权合一的国度，立法的、行政的、司法的都是帝王的官员。在远古时期，甚至掌管天文、地理、四时、占卜的都是帝王的重臣，而且只有这些人才是真正的官员，因此考察中国的官制，要用中国人的观念，才能判断中国职官的演变史。

中国历代职官的起源、名称、职掌权限的变迁极为复杂，历代王朝更迭都伴随着官制变革，常常是逐次改革前代官制，从而过渡到本朝独具的官制，《尚书》中的《尧典》、《舜典》、《大禹谟》、《洪范》、《立政》、《周官》等篇反映了这一史实。

相传我国古代伏羲氏治理天下，开始画八卦、造文字用来代替结绳处理政事，最初产生了文章典籍，经过三皇（伏羲、神农、黄帝）五帝（少昊、颛顼、高辛、唐尧、虞舜），从而开启了中国政治哲学的历史。《尚书》仅从尧帝开始叙述史事。

尧是我国原始社会后期著名的氏族首领，名叫放勋，属陶唐氏，所以又称唐尧。《尧典》记叙的是尧公开会议定百官的依据及名称、百官职权界定等，是迄今为止见诸文字的我国最早的官制记录。尧善于治理天下，他在位时“光被四表，格于上下”。他遵循自然界的运行规律，用东西南北四方与春夏秋冬四时相配的方法来规定百官的职守。他设天官、地官、四时之官，分别派羲氏与和氏掌管。派羲仲住东方的嵎夷，测日出时刻，定仲春；派羲叔住南方的交趾，观察太阳往南运行的情况，正仲夏；派和仲住西方的昧谷，测日落时刻，定仲秋；派和叔住北方的幽都，观察太阳向北运行的情况，正仲冬，以此作为务农时、定迁居的依据。因为当时已进入农业社会，以农业生产为治国处理政务之本。而当时生产力水平低下，农业生产主要依赖自然界，所以设置官职，首先是用来对付自然界、掌握自然界，而后才利用自然界的规律来指导农时处理政务。这就是唐尧时期设置官制的本义。

至舜时期，氏族社会开始解体，呈现阶级社会将要产生的征兆，设置官职的重心，从对付自然界转向对付人类社会自身。

舜，姓姚，名叫重华，属有虞氏，所以又称虞舜。舜出身寒门，父亲是瞎子且心术不正，后母嚣张，弟弟傲慢。舜皆能同他们和谐相处，舜是“父义、母慈、兄友、弟恭、子孝”五种美德的象征，得到尧的禅让，登上帝位的。因此，舜治国理政就有别于尧。他认为“食哉惟时，柔远能迩，惇德允元”，就能服众和社会的稳定，据此，他设置官职为：

司空：掌管土地、辅佐政事之官

稷：掌管播种百谷之官

司徒：掌管民政教化之官

士：掌管狱讼之官

工：掌管百工之官

虞：掌管山林之官

秩宗：掌管祭祀之礼官

乐：掌管乐之官

纳言：上传下达之官

上述分类为舜的主要官职，从官职职能上看，已从尧时设官对付自然，转向设官掌管世间物事处理社会事务。至禹时代，设官重心从管物和处事重新又进一步转向治理百姓黎民上。

禹，姓姒，夏后氏，所以又称夏禹。禹继承其父的治水事业，历时十三年，治平水患，功绩卓著，舜将帝位让给了他。由于他治水的特殊经历，使他能体恤民情，深知民心的重要。因此他明确提出“德惟善政，政在养民”，为政之道在于“水火金木土谷惟修，正德利用厚生惟和，九功惟叙，九叙惟歌”，也就是说：水火金木土谷是人们生活需要的物质，这六件事要治理。端正人们的行为，便利人们的用物器具，富足人们的生活，这三件大事要安排协调。只有这九件事处理有序了，为政才会得到人们的认同。因此，“九功惟叙”就成为禹设官的依据了。依此九功二级官职分为八类：

食：掌食之官

货：掌金帛之官

祀：掌祭祀之官

司空：掌土地之官

司徒：掌教民之官

司寇：掌诘盗贼之官

宾：掌诸侯朝觐之官

师：掌军旅之官

此时期官职设置、职权划分是对舜时官职的分类整理及其系统化，因而为后来的行政中枢六官制的确立奠定了理论基础。

应该说，夏、商、周官制大体上是一脉相承的，商仿夏制、周对商的官制进一步发展和完善，至周成王时，行政中枢六官制的确立，成为先秦最完善的官制。

周至成王时，即周公东征之后，天下日趋安定，周王朝的迫切任务就是健全官制，以求长治久安。周成王在周公的帮助下，即位后就宣布官制，在《周官》里记载如下：

冢宰

司徒

宗伯

帝王——三公——三孤

司马

司寇

司空

三公，即太师、太傅、太保，主要职责是阐明治国方略，安邦道理、协调关系；三孤，指少师、少传、少保，协助三公弘扬德政、敬信天地，辅佐帝王；冢宰，掌管国家的政治、统理百官；司徒掌管国家的教育和国民的教化；宗伯掌管国家的典礼；司马掌管国家的军事；司寇掌管的国家的律令；司空掌管国家的土地。职责分明，各司其职。可见，周代官制是对前代官制的继承和发展，也对其后代官制产生极大的影响。

六、分封制

分封制是解决中央对地方统治的政治制度。

所谓分封，就是帝王将王畿之外的土地和人民分别授予自己的血亲、姻亲、功臣或古代先王圣贤的后裔的制度。它有三个显著的作用，其一，用分封诸侯，特别是分封血缘关系的子弟为诸侯来取代异姓诸侯，对改朝换代起了巨大作用，尤其对彻底摧毁以部落首领为诸侯的氏族政治制度起了决定性的作用，完成了公天下向家天下的转变；其二，通过土地、人民的授与，解决了新兴“小邦”如何统治广大的新征服疆域的大问题，对新兴王朝不断扩大提供了统治模式。其三，通过封邦建国，诸侯承担起镇守疆土、出兵勤王、缴纳贡赋、朝聘述职、随王祭祀等义务，起到了拱卫、藩屏中央政权的作用。

分封制是顺应历史的需要而产生的。禹登帝位后，采取了许多措施，在过去的洪患地区，围垦造田、开荒种植，使人民定居下来，因而禹之疆域空前地扩大了，但客观上形成了中央与地方的隶属关系，禹在位时，凭着个人的威望，能定九州岛，设五服，有力地将地方控制在中央的管辖之下。禹死后，无论是益还是启其威望都不足以服众，中央对地方的控制力度就大为降低，中央与地方的矛盾就显露出来，尤其是禅让制的破坏，从尧到舜、从舜到禹，都实行禅让制，唯独从禹到启是传子。世袭制的产生，人们觊觎中央政权之路受阻，因而公天下和家天下的战争爆发了，夏的同姓诸侯有扈氏就首先不服，引发了甘之野战争，这场战争，启剿灭了有扈氏，建立了家天下的夏政权。以部落首长为诸侯的氏族政治为家天下政治所取代。

家天下的最显著特征除帝王世袭以外，帝王还分封他的儿子到各地为诸侯，加强中央对地方的统治。这一做法，在殷渐渐普及开来，至周已形成为制度。因此设五服被封邦建国所取代，氏族政治被血亲姻亲政治所更替，分封制登上了政治舞台。

分封制在西周时期被广泛实行，尤其在西周初期为巩固从殷商中夺取的政权和扩大疆土的需要，就进行了二次大的分封。经过武王分封和周公二次东征后的大分封，几乎将天下纳入周王朝的统治之下，据荀子统计，周初分封七十一分封制国，其中姬姓就占五十三国，其实，周初封国还不止此数，特别是分封制与宗法制的结合，分封制在西周的政治体制中处于十分重要的位置。从横向看，周王朝分封诸侯，其中诸侯又分公、侯、伯、子、男等不同爵位，从纵向看，诸侯又分封其子弟为大夫，大夫又分封其子弟为士，构成了中央、地方与基层的分封关系。显然，分封制把天下纳入周王族的统治，对巩固周朝统治起了极大作用。

分封制下诸侯国的行政是仿制中央行政设置，但与中央行政官制没有垂直领导关系，它是一个诸侯领导下的独立的权力系统，正是诸侯权力的相对独立性，埋下诸侯割据、周朝分裂而致灭亡的因素。作为中央与地方权力关系的分封制的缺陷也在于此。正因如此，秦建立政权后，用郡县制取代了分封制，但不能由此低估分封制在殷周时的重要政治作用。

七、宗法制

无论官制还是分封制，在殷周时期，都是以宗法制为组织基础的。如果说殷周时的中央行政中枢官制更多地强调选用贤人，那么中央与地方隶属上的权力职位，则几乎按宗法制的原则实行分封，即以血缘为纽带分封。可以说，殷周时期从中央行政到地方及基层政权，都是以宗法组织的统治为基础的。

所谓宗法制，则是分别嫡庶统系以家族嫡长子为本位的政治制度。宗者，主也，即统率的意思。宗分为大宗与小宗。大宗的嫡长子为宗子，是本族大宗的继承者。其余嫡长子的兄弟，不论嫡出或庶出，皆为本族的小宗，小宗的嫡长子为小宗的继承者，其兄弟又为小宗之小宗。这样层层推演下去，延绵不绝，构成了严密的宗法制度。当然，其中的大宗、小宗是相对而言，如嫡长子的兄弟，相对于本族的嫡长子来说是小宗，但在本小宗内，相对于其子分出的小宗来说，又是大宗。以周为例，周天子的领土叫天下，其帝位由嫡长子继承，因此周天子与其嫡长子称为整个天下的大宗。而周天子的其他儿子则分封为诸侯，诸侯的领地叫国，诸侯对天子来说是小宗，在本国来说是大宗，其爵位由他的嫡长子继承。诸侯的其他儿子又分封为大夫，大夫的领地叫家，大夫对诸侯来说是小宗，在本家内是大宗，其爵位也由他的嫡长子继承。大夫的其他儿子再分封为士，士的领地叫家，在对大夫来说是小宗，在本家内则为大宗，其爵位同样由嫡长子继承，这样大宗率小宗，小宗率众弟，把天子、诸侯、大夫、士行政上的隶属关系变为一个严密的家庭统治体系，将原来公天下变为家天下，实行以家族为本位的统治。

宗法制的实质是嫡长子继承制。因此，要维护宗法制，必须赋予宗子不可侵犯的“宗主权”，其中最主要的是祭祀权、管理权和与生俱来的统治权。

宗主权中最重要的是祭祀权，不是宗子就没有主祭权，只有宗子才享有神圣的主祭权。在实施祭典时，宗子不但要带着自己的同胞兄弟和直系子孙祭祖，而且还要带着宗内的从兄弟共祭祖，以此建立起尊崇祖先的共同感情，增强大家同是一个祖宗后裔的认同感，明确宗子是本宗的合法继承人，深刻认识宗子地位的重要性，以达到以宗子为核心的宗族团结的目的。

其次是宗主权中的管理权，即统理宗内事务权利。如召集族人的权利，处理宗内财产权利、对宗内大事具有决策权，对宗内纠纷具有裁判权、教育权，对宗内的婚丧嫁娶具有过问权等等，宗子权力涉及宗内事务的各个方面，以增强宗子对本宗的控制力度。

再次是统治权，宗子与生俱来是本宗的统治者，其嫡长子孙也可以永远继嗣本宗的宗子权，百世不迁。也就是说，永远是本宗的主要统治者，而他的嫡长子孙以外的其他子孙至多是个基层统治者，永远处于嫡长子孙的统治之下，维护嫡长子孙的正统地位，以此维护宗法制度的不变性。殷周的官制、分封制的稳定性正是靠这样一种宗法制的稳定性来支撑的。

八、礼制

礼是人的交往行为所遵循的规范。礼是将人际交往、人与自然的交流，人神对话程序仪礼化，其实质是将人类社会纳入有序的状态，因而礼与官制、分封制、宗法制交融一起，起到将政治统治世俗化的作用。

最初，礼只与祭祀活动有关。《礼记·礼运》曾对礼的起源做了极为形象的描述。“夫礼之初，始诸饮食，其燔黍捭豚，污尊而杯饮，蒉浮而土鼓，优若可以致其敬于鬼神。”可见，礼只是人们有求于鬼神的庇佑而施行的进贡仪式。由于施行这种仪式能给人们带来心灵的慰藉，所以能被人们普遍接受而流行开来。随着人际交往的频繁，人们越来越感到社会生活的复杂化，许多事有求于人，人们习惯地运用以往的经验，将对鬼神的仪式移植到对被求者的身上，企图获得援助。正是这种自发的表示对他人尊重的仪式被统治者改造为统治手段，形成一整套程序化、制度化的礼制。再通过规定各阶层人享有不同的礼仪，从而对不同阶层的人贴上了尊卑、上下等级的标签，将人与人间的不平等合法化，为统治者稳坐金字塔之巅提供了合法性。周公制礼则进一步将礼制为政权统治服务推向了极致。

周代的礼制涉及的范围相当广泛，几乎渗透到社会生活的各个层面。经济的、政治的、军事的、文化的乃至宗教的无不涉及。周代礼制不像汉以后那样单纯地仅指礼节仪容，而是集制度、规范、意识观念于一体。这从《周礼》、《仪礼》和《礼记》三礼中的记载可以反映出来。大体而言，论述周朝政治制度，尤其是官制的就有一部《周礼》；记述社会规范的，如生、死、嫁、娶等社会世俗的一套繁缛礼节仪式，则有一部《仪礼》；记述礼的意识观念的则有一部《礼记》。当然，就礼仪本身而言，有吉、凶、军、宾、嘉五种。吉礼、指天、日月星辰、风雨、山川、五岳、礼稷等祭祀典礼；凶礼，则指帝王崩葬、诸侯薨葬、卿大夫卒葬以及饥馑、战败、寇乱等天灾人祸的衰吊仪式；军礼，指校阅、出师、乞师、致师、献捷、搜狩等礼仪；宾礼，则指锡命朝聘、会盟等接待宾客的礼节；嘉礼，指婚嫁、冠冕、飨燕、立储、庆贺、宾射等喜庆场合的典礼。周朝礼制，分门别类极为细致，即使每一种礼仪也十分考究，《顾命》篇记载的周成王的丧礼和周康王的即位典礼，详尽地展现了当时礼仪的风貌，从日期时辰的选定，到方位布局、人员配置、衣帽服饰、器具色彩都极为讲究，处处透出层次，令人感到有序、森严、肃然起敬。可见，周代的礼制已成为社会生活，人际交往不可缺少的组成部分。但是，周代礼制的施用对象，仅限于大夫以上权力阶层，对于下层平民是“礼不下”的，因而，周代的礼制是统治者集团内部的控制手段，是在宗法制的血缘约束基础上再加一层社会的礼制约束，以加强统治集团的内部控制的力度，达到巩固政权的目的。

九、刑制

刑制是帝王实施统治的最基本手段，在古代又称法制。至于现代意义上的民法、行政法等在当时并未确立，中国从远古时期至其后的漫长的历史上所讲的法制实质都是刑法，从而形成一套刑法及实施程序，称为刑制。

从《尚书》中记载看，刑源于舜，成熟于周。

舜登上帝位，划定十二州的疆界后，就开始肃政，首先从制定刑法、征处四凶开始：“象以典刑，流宥五刑，鞭作官刑，扑作教刑，金作赎刑。眚灾肆赦，怙终贼刑。”这里记载了确立刑法、公布刑法，实施刑法的程序。“象以典刑”就是在器具上刻画五种常用的刑罚。公之于众，当时一般用龟壳兽骨来记载文字，至于用器具如鼎之类来记载文字，那是非常重大的事，具有庄重公布之意味。五刑是对犯了重大罪的人而采用的刑罚，分别是指墨、劓、剕、宫、大辟。墨即在脸上刺字后涂上墨，又叫“黥”；劓即割掉鼻子；剕，砍断脚，又叫“刖”，宫，阉割男性的生殖器；大辟即砍头。五刑施用的犯罪对象和使用的方法，以及处置场所，是不同的，五刑是以残害人身体为惩罚的极为野蛮残酷的方法，在舜时期并不常用。更多地是使用以下四类，对犯了五刑重罚的人用流放的办法表示宽恕，对犯了一般罪行的人，用鞭抽作为官府的刑罚，用木棍打作为学校的刑罚，目的在于惩戒。当然，对于犯了罪的人，也可以用金作为赎罪的刑罚。对确实犯刑的人，还要视情而定，如果是过失犯罪，就赦免他，只有对坚持作恶又不知悔改的，才施加酷刑。事实上，舜登帝位后，也只将罪大恶极的共工流放到幽州，将驩兜流放到崇山，将鲧流放到羽山，将三苗驱逐到三危，定重刑的目的在于威慑，在于“以刑去刑”。

到周穆王时，刑法经过夏、商、周一千多年的实践已渐趋成熟了。吕侯为相，劝导周穆王明德慎罚，制定刑律，史称“吕刑”。《吕刑》篇就详细地介绍了吕侯的法律思想和刑罚主张，从中可窥视刑法之趋成熟。

《吕刑》中法律思想的特征是明德慎刑，使用中刑。因为蚩尤滥施刑罚，招致灭亡，尧用中刑，享有天下。如果不用刑罚也不利于德政，刑罚就是德政的组成部分。强调中刑，也不是为行刑而刑，而要在行刑中明德，刑罚“非讫于威、而讫于富”，应富有仁厚之心。因而任用典狱（即法官）反对巧辩，而用善良之人，审理案情，重在证据，有条文刑律规定的要认真核实，要从供词的矛盾处核实，且需众人核实验证才行，没有核实的不能治罪，没有明文规定的罪，要比照刑律来定罪。判定刑罚，有怀疑的从轻处治，触及五刑的用五罚惩治，触及五罚的用五过惩治，有时两罪合并，只罚一种。刑罚要有灵活性，根据社会情况来决定，做到案件判定了人们信服，改变判决，人们也信服，要使刑罚成为祥刑。

中国的“天人”文化

孔孟的“天命”观

《论语》中记载孔子多次说及天、命或天命，其含义大约可分为三类。第一类如以下数例：孔子在卫时的事情，《史记·孔子世家》有载。卫灵公夫人南子，当时把持着卫国朝政，而且生性风流，名声不佳。她要召见孔子。孔子只好委曲求全，不情愿地去了。子路不解老师的苦衷，面有愠色，孔子发誓说：“我若有所不当，让天厌弃我！让天厌弃我！”其二：孔子病重、子路为其准备后事之事，孔子不满子路的做法，责备子路“……你这是让我欺骗谁？欺骗老天吗？……”其三：颜渊英年早逝，孔子极为悲痛：“唉，老天要我的命啊，老天要我的命啊！”其四：孔子感慨说：“没人了解我啊！”子贡问以何故，孔子回答说：“我不怨老天，也不怪别人，学一些小知识，懂些大道理，了解我的，大概只有老天吧！”上述数例中，孔子都说到“天”，从词义上说，这些“天”指的是人们宗教意识中的人间万物、人生命运的至高无上的主宰者。但从具体的语言环境来看，“天”只不过是他情绪激动时用来赌咒发誓和发泄感情的借代物，并不见得就真的把它当作自己命运的主宰者。这种情况，不要说孔子，就是我们现代人也常有。因此，这些事例并不能说明什么问题。

第二种情况，如以下数例：一是孔子在宋国之时。《史记·孔子世家》有载。孔子到了宋国，宋司马桓魋前来追杀，孔子急忙逃走，弟子们叫他跑快点，孔子说："老天把这样的品德生给了我，那桓魋还能把我怎么样？"其二是说孔子在匡被围之事，《史记·孔子世家》亦有载。孔子被匡人所围，说："周文王死了以后，他的道德文章不都在我这儿吗？老天若要毁灭它，就不会把它给了我；老天既不想毁灭它，那匡人还能把我怎么样？"其三是：伯牛（冉耕）是孔子的得意弟子，可是得了不治之症（据说是麻风病），孔子去看望，隔着窗握着他的手说："看来不行了，这是命中注定的啊！这么好的人竟得这样的恶病，这么好的人竟得这样的恶病！"其四是：公伯寮与子服景伯都是鲁人，孔子的弟子。孔子仕鲁为司寇时，与子路共举"堕三都"之事。事败后，执政的季恒子对孔子、子路有所不信任。公伯寮就到季恒子跟前说子路的坏话，当然也就是要离间季氏与孔子的关系。子服景伯把这事报告给孔子，并说："那位先生（指季氏）肯定被公伯寮迷惑住了，我有力量把他（指公伯寮）陈尸示众。"但孔子制止了他，说："我的主张能实行，这是命运；我的主张无法实行，这也是命运。他公伯寮能把命运怎么样？"其五是：司马牛苦于没有兄弟，子夏以"死生有命，富贵在天"开导他。但这话是他听别人说的，可能是当时的俗语，当然也可能是孔子说的。在以上数例中，孔子说天说命，比起第一类中情绪激动时说天要认真得多了。那么孔子是不是真的相信有这样一个世间万物人生命运的主宰者呢？从具体的内容中看，他所归之于天命的，都是他处于困境时感到困惑无奈的事情；伯牛是好人，却偏偏不得好报；桓魋、匡人、公伯寮企图陷害，后果怎样，难以预料；人的生死祸福，随时都可能发生各种变化，既难以预料，也难以自主，等等。类似这些问题不论在什么时候，对于什么人，都难以作出回答，因为它们本身充满了许多复杂多变的因素，而且多半决定于某种偶然性，并非人的主观愿望和能力智慧所能解决。但人又不能不正视这些现实，于是只好用一个谁也说不清的未知数“天命”代入人生、社会的各种难题中，权当解释，聊以自慰，以求心理上的暂时平衡。这种态度，消极地说，是听天由命，是回避；积极地说，是乐天知命，是达观。这样的情况，也同样常常发生在我们现代人身上，我们也常说“命该如此”、“天意难违”，那么，试问自己：我们真的相信有天有命在安排一切吗?

第三类，如下数例：第一例是孔子称颂尧的伟大，因为他能效法天的伟大法则；第二例是孔子说，天什么话也没说，可是四季照样运行，万物照样生长。这两例中的“天”，字面上指的是自然之天，但孔子是从有铁定的规律、伟大的法则这个意义上去理解它的，也就是说，它是理性化、人格化的天，代表了自然、社会的总规律。再如：王孙贾是卫灵公的大臣。卫灵公虽为一国之君，但卫国大权却掌握在其夫人南子和宠臣弥子瑕等人手里。“与其媚于奥，宁媚于灶”，大约是当时的俗谚。“奥”是屋子西南角的神，为一屋之主。“灶”是灶神，掌管饮食之事。民以食为天，所以灶神有实权。这句俗谚意为：“与其巴结屋主之神，还不如巴结灶王爷。”这也就是我们现在常说的“县官不如现管”之意。王孙贾以这话请教孔子：应该亲近卫灵公，还是应该亲近南子、弥子瑕等实权派?孔子的回答是：这话不对。若是得罪了上天，向谁祈祷都没有用。言外之意是说，你要是做事违背了天理，亲近谁都没有用。这里的“天”，字面上是指天神天帝之类的主宰者，也是理性化、人格化的天，但实际上代表的是“义理”，即人所公认的法则、常规，也就是我们常说的“天理”。孔子强调“畏天命”、“知天命”，并视之为君子必备的条件、君子与小人的重要区别，甚至把“知天命”作为自己在五十岁后才步入的人生新的一个境界，可见，他是十分认真地提出并对待“天命”这一问题的。从字面上看，再联系上述第二类的内容，我们似乎可以断定，孔子是相信天命、畏惧天命、主张一切听天由命的宿命论者。实际情况是否如此呢?

古人乃至今人之所以有天命思想，是因为他们科学知识贫乏、认识水平低下，对于所见所闻所经历的许多事物，小至个人遭遇，大至社会变故，以及各种自然现象等等，往往感到出乎意料，难以解释，于是把一切统统归之于“天命”。正如孟子所说：“莫之为而为者，天也；莫之致而至者，命也。”（《孟子·万章上》）。因此，真正的天命思想，是一种迷信，是被恐惧、困惑笼罩下失去理智而不敢正视现实的一种消极愚昧的表现。越是无志而无知的人，便越相信天命，越习惯于认命、听天由命。可是，孔子听说的“畏天命”、“知天命”，却是积极上进、好修博学的君子们的事儿，像他这样的圣人也还要到五十岁才敢说“知天命”；而无知的“小人”反倒是不知天命不畏天命，这是为什么呢？而且在天命论者眼中，天命是高深莫测、神秘难知的，可是孔子居然自称“知天命”。“天命”既已被“知”，还成其为“天命”吗？再说，孔子既然在五十岁后已知天命，那就该相信一切已由命中注定，天命不可违，服从就是，一切努力都是徒劳，又何必栖栖遑遑，“知其不可而为之”地与命运较劲儿呢？可见，问题并不是那么简单。

当然，我们难以否认孔子天命观中的宿命论因素。他奔走劳碌一生，为实现“仁”的理想境界而不懈地努力、奋斗，但结果却是四处碰壁、其道不行。在困惑、无奈时，他的确流露过“道不行，乘桴浮于海”的念头，也曾对曾皙“浴乎沂风乎舞雩”的避世逍遥之志由衷地发过“吾与点也”的感喟。因此，他把困惑、无奈归于天命，也应在情理之中；甚至他说“畏天命”、“知天命”时，也难免不带有这种消极悲观的人生感慨。但是，孔子毕竟是个“发愤忘食，乐以忘忧，不知老之将至”的乐观主义者，是个博学而深刻的思想家，对于天命，他应有更深刻、更积极的认识。他赞美天，称颂尧能则天，表面上是承认天有意志，能主宰一切；而实际上是从代表自然、社会的法则、规律这一意义上去理解天的。因此，对于他所说的“天命”，也应做如是观。世间万事，变幻莫测，但也就像四时运行、万物生长一样，看似天意，其实是有其自身的法则，这就是我们所说的客观规律。所谓“知天命”，就是要意识到客观规律的存在，正确理解人的主观愿望、实际行为及其结果与现实社会、客观规律的关系，从而正确地认识、把握和处理所面临的各种问题。客观规律是不以人的意志为转移的，人只能尊重它、顺应它，而不能违背它，这就是“畏天命”。要真正明白这些道理，就必须具有渊博的知识、良好的修养和丰富的人生阅历等等，所以只有君子才可能知天命、畏天命。孔子说他“五十而知天命”，就是说他经历了五十年的学习、修养和奋斗挫折之后，才意识到自己的主观愿望与客观现实的差距，自己的理想要在现实世界中实现是多么地艰巨和遥远，意识到自己挫折和失败的某些必然性，从而对自己的人生道路、奋斗方向作出更理智的选择。所以他在五十岁后，以更现实的态度，先屈身于他所不屑的季恒子手下从政；失败之后，又周游列国，都是为了寻找实现理想的机会，力图顺应现实，在可能的条件下作主观的尝试、努力。但是所谓“天命”，从来都是事后的解释；所谓客观规律，也并非事先的安排。君子能意识到它的存在，但要真正地知其“奥秘”，还需要不懈地探索；主观上明知不可之事，却未必知其为何不可，也未必知其最终是否果真不可，所以，君子只要认定自己的“道”（道其实就是对客观规律的认识与把握），该怎么做还怎么做，至于其是非然否，最终还让事实来证明。这大概就是人们常说的“谋事在人、成事在天”，也就是孔子既知“天命”而又“知其不可而为之”的道理所在。因此，对于孔子的天命观，我们不能做简单的、表面的理解，在其宿命论的消极外壳下，其实包含着尊重客观规律、主张努力进取的积极内容。这才是孔子天命观的真实面貌。

孟子继承了孔子的学说，相信有决定一切的“天命”。他曾在《万章》上篇中对“天命”作了解释。孟子认为没有人叫他们这样做而竟这样做了的，就是天意；没有人叫他们来而竟然这样来了的，就是命运。孟子认为仁者在处理国与国之间的关系时，都是按照上天的规律办事的，所以能收到好的效果。他在《梁惠王》下篇中说：仁者心胸宽广，所以在处理与小国的关系时能做到忍让而使天下安定；智者善于识时务，明理义，所以在处理与大国的关系时能做到既顺从它又能保存自己的国家。这是孟子所主张的与邻国相交的两种原则。而这两种原则都是按照上天的规律办事的，不管是“乐天”还是“畏天”，都能收到好的效果。

孟子还认为人的行止、君臣的遇合等都受一种无形的力量的支配，他在《梁惠王》下篇中说，一个人要干件事情，是有一种力量在支使他；就是不干，也是有一种力量在阻止他。干与不干，不是人力所能做得到的。我不能和鲁侯遇合，是由于天命，臧家的那个小子，他怎么能使我和鲁侯相遇合呢？孟子的说法，就是承认天命对人事的主宰。他还在《离娄》上篇中说：天下太平，政治清明的时候，道德低下的人为道德高的人所役使，才能低下的人为才能高的所役使。政治黑暗的时候，力量小的为力量大的所役使，势力弱的为势力强的所役使。这两种情况都是上天决定的。顺从天意的就能生存，违背天意的就会灭亡。孟子还有君权天授的思想。孟子认为天下是天下人的天下，不是天子的私有财产，所以不能由天子授给人，而应由上天根据百姓的意愿来授给人。舜能够继承尧的天子之位，是由于舜深得民心。天从民意，因此上天把天下授给舜。孟子认为，禹的儿子启得到天下，不是禹传给他的，而是他得到人民的拥护，是天授给他的。而尧、舜的儿子不贤，益的为相时间短，所以他们没有得到天下，但为相时间的长短，儿子贤与不贤，都是由天意决定的。孟子还提出了“正命”之说。如他在《尽心上》篇中说：无一不是命运，但顺理而行，所接受的便是正命；所以懂得命运的人不站在有倾倒危险的墙壁之下。尽力行道而死的人所受的正是正命，犯罪而死的人所受的不是正命。这里的正命是指宇宙的永恒法则。这些法则既是封建仁义礼智的抽象，又称天道。人能自觉认识天命，遵守道德规范就算是知道“正命”。

孟子认为，有作为有成就的人物，总是在艰难曲折的奋斗过程中成长的，受得起考验才能担当大任。他在《告子》下篇中说：舜从田野之间兴起的，传说从筑墙的工作中被提举出来的，胶鬲从渔盐的工作中被提拔出来的，管夷吾从狱官的手里被释放而提举出来的，孙叔敖从东海边的牧猪奴被提举出来的，百里奚从买卖场所被提举出来的。所以，上天要把重大的使命加给某人，一定要先折磨他的心志，劳累他的筋骨，饥饿他的肠胃，困乏他的身子，使他的每一个行为总是不能如愿，以此来震动他的心灵，坚韧他的性情，增长他在平时所不能具有的才干。

孟子还教人要努力修养仁义忠信等上天赋予的爵位。他认为，有上天赋予的爵位，有人赋予的爵位。仁义忠信，不倦地好善，这就是上天赋予的爵位。公卿大夫，这就是人赋予的爵位。古时候的人修养上天赋予的爵位，而人赋予的爵位就随之而来了。现在的人修养上天赋予的爵位，以此来索取人赋予的爵位，已经得到了人赋予的爵位，就放弃天赋予的爵位，这就太糊涂了，最终也一定要丧失人赋予的爵位。在这里，孟子强调天爵比人爵更尊贵，不要得人爵而弃天爵。孟子还指出，能否称王于天下，除了实行仁政以外，还得看天意如何。孟子认为，王者的兴起都是由“天命”决定的。每五百年一定有一位推行王道的圣王出现，也一定会产生辅佐圣王的贤人，就如尧、舜、禹、汤、文、武等圣王，皋陶、稷、契、伊尹、太公望等著名贤人，都是天命所决定的。

《春秋》的“天人感应”理论

所谓天人感应，是说天能干预人的行为，而人的行为也能感应上天，天通过自然灾害、奇异的气象、天象来表达其意志或警告某人，或惩处某人，或嘉奖某人，或预示某事，而人，特别是人君在意识到天的干预之后，如果能改善政治，那么他也能感动上天，使上天改变原来的决定，如变惩处为嘉奖。

天人感应的思想在《春秋》中表示得最为明显，在解《春秋》的

《公羊传》中，作者通过天象的记录及评述，集中体现了儒家的这一理念。

《春秋》一书有大量的当时各种灾异（即自然灾害、奇异的气象、天象）的记载，如水灾、火灾、虫灾、旱灾、日食、彗星出现、地震等，对这些灾异，《公羊传》绝大多数是从现实、理性的角度去解释的。如隐公三年二月己巳“日有食之”，《公羊传》说：“何以书？记异也”，因为这是奇异的现象，故予以记载；隐公五年秋冬“螟”即出现虫灾。《公羊传》也说：“何以书？记异也”；又如，隐公九年“三月癸酉，大雨震电，庚辰，大雨雪”，《公羊传》说：“三月癸酉，大雨震电，何以书？记异也。何异尔？不时也”，《春秋》用的是周历，周历三月相当于夏历正月，正月打雷，这是很少见的，故《公羊传》说这是“不时也”，《公羊传》又接着解说道：“庚辰大雨雪，何以书？记异也。何异尔？俶甚也”，说因为这场雪太大了，太少见了，故予以记载；又如，桓公十四年，“秋八月壬申，御廪灾。乙亥，尝”，《公羊传》说：“御廪者何？粢盛委之所藏也。御廪灾何以书？记灾也。常事不书，此何以书？讥。何讥尔？讥尝也。曰：犹尝乎？御廪灾，不如勿尝而已矣”，“御廪”即鲁君粮仓，“尝”为以新收的麦子献祖的祭祀。《公羊传》说，《春秋》之所以要记下御廪火灾这件事，是为了讥刺鲁桓公，因为鲁桓公在灾后三天（从壬申到乙亥仅三天）又举行尝祭，这既不爱民，又不敬祖，显然是不可取的，《公羊传》的这段解说同样是着眼于现实与理性。可是，《春秋》的这些灾异记载到了董仲舒的笔下，便成了上天对人君的警告，成了某种政治事件的预兆，充满浓厚的神秘主义的色彩。在《对策》三说中，董氏认为，《春秋》既传达天道，又反映人情，《春秋》所讥刺，所憎恶的人物，上天都要以灾害、怪异来显示，这说明“人之所为，美恶之极”，都是与“天地流通，往来相应”的，也就是说，在坏人或坏事出现之前，上天都要以各种灾害或奇异的气象、天象进行预示。《二端》又说：“（《春秋》）

书日食、星陨、有灾、山崩、地震、夏大雨水、冬大雨雹、陨霜不杀草、自正月不雨至于秋七月，有鹳鹆来巢，《春秋》异之，以此见悖乱之征”，这是说，《春秋》所记载的日食、水旱等现象都是悖乱的征兆，不可等闲视之。

董仲舒没有留下系统的解说《春秋》及《公羊传》的著作，但《汉书·五行志》中，却保存了许多董氏以神秘的“见悖乱之征”的理论来解释《春秋》灾异的例子，凡旱灾、火灾、水灾、日食等，董氏无不言及、无不与当时的政治联系起来。如：关于火灾。经文载，宣公十六年夏，“成周宣谢灾”，董氏说，这与宣公十五年东周朝廷内的王札子为争权夺利而杀死召伯、毛伯的事有关，他说：“天子不能诛，天戒，若曰，不能行政令，何以礼乐为而臧之？”（《汉书·五行志上》）宣谢为藏放乐器的地方，董氏认为，王札子杀死召伯、毛伯，而周天子却不闻不问，不加诛杀，故上天以火烧宣谢来惩处周天子，说你不行政令，还用这些祭神的乐器干什么？又如，桓公十四年，“御廪灾”，董氏认为，桓公十三年，鲁与齐、宋、卫、燕四国交战，百姓伤病尚未痊愈，怨气尚未消退，而鲁国君臣依然内惰政事、外侮四邻，“非能保守宗庙、终其天年者也，故天灾御廪以戒之”。（《汉书·五行志上》）

关于水灾。庄公七年秋，“大水，无麦苗”，董氏以为，庄公母姜氏与襄公通淫，共杀桓公，而此后庄公竟忘父仇，复娶襄公女为夫人，且此夫人后又淫乱宫中，七年的大水即这些事的先兆。（《汉书·五行志上》）庄公十一年，宋国大水，漫及鲁国，董氏以为，当时鲁、宋二国连年交战，如十年，战于乘丘，十一年，又战于鄑，对此，“百姓愁怨，阴气盛，故二国俱水”（《汉书·五行志上》）这是以大水警告鲁、宋二君。

关于旱灾。僖公二十一年夏，鲁国大旱，董氏以为齐桓公死后，齐渐衰弱而楚渐强大，诸侯多弃齐而从楚，其中尤以鲁僖公为甚，僖公外倚强楚，内又大兴土木，建造南门，致使阳气过甚，渐失民众，故有旱

灾出现。（《汉书·五行志中之上》）

关于日食。在所有奇异的天象中，《春秋》记载最多的是日食，而《五行志》中，董仲舒谈得最多的也是日食，共三十多条。如庄公三十年，“九月庚午朔，日有食之”，董氏说：“后鲁二君弑，夫人诛，两弟死，狄灭邢，徐取舒，晋杀世子，楚灭弦”（《汉书·五行志下之下》），也就是说，这年的日食，是此后庄公子子般及闵公被弑、庄公夫人因淫乱而被齐桓公所诛杀、庄公的两个弟弟叔牙、庆父因弑君而被杀、北狄攻灭邢国、徐国攻灭舒国、晋献公杀死世子申生、楚国攻灭弦国的先兆。又如，襄公二十七年“冬十有二月乙亥朔，日有食之”，董氏认为这是“礼义将大灭绝之象也”，并举例说像蔡侯固与其世子之妻通淫、后世子又弑杀蔡侯、莒人弑君而庶子争位等都是礼义灭绝的表现。（《汉书·五行志下之下》）

关于虫灾及奇异的天象。隐公五年秋，螟虫成灾，董氏认为，“时公观渔于棠，贪利之应也”。（《汉书·五行志下之上》）这年春天，鲁隐公到远处的棠地观鱼（实为捕鱼），与民争利，故天以螟虫灾以警告之。昭公四年正月，“大雨雪”，董氏以为“季孙宿任政，阴气盛也”。（《汉书·五行志中之下》）雪属阴，大雪是阴气过甚的表现，说明此时鲁国政权已为其大臣（臣属阴）季孙宿所把持。桓公十四年春，“无冰”，董氏说：“象夫人不正，阴失节也。”（《汉书·五行志中之下》）桓公夫人姜氏后与齐襄公共谋杀桓公，“无冰”即此事的先兆。昭公十七年冬，“有星孛（彗星）于大辰”，董氏认为这是几年后，周景王去世、王室成员为争夺王位而大乱的先兆。（《汉书·五行志下之下》）僖公十五年，雷电击毁了鲁国的夷伯之庙，董氏认为夷伯是家臣，家臣不当有庙，故上天以雷击夷伯庙来表示对僭越者的惩罚。（《汉书·五行志下之上》）

以上所述，仅是《五行志》所列举的董氏以“悖乱之征”去解说灾异的大量事例中的一小部分，其中有的是悖乱的先兆，如桓公十四年的

“无冰”；有的是对君王的警告，如庄公十一年的宋、鲁大水；有的是君王恶行所引起的恶果，如僖公二十一年的大旱；有的是对君王悖乱行为的惩处，如宣公十六年的成周火灾。这些充满神秘色彩的解说，就是后人所概括的、作为董氏哲学思想、《公羊》学思想之一的“天人感应”理论的重要组成部分。

董仲舒提出“天人感应”的理论，不仅有大量的以天人感应理论去解说《春秋》灾异的事例，而且还在许多地方讲到这个神秘理论产生的现实依据。首先，他认为自然界存在着许多互相感应的现象，如燃烧的木柴总是先烧掉干燥的部分，这说明“火”与“燥”是相感应的，面前摆放着琴和瑟，弹奏琴的宫弦，瑟的宫弦会自动发出声响，这说明声音是相感应的。既然自然界有相感应的现象，那么天与人自然也会相感应，董氏举例说，“天将阴雨，人之病故为之先动，是阴相应而起也”（见《春秋繁露·同类相动》），这说明人的病与天的阴雨是相感应的。其次，董氏又进一步指出天与人有许多相通之处。他在《人副天数》中说，植物的头朝下，动物的头朝前，唯人的头朝上，与天相应；又说，人身上有小骨节三百六十六块，与一年的天数相应；大骨节十二块，与一年的月数相应；人内有五脏，与金木水火土五行相应；外有四肢，与一年四季相应；他又说，人“乍枧乍瞑，副（相应）昼夜也；乍刚乍柔，副冬夏也；乍哀乍乐，副阴阳也”，总之，人身上的一切皆与天相通，相感应，就连人的情感也不例外，《为人者天》说：“为人者天也，人之人（疑当作人之为人）本于天，天亦人之曾祖父也，此人之所以乃上类天也……人之德行，化天之理义；人之好恶，化天之暖清；人之喜怒，化天之寒暑……人之副在乎天，人之情性有由天者矣。”在这里，董氏不仅肯定天有情性，而且认为天的情性与人的情性，如德行、好恶、喜怒等，都是相通的，相感应的。既然天与人是相感应的，既然“为人者天”、天是人的主宰，那么人的悖乱天自然要加以干预，自然要以各种灾异来警告、惩处，董氏认为，凡一切灾异，都是上天对下界国家之失的警告、惩处。董氏就是本着这个理论去解释《春秋》所记载的一切灾异的。

上文曾说，《公羊传》对《春秋》灾异记载的解说是现实的、理性的，这是就绝大多数的解说而言的，除此之外，尚有极个别是从非现实、非理性的角度去解释的。如庄公二十五年经文载，“六月辛未朔，日有食之，鼓，用牲于社”，《公羊传》说：“日食，则曷为鼓用牲于社？求乎阴之道也”，这是说，之所以要敲着鼓用牛羊去祭土地神，是为了助阳抑阴。日为阳，月为阴，日食为日为月所遮挡，是因为阴气过盛而引起的，土地也属于阴，“鼓，用牲于社”，是为了通过祭土地神而压住阴气，使阳气复原，重现日光。《公羊传》的解说带有阴阳迷信的色彩，是非理性的。又如，僖公十五年，雷电击毁夷伯之庙，《公羊传》解说既说夷伯是季氏家臣，是个微者，又说要尊大他；既说要尊大他，又说上天在惩戒他；既说上天在惩戒他，又说因这是奇异现象而予以记载。但不管怎么矛盾，这段解说已经有天意惩处世人的意思包含在里面则是不容置疑的。不过，《公羊传》中这样的解说非常少，就像是一堵白色墙壁上的小黑点。可是这个小黑点一到董仲舒手中，便马上被涂抹成黑色的一大片，不仅数量增加，大概凡灾异则必用天人感应说去解说，而且解说得更具体、更神乎其神。如庄公二十五年的日食，《公羊传》仅是笼统地说“求阴之道”，而董氏却说这次日食是“主边兵夷狄象也，后狄灭邢、卫”（《汉书·五行志下之下》），说这是几年后北狄入侵、邢卫被灭的先兆，说得活灵活现，有鼻子有眼睛，较之《公羊传》，真是青出于蓝而又远胜于蓝。

天人感应理论，既讲天对人的警告、惩处，又讲人对天的影响，而后者才是董氏的真正目的。董氏认为，五行异常，灾异发生，这是天对人君的警告，这时人君如能施以德政、仁政，则灾异就会消失，五行的运行就会正常。由此可见，董氏的天人感应说固然是落后可笑的，但也有它的积极意义，即对统治者起到劝诫约束的作用，如西汉宣、元、成、哀几个皇帝当出现日食、地震等灾异时，都要下罪己诏，表示要改善政治。又如东汉光武帝建武二十二年九月，河南南阳发生地震，光武帝下诏曰："日者地震，南阳尤甚。夫地者，任物至重，静而不动者也。而今震裂，咎在君上。鬼神不顺无德，灾殃将及吏人，朕甚惧为"（《后汉书·光武帝纪》），并对南阳地区采取免租、减罪、救灾等措施，这些措施对缓解灾后的困难、减轻人民的负担，无疑是大有好处的。但董氏的天人感应说也经常被一些奸党佞臣用作篡位夺权的依据，如王莽就是利用天呈符瑞来篡夺西汉政权的，这恐怕是董仲舒做梦都没想到的。

董仲舒在汉代以好讲灾异、好说天人感应而闻名，但他却险些因为这而丢了性命。他在任中大夫时，曾居家撰写专讲灾异、感应的书，书中曾提到汉武帝建元六年辽东高祖庙（当时各郡都建有汉高祖庙）和长安汉高祖陵园的便殿先后发生火灾的事。董氏认为这是天在示警，于是建议武帝将亲戚大臣中的行为不正者执而诛之。董氏粗稿刚写完，尚未改定，恰好主父偃（当时的一位大臣）来访，主父偃见到此稿，非常嫉妒，于是将此稿偷出，交给武帝，武帝召集众儒生讨论，董氏弟子吕步舒不知是自己老师写的，说这是愚蠢之论，于是朝廷判董氏死罪，后幸好武帝下诏，才免去一死。据说董氏从此以后再也不敢重谈灾异。看来，所谓灾异的神秘解说，所谓天人感应，在当时也并不怎么吃香。

董仲舒"天人合一"的人伦思想

君臣、父子、夫妻、兄弟、朋友是古代社会的五种人伦关系，研究这些人伦关系的思想即为人伦思想。儒家对人伦关系相当重视，孔子说："君使臣以礼，臣事君以忠"（《论语·八佾》），孟子说："仁之实，事亲是也；义之实，从兄是也；智之实，知斯二者弗去是也；礼之实，节文斯二者（使事亲、从兄两种行为有节度、有文采）是也"（《孟子·离娄上》），又说："父子有亲，君臣有义，夫妇有别，长幼有叙（即兄弟有序），朋友有信（《孟子·滕文公上》）”，《礼记·大学》云：“为人君，止于仁；为人臣，止于敬；为人子，止于孝；为人父，止于慈；与国人交，止于信”，《公羊传》则在此基础上，又提出丈夫亲迎、夫妻一体、父有子、子不得有父、兄弟间的亲亲之道等新的人伦关系的行为准则，从而进一步丰富了儒家的人伦思想。

董仲舒为《公羊春秋》的专家，他的人伦思想是在孔孟及《公羊》先师等人的人伦思想的基础上发展成的，其具体内容就是他自己所归纳的“三纲五常”理论。《基义》云：“王道之三纲，可求于天”，根据本篇及《春秋繁露》其他篇章可知，“三纲”指的是君臣、父子、夫妻三种人伦关系。《对策》一云：“夫仁、谊（义）、礼、智、信五常之道，王者所当修饬也”，仁、义、礼、智、信即五常，是调整君臣、父子、夫妻等人伦关系的基本准则。

从表面上看，董氏的三纲五常说并无多大新意，三纲仅是五伦的一部分，五常则完全是从孟子那里搬来的，所谓三纲五常，似乎仅是化了妆的老面孔，是新瓶装旧酒，但实际上问题并不这么简单，因为较之前人，董氏的三纲五常说更系统、更完整，而且更重要的是，董氏在阐述这些思想时，总要与古老的阴阳五行说挂上钩，总要用阴阳关系、五行规律去解释、去规范各种人伦准则，因而有着浓厚的神秘色彩，这是以现实、理性为基本特征而孔孟及《公羊》先师等人的旧的人伦思想所没有的。

阴阳五行是一种古老的思想，阴阳本指日光的向背，向日为阳，背日为阴。后被思想家用以表示对立相反的事物或其特征，如天为阳，地为阴，进取为阳，退守为阴，五行本指水、火、木、金、土五种物质，古人认为世界起源于这五种物质，后思想家将五行学说加以发展，提出五行相生相克的理论。相生意为互相促进，即木生火、火生土、土生金、金生水、水生木；相克，又称相胜，意为互相排斥，即水克火、火克金、金克木、木克土、土克水。

董仲舒的阴阳五行思想，或继承古代，或与同时代人所共有，如五行相生相克说，如将五行与方位相配，说木居东、居左，火居南、居前，金居西、居右，水居北、居后，土居中央；又如将五行与四季相配，说春为木，夏为火，秋为金，冬为水；又如将阴阳与气候相配，说干旱缘于阳气过甚，水灾缘于阴气过甚，等。但除此之外，更多的则是对古代阴阳五行学说的发展，其中最具特色的莫过于用阴阳五行学说去解释、去规范人伦关系，在董仲舒所流传下来的遗著中，他的人伦思想几乎全是借阴阳五行学说来阐述的，可以说是地地道道的、经过阴阳五行化的人伦思想。

首先，董氏将阴阳学说融进他的三纲理论中。他在《基义》中说："君臣、父子、夫妇之义，皆取诸阴阳之道。君为阳，臣为阴；父为阳，子为阴；夫为阳，妻为阴"，三纲中的每一种关系都分别隶属于阴或阳。董氏又认为，在阴和阳中，阳为主，阴为次，他举例说，春夏为阳，秋冬为阴，春夏为万物生长的季节，秋冬为万物收获、衰落的季节，没有春夏的生长，也就没有秋冬的收获、衰落，显然，阳是主要的，阴是次要的，或者说是阳的特殊形式的延续，所以他在《天辨在人》中说"阳贵而阴贱，天之制也"。既然阳贵阴贱、阳主阴次、阳尊阴卑，那么人伦中与"阳"相对应的君、父、夫自然就处于主导的地位，《基义》说："凡物必有合（配合）……阴者，阳之合；妻者，夫之合；子者，父之合；臣者，君之合；物莫无合，而合各有阴阳……阴道无所独行，其始也不得专起，其终也不得分功，有所兼之义。是故臣兼功（归功）于君，子兼功于父，妻兼功于夫，阴兼功于阳，地兼功于天。"董氏认为，阴是为了配合阳而存在的，故臣、子、妻也分别是为了配合君、父、夫而存在的，由于是配合，故臣、子、妻即使有功，也应归功于君、父、夫，就像阴归功于阳一样。

其次，董氏又将五行理论推及到他的三纲五常思想中。他在《五行相生》中，分别将木、金、水、火、土与仁、义、礼、智、信相配合，给古老、朴实的伦理道德抹上一层神秘的色彩。他又在《五行之义》一文中，用五行关系去规范人伦关系，他说："木受水（木接受水而生，下仿此）而火受木、土受火、金受土、水受金也，诸授之者，皆其父也，受之者，皆其子也。"这是用五行相生理论去证明父生子的天然关系。他又以"火之乐土"比子之赡养父亲，以"水之克金"比子之丧父之痛，以"土之敬天"比忠臣事君。总之，凡人伦中的种种关系，他都要与五行相生相克理论联系起来，使人仿佛觉得这些联系都是冥冥中的主宰早就安排好了的，只待人们去发现，去探索。

以上所述，是董氏人伦思想中的一些总原则，此外董氏还在许多地方对各种人伦关系作进一步的具体论述，这些论述也同样是阴阳五行化了的，同样具有浓厚的神秘色彩。下略举数例。

关于君臣关系。董氏认为，五行中的"土"最重要，而"土"的内涵就是忠与孝，他在《五行对》中说："圣人之行，莫贵于忠，土德之谓也。""忠"既是臣子最重要的行为准则，那么臣子的一言一行当然必须符合国君的旨意，而不能有丝毫的独断专行，这一点，董氏似乎特别强调，他在《顺命》中说："臣不奉君命，虽善以叛，言晋赵鞅入于晋阳以叛是也。"《春秋》载，定公十三年秋，"晋赵鞅入于晋阳以叛"，冬"晋赵鞅归于晋"，《公羊传》解说道：赵鞅入晋阳是为了率晋阳之士卒以逐君侧之恶人，他的动机虽然无可非议，但这是未奉君命的独断专行，故《春秋》作者及《公羊》先师都认为这是反叛。董氏继承此说，说"臣不奉君命，虽善以叛"，于此可见《公羊》先师与董氏对"忠"的要求是何等严格。

关于父子关系。董氏认为"孝"为五行中之最重要的"土"，强调为人之子应从各个方面孝敬其父，《五行对》说："父之所生，其子长之；父之所长，其子养之；父之所养，其子成之；诸父所为，其子皆奉承而续行之，不敢不致如父之意，尽为人之道也……故曰夫孝者，天之经也。"这是说为人子的，对父亲不仅要长之、养之、成之，而且还要全面继承父亲的事业、遗志，而不能有丝毫的改变。如果改变、违背父之命，那又将如何？董氏在《顺命》中回答了这个问题。他说："子不奉父命，则有伯讨之罪，卫世子蒯聩是也。"蒯聩为卫灵公之子，其母南子与人通淫，蒯聩愤而欲杀死其母，后因谋杀未成而逃出卫国，三年后，灵公死，蒯聩凭借晋国力量回国，企图夺位为君。《公羊》先师对蒯聩此举甚为不满，说"父有子，子不得有父"，认为卫灵公有权罢黜蒯聩的世子之位，而蒯聩则无权违抗父命、回国夺位。董氏继承了《公羊》先师的这一思想，认为为人之子者若不执行父命，则天下的霸主诸侯都可起而讨之，这说明董氏对"孝"是相当重视的。

关于夫妻关系。董氏认为，夫妻的主从关系是不容改变的，《阳尊阴卑》说："丈夫虽贱皆为阳，妇人虽贵皆为阴"，这就是说，妻要永远顺从丈夫，不论他们的贵贱如何，反之，若"妻不奉夫之命，则绝，夫不言及是也"。"绝"即断绝夫妻关系，这是董氏赋予天下所有丈夫的权力：妻子若不忠，就可与之断绝夫妻关系。"夫不言及"是《公羊传·桓公十八年》的例子，该年《春秋》云："公夫人姜氏遂如齐"，《公羊传》说："公何以不言及夫人？夫人外也。夫人外者何？内辞也，其实夫人外公也。"桓公夫人姜氏与齐襄公通淫，后又共谋杀害桓公，故《公羊》先师说，经文不言"及"，表明桓公已经与夫人断绝夫妻关系。董氏继承此说，也提出了相同的观点。

以上所述，是经过阴阳五行化的董氏的三纲五常的理论，其中不少地方都涉及《公羊传》的人伦思想。如果单就"阴阳五行化"而言，董氏的理论与《公羊传》的思想似无相通之处，但如果剥去阴阳五行的外包装，就三纲五常的实质而言，二者却有不少相同之处。如，《公羊》先师强调妻子应忠于丈夫，谴责与齐襄公通淫的姜氏，董氏也说妻应顺从丈夫，也极力主张剥夺姜氏的为人之妻的资格；再如，《公羊》先师认为"父有子，子不得有父"，反对蒯聩违背父命、回国夺位，董氏的观点与此毫无二致，也认为为人之子应无条件奉行父命，说像蒯聩那样不奉父命的人，天下诸侯可以共同讨伐之；又如，《公羊》先师强调君臣之义，认为臣子应维护国君的尊严，唯国君之命令是听，反对独断专行的臣子，谴责私入晋阳取甲的赵鞅，董氏对此也深有同感，“臣不奉君命，虽善以叛”，也极力反对赵鞅式的自行其是的臣子。从上述相同处的分析我们又可下这样的断语：董氏的三纲五常理论是在《公羊传》人伦思想的基础上发展成的，二者不仅观点接近，而且所用的例子也大多相同，人称董仲舒是《公羊春秋》的大家，这从上述分析也可看出。

当然，董氏的三纲五常说与《公羊》先师的人伦思想也有不同之处。如《公羊》有夫妻一体说，董氏则无；《公羊》强调兄弟间的亲亲之道，而董氏对此几乎没有涉及；《公羊》的理论较零散，而董氏的学说则明显趋于系统化，但二者最大的不同还在于《公羊》理性，董氏神秘。

礼与儒家思想文化

儒家是我国思想发展史上影响最大的一个学派，是我国传统文化中的重要组成部分。这一学派是以伦理为特征的。儒家思想中，伦理道德被看作是人的本质。而伦理道德的体现本于礼，故而孔子把“礼”看作是人与动物的根本区别；荀子把“有辨”看作是人与动物的根本区别，而“辨”即“别”，是礼的核心和本质。既然伦理道德被看作是人的本质，人的行为的最高准则就是实现道德，而实现道德就是按照伦常的规范要求修身养性。因此，礼是各种人伦关系的基础。所谓礼，既是伦理原则，又是道德规范。礼的核心是亲亲、尊尊、男女有别：“亲亲、尊尊、长长，男女之有别，人道之大者也。”（《礼记·丧服小记》）亲亲主要说的是父子关系，尊尊主要说的是君臣关系，男女有别主要说的夫妇关系，长长说的是兄弟关系。按照礼的规定行事，便能处理好夫妇、父子、兄弟、君臣、朋友种种关系。孔子说，礼是人们赖以生存的事物，没有礼，就无法很好地侍奉鬼神；无法区别君臣、上下、长幼的不同地位，不能分别男女、父子、兄弟之间的亲情关系，以及婚姻和人际交往的关系。

一、孝慈则忠的伦理政治

儒家之所以特别强调人伦纲常，大概与中国古代社会之宗法性质是分不开的。事实上，儒家伦理本身就是一种宗法伦理，以孝悌为本，维护亲亲尊尊的宗法等级制度。这种种人伦关系的核心是“孝悌”。“亲亲”的最基本要求是“孝”，它是人际关系中最主要的伦理思想，没有它，谈不到人人之际。一切人事始自家庭，在古代社会更是如此。古代社会最初以族为单位，宗法中最重要的法纪是孝。后来以家为单位，维护家庭的内在力量也是孝。因此，儒家认为，孝是天地间的普遍原则，事亲如事天，君子不可有片刻须臾忘孝：“弟子入则孝，出则弟。”（《论语·学而》）“孝”有三个环节：“孝子之事亲也，有三道焉：生则养，没则丧，丧毕则祭。养则观其顺也，丧则观其哀也，祭则观其敬而时也。尽此三道者，孝子之行也。”（《礼记·祭统》）养的要求是顺，丧的要求是哀，祭的要求是敬。因此，“孝悌”首先是以对长者、老者的尊敬、顺从、劳而不怨为前提的，竭尽全力倖养父母：“事父母，能竭其力。”（《论语·学而》）不仅父母在世时依礼侍奉，而且当父母去世后，其葬仪、祭奠都得依礼行事：“生，事之以礼；死，葬之以礼，祭之以礼。”（《论语·为政》）《仪礼·丧服》中说到父母之丧期为三年，是丧期最久、最重的一种丧服制度。儒家极主张厚葬久丧，因为父母亲是最尊贵的人，父子关系、父子之情是人伦常情中最基本的一种，不厚葬久丧不足以表达哀思之情。《论语》中记载，当孔子的弟子宰我认为为父母服丧三年时间太长时，孔子骂宰我不仁：“子生三年，然后免于父母之怀。夫三年之丧，天下之通丧也。予也有三年之爱于其父母乎？”（《论语·阳货》）（予，即宰我。）这样，把礼的血缘实质规定在“孝悌”之上，又把“孝悌”建立在日常生活的亲子之爱上。孔子认为居丧时的哀思之情是真诚的，故“夫君子之居丧，食旨不甘，闻乐不乐，居处不安，故不为也。”（《论语·阳货》）

儒家同样重视祭礼，即重视在宗庙祭祀先祖的礼仪。因为祭礼起着延续血缘孝悌之情的作用。孔颖达注疏中所说的“追生时之养，继生时之孝”，即是通过祭礼象征性地对死去的父母继续尽养与孝的义务，以表达哀思之情。《礼记》中说：“凡治人之道，莫急于礼。礼有五经，莫重于祭。夫祭者，非物自外至者也，自中出生于心也。”这里，将外在强制性的行为规范与内在的心理状态和感情因素，即发自内心的真实情感结合起来，使情感与仪式高度统一。所谓的“生相亲爱，死相哀痛”（《白虎通·宗族》），生死之相亲相哀是宗法社会的一条基本原则。因此，由尊卑、贵贱、长幼、等级的不同而制定出来的不同的丧服制度、祭祀礼仪正是以一种理智的、规范的行为表达人伦常情中最基本的生死而相亲相哀之情，使社会有秩有序而不至于上下相僭。

由孝父、悌兄、孝祖而引发出的“孝宗”是“孝悌”宗法伦理思想的另一方面的内容。孝宗即孝于宗室，孝于大宗，它在礼的实质上仍是以尊祖祭宗的血缘关系为内容的。因此，“凡祭必己亲”，以祖先祭祀的传统礼节来维护亲亲的宗法制度，维系家族，从而稳定国家。

同时，孔子的“孝悌”思想突破了古代宗法思想的传统，而注入了“忠”的思想。这是孔子为治国平天下所探求的一种途径和方法。在家称孝，在国必忠，忠孝合而一体。孔子认为“孝慈则忠”（《论语·为政》），提倡“臣事君以忠”（《论语·八佾》），不过，孔子所说的“忠”与后世的绝对服从的“忠君”是有区别的，他的“臣事君以忠”是与其“君使臣以礼”（《论语·八佾》）相对而言的。“忠”在孔子那里，既包括了忠君，也包括了处理其他人与人的关系的“与人忠”的道德要求。

孝和忠在中国伦理道德规范中是最重要的两个范畴，有着极为具体的内容。在中国宗法社会的现实伦理关系中，君臣关系和父子关系是最突出、最重要的关系。“天地之祭，宗庙之事，父子之道，君臣之义，伦也。”（《礼记·礼器》）这就使得关于君臣、父子之间权利和义务关系的行为规范——忠和孝成为宗法社会最重要的道德律令。从礼的根源看，忠和孝之间有一种内在的联系，这种联系就是宗法社会由家及国的政治关系的延伸。

在中国古代社会国与家的关系是极为密切的。家对于国，不论在其起源还是在其发展过程中所起的作用方面，都有很强烈的、很重要的文化意义。家是国的基础，国是家的扩大。所谓的“祖”和“宗”实际上就是由家族发展为国家的血缘根据。上古社会，天子把自己的兄弟亲友作为诸侯分封到各地，各自成立诸侯国。天子之位是由嫡长子世袭的，诸侯国王位也是由嫡长子世袭的。这样，从家族中分封出来的诸侯国君就成为分支家族的“祖”，而他们的继承者则是“宗”，于是，“祖宗”这一本来属于单纯的表示血缘关系的概念，便带有了强烈的政治色彩。自给自足的“家”演变成完备的“国”，家长和家庭成员的关系也随之扩大为君与臣的关系。家庭宗法伦理的“孝”也就扩展为政治伦理的“忠”。孝是忠的基础，忠是孝的升华。因此，儒家认为，一个人在家能做到孝父事兄，出外必能忠君尊长。“家齐”是“国治”的基础，“家齐”必然“国治”。从这个意义上说，中国的国家政治可算是起源于家政治。而实现“家齐”、“国治”的理想，最好途径是礼的实施。

作为儒家经典著作之一的《仪礼》，是关于上古时期贵族日常生活中种种礼节的记载的专书。其中已明显包括了多种基本人伦关系之间的诸种礼节。尤其是关于父子兄弟之关系，如《丧服》篇论及君臣关系的，如《燕礼》、《大射》等，都表明了只有依靠种种理智的行为规范的约束，并与内心情感统一起来，才可能创造一种和谐安定的社会环境。

孔子所代表的新儒学便以“孝悌”为其宗法思想的基础，极力想促使人们在“礼”的牵导下一步一步地经由“高岸为谷，深谷为陵”（《诗经·小雅·十月之交》）的混沌社会而进入一个朝廷有位、贵贱有等、长幼有序、男女有别、贫富有称的理想社会。这里的“礼”一方面有君臣上下、尊卑长幼等明确而严格的等级规定，表现出当时社会的政治特点，另一方面又表现了浓厚的血缘色彩。

孔子处于礼崩乐坏的现实窘境，而发出其“正名”的呼吁，声称要恢复周“礼”，这在一定程度上体现了孔子的保守和守旧，但也是孔子为治国平天下探求的唯一可能的方法和途径。把“忠”和“孝”结合起来，非礼莫能；实现“忠孝”也非礼莫能。因此，“非礼勿视，非礼勿听，非礼勿言，非礼勿动”（《论语·颜渊》）的道德箴言也就成为既包含着为实现“天下归仁”而大家亲亲的自我努力，又包含了实现“齐家治国”理想的政治专制因素。“忠”只是“孝”的一种礼的延伸。与其说“忠”是臣民遵从统治者的道德准则，倒不如说是属于伦理范畴的“孝悌”在实际上起着作用。

总之，由礼所规范的伦理纲常，自血缘性的“孝悌”而促使人们达到政治上忠君的目的，由道德伦理而转向政治伦理，从而与中国传统政治文化紧密地联系在一起，并成为它的中心内容。孔子之后的儒家，不论是讲性善，纲常“根于心”的孟子或是主性恶，认为“善者伪也”、礼义皆系人为的荀子，都无不论证了伦常的问题。至于孟荀之后的主张“王道之三纲，可求于天”的董仲舒及主张“孝悌忠信、仁义礼智，皆理也”的理学，都采取不同形式论证过这个问题。因此，从这个意义上说，中国传统政治文化是一种伦常的政治文化。

二、齐之以礼的礼乐教化

儒家思想并不仅仅始于孔子，它可以“祖述尧舜，宪章文、武”（班固《汉书·艺文志》），也即是说，尧、舜、禹汤、文王、武王和周公都可以看成是儒家的先驱。不过，除了周公的思想对后代儒学思想体系的形成有着直接的影响之外，其他的因年代久远，“文不足征”，很少可以找到与儒家思想有直接联系的。

《仪礼》是一部来源颇古而范围较广的礼书，但主要是“根据西周流行的典章制度系统化、理想化而成书，成书时代不会早于战国”（杨向奎《宗周社会与礼乐文明》）。《左传》、《国语》中有关记载，可以证明其中的某些礼仪在春秋时期应还是相当流行的。西周礼制的完备与史书中所记载的周公制礼作乐是分不开的。《左传》文公十八年有关于周公制礼的最早记载：“先君周公制周礼曰：‘则以观德，德以处事，事以度功，功以事民。’”将“德”与“礼”联系起来，以德充实礼，是周公之道，也即是宗周礼乐文明的核心。这种思想世代相传，到春秋末期的孔子时，又加以发展，提出了包括德在内的“仁”与“礼”的思想，构成早期儒家思想的完整体系。

我们前面介绍了周人思想观念的变化，其前提是开始怀疑天及天命，而转入以德为核心的现世精神。西周统治者在制“礼”时，为适应现实的需要而提出“敬德”的观点，由“礼”的行为规范而派生出“德”的思想。在“人人之际”的关系中行礼有式是谓仪，而表示行礼者的身份地位的谓之“威仪”。周公在对原始礼仪进行加工之时，认为这种待人敬天的礼以及行礼中的仪容，应当充实进“德”的内容，又以为礼不应当仅是物品的交换，仪也不应当仅是外表的仪容，于是以德代礼，使之伦理化。

在西周及春秋初期的许多典籍文献中，德与礼是相通的。从“敬慎威仪，以近有德”（《诗经·大雅·民劳》）、“抑抑威仪，维德之隅”（《诗经·大雅·抑》），都可看出威仪和德是相通的。威仪是礼的组成部分，也是礼的概括，西周时也有以威仪代礼的。这两首西周中晚期的诗，反映了周公以德行说礼的事实。又如“敬慎威仪，维民之则”（《诗经·大雅·抑》），则以“威仪”为行为规范，而行为规范即是“德”。

春秋时代诸多典籍中的记载也多以德代礼，这说明当时对于德的理解，包括礼物及规范行为。由礼物的含义而有德之施惠于人，由规范的含义而有“德俭而有度，登降有数”。（杨向奎《宗周社会与礼

乐文明》)

周公之后，礼仪方面，加重了仪的地位，甚至有以仪代礼的，《仪礼》遂成为礼之正宗；德的方面，由传统的“天人之际”而到孔子所造之“仁”的“人人之际”。

孔子（公元前551年至公元前479年）生于春秋末期乱世之际，礼崩乐坏的社会现实使他为之深深叹息。在其时，连最基本的伦理关系都无法维持。司马迁在其《史记·自序》中说：“春秋之中，弑君三十六，亡国五十二，诸侯奔走不得保其社稷者不可胜数。”《左传》中关于臣弑君、子弑父以及贵族们乱伦违礼的记载，也层出不穷。因此，孔子感叹“天下无道”，而极向往周代之礼乐盛世，力主恢复周礼。他认为“安上治民，莫善于礼”，他辗转于诸侯国之间，游说他的政治主张，最后认识到“吾道不行”，失望地回到鲁国弃仕退而修《诗》、《书》、《礼》、《乐》，逐渐建立起一套极具现世精神的儒家理论体系。在他的理论中，不言天道只重人道，以“仁”与“礼”为其核心，由“仁”与“礼”而涉及伦理道德的，政治教化的，甚至人生修养诸多方面。孔子之后，儒学门派林立，但都不外乎是“仁”与“礼”的某一方面的强调和发挥。在两千多年的长河中洋洋汤汤，冲击着中国传统思想文化的每一个领域。

那么，孔子的学说中“仁”与“礼”的关系如何呢？孔子谈到的“礼”，包括广义的礼，即一切典章制度；也包括狭义的礼，即贵族的行为规范。但是，孔子的学说中更多的是狭义的礼，即礼仪，也就是具体的行为规范，如：“立于礼，成于乐”（《论语·泰伯》），“礼与其奢也宁俭，丧与其易也宁戚”（《论语·八佾》）、“非礼勿视，非礼勿听，非礼勿言，非礼勿动。”（《论语·颜渊》）孔子继承了周公的思想，又以“仁”丰富了“礼”的内容，以“仁”阐明“礼”的意义：“郊社之义，所以仁鬼神也。尝禘之礼，所以仁昭穆也。馈奠之礼，所以仁死丧也。射乡之礼，所以仁乡党也。食享之礼，所以仁宾客也。”（《礼记·仲尼燕居》）意思是说，郊祭、社祭的意义在于使鬼神得到仁爱；尝祭、禘祭的礼仪在于使昭穆得到仁爱；肴食、奠祭等礼仪在于使死者得到仁爱；乡射、乡饮酒的礼仪在于使乡党得到仁爱；食礼、飨礼在于使宾客得到仁爱。

孔子思想中，“仁”是处理人与人关系和做人的最高准则、最高境界，而“礼”是人的行为的最高准则。“仁”是属于道德情操的，而“礼”是属于道德规范的。只有做到仁，才会自觉遵守礼，反之，只有遵守礼，才能达到仁的境界。

“仁”首先包含了伦理道德的要求。“孝弟也者，其为仁之本与。”（《论语·学而》）“孝弟”是“仁”的根本基础。《论语·阳货》中记载一个有名的故事：孔子的弟子宰我反对三年制的丧期，理由是“君子三年不为礼，礼必坏。三年不为乐，乐必崩。”孔子斥之曰：“夫君子之居丧，食旨不甘，闻乐不乐，居处不安，故不为也。今女安则为之。”宰我出去之后，孔子说：“予之不仁也。子生三年，然后免于父母之怀。夫三年之丧，天下之通丧也，予也有三年之爱于其父母乎？”又《礼记·中庸》云：“子曰：……仁者，人也，亲亲为大。义者，宜也，尊贤为大。亲亲之杀，尊贤之等，礼所生也。”都讲述了“孝”与‘仁’之关系。

“仁”的思想还包括了“修身”以达到君子的最高境界的人生哲学。孔子认为能够陶冶人的只有“礼”和“乐”，礼是“修身”的唯一方式。《礼记·坊记》载：“子言之：……故君子礼以坊德，刑以坊淫，命以坊欲。”又“子云：君子辞贵不辞贱，辞富不辞贫，则乱益亡。”这种仁德的培养无不靠礼的约束而获得。由修己而推至治人，“仁”自然包含了“德治”的内容，而“德治”的实现也是依靠“礼”和“乐”。《论语·宪问》说：“上好礼，则民易使。”朱子《集注》说：“礼达而分定，故民易使也。”意思是说，推行了礼，使百姓明白各有分定，便不会因争斗而出乱子，易于统治和驱使。又如《为政》：

“道之以德，齐之以礼，有耻且格。”朱子《集注》说：“言躬行以率之，则民固有所观感而兴起矣。而其浅深厚薄之不一者，又有礼以一之，则民耻于不善。而又有以至于善也。愚谓政者，为治之具。刑者辅治之法，德礼则所以出治之本。而德又礼之本也。此其相为终始，虽不可以偏废，然政刑能使民远罪而已。德礼之效，则有以使民日迁善而不自知，故治民者不可徒恃其末，又当深探其本也。”这段话中，朱子既是注孔子之言，又渗入自己的理解和观点。可见，“礼治”在儒家政治哲学中是占主导地位的。孔子兴儒之后，礼便成为儒家思想中一个重要组成部分。《仪礼》之乡饮酒礼、乡射、大射、燕礼无不贯穿着德政礼治的思想。正如杨向奎先生在其专著《宗周社会和礼乐文明》中说到的那样：“西周礼是德之则，而孔子以礼为仁之目……德与仁都是礼之升华，是周公、孔子根据传统的礼仪制度加工改造，使之升华到一个新的高度。……周公以德代礼，强调了人间德政的意义，以削减上帝权威；孔子之以“仁”补礼，强调了人际关系，遂为后来儒家认识人性铺平了道路。”

中国古代社会是一个以“人治”为特征的而不是以“法治”为特征的社会。所谓“人治”，也就是“德治”、“礼治”。儒家认为人的情感因素在国家政治中据有重要地位，故而政治教化应本于“人情”。儒家是肯定人的生理欲求的合理性的：“故人者，天地之心也，五行之端也。食味，别声，被色而生者也”，故而欲达“天道”，应先“顺人情”。但又认为人的情欲只有通过礼义的治理才能得到合理的满足：“故圣人修义之柄，礼之序，以治人情”。（《礼记·礼运》）所谓的“顺人情”是指应当顺从和满足人之大欲；所谓“治人情”是说要满足人之大欲，就必须以有所节制为基础。因而圣人本诸天地人情而制作礼：“是故先王本之情性，稽之度数，制之礼义。”（《礼记·乐记》）就是说，礼是圣人为了教民养生送死，正君臣、笃父子、睦兄弟、齐上下，别夫妇，事鬼神而制定的。

正因为礼既“顺人情”又“治人情”，是政治教化的基础，故而儒家把礼看作是治国的根本。关于这方面的思想，在先秦及两汉的儒家典籍文献中有许多记载。这说明了“礼”与儒家政治的关系的密切程度。“礼”自一产生，便与政治联系在一起。虽然在春秋战国时期，有过礼治与法治之争，但随着儒家思想占据统治地位，礼治的思想也就取得了绝对的统治地位。法的制定基本上是根于礼的精神。这是中国古代政治区别于其他国家政治的一个重要特点。

以礼治国的最基本最重要的观念就是等级观念。礼的本质就是区别上下贵贱的尊卑等级，有“别”然后才有“敬”，以下敬上，以卑敬尊。《仪礼》不厌其详地记载了礼仪形式各种细节的规定，就是为了使人们明白礼的规范，使人们在日常生活中各有其位，不相僭越。在内容上，礼始终以上下伦理的尊卑等级规定着社会制度的基本标准；在形式上，礼以它特殊的象征方式规定着各种典礼形式的过程。既有礼的规范，便有乐的调和。礼使等级分明则人们各有所敬，乐使关系和顺则人们相亲相爱，“道之以德，齐之以礼”（《论语·为政》），礼乐俱备则天下大治。

在各种教化手段中，儒家最重视的是祭礼。祭祀是礼的初始发端，是最隆重最具本质意义也是最早体现人伦关系的仪式。祭礼可以别父子远近，长幼之序，进而又可使祭祀者明白仪式中虔敬之情所蕴含的义理，明义而生敬，虔敬而义明。因此，祭祀仪式是培养人从内心到言行，从情感到认识都自觉地遵循礼义的规定的成人之道。通过祭仪，由孝而顺，由事亲而听命，从而使人民受到教化。这里，祭仪已成为以情感人的最重要的礼乐教化的工具。

总之，中国古代社会中，不论是高层意识形态，还是深层的社会心理，都无不受到礼仪制度、礼乐文化的潜移默化的影响。中国的民族是一个礼的民族，中国民族精神是礼的精神，中国古代政治是一种礼的政治。

三、礼者养也的理想教育

“古之欲明明德于天下者，先治其国，欲治其国者，先齐其家；欲齐其家者，先修其身。……身修而后家齐，家齐而后国治，国治而后天下平。自天子以至庶人，一足皆以修身为本。”（《大学》）从个人修养出发，由“修身”到“齐家”，进而“治国”到“平天下”，是儒家为政的传统思想方式，也是儒家知识分子塑造理想人格实现仕途理想的传统方式。其中，“修身”是根本。而“修身”得依靠“礼”。修以礼，礼是修身的基本方式。孔子便极重视礼在教育中的作用，《论语》中有多处关于孔子以礼教育弟子的事例：子所雅言：诗、书、执礼，皆雅言也。（《论语·述而》）子曰：兴于诗，立于礼，成于乐。（《论语·泰伯》）夫子循循然善诱人，博我以文，约我以礼。（《论语·子罕》）鲤趋而过庭，曰：“学礼乎？”对曰：“未也。”“不学礼，无以立。”鲤退而学礼。（《论语·季氏》）

可见，孔子认为礼教是成人的标志，是立足社会之前的必修课，是人安身立命的基础。故而“人有礼则安，无礼则危。……礼者不可不学也。……富贵而知好礼，则不骄不淫，贫贱而知好礼，则志不摄”（《礼记·曲礼上》），“礼乐不可斯须去身。”（《礼记·祭义》）

孔子之后的儒家也把“礼”当作教育的一项内容。《汉书·艺文志》将《礼》经列于“六艺”之内：“六艺之文：《乐》以和神，仁之表也；《诗》以正言，义之用也；《礼》以明体，明者著见，故无训也；《书》以广听，知之术也；《春秋》以继事，信之符也。”成书稍后的《礼记·经解》也假孔子之口说到：“入其国，其教可知也。其为人也，温柔敦厚，《诗》教也；疏通知远，《书》教也；广博易良，《乐》教也；洁静精微，《易》教也；恭俭庄敬，《礼》教也；属辞比事，《春秋》教也。”

儒家重视礼的教育作用的一个前提是人具有可塑性。人经过教育，是可以由恶至善的。还因为礼注重的就是对人的内心的作用、人的内心修养，把行为的规范变成人的内心的自觉信念，这正是教育之“本”。这种思想也正与儒家所提倡的“人道”思想相一致。

儒家认为教育的目的是将人培养成“君子”。“君子”是人格圆满表现的理想人物，其中以德行为重。而“礼”是诸种德行中很重要的一种。《论语·卫灵公》说：“君子义以为质，礼以行之，逊以出之，信以成之，君子哉！”《礼记·礼器》中也说：“礼也者，犹体也。体不备，君子谓之不成人。”又《左传·昭公七年》：“礼，人之干也，无礼，无以立。”君子既以德行为重，必重“行”甚于“言”，这也正符合了“礼”的精神。“礼者，履也”，其所重正在于“行”，就是切切实实地具体地做，“言而履之”，“践而行之”。

《仪礼》所载的种种礼仪，在其内容上包括了儒家君子必须具备的“仁”、“义”、“忠”、“信”等诸种品质。也即是颜渊所说的“约我以礼”的“礼”所包含的内容了。

正因为礼于教育有如此重要的作用，在古代社会的官学中“礼”是一门重要的学科。早在商代学校的教学中就已有了礼乐的内容了。在西周时期，文化高度发达，学校分为国学和乡学两类，国学是中央官学，乡学是地方官学。国学又分为大学和小学两级。根据历年出土的西周青铜器铭文的记载，当时的“射卢”，即后世的“射宫”，是学习射箭和行大射礼的地方。习射和作乐舞都属大学的内容。乡学有“庠”、“序”、“校”等形式，其中“庠”、“序”是举行乡饮酒礼和乡射礼的地方，当然也是学礼的地方。乡学中为学生演习乡射礼和乡饮酒礼的是本乡中德高望重的老人。目的是想让学生通过观礼而能守礼制，安名分、听教导，树立建功立业的思想，培养尊敬师长的品德。

当时教学最基本的内容是“六艺”，即礼、乐、射、御、书、数。“礼”在六艺中的地位最高，因而成为最重要的教育内容。又因为礼在许多场合如祭祀、朝会、征战、宴飨、婚丧等中，有着仪式的进退揖让，又必须配之以乐。礼乐相须为用，成为教育的核心。

到了孔子“以诗、书、礼、乐教”（《史记·孔子世家》）的著名的“孔门四科”，其所习之“礼”当是指当时实行的各种礼典的具体仪式。其中音乐演奏以“诗”为乐章，诗、乐结合便成为各种礼典的组成部分。因此“从礼、诗、乐三者之相互关系上看，举行礼典需要诗、乐组成的音乐配合，那么在教学上也应以礼典演习为主体，三个科目中学诗、学乐是从属于学礼的”。（沈文倬略论礼典的实行和〈仪礼〉书本的撰作》）《礼记·王制》云：“乐正崇四术、立四教，顺先王，诗、书、礼、乐以造士，春秋教以礼、乐，冬夏教以诗、书。”可见“礼”一直是儒家教育中不可或缺的内容。

从西周到孔子，不论官学、私学在学校的设置、管理方面都已初步形成了一个较为完整的系统，特别是以“六艺”为中心的教育内容，奠定了中国两千年封建正统教育的基础，其影响极为深远，其中“礼”的教育更是儒家理想教育的必修课。

礼：中国人的传统信仰

一、崇礼思想的兴起

春秋之际，礼崩乐坏，诸侯僭越，臣下犯上，礼制的一统天下被打破，各种“非礼”的思想盛行一时。但是，春秋又是一个重视礼的时代。这似乎是一个甚为矛盾的现象。其原因，即在于面对礼崩乐坏的现实，一部分思想家尤其是儒家致力于复兴与强化礼制有关。这里就以《左传》的作者为例。《左传》中论“礼”的频率相当高。春秋时代重视“礼”，“礼”包括礼仪、礼制、礼器等，却很少讲“仁”。《左传》“礼”字一共讲了四百六十二次；另外还有“礼食”一次，“礼书”、“礼经”各一次，“礼秩”一次，“礼义”三次。但讲“仁”不过三十三次，至于讲“礼”的至四百二十九次之多。并且把礼提到最高地位。《左传》一书中，作者为礼的复兴大声疾呼，特别强调对礼制的强化，表现出鲜明的复礼崇礼倾向。

礼的最早的表现形式是祭祀——对天地自然的祭祀和对鬼神祖先的祭祀。凡礼，“莫重于祭”。《礼记·祭统》）诚如杜国庠先生所说：“春秋所记，即位、出境、朝聘、会盟、田猎、城筑、嫁娶，乃至出奔、生卒等等事项，几乎没有和祭祀无关的。”（《杜国庠文集》

页二百七十四）《左传》认为："国之大事，在祀与戎。"（成公十三年）所以对祭祀以及祭祀中的繁文缛节记载得特别详细。例如：天子七月而葬，同轨毕至；诸侯五月，同盟至；大夫三月，同位至；士踰月，外姻至。（隐公元年）凡公行，告于宗庙；反行，饮至、舍爵、策勋焉，礼也。（桓公二年）治兵于庙，礼也。（庄公八年）等等。在周人的观念中，丧葬祭祀等仪节就是礼的体现。诸侯每有大事，均需到祖庙告祭，听取神灵的启示，祈求祖先赐福祷佑。所以《左传》对天子、诸侯间的婚娶丧葬、祭天敬祖等礼仪记载不厌其详。杜预《春秋释例》云：《左传》"以《周礼》为本，诸称凡以发例者，皆周公之旧制者也。"《周礼·春官·大宗伯》将礼划分为吉礼、凶礼、军礼、宾礼、嘉礼五类，后代礼学家都沿袭此种分法。宋代张大亨作《春秋五礼例宗》，干脆取《春秋》经传中有关事例，分属吉、凶、军、宾、嘉五礼，以明《春秋左传》中的礼制体例。祭祀是头等大事。主祭者，也是政权的拥有者。卫献公为求返回卫国，宁可让宁氏执政，却不愿放弃祭祀之权，所谓"政由宁氏，祭则寡人"（襄公二十六年），原因即在于此。

礼是用来制约人的行动的，它调节着人的主观欲求和客观现实之间的矛盾，使二者之间达到一种能够维持人类社会存在的平衡状态。也就是说，礼一开始就是为适应社会稳态结构的需求而产生的。周代是个阶级社会，礼的本质首先在于维护等级制度。面对春秋时期层出不穷的诸侯僭越、下臣非礼的现象，左氏特别重视对等级名分的维护。如宣公十二年晋随武子（士会）强调的便是贵贱等级的区分。襄公三十一年，北宫文子即认为，礼仪之本，在于区分"君臣、上下、父子、兄弟、内外、大小"。对名分等级的僭越莫过于楚庄王了。《左传》宣公三年记载楚庄王"伐陆浑之戎，遂至于雒，观兵于周疆"，王孙满为周定王慰劳楚庄王，庄王"问鼎之大小、轻重焉"，流露出觊觎王位的野心。王孙满一番"在德不在鼎"的忠告，才使楚庄王有所收敛（宣公三年）。

名分等级的僭越，又常体现在礼数的僭越上。《左传》中“礼也”、“非礼也”的记载相当多。上自国之大事、外交往来，下至宗庙中的布饰定制、生活起居，都有关于礼制标准规范和详细记载。

《左传》对于礼的论述有一个重要的发展，就是给予理论上的论证，使礼从一种约定俗成的形式规范提升到理论的高度。首先，在《左传》中礼的功用被提高到治国的根本大纲的高度，主张经国家、定社稷、守其国，无不依礼而行，礼，已经成为治国方略中最重要的一环。这一点，与孔子所说的“为国以礼”的思想是一致的（见《论语·先进》）。只是受到当时新思潮的影响，礼之中已融进了民本思想的内容。而且，礼还可以拯救国之危亡。齐景公哀叹陈氏坐大，将取姜氏而代齐时，晏子对曰：“唯礼可以已之。”晏子认为，陈氏坐大的关键，在于超越了礼的规定而滥施于民，因此获取了民的支持，由是构成了对齐国公室的威胁。因此必须以礼加以限制。另一方面，对于礼的内在规定性，《左传》也作了具体的简述。如前所举，晏子在论述礼可以阻止陈氏代齐之后，又阐述了礼的具体内涵：通过君臣、父子、兄弟、夫妻，明确了以等级名分为内容的礼的本质；共（恭）、慈、孝、友，又规定了礼的行为规范与道德准则。关于礼的内容，鲁国的臧哀伯也有一段具体的论述。礼的内容，具体到宫室、服饰、车马、音声，皆有定数。制度章明，百官不可逾越。这就是在等级制度基础之上的礼制的具体内容。而桓公竟将部鼎放在太庙，违礼灭德，必然带来国家的衰败。晏子与臧哀伯的论述有一个特点，即将礼的内容具体化，转化为切实而又便于操作的制度内容。

《左传》对礼与仪的不同加以区分。“礼”与“仪”的区分，在于“礼”已不应只是一套人所遵循的外在仪节形式，而应有其内在的本质规定性。礼是维系上下的纲纪，协调天地人的准则，因此它是制定一切统治秩序的依据，包含经国济世的内容。礼又是从以食色声味和喜怒哀乐等人性的基础上产生的，所以人们遵守礼，也是必然的。天地万物，包括五味五色，君臣父子，政事刑罚，以至民之喜怒哀乐，皆包含礼的内容。所以礼应该成为明确的社会规范和统治秩序，而不是揖让周旋应酬这一类琐屑的仪节。所以，昭公五年，鲁昭公如晋，揖让周旋皆无失礼，但女叔齐仍然批评其“鲁侯为知礼”，谓之“是仪也，不可谓礼。礼，所以守其国，行其政令，无失其民者也。今政令在家，不能取也”（昭公五年）。礼之本质在于维系国家权力，鲁国此时政在三家，昭公已失去了权力，虽然“屑屑焉习仪以亟”，亦不可谓知礼矣。

既然在理论上把“礼”提高到“经国家、定社稷，序民人，利后嗣者”的高度，所以《左传》对于礼给予再度的强化。隐公七年陈国大夫五父到郑国参加盟会，“歃如忘”，即歃血盟誓时心不在焉，是为无礼，洩伯说：“五父必不免。”到了桓公六年，五父果然为蔡人所杀。成公十三年，成肃公在社庙接受祭肉时不恭，亦为无礼。刘康公预言“成子惰，弃其命矣”（成公十三年）。同样的，僖公十一年，周王派召武公、内史过赐命于晋惠公，惠公“受玉惰”，内史过告周王曰：晋侯其无后乎？王赐之命，而惰于受瑞，先自弃也已，其何继之有？礼，国之干也；敬，礼之舆也。不敬，则礼不行；礼不行，则上下昏，何以长世？后来晋文公返国，杀了晋惠公儿子晋怀公，果然应验了内史过之预言。凡此种种，都说明《左传》有意识地把礼上升到维护宗法制度、维护国家存亡、社稷安定和个人死生的高度上来加以强化。同时，又企图将礼变成为一种人们自觉的内心追求，所谓“敬，礼之与也”，所谓“勤礼莫如致敬，尽力莫如敦笃”（成公十三年），就是这个意思。《左传》作者记载许多违礼之人和事的预言，而后无不一一应验，这决不是一种偶然的巧合，恰恰反映了作者强化这种已经遭到激烈冲击和破坏的礼制与礼文化的态度。

礼作为“国之干”和“身之干”，还体现在外交往来、朝聘盟会和战争之中。“凡诸侯即位，小国朝之，大国聘焉，以继好、结信、谋事、补阙，礼之大者也”（襄公元年）。朝聘会盟都应依礼而行，此不待言。诸侯国内政淫乱“无礼”，他国可以讨伐，“无礼，无以立”。襄公九年，晋国纠集鲁、齐、宋等国伐郑，并要挟郑人求和以立盟约。晋知罃说：“我实不德，而要人以盟，岂礼也哉？非礼，何以主盟？”（襄公九年）无礼不可以主盟，要有礼，则应先有德，所以知罃要求诸侯“姑盟而退，修德息师而来，终必获郑，何必今日”（同上引）。知罃强调的是修德以成礼，申叔时则强调守信以成礼。楚国的子反不守信，欲背晋约，申叔时曰：“子反必不免。信以守礼，礼以庇身，信、礼之亡，欲免，得乎？”（成公十五年）第二年晋、楚鄢陵之战，子反果因战败自杀。修德成礼也好，信以守礼也好，突出的都是一个“礼”字。

战争中也要讲礼，这在《左传》中亦有多处的记载。宣公二年大棘之战，宋人狂狡倒戟而救出落井之郑人，自身反而被擒。作者借君子之口曰：“失礼达命，宜其为禽也。戎，昭果毅以听之之谓礼。杀敌为果，致果为毅。易之，戮也。”兵戎之礼，在于发扬果毅精神。狂狡姑息敌人，违礼，活该被捉。在《左传》众多的战争描写中，我们常可以看到即使在激战方酣之时，敌我双方亦不忘礼制。成公二年齐晋鞌之战，晋韩厥紧迫齐顷公不放，顷公却因韩之君子风度而不射他，说是“谓之君子而射之，非礼也”。这似乎与“杀敌为果”甚矛盾。可见在杀敌与守礼有矛盾时，守礼已比杀敌更为重要。《左传》中记韩厥追上齐顷公时的情景的描写是多么雍容儒雅！敌我双方都要彬彬有礼一番，结果韩厥幸免于死，齐顷公也因此脱逃，韩厥只逮住了一个假冒齐顷公的逢丑父而已。再如成公十六年晋楚鄢陵之战，晋新军主师欲至多次与楚共王相遇，双方亦都礼让三分。在双方厮杀搏斗、你死我活的战争中，竟然有如此的彬彬有礼、谦恭敬让，似乎双方不是敌人，而是恭敬有加的贵宾。这里却全然不讲“杀敌为果，致果为毅”，而是以礼来约束自己的行动，遵守礼所规定的秩序。类似这样的描写，除了说明在春秋时期礼制并没有完全衰亡外，不能不说与《左传》作者有意识地对礼制思想的强化有关。

今人蔡尚思先生认为："《左传》以礼为衡量一切的标准。"（《中国礼教思想史要目》）此话可能过于绝对，但从《左传》中表现出来的崇礼隆礼倾向来看，亦不无道理。

二、礼教的形成及其内涵

中国自古以来既有文明，又重礼节，所以号称"文明古国"、"礼义之邦"。在中国，"礼"一直是古代贵族子弟和一般士人的必修课程，进退揖让、长幼尊卑之道，必须了然于胸，方不愧"知书达礼"之誉。在中国典籍中，从先秦的"六经"到宋代的"十三经"，"礼"书一直占有重要地位。从某种意义上说，中国的文化就是"礼"的文化，中国的一切都有"礼"的影子。在中国，大至改朝换代，小至友朋往来，都讲究一个"礼"字，无"礼"则名不正、言不顺，事不可成，人不成人。《诗经·鄘风·相鼠》一诗这样写道：

相鼠有皮，人而无仪。人而无仪，不死何为！
相鼠有齿，人而无止。人而无止，不死何俟！
相鼠有体，人而无礼。人而无礼，胡不遄死！

诗的大意是：看老鼠都有皮有体，人却没有容仪礼节；人如果没有容仪礼节，不去死还做什么呢？诗以鼠之有皮有体与人之无仪无礼相比衬，说明无礼之人连老鼠都不如，与其生，不如死，讥讽之意是极为明显的。

"礼"之于人生至关重要，不知礼常要受谴责甚至付出沉重的代价。中国历史上，因无礼而惹麻烦的事例比比皆是。《左传·僖公二十三年》记载：晋文公重耳流亡经过曹国，曹国国君共公听说重耳腋下肋骨连成一片（旧称"骈胁"），很好奇，就在重耳洗澡的时候去窥探他。这是非常无礼的行为。后来重耳回晋国当了国君，在晋楚城濮之战前攻下曹国，历数曹君种种罪过，实际上也是报复曹君当年偷窥骈胁的无礼之举。又如，管仲是春秋时期的一个很著名的政治家，他帮助齐桓公建功立业，使桓公成为春秋时期的第一个霸主。就此而言，管仲称得上是一位名符其实的“贤臣”。但在“礼”的方面，他却有僭越不检的地方。根据“礼”的规定，诸侯为了区别内外，可在门内树立小墙（也叫“塞门”、“萧墙”），大夫为了区别内外，只能用门帘。管仲身为大夫，却居然也有“塞门”。这是他第一个越礼之处。第二，诸侯在举行宴会的殿堂上建有用来放置酒器的土筑的平台（古称“反坫”），大夫则不能有，可管仲偏偏也有这玩意儿。因为这两件事情不够检点，孔子便给了管仲一个“一分为二”的评价。孔子一方面认为管仲帮助桓公不以武力九合诸侯一匡天下，其功甚伟，不由赞叹“微管仲，吾其披发左衽矣。”（见《论语·宪问》篇）给予很高的评价。另一方面又认为“管仲之器小哉！”“管仲而知礼，孰不知礼！”语气口吻，对管仲是一百个瞧不起（见《论语·八佾》篇）。世称贤臣的管仲，本来是百分之百的流芳千古，却因为他不知礼，或者知道礼的规定却不遵守它，所以在礼学大家孔圣人面前，便不得不大打折扣，这对管仲的美名无疑是一种不良的影响。

与此相反，因有礼而受福的故事也是常有的。《左传·成公二年》记载齐晋鞌之战，齐军因骄傲轻敌，打了败仗。齐军败回国都临淄时，有一女子挡道，问齐军将士：“国君没事吧？”将士告诉她国君安然无恙。那女子又问：“锐司徒（主管锐兵的官吏，即那女子之父）没事吧？”将士回答：“没事。”那女子说：“如果国君和我的父亲都没事，我还有什么可担心的呢？”说完就走开了。后来齐侯听到这件事，认为这女子先问国君后问父亲，很懂得礼，就把石窌（今山东长清县东南）这个地方赏赐给她作为采邑。又如《后汉书·孔融传》李贤注中讲了一个故事，说孔融四岁的时候，每次和他的兄长们一起吃梨，孔融总是拣小的吃，大人问他为什么，他回答说：“我年纪小，理当吃小的。”孔融因此被认为“幼有异才”，“孔融让梨”的故事也被传为千古佳话。总而言之，在中国这个“礼义之邦”，懂不懂礼、讲不讲礼，是影响人们事业成败声名好坏的重要因素。历史上是这样，现代社会也是如此，对此我们应有充分的认识。

那么“礼”这个很“文明”的东西又是如何产生的呢？它在社会中又有哪些具体的功用呢？概而观之，礼之所以要产生，应当是出于文明发展的需要，因为礼可以调节人的主观欲求与客观现实之间的矛盾，制约人的行为，稳定社会秩序，进退揖让，都有规可循，从而使社会长治久安，稳步发展。就具体礼仪而言，它们大多起源于原始社会的风俗习惯。在原始社会，人们在婚丧嫁娶、祭祀娱神以及生产劳动、日常交往中逐渐形成一系列风俗习惯，这些风俗习惯约定俗成，是当时民族成员共同遵守的“规章制度”。后来人们把这些风俗习惯加以总结改造并在形式上条文化程序化，便形成了各种礼仪。比如在氏族公社中，男女青年成年时有举行“成丁礼”的习俗，这种习俗到了阶级社会便形成贵族青年进入成年阶段所必经的一个非常隆重的仪式，即“冠礼”。又如，在原始社会末期，人们每从事一项重要的农事活动，往往先由族长主持一种仪式，以鼓励民族成员齐心协力完成劳动任务，或者祈祷农事顺利获得丰收。这种习俗后来便发展成为所谓的“藉礼”——一种由天子主持的春耕生产活动。“藉”字古文即作人踩耒而耕之形，就是一种农耕动作。典籍记载周天子在举行“藉礼”时要带头耕种，现在一些重大的建筑工程在举行奠基仪式时，先由部门首长或重要人物挖几铲土，似乎也与这种仪式相契合。

因此，许多礼仪起源于原始社会的风俗习惯，这种说法大约是不错的，只是由于材料的缺乏，某些礼仪的具体的形成过程我们不甚清楚罢了。但有一点我们可以相信，各种礼仪之最后的条文化和程序化，肯定是经过后人的加工和改造。旧传周公“制礼作乐”，孔子“删诗书、定礼乐”，实际上就是对礼所作的加工改造的工作；说礼是周公、孔子“创造”出来的，乃是后人对“圣人”的景仰崇拜所致。

东汉许慎《说文解字》中说："礼，履也，所以事神致福也。从示从丰。""礼"字本作"丰"，从壴（像古代的鼓形）从珏。"鼓"和"珏"都是宗神之物，后加"示"也表示与鬼神福祥之事有关。汉字是表意体系的文字，是汉文化的主要承载者，它们犹如一颗颗活化石，蕴含着许多远古文化的奥秘。通过对汉字字形的分析，我们可以捕捉到远古文化的内在信息。"礼"字的构形部件均与鬼神有关，所以有一种传统的观点认为"礼"是从祭祀鬼神的活动中产生，后来才移用于人事。我们觉得"礼"的内容很广泛，涉及生活中的各个方面，某些礼仪的产生自有其各自的渊源，未必均由事神转移而来，"礼"源于事神之说有其偏颇之处。但我们并不因此否认了这种观点的重要价值。由于对神灵的敬畏，人们对事神之礼不敢随便敷衍，礼仪活动必须在庄严肃穆的气氛中进行，影响所及，其他一切礼仪活动也逐渐就变得庄严神圣起来，这对人们重礼观念的形成无疑起了重要的作用。

礼的功用与目的，无外乎制约人们的道德行为之规范，让世间君臣父子长幼尊卑善恶美丑男女内外正邪雅俗公私物我各有一个标准，使社会中的万事万物分门别类纳入各自的轨道，各行其是，有条不紊，使社会结构复杂而有序。在阶级社会里，礼仪制度对于巩固等级观念、维护社会秩序，有着相当大的作用。古有"礼治"一词，意谓"礼"可以治天下。如果人人都懂得礼，那么长幼尊卑、友朋往来、进退揖让等方面均能循规蹈矩，天下便通泰长安了。所以《礼记·经解》上说："安上治民，莫善于礼。"古代又有"礼防"一词，意谓"礼"是用来防乱的，"礼"的作用可以说是无与伦比的，它是野蛮社会走向文明社会、文明社会继续保持文明秩序的一把金钥匙，一种不可缺少的规范力量。在大到国家重要活动、小至个人日常生活中，有礼则万事大吉，无礼则寸步难行。班固在《汉书·礼乐志》上说："象天地，制礼乐，所以通神明、立人伦、正性情、节万事者也。"这里所谓的"通神明、立人伦、正性情、节万事"，可以说基本上概括了制礼的功用与目的。

礼的本质包括以下三项内容：其一是礼器。它是指举行礼典时使用的宫室、衣服、器皿，及其各种装饰。这些都属于礼的物化形态。其二是礼仪。它是指举行礼典时人们的仪容动作，包括进退、坐兴、俯仰等各个方面的行为规则。这些都属于礼在人身上的外在表现。其三是礼义。它是通过礼器和礼仪体现出来的内在旨趣，即通过各种典礼建立起一套尊尊卑卑的等级秩序。这些属于礼的关键所在。以上三种含义，如果从内容与形式相互关系的角度去加以划分，前两项显然属于形式，而礼义则属于内容，内容决定形式，这是毫无疑义的。抛开礼的内在意义，只顾讲究礼器、礼仪，那显然有悖于制礼的宗旨。《礼记》作者之所以反复强调“礼之所尊，尊其义也”，用心正在于此。但是重视礼义并不意味着“礼器”、“礼仪”无足轻重，因为礼义中“尊尊卑卑”的等级原则正是通过礼器、礼仪体现出来的，皮之不存，毛何焉附？假如礼仪、礼器是无足轻重的，孔子何以会因“季氏八佾舞于庭”而愤怒到“是可忍，孰不可忍”的程度？事实上，凡是真正懂礼的经学大师，无一不是主张礼仪、礼器与礼义三者并重。黄季刚先生就说过：“是则丧虽主哀，祭虽主敬，苟无礼物威仪以将之，哀、敬之情亦无所显示矣。”（《黄侃论学杂著·礼学略说》）基于上述认识，我们似乎可以得出这样的结论：礼的本质是一种通过具体可感的礼仪形式表现出来的以尊尊卑卑为主要内容的等级秩序，是礼义、礼仪、礼器三者的统一体。

应该看到，礼虽然早在原始社会就已经产生了，但礼的本质的确立则是进入阶级社会以后的事情。沈文倬先生曾经谈到：“在一个阶级统治另一个阶级的社会里，统治阶级为了贯彻其阶级意志，推行其政治设施来确保它所统治的社会的正常秩序，需要建立一些制度规程。在古代历史上，很大一部分制度规程就是礼。”（《略论礼典的实行和〈仪礼〉书本的撰作》）尽管从社会批判的角度，人们找得到无数桩阶级社会中以尊卑等级秩序为本质的礼教戕害人性的事例，以至于鲁迅先生在他的名作《狂人日记》中愤激地指出，中国古代历史每页的字缝里都写着“吃人”两个字。但是从人类生存哲学的观点来理解，我们又不能不承认礼的本质的确立，是人对自然欲望的自觉提升而走向道德化的开端。按照儒家的解释，礼的本质的确立始于夏禹、商汤，中间经过文、武、成王、周公，最终由孔子完成。当人类进入阶级社会之后，随着财产私有制的出现，个人的私欲开始膨胀，随之而来的是原始社会“天下为公”的“大同”秩序的解体。特别是进入春秋时代之后，更是纷争四起。面对着这种动乱的社会局面，中国古代圣贤各自提出了自己的救世主张。以老庄为代表的道家认为社会上种种虚伪、欺诈、争斗的罪恶都源于人们对物质欲望的追求，于是主张“绝圣去智”、“返璞归真”，试图通过停止对文明的一切追求，来恢复原始社会天然合理而又纯朴和谐的社会秩序，从而走上了一条复归原始生命形态的道路。

在导致社会动乱的根源这一问题上，以孔子为代表的儒家与老庄有着相似的看法。他们也认为私欲的膨胀是万恶之源。在孔子看来，正是由于“大道既隐，天下为家，各亲其亲，各子其子，货力为己”，才导致了“谋用是作而兵由此起。”（《礼记·礼运》）徐复观先生就说过：“儒、道两家人性论的特点是：其功夫的进路是由生理作用的消解，而主体始得以呈现，此即所谓‘克己’、‘无我’、‘无己’、‘丧我’……但儒、道两家的基本动机虽然同出于忧患意识，不过儒家面对忧患而要求加以救济，道家则是面对忧患而要求得到解脱。”（《中国艺术精神》）“要求得到解脱”使道家步入了复归原始生命形态的消极之途，而“要求加以救济”则使儒家走上了道德自主的积极之路。以孔子为代表的儒家始终坚信，宇宙间存在一种先天性的上下、老幼、尊卑的等级秩序，这种秩序又是植根于氏族血缘关系之中的。每个社会成员与生俱来的仁爱之心则是这种秩序赖以存在的坚实基础。倘若能够最大限度地唤醒这种普遍地潜藏于人们内心的仁爱本性，使其成为人际交往中的自觉行动，就可以有效地节制私欲的膨胀，从而减少乃至消除社会上的种种罪恶，重新建立起社会结构的和谐与稳定。《礼记·曲礼上》说："鹦鹉能言，不离飞鸟；猩猩能言，不离禽兽；今人而无礼，不亦禽兽之心乎？""是故圣人作，焉礼以教人，使人以有礼，知自别于禽兽。"这就表明，在儒家眼里，语言并非区别人与其他动物的标志，只有礼才是人不同于动物的显著标志所在。儒家学派的隆礼、重礼，表现出一种对文明的积极创制与倡导。他们能够正视与文明伴生的罪恶，主张用礼去加以疏导与教化，认为只有这样才能重新寻求到人类社会秩序的和谐与平衡。人生天地间的首要责任就是应该按照"天高地卑，君臣定矣；卑高已陈，贵贱位矣"（《礼记·乐记》）的宇宙模式，去担当起制定出一套等级制度和行为规范的历史重任。礼制的确立正是古代贤哲察天观地、"慎终追远"的结果。这就表明儒家从道德自主的观点出发，已经意识到作为万物之灵的人，有必要而且完全可以通过创立一种制度来体现人区别于其他动物的本质特征，并借助于这种制度来协调人与人、人与自然社会的相互关系。以尊卑等级为主要内容的礼的本质的确立正是上述制度形成的标志。从这一层面上看，以尊卑等级为本质的传统礼制的形成，可以说正显示出了人从自然走向社会、从原始生命形态迈向道德自律这一漫长历史进程中辉煌的人性光芒。

礼是指借助于具体的礼仪形式表现出来的尊尊卑卑的等级秩序，那么制定礼仪的原则又是什么呢？对此，《礼记》主要涉及三个方面的内容。

其一，自然法则的模仿。人生天地之间，天与地始终是他难以超越的界限，而天高地卑，万物散殊、刚柔相摩、阴阳相荡的自然法则又是最早被人们领悟到的。因此人们在创制礼仪的过程中，极力主张模仿自然法则完全是情理之中的事情。《礼记》中就反复阐述过这种礼制模仿自然法则的观点。《礼记》作者之所以把模仿自然法则作为制礼的原则，我们认为主要是出于以下两方面的考虑。首先，礼不可能凭空产生，而必有所凭依。沈文倬先生在《略论礼典的实行和〈仪礼〉书本的撰作》一文中指出：“礼不是超现实的东西，无论哪一种礼典，其具体仪式都是从统治阶级的现实生活中提炼出来的，只不过被加以装潢和粉饰，成为一幕幕庄严肃穆、令人敬畏的场面而已。”诚如沈先生所言，礼的具体仪式确实有不少是从统治阶级的现实生活中提炼出来的，但从现实生活中提炼礼仪所依据的仍然是自然法则。以乡饮酒礼为例，这种礼仪显然是从古代诸侯国中乡大夫会聚地方贤能之士饮酒的生活中提炼出来的，而提炼礼仪的依据恰恰是自然法则。其次，强调制定礼仪是模仿自然的结果，有利于为礼仪所体现的尊尊卑卑的等级秩序找到一种合理的解释。因为“天高地卑”乃是一种不以人们意志为转移的客观存在，礼仪中尊尊卑卑的等级秩序既然是模仿自然法则制定的，那它也就是一种合理的存在。于是处在这一等级秩序中的每一个社会成员都有义务像维护“天高地卑”的自然法则那样，去自觉地维护这种等级秩序的现实存在。主张模仿自然法则以制礼，并不意味着古人认识落后，而是反映了华夏民族对自己生存方式的一种独特感受。它不是以逻辑推论的方式去判断尊尊卑卑的礼义本质为何符合道德标准，而是从天人合一的角度认定宇宙间天地万物存在一种本能的合理和谐，人类社会只须效法自然就能够获得这种和谐。在中国古代先哲们看来，天对人类显示出的肃穆、高明与广大，地对人类显示出的温厚、博远与辽阔，以及自然万物形形色色的差别构成的和谐图景，正是启发他们“作乐以应天、制礼以配地”（《礼记·乐记》）的真正动因。

其二，以人情为本。强调礼仪的设立必须以人情为本，这是《礼记》的一贯主张。礼的设立既然以“人情”为根据，那么在《礼记》作者眼中，究竟何为人情？我们认为被《礼记》作者视为制礼根据的“人情”，应该包括人的自然情感和道德情操两项内容。《礼运》篇对此有所涉及，它说：“何谓人情？喜、怒、哀、惧、爱、恶、欲七者，弗学而能。何谓人义？父慈、子孝、兄良、弟悌、夫义、妇听、长惠、幼顺、君仁、臣忠，十者谓之人义。”在这里，《礼运》作者首次把人类的自然情感和道德情操加以区别开来。显然，“七情”属人的自然情感，而“十义”则属于人的道德情操。制礼的根据无疑既包括人的自然情感，也包括人的道德情操。具体说来，制定礼仪时必须通过一定方式既能对人的自然情感加以必要的节制，又能最大限度地培养起人的道德情操。也就是说，人的道德情操是在人的自然情感这棵大树上长出的果实。当人类从蒙昧、野蛮进入文明的过程中，感情必然发生变化，道德情操随之而起，情动于中，于是一些新的礼仪相继问世，一些旧的礼仪逐渐消失。无论是礼仪的消或长，某内在的根源都在于“人情”。对此，后世学者多有论述：余至大行礼官，观三代损益，乃知缘人情而制礼，依人性而作仪，其所由来尚矣。（司马迁《史记·礼书》）礼本于人情，情生而礼随之。（郑樵《礼经奥旨·礼以情为本》）无论是司马迁的“缘人情而制礼”，或是郑樵的“礼本于人情”，都像《礼记》一样，认为礼仪的设立必须以人情为根据，而且这种人情既包括先天的自然情感，也包括后天的道德情操。

其三，礼以义起。从礼的发展历史中可以清楚地看出，各个时代的礼仪并非一成不变的，而是呈现出一种此消彼长的演变过程。《礼记》作者提出，随着时代的发展，人们可以根据“义起”的原则创立新的礼仪。《礼记·礼运》说：“故礼也者，义之实也。协诸义而协，则礼虽先王未之有，可以义起也。”礼由义起，实际上是指在礼的本质不变的前提下，各个时代的统治者可以根据变化了的情况和自己的需要，因时制宜地创制新的礼仪项目。朱熹曾经指出：“《仪礼》不是古人预作一书如此。初间只是义起，渐渐相袭，行得好，只管巧，至于情文极细密极周致处，圣人见此意思好，故录成书。”（《朱子语类》卷八十五）按照朱熹的说法，《仪礼》中的所有礼仪无一例外，都是古人根据“义起”的原则创立起来的。这就表明，“义起”的原则在礼的发展历史中起了十分重要的作用，它是礼制之所以能够在中国古代社会绵延数千年之久的真正原因所在。不仅如此，“义起”的原则还为人们在礼制社会中能动地择礼提供了可能。王阳明对此曾深有感触地说：“先王制礼，皆因人情而为之节文，是以行之万世而皆准，其或反之吾心而有所不安者，非其传记之讹阙，则必古今风气习俗之异者矣。此虽先王未之有，亦可以义起。”（《王阳明全书》卷六）在这里，“义起”的原则实际上成了王阳明以心择礼的理论依据。

礼治与中国的传统政治

中国在古代几千年的历史中，尤其是从秦始皇废除分封制、建立起以郡县制为基础的大一统王朝之后，一直是一个高度集权化的君主专制国家。因而秦始皇以来中国两千多年传统政治的实质，也就是以皇权为轴心的专制政体。专制政体的基本特征是君主个人独裁专断，皇权或君权为国家最高的政治权力。在专制的集权之下，社会的一切均被纳入到政治控制系统之中。政治专制剥夺了其他方面独立发展的权力，使其依附于政治。这种政治上的依附关系一定程度上扼杀了民族的生机和社会成员的主体意识，从而阻碍了社会进步和科学文化的发展。

值得一提的是，在世界各民族的历史中，中国的政治专制之所以能够延续两千多年，居世界各国之最，这又是与儒家的礼治学说分不开的。因为礼治主义学说的核心内容就是维护尊尊卑卑的等级秩序，而这种尊卑等级秩序演化出来的“君尊臣卑”的观念，恰恰是专制政治赖以生存的肥沃土壤。宋代政治家司马光在《资治通鉴》中说：

臣闻天子之职莫大于礼，礼莫大于分，分莫大于名。何谓礼？纪纲是也。何谓分？君臣是也。何谓名？公侯、卿、大夫是也。夫以四海之广，兆民之众，受制于一人，虽有绝伦之力，高世之智，莫不奔走而服役者，岂非以礼为之纪纲哉！是故天子统三公，三公率诸侯，诸侯制卿大夫，卿大夫治士庶人。贵以临贱，贱以承贵。……文王序《易》，以乾、坤为首。孔子系之曰："天尊地卑，乾、坤定矣。卑高已陈，贵贱位矣。"言君臣之位犹天地之不可易也。《春秋》抑诸侯，尊王室，王人虽微，序于诸侯之上，以是见圣人于君臣之际未尝不倦倦也。

这段议论入木三分地揭示出了礼在君主专制中所起的不可或缺的重要作用。尽管十三经中的"三礼"讲的全是上古之礼，后代显然不可能一一遵行，但"三礼"，尤其是其中的《礼记》反映的却是"尊尊卑卑"的等级秩序，因此历代封建朝廷的礼仪制度总是按照它们的基本精神来加以制定的，而且历代统治者通常还总是通过新的礼节仪文的制定来不断强化"君尊臣卑"的政治原则，从这个意义上说，《礼记》与传统政治之间存在着密不可分的相互联系自然是不言而喻的。

从儒家的政治理想中可以看出，实现"小康"的关键是推行礼治主义。因此，礼治主义可以视为《礼记》政治学说的核心内容。礼治主义的主旨就是要求统治者在政治实践中，通过对礼乐制度、礼仪规范的广泛推行，充分发挥其道德约束和行为规范的社会整合功能，以维护社会等级秩序和国家政治的稳定，从而有效地治理民众。

我们认为，礼是中国古代文明演进的突出标志之一。在前面我们已看到，夏、商、周三代以礼制相传承而各有损益，故孔子有"殷因于夏礼"、"周因于殷礼"之说。这就表明，礼乐兴邦早已成为中国古代政治的重要传统。礼本源于原始社会的天神崇拜和祖先崇拜的宗教仪式。在进入文明时代以后，这种宗教仪式开始蜕变为社会礼仪，并渐趋制度化，从而成为古代政治制度中不可或缺的重要组成部分。就《礼记》来说，其中礼治主义的政治学说主要包括以下内容。

一、尊卑贵贱等级原则的设定

礼的本质在于维护等级，这是先秦儒家的共同见解。春秋时期晋国的随武子说："其君之举也，内姓选于亲，外姓选于旧，举不失德，赏不失劳，老有加惠，旅有施舍，君子小人，物有服章，贵有常尊，贱有等威，礼不逆矣。"（《左传》宣公十二年）《礼记》对此说得更为明确："夫礼者，所以章疑别微以为民坊者也。故贵贱有等，衣服有别，朝廷有位，则民有所让。"（《坊记》）《乐记》也认为："礼义立，则贵贱等矣。"

在先秦儒家看来，进入阶级社会之后，人们的身份地位不可能平等，而应该有贵贱上下的分别。劳力的农、工、商是以技艺生产事上的，劳心的士大夫则以治世之术食于人，各有其职业。用孟子的话来说，就是"有大人之事，有小人之事。……或劳心，或劳力。劳心者治人，劳力者治于人。治于人者食人，治人者食于人，天下之通义也。"（《孟子·滕文公上》）《礼记》作者则在此基础上进一步提出："天尊地卑，君臣定矣。卑高已陈，贵贱位矣。……在天成象，在地成形，如此则礼者天地之别也。"这就从"天人相应"的角度为礼所具有的尊卑贵贱的本质找到了理论根据。

既然礼所具有的尊卑贵贱是一种合乎天理自然的现实存在，那么它自然应该贯彻到社会生活的方方面面，如君臣上下的等级之分，财产与权力的等差之分，职业之分，衣食住行之分等等。古代的所谓吉、凶、军、宾、嘉五礼，尽管形式五花八门，但其实质都体现了一个"分"字。通过这种尊卑贵贱的"分"，每个社会成员就会各就各位，各奉其事，各尽其职。由此，各种礼仪所体现出来的"分"，就不再仅仅是一种形式上的规范和要求，而负有整合社会秩序的政治使命，以便使君臣、上下、父子、夫妇之间都以礼相约。正是着眼于礼的尊卑贵贱之分具有整合社会秩序的政治功能，所以历代统治者从来都把礼视为自己手中须臾不离的法宝。李觏就曾经说过："礼者，生民之大也。……圣人之所以作，贤人之所以述，天子之所以正天下，诸侯之所以治其国，卿大夫之所以守其位，庶人之所以保其生，无一物而不以礼也。穷天地，

亘万世，不可须臾去也。”（《李觏集》卷二《礼论》）

传统礼制中尊尊卑卑的等级原则在政治领域中的显著标志，就在于它规定了一整套“正君臣之位”的礼仪制度。早在春秋时代，孔子就非常注重上下尊卑之礼，认为天子有天子之礼，诸侯有诸侯之礼，大夫有大夫之礼，士有士之礼，各依礼而行，才能“君君，臣臣，父父，子子”。（《论语·颜渊》）正是从尊尊卑卑的等级原则出发，《礼记》对君主至高无上的特权作出了明确的规定。与此相对应，《礼记》还对君主的名分和职责作了规定。《曲礼上》说：“君天下曰天子，朝诸侯、分职、授政、任功，曰予一人”，“践阼，临祭祀，内事曰孝王某，外事曰嗣王某”。所谓“天子”，意谓君主是天帝之子，他君临天下代表的是天意。可见“天子”名号的本身就确立了君主至尊的地位。在这种独一无二的至尊地位上，天子要接受诸侯的朝觐，听取他们述职，分配职官，授予权柄，奖功罚罪，举行祭祀大典。为了确保天子有效行使职权，古代礼制相应地设立了“六大”（大宰、大宗、大史、大祝、大士、大卜）以司六典，“五官”（司徒、司马、司空、司士、司寇）以司五众，“六府”（司土、司木、司水、司草、司器、司货）以司众职。凭借这些建置，天子可以有条不紊地管理好整个国家。为了维护天子的绝对权威，古代礼制还制定了严格的朝觐制度。《礼记·曲礼》载：“天子当依而立，诸侯北面而见天子，曰觐；天子当宁而立，诸公东面，诸侯西面，曰朝。”其中的“依”是一种红色的如同屏风的装饰，高八尺，绣有斧纹，又称“斧依”；“宁”是门与屏风之间天子停立等待诸侯来朝见的地方。对于这种诸侯朝觐礼仪，《礼记·明堂位》的记载尤为周详。

这表明朝觐制度正是通过确定不同身份诸侯在朝堂上尊卑等级位置来树立起天子至高无上特权的。正因为以尊卑贵贱为核心内容的礼制在维护君主特权中具有不可替代的重要作用，所以《礼运》篇郑重提出“是故礼者，君之大柄也，所以别嫌明微，傧鬼神，考制度，别仁义，所以治国安君也。”事实上，封建帝王的专权也只有通过以贵贱等差为本质的礼仪来加以保障；离开了礼仪，帝王的威严和专权都无从谈起。这在历史上是不乏其例的。据载，汉高祖刘邦在登基为天子之初，由于是“马上得天下”，对礼仪不以为然。但后来在大宴群臣，论功行赏时，文臣武将在朝堂上手舞足蹈，狂呼乱叫。刘邦对此非常恼火，但又无可奈何。当时有一位名叫叔孙通的儒生，原是秦朝的博士，熟悉各种朝廷礼仪，于是出面为汉朝制定了一套完整的觐见皇帝的礼仪，并教君臣演习。这以后，当群臣再次入朝时，文武大臣依礼而进，侍立两旁，山呼万岁，无不肃然起敬。刘邦于是感慨万端地说：“吾乃今日知为天子之贵也。”（《汉书·礼乐志》）

汉代以后，随着大一统专制政治的发展，上下尊卑的等级关系越来越森严。在此历史背景下，“君为臣纲，父为子纲，夫为妻纲”逐渐成为人际关系的最高准则，而这一准则的核心则是“君尊臣卑”的政治原则。在这种原则下，“朕即国家”也就成了天经地义的公理，于是中国古代政治也就演变为以君权为轴心的专制政治。两千多年来，尽管中国政权机构的组织形式屡有变迁，但“君尊臣卑”的政治原则却是一以贯之的。而且随着时代的推移，这条政治原则越来越得到强化，终于在明、清两代达到极限。例如，在明代以前，皇帝总领朝纲，下设宰相，其职责是辅佐皇帝，总管全国政务。当时的皇帝一般还要赋予宰相某些权力，用来制约自己的越轨之举，其中最重要的有封还不恰当的诏书和拒绝签发皇帝已经裁可的臣属的奏请。前者称为“封还诏书”，后者称为“不肯平署”。当然，宰相的权力既然是皇帝给的，那自然十分有限。尽管如此，相权对皇权毕竟还有所制约。历史上有时甚至还出现过宰相架空皇帝，以至皇权旁落的情况。曹魏篡汉，司马氏篡魏便是典型的例子。正因为如此，所以到了明代，太祖朱元璋干脆废除了历时千余年的宰相制度，相权收归皇帝独揽。原先由宰相分掌的吏、户、礼、兵、刑、工六部长官直接听命于皇帝。整部国家机器完全以皇帝为轴心运转。此后明清两代沿用不变，从而使君主专制达到了登峰造极的高度。由此可见，尽管君主专制是在明清两代发展到极限，但它的根源却在于《礼记》等儒家经典中所确定的尊卑贵贱的等级原则。仅此而言，我们也决不能低估《礼记》在中国古代政治中所起的巨大负面影响。

二、仁政思想的倡导

尊卑贵贱的等级原则虽然是礼的主导，但光讲尊卑贵贱的等级之分容易导致严重的对立，这样反而会从根本上动摇等级制度的基础。于是《礼记》的礼治主义学说又提出了“仁”来作为增强社会向心力的有效手段。

“仁”这个词出现时代较晚。作为一种理论体系的中心范畴，“仁”是由孔子构造出来的。经过孔子的阐述，仁与礼之间形成了一种相辅相成的表里关系。这就是孔子所说的：“人而不仁，如礼何？”可见一个人在道德实践过程中时时刻刻要注意仁与礼之间的平衡，做到践礼以培养仁德，让仁德在礼中呈现。用于政治，则主要体现为一种以“亲民”、“惠民”、“利民”、“恤民”为内容的仁政思想。《礼记》对这种仁政思想作了多方面的阐述。

首先，《礼记》中仁政的理论基础是民本思想。众所周知，民本思想堪称儒家政治学说的精华。这种精华在《礼记》中得到了充分体现。在先秦儒家看来，民众既是政治实施的对象，同时又是构成政权存在的社会基础。民心向背决定着政权能否持久稳固。民本意识往往体现在对君民关系的认识上。《礼记》作者也正是从君民关系的论说中阐发仁政主张的。《礼记·哀公问》：“政者正也，君为正，则百姓从政矣；君子所为，百姓之所从也；君所不为，百姓何从？”这是强调君主的言行直接影响民众，故君主必须谨其所言，慎其所行，以成为天下百姓的楷模。《礼记·缁衣》对此讲得更为明白：“民以君为心，君以民为体，心庄则体舒，心肃则容敬。心好之，身必安之；君好之，民必欲之。心以体全，亦以体伤；君以民存，亦以民亡。”这种观点与荀子提出的“君者，舟也；庶人者，水也；水则载舟，水则覆舟”的见解可谓同出一辙，十分典型地反映了儒家重视民众的民本思想。

其次，“惠民”、“利民”、“恤民”构成了《礼记》仁政思想的主要内容。由于认识到了“君以民存，亦以民亡”的道理，所以《礼记》作者把如何争取民心视为政治成败的关键。对大部分民众而言，最难以承受的莫过于统治者在经济生活方面的横征暴敛，奢侈浪费和劳民伤财。《礼记·檀弓》对此有一段十分形象的描述：孔子过泰山侧，有妇人哭于墓者而哀。夫子式而听之，使子路问之曰，“子之哭也，壹似重有忧者？”而曰：“然。昔者吾舅死于虎，吾夫又死焉，今吾子又死焉。”夫子曰：“何为不去也？”曰：“无苛政。”夫子曰：“小子识之，苛政猛于虎也！”在这里，作者借孔子之口，以“苛政猛于虎”的比喻，告诫统治者决不能横征暴敛，否则必将丧失民心。正是基于这一看法，《礼记》提出了一系列“惠民”、“利民”、“恤民”的仁政措施。《礼记》作者之所以把仁政作为其礼治主义学说的重要内容，这是因为他们已经认识到“礼”所强调的是特殊性，目的是明确个体间的差别。“仁”则是通过一种恩赐的方式，设法在各个特殊的个体之间求得协调和平衡，即达到一种“和”的境界。从某种意义上说，这种“和”的境界正是儒家礼治主义者孜孜以求的政治理想。《论语·学而》所谓“礼之用，和为贵”，就是这种理想的恰当表述。我们完全可以这样认为，儒家所推崇的理想政治模式尧舜之治，实际上就是一种仁、礼平衡的社会政治状态。《礼记·表记》曾借孔子之口对这种理想政治大加赞赏说：“后世虽有作者，虞帝弗可及也已矣！君天下，生无私，死不厚其子，子民如父母，有憯怛之爱，有忠利之教，亲而尊，安而敬，威而爱，富而有礼，惠而能散；其君子尊仁畏义，耻费轻实，忠而不犯，义而顺，文而静，宽而有辨。……非虞帝，其孰能如此乎？”

三、礼法合一的政治形态

以礼治国，重视德教，这是儒家礼治主义政治学说的基本思想。孔子就明确说过：“为政以德，譬如北辰，居其所而众星共之”；又说：“道之以政，齐之以刑，民免而无耻；道之以德，齐之以礼，有耻且格。”（《论语·为政》）意思是说，统治者以“德”为政，就会像北极星在其位而有众星环绕一样得到庶民的拥戴。倘若单纯用政令来教导庶民，用刑罚来规范庶民的行为，庶民虽能苟免于犯罪，却不会有廉耻观念；相反，如果能用“德”来教导他们，用“礼”来规范他们的言行，庶民就不但能养成廉耻观念，而且将诚心归服。由此看来，“为政以德”确实是以孔子为代表的儒家的政治学说的基本思想。中国自古以来被称为“礼义之邦”，也正体现了儒家礼治主义的政治特色。

但是，重视“为政以德”这并不意味着古代中国不存在法治。事实上，任何时代、任何国家都必须建立起一套维护统治阶级利益和维持社会稳定的法律制度。“礼义之邦”的中国当然也不例外。只是由于民族、宗教文化传统的差异，使得各个国家的法律制度也会相应地呈现出完全不同的特色。徐国栋先生曾经说过：“世界上存在着伦理型、宗教型和现实型三大法的类型。除了伦理型的中华法系之外，还存在着宗教型的印度法系和伊斯兰法系，以及属于现实型的大陆法系和英美法系。印度法系和伊斯兰法系都以实现宗教教义为其价值，由于所奉宗教不同而将二者加以区别。大陆法系和英美法系都注重财产关系的调整，强调个人的独立性，因而被归入现实型。”（《民族与文化》：广西人民出版社，1990年版）从政治形态上看，伦理型的中华法系明显体现出礼法合一的特征，而这种特征的形成又是与《礼记》一书密切相关的。

首先，在礼治与法治关系上，“尚德不尚刑”，主张以礼为主。在儒家看来，礼乐乃德治之器，仁义为德治之体。与此相反，先秦法家则视其为罪恶的渊薮，认为“礼乐，淫佚之征也；慈仁，过之母也。”

“仁者能仁于人，而不能使人仁，义者能爱人，而不能使人爱；是以知仁义之不足以治天下也。”（《商君书》）极力主张以刑赏之法作为政治的根本手段，这就是《韩非子》中所说的：“圣王之立法也，其赏足以劝善，其威足以胜暴。”于是形成了儒法两家政治观的直接对立。

但是，儒家虽然主张“尚德不尚刑”，实际上也并不排斥刑罚在政治上的惩戒作用。《礼记·乐记》就明确说过：“故礼以道其志，乐以和其声，政以一其行，刑以防其奸。礼、乐、刑、政，其极一也，所以同民心而出治道也。”所不同的是，儒家强调在政治实践中不能以刑罚作为根本手段而一味地强化运用，以至于走上任刑的道路，而应当以道德教化作为政治的根本。就《礼记》来说，它不但继承了孔子“道之以德，齐之以礼”的观点，认为“夫民，教之以德，齐之以礼，则民有格心（归服之心）；教之以政，齐之以刑，则民有遁心（逃遁之心）”，而且进一步指出，作为政治手段，道德之所以比刑罚更有效，这是因为道德本身就渗透在人们的日常生活之中，正所谓“礼义之始，在于正容体，齐颜色，顺辞令；容体正，颜色齐，辞令顺，而后礼义备。”（《冠义》）这样，道德礼义就在潜移默化中起到了善化民心的作用，从而能从根本上杜绝罪恶的产生，防患于未然。《经解》说：“故礼之教化也微，其止邪也于未形，使人日徙善远罪而不自知也，是以先王隆之也。”这就明确指出了礼所具有的道德教化功能。由此可见，《礼记》中“尚德不尚刑”的观点实际上并不排斥刑罚的政治功用，只是强调了应以道德教化作为主要的政治手段，因而体现的仍是礼法合一的特点。这种特点一旦形成，其对后世的影响是十分深远的，可以说几乎与封建政治相始终。《汉书·刑法志》上就有“制礼以崇敬，作刑以明威”的记载。《唐律》更是明文规定：“德礼为政教之本，刑罚为政教之用。”明代“法体汉唐”，也同样标榜“明礼以导民，定律以绳顽”。这些都体现了儒家“礼法合一”的政治特色。事实上通观历朝封建统治，他们实际奉行的也正是一种“礼法合一”的政治。据

《汉书·元帝纪》记载，元帝为太子时，“见宣帝所用多文法吏，以刑名绳下”，大臣多以“刺讥辞语为罪而诛，于是从容进言曰：‘陛下持刑太深，宜用儒生。’”宣帝听后严肃地教训他说：“汉家自有制度，本以王霸道杂之，奈何纯任德教，用周政乎？”所谓“王霸道杂之”，即“儒法并用”，德教与法治并行。这种“王霸道杂之”和“礼法合一”，可谓中国古代政治一大显著特色。

其次，礼为立法之本。《礼记·曲礼》：“夫礼者，所以定亲疏、决嫌疑、别同异、明是非也。”“道德仁义，非礼不成；教训正俗，非礼不备；分争辩讼，非礼不决；君臣、上下、父子、兄弟，非礼不定；宦学事师，非礼不亲；班朝治军，莅官行法，非礼威严不行。”这就表明，礼不但具有极为广泛的内涵，而且也是立法之本。从本质上说，礼所反映的是上下尊卑等级秩序的仪节规架，它集中体现了统治阶级的道德伦理原则。礼既然是立法之本，那么中国古代法律就难免会具有非常浓郁的道德伦理色彩。早在春秋战国时代，儒家从认同宗法封建的立场出发，对法家要求建立的具有客观普遍性的法律制度就采取了否定的态度。孔子就曾经提出过“父为子隐，子为父隐，直在其中”（《论语·子路》）的观点。在孔子看来，“父为子隐，子为父隐”属亲亲之义，亲亲就是仁。“苟志于仁，无恶也。”（《论语·里仁》）这种情况到了汉代“罢黜百家，独崇儒术”之后，更是直接影响了法律判决，以至出现了公羊家董仲舒的以“《春秋》决狱”。“《春秋》决狱”的核心就是认为“父为子隐，子为父隐”无罪。这是一种典型的“礼为立法之本”的具体表现，儒家的伦理道德色彩十分明显。受此影响，汉宣帝于本始四年特地为亲属间的容隐行为下过一道内容如下的诏书：“父子之亲，夫妇之道，天性也。虽有祸患犹蒙死而存之，诚爱结于心，仁厚之至也，岂能违之哉！自今子首匿父母、妻匿夫、孙匿大父母，皆勿坐。其父母匿子、夫匿妻、大父母匿孙，罪殊死，皆上请，廷尉以闻。”唐代以后，这种情况有增无减。著名的《唐律》就明文规定：

“为子为臣，惟孝惟忠”，并把“谋反”、“谋大逆”、“谋叛”、“大不敬”等犯上的思想言行与“恶逆，不道，不孝，不睦，不义”等悖亲的行为定为“十恶不赦”的大罪，主张严惩不贷，从而使儒家的伦理原则和道德规范法律化。此后，“律出于礼”、“以礼立法”，几乎成为历代封建法律体系中不可或缺的重要原则，以至于在被后人视为封建时代模范法官的海瑞的办案要诀中，也可以看到这样的文字：“凡讼之可疑者，与其屈兄，宁屈其弟；与其屈叔伯，宁屈其侄。”（《海瑞集》）可见海瑞在审判活动中，时刻不忘的仍是千方百计维护家族成员间的长幼尊卑秩序。也就是说，人伦观念是渗透在海瑞的办案原则之中的。

“礼为立法之本”的原则还突出地体现在当法律条文与伦理道德发生冲突时，封建执法者往往让法律退居次要地位而适用人伦规范。这种人伦规范高于法律条文的现象在复仇问题上表现得尤为显著。按照儒家的伦理道德规范，孝、悌、义为三项重要的人伦内容。父母被人杀死，子女不报仇，便为不孝；兄长被杀死，弟兄不报仇，便为不悌；朋友被杀死不去报仇，便为不义。为此，《礼记·曲礼上》明确规定：“父之仇弗与共戴天，兄弟之仇不反兵，交游之仇不同国。”可见复仇乃是人伦规范中的一项重要内容。但东汉以来，出于维护社会治安的需要，历代法律都规定严格禁止私人复仇。这样就导致了人伦规范与法律条文之间的矛盾。这一矛盾迫使父母被杀的子女和审讯子女复仇案件的法官都必须在人伦规范与法律条文之间做出选择。“礼为立法之本”的原则，往往无形中促使他们选择以人伦规范来作为自己行为的准则。其中赵娥案件便是无数个最终以人伦规范处理复仇事件的典型案例。

据《魏志》和《烈女传》记载，三国时期魏国女子赵娥，父亲为李寿所杀。当时的赵娥已结婚生子，为报父仇，她弃家事于不顾，每天乘鹿车外出寻找报仇的机会。有一天终于找到机会手刃李寿并割下其首级到官府自首。衙门的长官尹素很同情赵娥，视其为父复仇为义举，并亲自解开绳索，指使赵娥逃跑，然后自己也弃官逃走。但赵娥不肯屈法求生，说道："怨塞身死，妾之明分；结罪理狱，君之常理，何敢偷生以枉公法？"此时堂上围观者甚多，守尉不敢公然释放赵娥，只好示意她自行匿避。赵娥仍不肯，并抗声大喊："枉法逃死，非妾本心；今仇已雪，死则妾分，乞得归法，以全国体；虽复万死，于娥亲毕足，不敢贪生为朝廷负也。"守尉装着没有听见她的话，赵娥又说："匹妇虽微，犹知宪制；杀人之罪，法所不纵；今既犯之，义无可逃；乞就刑戮，陨身朝市，肃明王法。"这些深明大义的言辞使衙门的官吏对为父复仇的孝女更为敬慕。他们不听赵娥之言，强载其还家。赵娥顿时成为众人崇拜的英雄，乡人"为之悲喜慷慨嗟叹"。后来皇帝赦免了赵娥的擅自复仇之罪。赵娥于是获得了更大的褒奖。"州郡为之刻石表闾，画像于壁，显贵名流，莫不乐与交接。太守张奂嘉欢，以束帛礼之。黄门侍郎梁宽追述往事，为其作传。"当时的名士皇甫谧称："海内闻之，莫不改容赞善，高大其义，可谓一时尊宠无比。"

从赵娥一案引发的上述事件中可以清楚地看出，无论是赵娥、司法官，或是赵娥的众多崇拜者，他们在面临法律条文与人伦规范的矛盾冲突时，都毫不犹豫地把人伦规范看得比法律条文更为重要。这就有力地证明了在漫长的中国古代社会中，"礼为立法之本"确实是历代法律体系所尊奉的基本原则。而且这种基本原则的理论滥觞又在于《论语》、《礼记》等儒家经典之中，《王制》所谓"凡听五刑之讼，必原父子之亲，立君臣之义以权之"，即其明证之一。

在儒家"礼法合一"的礼治主义学说中，礼之所以优先于法，其实质是为了维护尊尊卑卑的等级秩序，而且这种等级秩序的核心内容便是"君尊臣卑"。在此原则下建立起来的法律体系，它首先要体现的自然是统治阶级的利益和意志，而决不可能产生"法律面前人人平等"的法治思想。《礼记·曲礼上》就明确提出过"礼不下庶人，刑不上大夫"的礼法原则。唐孔颖达《礼记正义》对这两句话的解释是："礼不下庶人”者，谓庶人贫，无物以礼，又分地为务，不服燕饮，故此礼不下与庶人行也。“刑不上大夫”者，制五刑三千之科条，不设大夫犯罪之目也。所以然者，大夫必用有德，若逆设其刑，则是君不知贤也。……其有罪则以八议议其轻重耳。意思是说，庶人贫苦，拿不出礼品，加上必须忙于农耕，所以各种礼仪不把他们包括在内。大夫作为管理国家事务的人员，应选用贤德之辈担任。若担心他们犯罪而设立处置他们的刑罚，那就意味着君主在任用人才方面缺乏考察。因此，大夫犯罪另有专门的处置条款——“八议”。假如孔颖达的解释符合《礼记》原意的话，我们不得不承认其中包含了一定的合理因素。但不管怎么说，《礼记》主张不同身份的人适用不同的礼法条款，其不平等性是显而易见的。其后，《白虎通》也提出了“礼为有知制，刑为无知设”的观点，同样认为在法律面前有贵贱等级之分。这种情况发展到极致，必然出现法律只是体现君主个人意志的政治手段。据《史记·酷吏列传》记载，汉代有一廷尉（最高法官）名叫杜周。他审理案件，定刑问罪，全都揣摩汉武帝的意思行事。凡是汉武帝心里想排挤的人，即使无罪，他也会罗列罪名，从重处置；凡是汉武帝想宽释的人，即使罪大恶极，他也能千方百计为其开脱罪责。当时有人责问他说：“君为天子决平，不循三尺法（汉代法律刻写在三尺长的竹简上），专以人主意指为狱，狱者固如是乎？”杜周回答说：“三尺安出哉？前主所是著为律，后主所是疏为令。当时为是，何古之法乎？”君主的意志就是“三尺之法”。这可谓一语道出了封建专制政治法治的实质。这种法治显然没有任何平等原则可言。

四、礼乐并举的政治手段

在古代传统政治中，礼乐是儒家礼治主义者手中两张不可或缺的王牌。在所有的治国之术中，儒家从来都认为礼乐是最有效的政治手段。《礼记·经解》说：“礼之教化也微，其止邪也于未形，使人日徙善远罪而不自知也，是以先王隆之也。”《乐记》则说：“故乐行而伦清，耳目聪明，血气和平，移风易俗，天下皆宁。”在《礼记》作者看来，如果邪恶已形，然后止之，那已是法治，与儒家理想中的礼治教化已大异其趣；只有借助于礼乐这一政治手段，才能使人“徙善远罪”、“移风易俗”，进而实现礼治主义的政治理想。然而要实现这样一种政治理想也绝非易事。因为礼从本质上说，乃是一种带有普遍原则的社会生活的伦理规范，它与个体的自然情感是格格不入的。如果单纯以礼制强加给个体，不但不能造就个体践礼的自觉行为，而且有可能引发人们对礼制的抵触和反感。《礼记》作者或许正是意识到了这一点，所以他极力主张以一种愉快、和乐的方式培养起人们的平和中正之心，以便使其恭顺践礼。因此，从教化的角度来说，礼和乐实际上是一件事中两个相辅相成的不同侧面：一是礼制的设立，它创造一种外在的社会规范形式，将人们的言行纳入一定的范式之中；二是以乐教为手段，通过陶冶人的内心情感来促使人们把礼制转化为个体的自觉行为。

《礼记·乐记》对礼乐的相互关系作了全面的论述。就总体而言，《乐记》对礼乐的认识既是一种对宇宙大化的感悟，同时也是一种对人道本质的确认，具体来说，《礼记》在阐述礼乐在政治教化中的不同作用时，有以下两个重要观点。

其一，礼外乐内。《乐记》说：乐由中出，礼自外作。乐由中出，故静；礼自外作，故文。大乐必易，大礼必简。乐至则无怨，礼至则不争，揖让而治天下者，礼乐之谓也。暴民不作，诸侯宾服，兵革不试，五刑不用，百姓无患，天子不怒，如此则乐远矣。合父子之亲，明长幼之序，以敬四海之内，天子如此则礼行矣。在这里，作者不仅阐明了礼乐治天下的道理，而且区分出了礼乐治天下有外内之别。《礼记》作者已经认识到，礼是一种外在规范。它首先要求的是言行端庄中正，无过无不及。然而如果单纯从形式上要求人们言行端庄中正，那就难免会造成礼仪的程序化而无法将礼化作个体的自觉行动。此时，乐作为一种内在情感的陶冶方式就显得必不可少。因为儒家所推崇的和乐，从本质上说是一种符合天道自然的和谐。只有那些内心平和中正，能固持本善之心的人才可能制作出这种和乐，而组成这种和乐的一切形式，如适当的曲调、节奏等，都可以感发人的善心，从而使个体得以在一种愉悦的心态中自觉践礼。从这个意义上说，礼乐在政治教化中的内外之别，实际上指的就是礼乐分别承担着教化人们身心的不同职责。

其二，礼异乐同。如前所述，礼制的目的是要建立起一整套以氏族血缘关系为基础的尊尊卑卑的社会等级制度，其实质是“分”、是“异”。但是光讲“分”和“异”，容易导致严重对立，于是需要找到一种使社会不同等级的人们能够彼此心灵交通、关系协调的手段。古人从天地运行的自然法则中得到启示，找到了“乐”作为和同万物的最佳方式。“乐”的实质是“和”、是“同”。《礼记·乐记》对礼乐在区分与和合社会成员等级关系中的不同作用，作了极为详细的阐述：乐者为同，礼者为异；同则相亲，异则相敬；乐胜则流，礼胜则离；合情饰貌者，礼乐之事也。礼义立，则贵贱等矣；乐文同，则上下和矣。大乐与天地同和，大礼与天地同节。乐统同，礼辨异，礼乐之说管乎人情矣。

以上论述表明，就政治教化而言，礼的作用是“异”，乐的作用为“同”。所谓“异”，指的是一种等级差异。在《礼记》作者看来，这种等级差异体现的是一种宇宙秩序，而且这种秩序的实现必须依赖于和谐的内部环境。造就这种和谐的内部环境正是乐的功能所在。乐之所以具有这种功能，是因为从本质上说，乐具有“流而不息，合同而化”的特性，可以直接指向民心之内。因而，为了让人们自觉践礼，统治者就必须“反情以和其志”，而要实现“反情以和其志”的目的，就应该“广乐以成其教”。

总之，在社会等级制度下，礼与乐的政治功能也是完全不同的，正所谓“礼者，殊事合敬者也；乐者，异文合爱者也。仁近乎乐，义近乎礼。”（《礼记·乐记》）通过乐的推行，可以从心理上起到调和社会各等级之间矛盾冲突的作用。处于社会各个不同等级的人们通过乐的奇妙作用，可以实现感情上的融通，使整个社会处于一种融和安稳的氛围之中，从而一定程度上减轻因礼义划分等级亲疏造成的社会成员间的隔阂与不和谐。当礼乐两种手段运用相得益彰时，社会政治就能够达到“礼义立则贵贱等，乐文同则上下和”的理想境界，于是儒家梦寐以求的社会政治状况也就真正得以实现了。由此可见，礼乐并举确实是儒家最为推崇的政治手段之一。

通经致用

西汉经学之所以取得独尊地位，官方政策与利禄之涂的结合固然是一方面，但在人们心中树立经典意识应当说是更为重要的。因为有了经典意识，整个社会才有统一的思想基础，对于社会各个领域的影响才会达到全面而深入的效果。人们信仰经典，尊崇经典，在物质生活和精神生活领域遵照经典的指示。

从语义学的观点看，“经”的原始意义是与帛织相关的，《说文解字·卷十二》云：“经，织从丝也。”又“织”字云：“织，作布帛之总名也。”段玉裁注谓：“布者麻缕所成，帛者丝所成，作之皆谓之织……经与纬相成谓之织。”而《说文解字》解“纬”曰：“纬，织衡丝也。”“经”和“纬”即分别表示竖丝和横丝的意思。段玉裁注曰：“今云织衡丝者对上文织从丝为言，故言丝以见缕，经在轴，纬在杼。木部曰：‘杼，机之持纬者也。’引申为凡交会之称，汉人左右《六经》之书谓之秘纬。”（《说文解字·卷十二》）

“经”表示丝织的原始意义或者以竖丝、横丝表示“经纬”原始意义的用法在周代的使用中已不多见。《诗经》中有“经始灵台”、“经之营之”、“经始勿亟”等等说法，但和这些意义都很不同。现存先秦古籍使用“经”或“经纬”的意义与上述的意义已经不合，或者说是上述本义的引申。以“经纬”而谕，《考工记·匠人》有“九经九纬”说，疏云：“南北为经，东西为纬。”《周礼·龟人》疏也作同解，（阮元《经籍纂诂·卷二十四》）显然是以丝织的方向引申为东西南北方位了。

春秋战国时，“经”的意义中最为常见的当为“常”、“法”诸义，（阮元《经籍纂诂·卷二十四》）这些显然是后来引申之义。在《论语》中，只有一次使用到“经”，但与常、法的意义并无瓜葛。（《论语·宪问篇》云：“岂若匹夫匹妇之为谅也，自经于沟渎而莫之知也。”）在《孟子》中，除了三次引用《诗经》的句子有“经”字外，其余七次用到“经”的，有四次是“经界”连用，与常、法无涉。按照赵岐的注解：“经亦界也。必先正其经界，勿侵邻国。”余下三次，表示“常”的有二处，即“君子反经而已矣”、“经正则庶民兴”。（《孟子·尽心下》）而最后一处的意义则指“行”。（《孟子·尽心下》云：“经德不回非以干禄也。”）

“经”表示“常”、“法”的意义与西汉经典应该说有相通之处。经典有两方面的内涵：一是它揭示了事物的普遍规律，一是它的意义是被人们所取法。前者即是“常”的特殊意义，后者即是“法”的意义。孔子对于“经”的看法并没有像后来儒者那样的见解，孟子的见解也只是初露萌芽。真正把“经”当作经典，当作《诗》、《书》代称是从荀子开始的。在《荀子》中，“经”的使用共十六次，意义也相当广泛。《荀子·劝学篇》第一次以“经”指称《诗》、《书》：学恶乎始？恶乎终？曰：“其数则始乎诵经，终乎读《礼》。其义则始乎为士，终乎为圣人。”

按照杨倞的注解，“经”是指《诗》、《书》，但荀子在此把《诗》、《书》和《礼》相对，似乎认为“经”与“礼”在层次上有区别。不过，在《荀子·大略篇》中，他又把“礼”直接称经而以“礼经”连用。（《大略篇》有“故亡于礼经而顺人心者皆礼也。”）

荀子虽然以“经”来指称经书——即汉儒所谓的《五经》，但他并没有把“经”提升到崇高的境界。因为他对于这些经书是抱着不太相信的态度，只是把这些经书作为古代典籍来看待，所以有“《礼》、《乐》法而不说，《诗》、《书》故而不切，《春秋》约而不速”的说法。更为重要的是，荀子对经的看法并没有像汉人那样与圣人联系起来。因为在汉人的观念里，经是圣人体悟天道的产物，所以是神圣的、崇高的，是令人仰慕的。

这种情形表明先秦时经典意识并未产生，人们对待传统经典的态度还有分歧。比如，同样是儒家学说，荀子就批评孟子是“略法先王而不知其统，犹然而材剧志大，闻见杂博，案往旧造说，谓之五行；甚僻违而无类，幽隐而无说，闭约而无解，案饰其辞而祗敬之。”（《荀子・非十二子》）先秦时学术派别众多，正是人们对待传统经典并未定于一尊的表现。

汉人虽然继承荀子的看法，把“经”当作经典来解释，并以五部经书系诸“经”，但和荀子不同的是，汉人对于经书的看法已不单指典籍的意义，而且还有另外一个意思：神圣经典。二者之间的区别在于，神圣经典是“神启”下的古代典籍，因而具备了文化崇拜的意味。从这个意义上说，经典意识才真正开始形成。

这种观念在《释名・释典艺》中很明显地体现出来：经，径也，常典也。如径路无所不通，可常用也。

这里的“经”即是指儒家的经书——《五经》，把这些经书当作经典来看待也由此可见一斑。按照《释名》的看法，经典的意义在于给人们指明一条生活的道路，人们依据它、利用它所揭示的道理，就能解决生活中的问题，所以说“如径路无所不通”。

从语义学的分析来看，《释名》训“经”为“径”是音训的解释方法，这种解释固然对理解“经”的意义有所帮助，但我们仍然可以看出其缺乏本体论的探寻以及形而上的思考。这一解释是采用三段论的方法：（1）径是路径，而路径无所不通。（2）经是径。（3）所以，经也无所不通。

正因为经是无所不通的，所以说“可常用”，是“常典”。但是，人们对这种推理仍可以持怀疑态度：为什么经是径呢？

这个问题正如西方神学要证明《圣经》是神圣的一样。传统神学把《圣经》当作神启的记录而给人世间以行为及价值判断的准绳，因此，《圣经》是与上帝之道联在一起的。这样，《圣经》就很自然地被赋予了神圣的地位并在人的内心深处树立起牢不可破的观念。可《释名》的解释缺乏的正是经和神之间的关系说明。不过，这种缺陷在汉代其他典籍的解释中得到某些纠正。如翼奉关于“道、圣、经”三层次的划分，就可看出“经”为什么是神圣的。《汉书·翼奉传》云：天地设位，悬日月，布星辰，分阴阳，定四时，列五行，以视圣人，名之曰道。圣人见道，然后知王治之象，故画州土，建君臣，立律历，陈成败，以视贤者，名之曰经。

也就是说，经之所以是神圣的，是因为经是圣人体道后的文字记录，它体现着道的内涵，而道是无处不在的普遍规律。这样，经也就被赋予了神圣崇高的地位。这种探讨在《白虎通·五经》中也得到了较为明确地显示：

经所以有五何？经，常也。有五常之道，故曰《五经》。《乐》仁，《书》义，《礼》礼，《易》智，《诗》信也。人情有五性，怀五常，不能自成。是以圣人象天五常之道，而明之以教人，成其德也。

又《白虎通·五经》云：伏羲作八卦何？伏羲始王天下，未有前圣法度。故仰则观象于天，俯则察法于地，观鸟兽之文与地之宜，近取诸身，远取诸物，于是始作八卦以通神明之德，以象万物之情也。

这两段话的证明方式和翼奉的一样，因为“经”是“圣人象天”后的产物，所以，是神圣的。同时，它对于“经”为什么取五部也有一种说法，认为五常之道即“经”的内涵是受天而生的，所以，

“经”是五部。

“经”与天道相连是“经”获得神圣地位并在人心中永远生根的必要前提，与西方神学对《圣经》持神圣观念相类似。这种看法的意义在于使人们对“经”的探讨深具形而上色彩，因而进一步探究与“经”相关的道、天等一系列相关范畴。我们发现，尽管道、天与西方神学的神的观念不可同日而语，但它们阐释的步骤和方法竟然如此相似——《圣经》之所以神圣是因为它是神的启示，中国的经书之所以神圣是因为它是圣人体道的产物。因此，“经”到了此时，其原初“丝织”的意义已丧失殆尽，而代之以神望经典的意义。

“经”的形而上探讨虽然引出了道、天等一系列相关范畴，但是，由于汉代的人们是把天、道作为一种已然存在的事实接受下来，不必如西方神学那样要永远证明不属于人世间的“神”的存在，所以显示天道的“经”也必然是存在而神圣的——这个结论是无须证明的。汉代的经学就是这样一劳永逸地把“经”和道，形而上的“真”与俗世的证实联系在一起，所以，经学总是试图证明“经”的意指与现实生活的关系是多么密切，尤其对于当权统治是何等重要。经学所指向的道不仅是对宇宙世界的“天”及其规律“道”的体现，而且也存在于我们日常的经验生活中。

正是因为这点，我们看到，汉人独具特色地发展了关于《五经》和占卜的关系，我们将在下面看到，《汉书·夏侯胜传》载夏侯胜“以《洪范》察变”就是极典型的例子。

“以《禹贡》治河，以《洪范》察变。”

经典意识的形成从政治的层面上看，当然与官方政策的鼓励是分不开的。汉武帝元朔五年，公孙弘为丞相，请为博士置弟子员。《史记》认为，因为公孙弘为丞相请置博士弟子员而获得武帝的批准，从此“则公卿大夫士吏斌斌多文学之士”。司马迁还认为“公孙弘以《春秋》白衣为天子三公，封以平津侯，天下之学士靡然向风矣。”（《史记·儒林列传》）说的都是公孙弘在丞相期间对于儒学的贡献。

后来人们对公孙弘置博士弟子员的评价意见并不统一，有人认为，为博士置弟子是开放了学问与利禄之涂的结合，从此以后，学问的功利主义倾向日益明显，而且学问为政治服务成为当务之急。也有的认为这种做法在当时尤具特别重要的意义。在秦朝“焚书坑儒”之后，要在尽可能快的时间内恢复学问传统，与利禄之涂的结合是个相当简便的方法，因而可以说是“势之无可如何者也。”（《经学历史·经学昌明时代》）这两种看法的立足点是一致的，前种观点从学术的性质着眼，认为与利禄之涂的结合将导致学术本身的特点渐趋削弱，而增强了学术的政治功能，后一种观点从学术发展的客观条件着眼，认为与利禄之涂的结合使得学术有更好的外部发展环境。两种观点其实都是正确的。我们看到，由于学问与利禄之涂的结合，导致许多士人养成一种功利的心态，他们学经、尊崇经不但在于经本身的学问性质，而且也在于学经可以给他们带来政治和经济方面的利益。所谓“遗子黄金满籯，不如一经”就是说学经可以致仕。在这样的情形下，士人们不仅努力地去钻研学问，使得经的解说越来越趋于详细，从而走向烦琐、破碎的极端。班固把汉代章句之学的兴盛看作是武帝开通利禄之涂的结果是很有见地的。不仅指出了政治对学术的干预特点，而且也指出学术由此而发生的变化。这一变化既体现在章句之学的发达上，也体现在通经致用的特点上。在汉代经学占据统治地位的时期里，经学的致用特点被发挥得淋漓尽致，最典型的莫过于“以《三百五篇》当谏书”、“以《洪范》察变”、“以《春秋》决狱”、“以《禹贡》治河”。现在我们先从章句之学说起，再说经学的致用特点。

关于章句之学的兴起，史传说到与禄利之涂的结合，但如何结合却没有详细展开。我们认为，章句之学的兴起及特点是我们理解西汉经学与政治关系的极好切入点。

《汉书·夏侯胜传》记载夏侯建身事数师，采集各家经说，而创小夏侯《尚书》学，他当时这样做的直接原因便是从学派之间的斗争来考虑的。夏侯胜与夏侯建之间的分歧现在一般都从汉代师、家法的角度来加以论述，皮锡瑞《经学历史》也是如此。夏侯建批评夏侯胜学“疏略难应敌”，因此，当时各家学说之间的争论一定很激烈。这种激烈的学术斗争一方面说明了经学繁荣的局面，另一方面也说明经学各派别要在学术界占有一席之地，必须能够战胜其他学说，这样的结果不仅能使自己在学术上有地位，也能在政治上获得地位。有了这样的隐藏动因，夏侯建才不惜违背师法，自创己说。

章句之学的兴起应当从这方面来加以理解，首先是为了应战，以便在学术界和政治上获得地位，其次才是学问本身的倾向。章句之学后来发展到极端“破碎大道”的地步，才有由繁变简的趋向。《后汉书·桓荣传》说：“荣受朱普学章句四十五言，浮辞繁长，多过其实。及荣入授显宗，减为二十三万言，郁复繁省，定成十二万言。”又《后汉书·张奂传》云：“奂少游三辅，师事太尉朱宠，学欧阳《尚书》。初，《牟氏章句》浮辞繁多，有四十万余言，奂减为九万言。”在东汉之后，学术界章句之学的发展一方面已经远离当时应战的目的，多以浮华相尚，儒者之风益衰，另一方面，古文经学兴起，许多人此时已接受了古文经学的许多观念，所以才会出现这样删繁就简的现象。如贾逵弟子许慎作《说文解字》和《五经异义》，把欧阳、夏侯的《尚书》学及贾逵的《古文尚书》说一并收入。郑玄注《古文尚书》、《尚书大传》与《尚书中候》，又作《驳五经异义》都是各说并举，不限今、古。可以想见，当时学术界之争已经不是从章句学的角度来应战迎敌，而是从今、古文混杂的角度来论战。

所以，明白汉代《尚书》章句之学兴衰历史，也就能理解当时学术思想的消替兴长，也能理解学术与政治结合的具体情形。总起来说，我们可从章句学看出汉代治经的一般倾向——必须在政治上和学术上获得利益。《尚书》是章句学体现最明显的一部经籍，这方面表现得尤为明显。同时，它和其他几部经书一样，还必须致用，必须在政治生活中发挥应有的作用。现在我们就“以《洪范》察变”，“以《禹贡》治河”略加申说。

《汉书·夏侯胜传》云：会昭帝崩，昌邑王嗣立，数出。胜当乘舆前谏曰：“天久阴而不雨，臣下有谋上者，陛下出欲何之？”……是时光与车骑将军张安世谋欲废昌邑王。光让安世以为泄语，安世实不言。乃召问胜，胜对言：“在《洪范传》，曰：‘皇之不极，厥罚常阴，时则下人有伐上者，恶察察言。’故曰臣下有谋。”光、安世大惊，以此益重经术士。这就是经学史上“以《洪范》察变”的例子，霍光和张安世之所以“以此益重经术士”，是因为人们对经书的信任在很大程度上是与经验生活联系在一起的。汉人能够把《诗经》当作占卜的工具，可见他们对于经验生活的重视到了何等地步。

《汉书·平当传》云：当以经明《禹贡》，使行河，为骑都尉，领河堤。师古注曰：“《尚书·禹贡》载禹治水次弟，山川高下，当明此经，故使行河也。”《尚书》中出现“以《洪范》察变”及“以《禹贡》治河”的事例，说明经学的功利主义倾向得到极度发挥。自从经学得到独尊以后，其发展一直受到官方的保护与鼓励，学问为当下政治服务的色彩也益趋明显。许多经学大师都强调自己的学说在现实实践中运用。皮锡瑞说“前汉今文学，专明大义微言。”认为“治一经得一经之益也。”（《经学历史·经学昌明时代》）特别是，在政治生活中，便是把学术直接运用到治理国家上，所谓“以经术润饰吏事”。如酷吏张汤在治政过程中也间以使用同样的策略：“是时上方乡文学，汤决大狱，欲传古文，乃请博士弟子治《尚书》、《春秋》补廷尉史，亭疑法。”这种经学致用的特点从另一方面说明了西汉经学的力量，人们当时共同的心态及价值取舍标准。

今、古文之争

在经典意识形成后，人们尊崇经典，对经典抱近乎迷信的态度，认为经书所说的均可在现实生活中找到依据。官方在重要的文献中也都引用经书句子来加强自己的力量。经学之间的派别斗争也是经典崇拜的另一例证。经学自武帝时置《五经》博士后，这些经学都是今文经学，西汉一代学术界占主导地位的是今文经学，当时流传于民间的经学是古文经学，古文经学无法在学理上、政治地位上与今文学争一短一长。

今文学与古文学的分歧现在看来应当属于学术之间的斗争，但在汉代，它们之间的斗争却也体现在政治领域。比如西汉末刘歆请立古文经于学官，遭到许多经学大师的反对。他们认为刘歆毁师法，颠倒五经，简直是罪大恶极。有的甚至请求杀了刘歆。为什么刘歆请立古文经学会使得另外一些人如此愤怒呢？难道学术间的斗争要以见兵刃而收场吗？看来，情形并不那么简单。

我们知道，自秦朝以来，文字已经发生变化，由原来的古文和小篆向隶书转变，经书文字也就产生歧异，从而形成不同的版本，由不同的版本，从而导致立场的差异。除了字体的差异、卷数的不同外，应该说与政治的因素有莫大关系。而这一关系则又直接体现在经学传授中的家法和师法上。

学术上的师法和家法讲究的是学问中的传承，而不是变革。西汉经学之所以重视师法，可能的原因在于那时书籍的残缺与文化的落后。由于汉初的政治秩序并未完全稳定，许多措施无暇顾及文化建设方面。又由于秦朝焚书与项羽火烧咸阳宫，古代典籍就遭到严重破坏。这些都导致汉初文化建设必须努力恢复古代的文化传统，讲究师法的现象可能在恢复古代文化传统方面有积极意义。在武帝之后，董仲舒提出“罢黜百家，独尊儒术”，直接原因是为了皇帝能够持一统，所以只能独尊儒术。如果各家学说纷呈，那么，必然使人的思想产生混乱，这些都是从政治的层面来立论的。我们也可以把这个原因推到儒术本身的派别上，讲究师法意思是指学者们必须遵守学术规范，从而使得学术的发展在既定的轨道内运作。在中央一统政权成立后，人们的思想更应趋于统一，学者们只有在严守师法的前提下，才有可能谈得上在政治领域追随一统，这与我们现在要求学术与意识形态保持一致有某些类似之处。

所以，讲究师法与政治之间就可以看出直接的联系。如博士官的设置与学术上的师法就有直接的关联。前者为政治措施，后者为学术中事。因此，我们可以大致推测，当时学术界发生的重大事件莫不与政治有关联。

有了这样的背景，我们再来看汉代的今、古文之争，就会理解学术间的分歧与政治间的分歧这两种不同的性质。周予同先生认为今文学和古文学不仅在于书写文字的不同，“而且字句有不同，篇章有不同，书籍有不同，书籍中的意义有大不同；因之，学统不同，宗派不同，对于古代的制度以及人物的批评各个不同；而且对于经书的中心人物孔子，各具完全不同的观念”。

大致上说，自西汉末刘歆倡导古文学而与今文学发生冲突，其内涵可能并没有包含如此多的不同。在《让太常博士书》中，刘歆给我们描述了古文学之所以要立于学官的原因无非两层，一是说今文经在秦火之后残缺不全，二是说古文经可补现存的经今文的脱简残缺。从治学特点上说，刘歆也抨击经今文学过于繁琐，但批评的话并未涉及学理内涵上的分歧。所以有人提出另外一种见解，认为今文学和古文学并无实质性的区别。钱玄同先生说：“古文家与今文家正是一丘之貉耳……因为两家都是要利用孔子以献媚汉帝，希冀得到高官厚禄。”“今古文之不同，最重要的是篇卷之多少，次则文字之差异，至于经说，虽有种种异议，其实是不值得注意的。”（钱玄同：《重论经今古文学问题》，收于《新学伪经考》）

按照钱玄同先生的看法，经学中文字、卷数的不同并不妨碍经说的大体一致性。因此，从学术的层面上说，今、古文之间的分歧可能不如后世想象的那样厉害。但从政治的角度来看，则今、古文的分歧又是剧烈的。所以，当刘歆建议置古文经学时，大司空师丹大怒，说歆改乱旧章，诽谤先帝制度。而且，我们还可以从今文学中别立师法的博士中看出学术上与政治上的不同。

为什么官方一方面既要讲究师法，另一方面又把违背师法的学说立为博士？这之间的矛盾该如何解释呢？按照清末今文学大师廖平的观点，认为今文学之间的分歧是学术内部的矛盾，“今学多祖孔子改制之意，虽有流变，其大旨相同。”（廖平：《今古学考》）但这只能算作是廖平的观点，并非是汉代立违背师法者为博士的依据，所以皮锡瑞把这种现象称之为“不可解者”。（《经学历史·经学昌明时代》）但我们应当记住的是，学术间的师法现象也好，还是今、古文之争也好，都必须和政治结合起来考察。现在让我们来看看汉代其余几次的今、古文争论。

自刘歆建议立古文经学后，发生在东汉的今、古文之争还有三次、一次是光武帝建武时，尚书令韩歆上疏，欲为《费氏易》、《左氏春秋》立博士，后来遭到范升的批驳，范升的结论为：“《五经》奇异，并复求立，各有所孰，乖戾纷争。从之则失道，不从则失人。”大意说，由于《五经》解说存在着诸多派别，如果每一派别都要立为博士，则经书的思想则流于纷争而不能使人掌握。后来陈元上疏，复与范升相辨难，卒立《左氏》学。后来又遭到许多大臣的反对，《左氏春秋》终于未立于学官。

第三次是贾逵和李育争论。章帝建初元年，贾逵为帝说《左氏传》大义长于《公羊》、《谷梁》，逵又数为帝言《古文尚书》同异，又撰齐、鲁、韩《诗》与《毛氏》异同，并作《周官》解诂。当时今文家李育习《公羊春秋》，颇涉猎古学，尝读《左氏传》，虽乐文采，但认为不得圣人深意，作《难左氏》。建初四年，诏与诸儒论《五经》于白虎观。李育以《公羊》义难贾逵，往返有理。

第四次是何休与郑玄关于《春秋》经解说的不同。何休作《公羊墨守》、《左氏膏肓》、《谷梁废疾》，而郑玄则相对而作《发墨守》、《针膏肓》、《起废疾》，何休见而叹曰："康成入吾室，操吾戈，以伐吾乎！"

从以上的四次争论来看，有关今、古文学的争论都与政治结合紧密，甚至都必须要求帝王亲自参与定夺，这就说明学术争论不单是学问中事，也是政治斗争之一种。其实，不仅今文学和古文学的斗争体现为政治的斗争，今文学内部之间的分歧也是如此，关于这点，我们可从西汉石渠会议说起。

石渠会议与经学间的斗争

宣帝甘露三年，汉宣帝在京师石渠阁召开诸儒讲论五经异同会议，史称石渠会议。这次会议的中心议题是评议各学派之间的异同。参加会议的人员都是当时赫赫有名的经学大师、博士及高级官员，如太子太傅萧望之，博士施仇、欧阳地余、张长安，淮南中尉韦玄成等。从时间上看，这次会议离武帝"独尊儒术"已有90年，经学在这么长的发展过程中已发生了许多变化，有必要进行一番检讨。在此之前，涉及经学之间异同争议的还有两次，一次是武帝元朔六年，董仲舒与江公议《公羊》、《谷梁》优劣，另一次是甘露元年宣帝召开五经诸儒议殿中平《公羊》、《谷梁》异同。石渠会议其实是因《公羊》和《谷梁》的争议而引起的。它们之间的纷争首先是因《春秋经》解说的不同，继而扩展到五经之间的讨论。

经学之间的异同一方面说明了它的势力在经过"独尊儒术"的政策之后有了很大发展，另一方面也说明，经学各派如何为当朝政权服务更是当务之急。按照表面的解释，汉宣帝在甘露元年、三年两次召开经学内部的学术讨论，其原因在于延续武帝的做法。（《汉书·王褒传》）由于武帝时经常讲论《五经》群书，招选名儒俊士，所以儒学之发展如火如荼。宣帝也如此效法，故高材如刘更生、张子乔、华龙、柳褒等，待诏金马门，一时间，儒学的发展与武帝时前后辉映。不过，除了这种做法表面的相似外，我们更可以看出两次会议的共同特点：从武帝时的董仲舒与江公议《公羊》、《谷梁》优劣开始，学术分歧的最终裁决权都不在于学术本身，而在于官职和权力。《汉书·宣帝纪》谈到石渠会议时说：诏诸儒讲《五经》同异，太子太傅萧望之等平奏其议，上亲称制临决焉。乃立梁丘《易》、大小夏侯《尚书》、谷梁《春秋》博士。

所谓“平奏其议”，即指争论的双方以及作为中间裁判人的学者、官员不带主观偏见地叙述他们各自的观点，在此基础上，汉宣帝最后作出自己的裁决，裁决的结果是增立了谷梁《春秋》等博士。

事实上，为了达到这样的结果，汉宣帝不惜花费十年的时间作准备。在辩论当场，《公羊》学和《谷梁》学的学者们在人数上均斤斤计较，邀请怎样的人参加也极慎重。当时占主导地位的是《公羊》学派，《谷梁》学只能算是流行民间的一种学说。由于卫太子的缘故，后来《谷梁》学才渐渐传播开来，但要在学统上占据有利地位，其艰难可想而知。汉宣帝以十年时间培养《谷梁》学力量，可谓用心良苦。

但这次会议的重要性不在于谁立了博士，大小《夏侯》学等最终增立博士只是在经今文学的天平上多增加一个砝码而已。这次会议的重要性体现在“上亲称制临决”上。为了使《谷梁》学立为博士，汉宣帝亲自参与了这次会议的最后定夺。当初董仲舒与江公争议时，“上使与仲舒议，不如仲舒。而丞相公孙弘为《公羊》学，比辑其议，卒用董生。于是上因尊《公羊》家……”（《汉书·儒林传》）虽然不是“上亲称制临决”，但学术的争议同样取决于官职与权力，这一点在前后两次的《公羊》、《谷梁》争论中是一致的。

“上亲称制临决”说明了皇帝对于学术干预力的增强，也说明皇帝的文化职能在此时得到了强调；皇帝不仅在政治上保持一统及绝对的权威，而且在文化上、学术上也要尽力扶持对自己有利的派别。归根结底，皇帝必须在文化领域也要保持绝对领导地位。这点，不仅开始于汉宣帝，最早开始于汉武帝。武帝如何削减诸侯藩王的势力，属于政治范畴，但其中也包含了文化上的重大举措。武帝利用自己手中的权力把限制诸侯王的措施定为法律，一方面造成诸侯势力的减弱，另一方面也加强了自己在文化方面的领导地位，这是他和文、景不同的地方。

武帝时制定的“左官律”和“附益法”虽然旨在降削诸侯王的势力，但它们适用的范围与文化阶层有很大关系。特别是“左官律”实质上系针对士人而发，强调当时的士人应当以服务中央政府为荣，以服务诸侯王为卑。这与其说是法律条令，毋宁说是观念性的舆论导向。中央政府在士人阶层培养这样的观念：为中央政府服务至少在道义上比为诸侯王服务来得崇高。与之相对应，有许多不得志的士人经常到诸侯王充当师傅或其他官职，这无形中在士人里树立起一个新阶层，这一新阶层在为皇帝服务时将会得到别人的尊重以及政治、经济方面的利益。因此，皇帝在此时摇身一变而成了文化、艺术的庇护者了。也就是说，皇帝在文化领域中的新职能是“支持道德价值……按照理想，这种工作使皇帝的臣属的生活方式区别于那些在此范围以外的人的生活方式，在鼓励追求更高级生活方式的时候，皇帝的施予吸引了那些不很幸运的人的心甘情愿的忠诚，因为这些人的教养和活动在此之前已被排斥而不能享有更文明的生活方式。”（《剑桥中国秦汉史》，第797页）

虽然帝王充当艺术、文化庇护人的角色在一定程度上促进文化的发展，但更为重要的是对学术思想起相应的制约作用。文景之世虽然尊崇黄老之学，“诸博士具官待问，未有进者。”但黄老之学并未在当时学术界排斥其他学派的发展。景帝时，辕固生与黄生争论汤武受命是非就是极典型的例子。可是，在武帝之后，这种情形就有所改变了，有关王权存在合理性问题的讨论就被列为禁止的范围，《汉书·眭弘传》告诉人们，眭弘之所以遭杀身之祸，显然是因为他的议论不合时宜。尽管他的议论是以经书为指导，以经学大师董仲舒作为自己论说的挡箭牌，但最终都无济于事。从景帝时的争论到现在已有八十来年，关于王权存在是否合理的问题至此成了“妖言惑众，大逆不道”。我们由此可以看出，统治阶层已加强了对文化、学术方面的控制，政治希望士人做的是如何让帝国更长久地统治下去，不再重蹈短祚的命运，而不是探讨如何禅让的问题。因此，有关士人的治学重点，学者思考的问题必将随之改变。有哪一位士人敢冒生命的危险来坚持自己一贯的学说呢？眭弘这样的例子毕竟是少数。

因而，我们又看到了学风的变化。汉初或者更前的学者在治学时，强调学问的独立品格，强调以自己的学问来影响人主，不依人主的意思而转移。这点在稷下学官中表现得很明显，所谓“不任职而论国事”、“喜议政事”（刘向：《新序·杂事篇》）都是稷下学者学问独立于政治的佐证。其余风所及，汉初的学问也带有这种倾向。《史记·儒林列传》载申公对待武帝的态度，辕固生对待窦太后关于《老子》书的评论以及劝说公孙弘不应曲学阿世，均可说明当时学者对待学术的真诚态度：不应为了功名利禄而丧失为学的品格，从而也不丧失为人的品格，然而，在武帝“独尊儒术”之后，这种情形虽不能说没有，但更多的是学者独立的人格往往屈服于专制的淫威之下。像董仲舒这样的大儒也因主父偃之事而不敢复言灾异。（《汉书·董仲舒传》）最典型的莫过于吾丘寿王言宝鼎一事，其中阿谀奉承之意溢于言表。（《汉书·吾丘寿王传》）学问到了这地步，其独立的见解及创造性的因素全都是为了政治和人主服务，还奢谈什么为学问而学问呢？而且，学术界还出现了一种新的情形，原先不是儒家学说的也改头换面以儒学的面孔出现，或者改学儒学。（《剑桥中国秦汉史》，第827页）

由上可知，西汉《尚书》研究之所以出现“以《洪范》察变”及

“以《禹贡》治河”的现象，这与当时经典意识的形成、发展，特别是与统治阶层贯彻意识形态的策略有很大关系。通经致用不仅是学术方面的要求，更是政治方面的要求。在这样的前提下，西汉经学才强调《五经》和占卜的关系。“以《洪范》察变”也就不足为奇了。

孔子的教育思想

孔子一生从事教育，是我国历史上第一位伟大的教育家。在他长达四十多年的教育实践中，提出了许多教育主张、方法，留下了许多宝贵的教育经验。在我国教育史乃至人类教育史上写下了十分光辉的篇章。

一、教育的目的：培养德才兼备的有用人才

孔子聚徒讲学，为的是推行他的思想、主张。他的思想主张主要是以“仁”为核心、以“礼”为形式的仁政思想和仁义道德伦理思想。推行这些的目的，是为了让弟子们在政治、社会实践中去贯彻、实行。从教育的角度上说，也就是他的教育内容和目的。简单说来，就是要培养学生成为德才兼备的仁人君子，能致力于社会改革的有用人才。

《述而》篇有一处讲到孔子教育的内容：“子以四教：文、行、忠、信。”有人认为，这“四教”的说法不确切。程树德《论语集释》引王滹南曰：“夫文与行，固为二物；至于忠、信，特行中之两端耳，又何别为二教乎？”其意思是：“忠”与“信”已包括在“行”中了，无需另立。此说固然不无道理，但若说孔子之教，唯有文、行二端，却又未免过于笼统，尤其体现不出孔子教育弟子重德这一根本要求。因此，“四教”之说，还是较为实际的。具体说来：

文，指的是文献知识。在《论语》中，所涉及的文献主要有三类：第一类是《诗》。古代诗乐相关，《诗》也包括乐。孔子向弟子讲授《诗》，除了“多识于鸟兽草木之名”之类的一般知识外，还主要在于掌握“兴、观、群、怨”、“事父”、“事君”的道理（详见下章《孔子论诗乐》）。第二类是古代历史文献知识。《论语》中多次引用《尚书》以及上古圣贤、近当代名人言行事迹史料，也是为了讲解政治、道德方面的道理。第三类是礼学知识。他说：“殷因于夏礼，所损益，可知也；周因于殷礼，所损益，可知也；其或继周者，虽百世，可知也。”（《论语·为政》）又要求弟子“非礼勿视，非礼勿听，非礼勿言，非礼勿动”，还要求儿子孔鲤说：“不学礼，无以立。”（《论语·季氏》）等等。可知这其中包括古礼的发展演变、礼的内容规范乃至具体的仪节等。这些文献知识，都是作为君子所必须掌握的，而且掌握这些知识，主要在于提高修养，行于实践。这就涉及其教的第二个方面：行。

行：“行”与“文”是一个问题的两个方面。“文”侧重于文献知识的传授，“行”则侧重于对理论知识的躬行实践。颜渊说：“夫子循循然善诱人，博我以文，约我以礼”（《论语·子罕》），就是说孔子一方面以“文”丰富弟子们的知识，一方面以“礼”规范弟子们的行为。孔子说：“君子不器”（《论语·为政》），就是强调君子不能像器物一样，只是一物一用，而要具备多方面的知识才能。这其中就包括道德行为的规范、各种政治、社会工作技能的训练等。我们在上一节关于学习修养中谈到学以致用、重在实行的问题，从教育的角度说，就是孔子对弟子们进行“行”的教育。还须一提的是，所谓“行”的教育，不仅是在日常教学活动中进行，孔子的许多弟子如子路、子贡、冉求、子游等后来都已从政，他仍对他们的工作进行批评、指导，如《季氏》篇中的“季氏将伐颛臾”章、《阳货》篇中的“子之武城”章等。这可谓是在“行”中教“行”了。

忠、信：关于“忠”、“信”的具体含义，前文已详述，此不赘言。问题是：在孔子的伦理道德规范体系中，有许多重要的德目，这里为何只提“忠”、“信”二项呢？且看这两则他与子张的对话：

子张问崇德辨惑，子曰：“主忠信，徙义，崇德也；……”（《颜渊》）

子张问行。子曰：“言忠信，行笃敬，虽蛮貊之邦，行矣；言不忠信，行不笃敬，虽州里，行乎哉？”（《卫灵公》）

由此可见，尽管在孔子的道德观念体系中有众多德目，但“忠”、“信”是关于人们日常立身处世、待人接物中最基本的道德修养。因此孔子以之为道德教育的主要内容。曾子一日三省身，也以忠、信为主项；而其第三项“传不习乎”（老师传授的学业是否温习、实行了？）正好包含“四教”中的“文”与“行”。所以，以文、行、忠、信概括孔子教育的主要（或基本）内容，还是合适的，正体现了孔子以培养德才兼备的有用人才为教育目的。

所谓有用人才，在孔子心目中包含两类：一类是直接从事社会、政治活动，像子路、子贡、子游、冉求、樊迟、仲弓等人；另一类并不直接从政，而是以高尚的品德行为、学术成就等影响于社会的。孔子本人就属于这一类。如前所述，他认为把孝道发扬光大，影响于政治，就等于从政了，并非一定要做官。他的弟子，如颜回以博学德高著称，曾参、闵损以孝道著称，都对社会有很大的影响，也都是有用之才，所以都受到孔子的器重。

二、教育对象：有教无类，面向平民大众

孔子说：“有教无类。”（《卫灵公》）皇侃《论语义疏》云：

人乃有贵贱，宜同资教，不可因其种类庶鄙而不教之也。教之则善，本无类也。

这简单说来，就是不分贫富贵贱，人人都可受教育。这一主张，不论在当时或是对后代乃至今天，都有十分重大的、积极的意义。

在孔子之前，尤其是春秋之前，在宗法等级制度下，学在官府，只有贵族才有受教育的权利，一般的平民子弟，是无权进入“太学”的，孔子本人就是因此没有受过正式的贵族教育。春秋时期，有些没落贵族，或是做官退休的贵族，开始在乡里收徒设教，称为“村塾”。《礼记·学记》：“古之教者，家有塾……”郑玄注曰：“古者仕焉而已者，归教于闾里，朝夕坐于门，门侧之堂谓之塾”，说的就是这种情形。但所教者，大多数还是地方上有身份人家的子弟，与孔子所办的私学无法相比。孔子“有教无类”的公开主张与办学实践，无疑是对“学在官府”的贵族垄断教育局面的巨大冲击。钱穆先生说：“平民以学术进身而预贵族之位，自儒而始盛也”，（钱穆《先秦诸子系年考辨》）就是说从孔子办学之后，开始出现平民经私学而进入贵族统治层的现象。这又是对贵族世袭官位制度的冲击。因此，孔子这一主张与实践，在中国教育史上又具有划时代的重要意义。

孔子“有教无类”，也是基于其仁学思想的。他提倡仁爱，“泛爱众而亲仁”，虽爱有差等，但人人都应不同程度地受到仁惠。教育便是其中之一。另外，他主张仁政，提出对民众要“道之以德，齐之以礼”。这就需要对民众进行道德、礼义的教育。更何况，孔子认为，不管是什么人，“性相近也，习相远也”（《论语·阳货》）。因此，“有教无类”的主张，也是孔子仁学思想的一个组成部分。

实行“有教无类”，只有一个条件：“自行束脩以上，吾未尝无诲焉。”（《学而》）“脩”，又叫“脯”，即干肉。十条干肉为一束，叫“束脩”。古人初次拜师，以束脩为见面礼。孔子是说，不管是谁，只要按照礼俗以薄礼拜见，就可收为弟子。这实在是象征性的，“意思意思”而已，谈不上什么条件。

由于“有教无类”，孔子“弟子弥众”，号称三千，“至自远方，莫不受业焉”（《史记·孔子世家》）。除齐、鲁外，还有来自秦、晋、楚、陈、吴等地，基本上遍及当时主要的诸侯国。其中有些出身贵族的，如孟僖子、南宫适等；但尤其值得一提的，是许多出身贫寒的平民弟子：

颜路、颜回父子：《雍也》篇说颜回“一箪食、一瓢饮，在陋巷”，其贫寒如此，其父大概也差不多。

仲弓（冉雍）：《史记·仲尼弟子列传》中说他父亲是“贱人”，《荀子·非十二子》说他家“无置锥之地”。《雍也》篇中说：“子谓仲弓，曰‘犁牛之子骍且角，虽欲勿用，山川其舍诸？’”就是说他虽出身微贱但堪大任（详见第六章《孔子的仁政思想》第二节《为政在人》）。

子路：《尹子》说：“子路，卞之野人”，意为子路是卞地（今山东泗水东）的寻常百姓家子弟。《说苑·建本》说他“尝食藜藿之食，而为亲负米百里之外”。

曾点、曾参父子：《庄子·让王》说：“曾子（曾参）居卫，缊袍无表，颜色肿哙，手足胼胝，三日不举火，十年不制衣，正冠而缨绝，捉襟而肘见，纳履而踵决，曳縰而歌《商颂》……”曾参如此，其父也约可想见。

原宪：《庄子·让王》说：“原宪居鲁，环堵之室，茨以生草，蓬户不完，桑以为枢而瓮牖，二室，褐以为塞，上漏下湿，匡坐而歌。”

闵损：《韩诗外传》、《说苑》等书中，或说他从小亡母，受后母虐待云云；或有关于其“芦衣”之说，意即他冬天无衣御寒，以芦花为絮，等等。

以上这些记载，尤其是见于《庄子》、《说苑》等书中的，虽不尽可靠，但从反映他们家境贫寒这一基本事实上说，还是可信的。这些人物都是孔门高足，故有记载说：其他不知名而出身贫寒者，想必更多。

有人说，孔子“有教无类”并不彻底，最明显的是他排除了人类构成的一个大类——妇女，其弟子中无一女性。这话固然是不错的。但如果这位两千多年前的老夫子都已能如此彻底，那么今天的世界就不会有“女权运动”，我们也用不着召开世界妇女大会了。

三、教育方法：因材施教与循循善诱

孔子的弟子们，来自远近各地，出身有贵有贱，年龄大小悬殊，性格、天资等更是千姿百态。对于这些弟子，孔子在人格上一视同仁，但在教育上却区别对待。根据弟子们的不同情况，分别施以不同的教育。此即所谓“因材施教”。他说：

中人以上，可以语上也；中人以下，不可以语上也。（《雍也》）

这是按弟子智力情况，大致分为上、中、下三种程度。对于中等水平以上的，教育内容可以高深些，而对于下等水平的，内容则相对浅些。

更为重要的是，孔子还善于根据弟子不同的性格特征，分别教育。有一个典型事例，我们曾在《关于中庸》一节中用过，为了便于说明问题，这里不妨再重复一遍：

子路问：“闻斯行诸？”子曰：“有父兄在，如之何其闻斯行之？”冉有问：“闻斯行诸？”子曰：“闻斯行之。”公西华曰：“由也问闻斯行诸，子曰‘有父兄在’；求也问闻斯行诸，子曰：‘闻斯行之。’赤也惑，敢问。”子曰：“求也退，故进之；由也兼人，故退之。”（《先进》）

子路、冉有向孔子问的是同一个问题：听到一句正确的话就要立即实行吗？按照一般人的思路，既然是问同一个问题，那么答案也应当是同样的。但孔子不这样认为，他得根据提问者的具体情况再给答案。子路为人直率，莽撞好胜，必须打打他的锐气，所以孔子的回答是：你的父兄还在，怎么可以马上实行呢？言外之意大约有两层：其一是要与父兄商量着办，才更稳妥一些；其二是要考虑一下后果，不要因为冒失而

累及家人。而冉求和子路相反，生性柔弱，遇事退缩不前，应当鼓励、促进，所以给他的答案是：必须马上实行。

孔子教育方法上另一可贵之处是循循善诱，注重启发式教育。他说：

不愤不启，不悱不发。举一隅不以三隅反，则不复也。（《述而》）

朱熹《论语集注》曰："愤者，心求通而未得之意；悱者，口欲言而未能之貌；启，为开其意；发，为达其辞。物之有四隅者，举一可知其三；反者，还以相证之义；复，再告也。"根据朱熹的注解，孔子的意思是：教育弟子，要善于启发诱导，要当他内心似乎有所领会而未得要领时，才适当地替他打开思路；当他想开口表达而一时无法恰当地表达时，才适当地为他疏通一下言辞。一个问题有四个方面，只能给他讲一个方面，其余三个方面就要求他根据已知的一个方面作出回应。这就是"举一反三"。做不到这一点，说明他还未能真正融会贯通，就不要继续往下教。

这种教育方法最为高明的一点就在于：它能尽可能地调动学生的思维积极性，把被动呆板的接受变为主动灵活的思考、领会并作出推论，触类旁通，不但接受了知识，还锻炼了思维，提高了能力，并能取得"下学而上达"（《论语·宪问》）的良好效果。《论语》中有两则有关这个问题的生动案例。其一是：

子贡曰："贫而无谄，富而无骄，何如？"子曰："可也。未若贫而乐、富而好礼者也。"子贡："《诗》云：'如切如磋，如琢如磨'，其斯之谓与？"子曰："赐也，始可与言《诗》已矣。告诸往而知来者。"（《学而》）

子贡原以为，人能做到贫穷却不谄媚、富裕却不骄横，这就可以了。孔子告诉他，可以是可以，但是若能做到贫穷却乐道、富裕而好礼，这样更好。本来这一问答到此为止可以算是完满了，但孔子的回答却启发了子贡，让他想到了《诗经》上的一句话“如切如磋，如琢如磨”，进而从中悟出：君子应像加工玉石需要切磋琢磨一样需要不断磨砺自己的品德修养。这样就把一般的问题上升到哲理的层次，所以得到孔子的高度赞赏。

其二是：

子夏问曰：“‘巧笑倩兮，美目盼兮，素以为绚兮’，何谓也？”子曰：“绘事后素。”曰：“礼后乎？”子曰：“起予者商也！始可与言《诗》已矣。”（《八佾》）

子夏问的是《诗经》中三句诗的含义，孔子的答案是：先有白底子后绘画。这分明与前两句描写女子巧笑美目无关，只针对第三句，有意标出“先后”问题，让子夏“举一反三”。果然子夏悟出：先有仁然后有礼，这正中孔子下怀，所以孔子才说，能阐发我的深意的，就是你了，这样我才可以与你讨论《诗》了。

从这两件事中，可以看出孔子确实是个注重并善于启发弟子的良师。颜回说：“夫子循循然善诱人。”（《子罕》）孔子也常常以能否举一反三、触类旁通来衡量评价弟子们的水平高下。《公冶长》篇中有这么一则记载：

子谓子贡曰：“女与回也孰愈？”对曰：“赐也何敢望回？回也闻一以知十，赐也闻一以知二。”子曰：“弗如也。吾与女，弗如也。”

在子贡与颜回谁比谁强的问题上，标准之一就是闻一以知几。子贡颇有自知之明，虽然在前例中已见他善于触类旁通，得到孔子的赞赏，但他自认不如颜回，因为他只能“闻一以知二”，而颜回能“闻一以知十”。孔子也赞同子贡的说法，认为子贡确实不如颜回。到底颜回如何“闻一以知十”，《论语》中无具体记载，但孔子有一句评价：

吾与回言终日，不违，如愚。退而省其私，亦足以发。回也不愚。（《为政》）

这是说颜回听孔子讲学，始终没有不同看法，似乎很愚拙。但私下能独立思考，充分发挥，可见他并不愚。

由此我们想见，正是由于孔子循循善诱、注重启发的良好教风和由此形成的弟子们勤奋多思、举一反三的良好学风，使得孔门教学生动活泼，誉满天下，学术蓬勃兴旺、贤人辈出。这对于我们今天的教育事业，无疑是十分宝贵的启迪。

四、教育品德：诲人不倦的敬业精神与严格亲切的长者之风

在《述而》篇，有两句孔子的自评：

默而识之，学而不厌，诲人不倦，何有于我哉？

若圣与仁，则吾岂敢？抑为之不厌，诲人不倦，则可谓云尔已矣。

这两句话中，就“诲人不倦”而言，前一句是自谦，后一句是自许，但都表明孔子是以“诲人不倦”为使命的。纵观他的一生，从“三十而立”起，不论是在鲁还是周游列国，历经多少曲折磨难，乃至晚年、逝世，他都从未间断过他的教育事业。教育弟子，培养君子仁人，确实是这位伟大的教育家一生呕心沥血、孜孜以求的崇高事业，一部《论语》，就是他诲人不倦的忠实记录。

对于这位老师，弟子们的印象是：“子温而厉，威而不猛，恭而安。”（《述而》）这是说，孔子为人，既严厉、有威仪而不凶猛；既庄重严肃而又温和安详。这一为人风格表现在对弟子的态度上，就是既严格、又亲切，亦师亦长亦友，体现了一个教育家应有的良好风范。

说他严格，《论语》上除了前述的斥责冉有为季氏聚敛财富、严厉批评宰予昼寝等之外，还有许多生动的记载。如：

子疾病，子路使门人为臣。病间，曰：“久矣哉，由之行诈也！无臣而为有臣。吾谁欺？欺天乎？且予与其死于臣之手也，无宁死于二三子之手乎！且予纵不得大葬，予死于道路乎？”（《子罕》）

这说的是孔子有回病重，子路组织弟子们为他预备后事之事。按当时礼俗，大夫以上者，死前就有人专门负责预备料理其后事，这些人称

为“臣”。子路认为孔子曾为大夫，应享受大夫之礼，所以组织弟子们为臣。但依礼制，曾为大夫而享大夫葬礼的，是指大夫年老退休者；孔子是贬退之大夫，只能享士之丧礼，而不该有臣。所以孔子对子路的一番好意一点也不领情，病愈后，严厉批评子路，说他干的是行诈欺天的勾当；自己宁愿死后才由弟子料理丧事，而不愿死在不该有的“臣”手里；即使没有盛大的丧礼，也不至于死在道路旁。这件事说明，在事关“礼”这一原则问题上，孔子对弟子、对自己都是十分严格、一丝不苟的。

颇为有趣的是，在众弟子中，子路与孔子的关系最为特殊。《论语》中提及他达三十八次。他为人耿直、忠义、好勇，可能又由于他仅比孔子少九岁，跟随孔子又最久，所以他最敢于当面批评、顶撞孔子。孔子却最喜欢他，对他评价也很高，同时，对他要求也最严格、批评最多。再如：

子曰：“道不行，乘桴浮于海，从我者，其由与？”子路闻之喜。子曰：“由也好勇过我，无所取材。”（《公冶长》）

孔子先表示对子路的赞赏和信任，但一见子路沾沾自喜，马上又批评他过于好勇，没什么可取之处。又如：

子谓颜渊曰：“用之则行，舍之则藏，惟我与尔有是夫！”子路曰：“子行三军，则谁与？”子曰：“暴虎冯河，死而无悔者，吾不与也。必也临事而惧，好谋而成者也。”（《述而》）

孔子先是赞扬颜回，说能做到受重用就推行其道、不受重用就敛迹止步的，只有自己与颜回。子路听了，有点不服气，便问孔子：“如果叫您统率三军，那您找谁共事呢？”意思是自己好勇有才，这方面惟有自己堪与孔子共事。可是孔子说：“像那种只会徒手搏虎、徒步过河、死了都不后悔的人，我是不和他共事的，我要的只是那遇事小心谨慎、善用谋略而能成功的人。”言外之意就是批评子路冒失好勇而无谋。

诸如此类的批评，《论语》中还有多次。俗语说：“爱之愈深，责之愈严。”像子路这样的一个“卞之野人”，就是在孔子的不断严敲重打之下，才成长为一名孔门弟子中的佼佼者的。

除了子路外，其次便要算冉求了。前文常常述及的那次为季氏暴敛财富，惹得老夫子大动肝火，便是典型的一次。再如：

冉求曰：“非不说子之道，力不足也。”子曰：“力不足者，中道而废。今女画。”（《雍也》）

这大概是冉求从政时的事。冉求明知孔子之道在现实中行不通，自己要从政，恐怕难以笃行其道，便对孔子说：“不是我不喜欢您的学说，只怕我自己能力不足。”孔子听了马上严厉地批评他说：“如果是能力不足，那应当是先努力实行，到中途实在不行了才停下。可是你却是现在就自己停止了。”

最为典型的，莫过于前文也已提起过的《季氏》篇中的那件“季氏将伐颛臾”之事。事情一开始，孔子马上明确指出，这事是错误的，冉求身为季氏家臣，应当承担责任，冉求连忙声明这是季氏的主意，他和子路本不同意。但孔子不容冉求的分辩，继续批评：身为辅佐之臣，就要帮助主子走正道；主子有过，臣子责不容辞。冉求只好申明颛臾该伐之理，孔子则严厉地批评冉求和季氏既做了坏事又要找个冠冕堂皇的借口的可耻行为；然后语重心长地说了一番以仁治国、以德服人的道理；最后又指出季氏所作所为的真正危机所在。整个过程，孔子始终坚持原则、抓住要害，既严厉批评又充分说理，体现了老师对弟子既真心爱护、又严格要求的诚恳负责的态度。

孔子的严格认真，多表现在一些原则问题上；而在多数的一般场合、问题上，孔子则总是与弟子们平等相处，以诚相待，态度亲切温和、宽厚仁慈。这从他与子贡、子夏谈《诗》那二例中已可见一斑。至如子路几次对他表示不悦、甚至反诘，孔子也都没有恼羞成怒地端起老师尊长的架子教训，而是急切地申辩、说理，彼此间像一对老朋友。

《雍也》篇中，记载了这样两件事：

子华使于齐，冉子为其母请粟。子曰：“与之釜。”请益，曰：“与之庾。”冉子与之粟五秉。子曰：“赤之适齐也，乘肥马，衣轻裘。吾闻之也；君子周急不继富。”

原思为之宰，与之粟九百。辞，子曰：“毋！以与尔邻里乡党乎！”

子华，即公西赤，字子华，通称公西华。冉子，即冉求。公西赤要出使齐国，冉求担心公西赤留在家中的老母亲挨饿，就为他向孔子要求接济粮食。孔子明知公西赤出使时，车马衣着都十分豪华，谅他家中饿不着，却也同意给他粮食，而且听任冉求一加再加，只是加的太多时，才说出君子应该接济穷苦急难者而不应为富者锦上添花的道理。对于担任其家臣的弟子原思，孔子给了他很多粮食。原思推辞时，他说：“不必推辞，你可以送一些给乡里邻居。”这两件事中，孔子对弟子们是那样宽厚、随和，并不板着脸说教，而是用自己的行为教育弟子。

再看下列几个场面。其一：

颜渊、季路侍。子曰：“盍各言尔志？”子路曰：“愿车马衣轻裘与朋友共，蔽之而无憾。”颜渊曰：“愿无伐善，无施劳。”子路曰：“愿闻子之志。”子曰：“老者安之，朋友信之，少者怀之。”（《公冶长》）

师徒三人在一起，各谈志向，一个“侍”字，体现他们以礼相处；但三人轮流发言，人格平等，意态自如，气氛十分和谐。其二：

子之武城，闻弦歌之声。父子莞尔而笑，曰：“割鸡焉用牛刀？”子游对曰：“昔者偃也闻诸夫子曰：‘君子学道则爱人，小人学道则易使也。’”子曰：“二三子！偃之言是也，前言戏之耳。”（《阳货》）

孔子弟子子游（言偃），任武城宰（相当于县长）。他遵照孔子教诲，以礼乐教化治理武城，所以孔子到了武城，听到一片弦歌之声。孔子心中自然满意，却又微笑着故意说：“割鸡焉用牛刀？”意思是礼乐教化是用来治理大国的，如今这小小武城，何必动用礼乐呢？子游当然不知老师的真意，连忙用老师平日的教诲相反诘，孔子这才对随行的众弟子们说："你们听到了吧？言偃说得对，刚才我是故意和他开玩笑的。"

这段记载只有六十三个字，却洋溢着轻松和乐的喜剧性气氛。子游的忠厚认真、笃信师说，孔子的幽默风趣、亲切平易，师徒间的融洽亲密，都跃然纸上，真所谓"寓教于乐"。

在《论语》的记载中，孔子与弟子们的教学活动，大多是在类似的平等相处、相互切磋探讨、轻松自由的气氛中进行的，体现了他们亲如朋友、教学相长的新型师徒关系。在这方面，最为典型、生动的，则要数《先进》篇中的"子路、曾皙、冉有、公西华侍坐"篇：

子路、曾皙、冉有、公西华侍坐。

子曰："以吾一日长乎尔，毋吾以也。居则曰：'不吾知也！'如或知尔，则何以哉？"

子路率尔而对曰："千乘之国，摄乎大国之间，加之以师旅，因之以饥馑；由也为之，比及三年，可使有勇，且知方也。"

夫子哂之。

"求，尔何知？"

对曰："方六七十，如五六十，求也为之，比及三年，可使足民。如其礼乐，以俟君子。"

"赤，尔何如？"

对曰："非曰能之，愿学焉。宗庙之事，如会同，端章甫，愿为小相焉。"

"点，尔何如？"

鼓瑟希，铿尔，舍瑟而作，对曰："异乎三子者之撰。"

子曰："何伤乎？亦各言其志也！"

曰："莫春者，春服既成，冠者五六人，童子六七人，浴乎沂，风乎舞雩，咏而归。"

夫子喟然叹曰："吾与点也！"

三子者出，曾皙后。曾皙曰："夫三子者之言何如？"子曰："亦各言其志也已矣！"曰："夫子何哂由也？"曰："为国以礼，其言不让，是故哂之。唯求则非邦也与？安见方六七十如五六十而非邦也者？唯赤则非邦也与？宗庙会同，非诸侯而何？赤也为之小，孰能为之大？"

这也是孔子和弟子们谈志向的情景。在《论语》中，这是文字最长、人物最多、记叙最生动、人物性格最鲜明的一篇，也是反映孔门教学情景最典型的一篇。其中有几处值得注意：

首先，是其参与者及场面气氛。在场的人物，有孔子及其四位得意弟子。弟子们陪着老师坐着，曾皙还自顾自地在一旁弹瑟。整个场面十分自由、随意，一点也不像是后人常见的那种师生相对、正襟危坐的上课情形，倒像是一群朋友闲来无事，围坐聊天。

其次，是孔子的开场白。他说："因为我比你们年长几岁，已经没人用我了。你们平常总是说：没人了解我呀！但假如有人了解你们，要任用你们，你们怎么办呢？"——瞧这口气，既像个老师、长者，语重心长、循循善诱，又丝毫没有教训人的口气。

第三，是孔子对弟子们发言的反应。孔子对于四位弟子的发言，当场都不作任何评论，这样才能鼓励他们畅所欲言。但也不是毫无反应。最妙的是对子路的一"哂"。直率冒失的子路抢先发言，说他可以在三年之内，使一个夹在大国之间、内有饥荒外有强敌的国家，人人有勇，而且知书达理。孔子听了才"哂之"。这是一种含蓄、揶揄的微笑，其中的"潜台词"可从事后对曾皙的回答中得知：治理国家应讲礼让，可是瞧你，还是这毛病，大言不惭，这行吗？这一"哂"中，既含责备，又带有几分喜爱；既体现出他对子路为人的了解，又透出几许无奈。长者的风度，正在其中。

第四，是对曾皙的鼓励与赞同。当其他人发言时，曾皙却在一旁鼓瑟，似乎对话题不感兴趣。可是孔子点了名，他只好停瑟起立；却似乎又觉得自己的志向不如其他三位那样“正道”而不敢启齿，只好先说明：“我与他们的不一样。”孔子于是鼓励他：“这又何妨，不过是各言其志罢了。”曾皙这才说出自己那番避世逍遥的志向来。不料孔子喟然长叹，表示同感。整个过程中，孔子既热情鼓励弟子们，自己也平等参与。

这一段文字，我们且不说它记叙多么优美生动、人物个性如何鲜明，单就孔子的态度风格而言，也是十分可亲可感的。正是由于他的亲切随和、宽厚平易的长者之风，才导演和主持出这一场轻松随意、生动活跃的师徒讨论来。

孔子的亲切作风，还表现在对弟子的关心爱护与深厚的感情上。如对冉耕：

伯牛有疾，子问之，自牖执其手，曰：“亡之，命也夫！斯人也而有斯疾也！斯人也而有斯疾也！”（《雍也》）

冉耕，字伯牛，是孔子的贤弟子之一，在孔门四科中，名列德行科。据说他患的是麻风病，危在旦夕。孔子去探望他，还隔着窗握着他的手，不住叹惜：“这样的人竟得这种病！这样的人竟得这种病！”其深情厚谊，足以动人。

再如对颜渊。颜渊英年早逝，孔子十分悲伤，多次表示痛惜。此外，还有两件事亦足以感人：

颜渊死，颜路请子之车以为之椁。子曰：“才不才，亦各言其子也。鲤也死，有棺而无椁，吾不徒行以为之椁。以吾从大夫之后，不可徒行也。”（《先进》）

颜渊死，门人欲厚葬之。子曰：“不可。”门人厚葬之。子曰：“回也视予犹父也，予不得视犹子也。非我也，夫二三子也。”（《先进》）

这两件事颇有相似之处。第一件事说的是颜渊死后，其父颜路要求孔子卖掉车子给颜渊置办外椁（古人有身份者，死后棺木有两重，内为棺，外为椁）。孔子说：“不管有才无才，总是自己的儿子。我的儿子孔鲤死时，也是有棺无椁，我也不能卖车给他置椁而自己徒行。因为我曾为大夫，是不能徒行的。”第二件事是说颜渊死后，门人们准备厚葬他。孔子不同意（他认为颜渊家境贫寒，不应厚葬），但门人们还是厚葬了颜渊。孔子说：“颜回啊，你待我像待父亲一样，而我却不能像待儿子一样待你！厚葬之事不是我干的，是他们干的！”这两件事中，虽然孔子依礼而不主张厚葬颜渊，但在感情上，是视颜渊如同自己的儿子的。那两番话语中流露出的，正是这种真挚而深厚的感情。

由于孔子那伟大的道德文章，他那诲人不倦的崇高精神、严格又亲切的长者之风以及他对弟子们真挚而深厚的爱心，使得他对弟子们有一股强大的人格魅力和崇高的道德威望，赢得了弟子们的深深敬仰。颜渊称之为“仰之弥高，钻之弥坚”（《论语·子罕》），子贡则曰：“他人之贤者，丘陵也，犹可踰也；仲尼，日月也，无得而踰焉。”（《论语·子张》）孔子以其崇高的教育品德而倡立的孔门尊师爱生之风，也堪为后世楷模。

儒家经典中的孝论

孝，与仁、义、礼、信等等，都是儒家思想观念体系中重要的理论范畴，对它们的阐述解说，是儒家经典的重要内容，它们之间又是互相联系着的。除了《孝经》是集中论述“孝道”与“孝治”思想的专书以外，儒家的其他经典如《论语》、《礼记》、《孟子》等，也都有论孝的内容。

一、《孝经》中主要思想的影响

《孝经》在儒家诸经典中具有特殊的地位，经过历代帝王以各种形式进行表彰，更形成了伦理道德思想的权威，对于各阶层人士产生了深刻的影响。

在汉代，《孝经》即被规定为儿童识字后必读之书，而后世多延用其制，可以说，在两千多年的历史中，诵习《孝经》是每个读书人必行之事。《孝经》所宣扬的孝道，缘于人间血缘关系，讲述家庭伦理道德，容易引起人们情感上的共鸣，这就是“圣人因严以教敬，因亲以教爱”。由人伦亲情而引申出“孝治”的观念，也易于为人们所认同。因此，许多士子、学者、官员都把《孝经》奉为立身之本。北宋学者司马光说：然《孝经》、《论语》，其文虽不多，而立身治世之道，尽在其中。(《再乞资荫人试经义札子》)这类言论，在古籍中时常可见。许多仁人志士，以忠孝自励，笃行孝道，尽心竭力事奉父母，或以忠君爱国的行为，来实践更高层次上的孝道，也是《孝经》中“立身行道，扬名于后世”思想的体现。直到近代，著名学者章太炎仍然说：“发扬天性，遏绝悖德，莫切于《孝经》。”(《与吴检斋先生书》)

《孝经》不仅对汉民族的思想、伦理、文化和个人行为产生深刻的影响，而且对中国的其他少数民族也产生了影响，这一点从《孝经》被一些少数民族翻译为本民族文字上也可以得到验证。儒家经典被翻译成少数民族文字的，以《孝经》为最早。据《隋书·经籍志》记载：魏氏迁洛，未达华语，孝文帝命侯可悉陵，以夷语译《孝经》之旨，教于国人，谓之《国语孝经》。据《宋史·高丽传》记载：夏国元昊，自制蕃书，形体方整，类八分，译《孝经》、《尔雅》、《四言杂字》为蕃语。据金门诏《补三史艺文志》记载：金大定年，译女真字《孝经》。据钱大昕《元史艺文志补》记载：元大德十一年，中书右丞孛罗木儿，译进蒙古字《孝经》。据朱师辙《清史稿·艺文志》记载：清雍正五年，钦定翻译《孝经》一卷。可见，至清雍正时，历史上至少出现过北魏、西夏、金、蒙古及满族五种少数民族文字的《孝经》译本了。这表明了少数民族对《孝经》的重视，也表明了《孝经》对少数民族的巨大影响。

尤其值得一提的是，孝道作为中华礼教文化的重要组成部分，《孝经》是孝道思想观念的最重要的载体，在历史上，东亚地区的汉字文化圈国家如朝鲜、日本等，都不同程度地接受了《孝经》及其所阐发、宣扬的孝道和孝治的思想观念。

朝鲜与中国相邻，是受中华儒学文化影响很深的国家。早在公元前二三世纪，孔子思想就随同汉字传入朝鲜。古代朝鲜通用汉字，随着人员交流往来，儒家的经典也陆续传到了朝鲜。公元1—7世纪，是朝鲜历史上高句丽、百济、新罗三国鼎立时期，儒家思想逐步成为三国的统治思想。公元372年，高句丽设置太学，教授儒家经典，又派遣留学生到中国学习。新罗统一朝鲜后，于公元682年设立国学，以《论语》、《孝经》为必修课，并教授其他儒家经典，忠孝思想成为朝鲜一千多年来的教育中心思想。新罗政府还以儒家经典和汉文作为主要的考试科目，来选拔人才、官吏。公元935年，高丽王朝统一朝鲜，继续推行儒学教化，立孔子文宣王庙，扩充国学，实行科举取士，强调“孝为国本”，以忠孝治国。13世纪末，朱子学传入高丽，高丽名儒安珦出使元大都燕京时，得到新刊的朱熹著作，回国后便在太学讲授朱子学，并以兴学养贤为己任。另一位高丽名儒白颐正往来于高丽和元大都之间，得程朱理学而学之，东还后教授学者，扩大了程朱理学在朝鲜的影响。公元1392年，李成桂建立的李氏王朝取代了高丽，改国号为“朝鲜”。由于李氏尊崇儒学，以程朱理学为中心的新儒学遂支配了朝鲜的政治、学术、教育和社会价值观达五百年之久。李朝时代，朝鲜政府积极发展儒学教育，国家设成均馆，郡县置乡校。朝鲜学者根据本国情况，用汉文、朝鲜文和图画编写了《三纲行实图》、《孝行录》、《五礼仪》等各种儒学教材，使性理学说和忠孝节义的观念普及到广大民众中去，形成了朝鲜的社会道德规范。

日本与中国隔海相望，一衣带水，也深受儒学的影响。中国与日本的正式交往始于汉代，此时中国的汉字开始传入日本。公元285年，先于日本同中国交往的朝鲜百济国学者王仁，携带了《论语》十卷和《千字文》一卷去日本，任日本皇子师，这是儒学传入日本之始。儒学的传入促进了日本文教事业的发展，日本早期的学校——学问所，向王子、大臣们传授儒家的经典，其中就有《孝经》。公元513年，日本开始设“五经”之学。7世纪初，在圣德太子的倡导下，儒学在日本进一步发展，公元604年，圣德太子订宪法十七条，多以儒家思想为指导，如树立忠孝观念，“和为贵”等。公元646年，颁布大化革新诏令，公元701年，又制定大宝令，其内容大都以儒家经典为依据。大宝令规定，大学和国学以

《周易》、《尚书》、《三礼》、《左传》、《孝经》、《论语》等教授学者，每年春秋两次对孔子举行释奠之礼。日本还不断派遣留学生到中国学习，学成后回日本传授儒学知识，促进了两国文化的交流。宋代的程朱理学于13世纪初传入日本。德川幕府时代，日本奉儒学为圣教，将朱子学作为官学，儒学遂成为占统治地位的意识形态，儒家思想一定程度地渗透于日本民众的行为、观念、习俗、信仰、思维方式以及社会心理结构之中，其中，孝的观念也影响颇深。

1868年，日本明治天皇开始变法维新，学习西方的思想文化和科学技术，但由于儒学在日本影响深远，已融入日本传统文化之中，明治天皇并未对儒学采取全盘否定的做法，而是将儒学与日本神道思想融为一体，孝道思想还得到了发展。明治天皇在关于教育的敕语中，要求“孝于父母，友于兄弟，夫妇主和，朋友有信”，以儒家伦理作为教育的思想指导，而“孝道”在近代日本仍然发挥着它的作用。

二、《论语》中对孝的论述

《论语》一书，是记载孔子及其部分弟子言语、行事的儒家经典。《论语》反映了孔子等人多方面的思想观念，其中论及孝的文字共有21条。

1. 有子曰：“其为人也孝弟，而好犯上者，鲜矣；不好犯上，而好作乱者，未之有也。君子务本，本立而道生。孝弟也者，其为仁之本与！”（《学而》）这是有子（姓有名若）论孝悌之道，显然也是孔门的思想认识。它与《孝经》中《广扬名章》所说的“君子之事亲孝，故忠可移于君；事兄悌，故顺可移于长”义理相通。有子认为孝悌“其为仁之本与”，《孝经·开宗明义章》也提过：“夫孝，德之本也，教之所由生也。”

2. 子曰：“弟子，入则孝，出则悌，谨而信，泛爱众，而亲仁。行有余力，则以学文。”（《学而》）孔子对弟子（后生小子）的要求，首先是“入则孝，出则悌”，即居家要孝敬父母，出外要顺从兄长。孔子把孝悌之道作为门徒立身行事的根本原则。

3．子夏曰：“贤贤易色；事父母，能竭其力；事君，能致其身；与朋友交，言而有信。虽曰未学，吾必谓之学矣。”（《学而》）子夏（姓卜名商）在此谈到君子的“贤、孝、忠、信”这四种修养，其中，侍奉父母能竭尽心力，是君子修养的标准之一。

4．曾子曰：“慎终、追远、民德归厚矣。”（《学而》）曾子说：“慎重地办理父母的丧事，虔诚地追念远代先祖，就能使人民变得忠厚朴实。”这与《孝经》中所提到的“丧则致其哀，祭则致其敬”且以此来教化民众的说法是一致的。

5．子曰：“父在，观其志，父没，观其行，三年无改于父之道，可谓孝矣。”（《学而》）在《论语》中，孔子给“孝”下定义，如同给“仁”下定义一样，因具体情况不同而各有其针对性。孔子在此强调孝道中对父辈行为准则的承续这一方面。

6．孟懿子问孝，子曰：“无违。”樊迟御，子告之曰：“孟孙子问孝于我，我对曰：无违。”樊迟曰：“何谓也？”子曰：“生，事之以礼；死，葬之以礼，祭之以礼。”（《为政》）孔子为学生樊迟解释孝即“无违”。《孝经·纪孝行章》中有相近的提法：“孝子之事亲也，居则致其敬，养则致其乐，病则致其忧，丧则致其哀，祭则致其严。”

7．孟武伯问孝。子曰：“父母唯其疾之忧。”（《为政》）孔子对孟武伯解释“孝”的涵义时说：“做父母的只为孝子的疾病而发愁。”言下之意是：在其他方面，孝子的行为无可挑剔。因此，孝子既须时时提高自己的美好德行，也要注意保持身体健康，以使父母永远有所依靠。

8．子游问孝。子曰：“今之孝者，是谓能养。至于犬马，皆能有养，不敬，何以别乎？”（《为政》）赡养父母，是行孝的基本方式，但孝道还不止如此。孔子指出：“畜牲犬马也都能得到饲养，如果不恭敬顺从父母，那么怎样区别赡养父母与饲养犬马呢？”可见，孔子认为孝道还应该强调“敬”，《孝经·广要道章》中也说：“礼者，敬而已矣。”

9．子夏问孝。子曰：“色难。有事，弟子服其劳；有酒食，先生馔，曾是以为孝乎？”（《为政》）孔子在这里用反问的形式回答子夏问孝。推其语意，孔子认为：为长辈做事，供给长辈酒、食，都还不能称为孝。孔子仍然是强调孝道中的“敬”。

10．季康子问：“使民敬，忠以劝，如之何？”子曰：“临之以庄，则敬；孝慈，则忠。举善而教不能则劝。”（《为政》）孔子回答季康子关于教化民众的方法时，提出“孝慈，则忠”的观点，也就是说：把孝亲之道移于事君，是培养人们忠的最佳途径。这与《孝经》中宣扬孝道、教化民众的思想是一致的。

11．“或谓孔子曰：“子奚不为政？”子曰：“《书》云：‘孝乎惟孝，友于兄弟，施于有政。’是亦为政，奚其为为政？”（《为政》）孔子在回答有人提出的“你为什么不去从政？”的问题时，借用《尚书》上关于以孝悌之道影响当政者的话，说明孝悌之道对政治的作用，这可以说是孔子一贯的思想认识，即孝道与孝治互相为用。

12．子曰：“事父母几谏，见志不从，又敬不违，劳而不怨。”（《里仁》）把孔子的这段话与《孝经·谏诤章》相比较，可以看出两者略有差异。在这里，孔子对谏诤父母的问题有所保留，他说：“儿子对父母要轻微婉转地劝谏，自己的意见没有被父母采纳时，仍然要恭敬顺从，不要冒犯，虽然心中忧愁，但不可怨恨。”但《孝经·谏诤章》却态度明确地指出：“故当不义，则子不可以不争于父。”“从父之令，又为得为孝乎？”

13．子曰：“父母在、不远游。游必有方。”（《里仁》）这是流传甚广的一句话。推测孔子的语意，可以这么理解：父母在世时，儿辈应竭力侍奉，晨省昏定，不离左右，若外出远游，就不能事亲尽孝，又劳父母挂念。如果一定要出游，也要有固定的去处，不可漫无定所。

14．子曰："三年无改于父之道，可谓孝矣。"（《里仁》）

15．子曰："父母之年，不可不知也。一则以喜，一则以惧。"（《里仁》）孔子的这段话，道出了孝子的心情："父母亲的年龄，不能不记在心里。一方面，为父母亲的高寿而喜；另一方面，又因父母年事已高存世之日渐少而忧。"

16．子曰："出则事公卿，入则事父兄，丧事不敢不勉，不为酒困，何有于我哉？"（《子罕》）这是夫子自道。孔子自己在行孝道、守礼法上也是恭敬谨严的。

17．子曰："孝哉闵子骞，人不间于其父母昆弟之言。"（《先进》）孔子赞扬学生闵子骞的孝行，没有说出闵子骞具体的做法，只是说："别人对他父母兄弟称赞他的话没有异议。"

18．齐景公问政于孔子。孔子对曰："君君，臣臣，父父，子子。"公曰："善哉！信如君不君，臣不臣，父不父，子不子，虽有粟，吾得而食诸？"（《颜渊》）孔子认为：君贤臣忠、父慈子孝，是政治中最重要的伦理基础，而这正是《孝经》中宣扬的"昔者明王以孝治天下也"的思想。

19．宰我问："三年之丧，期已久矣。君子三年不为礼，礼必坏；三年不为乐，乐必崩。旧谷既没，新谷既升，钻燧改火，期可已矣。"子曰："食夫稻，衣夫锦，于女安乎？"曰："安。""女安，则为之！夫君子之居丧，食旨不甘，闻乐不乐，居处不安，故不为也。今女安，则为之！"宰我出，子曰："予之不仁也！子生三年，然后免于父母之怀。夫三年之丧，天下之通丧也。予也有三年之爱于其父母乎？"（《阳货》）孔子的学生宰我认为为父母守丧一年就够了，孔子则批评他"不仁"。孔子认为："儿女生下来，三年后才能脱离父母的怀抱，因此为父母守孝三年，是天下所通行的丧礼制度。"

20．曾子曰："吾闻诸夫子：孟庄子之孝也，其他可能也；其不改于父之臣与父之政，是难能也。”（《子张》）这段话与孔子所说的“三年无改于父之道，可谓孝矣”相通。孟庄子是鲁国的大夫，他的父亲孟献子是春秋时期有名的贤大夫，孟庄子沿用父亲的旧属下和为政之道，孔子称其为孝，而且认为这种做法是难能可贵的。

21．所重：民、食、丧、祭。（《尧曰》）在儒家思想观念中，把丧礼与祭祀的重要性，同人民与粮食的重要性相提并论。这是通过重丧葬重祭祀来敦厚民俗。

三、《礼记》中对孝的论述

《礼记》（《小戴礼记》）是儒家重要经典之一，它选集了秦、汉以前各种关于礼仪制度方面的论著，是对古礼（尤其是周礼）的解释说明的专书。《礼记》中论述孝道的内容颇多，下面选其要者加以介绍说明。

1．凡为人子之礼。冬温而夏清，昏定而晨省，在丑夷不争。论述了“为人子者”之礼，是孝子敬亲事亲行为规范的具体化，如：侍奉父母，冬天使之温暖，夏天使之清凉，晚上服侍他们安寝，早晨向他们请安；在车马等物质享受上不应超过父辈，尊敬父亲的朋友；出门时要禀告父母，回家时要面见父母，出游要有定所，所学要有业绩，平时说话不自称为“老”；居、坐、行、立、宴食、祭祀要敬亲守礼，不做秘密的事，不涉足险境；父母活着时，不轻许朋友以性命攸关的事，不私蓄财物，以及父母活着或死后穿衣上的规定等等。这些都可看作是《孝经》上有关论述的具体解说。如“不登高，不临深”，即是由“身体发肤，受之父母，不敢毁伤”的观念推延而来的。

2．父母亲生病时，孝子的行为要有所节制。如：成年的儿子不梳头打扮，走路时不甩动双手，说话不能有不雅言语，不鼓琴瑟，吃肉不能到变了口味，饮酒不能到变了脸色，笑不能露出牙床，怒不能恶语骂人等。

3. 居丧之礼。谈孝子居丧时的行为礼节，与《孝经·丧亲章》中“三日而食，教民无以死伤生，毁不灭性，此圣人之政也”的说法可以互相参照。

4. 为人臣之礼：诤谏要委婉，三谏而不听，做臣属的就要离开君主，做儿子的就哀号哭泣，跟随父母之后。而《孝经·谏诤章》的说法则有所不同，它明确地提出：“故当不义，则子不可以不争于父，臣不可以不争于君”。

5. 服侍父母，如果父母有过失，应该为之容隐，委婉地劝说，不可犯颜指责。子女在父母左右侍奉，事事躬亲，不分彼此，尽心尽力服侍直到父母去世，然后依制守丧三年。

6. 高子皋（孔子的学生，姓高名柴）在为父母守丧时，暗暗地落了三年泪，从来没有露齿笑过，君子认为这是很难得的。

7. 子路（孔子的学生，名仲由）所转述的孔子关于丧礼以哀为主、祭礼以敬为主的说法，正与《孝经·纪孝行章》中“丧则致其哀，祭则致其严”的说法相合。

8. 丧礼，哀戚之至也；节哀，顺变也。君子念始之者也。（《檀弓下》）节哀顺变，辟踊有筭（捶胸顿足有一定的次数），都是“教民无以死伤生，毁不减性”，这与《孝经·丧亲章》在义理上相通。

9. 子路认为贫者难以尽孝道，因而发出感叹。孔子却说了一段很近情的话：“尽管只是喝豆粥饮清水，但能使父母愉悦就是尽孝了；父母去世后，只要能有衣衾以掩盖亲人遗体，即使没有外椁安葬亲人，但能根据自己的财力来办丧事，就合乎于礼。”

10. 不能因为办丧事而卖掉祖屋，否则先人的神灵没有宗庙可以依托；为守丧而憔悴却不能损害自己的健康，否则先人就会失去继承人。

11. 当父母有过错时劝谏之礼法：子、媳要低声下气、和颜悦色地劝谏，如果谏而不听，态度要更加恭敬，看到父母高兴时再次劝谏，与其使父母得罪于乡党州闾，宁可反复恳切劝谏，即使被父母打得头破血流也不能怨恨，而应更加恭敬、孝顺。这与《孝经·谏诤章》中的提法有所不同。

12．父母虽然去世了，当子女要做好事时，想到这会给父母带来好名声，就一定会做成；将要做坏事时，想到这会给去世的父母带来羞耻，就一定做不出来。这段话与《孝经·开章明义章》中所说的“立身行道，扬名后世，以显父母”在义理上相通。

13．曾子说：“孝子养老，要使父母内心感到快乐，不违背他们的意愿，娱乐他们的耳目感官，使他们起居安逸，在饮食方面也悉心照料，直到孝子身终。所谓‘终身’孝敬父母，并不只是说终父母一生，而是终自己的一生。凡是父母所爱所敬的，自己也要爱、敬，对于畜生犬马也都如此，何况对于人呢？”这里，“终身也者，非终父母之身，终其身也”的说法，与《孝经·丧亲章》中的“生民之本尽矣，死生之义备矣，孝子之事亲终矣”的说法不尽相同。

14．子贡（孔子的学生，姓端木名赐）问守丧之礼，孔子回答说：“诚心守丧是最重要的，有哀伤之情则在其次，哀伤得枯槁憔悴最不可取。脸色要和表情相称，悲伤的仪容要和所穿的丧服相称。”

15．君子生则敬养，死则敬享，思终身弗辱也。（《祭义》）

这段话与《孝经·丧亲章》中的“生事爱敬，死事哀戚”的说法相近。

16．子曰：“立爱自亲始，教民睦也；立敬自长始，教民顺也。教以慈睦，而民贵有亲；教以敬畏，而民贵用命。孝以事亲，顺以听命，错诸天下，无所不行。”（《祭义》）

孔子的这段话，与《孝经》中的诸多章节相仿处颇多，义理上更是相通无异。

17．曾子认为，事亲养亲，还不能算是真正的、全部意义上的孝，“孝为百行之本”，所以居处、事君、为官、交友、战阵等人生处事无一不与孝道有关，如果在人生各个方面不能处理得尽善尽美，出了差错，就会“灾及于亲”，故不可不慎。仁、礼、义、信、智这几方面的品行修养，也都是从“孝”的道德中来的，因此，孝道是放之四海而皆准的。曾子曾二次提到“孝有三”。其一是：“大孝尊亲，其次弗辱，其下能养。”其二是：“小孝用力，中孝用劳，大孝不匮。”曾子还引述了孔子的话：“断一树，杀一兽，不以其时，非孝也。”这些都是《孝经》中所无的内容。

18.《礼记·坊记》中所散见的孔子论孝文字，与《孝经》有相仿处，可互相补充说明；也有不尽相同处，可互相参照对比。例如关于谏亲的问题，孔子在此处更强调“敬顺”和“从命”，谏亲也只能是“微谏”。

19. 子曰：“舜其大孝也与！……”子曰：“武王、周公其违孝矣乎！……”（《中庸》）这是孔子提到虞舜、周武王、周公姬旦的孝行孝道。舜的孝行，古已传之，孔子称其为大孝。而周武王、周公姬旦的“违孝”，在孔子看来，是由于他们“善继人之志，善述人之事”。《孝经·圣治章》中也曾提到周公姬旦制定祭礼、以“严父配天”之事。

四、《孟子》中对孝的论述

《孟子》是“亚圣”孟轲及其门人“万章之徒”所著。汉代儒者已经视《孟子》为“拟圣之作”，是辅翼经书之“传”，宋以后《孟子》更正式列入了“十三经”中。后代的研究者发现，《孟子》七章中与《孝经》相发明处甚多，甚至有文字、句式相同者。但《孟子》中却无明确提到《孝经》之书。《孟子》中也有不少论及孝道、孝治的内容，下面将对这方面的内容加以引述、介绍：

1. 孟子在回答梁惠王询问治国安邦之道时，提出使人民对“养生丧死”没有遗憾，就是“王道”之始，而在让百姓能耕织自给之外，又能教化百姓以孝悌之道，就能使天下归顺了。这正是“以孝治天下”的儒家思想观念。

2．孟子认为：方圆百里的小国就可以因实行仁政而使天下归顺。只要减免刑罚，减轻赋税，使百姓能深耕细作，让年轻人在闲暇时间里讲求孝顺父母、敬爱兄长、为人忠心、诚实守信的德行，并用以在家中侍奉父兄，在朝廷服事君主上级，这样，即使是造些木棒也足以抗击披坚执锐的秦楚大军。孟子重视、夸显孝悌之道对政治的作用，在此表达得再清楚不过了。

3．孟子曰："老吾老，以及人之老；幼吾幼，以及人之幼，天下可运于掌。"（《梁惠王章句上》）孟子这段著名的言论，与《孝经·广要道章》中的"故敬其父则子悦，敬其兄则弟悦"等句子，在义理上也有相通之处。

4．孟子通过然友劝说滕文公（滕定公世子）遵守丧亲礼制，并以之影响世人，终于使众人心悦诚服。在这里，孟子引用了孔子、曾子等关于孝道与丧礼的言论，可见孟子的孝道及丧祭的礼制观念也是源自孔子等先儒们的。

5．孟子说："道在近处却往远处求，事情容易却往难处做—其实呢，只要人人都亲爱自己的父母，尊敬自己的长辈，天下就太平了。"这也正是以孝治天下的观念。

6．孟子关于"古者易子而教之"的言论，颇值得玩味。父子之间因为求好而互相责难，就会伤了感情，所以君子不教子，易子而教。

7．孟子讲"事亲为大"、"守身为大"，又称颂曾子养亲是养"志"，即顺从亲意的敬亲之养，而不是养"口体"。推测其中语意，孟子也是强调事亲与养亲都应具有发自内心的"诚"与"敬"。

8．孟子曰："不孝有三，无后为大。"（《离娄章句下》）这是很著名的一句话。东汉赵岐《孟子章句》注"不孝有三"之句云："阿意曲从，陷亲不义，一不孝也；家贫亲老，不为禄仕，二不孝也；不娶无子，绝先祖祀，三不孝也。"

9. 孟子认为仁的实质就是孝，义的实质就是悌，而且智、礼、乐等等也与孝、悌相关，这与《孝经》的提法相同，即把孝悌之道当作德行和教化的根本。

10. 孟子为他的朋友匡章的“不孝”辩护，认为匡章只是“父子责善而不相遇”而已。在这里，孟子又提到了“世俗所谓不孝者五”，与前面所说的“不孝有三”又有所不同。

11. 《孟子·万章章句上》集中地谈到虞舜的德行、孝道。孟子认为，虞舜的孝可称得上是大孝，因为他终其一生，像幼儿一样依恋父母，只有得到父母的欢心，才是他最大的快乐。

12. 孟子的“良知”“良能”观点，是很著名的。他认为：爱父母，敬兄长，正是人的良知和天性，而这也就是仁与义的出发点和本源。

除了《论语》、《礼记》、《孟子》外，其他的儒家经典中还有关于“孝”的记载和论述，如《春秋左氏传》中隐公元年郑伯克段于鄢，经文载：“君子曰：‘颍考叔，纯孝也，爱其母，施及庄公。’《诗》曰：‘孝子不匮，永锡尔类。’是之谓乎！”这就包含了当时人们对孝的认识；如《仪礼》中关于父母丧葬仪式和祖先祭礼仪式的记载，与古代孝的观念和孝行制度关系密切；再如《诗经》中也出现了一些“孝”的字眼或体现出了“孝”的伦理思想，其中《小雅·蓼莪》歌咏父母养育之恩，一唱三叹，感人情怀。可见，孝的观念在儒家的思想体系中占有重要的地位。

境 界

境界是指人的思想觉悟和精神修养。一个人的经历和悟性最终决定了他的人生境界。佛教的《无量寿经》谓：“斯义弘深，非我境界。”清末民初国学大师王国维在其《人间词话》里谈到：“古之成大事业、大学问者，必经过三种之境界。”“词以境界为最上，有境界，则自成高格。”追求崇高的思想境界，是自古以来人生修养的价值追求，是对自我人格的肯定，也是一个人成才的必修课。

（一）

人有一定的境界，才会有一定的追求，人生才会有一定的价值。境界决定了人的品位，品位决定了人格之高下，人格之高下决定了生命的意义和价值。

许多人都在苦苦地探讨人生，人生的道理其实很简单，能立定志向，生命就会转变；能持之以恒，生命就会脱胎换骨，最终能赢得美好的结果。许多值得羡慕与崇拜的人，大都在认知上掌握了正确的方向，然后持之以恒，生命就完全改观了。

有一个很好的例子可以说明这种风范。舜年轻时在田里耕作，丝毫不觉得有任何遗憾，后来尧把两个女儿嫁给他，让他当上帝王，他也不认为自己有什么了不起，好像天下原本即属于他。这就是人生的高明境界——一个人无论处在任何情境之中，都不会感到卑微或骄傲。舜可以表现这种风范，正是因为他的内在自我保持了动态的和谐境界。

阮籍在《大人先生传》中和伐薪者的对话中列举了战国时期和殷周之际的一些不因受辱而丧志，反因忍辱而激发，但功成之后却能身退让贤的名人武士，以说明“失不为辱，得不为荣”的道理。

战国时兵家孙膑，曾与庞涓同学兵法，后来庞涓为魏惠王的将军，忌其才能，诳他至魏，处以膑刑（去膝盖骨），故称为孙膑。但孙膑并未因此而丧志，后经齐国的使者秘密载回，被齐威王任为军师，先后设计大败魏军于桂陵和马陵，并擒拿了庞涓。此即谓之“孙刖足以擒涓”。

另一战国时魏人范雎，他曾走遍了东方六国，也没有找到发挥自己“无已无为”的自由本性的机会，而且还被当时的齐国人打断了肋骨和牙齿，他并不因辱而丧气，反而激发了意志，西入秦国，帮助秦昭王讨伐六国，建议其实行远交近攻之策，为此而建立了功业。但在功成之后，范雎却急流勇退，推让贤者来代替自己，这种能屈能伸、先穷后收的精神，是值得一般人学习的。此即谓之“雎折肋而乃休”。

还有一位叫百里奚的人，是春秋时秦国的大夫。他原为虞国大夫，虞亡时他曾被晋人俘去，作为陪嫁之臣送入秦国，后出走到楚，为楚人所囚，又被秦穆公用五张牡黑羊皮赎回，用为大夫，所以称为五羖大夫。百里奚并不因此而感到羞愧，更没有因此而灰心丧气，反而增添了信心，与蹇叔、由余等共同帮助秦穆公建立霸业。此即谓之“百里困而相嬴”。

再一位就是年老体衰而辅佐周王打败了暴虐无道的纣王的姜子牙，此谓“牙既老而弼周”。

以上四例是以历史人物一生中的荣辱变迁及其个人态度来说明“无已无为”的人生境界。

（二）

境界是一种人格。境界的高低不决定于知识、金钱、权力、地位。有的人很博学，但境界却很低；有的人境界很高，生活却很普通。

“为道所得”是一种精神境界。

为学所得的是知识的积累，这是两回事。一个很有学问的人，他的精神境界可能还像小孩子一样天真烂漫。《老子》虽然也不废“为学”，但是它还是以“为道”为主。它认为，人生最主要的事情是提高精神境界，对于外界的知识的积累同人的精神境界没有直接的必然的关系。所以它说：“绝学无忧。”它认为，人生的指导原则应该是顺自然。“为学”可能导致这个原则的反面。它说：“大道废，有仁义；智慧出，有大伪。”所谓“伪”的意思是人为，人为和自然是对立的。“为学”增加了人的知识，知识的增加可能导致人为的增加，那就走到顺自然的反面去了。

“浩然之气”是一种人生境界。

孟轲是子思的学生的学生。他自己说，他一生的志愿，就是学孔子，“乃所愿，则学孔子也。”孟轲自以为他有两个专长，一个是“知言”，一个是“养浩然之气”。“浩然之气”并不是一种外在的物质，而是一种内在的精神境界。

浩然之气的主要内容是不动心，在《孟子》一章的开始，孟轲和他的学生公孙丑谈到“不动心”。孟轲说，仅只是一个不动心并不难，告子就能比他先得到不动心。“富贵不能淫，贫贱不能移，威武不能屈”，这就是不动心。心所达到的精神境界，使它自然而然地感觉到富贵、贫贱、威武，都没有什么了不起，没有什么稀奇，所以它也就不淫、不移、不屈了。这就是真正的不淫、不移、不屈。这是有那种境界的人自然而然的表现。可是这种境界，只能是养出来的，而不是可以用强制、拔高、助长的办法得到的。有了这种境界的人，才能是至大至刚，无所畏惧，而独立于天地之间。这是一种很高的精神境界。这是一种很高的精神生活。一位诗人是这样赞颂“浩然之气”的：“天地有正气，杂然赋流形。下则为河岳，上则为日星。于人曰浩然，沛乎塞苍冥。”

“浩然正气”这四个字到现在还是一个常用的词汇，这是中国文化中的一个词汇。懂得了这个词汇，才可以懂得中国文化和中华民族的精神。

有一种境界叫“坐忘”。

《庄子·大宗师》篇讲“坐忘”的方法。它讲到关于颜回的一个故事。颜回先忘了仁义，后来又忘了礼乐，最后达到“坐忘”。“堕肢体，黜聪明，离形去知，同于大通，此谓坐忘。”“坐忘”的方法是靠否定知识中的一切分别，把它们都“忘”了，以达到心理上的混沌状态。

庄周认为人若是企图用智慧、技巧逃避或抗拒“命”，其结果必定是得到更大的不幸，“自讨苦吃”。他认为，最好的办法是，安于自己的遭遇，承认这是由于不可抗拒的力量，这样，就可以在主观上从不幸的处境中解脱出来，得到“自由”和“幸福”。《庄子》中有这样一个故事。中央地方有个神名叫混沌，因为他没有耳目口鼻等窍，所以称为混沌。住在南海和北海的两个神，很怜悯他，想给他开窍，凿了七天，七窍凿通了，混沌也就死了。混沌就是无知，王倪“四问而不知”，有近于混沌，所以啮缺大喜。混沌是一种精神境界。对于有这种精神境界的人，这些问题就不成问题了，它不能解决问题，但能取消问题。人生之中总有些问题是不可能解决而只能取消的。这种精神境界，用庄周的话说，可以概括为十六个字：

游于逍遥，论以齐物。超乎象外，得其环中。

“道”是中国知识分子追求的一种境界。

“君子忧道不忧贫，谋道不谋食。”“每一文化区有它的中坚思想，每一中坚思想有它的最崇高的概念。……中国思想中最崇高的境界似乎是道。所谓行道、修道、得道，都是以道为最终的目标。……我底思想也难免以达于这样的道为得。”金岳霖先生这段话表达了一个哲学家对于民族传统的深厚感情。

墨子之道过于刻苦，“其生也勤，其死也薄……使人忧、使人悲，其行难也，恐其不可以为圣人之道。反天下之心，天下不堪，墨子虽能独任，奈天下何！”

在先秦诸子中，儒家长于伦理，奠定了中华民族精神文明的基础；道家长于玄想，建立了古代哲学本体论；墨家长于逻辑与自然科学，对于形式逻辑和物理学、几何学做出了卓越的贡献。

“天下同归而殊途，一致而百虑”。必须经过“殊途”而达到“同归”，经过“百虑”而达到“一致”。那样的“同归”和“一致”才有内容，有意义。如果没有经过“殊途”和“百虑”，而只谈“同归”和“一致”，那样的“同归”和“一致”就没有内容和意义了。前者是认识的进步，有助于精神境界的提高，后者是两句空谈，既不是认识的进步，也无助于精神境界的提高。

我们中国人最普通最重要是讲一道字。道是一条路。我们人生应该跑的那条路，就叫道。那条道不该只求知，更贵在能行。因此中国人看重行为更过于知识。中国人常知行合讲。尚书里说：“非知之难，行之惟难。”

《易系辞》说：“形而上者谓之道，形而下者谓之器”。照程颐的了解，“道”是一般，“器”是特殊，“形”是可以为人们所感觉的形体。一般是不能为人们所感觉的，所以是“形而上”；特殊是可以为人们所感觉的，所以称为“形而下”。

孔子说：“饭疏食饮水，曲肱而枕之，乐亦在其中矣。不义而富且贵，于我如浮云”。又说：“一箪食，一瓢饮，在陋巷，人不堪其忧，回也不改其乐。贤哉回也。”这是一种“安贫乐道”的境界。

“天地间有至贵、至富、可爱、可求而异乎彼者（世俗的富贵），见其大而忘其小焉尔。见其大则心泰，心泰则无不足，无不足则富贵贫贱处之一也，处之一则能化而齐（齐贫富贵贱），故颜子亚圣。”

司马光的学生刘安世说：他跟司马光五年，得了一个“诚”字。司马光又教他，求诚要从不说谎（“不妄语”）入手。

“自此言行一致，表里相应，于是坦然，常有余裕。”他又说：司马光对他说，“只是一个诚字，更扑不破。诚是天道，思诚是人道。天人无两个道理。”《中庸》说：“诚者，天之道也；诚之者，人之道也”。这是做人的一种境界。

（三）

境界有高下。人生为血肉之躯，但人区别于动物的一大特点就是人有一定的境界，这就叫人生境界，人生境界的升华就是道德境界，人的最高境界是天地境界，天地境界是对人生的超越，是一种最高的精神境界。

柏拉图在《共和国》中说了一个比喻，一个生长在洞穴中的人，从洞穴中走出来，忽然看见土地的广大，日月的光明，他的胸中也豁然开阔。觉得有无限的幸福。他以此来说明人的认识的提高。一个人的认识从感性飞跃到理性，如果这个飞跃是自觉的，他也应该有这种感觉。《庄子》所说的井底之蛙，坐井观天，以为天空只有井那么大，忽然从井里跳出来，如果它有知觉，它也应该有这样的感觉。

人是自然的异化，从自然出生，而又与自然相对立。社会是人的异化，是人所组织的，而又与人对立。

如果人能够理解这些道德行为，就不只是道德行为，而且有超道德的意义。这些超道德的意义就使有这些理解的人的精神境界比道德境界又高一层，而成为天地境界。

天地境界又有四个层次：知天、事天、乐天、同天。

张载还有四句名言："为天地立心，为生民立道，为往圣继绝学，为万世开太平。"

程颐说："学者不欲学圣人则已，若欲学之，须（当作非）熟玩圣人之气象不可。"气象是人的精神境界所表现于外的，是别人所感觉的，有某种精神境界的人，他自身也可以有一种感觉。

因为一个人的气象，是他的精神境界的表现，而他的精神境界是从他的哲学思想和修养功夫得来的，所以他的气象能够感人很深。

思想者

伟大的精神领袖和伟大的圣人总是在装饰着历史的篇章，但是苏格拉底与他们中的任何一位都不同。他确实是一位神的仆人，生活在对神的完全服从之中，总是幽默地讥讽这个人的世界。他耗费自己的生命去努力点燃每个人内心的善的火花，使之成为烈焰。他反对盲目的固执、愚蠢的欺骗、自我主义的冷漠。当他遭到失败，给自己招惹来凶恶的敌人时，他感到有点儿后悔但又感到有趣，表现出一种悲哀的同情，因为他关心每一个人，就好像他在对自己说“我们是多么愚蠢的儿童啊！”苏格拉底从来没有宣判他人有罪。

（一）

苏格拉底认为，有节制不在于把享乐减到最少，不在于有目的地保持头脑清醒和压抑欲望，而是一种意识的力量，这种意识能在过度的肉体享受中保持清醒。我们由此可以看得出来，我们丝毫不能以道德美德的教条来设想苏格拉底。就内容而言，他的哲学有着非常实际的动机。不过主要的方面则在于苏格拉底方法。

苏格拉底的谈话（这种方法）具有一种特点：他一有机会就引导人去思索自己的责任，不管这机会是自然产生的还是苏格拉底故意造成的。他常到鞋匠与裁缝的作坊中去和他们谈话，也和青年们、老人们、鞋匠们、铁匠们、智者们、政治家们、各种公民们谈话，谈话总是从他们感兴趣的东西开始，或者是家务，或者是儿童的教育，或者是知识、真理……，——不管什么问题，只要机会允许。接着他就引导他们离开这种特殊事例去思索普遍的原则，引导他们思索、确信并认识什么是确定的正当的东西，什么是普遍的原则，什么是自在自为的真和美。这种工作，他是用著名的苏格拉底方法来做的；我们在谈内容之前，必须先谈这种方法。这个方法主要有两个方面：一是从具体的事例发展到普遍的原则，并使潜在于人们意识中的概念明确呈现出来；二是使一般的东西，通常被认定的、已固定的、在意识中直接接受了的观念或思想的规定瓦解，并通过其自身与具体的事例使之发生混乱。这些就是苏格拉底方法的一般。

苏格拉底将死亡看作是痊愈！换言之，灵魂与身体一起活在世界上的时候，是处在生病的状态，而身体的死亡让灵魂得到了痊愈。这种思想指出，人活在这个世界上就是在准备死亡、练习死亡，因为死亡能够使我们的身体消失，而生命的本质（灵魂）由此摆脱物质世界的牵绊，不会再有各种欲望，妨碍真正的自由了。苏格拉底死后，柏拉图赞叹：“他是我们这个时代所知道的最正直、最明智、最善良的人！”

（二）

像苏格拉底这样的人，自然会带给后人深刻的影响。柏拉图在苏格拉底过世之后说了一句话：“老师死了，我们这些学生都变成孤儿。”由此可知，苏格拉底就像这些学生心灵上的父亲。柏拉图甚至曾经说：“我觉得自己非常幸运，因为我生为雅典人，而不是蛮族；生为自由人，而不是奴隶；生为男人，而不是女人。但是，我真正觉得最庆幸的是，能够生在一个苏格拉底的时代，能够亲近他，向他学习。”柏拉图的《对话录》影响西方文化非常深远，是西方哲学最早期也是最重要的经典，因此有人说：谈起希腊，转头必见柏拉图。可见苏格拉底的事迹经过柏拉图记载后，对后世的影响多么深远！

柏拉图既是哲学家，又是文学家、诗人，同时又是热衷于政治的思想家。他很想将他那套应该根据理性标准建立的政治体制在现实世界中实现，为当时混乱纷争的希腊城邦树立一个样板。为此他三次远赴西西里，希望那里的叙拉古城邦的执政者能够接受他的教导，按照理性治理城邦。结果是一次次都失败了，他只能返回雅典，在他创立的学园中著书立说。他最负盛名的对话《国家篇》大概是他返回雅典之后写成的，比较完整地论述了他的理想的政治制度。

泰勒斯是古希腊最早的哲学家之一，据说他在一次汲水的时候因望着天上的星辰而掉在井里，因而女仆嘲笑他连脚下的事都没有整明白，还想明白天上的事情。泰勒斯还曾被人嘲笑过他的贫穷，他就用分期付款的办法买下来所有的榨油器，于是就能够掌握榨油器的垄断价格。他做出这件事是要表明哲学家是能够搞钱的。如果哲学家终身贫穷的话，那是因为他们有着比财富更重要得多的事要去思想。

（三）

亚里士多德作为一个哲学家，在许多方面和所有他的前人都非常之不同。他是第一个像教授一样地著书立说的人：他的论著是有系统的，他的讨论也分门别类，他是一个职业的教师而不是一个凭灵感鼓舞的先知。他的作品是批判的、细致的、平凡的，而没有任何巴库斯激情主义的痕迹。

“我有一个儿子，但我感谢神灵赐我此子，还不若我感谢他们让他生于你的时代，希望你的关怀和智慧将使他配得上我，并无负于未来的王国。”在人类历史里，当一个亚历山大的教师，显然是一种光辉的命运。在亚历山大的宫廷里，亚里士多德充分享受了腓立及其后奥林比娅的恩宠和尊敬。亚里士多德的这个学生后来如何，已是众所熟知的事；

至于他的教育的结果怎样，则亚历山大的精神和事业的伟大以及他对他的先生的持久的友谊，就是亚里士多德的最好的鉴定——如果亚里士多德需要这样的鉴定书的话；这些事实为他的教育的精神作了见证。亚里士多德在亚历山大身上，比柏拉图在狄奥尼修身上，找到了一个不同的、更有价值的学生。

亚历山大的远征并不是纯粹为了征服，而是具有自己是主人的观念。

亚历山大的远征有着一种完全与此不同的历史的、军事的、政治的性质，此外，它与印度人并无多少牵涉——它完全是一种通常的征战。亚里士多德的形而上学和哲学是绝不承认这种愚蠢的荒诞幻想的。第一，亚历山大在东方人的想象中被捧成一个公认的英雄、一个神，这是不足为奇的。神与人一般地并不是相去很远。第二，希腊本身亦趋向于一种神变成了人的观念——这种神不是一个遥远的、生疏的雕像，而是在这无神的世界里面的一位活生生的神。德梅特留·法来留和别的一些人，在雅典往后不久也就被当作神来尊敬和崇拜。第三，此外，无限也存在于意识里面。只要思想所到之处，现实的边际就会随之延伸。生活是由人创造的。人心有多大，世界就有多大。第四，佛教徒并未引起亚历山大的兴趣，在他的印度远征中，看不出有什么东西和佛教徒有关。至于波斯波里的焚毁，当作希腊人对泽尔士毁坏雅典及希腊的神庙的报复，便已有充分理由。

当亚历山大这个站在希腊顶峰上的最伟大的人完成着这个伟大的工作时，他同时还经常地记住艺术和科学。

（四）

一个印度的圣人或西藏的圣人不需要仪器设备，只缠一块腰布，只吃白饭，只靠着非常微薄的布施维持生活，因为他被人认为是有智慧的。知识就在于思索而不在于印象。

柏拉图和亚里士多德生当希腊思想创造时期的末叶，而他们死之后一直过了两千年，世界才又产生出来任何可以认为是大致能和他匹敌的哲学家。那些对这两个人都崇拜的人们，就想象着老师影响了学生。黑格尔认为亚历山大的事业就表现了哲学的实际用途。

论圣洁也有和弗兰西斯不相上下的人，然而他那乐天的态度、博爱的精神和诗人的才华却使他超然立于其他圣者之上。他的善良，就像是浑然天成的一般，从来没有什么斧凿的痕迹。他爱众生，这不仅表现在他作为一个基督徒和一个慈善家，而且在作为一个诗人上面。圣弗兰西斯一生努力的结果，只不过在于开创了一个更为富有更为腐化的教团，用以加强教阶制度，并助长对所有道德忠信和思想自由的优秀人物的迫害。当他要驳斥某一学说时，他常常是尽力地并总是公正地把他首先叙述出来。在区别渊源于理性和渊源于启示的两类论证时，他的文笔的明确和清晰实在令人赞叹。他想于炫耀外表的智慧之中掩饰自己的愚昧。

《纯粹理性批判》这书共售出了四部，有三部买主不明，一部卖给了康德。如何可能有先天的综合判断？对这个问题的解答及其种种结论，构成这本书的主题。康德对此问题的解决办法，是他非常自信的解决办法。他寻求这个解决办法费了12年功夫，但是在他的理论既然成了形之后，只用几个月就把他的整个一部大书写成了。他自比哥白尼，说他在哲学中完成了一个哥白尼式的革命。

在哲学家当中，尼采毫无顾忌地站在少数人一边，马克思则衷心诚意地站在多数人一边。或许边沁是惟一打算调和利害矛盾的重要人物；因此他招来了双方的忌恨。

阐述任何一种关于人类关系的圆满的现代伦理时，最重要的是承认人对于人类范围外的环境的权能必有的限度，承认人对人彼此间的权能宜有的限度。

（五）

黑格尔断言现实的就是合理的，合理的就是现实的。他的最重要的著作是两部《逻辑学》，要想正确理解它对其他问题的见解的依据，这两部书不可不懂。黑格尔解释他的逻辑时说，所谓舅舅就是一个有外甥的人，而外甥是与舅舅分立的人；因此舅舅不会是“实在”全体。《逻辑学》末尾讲的“绝对理念”，是一种像亚里士多德的“神”似的东西。绝对理念是思维着自身的思想。

绝对理念是思维着纯思想的纯思想。黑格尔和他以后的马克思和施本格勒一样。在黑格尔之后，宇宙渐渐在学习黑格尔的哲学。这说明一条重要真理，即你的逻辑越糟糕，由它得出的结论越有趣。

但是，在从笛卡尔到黑格尔和从霍布斯到费尔巴哈这一长时期内，推动哲学家前进的，绝不像他们所想象的那样，只是纯粹思想的力量。恰恰相反，真正推动他们前进的，主要是自然科学和工业的强大而日益迅速的进步，在唯物主义者那里，这已经是一目了然的了，而唯心主义体系愈来愈加进了唯物主义的内容，力图用泛神论的观点来调和精神和物质的对立；因此，归根结底，黑格尔的体系只是一种就方法和内容来说唯心主义地倒置过来的唯物主义。

（六）

当费尔巴哈在世时，自然科学也还是处在剧烈的酝酿过程中，这一过程只是在他去世后的20年后才达到了足以澄清问题的、相对完善的地步；新的认识材料以空前的规模被提供出来，才有可能在这种连接而来的发现的混乱状态中建立起联系，从而使它们条理化。虽然这三个决定性的发现——细胞、能量的转化和以达尔文命名的进化论，费尔巴哈全看到了，但是，这位在乡间过着孤寂生活的哲学家怎么能够充分研究科学，给这些发现以足够的评价呢？就是在自然科学家当中，当时有一部分人还对这些发现持有异议，有一部分人还不懂得充分利用这些发现。这里唯一可以非难的，是德国的可怜的状况，由于这种状况，当时哲学讲席全被那些故弄玄虚的、折中主义的、打小算盘的人所占据，而比这些家伙高明百倍的费尔巴哈，却不得不在穷乡僻壤中过着农民式的孤陋寡闻的生活。因而，当时已经成为可能的、排除了法国唯物主义的一切片面性的、历史的自然观，始终没有为费尔巴哈所了解，这就不是他的过错了。

（七）

我们的世界也就会是“常住的现在了”。托马斯·佩因说过一句发人深省的话：“从崇高到可笑，还不到一步之差。”

斯宾诺莎写下：“只要是在永恒的典型下理解事物，则精神是永恒的。”

拜仑说：“难道群山、波涛和诸天不是我的一部分，不是我心灵的一部分，正如我是它们的一部分吗？”

康德在其《实践理性批判》中说：哲学家的最大的义务就是要做个彻底的人，但正是这点通常却见得最少。

理想和现实之间没有任何有机的联系。社会发展规律，如果没有人的中介作用，很少能够实现，正如同自然规律如果没有物质的中介作用也是很少能够实现的一样。但这完全不是说“个人”就可以忽视社会发展的规律了。如果忽视的话，他将至少要受到这样的惩罚，即变成可笑的堂·吉诃德。

柏里克勒独立把自己培养成了政治家。据说自从他献身政治以来，便从不大笑，从不赴宴会，他仅仅为了这个目的而活着。苏格拉底用他的艺术和自觉的意志力量，也给自己培养成了一定的品格和终身事业，获得了技巧与才能。由于他的原则，他达到了这种伟大，产生了这样长期的影响，直至今天，在宗教、科学和法律中，他的影响仍然是非常深彻的。有内在信念的天才是一个基础，这个基础对于人类应当说具有头等的意义。邓尼曼曾惋惜地说：“我们深知他是什么样的人，但不知他是如何变成这样的。”

（八）

很多时候人要达成一个伟大的目标，必须经过许多痛苦的考验，尤其目标越高尚、越伟大时，过程就会越辛苦。牛顿说过：“天才只是长久的耐苦。”

克尔凯郭尔的作品强调“跃”这个字，意味着人在面对未知时的抉择就如同站在悬崖边，前面是漫天迷雾，完全看不清楚，这时候必须自己决定是否要跳跃过去。前方有可能是一个对岸，能够让人继续前进，也可能什么都没有，跳下去就粉身碎骨。但是在决定是否跳之前，没有人可以给我们答案，因为人生本来就是抉择的过程。

克尔凯郭尔认为，一个人若是只活在群众之中，不能算是真正的“人”，要做一个人，应该设法做个“超人”。所谓的“超人”是指：一个人活在这个世界上，要对生命充分肯定，亦即要把生命潜能完全实现出来。生命的潜能包括了“有形的身体”和“无形的精神”两方面。

托尔斯泰的真正伟大之处就在于他揭露了此世的一切伟大中包含的荒谬和卑鄙。世界的任何伟大都是渺小的和可怜的：比如皇权的伟大，贵族的伟大，军事上的伟大或财富、奢华方面的伟大，凯撒和拿破仑的伟大。这是堕落的现象世界里的伟大，这个世界没有上升到本体的意义。历史的伟大与谎言、凶恶、残酷、暴力和流血过分地相关。“伟大的”历史事件都是伪装，在这些伪装的背后隐藏的完全是另外一种实在。人民群众（及其）领导者对仪式、程式化的象征、勋章、制服、庄严的演说的喜爱，又对有益的谎言的喜爱，都表明了世界的状态和人在世界上的状态，这里教导的是，应该如何用谎言来控制群众。

民族之魂

（一）

孔子身为当时最卓越的知识分子，在50岁时自认为“知天命”，就是相信自己的“命运”已经转化为“使命”，并且是天赋予他这种使命的。

孔子从51岁起，先是从政为官，后则周游列国，所作无非“顺天命”。其为人也，发愤忘食，乐以忘忧，不知老之将至云尔。

孔子双向合一的人生历程，值得我们认真学习。人生难免有些无可奈何的命定条件，但是只要立定志向就可以从自我认识，走向自我成长的路途，亦即随着岁月而登上人生的更高境界。外在的成就也许属于命运，但是人格的修养则是个人的使命所在。体认了人性向善之后，就能择善固执，以求止于至善。

（二）

孔子后来曾经告诉他的门徒说：“我往日没有得到从政的机会，可是我因此有了学会各种本领的工夫。”

孔子说：“我听说，有钱的人给人送行的时候送钱，有道德有学问的人给人送行时候是赠几句话。我没有钱，姑且冒充一下有道德有学问的人，送你几句话吧。第一，你所钻研的，多半是古人的东西。可是古人已经死了，连骨头也烂了，不过剩下那么几句话。你不能把那些话看得太死。第二，有道德有学问的人，生的是时候呢，固然应该出门坐坐车，阔绰一下；如果生的不是时候，只要过得去，也就算了。第三，我听说有句老话，会做买卖的都不把东西摆在外面，有极高的道德的人都是很朴实的。你应该去掉骄傲，去掉很多的贪恋，去掉一些架子，去掉一些妄想，这对你都是没有好处的。一切事不要太任自己的性，这样在家庭也不合适，在朝廷也不合适。我要告诉你的，就是这些话了。”

（三）

假若孟子所传的孔子是真面目，我们真要感激孟子这一番保存的功劳，假若孟子所传的孔子有许多成分的创造，我们更要对这一种创造致以最大的敬礼了！孟子是最后的一个雕塑师，我们在他的雕塑艺术里，乃留下一个属于整个民族甚而全人类的精神教养的最大导师之永不可磨灭的巨影了！

“成事不说，遂事不谏，既往不咎”，“可与言而不与言，失人；不可与言而与之言，失言；知者不失人，亦不失言”，“君子有三戒：少之时，血气未定，戒之在色；及其壮也，血气方刚，戒之在斗；及其老也，血气既衰，戒之在得”。

颜渊说：“仰之弥高，钻之弥坚，瞻之在前，忽焉在后，夫子循循然善诱人。博我以文，约我以礼，欲罢不能。既竭我才，如有所立，卓尔，虽欲从之，蔑由也已！”

（四）

孔子和屈原是中国精神史上最伟大的纪念像，是中国人伦之极峰。孔子代表我们民族的精神（Der Geist），屈原代表我们民族的心灵！我们民族是幸福的。

孔子和一切世界上的哲学家不同，而有一种独特的价值处，就在他不是空洞的理论家，而是渗透于人生者极深，有着丰富的体验与智慧的。

总之，孔子的思想富于理想主义，（君子忧道不忧贫）（《卫灵公第十五》）。曾子作了更进一步的发挥，他说："士不可以不弘毅，任重而道远，仁以为己任，不亦重乎！死而后已，不亦远乎！"（《泰伯第八》）而行仁是个没有终结的努力过程。

孔子的身教让我们明白，努力不懈奋勉以求会在我们的生命产生实质的变化，外在的成功虽不可必，然而"朝闻道，夕死可矣"。让我们不会空活一场，辜负了上天和父母给予我们的生命。

（五）

"无言之教"正是孔子彻底突破传统的新观念。《论语》中记载：子曰："予欲无言。"子贡曰："子如不言，则小子何述为？"子曰："天何言哉？四时行焉，百物生焉，天何言哉？"

孔子的思想含弘光大，不显主角，孟子欲显精彩。孟子：

曰谨言，曰慎行，曰约己，曰清心，曰节饮食、寡嗜欲。

孔孟的思想，成为中华民族世世代代取之不尽、用之不竭的精神源泉，涵养孕育教化，成就了一代代特立独行、敢于担当、舍生取义、为民请命的志士仁人，他们牢记至圣先师的教诲，在每一次民族危难之中挺身而出，成功未必在我，奋斗当以身先，带领着中国人走出黑暗、走出苦难，使中华文明薪火相传、生生不已，延续着中华民族的香火，他们是真正的民族魂。因此，两千年后的孔门弟子总结儒家教育的人才的标准时指出，深沉厚重是第一等资质，磊落英雄是第二等资质，聪明才辩是第三等资质。

（六）

孔子一车两马，周游在外十四年，其对人生之种种感触启悟，有意义有价值之内心境界，不仅对自心然，对千百世以下之心世界，仍还有影响，有贡献。若使孔子在今天，坐飞机、轮船、火车、汽车，或许转换因太匆忙、太急促、太多刺激，不够亲切，而在其内心生命上反会有减损。

孔颜乐处在心世界，不多要外面条件。物的占有，有时成为心的亏欠。故中国历史，乃一部人心的历史。非心服也，力不赡也。以德服人者，其心悦而诚服也。能疏于物与亲于心，乃得孔子仁智之大义，而人生乐处亦在是，人生真处亦在是。

节欲、恬淡、知足，造就了一代又一代敢于担当、舍小我而为大我的民族英雄，并成为他们的自觉修养而朝乾夕惕。林则徐说：防欲如挽逆水之舟，才歇力便下流，力善如缘无枝之树，才住脚便下坠。是以君子之心无时而不敬畏也。

（七）

董仲舒深谙儒家之真谛，著《春秋繁露》而罢黜百家、独尊儒术，他告诫后世人君：君之视臣如手足，则臣视君如腹心。君之视臣如犬马，则臣视君如国人。君之视臣如土芥，则臣视君如寇仇。

天下有道，以道殉身。天下无道，以身殉道。未闻以道殉乎人者也。殉道可尊，殉人可卑。

不从事政治活动，而同受中国后代人崇奉。其仕其隐，亦有外在条件。为清为和，同得为圣。顾亭林有言：国家兴亡，肉食者谋之。天下兴亡，匹夫有责。其言天下兴亡，乃指大道，风俗民情，即人生之总全体，近人谓之文化。

“士希贤，贤希圣，圣希天。”中国乃一四民社会，士风如此，而政风随之。故中国人尊孔乃远在其尊帝王之上。帝王亦必尊孔，始为国人所尊。

中国人重言信，必自信其已，而后能信及他人，人亦自信之。

中国之所以自信，因为其有一伟大之灵魂——孔子。中国人应永远坚守这一民族之魂！

（八）

梁启超说：天下大事，多出于英雄、天才之手，蚩蚩者直从风而靡耳。教育不足以造英雄与天才，而英雄与天才自不可无陶冶之教育。高等教育之责任，在使英雄与天才得其陶冶之地而无夭阏之虞。王国维堪称现代之学术天才，陈寅恪在评价其学术成就时写道：趣博而旨约，识高而议平，其忧世之深，有过于龚、魏，而择术之慎，不后于戴、钱。学者得其片言，具其一体，犹足以名一家、立一说。其所以继承前哲者以此，其所以开创来学者亦以此，使后之学术变而不失其正鹄者，其必由先生之道矣。窃又闻之，国家与学术为存亡，天而未厌中国也，必不亡其学术；天不欲亡中国之学术，则于学术所寄之人必因而笃之。世变愈亟，则所以笃之者愈至。使伏生、浮邱伯辈，天不畀以期颐之寿，则诗书绝于秦火矣。既验于古，必验于今。其在诗曰："乐只君子，邦君之基。乐只君子，万寿无期。"又曰："乐只君子，邦家之光。乐只君子，万寿无疆。"

爱国者，爱一国之人民耳。爱国之念由必爱父母兄弟而起，父母兄弟不能爱，何能爱一国之人民哉！

（九）

孔子随机指点。耶稣也如此。所以，钱穆先生曾说，圣人不能干政治，圣人只能够做圣人。圣人只能说雅量的话，体谅人，忠恕、谦卑。干政治就不能如此，不能无对。就是孔子出来做大总统，他也不能采用圣人的姿态，他也一定要以总统的身份，要守规矩，总统有总统要守的一套规矩。你不能以圣人的姿态做大总统，你以圣人的姿态做大总统那就糟糕了。“圣人以此洗心，退藏于密，吉凶与民同患。”“此”就代表下面三件事情：圆而神、方以智、易以贡。

朱熹曾上书当时的皇上：臣闻《中庸》“人一能之，己百之；人十能之，己千之。果能此道，虽愚必明，虽柔必强。”而元祐馆职吕大临为之说曰：“君子所以学者，为能变化气质而已。德胜气质，则愚者可进于明，柔者可进于强；不能胜之，则虽有志于学，亦愚不能明，柔不能强而已矣。……今以鲁莽灭裂之学，或作或辍，以求变其不美之质，及不能变，则曰：天质不美，非学所能变。是果于自弃，其为不仁甚矣。”臣少时读书，偶于此语深有省焉，奋厉感慨，不能自已。自此为学，方有寸进。所以他在同安只经历了五年宦海浮沉，便自甘退藏，深山奉祠不出，而骨子里却在清苦的授徒讲学中默默铸造自己庞大的理学体系，实现自己以理学良方疗救天下、力挽衰世的“圣人”抱负了。

朱熹后来终身标举的知行合一的精神，学在“为己”，学在“通当世之务”的要求，明“理”和明“事”一致。

（十）

天下无粹白之狐，而有粹白之裘，取之众白也。譬若丝竹金石之会乐同也，其曲家异而不失于体。如果将一种学说“定于一尊”，势必妨碍思想的活跃；如果容许百家，势必损害政治上的一统。两千年来的中国学术史给我们一个重要的启示：每一时代应确立一个主导思想，而同时应容许不同学派的存在。必须确定一个主导思想，借以保证政治上的统一、社会的安定；同时允许不同学派的存在，借以保持思想的活跃、学术的繁荣。

中国人观念，著书乃以传道，非以扬名。道为公，名则私。为社会大群传道，非为个人著作扬名。果图私名，即非公道。孔子曰：“述而不作。”先孔子，鲁国有叔孙豹，有立德立功立名三不朽之说。随时随事所言当于道，后人记述之，其言即不朽。则德功言不朽，皆公非私。孔子所言，由其门人弟子记下，非孔子自立言以求不朽。中国学问在做人，而知识非其首要。朱熹给自己起的书名《近思录》，乃从论语子夏“切问而近思，可谓好学”来。学做人，故需切问近思。

儒家都是教育家，教育就是育人成才，首先要使人成为一个人。“修辞立其诚”是《易传·文言》的一句话。这是发言著论写文章的一个原则。“立其诚”即是坚持真实性。“立其诚”可以说包括三层含义，一是名实一致，二是言行一致，三是表里一致。

（十一）

历史乃人心之积累，西方人不明于此，故其史学最后起，仅留一堆古器物，成为历史之至宝。而今国人则目西洋史为最进步，此亦人心之变，良堪嗟叹，更复何言。又如耶稣教，亦只一些物质建设与教会组织。破坏此等建设与组织，即成为革命。所谓信仰，岂只在此等建设与组织上。故对事与物之革命则易，对心与性之革命则难。

孟子曰：“登泰山而小天下。”泰山并不高，但自秦始皇帝以下，历代帝王巡狩登泰山，直至宋真宗，上下亦千年。随时随地，并有名人古迹流传。登泰山亦如读一部中国史，有大生命之寄存。中国各地名胜如此者亦尚多。若果漫失其生命，而专一留情其事物，则亦无甚深意义价值之可言。而又何新旧之足辨。

一旦一个人把某人当作自己崇拜的对象，他就会把这人理想化。美的危害——此女美且聪明：若她不美，她当怎样更聪明啊！毁坏一个年轻人的最保险方法是教他对那些与他思想相同的人比对那些与他思想不同的人评价更高。在社会中，只要多数粗鄙者掌握权力，少数优秀者通常总是对这个社会退避三舍。一个人的价值越大，他越是发现他所得到的远不及他所失去的多，而获利的则是对方；因为他与之交往的那些人一般来说都是道德沦丧、名誉扫地者——这就是说，从他们那儿所能得到的，除了无聊、烦恼、厌恶或者自我克制（它反映了一种必然性）外，别无他物。

这人世间是偶然和错误两者的王国，它俩在这王国里毫无情面地既支配着大事，也支配着小事。它俩之外还有愚昧和恶毒在一边挥动着皮鞭，于是任何较好的东西只有艰苦地突围，高贵和明智的东西很难露面而发生作用或获得人们的注意；可是思想王国里的荒谬和悖理，艺术王国里的庸俗和乏味，行为王国里的恶毒和狡诈，除了被短促的间歇打乱之外，实际上都能维持其统治权。与此相反，任何一种卓越的东西经常都只是一个例外，是百万情况中的一个情况。

汉字中的文化信息

汉字是中国文化的细胞。汉字是象形文字，稳定的结构，使它超越了标音能力的缺陷，隔代的人可以共享书面阅读，异地的人可以借助文字沟通，不同的民族虽有各自的语言，用汉字书写的书面语，都被大家尊为共同的文化载体。从汉字的起源来说，一个字本身就是一件事、一个人或一件物，对深谙中国文化的人来说，从字形结构上就能大致悟出其中的内涵和神韵。因此，汉字中蕴含着大量的文化信息。要研究中国传统文化，首先必须研究汉字，不读烂《尔雅》，就读不懂经书。《尔雅》是我国古代有关语言文字和训诂名物的一部专著，所包含的内容极为丰富，有古代祭祀、亲属称谓、宫室建筑、器具用品、音乐乐器、天文历法、地理概况、植物特性、动物种类等方面，博大精深，包罗万象。研读它不但有助于我们去了解古代的社会文化，也是我们考证、研究古代社会的重要资料，更可从中一窥汉字中潜藏的奥秘。

一、汉字通过对不同的人命名，区分和界定了社会伦理关系，为社会秩序的建立奠定了基础。

从古代祭祀方面界定了人与天的伦理关系。先秦的宗庙祭祀活动甚多，《尔雅》中就有许多这方面的记载。它反映了封建统治者对宗庙祭祀的重视，并把它当作王权统治的精神支柱。祭祀在中国传统中被看作是十分重要的宗法和政治活动，对祭祀的怠慢和僭越具有不可饶恕性。祭祀是通过敬天而敬人，通过对天的敬畏而告诫人。正所谓“慎终追远，民德归厚”。《尔雅》云：春祭曰祠，夏祭曰礿，秋祭曰尝，冬祭曰烝。这是先秦时期所谓“四时之祭。”《尔雅》还记载并解释了祭祀天、地、山、川、星、风等自然神的祭名：祭天曰燔柴。祭地曰瘗薶。祭山曰庪县。祭川曰浮沉。祭星曰布。祭风曰磔。古代还有一种规模盛大的宗庙祭祀，叫作“禘祭”。或称“殷祭”。《释天》云：“禘，大祭也”。它是指天子诸侯在宗庙祭祀祖先的一种大祭。每五年举行一次祖庙大祭（称“禘祭”）和合诸祖神主的大合祭（亦称“祫祭”）。

从亲属称谓方面界定了人与人的伦理关系。在我国古代宗法社会中，凡同姓本宗以及由通婚而结成异姓姻亲都可称作“亲属”，高曾祖父母及父母为“尊亲属”。《礼记·大傅》云：“六世亲属竭矣。”可见，亲属关系拉得远，亲属名称分得细，是中国古代宗法的特点之一。《尔雅》就介绍了古代亲属称谓的种种复杂情况：如“父为考，母为妣。”《礼记·曲礼下》：“生曰父曰母曰妻，死曰考曰妣曰嫔。”《方言六》：“南楚瀑涯之间谓妇妣曰母姼，称妇考曰父㚏。”郭注：“古者通以考妣为生存之称。”“父之考为王父，父之妣为王母”；今称为祖父、祖母。“父之世父、叔父为从祖祖父”，今称伯祖父、叔祖父；“父之世母、叔母为从祖祖母”，今称伯祖母、叔祖母。“父之晜弟（兄弟），先生为世父（伯父），后生为叔父。”“男子先生为兄，后生为弟。男子谓女子先生为姊，后生为妹。”“父之姊妹为姑。”“父之从父晜弟为从祖父”，俗称堂伯父、堂叔父，“族晜弟之子相谓为亲同姓。”清郝懿行《尔雅义疏·释亲第四》：“同姓之亲无服属。”“兄之子、弟之子相谓为从父晜弟”，俗称堂兄弟。“子之子为孙。孙之子为曾孙。曾孙之子为玄孙。”“父之从父姊妹为从祖姑”，即今称堂姑。“父之从祖姊妹为族祖姑。”“父之兄妻为世母”，即伯母；“父之弟妻为叔母。”“父之从父弟弟之妻为从祖母”，即堂伯母、堂叔母。“宗族”，即同一父系的家族，父系的亲属。“母之考为外王父，母之妣为外王母”，即外祖父、外祖母。“母之昆弟为舅”；“母之从父晜弟为从舅”，今称堂舅。“母之姊妹为从母”，即姨母。“从母之男子为从母晜弟”，即姨表兄弟；“其女子子为从母姊妹”，即姨表姊妹。“母党”，即母系亲属。还有许多复杂的称谓，这里就略去不述了。从亲属称谓中，我们可以清楚地看到，在封建宗法社会里，父族是作为重点的。其称谓不仅拉得长，而且拉得广。而母族亲属的称谓，纵的自母至外曾祖父母才三代，横的至从母兄弟姊妹也才两代。妻族亲属的称谓还不及母族。从而，充分说明了封建宗法制度是以男子为中心的，同时也强烈地反映了男尊女卑、嫡尊庶卑的宗法观念。

从宫室建筑方面界定了不同人之间的等级关系。根据周原考古队发表的报告和有关研究文章来看，西周建筑基址是带封闭性而又有相对独立性的建筑群。《尔雅·释宫》里许多宫室建筑名称，可与以上的西周基址考古材料相互印证。“宫谓之室，室谓之宫。”在先秦时，“宫”和“室”是同义词，故这里以“宫”“室”互相训释。到了秦汉以后，随着建筑的发展，“宫”成了用封建式围墙围起来的一群建筑的总称，因而，“宫”便专指帝王的住所，和“室”意义不同了。“室有东西厢曰庙，无东西厢有室曰寝，无室曰榭。四方而高曰台。陕而修曲曰楼。”这里解释了几个有关宫室建筑的名称。古代殿堂东西两侧的房屋是宗庙祭祀祖先的地方，是前殿，叫“庙”；宗庙后殿藏放祖先衣冠的地方，叫“寝”；无室的厅堂，叫“榭”。用土筑成四方形高而平的建筑物，叫“台”。凡狭窄而高的房屋，叫“楼”。

二、汉字通过对各种生活器物的命名，界定和规范了人的各种行为，为人类建立文明的生活秩序奠定了基础。

《尔雅释器》里介绍了中国古代许多器物的名称，其中包括盛器、农具、捕具、服饰、礼器、食物、炊器、玉器等。这些器具的质料和制作大小反映了一定的社会分工和生活方式。而在不同的场合盛不同的食物，使用不同的器物，把人们的各种生活习惯区别开来，有利于提高生活质量，是人类不断走向文明的象征。

在盛器和礼器方面：《释器》里有三种用不同材料做成的豆。凡是木制的，形似高足盘，用以盛食的器皿，叫作“豆”，又名“木豆”。凡是竹编的，形似木制的豆，用以古代祭祀和宴会时盛果脯的食器，叫作“竹豆”，又名“笾”。凡是瓦制的，形似木豆，用以盛放熟食的，称作“瓦豆”，又名“登”，本或作“镫”。在农具和捕具方面：《释器》中对农具和捕具名称的介绍也是多方面的。在农具的介绍中，有锄、锹、锸等。在捕具的介绍中，有捕捉鱼类、飞禽、走兽等类的捕具。在服饰方面：《释器》中还提到了一些古代服饰方面的名词，涉及面也很广，如有古代诸侯、大夫和士家居所穿的深衣，有深衣的下裳，有衣襟下面下垂能摆动的饰物，有绣着黑白相间斧形花纹的衣领，有衣服鞋帽的镶边（叫“绿”，也叫“纯”），有衣服和领子的交接部件（又名“襟”），有衣服的结带（叫“衿”），有衣服的前襟（叫“裾”），有将衣襟掖在腰带间来兜东西的部分，有用以拴挂佩刀、佩玉等物的佩带（称“佩衿”），有用手提着衣襟兜东西的部件（叫“执衽”），有衣服前面的围裙，有妇女系在身前可以蔽膝的大佩巾（形似围裙），有帽带后的下垂部分，还有古代小殓时给死者脸上覆盖的布巾等等。这些种种形色的服饰，不但有正名，还有不同的别称——其名目之繁复可想而知。不同形状、不同颜色的服饰，既区别了男性和女性，也区别了身份和地位，有时还区别了族群。在车具和马具方面：《释器》里介绍了一些有关车具和马具的名称：把车前皮革制的蔽饰物，称作“鞎”；把车后皮革制的蔽饰物，称作“第”。车前竹制的蔽饰物，称作“御”；把车后竹制的蔽饰物，称作“蔽”。车上贯穿缰绳的大环，称作“捐”；“镳”指勒马口具，与“衔”（马嚼子）

合用，“衔”在马口中，“镳”露在口外。“镳”，又叫“钀”。车衡上贯穿缰绳的大环，称作“辕”；马笼头叫“革”，与“勒”通。在食物和炊器方面：《释器》在食物方面，不仅介绍了好的食物名称，还介绍了坏的食物名称。如把去掉肉的皮、骨、筋膜的肉类食物，叫作“脱之”；把刮去鱼鳞的鱼类食物，叫作“斮之”；把凝固的油脂，叫作“冰”。又如把肉做成的有浓汁的食物，叫作“羹”；把用鱼做成的糊状食物，叫作“鮨”；把用肉做成的糊状食物，叫作“醢”即今之“肉酱”；把带骨的肉酱，叫作“臡”。以上是介绍好的食物。此外，古人把米谷中的蛀虫，叫作“蛊”；把沉淀的泥滓，叫作“垽”。在金属和雕器方面：《释器》中介绍了金、银、鉼金和锡等金属名称。如“黄金”的别名为“汤金”；把纯美的黄金，称作“镠”。古代称“银”为“白金”；把纯美的白银，称作“镣”。古代把用金属雕刻成器物，叫“金”，也叫“镂”；把用木头雕刻成器物，叫“木”，也叫“刻”；把磨制兽骨成器物，叫“骨”，也叫“切”；把磨制象牙成器物，叫“象”，也叫“磋”；把雕琢玉石成器物，叫“玉”，也叫“琢”；把雕刻石料成器物，叫“石”，也叫“磨”。在兵器和写具方面：《释器》中着重介绍了古代几种不同的弓和箭的名称。凡是弓用生丝绳缠绕装饰的，叫“弓”；凡是没有用生丝绳缠绕装饰的弓，叫作“弭”；凡是用金装饰的弓，叫作“铣”；凡是两端用蜃的甲壳装饰的弓，叫作“珧”；凡是两端用玉装饰的弓，叫作“珪”。古代重要的写具有“毕”和“笔”。《释器》云：“简谓之毕。”“简”，即古代的竹简；而“毕”则是竹简的别名。又云：“不律谓之笔。”这是说，“不律”是“笔”的别名。古代涂抹改易文字，叫“点”，也叫“灭”。

音乐在中国文化中曾有很高的地位，被认为是礼的有机组成部分，成为政治生活和社会宗法关系的一部分。人们对音乐和乐器的使用不同，反映了地位和身份的差别。《论语》中曾记载了孔子对季氏“八佾舞于庭”，而超出了自己身份应享用的规格，认为是可忍孰不可忍。我国古人把宫、商、角、征、羽称为“五声”或“五音”，大致与现代音乐简谱相类似。《尔雅·释乐》中就有五声音阶的名称及其别名：“宫谓之重，商谓之敏，角谓之经，征谓之迭，羽谓之柳”。我国古代五声音阶的第一音级“宫”，相当于工尺谱上的“上”，又名“重”；第二音级“商”，相当于工尺谱上的“尺”，又名“敏”；第三音级“角”，相当于工尺谱上的“工”，又名“经”；第四音级“征”，相当于工尺谱上的“六”，又名“迭”；第五音级“羽”，相当于工尺谱上的“五”，又名“柳”。古人通常以“宫”作为音阶的起点，《淮南子·原道训》说：“故音者，宫立而五音形矣。”宫的音高确定了，全部五声音阶各级的音高也就确定了。

《释乐》中还介绍了金、石、丝、竹、匏、土、革、木等八类乐器中一些乐器的名称。如：“大琴”，琴是古代一种弹拨乐器，通常有七根弦。“大琴”，又叫“七弦琴”，也叫“离”。通常用于军中。古代的小鼓叫“应”。“大笙”，笙是古代一种吹奏乐器，由簧片、簧管和斗子三部分组成。“大笙”又叫“巢”，有十九根簧管；“小笙”又名“和”，只有十三根簧管。“大篪”，篪是古代一种吹奏乐器，竹制，单管，横吹。“大篪”又叫“沂”。“大钟”，钟是古代一种打击乐器，青铜制，悬挂于架上，以槌叩之而鸣。先秦时呈椭圆形，秦代以后多呈圆形。“大钟”又叫“镛”；中等大小的钟，叫“剽”；小钟叫“栈”。“和乐”，这是古代奏乐时使音乐和谐的乐器，皮制内盛糠，以手击拍，控制乐曲的节奏，叫“和乐”，也称“节”。《释乐》除了介绍古代各种乐器外，还说明了独奏各种乐器的名称。如：单独弹瑟，称为“步”；单独吹奏管、埙等吹奏乐器，称作“和”；不用乐器伴奏的歌唱，叫作“谣”；单独敲击鼓，称为“等”；单独击钟，叫作“修”等。

三、汉字通过对不同天象的命名，区分和界定了自然现象，为建立人和宇宙的秩序奠定了基础。

早在殷商以前，我们的祖先就开始进行天象的记载。在漫长的历史长河中，人们逐渐揭开了蒙在满天星斗上的那些用神话和想象编织的幕帷，发现了许多天文的特点和规律。这是一份很宝贵的文化遗产。在《尔雅·释天》里涉及的内容很广，可分为以下九类。一是四时。《释天》中云："穹苍，苍天也。春为苍天，夏为昊天，秋为旻天，冬为上天。"这里解释了天名及四季的天名。古人认为天是圆的，中间隆起，天的颜色是深蓝色的，故称之为"苍天"、"穹苍"。春季的天，叫作"苍天"；夏季的天，叫作"昊天"；秋季的天，叫作"旻天"；冬季的天，叫作"上天"。二是祥。祥是指的征兆，包括四气和、景风出、甘雨降等自然现象。古人把太平之时人君德美如玉、圣明若烛，四季之气和畅，称为"五烛"。《释天》云："春为发生，夏为长嬴，秋为收成，冬为安宁。四时和为通正，谓之景风。"这里说明了春、夏、秋、冬的别名分别为"发生"、"长嬴"、"收成"、"安宁"，以及太平之时，春发、夏长、秋收、冬安，四季和畅的景象。《释天》云："甘雨时降，万物以嘉，谓之醴泉。"意思是说，甘雨按时而降，万物得以滋润而更加美好。三是灾。《释天》中云："谷不熟为饥。蔬不熟为馑。果不熟为荒。仍饥为荐。"这里介绍了种种不同的灾荒名称。古人把粮食作物不成熟，称为"饥"；把蔬菜不成熟，称为"馑"；把果不熟，称为"荒"；把连年的饥荒，称为"荐"。四是岁阳。早在战国时期，天文星占家就根据天象制定出岁星纪年法和太岁纪年法。岁星纪年法，是利用木星的位置来记录年序的方法。我国古人很早就测得木星约十二年运行一周天，于是把木星运行的轨道等分为十二分，称为十二星次。木星行经一次，就是一年，古人用它记录年序，故称木星为"岁星"，这种纪年方法就称为"岁星纪年法"。这种纪年法早在春秋时代就有了。所谓太岁纪年法，就是把黄道附近一周天的十二等分由东向西配以十二地支，即十二辰的分划。它的计量方向与岁星运行方向相反。十二地支在古时人们十分熟悉，于是人们又假想一个天体，其运行速度是均匀的，也是十二年一周天，不过运行方向则是循十二辰的方向。这一假想天体称为“太岁”（或“岁阴”、“太阴”等。）以太岁每年所在的辰来纪年，这种纪年法称为“太岁纪年法”。约在西汉年间，历家为与十二地支相配，又对十天干的年也给以专名。十天干的年名叫作岁阳。如果把这十天干的年名，依次和十二个太岁年名相配，就可组合成六十个年名，以“辟逢摄提格”为第一年，“旃蒙单阏”为第二年，其余由此类推，六十年周而复始。五是岁名。“大岁”，本或作“太岁”，古代天文学中假设的星名，与岁星相应。寅、卯、辰、巳、午、未、申、酉、戌、亥、子、丑：十二地支，这里用以表示位置次序。《释天》说明太岁的十二个位置表示十二年。六是月阳。月阳是古人按十天干给月取的别名。《释天》中云：“月在甲曰毕，在乙曰橘，在丙曰修，在丁曰圉，在戊曰厉，在己曰则，在庚曰窒，在辛曰塞，在壬曰终，在癸曰极。”这一套月名见于《史记·历书》。甲、乙、丙、丁、戊、己、庚、辛、壬、癸，是古代所谓十天干名。若与“月阳”相对应。七是月名。在先秦时代，每年十二个月都还有特定的名称，例如正月为“孟陬”（《楚辞》），四月为“除”（《诗经》），九月为“玄”（《国语》），十月为“阳”（《诗经》），等等。八是风雨。《释天》里还介绍了许多有关风、雾、虹、云、雷、雨等名称。古人把大风夹着飞扬的尘土，称为“霾”。雨后天空中往往出现两个彩色的圆弧：一是“虹”，红色在外，紫色在内，颜色鲜艳，古人称为“蝃蝀”，又名“雩”；一是“副虹”，红色在内，紫色在外，颜色较淡，古人称之为“蜺”，又名“挈贰”。古人把劈雷称为“疾雷”，又名“霆”。古人把下小雪粒称为“雨霓”，又名“霄”。《释天》中还解释了几种雨和与雨有关的名称。暴雨称为“涷”，小雨称为“霢霂”；

雨水过多称为“淫”，久雨不停称为“霖”；雨雪停止，天放晴，称为“霁”。九是星名。我国古代有一种对天的划分方法，那就是“十二星次”。其方法是沿黄赤道带从西向东划分为十二等分，其名称依次为：星纪、玄枵、诹訾、降娄、大梁、实沈、鹑首、鹑火、鹑尾、寿星、大火、析木。一般认为十二次的创立起源于对木星的观察，创立年代约于春秋时期或更早。春秋战国的《左传》、《国语》已有这些名称的记载。《尔雅·释天》也有这方面的说明和解释。十二星次是各自以二十八宿中的某些星宿作为标志的。由于十二星次是等分的，而二十八宿则广狭不一，所以出现了十二星次的起讫界限不能和宿与宿的分界一致的情况，也就是说，有些宿跨属于相邻的两个次。古代把天球赤道和黄道一带的若干恒星组成二十八个星组，称为“二十八星宿”。它是用来作为量度日、月位置和运动的标志。每一宿各由不同数目的恒星组成。有的宿包含十几颗乃至几十颗星，如奎宿、翼宿；有的宿只由两三颗星组成，如角宿、心宿。古人把构成每一宿的星用假想的线连接起来，就构成了各种形状不同的图形。二十八宿中的箕宿由四颗星构成的，像畚箕形；斗宿由七颗星构成，像古代舀酒的器，具“斗”；井宿由八颗星构成，像水井的形状；等等。二十八宿每七宿合成一象，用动物命名称为四象。其排列顺序为：“东方苍龙七宿，角亢氐房心尾箕。北方玄武七宿，斗牛女虚危室壁。西方白虎七宿，奎娄胃昴毕觜参。南方朱雀七宿，　井鬼柳星张翼轸。”

苍龙、玄武、白虎、朱雀，是古人把每一个方的七宿联系起来想象的四种动物形象。二十八宿星官在天空上分布疏密不均，因而其区域的大小相差也很大。自古以来，人们便根据二十八星宿以定四时，为安排农事活动服务。《尔雅·释天》还记载了“北极星”、“牵牛星”、“明星”、“彗星”和“奔星”等。“北极星”，是距北天极最近的亮星，在北半球的任何地点，都可利用北极星找北方。“北辰”是“北极星”的别名。“河鼓星”亦称“天鼓”、“牵牛星”，俗称“牛郎星”。“明星”，古称为“太白星”，是金星的别名。金星是除太阳、月亮之外，天空中肉眼能看到的最亮的星。金星在黎明时见于东方，故叫“启明”，黄昏时见于西方，又叫“长庚”，所以《诗·小雅·大东》有诗云：“东有启明，西有长庚”。“彗星”是环绕太阳运行或行经太阳附近的云雾状天体，接近太阳时，彗星结构分为彗头和彗尾。“彗星”又称“孛星”、“拂星”、“欃枪”等别名，俗称“扫帚星”。古人还称“流星”为“奔星”，又名“彴约”。《释天》里所记载的有关天文方面的知识，在今天天文学者看来，仍具有十分重要的参考价值。这反映了我国古代劳动人民很早就十分注意天象了。天象在中国传统文化中有着十分重要的意义，中国人通过对天象的命名定位，不但总结了星辰四季运动变化的规律，而且把天象人格化，形成了独具特色的“天人文化”，其本质和核心就是“天人合一”的宇宙观。

四、汉字通过对地理生物的命名，区分和界定了不同地区、山川和物种，为建立人和自然和谐的秩序奠定了基础。

中国是一个土地辽阔、民族众多的国家。在这块美丽而富饶的土地上，我们的祖先在很早的时候就在这里劳动、生息繁殖。在《尔雅》的《释地》、《释丘》、《释山》、《释水》等篇里，记载了中国丰富的地理概况。大致可归为十四类。一是九州岛。相传尧时禹治平水，把天下分为九州岛，作为我国中原地区上古时期的行政区划。根据《尔雅·释地》里记载，九州岛即“冀州”、“豫州”、“雝州”、“荆州”、“扬州”、“兖州”、“徐州”、“幽州”和“营州”。二是十薮。所谓薮，即湖泽的通称。“十薮”就是指古代十大水泽的名称：“大野”、“大陆”、“杨陪”、“孟诸”、“云梦”、“具区”、“海隅”、“昭余祁”、“圃田”、“焦护”。三是八陵。“八陵”是指上古传说中的八处大陵，即“东陵”、“南陵”、“西陵”、“中陵”、“北陵”、“加陵”与“溴梁”、“河坟”。四是九府。“九府”是指九个储藏财物的地方，即“医无闾”、“会稽”、“梁山”、“华山”、“霍山”、“昆仑虚”、“幽都”、“斥山”“岱狱”。五是五方。五方即东方、南方、西方、北方、中方，在此则指五方的怪异之物。六是野。野即指都邑以外田野地方的名称。《释地》介绍了国都城外由近及远的郊野名称的，如都邑以外的田野地方叫“郊”；“郊”以外的田野地方叫“牧”，“牧”即城邑的远郊；“牧”以外的田野地方叫“野”；“野”以外叫“林”；“林”以外叫“垧”，“垧”即远野。七是四极。四极是指四方极远之地。《释地》中的四极名称大多为神话传说中的国家或地方名称。相传中国古代四方极远之地是：东到“泰远”，西到“邠国”，南到“濮鈆”，北到“祝栗”。八是丘。丘是因地势而自然形成的高地和小土山。《尔雅·释丘》介绍了各种山丘的名称或其形状、特点。九是厓岸。所谓厓岸，就是指水边高地。《尔雅·释丘》中就介绍了一些有关厓岸的各种名称。从水中远望山边或水边，高峻峭直，称为“岸”。上面平坦，下面陡峭的临水厓岸，称为“漘”。水岸变曲处，叫作“隩”；山或水的弯曲处，叫作“隈”。水边厓岸，恰似挡水的堤墙，故称为“堂墙”，又名“毕”。高厓，叫作“重厓”，又名“岸”；水边，叫作“浒”，又名“岸上”。十是山。古代称小的高地或土山为“丘”，称大的石山为“山”。在《尔雅·释山》里就有许多上古山名的介绍。十一是水泉。从下向上喷涌而出的泉水，叫作“滥泉”，又名“槛泉”；从上往下流的泉水，叫作“沃泉”；从山侧洞穴中流出的泉水，叫作“氿泉”。十二是水中。《释水》还解释了水中之地的各种名称：凡是河流中由泥土、沙石淤积而成较大的陆地，称作“洲”；凡是水中小块陆地，称作“陼”，也叫“小洲”；小陼叫作“沚”；小“沚”叫作“坻”；人工建造的水中高地，叫作“潏”。十三是河曲。《释水》中云：“河出昆仑虚，色白。所渠并千七百，一川色黄。百里一小曲，千里一曲一直。”意思是说，黄河从昆仑山基部流出，水流经高原峡谷，这一段水色比较清白。黄河所容纳的河流共计一千七百条，水流穿行黄土高原，河水中含泥沙量较大，水色浑黄。河道也多曲折。十四是九河。《尚书·禹贡》记载了当时黄河流至河北平原中部后“又北播为九河”，据《尔雅·释水》说是“徒骇、太史、马颊、覆鬴、胡苏、简、絜、钩盘、鬲津。”今已不能确指，当在今华北平原东部近海一带。须要指出的是，中国的这些地理山川一旦以文字命名，就理所当然地成为中国领土不可分割的一部分，在这里，名称具有归属性质的法律意义，因此凡经汉字命名的地名，在中国人的心目中，那就是老祖宗留给后人的遗产，寸土不失，正是在这种意义上说，中国的完整和统一有着文化上的必然性，即使一时分裂而终必合之。历史上的无数事实已经证明这一点。

《尔雅》的《释草》、《释木》二篇中介绍了大量草本植物和木本植物的名称，反映了我国古代劳动人民植物栽培的情况。凡木本植物的花，叫“华”；凡草本植物的花，叫“荣”。凡开花并结果实的，称“秀”。凡开花不结果实的，称“英”。

《尔雅》中的《释虫》、《释鱼》、《释鸟》、《释兽》记载了中国古代动物分类学的详尽资料，全部是野生动物的各种名称、形体特征和习性的介绍。《释畜》则是专门介绍各种家畜的情况。其中《释虫》所包含的昆虫有八十余种，大多是节肢动物，小部分是软体动物；《释鱼》介绍了七十多种鱼类动物，其中以鱼类为主，其次是两栖类、爬行类、节肢动物、扁虫类和软体动物。《释鸟》罗列了九十多种鸟类，除蝙蝠、鼯鼠应归兽类外，其余均属鸟类。《释兽》列举了六十多种野兽名称，与现代动物分类学上的兽类是一致的。

汉字是培育中国文化精神的沃土，汉字里保存着中华民族最隐讳的奥秘。汉字由于它特殊的产生背景和特殊结构，具有天然的同化作用。无论是任何外来的文化，当翻译成汉字形式的时候，其实都已经过了一个汉化的过程。佛教文化就是一个典型的例证。正是汉字的独特魅力，铸就了中国文化的特色。汉字就是中国文化的载体，中国文化精神的信息都蕴藏在汉字中，中国文化吸收外来文化的营养也都储存在汉字中。从未来看，中华文化托命于汉字。只要汉字在，中国文化就不会灭绝。统一的汉字不但维系着统一的民族文化，也使我们这个拥有数亿人口的大国，能经常保持着统一。美国汉学家费正清说："如果中国人使用的是字母文字，中国恐怕早就分裂成意大利、法国、西班牙、葡萄牙那样的许多个国家了，中国之能成为世界上面积最大的国家，有一部分应归功于他们的文字。"对汉字的热爱和尊崇还成为联结东亚各国的坚固纽带。直到一百年前，朝鲜、越南和日本的大部分书面材料都使用汉字。东亚今天之所以能成为世界文明中的一个独特集团，汉字起到了很重要的作用。